C / R / I / M / I / N / A / L / L / A / W

판례중심 형법총론

최병천 저

머리말

판례 위주로 서술된 형법총론 교과서를 세상에 내놓는다. 그동안 형법총론 교과서는 지나치게 이론 중심으로 서술되어 왔고, 그 이론은 현실과 동떨어진 채 관념론에 머물러 있었다. 그러한 이유로 형법총론은 이해하기 어려운 과목이었고, 실제 사회에서 발생하는 문제의 해결에 그다지 도움이 되지도 못하였다. 그렇게 때문에 이 책에서는 종래 교과서에서 다루어오던 이론적인 논의의 상당 부분을 배제하였고, 판례를 중심으로 하여 서술하였다.

형법총론에 대한 쉽고 정확한 이해를 목적으로 한 이 책은 다음과 같은 특징을 가진다.

나무가 자연스럽게 조화를 이루면서 가지를 뻗어나가듯이, 판례들을 개별 쟁점에서의 논리적인 위치에 따라 체계적으로 배열하려고 노력하였다.

판례 원문에서 충실하면서도 간명하게 추출한 사실관계를 수록한 판례에 반영하였다. 또한 판례의 의미를 왜곡하지 않는 범위 안에서 사실관계를 단순화하고 필요한 때에는 재구성하였다. 나아가 되도록 판례의 사실관계를 한 줄로 요약하여 두었다.

형법총론에는 형법각론 외에도 수많은 특별형법상의 판례들이 소개된다. 형법총론을 배우는 학생들이 특별형법 판례를 제대로 이해하는 것은 상당히 어려운 일이므로, 특별형법에 관한 판례들을 소개하는 경우에는 관련 법령이나 법리를 함께 서술함으로써 이해의 편의를 도모하였다.

죄수론, 경합범에 관한 이론은 실무상으로 중요할 뿐만 아니라 수험에 있어서도 큰 비중을 차지한다. 죄수론, 경합범 이론은 형사소송법상의 기판력, 주문 기재 방법 등과 맞물리기 때문에 난해하기도 하다. 그렇기 때문에 특히 이 부분 판례들에 대해서는 세밀한 분석을 하였고, 형사소송법의 기판력 이론도 이와 함께 다루었다.

대법원 판례가 대거 공간되면서 판례 상호간에 논리적으로 불일치하는 부분들이 상당히 발생되어 판례의 이해를 더욱 어렵게 하고 있다. 이러한 논리적 불일치들을 지적하고, 최소한의 해결방법을 도모하였다.

이 책이 형법을 공부하는 사람들에게 조금이나마 도움이 되기 바란다.

2017. 1.

저자 씀

이 책의 이용 안내

※ 판례의 서술 방법

- 가능한 한 판례 앞부분에 사실관계를 요약하거나 주제를 적시해 두었다.
- 판례 사안의 등장인물에 관하여 피고인(또는 피의자)과 피해자(또는 고소인)는 그대로, 기타의 사람은 갑, 을, 병으로, 법인이나 단체 등은 A, B, C로 표시함을 원칙으로 하였다. 법인 등에 관하여 A주식회사(또는 A은행, A아파트)로 표현하였다가 두 번째 이후에는 A라고만 표시하였다.
- 반복되는 판례와 법학전문대학원생을 기준으로 너무 어렵다거나 전문분야에 속하는 판례 등은 각주에 넣었다.

※ 죄 명

검사의 공소장, 불기소장과 법원의 판결에서 사용하는 죄명은 대검찰청의 '공소장 및 불기소장에 기재할 죄명에 관한 예규'를 따른다. 이 책에서도 죄명의 기재는 되도록 위 예규를 따랐다.

※ 법령 약어표

가담법	가등기담보 등에 관한 법률
부동산실명법	부동산 실권리자명의 등기에 관한 법률
성매매처벌법	성매매알선 등 행위의 처벌에 관한 법률
성폭법	성폭력범죄의 처벌 등에 관한 특례법
(구 성폭법)	성폭력범죄의 처벌 및 피해자보호 등에 관한 법률
아청법	아동·청소년의 성보호에 관한 법률
여전법	여신전문금융업법
전자장치부착법	특정 범죄자에 대한 위치추적 전자장치 부착 등에 관한 법률
집시법	집회 및 시위에 관한 법률
특가법	특정범죄 가중처벌 등에 관한 법률
특강법	특정강력범죄의 처벌에 관한 특례법
특경법	특정경제범죄 가중처벌 등에 관한 법률
폭처법	폭력행위 등 처벌에 관한 법률
형소법	형사소송법

차 례

제 1 장 형법의 기본이론

제 2 장 구성요건

제 5 장 미수론

제 6 장 공 범

제 7 장 죄수론

제 8 장 형벌론

1

判例中心 刑法總論

형법의 기본이론

제 1 장 형법의 기본이론

判例中心 刑法總論

Ⅰ. 죄형법정주의

1. 죄형법정주의의 의의

죄형법정주의의 원칙은 범죄와 형벌이 법률로 정하여져야 함을 의미한다.[1] 죄형법정주의의 원칙에 의해 처벌의 대상인 행위뿐만 아니라 그 행위에 대해 부과되는 형벌의 종류와 양도 행위시 이전에 미리 정해져야 한다. 죄형법정주의는 국민을 국가의 형벌권남용으로부터 보호하는 기능을 수행한다.

죄형법정주의의 의미

헌법 제12조 제1항이 규정하고 있는 죄형법정주의 원칙은, 범죄와 형벌을 입법부가 제정한 형식적 의미의 법률로 규정하는 것을 그 핵심적 내용으로 하고, 나아가 형식적 의미의 법률로 규정하더라도 그 법률조항이 처벌하고자 하는 행위가 무엇이며 그에 대한 형벌이 어떠한 것인지를 누구나 예견할 수 있고 그에 따라 자신의 행위를 결정할 수 있도록 구성요건을 명확하게 규정할 것을 요구하므로, 처벌법규의 입법목적이나 그 전체적 내용, 구조 등을 살펴보아 사물의 변별능력을 제대로 갖춘 일반인의 이해와 판단으로서 그의 구성요건 요소에 해당하는 행위유형을 정형화하거나 한정할 합리적 해석기준을 찾을 수 있어야 죄형법정주의가 요구하는 형벌법규의 명확성의 원칙에 반하지 않는다.[2]

2. 법률 규정

헌법 12조 1항: 누구든지 … 법률과 적법한 절차에 의하지 아니하고는 처벌·보안처분 또는 강제노역을 받지 아니한다.
헌법 13조 1항: 모든 국민은 행위시의 법률에 의하여 범죄를 구성하지 아니하는 행위로 소추되지 아니하며, ….

1) 대판 2012. 9. 27. 2012도4637.
2) 대판 2003. 11. 14. 2003도3600.

형법 1조(범죄의 성립과 처벌) ① 범죄의 성립과 처벌은 행위시의 법률에 의한다.
② 범죄 후 법률의 변경에 의하여 그 행위가 범죄를 구성하지 아니하거나 형이 구법보다 경한 때에는 신법에 의한다.
③ 재판확정 후 법률의 변경에 의하여 그 행위가 범죄를 구성하지 아니하는 때에는 형의 집행을 면제한다.

3. 죄형법정주의의 내용

가. 관습형법의 금지

형법의 법원은 성문법에 국한되고, 관습법은 형법의 법원이 될 수 없다. 따라서 관습법에 의해 처벌 또는 가중처벌하는 것은 허용되지 않는다.

나. 위임입법

(1) 하위법령의 법률로서의 효력

석유판매업자에 의한 표시 없는 비상표제품 판매행위의 처벌 법령에서 세부적인 표시의무를 위임하였음에도 관련 고시가 제정되지 아니함

행정규칙인 고시가 법령의 수권에 의하여 법령을 보충하는 사항을 정하는 경우에는 그 근거 법령규정과 결합하여 대외적으로 구속력이 있는 법규명령으로서의 성질과 효력을 가진다.

석유판매업자가 비상표제품의 판매에 관한 표시 없이 이를 판매하는 행위를 처벌하는 구 석유사업법과 그 시행령 규정이 위 표시의무의 세부 내용이 되는 구체적 표시기준과 표시방법을 산업자원부장관의 고시로 정하도록 위임하였음에도 비상표제품의 판매행위 당시 관련 고시가 제정되지 않았다면 이를 처벌할 수 없다고 한 사례.[3)]

법률이 시행령에 범죄구성요건의 일부가 아닌 허가의 절차·방법 등을 위임함

법률이 제정·공포될 경우에는 특례규정이 없는 한 모든 국민에게 당연히 그 효력이 미치고 그 법률에 따른 시행령이 있어야만 효력이 있는 것은 아니며 골재채취법 제22조 제1항이 시행령에 위임한 내용은 허가의

---

3) 대판 2006. 4. 27. 2004도1078. 구체적인 판시는 다음과 같다.
비상표제품을 판매하는 주유소임에도 그러한 표시 없이 이를 판매하는 행위는 구 석유사업법 제35조 제8호, 제29조 제1항 제7호, 구 석유사업법 시행령 제32조 제1항 제5호에 의하여 처벌하도록 하되 다만, 위 시행령 제32조 제3항에서 같은 조 제1항 제5호 소정의 표시의무의 세부 내용이 됨과 아울러 그 이행 여부의 판단 기준이 되는 구체적 표시기준과 표시방법을 산업자원부장관의 고시로 규정하도록 함으로써 위 시행령 제32조 제1항 제5호, 제3항 및 위 관련 고시가 결합하여 구 석유사업법 제35조 제8호, 제29조 제1항 제7호 위반죄의 실질적 구성요건을 이루는 보충규범으로서 작용한다.
상표제품과 비상표제품을 함께 판매하는 주유소인 석유판매업자의 비상표제품 판매에 관한 표시의무를 규정한 구 석유사업법 시행령 제32조 제1항 제5호는, 위 규정에 의한 상표제품과 비상표제품의 구체적인 표시기준 및 표시방법을 산업자원부장관의 고시로 정하도록 규정한 같은 조 제3항과 결합하여 일체로서 구 석유사업법 제29조 제1항 제7호에서 위임한 대통령령의 내용을 이룬다고 해석한 사례.

절차·방법 등에 관한 것에 불과하고 범죄구성요건의 일부를 위임한 것이 아니므로, 골재채취법 시행 이후 피고인들이 허가 없이 골재를 채취하였다면 비록 행위 당시 시행령이 제정되지 아니하였다고 하더라도 골재채취법위반죄에 해당한다.[4]

(2) 포괄적 위임입법의 금지

'약사·한약사는 보건복지부령으로 정하는 약국관리에 필요한 사항을 준수하여야 한다'

심판대상조문: "약국을 관리하는 약사 또는 한약사는 보건복지부령으로 정하는 약국관리에 필요한 사항을 준수하여야 한다"는 약사법 제19조 제4항의 규정 위반자를 200만원 이하의 벌금에 처하도록 한 약사법 제77조 제1호 중 '제19조 제4항 부분'

결정: 이 사건 법률조항은 '약국관리에 필요한 사항'이라는 처벌법규의 구성요건 부분에 관한 기본사항에 관하여 보다 구체적인 기준이나 범위를 정함이 없이 그 내용을 모두 하위법령인 보건복지부령에 포괄적으로 위임함으로써, 약사로 하여금 광범위한 개념인 '약국관리'와 관련하여 준수하여야 할 사항의 내용이나 범위를 구체적으로 예측할 수 없게 하고, 나아가 헌법이 예방하고자 하는 행정부의 자의적인 행정입법을 초래할 여지가 있으므로, 헌법상 포괄위임입법금지 원칙 및 죄형법정주의의 명확성 원칙에 위반된다.[5]

흥분·환각 또는 마취의 작용을 일으키는 유해화학물질로서 대통령령이 정하는 물질

유해화학물질 관리법 제35조 제1항[6]에서 금지하는 환각물질을 구체적으로 명확하게 규정하지 아니하고 다만 그 성질에 관하여 '흥분·환각 또는 마취의 작용을 일으키는 유해화학물질로서 대통령령이 정하는 물질'

4) 대판 1994. 11. 8. 94도2340. 다음은 같은 취지이다.
법률이 제정, 공포될 경우에는 특례규정이 없는 한 모든 국민에게 당연히 그 효력이 미치고 그 법률에 따른 시행령이 있어야만 효력이 있는 것은 아니며 골재채취법 제49조 제5호는 같은 법 제25조 본문에 의하여 허가내용의 변경에 대한 승인을 얻지 아니하고 허가받은 내용을 변경하여 골재를 채취한 자를 처벌하려는 것이므로, 같은 법 제25조 단서에 의하여 변경승인을 요하지 아니하는 경미한 신고사항을 정할 것을 위임받은 대통령령이 시행되기 전이라고 하더라도, 변경승인 없이 임의로 허가내용을 변경하여 골재를 채취하는 행위는 같은 법 제49조 제5호에 의하여 처벌할 수 있다(대판 1995. 4. 25. 94도1379).

5) 헌재결 2000. 7. 20. 99헌가15.

6) **현행 유해화학물질 관리법 제59조(벌칙)** 다음 각 호의 어느 하나에 해당하는 자는 3년 이하의 징역 또는 5천만원 이하의 벌금에 처한다.
 6. 제22조를 위반하여 환각물질을 섭취·흡입하거나 이러한 목적으로 소지한 자 또는 환각물질을 섭취하거나 흡입하려는 자에게 그 사실을 알면서 이를 판매 또는 제공한 자
제22조(환각물질의 흡입 등의 금지) ① 누구든지 흥분·환각 또는 마취의 작용을 일으키는 화학물질로서 대통령령으로 정하는 물질(이하 "환각물질"이라 한다)을 섭취 또는 흡입하거나 이러한 목적으로 소지하여서는 아니 된다.
현행 유해화학물질 관리법 시행령 제11조(환각물질) 법 제22조 제1항에서 "대통령령으로 정하는 물질"이란 다음 각 호의 어느 하나에 해당하는 물질을 말한다.
 1. 톨루엔, 초산에틸 또는 메틸알코올
 2. 제1호의 물질이 들어 있는 시너(도료의 점도를 감소시키기 위하여 사용되는 유기용제를 말한다), 접착제, 풍선류 또는 도료
 3. 부탄가스

로 그 한계를 설정하여 놓고, 같은 법 시행령 제22조에서 이를 구체적으로 규정하게 한 취지는 과학 기술의 급격한 발전으로 말미암아 흥분·환각 또는 마취의 작용을 일으키는 유해화학물질이 수시로 생겨나기 때문에 이에 신속하게 대처하려는 데에 있으므로, 위임의 한계를 벗어난 것으로 볼 수 없고, 한편 그러한 환각물질은 누구에게나 그 섭취 또는 흡입행위 자체가 금지됨이 마땅하므로, 일반적으로 술을 마시는 행위 자체가 금지된 것이 아니라 주취상태에서의 자동차 운전행위만이 금지되는 도로교통법상의 주취상태를 판정하는 혈중알코올농도와 같이 그 섭취 기준을 따로 정할 필요가 있다고 할 수 없으므로, 같은 법 제35조 제1항의 '섭취 또는 흡입'의 개념이 추상적이고 불명확하다거나 지나치게 광범위하다고 볼 수도 없다.[7)]

근로기준법상 임금·퇴직금 청산기일의 연장합의의 한도에 관하여 시행령에서 3월 내로 제한

구 근로기준법 제30조 단서에서 임금·퇴직금 청산기일의 연장합의의 한도에 관하여 아무런 제한을 두고 있지 아니함에도 불구하고, 같은 법 시행령 제12조에 의하여 같은 법 제30조 단서에 따른 기일연장을 3월 이내로 제한한 것은 같은 법 시행령 제12조가 같은 법 제30조 단서의 내용을 변경하고 같은 법 제109조와 결합하여 형사처벌의 대상을 확장하는 결과가 된다 할 것인바, 이와 같이 법률이 정한 형사처벌의 대상을 확장하는 내용의 법규는 법률이나 법률의 구체적 위임에 의한 명령 등에 의하지 않으면 아니 된다고 할 것이므로, 결국 모법의 위임에 의하지 아니한 같은 법 시행령 제12조는 죄형법정주의의 원칙에 위배되고 위임입법의 한계를 벗어난 것으로서 무효이다.[8)]

다. 소급입법의 금지

(1) 소급이 금지되는 입법의 의미

판례변경으로 처벌 대상이 아니던 것이 처벌 대상으로 됨

형사처벌의 근거가 되는 것은 법률이지 판례가 아니고, 형법 조항에 관한 판례의 변경은 그 법률조항의 내용을 확인하는 것에 지나지 아니하여 이로써 그 법률조항 자체가 변경된 것이라고 볼 수는 없으므로, 행위 당시의 판례에 의하면 처벌대상이 되지 아니하는 것으로 해석되었던 행위를 판례의 변경에 따라 확인된 내용의 형법조항에 근거하여 처벌한다고 하여 그것이 헌법상 평등의 원칙과 형벌불소급의 원칙에 반한다고 할 수는 없다.[9)]

7) 대판 2000. 10. 27. 2000도4187.

8) 대판 1998. 10. 15. 98도1759 전합.

현행 근로기준법 제36조(금품 청산) 사용자는 근로자가 사망 또는 퇴직한 경우에는 그 지급 사유가 발생한 때부터 14일 이내에 임금, 보상금, 그 밖에 일체의 금품을 지급하여야 한다. 다만, 특별한 사정이 있을 경우에는 당사자 사이의 합의에 의하여 기일을 연장할 수 있다.

제43조(임금 지급) ① 임금은 통화(通貨)로 직접 근로자에게 그 전액을 지급하여야 한다. 다만, 법령 또는 단체협약에 특별한 규정이 있는 경우에는 임금의 일부를 공제하거나 통화 이외의 것으로 지급할 수 있다.

② 임금은 매월 1회 이상 일정한 날짜를 정하여 지급하여야 한다. 다만, 임시로 지급하는 임금, 수당, 그 밖에 이에 준하는 것 또는 대통령령으로 정하는 임금에 대하여는 그러하지 아니하다.

제109조(벌칙) ① 제36조, 제43조, … 또는 제72조를 위반한 자는 3년 이하의 징역 또는 2천만원 이하의 벌금에 처한다.

② 제36조, 제43조, … 또는 제56조를 위반한 자에 대하여는 피해자의 명시적인 의사와 다르게 공소를 제기할 수 없다.

9) 대판 1999. 9. 17. 97도3349.

공소제기 후 발효된 양형기준을 참고하여 형을 정함

대법원 양형위원회의 양형기준은 법관이 합리적인 양형을 정하는 데 참고할 수 있는 구체적이고 객관적인 기준으로 마련된 것으로 법적 구속력을 가지지 아니하고, 단지 법관의 양형에 있어서 그 존중이 요구되는 것일 뿐이다.
위 양형기준이 발효하기 전에 공소가 제기된 범죄에 대하여 위 양형기준을 참고하여 형을 양정한 사안에서, 피고인에게 불리한 법률을 소급하여 적용한 위법이 있다고 할 수 없다.[10)]

형을 가볍게 변경하는 신법에서 신법 시행 전의 행위는 종전 규정에 의한다는 경과규정을 둠

형법 제1조 제2항 및 제8조에 의하면 범죄 후 법률의 변경에 의하여 형이 구법보다 경한 때에는 신법에 의한다고 규정하고 있으나 신법에 경과규정을 두어 이러한 신법의 적용을 배제하는 것도 허용되는 것으로서, 형을 종전보다 가볍게 형벌법규를 개정하면서 그 부칙으로 개정된 법의 시행 전의 범죄에 대하여 종전의 형벌법규를 적용하도록 규정한다 하여 헌법상의 형벌불소급의 원칙이나 신법우선주의에 반한다고 할 수 없다.[11)]

2011. 6. 8. 법률 제10790호로 개정된 **도로교통법 제148조의2(벌칙)** ① 다음 각 호의 어느 하나에 해당하는 사람은 1년 이상 3년 이하의 징역이나 500만원 이상 1천만원 이하의 벌금에 처한다.
1. 제44조 제1항을 2회 이상 위반한 사람으로서 다시 같은 조 제1항을 위반하여 술에 취한 상태에서 자동차등을 운전한 사람[12)]
판단: 위 개정 도로교통법 시행 이전에 구 도로교통법 제44조 제1항을 위반한 음주운전 전과까지 위 "도로교통법 제44조 제1항을 2회 이상 위반한" 것에 포함되는 것으로 해석하는 것은 형벌불소급의 원칙 등에 위배되지 않는다.[13)]

(2) 보안처분과 형벌불소급

형벌은 과거의 불법에 대한 책임에 기초하고 있는 제재인 반면, 보안처분은 장래의 위험성으로부터 행위자를 보호하고 사회를 방위하기 위한 합목적적인 조치이다.[14)] 판례는 보안처분에 관하여 대체적으로 형벌불소급의 원칙이 적용되지 않는다는 입장을 취하지만, 형벌불소급의 원칙이 적용된다고 본 경우도 있다.

---

10) 대판 2009. 12. 10. 2009도11448.
11) 대판 1999. 7. 9. 99도1695. 같은 취지로는 대결 1999. 4. 13. 99초76.
12) **2011. 6. 8. 법률 제10790호로 개정되기 전의 도로교통법 제148조의2(벌칙)** 다음 각 호의 어느 하나에 해당하는 사람은 3년 이하의 징역이나 1천만원 이하의 벌금에 처한다.
  1. 제44조 제1항을 위반하여 술에 취한 상태에서 자동차등을 운전한 사람
13) 대판 2012. 11. 29. 2012도10269.
14) 대판 1997. 6. 13. 97도703.

(가) 형벌불소급의 원칙이 적용 안됨—원칙

보호관찰을 명할 수 있는 규정의 시행 이전에 범한 범행에 관하여 보호관찰을 명함

보호관찰은 형벌이 아니라 보안처분의 성격을 갖는 것으로서, 과거의 불법에 대한 책임에 기초하고 있는 제재가 아니라 장래의 위험성으로부터 행위자를 보호하고 사회를 방위하기 위한 합목적적인 조치이므로, 그에 관하여 반드시 행위 이전에 규정되어 있어야 하는 것은 아니며, 재판시의 규정에 의하여 보호관찰을 받을 것을 명할 수 있다고 보아야 할 것이고, 이와 같은 해석이 형벌불소급의 원칙 내지 죄형법정주의에 위배되는 것이라고 볼 수 없다.[15]

해설: 1997. 1. 1.부터 시행된 개정 형법 제62조의2에 의하여 집행유예를 선고함에 있어 보호관찰을 받을 것을 명할 수 있게 되었고, 피고인의 범행일은 1997. 1. 1. 이전이다.

아청법상 공개명령제도를 시행하면서 그 시행 이전의 범행에까지 적용

아청법에 정한 공개명령 제도는, 아동·청소년 대상 성범죄자의 성명, 나이, 주소 및 실제거주지 등 공개정보를 일정기간 정보통신망을 이용하여 공개하도록 하는 조치를 취하여 성인인증 및 본인 확인을 거친 사람은 누구든지 인터넷을 통해 공개명령 대상자의 공개정보를 열람할 수 있도록 … 하는 일종의 보안처분이다. … 공개명령 제도는 범죄행위를 한 자에 대한 응보 등을 목적으로 그 책임을 추궁하는 사후적 처분인 형벌과 구별되어 그 본질을 달리하는 것으로서 공개명령 제도가 시행된 2010. 1. 1. 이전에 범한 범죄에도 공개명령 제도를 적용하도록 아청법이 2010. 7. 23. 법률 제10391호로 개정되었다고 하더라도 소급입법금지의 원칙에 반하지 않는다.[16]

아청법상 공개명령·고지명령의 제외대상인 '아동·청소년'이 항소심에서 성년으로 됨

아청법이 정한 공개명령 절차는 아동·청소년대상 성범죄자의 신상정보를 일정기간 동안 정보통신망을 이용하여 공개하도록 하는 조치를 취함으로써 필요한 절차를 거친 사람은 누구든지 인터넷을 통해 공개명령 대상자의 공개정보를 열람할 수 있도록 하는 제도이다. 또한 위 법률이 정한 고지명령 절차는 아동·청소년대상 성폭력범죄자의 신상정보 등을 공개명령기간 동안 고지명령 대상자가 거주하는 지역의 일정한 주민 등에게 고지하도록 하는 조치를 취함으로써 일정한 지역 주민 등이 인터넷을 통해 열람하지 않고도 고지명령 대상자의 고지정보를 알 수 있게 하는 제도이다. 위와 같은 공개명령 및 고지명령 제도는 아동·청소년대상 성폭력범죄 등을 효과적으로 예방하고 그 범죄로부터 아동·청소년을 보호함을 목적으로 하는 일종의 보안처분으로서, … 형벌과 구별되어 그 본질을 달리한다고 할 것이다.

피고인이 제1심판결 선고 당시에는 아청법에서 정한 '아동·청소년'으로서 공개명령·고지명령의 대상에 해당하지 않았으나, 원심에 이르러 만 19세에 도달하는 해의 1월 1일이 경과되어 '아동·청소년'에서 제외됨으로써 공개명령·고지명령의 대상이 된다고 보아, 피고인에 대하여 공개명령 및 고지명령을 선고한 것은 적법하다.[17]

15) 대판 1997. 6. 13. 97도703.
16) 대판 2011. 3. 24. 2010도14393.
17) 대판 2012. 5. 24. 2012도2763.

성폭법이 신상정보의 공개명령 및 고지명령제도의 시행시기를 규정하면서 그 대상범죄의 범행일에 대해서는 규정하지 않음

2010. 4. 15. 법률 제10258호로 제정·공포된 성폭법은 신상정보의 공개명령 및 고지명령 제도에 관하여 제도의 시행시기를 규정하면서도 대상이 되는 범죄가 행하여진 시기에 대해서는 아무런 제한을 두고 있지 아니한 점, … 신상정보의 공개명령 및 고지명령 제도는 성범죄자에 대한 응보 목적의 형벌과 달리 성범죄의 사전예방을 위한 보안처분적 성격이 강한 점 등에 비추어 보면, 성폭법 제32조 제1항에 규정된 등록대상 성폭력범죄를 범한 자에 대해서는 성폭법 제37조, 제41조의 시행 전에 그 범죄를 범하고 그에 대한 공소제기가 이루어졌더라도 신상정보의 공개명령 또는 고지명령의 대상이 된다.[18]

법률 개정으로 위치추적 전자장치 부착명령 기간의 연장

전자장치부착법에 의한 전자감시제도는, … 일종의 보안처분이다. … 전자감시제도는 범죄행위를 한 자에 대한 응보를 주된 목적으로 그 책임을 추궁하는 사후적 처분인 형벌과 구별되어 그 본질을 달리하는 것으로서 형벌에 관한 소급입법금지의 원칙이 그대로 적용되지 않으므로, 위 법률이 개정되어 부착명령 기간을 연장하도록 규정하고 있더라도 그것이 소급입법금지의 원칙에 반한다고 볼 수 없다.[19]

(나) 형벌불소급의 원칙이 적용됨 — 예외

가정폭력범죄의 처벌 등에 관한 특례법상의 사회봉사명령

가정폭력범죄의 처벌 등에 관한 특례법이 정한 보호처분 중의 하나인 사회봉사명령은 가정폭력범죄를 범한 자에 대하여 환경의 조정과 성행의 교정을 목적으로 하는 것으로서 형벌 그 자체가 아니라 보안처분의 성격을 가지는 것이 사실이다. 그러나 한편으로 이는 가정폭력범죄행위에 대하여 형사처벌 대신 부과되는 것으로서, 가정폭력범죄를 범한 자에게 의무적 노동을 부과하고 여가시간을 박탈하여 실질적으로는 신체적 자유를 제한하게 되므로, 이에 대하여는 원칙적으로 형벌불소급의 원칙에 따라 행위시법을 적용함이 상당하다. 가정폭력범죄의 처벌 등에 관한 특례법상 사회봉사명령을 부과하면서, 행위시법상 사회봉사명령 부과시간의 상한인 100시간을 초과하여 상한을 200시간으로 올린 신법을 적용한 것은 위법하다.[20]

전자장치 부착명령 청구요건과 부착기간 하한 가중요건을 완화·확대

2012. 12. 18. 법률 제11558호로 개정된 전자장치 부착법은 제5조 제1항에서 '19세 미만의 사람에 대하

18) 대판 2011. 9. 29. 2011도9253.

19) 대판 2010. 12. 23. 2010도11996. 다음은 같은 취지이다.

위치추적 전자장치 부착명령의 소급적용

전자장치 부착을 통한 위치추적 감시제도가 처음 시행될 때 부착명령 대상에서 제외되었던 2008. 9. 1. 이전에 제1심판결을 선고받은 사람들 중 구 전자장치부착법 시행 당시 징역형 등의 집행 중이거나 집행이 종료, 가종료·가출소·가석방 또는 면제된 후 3년이 경과하지 아니한 자에 대하여도 위치추적 전자장치를 부착할 수 있도록 규정하고 있는 전자장치 부착법 부칙 제2조 제1항은 형벌불소급의 원칙이나 과잉금지원칙에 위배되지 않는다(헌재결 2012. 12. 27. 2010헌가82).

20) 대결 2008. 7. 24. 2008어4.

여 성폭력범죄를 저지른 때(제4호)에 해당하고 성폭력범죄를 다시 범할 위험성이 있다고 인정되는 사람에 대하여 전자장치 부착명령을 청구할 수 있다'고 규정하고, 제9조 제1항 단서에서 '19세 미만의 사람에 대하여 특정범죄를 저지른 경우에는 부착기간 하한을 같은 항 각 호에 따른 부착기간 하한의 2배로 한다'고 규정함으로써, 16세 미만의 사람에 대하여 성폭력범죄를 저지르고 재범의 위험성이 있는 경우 부착명령을 청구할 수 있도록 하고, 13세 미만의 사람에 대하여 특정범죄를 저지른 경우 부착기간 하한을 가중할 수 있도록 하였던 개정 전 법률보다 부착명령청구 요건과 부착기간 하한 가중 요건을 완화·확대하였다. 그런데 위 개정법률 부칙은 제2조 제2항에서 제5조 제1항 제4호의 개정규정에 따른 부착명령 청구를 위 법 시행 전에 저지른 성폭력범죄에 대하여도 적용하도록 규정하고 있으나, 19세 미만의 사람에 대하여 특정범죄를 저지른 경우 부착기간 하한을 2배 가중하도록 한 위 법 제9조 제1항 단서의 소급적용에 관하여는 명시적인 경과규정을 두지 않고 있다. 이와 같이 형벌 조항이 피고인에게 불리한 내용으로 개정된 경우 그 조항의 소급적용에 관하여 명시적인 경과규정이 없는 이상 원칙적으로 그 조항의 소급적용을 부정하는 것이 형법 제1조 제1항에서 정한 행위시법 적용의 원칙 또는 죄형법정주의의 원칙에 부합한다.

따라서 위 개정법률 시행 전에 15세인 피해자에 대하여 저지른 이 사건 강간상해죄에 위 법 제5조 제1항 제4호를 적용하여 부착명령을 선고할 수 있으나, 위 법 제9조 제1항 단서를 적용하여 부착기간의 하한을 가중할 수는 없다.[21]

해설: 전자장치의 부착은 보안처분으로 이해되고 있으나, 위 판례는 전자장치의 부착이 형벌인 것을 전제로 하여 소급적용의 적법성을 따지고 있다.

(3) 절차법과 형벌불소급의 원칙 및 유추해석 금지

판례는 절차법 규정에 대해서도 다음과 같이 원칙적으로 형벌불소급의 원칙 및 유추해석 금지가 적용되는 것으로 본다.

법률 개정에 의해 반의사불벌죄로 됨

종전에는 피해자의 의사에 상관없이 처벌할 수 있었던 근로기준법 제112조 제1항, 제36조 위반죄가 반의사불벌죄로 개정되었고, 부칙에는 그 적용과 관련한 경과규정이 없지만 개정법률이 피고인에게 더 유리할 것이므로 형법 제1조 제2항에 의하여 피고인에 대하여는 개정법률이 적용되어야 한다.[22]

반의사불벌죄에서 의사능력 있는 피해자의 처벌불원 의사표시와 법정대리인의 동의

만약 반의사불벌죄에 있어서 피해자에게 의사능력이 있음에도 불구하고 그 처벌을 희망하지 않는다는 의사표시 또는 처벌희망 의사표시의 철회에 법정대리인의 동의가 있어야 하는 것으로 본다면, 이는 피고인 또는 피의자에 대한 처벌희망 여부를 결정할 수 있는 권한을 명문의 근거 없이 새롭게 창설하여 법정대리인에게 부여하는 셈이 되어 부당하며, 형소법 또는 청소년성보호법의 해석론을 넘어서는 입론이라고 할 것이다. 뿐만 아니라, 처벌을 희망하지 않는다는 의사표시 또는 처벌희망 의사표시의 철회는 이른바 소극적 소송조건에

21) 대판 2013. 7. 26. 2013도6220; 대판 2013. 9. 12. 2013도6424.
22) 대판 2005. 10. 28. 2005도4462.

해당하고, 소송조건에는 죄형법정주의의 파생원칙인 유추해석금지의 원칙이 적용된다고 할 것인데, 명문의 근거 없이 그 의사표시에 법정대리인의 동의가 필요하다고 보는 것은 유추해석에 의하여 소극적 소송조건의 요건을 제한하고 피고인 또는 피의자에 대한 처벌가능성의 범위를 확대하는 결과가 되어 죄형법정주의 내지 유추해석금지의 원칙에도 반한다.[23]

법률 개정으로 법정형이 가벼워진 경우의 공소시효

범죄 후 법률의 개정에 의하여 법정형이 가벼워진 경우에는 형법 제1조 제2항에 의하여 당해 범죄사실에 적용될 가벼운 법정형(신법의 법정형)이 공소시효기간의 기준이 된다.[24]

공소시효의 정지·연장·배제규정을 두면서 경과규정을 두지 않음/성폭법상의 장애인준강간죄 등에 신설된 공소시효 배제조항이 소급적용되는지

공소시효를 정지·연장·배제하는 내용의 특례조항을 신설하면서 소급적용에 관한 명시적인 경과규정을 두지 아니한 경우에 그 조항을 소급하여 적용할 수 있다고 볼 것인지에 관하여는 이를 해결할 보편타당한 일반원칙이 존재할 수 없다.

2011. 11. 17. 개정된 성폭법은 "13세 미만의 여자 및 신체적인 또는 정신적인 장애가 있는 여자에 대하여 형법 제297조(강간) 등의 죄를 범한 경우에는 형소법 제249조부터 제253조까지 및 군사법원법 제291조부터 제295조까지에 규정된 공소시효를 적용하지 아니한다"고 규정하여 공소시효 배제조항을 신설하면서도 이에 대하여 경과규정을 두지 아니하였다.

2007. 12. 21. 개정된 형소법이 종전의 공소시효 기간을 연장하면서도 그 부칙 제3조에서 소급효를 인정하지 아니한다는 원칙을 밝힌 점, 특별법에 소급적용에 관한 명시적인 경과규정이 없는 경우에는 일반법에 규정된 경과규정이 적용되어야 하는 점 등에 비추어 공소시효가 피고인에게 불리하게 변경되는 경우에는 피고인에게 유리한 종전 규정을 적용하여야 한다.[25]

심판대상조항: 5·18민주화운동 등에 관한 특별법[26]

판단: 형벌불소급의 원칙은 "행위의 가벌성" 즉 형사소추가 "언제부터 어떠한 조건하에서" 가능한가의 문제에 관한 것이고, "얼마동안" 가능한가의 문제에 관한 것은 아니므로, 과거에 이미 행한 범죄에 대하여 공소시효를 정지시키는 법률이라 하더라도 그 사유만으로 … 형벌불소급의 원칙에 언제나 위배되는 것으로 단정할 수는 없다 공소시효가 아직 완성되지 않은 경우 위 법률조항은 단지 진행 중인 공소시효를 연장하는 법률로서 이른바 **부진정소급효**를 갖게 되나, 공소시효제도에 근거한 개인의 신뢰와 공시시효의 연장을 통하여 달성하려는 공

23) 대판 2009. 11. 19. 2009도6058 전합.

24) 대판 2008. 12. 11. 2008도4376.

25) 대판 2015. 5. 28. 2015도1362.

26) **동법 제2조(공소시효의 정지)** ① 1979년 12월 12일과 1980년 5월 18일을 전후하여 발생한 헌정질서파괴범죄의공소시효등에관한특별법 제2조의 헌정질서파괴범죄행위에 대하여 국가의 소추권행사에 장애사유가 존재한 기간은 공소시효의 진행이 정지된 것으로 본다.
② 제1항에서 "국가의 소추권행사에 장애사유가 존재한 기간"이라 함은 당해 범죄행위의 종료일부터 1993년 2월 24일까지의 기간을 말한다.

익을 비교형량하여 공익이 개인의 신뢰보호이익에 우선하는 경우에는 소급효를 갖는 법률도 헌법상 정당화될 수 있다.[27)]

진정소급효의 위헌 여부: 법률에 의해 공소시효가 이미 완성된 사안을 다시 소추할 수 있도록 하는 것을 진정소급효라고 한다. 진정소급입법도 예외적으로 허용될 수 있다.[28)]

공소시효기간은 2007년 형소법 개정을 통해 연장되었는바(형소법 249조), 그 전에 범한 죄에 대하여는 종전의 규정을 적용한다.[29)]

사람을 살해한 범죄(종범은 제외)로 사형에 해당하는 범죄에 대하여는 2015. 7. 31.부터 공소시효가 폐지되었는바(형소법 253조의2), 이는 그 이전에 행하여진 범죄로서 2015. 7. 31. 당시 공소시효가 완성되지 아니한 범죄에 대하여도 적용한다.[30)]

추행·간음 목적의 약취·유인·수수·은닉죄 및 강간죄 등 성범죄에 관하여 고소가 있어야 공소를 제기할 수 있도록 한 규정을 삭제하는(현행 제296조 및 제306조 삭제) 개정형법은 그 시행 후 최초로 저지른 범죄부터 적용한다.[31)]

라. 명확성의 원칙

명확성의 원칙의 의미

죄형법정주의에서 파생되는 명확성 원칙은 법률에서 처벌하고자 하는 행위가 무엇이며 그에 대한 형벌이 어떠한 것인지를 누구나 예견할 수 있고, 그에 따라 자신의 행위를 결정할 수 있도록 구성요건을 명확하게 규정하여야 한다는 것을 의미한다. 그러나 처벌법규의 구성요건이 명확하여야 한다고 하더라도 입법자가 모든

27) 헌재결 1996. 2. 16. 96헌가2 등.

28) 진정소급입법 부분은, 다음과 같이 한정위헌의견에 찬성하는 재판관이 6명에 이르지 못하여 합헌이다(헌법재판소법 23조 참조).
합헌의견(재판관 4명): 진정소급입법이라 하더라도 기존의 법을 변경하여야 할 공익적 필요는 심히 중대한 반면에 그 법적 지위에 대한 개인의 신뢰를 보호하여야 할 필요가 상대적으로 적어 개인의 신뢰이익을 관철하는 것이 객관적으로 정당화될 수 없는 경우에는 예외적으로 허용될 수 있다.
진정소급입법이 허용되는 예외적인 경우로는 일반적으로, 국민이 소급입법을 예상할 수 있었거나, 법적 상태가 불확실하고 혼란스러웠거나 하여 보호할 만한 신뢰의 이익이 적은 경우와 소급입법에 의한 당사자의 손실이 없거나 아주 경미한 경우, 그리고 신뢰보호의 요청에 우선하는 심히 중대한 공익상의 사유가 소급입법을 정당화하는 경우를 들 수 있다.
한정위헌의견(재판관 5명): 형사실체법의 영역에서 형벌은 바로 신체의 자유와 직결되기 때문에 적어도 범죄구성요건과 형벌에 관한 한, 어떠한 공익상의 이유도, 국가적인 이익도 개인의 신뢰보호의 요청과 법적 안정성에 우선할 수 없고, 공소시효가 이미 완성되어 소추할 수 없는 상태에 이른 뒤에 뒤늦게 소추가 가능하도록 하는 새로운 법률을 제정하는 것은 결과적으로 형벌에 미치는 사실적 영향에서는 형벌을 사후적으로 가능하게 하는 새로운 범죄구성요건의 제정과 실질에 있어서는 마찬가지이므로, 공소시효가 이미 완성된 경우에 그 뒤 다시 소추할 수 있도록 법률로써 규정하는 것은 헌법 제12조 제1항 후단의 적법절차의 원칙과 제13조 제1항의 형벌불소급의 원칙 정신에 비추어 헌법적으로 받아들일 수 없는 위헌적인 것이다.

29) 2007. 12. 21. 법률 8730호로 개정된 형소법 부칙 3조.

30) 2015. 7. 31. 법률 13454호로 개정된 형소법 부칙 2조.

31) 2012. 12. 18. 법률 11574호로 개정된 형법 부칙 2조.

구성요건을 단순한 의미의 서술적 개념으로 규정하여야 한다는 것은 아니다. 처벌법규의 구성요건이 다소 광범위하여 어떤 범위에서는 법관의 보충적인 해석이 필요한 개념을 사용하였다고 하더라도 그 점만으로 헌법이 요구하는 처벌법규의 명확성 원칙에 반드시 배치되는 것이라고 볼 수 없다. 즉 건전한 상식과 통상적인 법감정을 가진 사람으로 하여금 그 적용대상자가 누구이며 구체적으로 어떠한 행위가 금지되고 있는지 충분히 알 수 있도록 규정되어 있다면 죄형법정주의의 명확성 원칙에 위배되지 않는다.[32)]

법규범의 명확성의 판단방법

법규범이 명확한지 아닌지는 그 법규범이 수범자에게 법규의 의미내용을 알 수 있도록 공정한 고지를 하여 예측가능성을 주고 있는지, 그리고 그 법규범이 법을 해석·집행하는 기관에 충분한 의미내용을 규율하여 자의적인 법해석이나 법집행이 배제되는지 여부, 다시 말하면 예측가능성 및 자의적 법해석·법집행 배제의 확보 여부에 따라 이를 판단할 수 있다. 이때 법규범의 의미내용은 그 문언뿐만 아니라 입법 목적이나 입법 취지, 입법 연혁, 그리고 법규범의 체계적 구조 등을 종합적으로 고려하는 해석방법에 따라 구체화하게 되므로, 결국 법규범이 명확성 원칙에 위배되는지 아닌지는 위와 같은 해석방법에 따라 그 의미내용을 합리적으로 파악할 수 있는 해석기준을 얻을 수 있는지 여부에 달려 있다.[33)]

관세법 시행령상 물품수입시의 신고사항인 '사업자등록번호·통관고유부호'

구 관세법 시행령 제246조 제1항 제5호가 '사업자등록번호·통관고유부호'를 물품 수입시의 신고사항으로 정하고 있는 것은 대체로 수입신고명의의 대여 등으로 인하여 물품의 수입신고명의인과 실제로 납세의무를 부담하는 이가 상이한 경우에 있어서 관세의 부과·징수 및 수입물품의 통관을 적정하게 하고 관세수입을 확보하려는 의도에서 형식상의 신고명의인과는 별도로 실제로 물품을 수입한 자, 즉 화주인 납세의무자에 관한 신고의무를 정하였다고 봄이 상당하다. 그리하여 위 시행령 규정은 이러한 납세의무자에 관한 신고의무를 전제로 그 납세의무자의 구체적인 특정을 위하여 그의 사업자등록번호 등을 신고하도록 정한 것으로 보아야 할 것이다. 그리고 이러한 해석은 통상의 해석방법에 의하여 그 의미내용을 합리적으로 파악할 수 있는 것으로서, 처벌법규의 명확성의 원칙에 반한다거나 자의적으로 처벌 범위를 넓히는 해석이라고 할 수 없다.[34)]

폭처법에서 범죄단체 구성원으로서의 "활동"

폭처법 4조 1항[35)]에서 규정하고 있는 범죄단체 구성원으로서의 "활동"의 개념이 다소 추상적이고 포괄적인 측면이 있지만, 폭처법이 집단적·상습적인 폭력범죄를 엄히 처벌하기 위하여 제정되었고, 특히 폭처법 4조 1항은 범죄단체의 사회적 해악의 중대성에 비추어 범죄의 실행 여부를 불문하고 범죄의 예비·음모의 성격을 갖는 범죄단체의 생성 및 존속 자체를 막으려는 데 그 입법 취지가 있는 점, 범죄단체활동죄는 범죄단체

32) 헌재결 2004. 1. 29. 2002헌가20 등; 헌재결 2010. 9. 30. 2009헌바201; 헌재결 2011. 6. 30. 2009헌바199.
33) 대판 2006. 5. 11. 2006도920; 헌재결 2005. 6. 30. 2002헌바83; 대판 2012. 9. 27. 2012도4637.
34) 대판 2014. 1. 29. 2013도12939.
35) **폭처법 제4조(단체 등의 구성·활동)** ① 이 법에 규정된 범죄를 목적으로 하는 단체 또는 집단을 구성하거나 그러한 단체 또는 집단에 가입하거나 그 구성원으로 활동한 사람은 다음 각 호의 구분에 따라 처벌한다.

구성·가입죄가 즉시범으로 공소시효가 완성된 경우에는 이들을 처벌할 수 없다는 불합리한 점을 감안하여 그 처벌의 근거를 마련한 것이라는 점에서 범죄단체의 구성·가입죄와 별도로 범죄단체활동죄를 처벌할 필요성이 있는 점, 어떠한 행위가 위 "활동"에 해당할 수 있는지는 구체적인 사건에 있어서 위 규정의 입법 취지 및 처벌의 정도 등을 고려한 법관의 합리적인 해석과 조리에 의하여 보충될 수 있는 점 등을 종합적으로 판단하면, 폭처법 4조 1항 중 "활동" 부분이 죄형법정주의의 명확성의 원칙에 위배된다고 할 수 없다.[36)]

정보통신망 이용촉진 및 정보보호 등에 관한 법률에서의 "불안감"

정보통신망 이용촉진 및 정보보호 등에 관한 법률 제65조 제1항 제3호[37)]에서 규정하는 "불안감"은 평가적·정서적 판단을 요하는 규범적 구성요건요소이고, "불안감"이란 개념이 사전적으로 "마음이 편하지 아니하고 조마조마한 느낌"이라고 풀이되고 있어 이를 불명확하다고 볼 수는 없으므로, 위 규정 자체가 죄형법정주의 및 여기에서 파생된 명확성의 원칙에 반한다고 볼 수 없다.[38)]

형의 선고는 형의 범위를 정하여 하여야 한다. 즉 선고형은 정기형(가령 징역 1년, 벌금 300만원 등)이어야 한다. 법정형에 있어서도 형의 범위를 전혀 정하지 않는 절대적 부정기형은 명확성의 원칙에 반하여 허용되지 않는다.[39)] 상대적 부정기형은 소년에 대해서 인정되고 있다.[40)]

마. 유추·확장해석의 금지

형벌법령의 해석은 법률문언의 가능한 의미 내에서 행해져야 하고, 법률에 명시되지 아니한 사항에 대해 유사한 사항을 규정하고 있는 법률을 확대하여 적용하는 유추해석은 금지된다.

---

36) 대판 2008. 5. 29. 2008도1857.

37) 현행법상의 규정은 다음과 같다.

제74조(벌칙) ① 다음 각 호의 어느 하나에 해당하는 자는 1년 이하의 징역 또는 1천만원 이하의 벌금에 처한다.

1., 2. 생략

3. 제44조의7 제1항 제3호를 위반하여 공포심이나 불안감을 유발하는 부호·문언·음향·화상 또는 영상을 반복적으로 상대방에게 도달하게 한 자

38) 대판 2008. 12. 24. 2008도9581.

39) 이 사건 법률조항이 "그 죄에 대한 법정형의 최고를 사형으로 한다"고 규정한 것을, 법정형의 최고가 사형이므로 그 이하의 형벌까지 모두 선고할 수 있다는 의미로 해석할 것인지, 아니면 국가보안법 제7조 제5항, 제 1항에 규정되어 있는 법정형 외에 사형이 법정형으로 추가된다는 의미로 해석할 것인지 불명확하다. … 전자로 해석할 때는 이 사건 법률조항이 실질적으로 절대적 부정기형을 정한 것이나 마찬가지여서 그 자체로 형벌법규의 명확성 요청에 반하고, 후자로 해석할 때는 우리 형벌법규 가운데 사형이 법정형으로 규정되어 있는 범죄는 그 법정형이 보통 '사형, 무기 또는 ○년 이상의 징역'이라고 되어 있는데 반해 이 사건 법률조항은 법정형의 중간에 공백이 생기게 되어 형벌법규 체계상 용인할 수 없는 법정형의 모순이 나타나게 된다. 그렇다면 이 사건 법률조항은 형벌법규의 명확성 원칙에 반한다(헌재결 2002. 11. 28. 2002헌가5).

40) **소년법 제60조(부정기형)** ① 소년이 법정형으로 장기 2년 이상의 유기형에 해당하는 죄를 범한 경우에는 그 형의 범위에서 장기와 단기를 정하여 선고한다. 다만, 장기는 10년, 단기는 5년을 초과하지 못한다.

②, ③ 생략

④ 소년에 대한 부정기형을 집행하는 기관의 장은 형의 단기가 지난 소년범의 행형성적이 양호하고 교정의 목적을 달성하였다고 인정되는 경우에는 관찰 검찰청 검사의 지휘에 따라 그 형의 집행을 종료시킬 수 있다.

확장해석이나 유추해석의 한계

형벌법규는 문언에 따라 엄격하게 해석·적용하여야 하고 피고인에게 불리한 방향으로 지나치게 확장해석하거나 유추해석하여서는 아니 되나, 형벌법규의 해석에 있어서도 가능한 문언의 의미 내에서 당해 규정의 입법 취지와 목적 등을 고려한 법률체계적 연관성에 따라 그 문언의 논리적 의미를 분명히 밝히는 체계적·논리적 해석방법은 그 규정의 본질적 내용에 가장 접근한 해석을 위한 것으로서 죄형법정주의의 원칙에 부합한다. 정보통신망에 의하여 처리·보관 또는 전송되는 타인의 정보를 훼손하거나 타인의 비밀을 침해·도용 또는 누설하는 행위를 금지·처벌하는 규정인 정보통신망 이용촉진 및 정보보호 등에 관한 법률 제49조 및 제62조 제6호[41]의 '타인'에는 생존하는 개인뿐만 아니라 이미 사망한 자도 포함된다.[42]

(1) 허용되는 경우

후보자의 배우자가 선거사무원에게 불특정 다수의 선거인들을 매수하여 지지표를 확보하는 등 부정선거운동에 사용하도록 현금 제공

공직선거법 제113조[43]에서 후보자와 그 배우자로 하여금 선거 전 일정 기간(기부행위제한기간) 내에 당해 선거에 관한 여부를 불문하고 일체의 기부행위를 할 수 없도록 규정한 취지는, 그러한 기부행위가 후보자의 지지기반을 조성하는 데에 기여하거나 매수행위와 결부될 가능성이 높아 이를 허용할 경우 선거 자체가 후보자의 인물·식견 및 정책 등을 평가받는 기회가 되기보다는 후보자의 자금력을 겨루는 과정으로 타락할 위험성이 있어 이를 방지하기 위한 것이다.

후보자의 배우자와 선거사무원 사이의 현금 수수는 후보자의 배우자가 특정의 선거인에게 전달하기 위하여 선거사무원에게 단순히 보관시키거나 돈 심부름을 시킨 것이 아니라 그로 하여금 불특정 다수의 선거인들을 매수하여 지지표를 확보하는 등의 부정한 선거운동에 사용하도록 제공한 것으로서 공직선거법 제112조 제1항 소정의 '기부행위'에 해당한다 할 것이고, 이를 들어 기부행위를 실행하기 위한 준비 내지 예비 행위에 불과하다고 할 수는 없다.[44]

---

41) 현행 정보통신망 이용촉진 및 정보보호 등에 관한 법률상의 관련 규정은 다음과 같다.
제71조(벌칙) 다음 각 호의 어느 하나에 해당하는 자는 5년 이하의 징역 또는 5천만원 이하의 벌금에 처한다.
1.~10. 생략
11. 제49조를 위반하여 타인의 정보를 훼손하거나 타인의 비밀을 침해·도용 또는 누설한 자
제49조(비밀 등의 보호) 누구든지 정보통신망에 의하여 처리·보관 또는 전송되는 타인의 정보를 훼손하거나 타인의 비밀을 침해·도용 또는 누설하여서는 아니 된다.

42) 대판 2007. 6. 14. 2007도2162.

43) **공직선거법 제113조(후보자 등의 기부행위제한)** ① 국회의원·지방의회의원·지방자치단체의 장·정당의 대표자·후보자(후보자가 되고자 하는 자를 포함한다)와 그 배우자는 당해 선거구 안에 있는 자나 기관·단체·시설 또는 당해 선거구의 밖에 있더라도 그 선거구민과 연고가 있는 자나 기관·단체·시설에 기부행위(결혼식에서의 주례행위를 포함한다)를 할 수 없다.
② 누구든지 제1항의 행위를 약속·지시·권유·알선 또는 요구할 수 없다.

44) 대판 2002. 2. 21. 2001도2819 전합.
반대의견: 공직선거법 제112조 제1항 제1호는 선거구민 등에 대하여 금전 등 물품을 제공하는 행위가 기부행위에 해당한다고 규정하고 있고, 여기에서 '제공'이라 함은 금전 등 물품을 상대방에게 귀속시키는 것을 뜻하므로, 금전 등 물품을 유권자에게 전달하라고 선거사무원에게 주는 교부행위는 물품의 제공행위가 아니고, 공직선거법 제112조 제1항 제1호의 기부행위를 실행하기 위한 공모자 사이의 준비행위에 불과하다.

약국개설자가 아닌 자들이 불특정 또는 다수인에게 무상 양도하려고 의약품을 매수

약국개설자가 아닌 피고인들이 A주식회사의 직원들 및 그 가족들에게 수여할 목적으로 전문의약품인 타미플루 캅셀 등을 B주식회사로부터 매수하여 취득한 사안에서,
구 약사법상 국내에 있는 불특정 또는 다수인에게 무상으로 의약품을 양도하는 수여행위도 구 약사법 제44조 제1항의 '판매'에 포함된다고 보는 것이 죄형법정주의에 반하지 않는다.[45)]

마른 풀에 놓고 간 불이 옮겨 붙어 피해자들의 나무를 소훼(과실로 타인의 일반물건 방화)/'자기의 소유에 속하는 제166조 또는 제167조에 기재한 물건'의 해석

피고인이 피해자 갑 등 소유의 사과나무 밭에서 바람이 세게 불어 그냥 담뱃불을 붙이기가 어렵자 마른 풀을 모아 놓고 성냥불을 켜 담뱃불을 붙인 뒤, 그 불이 완전히 소화되었는지 여부를 확인하지 아니한 채 자리를 이탈한 과실로, 남은 불씨가 주변에 있는 마른 풀과 잔디에 옮겨 붙고, 계속하여 피해자들 소유의 사과나무에 옮겨 붙어 사과나무 217주 등 시가 671만원 상당을 소훼한 사안에서,
형법 제170조 제2항에서 말하는 '자기의 소유에 속하는 제166조 또는 제167조에 기재한 물건'이라 함은 '자기의 소유에 속하는 제166조에 기재한 물건 또는 자기의 소유에 속하든, 타인의 소유에 속하든 불문하고 제167조에 기재한 물건'을 의미하는 것이라고 해석하여야 하며, 제170조 제1항과 제2항의 관계로 보아서도 제166조에 기재한 물건(일반건조물 등) 중 타인의 소유에 속하는 것에 관하여는 제1항에서 규정하고 있기 때문에 제2항에서는 그 중 자기의 소유에 속하는 것에 관하여 규정하고, 제167조에 기재한 물건에 관하여는 소유의 귀속을 불문하고 그 대상으로 삼아 규정하고 있는 것이라고 봄이 관련조문을 전체적, 종합적으로 해석하는 방법일 것이고, 이렇게 해석한다고 하더라도 그것이 법규정의 가능한 의미를 벗어나 법형성이나 법창조행위에 이른 것이라고는 할 수 없어 유추해석이나 확장해석에 해당한다고 볼 수는 없을 것이다.[46)]

반대의견에 대한 보충의견: (1) 우리나라의 선거풍토 하에서 금품을 최종적으로 받아가질 사람에 대하여 주는 것만을 처벌의 대상으로 하여야 한다면 금권선거를 근절시키고자 하는 입법목적을 달성할 수 없고, 중간단계에서 주는 것이라 하더라도 그것이 포착되면 이를 처벌하여야 할 필요성이 절실하므로, ….

(2) 형벌법규의 해석에 있어서도 법률문언의 통상적인 의미를 벗어나지 않는 한 그 법률의 입법취지와 목적, 입법연혁 등을 고려한 목적론적 해석이 배제되는 것은 아니므로, 다수의견은 … 확장해석이나 유추해석에 해당하지 않는다.

45) 대판 2011. 10. 13. 2011도6287.

약사법 제44조(의약품 판매) ① 약국 개설자(해당 약국에 근무하는 약사 또는 한약사를 포함한다. 제47조, 제48조 및 제50조에서도 같다)가 아니면 의약품을 판매하거나 판매할 목적으로 취득할 수 없다.

다음은 유사 취지이다.

도시정비법상의 추진위원회 위원장에 추진위원회 위원장의 유고 등을 이유로 운영규정에 따라 연장자 순으로 추진위원회 위원장 직무대행자가 된 자가 포함되는지

구 도시 및 주거환경정비법 제86조 제6호와 제84조의3 제5호 위반죄의 범행주체인 '추진위원회 위원장'이란 같은 법 제13조 제2항, 제15조 제1항에 따라 정비사업조합을 설립하기 위하여 토지등소유자 과반수의 동의를 얻은 후 시장·군수의 승인을 얻어 구성된 조합설립추진위원회의 위원장을 의미하므로, 추진위원회의 부위원장이나 추진위원이었다가 추진위원회 위원장의 유고 등을 이유로 운영규정에 따라 연장자 순으로 추진위원회 위원장 직무대행자가 된 자를 구 도시정비법 제86조 제6호, 제81조 제1항, 제84조의3 제5호, 제14조 제2항에서 규정한 '추진위원회 위원장'에 해당하는 것으로 해석하는 것은 형벌법규를 피고인에게 불리한 방향으로 지나치게 확장 해석하거나 유추 해석하는 것으로서 죄형법정주의의 원칙에 어긋나 허용될 수 없다(대판 2015. 3. 12. 2014도10612).

46) 대판 1994. 12. 20. 94모32 전합.

미성년자의제강간·강제추행죄의 미수범 처벌에 있어 강간죄와 강제추행죄의 예에 따름

미성년자의제강간·강제추행죄를 규정한 형법 제305조가 강간죄와 강제추행죄의 미수범의 처벌에 관한 형법 제300조를 명시적으로 인용하고 있지 아니하나, 형법 제305조의 입법 취지는 성적으로 미성숙한 13세 미만의 미성년자를 특별히 보호하기 위한 것으로 보이는바 이러한 입법 취지에 비추어 보면 동조에서 규정한 형법 제297조와 제298조의 '예에 의한다'는 의미는 미성년자의제강간·강제추행죄의 처벌에 있어 그 법정형뿐만 아니라 미수범에 관하여도 강간죄와 강제추행죄의 예에 따른다는 취지로 해석되고, 이러한 해석이 형벌법규의 명확성의 원칙에 반하는 것이거나 죄형법정주의에 의하여 금지되는 확장해석이나 유추해석에 해당하는 것으로 볼 수 없다.47)

(2) 허용되지 않는 경우

공정증서원본불실기재죄에서 공정증서의 정본이 공정증서원본인지

형벌법규는 문언에 따라 엄격하게 해석하여야 하고 피고인에게 불리한 방향으로 지나치게 확장해석하거나 유추해석하여서는 아니되는 원칙에 비추어 볼 때,
공정증서원본등불실기재죄(제228조 제1항), 동행사죄(형법 제229조)에 있어서의 '공정증서원본'에는 공정증서의 정본이 포함된다고 볼 수 없다.48)

발행된 적이 없거나 과거에 발행하였지만 현재는 유통되지 않고 수집대상인 미국 지폐

형법 제207조 제3항에서 외국에서 통용한다고 함은 그 외국에서 강제통용력을 가지는 것을 의미하는 것이므로 외국에서 통용하지 아니하는, 즉 강제통용력을 가지지 아니하는 지폐는 그것이 비록 일반인의 관점에서 통용할 것이라고 오인할 가능성이 있다고 하더라도 위 형법 제207조 제3항에서 정한 외국에서 통용하는 외국의 지폐에 해당한다고 할 수 없고, 만일 그와 달리 위 형법 제207조 제3항의 외국에서 통용하는 지폐에 일반인의 관점에서 통용할 것이라고 오인할 가능성이 있는 지폐까지 포함시키면 이는 위 처벌조항을 문언상의 가능한 의미의 범위를 넘어서까지 유추해석 내지 확장해석하여 적용하는 것이 되어 허용되지 않는다.
미국에서 발행된 적이 없이 단지 여러 종류의 관광용 기념상품으로 제조, 판매되고 있는 미합중국 100만 달러 지폐와 과거에 발행되어 은행 사이에서 유통되다가 현재는 발행되지 않고 있으나 화폐수집가나 재벌들이 이를 보유하여 오고 있는 미합중국 10만 달러 지폐가 막연히 일반인의 관점에서 미합중국에서 강제통용력을 가졌다고 오인할 수 있다는 이유로 형법 제207조 제3항의 외국에서 통용하는 지폐에 포함된다고 판단한 원심판결을 파기한 사례.49)

전자금융거래법 개정 전의 '대가를 받고 접근매체를 대여'하는 행위에 개정 후의 '대가를 약속받고 접근매체를 대여'하는 행위가 포함되는지

구 전자금융거래법은 제6조 제3항 제2호에서 '대가를 주고 접근매체를 대여받거나 대가를 받고 접근매체를

47) 대판 2007. 3. 15. 2006도9453.
48) 대판 2002. 3. 26. 2001도6503.
49) 대판 2004. 5. 14. 2003도3487.

대여하는 행위'를 금지하고, 제49조 제4항 제2호에서 '제6조 제3항 제2호를 위반하여 접근매체를 대여받거나 대여한 자'를 처벌하고 있었는데, 개정 전자금융거래법(2015년 개정)은 제6조 제3항 제2호에서 '대가를 수수·요구 또는 약속하면서 접근매체를 대여받거나 대여하는 행위 또는 보관·전달·유통하는 행위'를 금지하고, 제49조 제4항 제2호에서 '제6조 제3항 제2호 또는 제3호를 위반하여 접근매체를 대여받거나 대여한 자 또는 보관·전달·유통한 자'를 처벌하는 것으로 변경하여 규정하고 있다.
위와 같은 구 전자금융거래법 및 개정 전자금융거래법의 각 규정 내용과 취지에 비추어 볼 때, 대가를 약속받고 접근매체를 대여하는 행위를 처벌할 필요성이 있다고 하더라도 그러한 행위를 구 전자금융거래법 제49조 제4항 제2호, 제6조 제3항 제2호에서 정한 '대가를 받고 접근매체를 대여'함으로 인한 구 전자금융거래법 위반죄로 처벌하는 것은 형벌법규의 확장해석 또는 유추해석으로서 죄형법정주의에 반하여 허용될 수 없다.[50]

피해자가 화상카메라로 자신을 나체로 촬영한 영상정보를 보내온 것을 동영상파일로 저장

피해자가 스스로 자신의 신체 부위를 화상카메라에 비추었고 카메라 렌즈를 통과한 상의 정보가 디지털화되어 피고인의 컴퓨터에 전송되었으며, 피고인은 수신된 정보가 영상으로 변환된 것을 휴대전화 내장 카메라를 통해 동영상 파일로 저장한 사안에서,
피고인이 촬영한 대상은 갑의 신체 이미지가 담긴 영상일 뿐 갑의 신체 그 자체는 아니라고 할 것이어서 성폭법 14조 1항의 구성요건에 해당하지 않으며, 다른 사람의 신체 이미지가 담긴 영상도 위 규정의 '다른 사람의 신체'에 포함된다고 해석하는 것은 죄형법정주의 원칙상 허용될 수 없어 성폭법위반(카메라등이용촬영)에 해당하지 않는다.[51]

---

50) 대판 2015. 2. 26. 2015도354.
현행 전자금융거래법 제6조(접근매체의 선정과 사용 및 관리) ①, ② 생략
③ 누구든지 접근매체를 사용 및 관리함에 있어서 … 다음 각 호의 행위를 하여서는 아니 된다. 다만, …에는 그러하지 아니하다.
1. 접근매체를 양도하거나 양수하는 행위
2. 대가를 수수(授受)·요구 또는 약속하면서 접근매체를 대여받거나 대여하는 행위 또는 보관·전달·유통하는 행위
3. 범죄에 이용할 목적으로 또는 범죄에 이용될 것을 알면서 접근매체를 대여받거나 대여하는 행위 또는 보관·전달·유통하는 행위
4.~5. 생략
제2조(정의) 1.~10. 생략
10. "접근매체"라 함은 전자금융거래에 있어서 거래지시를 하거나 이용자 및 거래내용의 진실성과 정확성을 확보하기 위하여 사용되는 다음 각 목의 어느 하나에 해당하는 수단 또는 정보를 말한다.
가. 전자식 카드 및 이에 준하는 전자적 정보
나. 「전자서명법」 제2조 제4호의 전자서명생성정보 및 같은 조 제7호의 인증서
다. 금융회사 또는 전자금융업자에 등록된 이용자번호
라. 이용자의 생체정보
마. 가목 또는 나목의 수단이나 정보를 사용하는데 필요한 비밀번호
51) 대판 2013. 6. 27. 2013도4279.
성폭법 제14조(카메라 등을 이용한 촬영) ① 카메라나 그 밖에 이와 유사한 기능을 갖춘 기계장치를 이용하여 성적 욕망 또는 수치심을 유발할 수 있는 다른 사람의 신체를 그 의사에 반하여 촬영하거나 그 촬영물을 반포·판매·임대·제공 또는 공공연하게 전시·상영한 자는 5년 이하의 징역 또는 1천만원 이하의 벌금에 처한다.

범죄단체의 상위 구성원들로부터 '줄빠따'를 맞고 그에 관한 입단속을 잘하라고 지시받음

폭처법 4조 1항에서의 '활동'이라 함은 범죄단체 또는 집단의 내부 규율 및 통솔체계에 따른 조직적, 집단적 의사 결정에 의하여 행하는 범죄단체 또는 집단의 존속·유지를 지향하는 적극적인 행위로서 그 기여의 정도가 폭처법 4조 3항, 4항에 규정된 행위에 준하는 것을 의미한다. … 다수의 구성원이 관여되었다고 하더라도 범죄단체 또는 집단의 존속·유지를 목적으로 하는 조직적, 집단적 의사결정에 의한 것이 아니거나, 범죄단체 또는 집단의 수괴나 간부 등 상위 구성원으로부터 모임에 참가하라는 등의 지시나 명령을 소극적으로 받고 이에 단순히 응하는데 그친 경우, 구성원 사이의 사적이고 의례적인 회식이나 경조사 모임 등을 개최하거나 참석하는 경우 등은 '활동'에 해당한다고 볼 수 없다.

범죄단체의 상위 구성원들로부터 조직의 위계질서를 잘 지키라는 지시를 받으며 속칭 '줄빠따'를 맞고 그에 관하여 입단속을 잘하라는 지시를 받은 피고인들의 행위는 폭처법상의 범죄단체 구성원으로서의 활동으로 볼 수 없다.[52)]

바. 적정성의 원칙, 과잉금지의 원칙

특가법상 상습절도(미수), 상습장물취득

심판대상조항: 형법상의 범죄와 똑같은 구성요건을 규정하면서 법정형만 상향 조정한 특가법 제5조의4 제1항 중 형법 제329조에 관한 부분, 특가법 제5조의4 제1항 중 형법 제329조의 미수죄에 관한 부분, 특가법 제5조의4 제4항 중 형법 제363조 가운데 형법 제362조 제1항의 '취득'에 관한 부분[53)]

판단: 심판대상조항은 별도의 가중적 구성요건표지를 규정하지 않은 채 형법 조항과 똑같은 구성요건을 규정하면서 법정형만 상향 조정하여 어느 조항으로 기소하는지에 따라 벌금형의 선고 여부가 결정되고, 선고형에 있어서도 심각한 형의 불균형을 초래하게 함으로써 … 헌법의 기본원리에 위배될 뿐만 아니라 그 내용에 있어서도 평등원칙에 위반되어 위헌이다.[54)]

준강도죄 및 강도상해죄와 과잉금지의 원칙

절도가 체포를 면탈할 목적으로 폭행·협박한 것을 준강도로 처벌하는 것은 그 행위의 죄질이 강도와 등가로 평가할 수 있기 때문인 것이므로 국민의 신체의 자유권을 제한함에 있어서 범죄와 형벌 간의 균형성과 최소성을 상실하여 과잉금지의 원칙을 위배하였다고 할 수 없다.

절도죄와 상해죄의 경합범에 비하여 강도상해죄의 법정형이 현저하게 높고 후자의 경우에는 작량감경만으로는 집행유예의 선고가 불가능한 것은 사실이나 이는 단지 시간적 견련의 차에 따라 차등을 둔 것이 아니라 준강도의 범행에 대한 평가가 강도범행에 대한 평가와 동일시 할 수 있기 때문인 것으로 합리적인 이유가 있다.

강도상해죄의 법정 최저형이 살인죄의 그것보다 높으나 이는 살인죄에 있어서는 그 행위의 태양이나 동기가

---

52) 대판 2009. 9. 10. 2008도10177

53) **특가법 제5조의4(상습 강도·절도죄 등의 가중처벌)** ① 상습적으로 「형법」 제329조부터 제331조까지의 죄 또는 그 미수죄를 범한 사람은 무기 또는 3년 이상의 징역에 처한다. 삭제 <2016. 1. 6.>

④ 「형법」 제363조의 죄를 범한 사람은 무기 또는 3년 이상의 징역에 처한다. 삭제 <2016. 1. 6.>

54) 헌재결 2015. 2. 26. 2014헌가16.

극히 다양하므로 그 죄질 또는 비난가능성의 정도가 매우 가변적임에 비하여 강도상해죄의 경우 그 행위태양이나 동기가 비교적 단순하여 죄질과 정상의 폭이 넓지 않다 할 것이고 일반적으로 행위자의 비난가능성도 크다고 할 것이므로 준강도가 범한 강도상해죄의 법정형의 하한이 살인죄의 그것보다 높다고 하여 바로 과잉금지의 원칙을 위배하였다고 할 수 없다.[55)]

상관살해죄에 대해 사형만을 법정형으로 규정한 구 군형법

이 사건 법률조항: 상관을 살해한 경우 사형만을 유일한 법정형으로 규정하고 있는 군형법(1962. 1. 20. 법률 제1003호로 제정된 것) 제53조 제1항

판단: 형벌은 죄질과 책임에 상응하도록 적절한 비례성이 지켜져야 하는바, 군대 내 명령체계유지 및 국가방위라는 이유만으로 가해자와 상관 사이에 명령복종관계가 있는지 여부를 불문하고 전시와 평시를 구분하지 아니한 채 다양한 동기와 행위태양의 범죄를 동일하게 평가하여 사형만을 유일한 법정형으로 규정하고 있는 이 사건 법률조항은, 범죄의 중대성 정도에 비하여 심각하게 불균형적인 과중한 형벌을 규정함으로써 죄질과 그에 따른 행위자의 책임 사이에 비례관계가 준수되지 않아 인간의 존엄과 가치를 존중하고 보호하려는 실질적 법치국가의 이념에 어긋나고, 형벌체계상 정당성을 상실한 것이다.[56)]

피해자가 사망한 특가법위반(도주차량)죄

이 사건 법률조항: 피해자를 치사하고 도주하거나 도주 후에 피해자가 사망한 때 사형·무기 또는 10년 이상의 징역에 처하는 구 특가법 5조의3 2항 1호

판단: 이 사건 법률조항에서 과실로 사람을 치상하게 한 자가 구호행위를 하지 아니하고 도주하거나 고의로 유기함으로써 치사의 결과에 이르게 한 경우에 살인죄와 비교하여 그 법정형을 더 무겁게 한 것은 형벌체계상의 정당성과 균형을 상실한 것으로서 … 과잉입법금지의 원칙 등에 반한다.[57)]

Ⅱ. 형법의 시간적 적용범위

범죄의 성립과 처벌은 행위시의 법률에 의한다(형법 1조 1항). 죄형법정주의가 적용되는 형법의 영역에 있어서는 사후입법에 의한 국가형벌권의 남용을 방지하기 위하여 행위시법의 적용을 원칙으로 한다. 다만, 범죄 후 법률의 변경에 의하여 그 행위가 범죄를 구성하지 아니하거나 형이 구법보다 경한 때에는 신법에 의한다(형법 1조 2항).

55) 헌재결 1997. 8. 21. 96헌바9.
56) 헌재결 2007. 11. 29. 2006헌가13.
57) 헌재결 1992. 4. 28. 90헌바24.

1. 행위시법의 적용

가. 행위시의 의미

행위시의 의미/처벌대상을 추가하는 변호사법 개정 전에 실행에 착수, 개정 후에 범행종료

범죄의 성립과 처벌은 행위시의 법률에 의한다고 할 때의 "행위시"라 함은 범죄행위의 종료시를 의미한다. 변호사법 개정으로 비로소 일반의 법률사건에 관한 화해관여행위가 처벌대상이 되었고, 피고인의 사건수임계약 체결과 화해관여행위가 위 변호사법의 개정 이전에 착수된 것이라 하더라도 그와 같은 관여행위가 법률개정 이후에 종료된 것이라면 피고인을 변호사법위반으로 의율한 조처는 옳다.[58)]

무허가업체와 건설폐기물 위탁처리 계약체결 → 처벌규정 신설 → 계속적인 위탁처리

구 건설폐기물의 재활용촉진에 관한 법률에 위반하여 건설폐기물을 허가받지 아니한 업체에 위탁하여 처리하는 행위는 위탁처리를 위한 도급계약의 성립과 함께 범죄가 기수에 이르러 범죄행위가 종료되는 이른바 즉시범이 아니고 그 도급계약에 따른 건설폐기물의 처리행위를 계속함으로써 위법상태가 지속되는 동안 범죄행위도 종료되지 않고 계속되는 계속범의 성격을 갖는 것이다.

대한주택공사와 철거업체들 간의 도급계약이 처벌규정인 위 법률 조항이 신설되기 전에 체결되었다고 하더라도, 그에 따른 건설폐기물의 처리행위가 처벌규정의 신설 후에도 종료되지 않고 계속적으로 이루어진 이상, 처벌규정 신설 후에 이루어진 무허가 처리업체에 의한 건설폐기물의 위탁처리에 대하여 위 법률 조항이 적용된다.[59)]

나. 포괄일죄와 행위시법 적용의 원칙

(1) 신법의 적용

포괄일죄가 법 개정 전후에 행해짐

포괄일죄로 되는 개개의 범죄행위가 법 개정의 전후에 걸쳐서 행하여진 경우에는 신·구법의 법정형에 대한

58) 대판 1994. 5. 10. 94도563. 자주 적용되는 변호사법의 처벌규정은 다음과 같다.
제109조(벌칙) 다음 각 호의 어느 하나에 해당하는 자는 7년 이하의 징역 또는 5천만원 이하의 벌금에 처한다. 이 경우 벌금과 징역은 병과할 수 있다.
1. 변호사가 아니면서 금품·향응 또는 그 밖의 이익을 받거나 받을 것을 약속하고 또는 제3자에게 이를 공여하게 하거나 공여하게 할 것을 약속하고 다음 각 목의 사건에 관하여 감정·대리·중재·화해·청탁·법률상담 또는 법률 관계 문서 작성, 그 밖의 법률사무를 취급하거나 이러한 행위를 알선한 자
가. 소송 사건, 비송 사건, 가사 조정 또는 심판 사건
나. 행정심판 또는 심사의 청구나 이의신청, 그 밖에 행정기관에 대한 불복신청 사건
다. 수사기관에서 취급 중인 수사 사건
라. 법령에 따라 설치된 조사기관에서 취급 중인 조사 사건
마. 그 밖에 일반의 법률사건
제111조(벌칙) ① 공무원이 취급하는 사건 또는 사무에 관하여 청탁 또는 알선을 한다는 명목으로 금품·향응, 그 밖의 이익을 받거나 받을 것을 약속한 자 또는 제3자에게 이를 공여하게 하거나 공여하게 할 것을 약속한 자는 5년 이하의 징역 또는 1천만원 이하의 벌금에 처한다. 이 경우 벌금과 징역은 병과할 수 있다.

59) 대판 2009. 1. 30. 2008도8607.

경중을 비교하여 볼 필요도 없이 범죄 실행 종료시의 법이라고 할 수 있는 신법을 적용하여 포괄일죄로 처단하여야 한다.[60)]

(2) 개정 전의 행위는 종전 규정에 의한다는 경과규정을 둠

계속범(건축법상 무단 용도변경 및 사용)은 범행종료시의 법 적용이 원칙/개정 전의 행위는 종전 규정에 의한다는 경과규정 있으면 개정 전후로 나누어 적용

일반적으로 계속범의 경우 실행행위가 종료되는 시점에서의 법률이 적용되어야 할 것이나,[61)] 법률이 개정되면서 그 부칙에서 '개정된 법 시행 전의 행위에 대한 벌칙의 적용에 있어서는 종전의 규정에 의한다'는 경과규정을 두고 있는 경우 개정된 법이 시행되기 전의 행위에 대해서는 개정 전의 법을, 그 이후의 행위에 대해서는 개정된 법을 각각 적용하여야 한다.

계속범의 성질을 갖는 건축법상 무단 용도변경 및 사용의 공소사실을, 그 행위기간 사이의 건축법에 대한 위헌결정 및 건축법 개정에 기인한 처벌규정의 효력상실과 경과규정 등으로 인하여, 시기별로 각각의 독립된 행위로 평가하여 적용 법률을 특정하고 그에 따라 유·무죄의 판단을 달리하여야 한다고 본 사례.[62)]

(3) 법률 개정으로 가중적 구성요건 신설

특가법의 개정으로 뇌물수수죄에 관하여 벌금형의 필요적 병과규정 신설

법률의 개정: 2008. 12. 26. 개정·시행된 특가법은 제2조 제2항에서 "형법 제129조, 제130조 또는 제132조에 규정된 죄를 범한 자는 그 죄에 대하여 정한 형에 수뢰액의 2배 이상 5배 이하의 벌금을 병과한다"라고 규정하여 뇌물수수죄 등에 대하여 종전에 없던 벌금형을 필요적으로 병과하도록 함.

법리: 포괄일죄인 뇌물수수 범행이 위 규정의 시행 전후에 걸쳐 행하여진 경우 특가법 제2조 제2항에 규정된 벌금형 산정 기준이 되는 수뢰액은 위 규정이 시행된 2008. 12. 26. 이후에 수수한 금액으로 한정된다.

판단: 피고인이 특가법 시행일인 2008. 12. 26.을 전후하여 갑에게서 9회에 걸쳐 총 1,610만원, 을에게서 4회에 걸쳐 총 1,000만원의 뇌물을 수수하였고 위 각 죄는 포괄일죄이며, 피고인이 위 규정 시행 이후 받은 뇌물은 갑에게서 총 450만원, 을에게서 총 200만원인이다. 그렇다면 특가법 제2조 제2항에 규정된 벌금형 산정 기준이 되는 수수액은 2008. 12. 26. 이후에 수수한 금액에 한정되므로, 피고인에게 병과할 수 있는 벌금형의 상한은 갑과 관련된 뇌물수수죄에 대한 벌금형 상한인 2,250만원(=450만원×5배), 을과 관련된 뇌물수수죄에 대한 벌금형 상한인 1,000만원(=200만원×5배)에 관하여 경합범 가중을 한 범위 내인 3,250만원이다.[63)]

---

60) 대판 1998. 2. 24. 97도183.

61) 다음은 같은 취지이다.

환경보전법을 대신한 수질환경보전법이 시행되기 전에 계속범이 종료

환경보전법을 대신하여 1991. 2. 1.부터 수질환경보전법이 시행되었고, 수질환경보전법 부칙 15조는 "이 법 시행 전에 행한 종전의 환경보전법의 위반행위에 대한 벌칙의 적용은 종전의 규정에 의한다"라고 규정하였다. 피고인들의 이 사건 범행은 계속범에 해당하는데 그 행위가 1991. 3. 20.에 종료되었다. 그렇다면 피고인들의 범행에 관하여 수질환경보전법을 적용한 것은 행위시법주의와 법률불소급의 원칙에 반하지 않는다(대판 1992. 12. 8. 92도407).

62) 대판 2001. 9. 25. 2001도3990.

63) 대판 2011. 6. 10. 2011도4260.

포괄일죄인 시세조종행위가 '증권거래법 개정 법률'(시세조종으로 인한 이득액에 따라 가중처벌) 시행 전후에 행해짐

포괄일죄인 시세조종행위가 증권거래법 개정 법률 시행 전후[64]에 걸쳐 있는 경우, 증권거래법 시행 이후의 범행으로 인하여 얻은 이익 또는 회피한 손실액이 같은 법 제207조의2 제2항 소정의 구성요건을 충족하는 때에는 같은 법 제207조의2 제2항을 적용하여 처벌할 수 있으나, 그렇지 않은 경우에는 법률불소급의 원칙상 개정 전의 구 증권거래법을 적용하여 처벌하여야 한다.

증권거래법 개정 법률 시행 이후에 시세조종행위에 동원된 주식을 매도함으로 인하여 발생한 이익은 그 매수시기에 상관없이 모두 증권거래법 시행 이후의 '위반행위로 얻은 이익'에 포함된다고 평가한다면, 증권거래법 시행 이전에 시세조종행위가 시작되어 시행 이후까지 계속하여 주가가 상승하고 있는 경우, 증권거래법 시행 이전에 매수하였으나 증권거래법 시행 당시 매도하지 않고 보유하고 있는 주식에 대하여도 증권거래법 시행 이전에 이미 발생한 주가 상승으로 인한 평가이익까지 모두 증권거래법 시행 이후 발생한 이익으로 산정하게 됨으로써, 이익액을 기준으로 가중처벌 규정을 두고 있는 증권거래법의 적용에 있어 피고인에게 불이익한 결과를 초래하게 되어 부당하고, 따라서 시세조종행위에 동원된 주식 중 증권거래법 시행 이전에 매수 및 매도가 모두 이루어져 구체적으로 발생한 이익(실현이익)은 물론 증권거래법 시행 이전에 매수하였으나 증권거래법 시행 당시 매도하지 않고 보유하고 있는 주식의 평가이익(미실현이익)까지도 증권거래법 시행 이전의 이익으로 봄이 상당하다.[65]

(4) 범행 후 상습범 규정이 신설됨

상습강제추행죄 신설 이전의 강제추행을 상습강제추행으로 공소제기

포괄일죄에 관한 기존 처벌법규에 대하여 그 표현이나 형량과 관련한 개정을 하는 경우가 아니라 애초에 죄가 되지 아니하던 행위를 구성요건의 신설로 포괄일죄의 처벌대상으로 삼는 경우에는 신설된 포괄일죄 처벌법규가 시행되기 이전의 행위에 대하여는 신설된 법규를 적용하여 처벌할 수 없다(형법 제1조 제1항). 이는 신설된 처벌법규가 상습범을 처벌하는 구성요건인 경우에도 마찬가지라고 할 것이므로, 구성요건이 신설된 상습강제추행죄가 시행되기 이전의 범행은 상습강제추행죄로는 처벌할 수 없고 행위시법에 기초하여 강제추행죄로 처벌할 수 있을 뿐이며, 이 경우 그 소추요건도 상습강제추행죄에 관한 것이 아니라 강제추행죄에 관한 것이 구비되어야 한다.

신설된 상습강제추행죄(형법 제305조의2)가 시행되기 이전 시점의 공소사실인 상습강제추행의 점에 대해서 죄가 되지 아니하는 경우에 해당한다고 보아 이유 무죄로 판단하면서, 그 상습강제추행죄의 공소사실에 포함된 각 강제추행의 점에 대하여는 피해자들의 적법한 고소가 없어 공소제기의 절차가 법률의 규정에 위반하여 무효인 때에 해당한다고 보아 공소기각판결을 선고한 것은 정당하다.[66]

---

64) **구법 제207조의2 단서**: 위반행위로 얻은 이익 또는 회피한 손실액의 3배에 해당하는 금액이 2천만원을 초과하는 때에는 그 이익 또는 회피한 손실액의 3배에 해당하는 금액 이하의 벌금에 처한다.
개정법 제207조의2 제2항: 위반행위로 얻은 이익 또는 회피한 손실액이 5억원 이상 50억원 미만인 경우와 50억원 이상인 때를 구분하여 가중처벌한다.

65) 대판 2005. 3. 24. 2004도8651. 같은 취지로는 대판 2004. 5. 28. 2004도1465.

66) 대판 2016. 1. 28. 2015도15669.

2. 신법의 적용

가. 법률이념의 변경과 사정변경

형법 1조 2항에서 말하는 법률의 변경은 법률이념의 변경에 의한 것을 말하고, 사정변경에 기인한 것을 포함하지 않는다(아래 ①). 법령개폐가 법률이념의 변경에 따라 이루어진 것이 아니라면 그러한 법령개폐는 형소법 326조 4호의 면소사유에 해당하지 않는다(아래 ②).

예컨대 위계에 의한 간음죄의 폐지는 법률이념의 변천으로 인한 것이므로 그 폐지 전에 범한 위계에 의한 간음죄에 대해서는 면소판결을 선고하여야 할 것이고(아래 ③), 조세범처벌법에서 납세의무자가 1회계연도에 3회 이상 조세체납하는 행위를 처벌하던 것을 폐지한 것은 사정변경으로 인한 것이므로 그 폐지 전에 납세의무자가 1회계연도에 3회 이상 조세체납한 조세범처벌법위반행위에 대해서는 여전히 처벌할 수 있다(아래 ⑤).

① 법률의 변경이 법률이념의 변경에 의한 것인지 사정변경에 기인한 것인지

형법 제1조 제2항의 규정은 형벌법령 제정의 이유가 된 법률이념의 변천에 따라 과거에 범죄로 보던 행위에 대하여 그 평가가 달라져 이를 범죄로 인정하고 처벌한 그 자체가 부당하였다거나 또는 과형이 과중하였다는 반성적 고려에서 법령을 개폐하였을 경우에 적용하여야 하고, 이와 같은 법률이념의 변경에 의한 것이 아닌 다른 사정의 변천에 따라 그때 그때의 특수한 필요에 대처하기 위하여 법령을 개폐하는 경우에는 이미 그 전에 성립한 위법행위는 현재에 관찰하여서도 여전히 가벌성이 있는 것이어서 그 법령이 개폐되었다 하더라도 그에 대한 형이 폐지된 것이라고 할 수 없다.[67]

② 법률이념의 변경이 아닌 법령개폐는 면소사유 아님

형법 제1조 제2항이나 형소법 제326조 제4호의 규정은 형벌법령 제정의 이유가 된 법률이념의 변경에 따라 종래의 처벌 자체가 부당하였다거나 또는 과형이 과중하였다는 반성적 고려에서 법령을 개폐하였을 경우에 적용된다.[68]

③ 위계에 의한 간음죄의 폐지는 법률이념의 변천으로 인한 것임

구 형법 제304조의 혼인빙자간음죄는 2012년 형법개정으로 삭제되었는데, 위 개정에 앞서 구 형법 제304조 중 혼인빙자간음죄 부분은 헌법재판소 결정[69]에 의하여 위헌으로 판단되었고, 또한 위 개정 형법 부칙 등에서 그 시행 전의 행위에 대한 벌칙의 적용에 관하여 아무런 경과규정을 두지 아니하였다. 이러한 사정 등에 비추어 보면, 구 형법 제304조의 삭제는 법률이념의 변천에 따라 과거에 범죄로 본 음행의 상습 없는 부녀에 대한 위계간음 행위에 관하여 현재의 평가가 달라짐에 따라 이를 처벌대상으로 삼는 것이 부당하다

67) 대판 2011. 9. 8. 2011도7635.
68) 대판 1987. 3. 10. 86도42.
69) 헌재결 2009. 11. 26. 2008헌바58 등.

는 반성적 고려에서 비롯된 것으로 봄이 타당하므로, 이는 범죄 후의 법령개폐로 범죄를 구성하지 않게 되어 형이 폐지되었을 때에 해당한다.
그렇다면 형법 제304조에 해당하는 위계간음 행위는 형소법 제326조 제4호에 의하여 면소판결의 대상이 될 뿐이다.70)

④ 공직선거법상 '후보자의 선거사무소에 설치되는 1개의 선거대책기구'를 처벌대상에서 제외

유사기관 설치금지를 규정한 구 공직선거법 제89조 제1항이 개정되어 '후보자 또는 예비후보자의 선거사무소에 설치되는 각 1개의 선거대책기구'가 처벌 대상에서 제외된 것이 종전의 처벌규정이 부당하다는 데에서 나온 반성적 조치로서 형법 제1조 제2항의 '범죄 후 법령의 변경에 의하여 그 행위가 범죄를 구성하지 아니한 때'에 해당한다고 본 사례.71)

⑤ 납세의무자가 1회계연도에 3회 이상 조세체납

'납세의무자가 정당한 사유 없이 1회계연도에 3회 이상 체납하는 경우'를 처벌하는 구 조세범처벌법 제10조의 삭제는 경제·사회적 여건 변화를 반영한 정책적 조치에 따른 것으로 보일 뿐 법률이념의 변천에 따른 반성적 고려에서 비롯된 것이라고 보기 어려우므로, 위 규정 삭제 이전에 범한 위반행위의 가벌성이 소멸되지 않는다.72)

나. 법률의 개정

보안처분

사회보호법에 규정된 보호감호처분은 형이 아니므로 형소법 제326조 제4호의 적용대상이 되지 않는 것이고, 또 개정된 사회보호법 부칙 제2조 제1항의 규정내용에 비추어 보더라도, 개정되기 전의 사회보호법에 의하여 보호감호의 판결을 받은 자에 대하여 법령개폐를 이유로 면소의 판결을 선고하거나 보호감호의 집행을 면제할 수는 없다.73)

관세법 개정으로 세율 변경

무단반출한 물품에 대한 세율이 범행 당시는 100퍼센트였으나 그 후 관세법의 개정으로 40퍼센트로 변경되었다고 하더라도 조세채권의 성립요건이 충족된 후에 조세법이 개정되더라도 그 구 조세법의 규정에 의하여 발생한 조세채권의 내용에는 아무 영향이 없고, 세율의 변경은 형의 변경이라고 할 수도 없어 포탈세액을 종전의 세율에 따라 산정한 것은 적법하다.74)

70) 대판 2014. 4. 24. 2012도14253.
71) 대판 2013. 2. 28. 2012도14810.
72) 대판 2011. 7. 14. 2011도1303.
73) 대판 1991. 8. 13. 91감도72.
74) 대판 1984. 12. 26. 83도1988.

군사보호법상 군사기밀사항 누설 후 군사기밀 해제

군사기밀보호법상의 군사기밀과 관련하여 누설한 군사기밀사항이 누설행위 이후 평문으로 저하되었거나 군사기밀이 해제되었다고 하더라도 이를 법률의 변경으로 볼 수 없으므로 재판시법적용 여부가 문제될 여지는 없다.[75]

주식회사의 외부감사에 관한 법률 개정으로 회계처리기준이 변경

대출신청에 있어 제출할 재무제표를 주식회사의 외부감사에 관한 법률 개정 전 회계처리기준이 아닌 개정 후 회계처리기준에 따라 작성함으로써 당기 순손실을 당기 순이익으로 처리한 사안에서, 위와 같은 행위 이후에 개정 회계처리기준이 실제 시행되었다고 하더라도 이는 형법 제1조 제2항이 적용되는 범죄 후 법률이 변경된 경우에 해당하지 않는다.[76]

다. 법률이념의 변경

강요죄의 법정형에 벌금형이 추가됨

원심판결 후 시행된 형법(2016. 1. 6. 법률 제13719호로 개정되어 같은 날 시행된 것) 제324조 제1항은 "… 한 자는 5년 이하의 징역 또는 3천만원 이하의 벌금에 처한다"라고 규정하여 벌금형이 법정형으로 추가되었다. 이는 강요 행위의 형태와 동기가 다양한데 죄질이 가벼운 강요 행위에 대하여도 반드시 징역형으로 처벌하도록 한 종전의 조치가 과중하다는 데에서 나온 반성적 조치라고 보이므로 형법 제1조 제2항의 '범죄 후 법률의 변경에 의하여 형이 구법보다 경한 때'에 해당한다.[77]

폭처법 규정을 삭제하고 특수상해죄를 신설하면서 법정형을 낮게 규정함

형법 제257조 제1항의 가중적 구성요건을 규정하고 있던 구 폭처법 제3조 제1항을 삭제하는 대신에 같은 구성요건을 형법 제258조의2 제1항에 신설하면서[78] 법정형을 구 폭처법 제3조 제1항보다 낮게 규정한 것이 종전의 형벌규정이 과중하다는 데에서 나온 반성적 조치로서 형법 제1조 제2항의 '범죄 후 법률의 변경에 의하여 형이 구법보다 경한 때'에 해당한다.[79]

---

75) 대판 2000. 1. 28. 99도4022.

76) 대판 2007. 6. 1. 2006도1813. 위 판례에 의하여 다음 판례들은 변경되었다고 생각된다.
분식회계에 의한 재무제표 등으로 금융기관을 기망하여 대출을 받았다면 사기죄는 성립하고, 변제의사와 변제능력의 유무 그리고 충분한 담보가 제공되었다거나 피해자의 전체 재산상에 손해가 없고, 사후에 대출금이 상환되었다고 하더라도 사기죄의 성립에는 영향이 없는 것이다(대판 2005. 4. 29. 2002도7262).
당해 회계연도의 결산이 적자인 경우 다음해에 관급공사의 수주나 금융기관으로부터의 대출이 어렵게 되는 것을 피하기 위하여 실제로는 손실을 입었음에도 이익이 발생한 것처럼 이른바 분식결산서를 작성한 후 이를 토대로 금융기관으로부터 대출을 받은 행위가 사기죄에 해당한다고 한 사례(대판 2000. 9. 8. 2000도1447).

77) 대판 2016. 3. 24. 2016도836.

78) 2016. 1. 6. 법률 제13719호로 개정·시행된 **형법 제258조의2(특수상해)** ① 단체 또는 다중의 위력을 보이거나 위험한 물건을 휴대하여 제257조 제1항 또는 제2항의 죄를 범한 때에는 1년 이상 10년 이하의 징역에 처한다.

79) 대판 2016. 3. 24. 2016도1131. 다음은 같은 취지이다.

폭처법상 상습으로 행한 폭력범죄의 폐지

구 폭처법 제2조 제1항은 "상습적으로 다음 각 호의 죄를 범한 사람은 다음의 구분에 따라 처벌한다"라고 규정하면서 그 각 호에서 형법이 정한 폭력범죄들을 열거하고 그에 따른 법정형을 규정하고 있었으나, 2016. 1. 6. 법률 제13718호로 개정·시행된 폭처법은 제2조 제1항을 삭제하면서 경과규정을 별도로 두지 아니하였다.

이와 같이 형법에서 정한 폭력범죄들에 대한 가중적 구성요건을 규정하고 있던 구 폭력행위처벌법 제2조 제1항을 삭제한 취지는, 그 가중적 구성요건의 표지인 상습적인 폭력행위가 가지는 일반적인 위험성을 고려하더라도 개별 범죄의 범행경위, 구체적인 행위태양과 법익침해의 정도 등이 매우 다양함에도 불구하고 일률적으로 해당 범죄를 가중처벌하도록 한 종전의 조치가 부당하였거나 그 과형이 과중하다는 데에서 나온 반성적 조치라고 보아야 할 것이다.

따라서 이는 형법 제1조 제2항에서 정한 '범죄 후 법률의 변경에 의하여 그 행위가 범죄를 구성하지 아니하거나 형이 구법보다 경한 때'에 해당하므로, 위 규정에 따라 신법을 적용하여야 한다.[80]

폭처법상 단체의 위력이나 흉기휴대 등에 의한 폭력범죄의 폐지 및 특수상해 신설

구 폭처법(2016. 1. 6. 법률 제13718호로 개정되기 전의 것, 이하 '구 폭력행위처벌법'이라 한다)은 제3조 제1항에서 "단체나 다중의 위력으로써 또는 단체나 집단을 가장하여 위력을 보임으로써 제2조 제1항 각 호에 규정된 죄를 범한 사람 또는 흉기나 그 밖의 위험한 물건을 휴대하여 그 죄를 범한 사람은 제2조 제1항 각 호의 예에 따라 처벌한다"라고 규정하고, 제2조 제1항에서 "상습적으로 다음 각 호의 죄를 범한 사람은 다음의 구분에 따라 처벌한다"라고 규정하면서 제3호에서 형법 제257조 제1항(상해), 형법 제257조 제2항(존속상해)에 대하여 3년 이상의 유기징역에 처하도록 규정하였다. 그런데 2016. 1. 6. 법률 제13718호로 개정·시행된 폭처법에는 제3조 제1항이 삭제되고, 같은 날 법률 제13719호로 개정·시행된 형법에는 제258조의2(특수상해)가 신설되어 제1항에서 "단체 또는 다중의 위력을 보이거나 위험한 물건을 휴대하여 제257조 제1항 또는 제2항의 죄를 범한 때에는 1년 이상 10년 이하의 징역에 처한다"라고 규정하였다.

이와 같이 형법 제257조 제1항의 가중적 구성요건을 규정하고 있던 구 폭력행위처벌법 제3조 제1항을 삭제하는 대신에 같은 구성요건을 형법 제258조의2 제1항에 신설하면서 법정형을 구 폭력행위처벌법 제3조 제1항보다 낮게 규정한 것은, 가중적 구성요건의 표지가 가지는 일반적인 위험성을 고려하더라도 개별 범죄의 범행경위, 구체적인 행위태양과 법익침해의 정도 등이 매우 다양함에도 일률적으로 3년 이상의 유기징역으로 가중 처벌하도록 한 종전의 형벌규정이 과중하다는 데에서 나온 반성적 조치라고 보아야 하므로, 이는 형법 제1조 제2항의 '범죄 후 법률의 변경에 의하여 형이 구법보다 경한 때'에 해당하다(대판 2016. 1. 28. 2015도17907; 대판 2016. 1. 28. 2015도18280).

80) 대판 2016. 2. 18. 2015도18636. 다음은 2016. 1. 6. 삭제된 구 폭처법 관련 조문이다.

제2조(폭행 등) ① 상습적으로 다음 각 호의 죄를 범한 사람은 다음의 구분에 따라 처벌한다.

1. 「형법」 제260조 제1항(폭행), 제283조 제1항(협박), 제319조(주거침입, 퇴거불응) 또는 제366조(재물손괴 등)의 죄를 범한 사람: 1년 이상의 유기징역
2. 「형법」 제260조 제2항(존속폭행), 제276조 제1항(체포, 감금), 제283조 제2항(존속협박) 또는 제324조(강요)의 죄를 범한 사람: 2년 이상의 유기징역
3. 「형법」 제257조 제1항(상해)·제2항(존속상해), 제276조 제2항(존속체포, 존속감금) 또는 제350조(공갈)의 죄를 범한 사람: 3년 이상의 유기징역

다음은 같은 취지이다.

폭처법상 상습범 처벌 규정의 삭제

형법 제324조(강요), 제285조, 제283조 제1항(상습협박), 제264조, 제260조 제1항(상습폭행)의 각 가중적 구성요건을 규정하고 있던 구 폭처법 제2조 제1항을 삭제한 것이 종전의 형벌규정이 과중하다는 데에서 나온 반성적 조치로서 형법 제1조 제2항의 '범죄 후 법률의 변경에 의하여 형이 구법보다 경한 때'에 해당한다(대판 2016. 3. 10. 2015도19258).

특가법상의 누범절도 및 상습절도의 개정 또는 폐지

형법 제329조부터 제331조까지의 죄 등으로 세 번 이상 징역형을 받은 사람이 다시 이들 죄를 범하여 누범으로 처벌하는 경우를 가중처벌하도록 규정한 구 특가법 제5조의4 제5항의 개정 및 같은 조 제1항의 삭제[81]는 종전의 형벌규정이 과중하다는 데에서 나온 반성적 조치로서 개정 전의 범죄에 대하여도 신법인 특가법 제5조의4 제5항 제1호를 적용하여야 한다.[82]

라. 형이 구법보다 경하게 변경

형법 개정으로 집행유예의 결격사유 변경(집행종료 후 5년 내 선고일 → 3년 내 범행일)

종전 형법[83]: "금고 이상의 형의 선고를 받아 집행을 종료한 후 또는 집행이 면제된 후로부터 5년을 경과하지 아니한 자"(집행유예 결격사유가 선고일 기준임)

개정 형법: "금고 이상의 형을 선고한 판결이 확정된 때부터 그 집행을 종료하거나 면제된 후 3년까지의 기간에 범한 죄에 대하여 형을 선고하는 경우"(집행유예 결격사유가 범행일 기준임)

경과규정: 이 법은 이 법 시행 전에 행하여진 죄에 대하여도 적용한다. 다만, 종전의 규정을 적용하는 것이 행위자에게 유리한 경우에는 그러하지 아니하다(개정 형법 부칙 2항).

사안과 판단:

- 1999. 7. 28. 공무집행방해죄로 징역 3년을 선고, 확정되어 2002. 4. 21. 형집행 종료
- 이 사건의 범행일자는 위와 같은 형법 개정 전인 2004. 11. 25.임
- 원심판결 선고일인 2007. 8. 20.을 기준으로 하여 종전 형법을 적용하면 집행유예 결격사유에 해당하지 않으나, 개정 형법을 적용하면 집행유예 결격사유에 해당하게 되므로 피고인에게 유리한 종전 형법을 적용하여야 한다.[84]

법률개정에 의해 특별법상의 집행유예 결격사유가 없어짐

피고인이 특강법상 '특정강력범죄'인 강도상해죄로 징역형을 선고받아 그 형의 집행을 마친 때로부터 10년이 경과되기 전에 흉기나 그 밖의 위험한 물건을 휴대함이 없이 단독으로 강간상해죄를 저질러 기소된 사안에서, 위 강간상해죄는 2010. 3. 31.자 개정 전의 위 특례법을 적용할 경우 '특정강력범죄'에 해당한다고 볼

81) 구체적인 내용은 다음과 같다.
구 특가법 제5조의4 제5항은 형법 제329조부터 제331조까지의 죄 등으로 세 번 이상 징역형을 받은 사람이 다시 이들 죄를 범하여 누범으로 처벌하는 경우에는 같은 조 제1항부터 제4항까지의 형과 같은 형에 처하도록 규정하고, 같은 조 제1항은 상습적으로 형법 제329조부터 제331조까지의 죄 또는 그 미수죄를 범한 사람은 무기 또는 3년 이상의 징역에 처하도록 규정하였다.
그런데 2016. 1. 6. 법률 제13717호로 개정된 특가법 제5조의4 제5항은 위와 같이 누범으로 처벌하는 경우에는 같은 항 각 호의 구분에 따라 가중처벌하도록 규정하면서, 그 제1호에서 형법 제329조부터 제331조까지의 죄나 그 미수죄를 범한 경우에는 2년 이상 20년 이하의 징역에 처하도록 규정하여 법정형을 변경하였다.

82) 대판 2016. 2. 18. 2015도17848.

83) 2005. 7. 29. 법률 제7623호로 개정되기 전의 형법 제62조 제1항 단서.

84) 대판 2008. 3. 27. 2007도7874.

수 있지만, 위 개정 후의 같은 법을 적용하면 '특정강력범죄'에 해당하지 아니하여 같은 법 제5조에 따라 집행유예 결격자라고 볼 수 없게 되므로, 피고인에게 유리한 위 개정 후의 같은 법에 따라 집행유예 결격자에 해당하는지 여부를 판단하였어야 한다.[85]

형법 37조 후단 경합범에서 '판결이 확정된 죄' → '금고 이상의 형에 처한 판결이 확정된 죄'

2004. 1. 20. 법률 제7077호로 공포, 시행된 형법 중 개정법률에 의해 형법 제37조 후단의 "판결이 확정된 죄"가 "금고 이상의 형에 처한 판결이 확정된 죄"로 개정되었는바, 위 개정법률은 특별한 경과규정을 두고 있지 않으나, 형법 제37조는 경합범의 처벌에 관하여 형을 가중하는 규정으로서 일반적으로 두 개의 형을 선고하는 것보다는 하나의 형을 선고하는 것이 피고인에게 유리하므로 위 개정법률을 적용하는 것이 오히려 피고인에게 불리하게 되는 등의 특별한 사정이 없는 한 형법 제1조 제2항을 유추적용하여 위 개정법률 시행 당시 법원에 계속 중인 사건 중 위 개정법률 전에 벌금형에 처한 판결이 확정된 경우에도 적용되는 것으로 보아야 한다.[86]

법정형 중 병과형 또는 선택형이 있는 경우의 형의 경중 비교

개정 전 외국환관리법: 10년 이하의 징역 또는 천만원 이하의 벌금에 처하되 위반행위의 목적물의 가액의 3배가 천만원을 초과하는 경우에는 그 벌금은 목적물의 가액의 3배 이하로 한다.
개정 후의 외국환관리법: 3년 이하의 징역 또는 2천만원 이하의 벌금.
판단: 법정형의 경중을 비교함에 있어서 법정형 중 병과형 또는 선택형이 있을 때에는 이 중 가장 중한 형을 기준으로 하여 다른 형과 경중을 정하는 것이 원칙이므로 신법인 개정 후 외국환관리법의 형이 구법의 형보다 경하다.[87]

85) 대판 2010. 10. 28. 2010도7997. 다음은 같은 취지이다.
2010. 3. 31. 법률 제10209호로 개정된 특강법 제2조 제1항 제3호는 개정 전과 달리 형법 제301조에 관해서도 '흉기나 그 밖의 위험한 물건을 휴대하거나 2인 이상이 합동하여 범한'이라는 요건을 갖추어야 '특정강력범죄'에 해당하는 것으로 규정하였고, 이는 개정된 조항의 의미와 취지 등에 비추어 피고인에게 유리하게 법률 개정이 이루어진 것으로서 형법 제1조 제2항에 규정된 '범죄 후 법률의 변경에 의하여 형이 구법보다 경한 때'에 해당한다고 보는 것이 타당하다. 따라서 법률 제10209호 특강법 개정 전에 이루어진 강간 등 상해·치상의 행위가 흉기나 그 밖의 위험한 물건을 휴대하거나 2인 이상이 합동하여 저질러진 경우가 아니라 단순 강간행위에 의하여 저질러진 경우에는 그 범죄행위에 의하여 상해라는 중한 결과가 발생하였더라도 그 강간 등 상해·치상의 죄(형법 제301조의 죄)는 법률 제10209호 특강법 제2조 제1항 제3호에 규정된 '특정강력범죄'에 해당하지 않는다(대판 2012. 9. 13. 2012도7760).

86) 대판 2004. 1. 27. 2001도3178.

87) 대판 1992. 11. 13. 92도2194. 다음은 같은 취지이다.
행위시법인 구 변호사법: 징역 3년.
재판시법인 현행 변호사법: 5년 이하의 징역 또는 1천만원 이하의 벌금.
판단: 신법에서는 벌금형의 선택이 가능하다 하더라도 법정형의 경중은 병과형 또는 선택형 중 가장 중한 형을 기준으로 하여 다른 형과 경중을 정하는 것이므로 행위시법인 구법의 형이 더 경하다(대판 1983. 11. 8. 83도2499).

법률개정으로 징역형에 벌금형이 추가됨

구 형법 제231조, 제234조의 법정형이 "5년 이하의 징역"이었던 것이 "5년 이하의 징역 또는 1천만원 이하의 벌금"이 되어 벌금형이 추가된 경우 원심판결 후에 형이 가볍게 변경되었음이 분명하다.88)

양벌규정이 개정되어 사업주가 주의의무를 다한 경우 처벌하지 않는다는 단서규정이 추가됨

구 주택법 제100조의 양벌규정이 개정되면서 사업주인 법인이 그 위반행위를 방지하기 위하여 해당 업무에 관하여 상당한 주의와 감독을 게을리하지 아니한 경우에는 양벌규정에 의하여 처벌하지 않는다는 내용의 단서 규정이 추가되었는바, 이는 범죄 후 법률의 변경에 의하여 그 행위가 범죄를 구성하지 아니하거나 형이 구법보다 경한 경우에 해당한다고 할 것이어서 형법 제1조 제2항에 따라 개정된 주택법을 적용하여야 한다.89)

상고심 계속 중 형이 경하게 개정됨

상고심 계속 중 공직선거및선거부정방지법이 개정되어 법정형이 개정 전의 '3년 이하의 징역 또는 200만원 이상 1천만원 이하의 벌금'에서 '3년 이하의 징역 또는 1천만원 이하의 벌금'으로 된 경우 형법 제1조 제2항에 따라 개정된 법률에 의하여 처벌하여야 할 것이므로 개정 전의 법조를 적용한 것은 잘못이다.90)

마. 범행 후 법률이 개정되었으나 형의 경중에 차이가 없음

사기죄의 범행으로 인하여 피고인이 취득한 이득액이 합계 5억 2천만원인데 특경법이 1990. 12. 31. 개정되었어도 위 이득액에 있어서는 개정 전후를 통하여 형의 경중은 없으므로 행위시법인 개정 전의 특경법 3조 1항을 적용하여야 한다.91)

88) 대판 1996. 7. 26. 96도1158.

89) 대판 2011. 3. 24. 2009도7230.

90) 대판 1996. 2. 13. 95도2843.

91) 대판 1991. 10. 8. 91도1911; 대판 1992. 6. 23. 92도954. 특경법 개정과 형의 경중은 다음과 같다.

특경법(1990. 12. 31. 개정 전)	특경법(1990. 12. 31. 개정 후)
제3조(특정재산범죄의 가중처벌) ① 형법 제347조(사기)·제350조(공갈) …의 죄를 범한 자는 … 다음의 구분에 따라 가중처벌한다. 1. 이득액이 50억원 이상인 때에는 사형·무기 또는 7년 이상의 징역에 처한다. 2. 이득액이 10억원 이상 50억원 미만인 때에는 무기 또는 5년 이상의 징역에 처한다. 3. 이득액이 1억원 이상 10억원 미만인 때에는 3년 이상의 유기징역에 처한다.	**제3조(특정재산범죄의 가중처벌)** ① 형법 제347조(사기)·제350조(공갈) …의 죄를 범한 자는 … 다음의 구분에 따라 가중처벌한다. 1. 이득액이 50억원 이상인 때에는 무기 또는 5년이상의 징역에 처한다. 2. 이득액이 5억원 이상 50억원 미만인 때에는 3년 이상의 유기징역에 처한다. 3. 삭제

다음은 유사 취지이다.

법률이 개정되었으나 형의 경중에 차이가 없으면 직권으로 행위시법 적용

법원이 인정하는 범죄사실이 공소사실과 차이가 없이 동일한 경우에는 비록 검사가 재판시법인 개정 후 신법의 적

바. 행위시와 재판시 사이에 법률개정이 수 회 있음

범죄행위 시와 재판 시 사이에 여러 차례 법령이 개정되어 형의 변경이 있는 경우에는 이 점에 관한 당사자의 주장이 없더라도 형법 제1조 제2항에 의하여 직권으로 그 전부의 법령을 비교하여 그 중 가장 형이 가벼운 법령을 적용하여야 한다.[92)]

3. 범죄 후 위헌결정

헌법재판소의 위헌결정으로 형벌에 관한 법률 또는 법률조항은 소급하여 효력을 상실한다(헌법재판소법 47조). 따라서 형벌에 관한 법령이 헌법재판소의 위헌결정으로 소급하여 효력을 상실한 경우, 법원은 당해 법령을 적용하여 공소가 제기된 피고사건에 대하여 형소법 325조에 따라 무죄를 선고하여야 한다.[93)]

구 집시법 규정에 관하여 '일몰시간 후부터 같은 날 24시까지의 옥외집회 또는 시위'에 적용하는 한 헌법에 위반된다는 헌재결정의 효력

헌법재판소는 2014. 4. 24. "구 집시법 제10조 및 제20조 제3호 중 '제10조 본문'에 관한 부분은 각 '일몰시간 후부터 같은 날 24시까지의 옥외집회 또는 시위'에 적용하는 한 헌법에 위반된다"는 결정을 선고하였다. 위 헌법재판소 결정은 비록 그 주문이 외형상 한정위헌결정의 형식을 띠고 있기는 하나, 그 실질은 위 구 집시법 제10조의 규정 중 '일몰시간 후부터 같은 날 24시까지' 옥외집회 또는 시위를 하여서는 아니된다는 부분과 그에 대한 벌칙 규정인 같은 법 제20조의 '제10조 본문' 중 위 부분이 헌법에 위반된다는 취지라고 보아야 하므로, 위 범위 내에서 헌법재판소법 제47조에서 정한 위헌결정으로서의 효력을 갖는다. 그렇다면, 위 각 구 집시법 조항의 '옥외집회 또는 시위'에 관한 부분 중 '일몰시간 후부터 같은 날 24시까지' 부분은 헌법재판소법 제47조 제2항 단서에 따라 소급하여 그 효력을 상실하므로, 위 부분 법조를 적용하여 2006. 11. 22. 17:13경부터 일몰시간 후인 21:55경까지 집회·시위를 하여 일몰시간 후의 집회·시위에 참가하였다는 내용으로 기소한 피고인에 대한 이 부분 공소사실은 범죄로 되지 아니한 때에 해당한다.[94)]
해설: '야간 옥외집회 또는 시위' 금지·처벌조항인 구 집시법 제10조 본문, 제20조 제3호에 대한 헌법재판소 결정이 위헌결정의 효력을 가지며, 야간 옥외집회 금지 위반으로 기소된 '주최자'에 대하여도 위 위헌결정의 효력이 미친다.[95)]

용을 구하였더라도 그 범행에 대한 형의 경중의 차이가 없으면 피고인의 방어권 행사에 실질적으로 불이익을 초래할 우려도 없어 공소장변경절차를 거치지 않고도 정당하게 적용되어야 할 행위시법인 구법을 적용할 수 있다(대판 2002. 4. 12. 2000도3350).

92) 대판 2012. 9. 13. 2012도7760. 같은 취지로는 대판 1968. 12. 17. 68도1324.

93) 대판 2011. 9. 29. 2009도12515; 대판 2010. 12. 16. 2010도5986 전합; 대결 2013. 4. 18. 2011초기689 전합.

94) 대판 2014. 7. 24. 2009도8586.

95) 대판 2014. 10. 15. 2008도6031.

헌법불합치결정을 하면서 개정시한을 정하여 입법개선을 촉구하였으나 법률개정이 안 됨

피고인이 야간옥외집회를 주최하였다는 취지의 공소사실에 대하여 원심이 집시법 제23조 제1호, 제10조 본문을 적용하여 유죄를 인정하였는데, 원심판결 선고 후 헌법재판소가 위 법률조항에 대해 헌법불합치결정을 선고하면서 개정시한을 정하여 입법개선을 촉구하였는데도 위 시한까지 법률 개정이 이루어지지 않은 사안에서, 위 법률조항은 소급하여 효력을 상실하므로 이를 적용하여 공소가 제기된 위 피고사건에 대하여 무죄를 선고하여야 한다.96)

위헌결정된 특가법조항이 개정되었으나 법률용어의 순화 등의 차원에서 개정된 것일 뿐 동일성이 유지됨

헌법재판소는 2014. 4. 24. "구 특가법조항' 중 마약류관리에 관한 법률 제58조 제1항 제6호 가운데 '수입' 에 관한 부분은 헌법에 위반된다"는 결정을 선고하였다. 위 "구 특가법조항'은 그 후 개정되었는데 법률 규정의 한글화, 어려운 법률 용어의 순화, 한글맞춤법 등 어문 규범의 준수 및 정확하고 자연스러운 법 문장의 구성 등의 그 자구만이 형식적으로 변경된 데 불과하여 개정 전후 법률조항들 자체의 의미내용에 아무런 변동이 없고, 개정 특가법조항이 해당 법률의 다른 조항이나 관련 다른 법률과의 체계적 해석에서도 구 특가법조항과 다른 의미로 해석될 여지가 없어 양자의 동일성이 그대로 유지되고 있다고 보인다. 따라서 위헌결정의 주문에 개정 특가법조항이 표시되어 있지 아니하더라도 그 위헌결정의 효력은 개정 특가법조항의 해당 부분에 대하여도 미친다고 보아야 한다.97)

Ⅲ. 형사재판권

형사재판권은 우리나라의 법원이 형사사건에 대하여 심판권을 행사할 수 있는 일반적, 추상적인 권한을 말한다.

재판권이 없는 때에는 공소기각의 판결을 한다(형소법 327조 1호). 다만, 법원은 공소가 제기된 사건에 대하여 군사법원이 재판권을 가지게 되었거나 재판권을 가졌음이 판명된 때에는 결정으로 사건을 재판권이 있는 같은 심급의 군사법원으로 이송한다(형소법 16조의2).

1. 속지주의

가. 속지주의의 적용

형사재판권은 대한민국 영역 내에서 죄를 범한 내국인과 외국인에게 미친다(형법 2조). 이를 속지주의라 한다. 형사재판권은 대한민국영역 외에 있는 대한민국의 선박 또는 항공기 내에서 죄를 범한 외국인에게도 미친다(형법 4조). 이를 기국주의(旗國主義)라고 한다.

96) 대판 2011. 6. 23. 2008도7562 전합.
97) 대판 2014. 8. 28. 2014도5433.

외국인이 국내에서 공무원에게 알선명목 금품수수하였으나 알선 장소는 국외임

외국인이 대한민국 공무원에게 알선한다는 명목으로 금품을 수수하는 행위가 대한민국 영역 내에서 이루어진 이상, 비록 금품수수의 명목이 된 알선행위를 하는 장소가 대한민국 영역 외라 하더라도 대한민국 영역 내에서 죄를 범한 것이라고 하여야 할 것이므로, 형법 제2조에 의하여 대한민국의 형벌법규인 구 변호사법 제90조 제1호가 적용되어야 한다.[98]

국외에서 국외로 운반하는 히로뽕을 환적을 위해 일시 국내 지상에 반출/공모지도 범죄지임

향정신성의약품관리법에 정한 향정신성의약품의 수입이라 함은 그 목적이나 의도에 관계 없이 향정신성의약품을 국외로부터 우리나라의 영토 내로 양륙하는 등으로 반입하는 행위를 뜻하는 것이고, 한편 향정신성의약품관리법은 향정신성의약품의 오용 또는 남용으로 인한 보건위생상의 위해를 방지하기 위하여 필요한 규제를 행함을 목적으로 하는 것으로서, 이러한 위해발생의 위험성은 향정신성의약품의 양륙 또는 지상반입에 의하여 이미 발생하고, 위와 같은 의약품을 선박이나 항공기로부터 양륙 또는 지상에 반입함으로써 기수에 달하는 것이다. 국외에서 국외로 운반 중인 히로뽕이 경유지인 국내 공항에서 환적을 위하여 항공사측에 의하여 일시적으로 지상반출된 경우, 히로뽕의 오용 또는 남용으로 인한 보건위생상의 위해발생의 위험성이 이미 발생하였다는 이유로 향정신성의약품의 수입에 해당한다고 본 사례.
형법 제2조를 적용함에 있어서 공모공동정범의 경우 공모지도 범죄지로 보아야 한다.[99]

나. 속지주의의 예외

(1) 외교관 등

공관장이나 공관의 외교직원과 같은 외교관은 우리나라의 형사재판관할권으로부터 면제된다(외교관계에 관한 비엔나 협약 31조). 영사관원과 사무직원에 대해서는 원칙적으로 형사재판권이 면제되지 않으나, 영사 직무의 수행 중에 행한 행위에 대하여는 면제된다(동 협약 43조).

(2) 한미행정협정

'대한민국과 아메리카합중국 간의 상호방위조약 제4조에 의한 시설과 구역 및 대한민국에서의 합중국 군대의 지위에 관한 협정'(Status of Forces Agreement, 'SOFA' 혹은 '한미행정협정'이라고 함)[100]에 의하여 미국 군대의 구성원 등에 대해 형사재판권이 배제되는 경우가 있다.

'한미행정협정' 중 형사재판권에 관한 사항은 '대한민국과 아메리카합중국 간의 상호방위조약 제4

98) 대판 2000. 4. 21. 99도3403. 다음은 같은 취지이다.
국내에서 외국인의 배우자가 간통
대한민국 영역 내에서 배우자 있는 자가 간통한 이상, 그 간통죄를 범한 자의 배우자가 간통죄를 처벌하지 아니하는 국가의 국적을 가진 외국인이라 하더라도 간통행위자의 간통죄 성립에는 아무런 영향이 없고, 그 외국인 배우자는 형소법의 규정에 따른 고소권이 있다(대판 2008. 12. 11. 2008도3656).
99) 대판 1998. 11. 27. 98도2734.
100) 1967. 2. 9. 조약 제232호로 발효되었다.

조에 의한 시설과 구역 및 대한민국에서의 합중국 군대의 지위에 관한 협정의 시행에 관한 형사특별법'이 규정하고 있다.

통상적으로 대한민국에 거주하고 있는 자의 의미/10년 넘게 대한민국에 머물며 한국인 아내와 결혼하여 가정을 마련하고 직장생활을 하는 등 생활근거지를 대한민국에 둔 미군 군속

미합중국 군대의 군속 중 통상적으로 대한민국에 거주하고 있는 자는 위 협정이 적용되는 군속의 개념에서 배제되므로, 그에 대하여는 대한민국의 형사재판권 등에 관하여 위 협정에서 정한 조항이 적용될 여지가 없다. 미합중국 국적을 가진 미합중국 군대의 군속인 피고인이 범행 당시 10년 넘게 대한민국에 머물면서 한국인 아내와 결혼하여 가정을 마련하고 직장 생활을 하는 등 생활근거지를 대한민국에 두고 있었던 경우, 피고인은 한미행정협정에서 말하는 '통상적으로 대한민국에 거주하는 자'에 해당하므로, 피고인에게는 위 협정에서 정한 미합중국 군대의 군속에 관한 형사재판권 관련 조항이 적용될 수 없다고 한 사례.
한반도의 평시상태에서 미합중국 군 당국은 미합중국 군대의 군속에 대하여 형사재판권을 가지지 않으므로, 미합중국 군대의 군속이 범한 범죄에 대하여 대한민국의 형사재판권과 미합중국 군 당국의 형사재판권이 경합하는 문제는 발생할 여지가 없고, 대한민국은 한미행정협정 제22조 제1항 (나)에 따라 미합중국 군대의 군속이 대한민국 영역 안에서 저지른 범죄로서 대한민국 법령에 의하여 처벌할 수 있는 범죄에 대한 형사재판권을 바로 행사할 수 있다.[101]

(3) 군인·군무원 등

군사법원이 관할권을 가지는 군인·군무원 등의 범죄와 기타 특정의 범죄에 대해서는 일반 법원의 관할권이 배제된다(군사법원법 2조, 3조).

2. 속인주의

형사재판권은 대한민국 영역 외에서 죄를 범한 내국인에게 미친다(형법 3조). 이를 속인주의라고 한다.

도박죄를 처벌하지 않는 외국에서의 도박

도박죄를 처벌하지 않는 외국 카지노(미국의 네바다 주에 있는 미라지호텔 카지노)에서 내국인이 한 도박에

101) 대판 2006. 5. 11. 2005도798. 한미행정협정의 관련 규정은 다음과 같다.
제1조(정의) (가)항 전문: "합중국 군대의 구성원이라 함은 대한민국의 영역 안에 있는 아메리카합중국의 육군, 해군 또는 공군에 속하는 인원으로서 현역에 복무하고 있는 자를 말한다."
제1조(정의) (나)항 전문: "군속이라 함은 합중국의 국적을 가진 민간인으로서 대한민국에 있는 합중국 군대에 고용되거나 동 군대에 근무하거나 또는 동반하는 자를 말하나, 통상적으로 대한민국에 거주하는 자 또는 제15조 제1항에 규정된 자는 제외한다."
제22조(형사재판권) 제4항: "본조의 전기 제 규정은 합중국 군 당국이 대한민국의 국민인 자 또는 대한민국에 통상적으로 거주하고 있는 자에 대하여 재판권을 행사할 권리를 가진다는 것을 뜻하지 아니한다. 다만, 그들이 합중국 군대의 구성원인 경우에는 그러하지 아니하다."

대해서도 형사재판권이 미친다.[102)]

치외법권지역인 미국문화원에서 범한 범죄

국제협정이나 관행에 의하여 대한민국 내에 있는 미국문화원이 치외법권지역이고 그 곳을 미국영토의 연장으로 본다 하더라도 그 곳에서 죄를 범한 대한민국 국민에 대하여 우리 법원에 먼저 공소가 제기되고 미국이 자국의 재판권을 주장하지 않고 있는 이상 속인주의를 함께 채택하고 있는 우리나라의 재판권은 동인들에게도 당연히 미친다 할 것이며 미국문화원측이 동인들에 대한 처벌을 바라지 않았다고 하여 그 재판권이 배제되는 것도 아니다.[103)]

3. 보호주의

형사재판권은 외국인이 대한민국 영역 외에서 범한 1. 내란의 죄, 2. 외환의 죄, 3. 국기에 관한 죄, 4. 통화에 관한 죄, 5. 유가증권, 우표와 인지에 관한 죄, 6. 문서에 관한 죄 중 형법 225조 내지 230조, 7. 인장에 관한 죄 중 형법 238조에 미친다(형법 5조).

형사재판권은 대한민국 영역 외에서 대한민국 또는 대한민국 국민에 대하여 전조에 기재한 이외의 죄를 범한 외국인에게 미친다. 단 행위지의 법률에 의하여 범죄를 구성하지 아니하거나 소추 또는 형의 집행을 면제할 경우에는 예외로 한다(형법 6조).

캐나다 시민권자가 캐나다에서 한국인 상대로 위조사문서행사

형법 제5조, 제6조의 각 규정에 의하면, 외국인이 외국에서 죄를 범한 경우에는 형법 제5조 제1호 내지 제7호에 열거된 죄를 범한 때와 형법 제5조 제1호 내지 제7호에 열거된 죄 이외에 대한민국 또는 대한민국 국민에 대하여 죄를 범한 때에만 대한민국 형법이 적용되어 우리나라에 재판권이 있게 되고, 여기서 '대한민국 또는 대한민국 국민에 대하여 죄를 범한 때'란 대한민국 또는 대한민국 국민의 법익이 직접적으로 침해되는 결과를 야기하는 죄를 범한 경우를 의미한다.

캐나다 시민권자인 피고인이 캐나다에서 위조사문서를 행사하였다는 내용으로 기소된 사안에서, 형법 제234조의 위조사문서행사죄는 형법 제5조 제1호 내지 제7호에 열거된 죄에 해당하지 않고, 위조사문서행사를 형법 제6조의 대한민국 또는 대한민국 국민의 법익을 직접적으로 침해하는 행위라고 볼 수도 없으므로 피고인의 행위에 대하여는 우리나라에 재판권이 없다.[104)]

---

102) 대판 2004. 4. 23. 2002도2518. 다음은 같은 취지이다.

외국인의 카지노 출입이 허용된 필리핀에서 도박

필리핀국에서 카지노의 외국인 출입이 허용되어 있다 하여도, 형법 제3조에 따라, 필리핀국에서 도박을 한 피고인에게 우리나라 형법이 당연히 적용된다(대판 2001. 9. 25. 99도3337).

103) 대판 1986. 6. 24. 86도403.

104) 대판 2011. 8. 25. 2011도6507. 다음은 같은 취지이다.

중국인이 중국에서 대한민국 주식회사의 인장을 위조

형법 제239조 제1항의 사인위조죄는 형법 제6조의 대한민국 또는 대한민국 국민에 대하여 범한 죄에 해당하지 아

뉴질랜드 시민권 취득자가 뉴질랜드에서 대한민국 국민 상대로 저지른 사기죄

피고인이 뉴질랜드 시민권을 취득한 후 뉴질랜드에서 대한민국 국민인 피해자를 상대로 범한 사기죄에 관하여, 대한민국의 국민이 뉴질랜드의 시민권을 취득하면 국적법 제15조 제1항에 정한 '자진하여 외국 국적을 취득한 자'에 해당하여 우리나라의 국적을 상실하게 되는 것이지 대한민국과 뉴질랜드의 '이중국적자'가 되어 국적법 제14조 제1항의 규정에 따라 법무부장관에게 대한민국의 국적을 이탈한다는 뜻을 신고하여야 비로소 대한민국의 국적을 상실하게 되는 것은 아니며, 한편 형법 제6조 본문에 의하여 외국인이 대한민국 영역 외에서 대한민국 국민에 대하여 범죄를 저지른 경우에도 우리 형법이 적용되지만, 같은 조 단서에 의하여 행위지의 법률에 의하여 범죄를 구성하지 아니하거나 소추 또는 형의 집행을 면제할 경우에는 우리 형법을 적용하여 처벌할 수 없다고 할 것이고, 이 경우 행위지의 법률에 의하여 범죄를 구성하는지 여부에 대해서는 엄격한 증명에 의하여 검사가 이를 입증하여야 한다.[105)]

니하므로 중국 국적자가 중국에서 대한민국 국적 주식회사의 인장을 위조한 경우에는 외국인의 국외범으로서 그에 대하여 재판권이 없다(대판 2002. 11. 26. 2002도4929).

105) 대판 2008. 7. 24. 2008도4085. 다음은 같은 취지이다.

캐나다인이 캐나다에서 한국인 상대로 범한 사기죄

캐나다 시민권자인 피고인이 캐나다에 거주하는 대한민국 국민을 기망하고 캐나다에서 투자금을 수령하여 사기죄를 범한 사안에서, 외국인이 대한민국 영역 외에서 대한민국 국민에 대하여 범죄를 저지른 경우 우리 형법이 적용되며, 위 범행이 행위지인 캐나다의 법률에 의하여 범죄를 구성하고 그에 대한 소추나 형의 집행이 면제되지 않는 경우에 한하여 우리 형법을 적용하여야 한다(대판 2011. 8. 25. 2011도6507).

(1) 대한민국 국민이 독일국적을 취득함으로써 국적을 상실하기 전에 거주지인 독일에서 출발하여 북한 방문(국가보안법상의 탈출에 해당)

국가보안법 제6조 제1항, 제2항의 탈출이 어디로부터 또는 무엇으로부터의 탈출을 뜻하는 것인지 국가보안법 자체에서 명시하고 있지는 아니하나, 한반도와 그 부속도서 및 국민을 존립의 본질적 요소로 삼고 있는 대한민국의 안전과 계속성 그리고 국민의 생존과 자유 확보를 목적으로 하는 국가보안법의 입법 취지와 위 각 조항의 문언의 의미, 특히 탈출이라는 용어는 일반적으로 구속상태나 제한상황에서 벗어나는 행위 또는 빠져나가는 행위를 뜻한다는 점 등을 종합해 볼 때, 위 각 조항의 탈출이란 대한민국의 통치권 또는 지배력으로부터 벗어나는 행위를 뜻한다고 볼 것이고, 대한민국의 통치권은 대한민국의 영역은 물론 국민에 대하여도 미치는 것이므로 그러한 통치권이 실지로 미치는 지역 또는 상태에서 벗어나 통치권이 사실상 행사되기 어려운 지역 또는 상태로 이탈하는 행위는 모두 위 각 조항의 탈출에 해당될 수 있는 것이다.

따라서 위 법 제6조 제1항의 탈출에는, 누구라도 대한민국의 통치권이 실지로 미치는 지역을 떠나 직접 또는 외국을 거쳐 바로 반국가단체의 지배하에 있는 지역으로 들어가는 행위 외에 대한민국 국민이 외국에 거주하다가 그곳을 떠나 그에 대한 대한민국의 통치권이 사실상 행사되기 어려운 반국가단체의 지배하에 있는 지역으로 들어가는 행위도 포함되며, 제6조 제2항의 탈출에는 위 행위 외에 누구라도 대한민국의 통치권이 실지로 미치는 지역을 떠나 외국으로 나가는 행위까지 포함된다고 해석하는 것이 옳다.

(2) 대한민국 국적 상실 후 거주지인 독일에서 출발하여 북한 방문(국가보안법상의 탈출에 해당하지 않음)

앞서 본 바와 같이, 대한민국 국민이 외국에 거주하다가 그곳을 떠나 그에 대한 대한민국의 통치권이 사실상 행사되기 어려운 반국가단체의 지배하에 있는 지역으로 들어가는 행위는, 대한민국의 국민에 대한 통치권으로부터 벗어나는 행위에 해당하여 국가보안법 제6조 제1항, 제2항의 탈출 개념에 포함된다.

그러나 대한민국 국민이 아닌 사람이 외국에 거주하다가 그곳을 떠나 반국가단체의 지배 하에 있는 지역으로 들어가는 행위는, 대한민국의 영역에 대한 통치권이 실지로 미치는 지역을 떠나는 행위 또는 대한민국의 국민에 대한 통치권으로부터 벗어나는 행위 어디에도 해당하지 않으므로, 이는 국가보안법 제6조 제1항, 제2항의 탈출 개념에 포함되지 않는 것이다.

이와 달리, 대한민국 국민이 아닌 사람이 외국에 거주하다가 반국가단체의 지배하에 있는 지역으로 들어가는 행위 역시 국가보안법 제6조 제1항, 제2항에서 정한 탈출 개념에 포함된다는 취지로 판시한 대판 1997. 11. 20. 97도2021

외국인이 중국 북경시 소재 대한민국 영사관에서 여권발급신청서를 위조

내국인이 아닌 피고인이 중국 북경시에 소재한 대한민국 영사관 내에서 공소외인 명의의 여권발급신청서 1장을 위조한 사안에서,

중국 북경시에 소재한 대한민국 영사관 내부는 여전히 중국의 영토에 속할 뿐 이를 대한민국의 영토로서 그 영역에 해당한다고 볼 수 없고, 사문서위조죄가 형법 제6조의 대한민국 또는 대한민국 국민에 대하여 범한 죄에 해당하지 아니하여 외국인의 국외범에 해당하므로 피고인에 대한 재판권이 없다.[106)]

4. 세계주의

2013년도에 인신매매방지의정서의 이행입법으로 형법 31장을 개정하면서, 인류에 대한 공통적인 범죄인 약취, 유인과 인신매매죄의 규정이 대한민국 영역 밖에서 죄를 범한 외국인에게도 적용될 수 있도록 세계주의 규정을 다음과 같이 도입하였다.

형법 제296조의2(세계주의) 제287조부터 제292조까지 및 제294조는 대한민국 영역 밖에서 죄를 범한 외국인에게도 적용한다.

중국인이 중국민항기를 납치하여 대한민국에 착륙

중공(현재는 중국)여객기를 납치하여 자유중국으로 탈출하려고 1983년에 중공민용항공 소속 심양발 상해행 항공기에서 항법사 등에게 권총을 쏘아 상처를 입히고 권총으로 협박하여 위 비행기를 춘천시에 착륙시킨 사안에서,

항공기운항안전법 등을 종합하여 보면 민간항공기납치사건에 대하여는 항공기등록지국에 원칙적인 재판관할

전합 등은 이 판결의 견해에 배치되는 범위 안에서 이를 변경하기로 한다.

(3) 독일인이 독일에서 북한 지령으로 베를린의 북한이익대표부에서 북한공작원을 만남(외국인의 국외범)

국가보안법 제6조 제2항의 "반국가단체나 그 구성원의 지령을 받거나 받기 위하여 또는 그 목적수행을 협의하거나 협의하기 위하여 잠입하거나 탈출한 자" 및 같은 법 제8조 제1항의 "국가의 존립·안전이나 자유민주적 기본질서를 위태롭게 한다는 정을 알면서 반국가단체의 구성원 또는 그 지령을 받은 자와 회합·통신 기타의 방법으로 연락을 한 자"의 적용과 관련하여, 독일인이 독일 내에서 북한의 지령을 받아 베를린 주재 북한이익대표부를 방문하고 그곳에서 북한공작원을 만났다면 위 각 구성요건상 범죄지는 모두 독일이므로 이는 외국인의 국외범에 해당하여, 형법 제5조와 제6조에서 정한 요건에 해당하지 않는 이상 위 각 조항을 적용하여 처벌할 수 없는 것이다.

같은 취지에서, 독일 국적을 취득함에 따라 대한민국 국적을 상실한 피고인이 독일 내에서 북한의 지령을 받아 1997. 7. 7. 베를린 주재 북한이익대표부를 방문하고 그곳에서 북한공작원을 만난 행위는 외국인의 국외범에 해당한다는 이유로 무죄를 선고한 원심은 정당하다(대판 2008. 4. 17. 2004도4899 전합). (송두율 교수 사건)

참고 법령: 국가보안법 제6조(잠입·탈출) ① 국가의 존립·안전이나 자유민주적 기본질서를 위태롭게 한다는 정을 알면서 반국가단체의 지배하에 있는 지역으로부터 잠입하거나 그 지역으로 탈출한 자는 10년 이하의 징역에 처한다. ② 반국가단체나 그 구성원의 지령을 받거나 받기 위하여 또는 그 목적수행을 협의하거나 협의하기 위하여 잠입하거나 탈출한 자는 사형·무기 또는 5년 이상의 징역에 처한다.

106) 대판 2006. 9. 22. 2006도5010.

권이 있는 외에 항공기착륙국인 우리나라에도 경합적으로 재판관할권이 생기어 우리나라 항공기운항안전법은 외국인의 국외범에 대해서도 적용된다.[107]

5. 외국에서 형의 집행을 받음

범죄에 의하여 외국에서 형의 전부 또는 일부의 집행을 받은 자에 대하여는 형을 감경 또는 면제할 수 있다(형법 7조).

형의 임의적 감경 또는 면제

형법 제7조의 규정은 그 취지가 범죄에 대하여 외국에서 형의 전부 또는 일부의 집행을 받은 자에 대하여는 법원의 재량에 의하여 형을 감경 또는 면제할 수 있다는 것으로서 외국에서 형을 받은 자라고 해서 반드시 감경 또는 면제를 하지 않으면 안 된다는 것은 아니다.[108]

헌법재판소는 형법 7조에 대해 2016. 12. 31.까지 개선입법을 하도록 헌법불합치결정을 선고하였다.[109]

Ⅳ. 범죄의 기본개념

1. 범죄의 성립요건

어떤 행위가 범죄로 되기 위해서는 범죄의 성립요건을 구비하여야 한다. 범죄의 성립요건은 구성요건해당성, 위법성 및 책임을 말한다. 구성요건해당성은 형법 각 본조에서 추상적으로 규정한 불법유형을 충족하는 것을 의미한다. 위법성은 구성요건에 해당하는 행위가 전체 법질서에 반하는 것을 말한다. 책임은 행위자가 행위 당시의 구체적 상황에서 법규범에 따라 행동할 수 있었음에도 그렇게 하지 않은 것에 대한 비난가능성을 의미한다.

2. 소송조건

친고죄에 있어서 고소·고발의 존재, 반의사불벌죄에 있어서 처벌불원의사표시의 부존재는 소송조

107) 대판 1984. 5. 22. 84도39(중공 민간항공기 납치사건).
108) 대판 1979. 4. 10. 78도831. 같은 취지로는 대판 1988. 1. 19. 87도2287.
109) 만약 이 사건 법률조항이 위헌결정으로 즉시 효력을 상실할 경우, 임의적으로나마 형을 감면할 근거규정이 없어지게 되어 감면 적용을 받아야 할 사람에 대하여도 감면을 할 수 없게 되므로, 법적 안정성의 관점에서 용인하기 어려운 법적 공백이 생기게 된다. 따라서 이 사건 법률조항에 대하여 헌법불합치결정을 선고하되, 2016. 12. 31.을 시한으로 입법자의 개선입법이 있을 때까지 계속 적용을 명하기로 한다(헌재결 2015. 5. 28. 2013헌바129).

건이 된다. 친고죄에 있어서 고소·고발이 부존재하거나 고소·고발을 취소한 경우, 반의사불벌죄에 있어서 처벌불원의사표시가 존재하는 때에는 공소기각의 판결을 선고한다(형소법 327조 2, 5, 6호).

3. 자연범과 법정범

법률에 의해 범죄로 규정하기 이전부터 반윤리적, 반사회적인 성격을 띠는 범죄를 자연범이라고 한다. 본래 반윤리적, 반사회적인 성격을 띠는 것은 아니지만 국가가 일정한 목적을 달성하기 위해 법률로 규정함으로써 비로소 범죄가 되는 것을 법정범이라고 한다.

4. 상태범과 계속범

상태범(즉시범)은 살인죄, 낙태죄, 절도죄 등과 같이 결과가 발생함으로써 곧 기수가 되는 범죄를 말한다. 계속범은 범행이 기수가 된 이후에도 법익침해행위가 계속되는 동안에는 범죄가 종료되지 않는 범죄를 말한다. 계속범의 예로는 체포·감금죄(형법 276조), 장물운반죄(형법 362조) 등을 들 수 있다. 이러한 구분은 공소시효의 기산, 공범이 성립할 수 있는 시산적 한계 등과 관련하여 의미를 가진다.

무허가(또는 미신고) 건축물용도변경

건축법상 허가를 받지 아니하거나 또는 신고를 하지 아니한 경우 처벌의 대상이 되는 건축물의 용도변경행위(1999. 2. 8. 법률 제5895호로 건축법이 개정되면서 건축물의 용도변경에 관하여 허가제에서 신고제로 전환되었다)는 유형적으로 용도를 변경하는 행위뿐만 아니라 다른 용도로 사용하는 것까지를 포함하며, 이와 같이 허가를 받지 아니하거나 신고를 하지 아니한 채 건축물을 다른 용도로 사용하는 행위는 계속범의 성질을 가지는 것이어서 허가 또는 신고 없이 다른 용도로 계속 사용하는 한 가벌적 위법상태는 계속 존재하고 있다고 할 것이므로, 그러한 용도변경행위에 대하여는 공소시효가 진행하지 아니하는 것으로 보아야 한다.[110]

농지법상 농지의 전용(즉시범 또는 계속범)

구 농지법 제2조 제9호에서 말하는 '농지의 전용'이 이루어지는 태양은, 첫째로 농지에 대하여 절토, 성토 또는 정지를 하거나 농지로서의 사용에 장해가 되는 유형물을 설치하는 등으로 농지의 형질을 외형상으로뿐만 아니라 사실상 변경시켜 원상회복이 어려운 상태로 만드는 경우(즉시범)가 있고, 둘째로 농지에 대하여 외부적 형상의 변경을 수반하지 않거나 외부적 형상의 변경을 수반하더라도 사회통념상 원상회복이 어려운 정도에 이르지 않은 상태에서 그 농지를 다른 목적에 사용하는 경우 등(계속범)이 있을 수 있다. 전자의 경

110) 대판 1996. 3. 22. 95도3044; 대판 2001. 9. 25. 2001도3990. 다음은 같은 취지이다.

문화재보호법상의 지정문화재은닉죄

구 문화재보호법 제81조 제2항에서 지정문화재 등을 은닉한 자를 처벌하도록 한 규정은 지정문화재 등임을 알고 그 소재를 불분명하게 함으로써 발견을 곤란 또는 불가능하게 하여 그 효용을 해하는 행위를 처벌하려는 것이므로, 그러한 은닉범행이 계속되는 한 발견을 곤란케 하는 등의 상태는 계속되는 것이어서 공소시효가 진행되지 않는다(대판 2004. 2. 12. 2003도6215).

우와 같이 농지전용행위 자체에 의하여 당해 토지가 농지로서의 기능을 상실하여 그 이후 그 토지를 농업생산 등 외의 목적으로 사용하는 행위가 더 이상 '농지의 전용'에 해당하지 않는다고 할 때에는, 허가 없이 그와 같이 농지를 전용한 죄는 그와 같은 행위가 종료됨으로써 즉시 성립하고 그와 동시에 완성되는 즉시범이라고 보아야 한다. 그러나 후자의 경우와 같이 당해 토지를 농업생산 등 외의 다른 목적으로 사용하는 행위를 여전히 농지전용으로 볼 수 있는 때에는 허가 없이 그와 같이 농지를 전용하는 죄는 계속범으로서 그 토지를 다른 용도로 사용하는 한 가벌적인 위법행위가 계속 반복되고 있는 계속범이라고 보아야 한다.[111]

해설: 위 판례에 따르면 농지를 원상회복이 어려운 상태로 전용한 행위(법익을 중하게 침해)는 즉시범이어서 공소시효가 즉시 진행되고, 농지를 원상회복이 어렵지 않은 상태로 전용한 행위(법익을 가볍게 침해)는 계속범이어서 공소시효가 진행되지 않게 되어 불합리하다.

정이 운전자임에도 병이 운전자인 것처럼 진술함으로써 공범자들이 범인도피행위(계속범인 범인도피죄)를 하는 도중에 피고인이 공동의 범의를 가지고 범인도피행위를 계속함

범인도피죄는 범인을 도피하게 함으로써 기수에 이르지만 범인도피행위가 계속되는 동안에는 범죄행위도 계속되고 행위가 끝날 때 비로소 범죄행위가 종료된다고 할 것이고, 공범자의 범인도피행위의 도중에 그 범행을 인식하면서 그와 공동의 범의를 가지고 기왕의 범인도피상태를 이용하여 스스로 범인도피행위를 계속한 자에 대하여는 범인도피죄의 공동정범이 성립한다.[112]

갑이 영상홍을 캐낸 다음(즉시범인 절도죄 성립) 남편을 불러 함께 운반해 감

갑이 A연구소 마당 뒷편에서 혼자 영상홍(높이 150㎝ 이상, 폭 약 1m)을 땅에서 완전히 캐낸 후 남편을 불러 함께 영상홍을 운반한 사안에서,

입목을 절취하기 위하여 캐낸 때에 소유자의 입목에 대한 점유가 침해되어 갑의 사실적 지배 하에 놓이게 되므로 갑이 그 점유를 취득하고 절도죄는 기수에 이르며, 이를 운반하거나 반출하는 등의 행위는 필요하지 않다.[113]

해설: 남편은 절도죄가 기수에 이른 후에 영상홍을 운반하였으므로 절도죄가 아닌 장물운반죄의 죄책을 진다(다만 남편의 장물죄는 형법 365조 2항에 의해 형의 필요적 감경 또는 면제 사유에 해당함). 남편이 현장에서 절도범행에 가담하지 않았으므로 갑에게는 특수절도죄가 아닌 절도죄가 성립한다.

폭처법상의 범죄단체조직죄

폭처법 4조의 단체 등의 조직죄는 같은 법에 규정된 범죄를 목적으로 한 단체 또는 집단을 구성함으로써 즉시 성립하고 그와 동시에 완성되는 즉시범이다.[114]

111) 대판 2009. 4. 16. 2007도6703 전합.
112) 대판 1995. 9. 5. 95도577.
113) 대판 2008. 10. 23. 2008도6080.
114) 대판 1995. 1. 20. 94도2752. 다음은 같은 취지이다.

비교판례: 폭처법 4조 1항 중 범죄단체 구성원으로서의 활동죄(계속범)

폭처법 4조 1항에서 규정하고 있는 … 범죄단체활동죄는 범죄단체 구성·가입죄가 즉시범으로 공소시효가 완성된 경우에는 이들을 처벌할 수 없다는 불합리한 점을 감안하여 그 처벌의 근거를 마련한 것이라는 점에서 범죄단체의 구성·가입죄와 별도로 범죄단체활동죄를 처벌할 필요성이 있는 점, … 폭처법 4조 1항 중 "활동" 부분이 죄형법정주의의 명확성의 원칙에 위배된다고 할 수 없다.[115]

직무유기죄에서 계속적으로 작위의무를 수행하지 아니함

직무유기죄는 그 직무를 수행하여야 하는 작위의무의 존재와 그에 대한 위반을 전제로 하고 있는바, 그 작위의무를 수행하지 아니함으로써 구성요건에 해당하는 사실이 있었고 그 후에도 계속하여 그 작위의무를 수행하지 아니하는 위법한 부작위상태가 계속되는 한 가벌적 위법상태는 계속 존재하고 있다고 할 것이며 형법 제122조 후단은 이를 전체적으로 보아 1죄로 처벌하는 취지로 해석되므로 이를 즉시범이라고 할 수 없다.[116]

청소년보호법상 청소년유해업소의 업주가 청소년을 고용

청소년보호법 제24조 제1항은 '청소년유해업소의 업주는 청소년을 고용하여서는 아니된다'고 규정하고, 같은 법 제50조 제2호는 '제24조 제1항의 규정에 위반하여 청소년을 유해업소에 고용한 자를 3년 이하의 징역 또는 2,000만원 이하의 벌금에 처한다'고 규정하고 있다. … 청소년고용 금지의무 위반행위는 일반적으로 고용이 노무의 제공이라는 계속적 상태를 요구한다는 점에서 계속범의 실질을 가지는 것으로서 청소년에 대한 고용을 중단하지 않는 한 가벌적 위법상태가 지속되므로, 그 위반죄의 성립 여부 및 범의는 청소년 고용이 지속된 기간을 전체적으로 고려하여 판단하여야 한다.[117]

5. 침해범과 위험범

범죄가 성립하기 위해서 침해범은 보호법익이 침해되어야 하고, 위험범은 보호법익이 침해될 위험이 있으면 된다. 살인죄는 사망의 결과가 발생하여야 기수가 되고, 절도죄는 재물이 사실상 범인의 지배 하에 놓여야 기수가 된다는 점에서 각각 침해범에 해당한다. 횡령죄는 다른 사람의 재물에 관한 소유권 등 본권을 보호법익으로 하고 법익침해의 위험이 있으면 침해의 결과가 발생되지 아니하더라도 성립하는 위험범이다.[118]

A범죄단체에 가입 후 B범죄단체에 가입

폭력행위등처벌에관한법률 제4조 소정의 단체 등의 조직죄는 같은 법에 규정된 범죄를 목적으로 한 단체 또는 집단을 구성하거나 가입함으로써 즉시 성립하고 그와 동시에 완성되는 즉시범이라 할 것이므로, 피고인이 범죄단체인 연수파에 가입한 이후 별개의 범죄단체에 가입하였다는 이유로 추가 기소가 되었다고하여 이를 이중처벌이라고 할 수는 없다(대판 1997. 10. 10. 97도1829).

115) 대판 2008. 5. 29. 2008도1857.

116) 대판 1997. 8. 29. 97도675.

117) 대판 2011. 1. 13. 2010도10029.

118) 대판 2013. 2. 21. 2010도10500 전합.

협박죄에 대해서는 위험범이라는 견해와 침해범이라는 견해가 나뉜다. 대법원은 다음과 같이 협박죄를 위험범으로 파악하여 해악의 고지가 객관적으로 상대방이 공포심을 일으키기에 충분한 정도의 해당하면 현실적으로 피해자가 공포심을 일으키지 않았다 하더라도 협박죄의 기수에 이르렀다고 본다. 이와 달리 협박죄를 침해범으로 보게 되면, 해악의 고지가 상대방에게 도달하여 상대방이 그 의미를 인식하고 나아가 현실적으로 공포심을 일으켰을 때에 비로소 기수에 이르게 된다.

협박죄는 위험범임

협박죄가 성립하려면 고지된 해악의 내용이 … 일반적으로 사람으로 하여금 공포심을 일으키게 하기에 충분한 것이어야 하지만, 상대방이 그에 의하여 현실적으로 공포심을 일으킬 것까지 요구하는 것은 아니며, 그와 같은 정도의 해악을 고지함으로써 상대방이 그 의미를 인식한 이상, 상대방이 현실적으로 공포심을 일으켰는지 여부와 관계없이 그로써 구성요건은 충족되어 협박죄의 기수에 이르는 것으로 해석하여야 한다.
협박죄의 미수범을 처벌하는 조항을 두고 있으나 미수범 처벌조항이 있다 하여 반드시 침해범으로 해석할 것은 아니며, 지극히 주관적이고 복합적이며 종종 무의식의 영역에까지 걸쳐 있는 상대방의 정서적 반응을 객관적으로 심리·판단하는 것이 현실적으로 불가능에 가깝고, 상대방이 과거 자신의 정서적 반응이나 감정 상태를 회고하여 표현한다 하여도 공포심을 일으켰는지 여부의 의미나 판단 기준이 사람마다 다르며 그 정도를 측정할 객관적 척도도 존재하지 아니하는 점 등에 비추어 보면, 상대방이 현실적으로 공포심을 일으켰는지 여부에 따라 기수 여부가 결정되는 것으로 해석하는 것은 적절치 아니하기 때문이다.
결국, 협박죄는 사람의 의사결정의 자유를 보호법익으로 하는 위험범이라 봄이 상당하고, 협박죄의 미수범 처벌조항은 해악의 고지가 현실적으로 상대방에게 도달하지 아니한 경우나, 도달은 하였으나 상대방이 이를 지각하지 못하였거나 고지된 해악의 의미를 인식하지 못한 경우 등에 적용될 뿐이다.[119]

119) 대판 2007. 9. 28. 2007도606 전합. 반대의견은 다음과 같다.
현행 형법은 협박죄의 미수범을 처벌하는 규정을 두고 있는바, 그 입법 취지는 협박죄를 침해범으로 보고, 해악의 고지가 상대방에게 도달하여 상대방이 그 의미를 인식하였으나 현실적으로 공포심을 일으키지는 아니한 경우에는 이를 미수범으로 처벌하도록 함으로써 피해자의 피해 정도 등을 고려한 적정한 양형을 도출하고자 하는 의도라고 보는 것이 자연스럽다.
해악의 고지에 의해 현실적으로 공포심을 일으켰는지 여부나 그 정도는 사람마다 다를 수 있다고 하더라도 이를 판단할 수 없다거나 판단을 위한 객관적인 척도나 기준이 존재하지 않는다고 단정할 것은 아니며, 사람이 현실적으로 공포심을 일으켰는지 여부를 판단할 만한 객관적인 기준 및 개별 사건에서 쌍방의 입증과 그에 의하여 인정되는 구체적인 사정 등을 모두 종합하여, 당해 협박행위로 상대방이 현실적으로 공포심을 일으켰다는 점이 증명된다면 협박죄의 기수에 이르렀다고 인정하고, 이에 대한 증명이 부족하거나 오히려 상대방이 현실적으로 공포심을 일으키지 않았다는 점이 증명된다면 협박죄의 미수에 그친 것으로 인정하면 될 것이다. 기수에 이르렀는지에 대한 의문을 해결하기 어렵다고 하여 모든 경우에 기수범으로 처벌하는 것은 오히려 "의심스러울 때는 피고인의 이익으로"라는 법원칙 등 형사법의 일반원칙과도 부합하지 아니하며 형벌과잉의 우려를 낳을 뿐이다.
결국, 현행 형법의 협박죄는 침해범으로서 일반적으로 사람으로 하여금 공포심을 일으킬 수 있는 정도의 해악의 고지가 상대방에게 도달하여 상대방이 그 의미를 인식하고 나아가 현실적으로 공포심을 일으켰을 때에 비로소 기수에 이르는 것으로 보아야 한다.

전봇대 주변에 놓인 재활용품과 쓰레기(무주물)에 불을 놓아 공공의 위험 발생

노상에서 전봇대 주변에 놓인 재활용품과 쓰레기 등에 불을 놓아 소훼한 사안에서, 그 재활용품과 쓰레기 등은 '무주물'로서 형법 167조 2항에 정한 '자기 소유의 물건'에 준하는 것으로 보아야 하므로, 여기에 불을 붙인 후 불상의 가연물을 집어넣어 그 화염을 키움으로써 전선을 비롯한 주변의 가연물에 손상을 입히거나 바람에 의하여 다른 곳으로 불이 옮아붙을 수 있는 공공의 위험을 발생하게 하였다면, 일반물건방화죄가 성립한다.[120)]

기소중지자의 부탁으로 타인 명의로 임대차계약을 체결해 줌

범인도피죄는 범인은닉 이외의 방법으로 범인에 대한 수사, 재판 및 형의 집행 등 형사사법의 작용을 곤란 또는 불가능하게 하는 행위를 말하는 것으로서, 그 방법에는 어떠한 제한이 없고, 위험범으로서 현실적으로 형사사법의 작용을 방해하는 결과가 초래될 것이 요구되지 아니한다.

범인이 기소중지자임을 알고도 범인의 부탁으로 타인 명의로 대신 임대차계약을 체결해 준 경우, 비록 임대차계약서가 공시되는 것은 아니라 하더라도 수사기관이 탐문수사나 신고를 받아 범인을 발견하고 체포하는 것을 곤란하게 하여 범인도피죄에 해당한다.[121)]

일반교통방해죄(형법 185조)는 이른바 추상적 위험범으로서 교통이 불가능하거나 또는 현저히 곤란한 상태가 발생하면 바로 기수가 되고 교통방해의 결과가 현실적으로 발생하여야 하는 것은 아니다.[122)]

V. 법인의 형사책임

1. 법인의 범죄능력

자연인이 법인의 기관으로서 범죄행위를 한 경우의 형사책임을 지는 자

법인은 기관인 자연인을 통하여 행위를 하게 되는 것이기 때문에, 자연인이 법인의 기관으로서 범죄행위를

120) 대판 2009. 10. 15. 2009도7421. 다음은 유사 취지이다.
폭발물사용죄(형법 119조)는 폭발물을 사용하여 공안을 문란하게 함으로써 성립하는 공공위험범죄로서 개인의 생명, 신체 등과 아울러 공공의 안전과 평온을 보호법익으로 하는 것이고, … (대판 2012. 4. 26. 2011도17254).

121) 대판 2004. 3. 26. 2003도8226.

122) 대판 2005. 10. 28. 2004도7545. 위험범을 일반적 위험범과 구체적 위험범으로 나누어 전자는 법익침해의 추상적·일반적 위험성이 있으면 성립하는 범죄로 그 위험은 입법이유에 불과할 뿐 그 자체가 구성요건요소가 되는 것은 아니고, 후자는 구체적·현실적 위험성이 발생하여야 성립하는 범죄라는 견해가 있다. 위 견해는 방화·실화죄에서 '공공의 위험'이라는 요소가 명시되어 있지 않은 구성요건은 추상적 위험범이고, '공공의 위험'이라는 요소가 명시되어 있는 구성요건은 구체적 위험범이라고 한다. 그러나 결과발생의 위험성과 무관하게 성립하는 범죄가 있을 수 있는지는 의문이다.

한 경우에도 행위자인 자연인이 범죄행위에 대한 형사책임을 지는 것이고, 다만 법률이 목적을 달성하기 위하여 특별히 규정하고 있는 경우에만 행위자를 벌하는 외에 법률효과가 귀속되는 법인에 대하여도 벌금형을 과할 수 있을 뿐이다.[123)]

건축물의 유지·관리의무를 지는 '소유자 또는 관리자'가 법인격 없는 사단임

법인격 없는 사단과 같은 단체는 법인과 마찬가지로 사법상의 권리·의무의 주체가 될 수 있음은 별론으로 하더라도 법률에 명문의 규정이 없는 한 그 범죄능력은 없고 그 단체의 업무는 단체를 대표하는 자연인인 대표기관의 의사결정에 따른 대표행위에 의하여 실현될 수밖에 없는바, 구 건축법 제26조 제1항의 규정에 의하여 건축물의 유지·관리의무를 지는 '소유자 또는 관리자'가 법인격 없는 사단인 경우에는 자연인인 대표기관이 그 업무를 수행하는 것이므로, 같은 법 제79조 제4호에서 같은 법 제26조 제1항의 규정에 위반한 자라 함은 법인격 없는 사단의 대표기관인 자연인을 의미한다.[124)]

법인이 타인의 사무를 처리하는 경우의 배임죄의 주체

법인이 처리할 의무를 지는 타인의 사무에 관하여는 법인이 배임죄의 주체가 될 수 없고 법인을 대표하여 사무를 처리하는 자연인인 대표기관이 바로 타인의 사무를 처리하는 자로서 배임죄의 주체가 된다.[125)]

A주식회사 소유의 부동산을 그 대표이사가 매도하고 대금을 완납받았음에도 후임 대표이사가 이를 타에 처분하고 소유권이전등기 등을 경료해 줌

사실관계: A주식회사의 대표이사인 갑이 1974년에 A 소유의 토지들 및 그 지상 건물들을 을, 병, 정에게 매도하고 그 무렵 대금 전액을 완납받았다. 갑의 후임으로 A의 대표이사가 된 피고인 1은 위와 같은 사정을 알면서도 피고인 2와 공모하여 위 각 토지들 및 그 지상 건물들을 무, 기, 경 등에게 매도하고 동인들 명의로 이에 관하여 소유권이전등기 또는 소유권보존등기를 경료해 주었다.

판단: 형법 제355조 제2항의 배임죄에 있어서 타인의 사무를 처리할 의무의 주체가 법인이 되는 경우라도 법인은 다만 사법상의 의무주체가 될 뿐 범죄능력이 없는 것이며 그 타인의 사무는 법인을 대표하는 자연인인 대표기관의 의사결정에 따른 대표행위에 의하여 실현될 수밖에 없어 그 대표기관은 마땅히 법인이 타인에 대하여 부담하고 있는 의무내용 대로 사무를 처리할 임무가 있다 할 것이므로 법인이 처리할 의무를 지는 타인의 사무에 관하여는 법인이 배임죄의 주체가 될 수 없고 그 법인을 대표하여 사무를 처리하는 자연인인 대표기관이 바로 타인의 사무를 처리하는 자 즉 배임죄의 주체가 된다.[126)]

123) 대판 1994. 2. 8. 93도1483.
124) 대판 1997. 1. 24. 96도524.
125) 대판 1985. 10. 8. 83도1375.
126) 대판 1984. 10. 10. 82도2595 전합(같은 취지로는 대판 1985. 10. 8. 83도1375). 위 판례에 의하여 다음 판례는 변경되었다.
A회사가 건축 중인 아파트를 갑에게 분양한 경우 갑에게 아파트의 소유권이전등기를 하여 줄 의무는 A가 부담하고 있음이 분명하고 위 분양계약 후 대표이사에 취임한 피고인은 A의 대표기관에 불과하므로 피고인으로서는 갑

2. 양벌규정

법인의 대표자가 범죄를 저지르면 법인을 처벌하고, 법인이나 개인의 대리인·사용인 기타 종업원이 범죄를 저지르면 그 법인이나 개인을 처벌하는 규정을 양벌규정이라고 한다. 양벌규정에 의해 처벌되는 것은 통상 법인이나 개인이지만, 보험업법이나 노동조합 및 노동관계조정법 등에서는 양벌규정에 의해 법인격 없는 단체를 처벌하는 규정을 두고 있다.[127]

가. 종래의 양벌규정

(1) 법문의 형식

종래의 양벌규정은 대체로 다음과 같은 형태였다.

도로교통법 제159조(양벌규정) 법인의 대표자나 법인 또는 개인의 대리인·사용인 그 밖의 종업원이 법인 또는 개인의 업무에 관하여 제148조 내지 제157조의 위반행위를 한 때에는 행위자를 벌하는 외에 그 법인 또는 개인에 대하여도 각 해당 조의 벌금 또는 과료의 형을 과한다.

(2) 종래의 양벌규정에 대한 해석

양벌규정에 의해 종업원 등의 위반행위에 대해 법인이나 개인 사업주를 처벌하기 위해서 통상의 범죄에 있어서와 마찬가지로 법인이나 사업주에게 고의·과실이 요구된다고 하면 이를 입증하는 것이 곤란하여 처벌에 공백이 생기게 된다. 그렇다고 하여 법인이나 사업주에게 고의·과실이 요구되지 않는다고 보면 책임주의에 반한다. 그리하여 양벌규정에 의해 법인이나 개인 사업주를 처벌하기 위한 요건에 관하여 판례는 다음과 같이 일관되지 아니한 태도를 취하였다. 실무상으로는 무과실책임설을 취하였다고 생각된다.

(가) 무과실책임설을 취한 판례

도로교통법 제81조의 양벌규정은 도로에서 발생하는 모든 교통상의 위해를 방지, 제거하여 교통의 안전과 원활을 도모하기 위하여 도로교통법에 위반하는 행위자 외에 그 행위자와 위 법 소정의 관계에 있는 고용자

에 대하여 위 등기사무를 처리하는 자의 위치에 있다고 볼 수 없고 갑과 피고인 간은 배임죄에서 말하는 타인과 본인과의 관계에 있지 아니하다(대판 1983. 2. 22. 82도1527). 같은 취지로는 대판 1982. 2. 9. 80도1796.

127) **보험업법 제208조(양벌규정)** ① <u>법인(법인이 아닌 사단 또는 재단으로서 대표자 또는 관리인이 있는 것을 포함한다. 이하 이 항에서 같다)</u>의 대표자나 법인 또는 개인의 대리인, 사용인, 그 밖의 종업원이 그 법인 또는 개인의 업무에 관하여 제200조, 제202조 또는 제204조의 어느 하나에 해당하는 위반행위를 하면 그 행위자를 벌하는 외에 그 법인 또는 개인에게도 해당 조문의 벌금형을 과(科)한다. 다만, 법인 또는 개인이 그 위반행위를 방지하기 위하여 해당 업무에 관하여 상당한 주의와 감독을 게을리하지 아니한 경우에는 그러하지 아니하다.
노동조합 및 노동관계조정법 제94조(양벌규정) <u>법인 또는 단체</u>의 대표자, <u>법인·단체</u> 또는 개인의 대리인·사용인 기타의 종업원이 그 법인·단체 또는 개인의 업무에 관하여 제88조 내지 제93조의 위반행위를 한 때에는 행위자를 벌하는 외에 그 법인·단체 또는 개인에 대하여도 각 해당 조의 벌금형을 과한다.

등을 아울러 처벌하는 이른바 질서벌의 성질을 갖는 규정이므로 비록 행위자에 대한 감독책임을 다하였다거나 또는 행위자의 위반사실을 몰랐다고 하더라도 이의 적용이 배제된다고 할 수 없다.128)

(나) 과실책임설을 취한 판례

종업원 등의 행정법규위반행위에 대하여 양벌규정으로 영업주의 책임을 묻는 것은 종업원 등에 대한 영업주의 선임감독상의 과실책임을 근거로 하는 것이며 ….129)

교통사고로 입원하고 있을 때 종업원이 무허가 유흥주점 영업을 함

식품위생법 제79조는 법인의 대표자나 법인 또는 개인의 대리인·사용인 기타의 종업원이 그 법인 또는 개인의 업무에 관하여 법 제74조 내지 제77조의 위반행위를 한 때에는 그 행위자를 벌하는 외에 그 법인이나 개인에 대하여도 해당 각조의 벌금형을 과하도록 하는 양벌규정으로서 식품영업주의 그 종업원 등에 대한 감독태만을 처벌하려는 규정인바, 피고인의 종업원이 이 사건 무허가 유흥주점 영업을 할 당시 피고인이 교통사고로 입원하고 있었다는 사유만으로 위 양벌규정에 따른 식품영업주로서의 감독태만에 대한 책임을 면할 수는 없다.130)

(다) 과실추정설을 취한 판례

법인이 윤락행위 알선을 하지 않도록 교육시키고, 입사시에 각서를 제출받음

공중위생법 제45조의 규정은, 법인의 경우 종업원의 위반행위에 대하여 행위자인 종업원을 벌하는 외에 업무주체인 법인도 처벌하고, 이 경우 법인은 엄격한 무과실책임은 아니라 하더라도 그 과실의 추정을 강하게 하고, 그 입증책임도 법인에게 부과함으로써 양벌규정의 실효를 살리자는 데 그 목적이 있다.
법인이 종업원들에게 윤락행위알선을 하지 않도록 교육을 시키고, 또 입사시에 그 다짐을 받는 각서를 제출하게 하는 등 일반적이고 추상적인 감독을 하는 것만으로는 공중위생법 제45조 단서의 면책사유에 해당하지 않는다고 한 사례.131)

128) 대판 1982. 9. 14. 82도1439.

129) 대판 1987. 11. 10. 87도1213.

130) 대판 2007. 11. 29. 2007도7920.

131) 대판 1992. 8. 18. 92도1395. 당시의 공중위생법 규정은 다음과 같다.
제45조(양벌규정) 법인의 대표자나 법인 또는 개인의 대리인, 사용인 기타의 종업원이 그 법인 또는 개인의 업무에 관하여 제42조의 규정에 의한 위반행위를 한 때에는 행위자를 벌하는 외에 그 법인 또는 개인에 대하여도 동조의 벌금형에 처한다. 다만, 법인 또는 개인의 대리인, 사용인 기타 종업원의 부당행위를 방지하기 위하여 당해 업무에 대하여 상당한 주의와 감독을 한 것이 증명된 때에는 그 법인 또는 개인에 관하여는 예외로 한다.

(3) 종래의 양벌규정에 대한 위헌결정

종업원의 위반행위에 대해 개인인 영업주에게도 동일한 법정형을 정한 양벌규정

심판대상조항[132]: 종업원의 위반행위에 대하여 양벌조항으로서 개인인 영업주에게도 동일하게 무기 또는 2년 이상의 징역형의 법정형으로 처벌하도록 규정하고 있는 '보건범죄단속에 관한 특별조치법' 제6조 중 제5조에 의한 처벌 부분

판단: 가. 재판관 4명의 의견

이 사건 법률조항이 종업원의 업무 관련 무면허의료행위가 있으면 이에 대해 영업주가 비난받을 만한 행위가 있었는지 여부와는 관계없이 자동적으로 영업주도 처벌하도록 규정하고 있고, 그 문언상 명백한 의미와 달리 "종업원의 범죄행위에 대해 영업주의 선임감독상의 과실(기타 영업주의 귀책사유)이 인정되는 경우"라는 요건을 추가하여 해석하는 것은 문리해석의 범위를 넘어서는 것으로서 허용될 수 없으므로, 결국 위 법률조항은 다른 사람의 범죄에 대해 그 책임 유무를 묻지 않고 형벌을 부과함으로써, 법정형에 나아가 판단할 것 없이, 형사법의 기본원리인 '책임 없는 자에게 형벌을 부과할 수 없다'는 책임주의에 반한다.

나. 재판관 4명의 의견

일정한 범죄에 대해 형벌을 부과하는 법률조항이 정당화되기 위해서는 범죄에 대한 귀책사유를 의미하는 책임이 인정되어야 하고, 그 법정형 또한 책임의 정도에 비례하도록 규정되어야 하는데, 이 사건 법률조항은 문언상 종업원의 범죄에 아무런 귀책사유가 없는 영업주에 대해서도 그 처벌가능성을 열어두고 있을 뿐만 아니라, 가사 위 법률조항을 종업원에 대한 선임감독상의 과실 있는 영업주만을 처벌하는 규정으로 보더라도, 과실밖에 없는 영업주를 고의의 본범(종업원)과 동일하게 '무기 또는 2년 이상의 징역형'이라는 법정형으로 처벌하는 것은 그 책임의 정도에 비해 지나치게 무거운 법정형을 규정하는 것이므로, 두 가지 점을 모두 고려하면 형벌에 관한 책임원칙에 반한다.[133]

심판대상조항: 청소년보호법 제54조 중 "개인의 대리인·사용인 기타 종업원이 그 개인의 업무에 관하여 제51조 제8호의 위반행위를 한 때에는 그 개인에 대하여도 해당 조의 벌금형을 과한다"는 부분

판단: 형벌은 범죄에 대한 제재로서 그 본질은 법질서에 의해 부정적으로 평가된 행위에 대한 비난이다. 만약 법질서가 부정적으로 평가한 결과가 발생하였다고 하더라도 그러한 결과의 발생이 어느 누구의 잘못에 의한 것도 아니라면, 부정적인 결과가 발생하였다는 이유만으로 누군가에게 형벌을 가할 수는 없다. 이와 같이 '책임 없는 자에게 형벌을 부과할 수 없다'는 형벌에 관한 책임주의는 형사법의 기본원리로서, 헌법상 법치국가의 원리에 내재하는 원리인 동시에, 헌법 제10조의 취지로부터 도출되는 원리이다.

이 사건 법률조항은 영업주가 고용한 종업원 등이 그 업무와 관련하여 위반행위를 한 경우에, 그와 같은 종업원 등의 범죄행위에 대해 영업주가 비난받을 만한 행위가 있었는지 여부와는 전혀 관계없이 종업원 등의 범죄행위가 있으면 자동적으로 영업주도 처벌하도록 규정하고 있다. 한편, 이 사건 법률조항을 '영업주가 종업원 등에 대한 선임감독상의 주의의무를 위반한 과실 기타 영업주의 귀책사유가 있는 경우에만 처벌하도록

---

132) **보건범죄단속에 관한 특별조치법 제6조(양벌규정)** 법인의 대표자 또는 법인이나 개인의 대리인·사용인 기타 종업원이 그 법인 또는 개인의 업무에 관하여 제2조 내지 제5조의 위반행위를 한 때에는 행위자를 처벌하는 외에 법인 또는 개인에 대하여도 각 본조의 예에 따라 처벌한다.

133) 헌재결 2007. 11. 29. 2005헌가10.

규정한 것'으로 해석할 수 있는지가 문제될 수 있으나, 합헌적 법률해석은 법률조항의 문언과 목적에 비추어 가능한 범위 안에서의 해석을 전제로 하는 것이므로 위와 같은 해석은 허용되지 않는다. 결국, 이 사건 법률조항은 아무런 비난받을 만한 행위를 한 바 없는 자에 대해서까지, 다른 사람의 범죄행위를 이유로 처벌하는 것으로서 형벌에 관한 책임주의에 반하므로 헌법에 위반된다.[134]

법인에 대한 양벌규정 중 '법인의 대리인·사용인 기타의 종업원 관련 부분'과 '법인의 대표자 관련 부분'

심판대상조항: 1. 구 농산물품질관리법[135] 제37조 중 "법인의 대리인·사용인 기타의 종업원이 그 법인의 업무에 관하여 제34조의2의 위반행위를 한 때에는 그 법인에 대하여도 해당 조의 벌금형을 과한다"는 부분(이하 '종업원관련 부분'이라 한다)
2. 구 농산물품질관리법 제37조 중 "법인의 대표자가 그 법인의 업무에 관하여 제34조의2의 위반행위를 한 때에는 그 법인에 대하여도 해당 조의 벌금형을 과한다"는 부분(이하 '대표자 관련부분'이라 한다)

판단: 1. '종업원' 관련 부분은 법인이 고용한 종업원 등의 범죄행위에 관하여 비난할 근거가 되는 법인의 의사결정 및 행위구조, 즉 종업원 등이 저지른 행위의 결과에 대한 법인의 독자적인 책임에 관하여 전혀 규정하지 않은 채, 단순히 법인이 고용한 종업원 등이 업무에 관하여 범죄행위를 하였다는 이유만으로 법인에 대하여 형사처벌을 과하고 있는바, 이는 다른 사람의 범죄에 대하여 그 책임 유무를 묻지 않고 형벌을 부과함으로써 법치국가의 원리 및 죄형법정주의로부터 도출되는 책임주의원칙에 반한다.
2. 법인은 기관을 통하여 행위하므로 법인이 대표자를 선임한 이상 그의 행위로 인한 법률효과는 법인에게 귀속되어야 하고, 법인 대표자의 범죄행위에 대하여는 법인 자신이 자신의 행위에 대한 책임을 부담하여야 하는바, 법인 대표자의 법규위반행위에 대한 법인의 책임은 법인 자신의 법규위반행위로 평가될 수 있는 행위에 대한 법인의 직접책임으로서, 대표자의 고의에 의한 위반행위에 대하여는 법인 자신의 고의에 의한 책임을, 대표자의 과실에 의한 위반행위에 대하여는 법인 자신의 과실에 의한 책임을 부담하는 것이다. 따라서, 법인의 '대표자' 관련 부분은 대표자의 책임을 요건으로 하여 법인을 처벌하므로 책임주의원칙에 반하지 아니한다.[136]

나. 양벌규정에 관한 법률규정의 개정

위와 같은 헌법재판소의 위헌결정에 따라 양벌규정은 대체로 다음과 같은 형태로 개정되었다.

도로교통법 제159조(양벌규정) 법인의 대표자나 법인 또는 개인의 대리인, 사용인, 그 밖의 종업원이 법인 또는 개인의 업무에 관하여 제148조, 제148조의2, 제149조부터 제157조까지의 어느 하나에 해당하는 위반행위를 하면 그 행위자를 벌하는 외에 그 법인 또는 개인에게도 해당 조문의 벌금 또는 과료의 형을 과한다. 다만, 법인 또는 개인이 그 위반행위를 방지하기 위하여 해당 업무에 관하여 상당한 주의와 감독을 게을리하지 아니한 경우에는 그러하지 아니하다.

134) 헌재결 2009. 7. 30. 2008헌가10.
135) 2002. 12. 26. 법률 제6816호로 개정되고, 2009. 6. 9. 법률 제9759호로 개정되기 전의 것.
136) 헌재결 2010. 7. 29. 2009헌가25.

다. 헌법재판소의 위헌결정에 따른 양벌규정 개정 이후의 판례

양벌규정의 취지

… 양벌규정을 따로 둔 취지는, 이 사건 법률조항이 적용되는 위반행위는 통상 개인적인 차원보다는 법인의 업무와 관련하여 반복적·계속적으로 이루어질 가능성이 크다는 점을 감안하여, 법인의 대표자가 그 업무와 관련하여 위반행위를 저지른 경우에는 그 법인도 형사처벌 대상으로 삼음으로써 위와 같은 위반행위 발생을 방지하고 위 조항의 규범력을 확보하려는 데 있다.
또한, 법인은 기관을 통하여 행위하므로 법인이 대표자를 선임한 이상 그의 행위로 인한 법률효과는 법인에게 귀속되어야 하고, 법인 대표자의 범죄행위에 대하여는 법인 자신이 책임을 져야 하는바, 법인 대표자의 법규위반행위에 대한 법인의 책임은 법인 자신의 법규위반행위로 평가될 수 있는 행위에 대한 법인의 직접책임으로서, 대표자의 고의에 의한 위반행위에 대하여는 법인 자신의 고의에 의한 책임을, 대표자의 과실에 의한 위반행위에 대하여는 법인 자신의 과실에 의한 책임을 지는 것이다.[137)]

법인의 주의 또는 관리·감독의무의 판단

법인은 위반행위가 발생한 그 업무와 관련하여 법인이 상당한 주의 또는 관리·감독 의무를 게을리한 과실로 인하여 처벌되는 것이라 할 것인데, 구체적인 사안에서 법인이 상당한 주의 또는 감독을 게을리하였는지 여부는 당해 위반행위와 관련된 모든 사정, 즉 당해 법률의 입법 취지, 처벌조항 위반으로 예상되는 법익 침해의 정도, 위반행위에 관하여 양벌규정을 마련한 취지 등은 물론 위반행위의 구체적인 모습과 그로 인하여 실제 야기된 피해 또는 결과의 정도, 법인의 영업 규모 및 행위자에 대한 감독가능성이나 구체적인 지휘·감독 관계, 법인이 위반행위 방지를 위하여 실제 행한 조치 등을 전체적으로 종합하여 판단하여야 한다.[138)]

법인의 사용인의 범위

양벌규정의 취지는 법인 등 업무주의 처벌을 통하여 벌칙조항의 실효성을 확보하는 데 있는 것이므로, 여기에서 말하는 법인의 사용인에는 법인과 정식 고용계약이 체결되어 근무하는 자뿐만 아니라 그 법인의 업무를 직접 또는 간접으로 수행하면서 법인의 통제·감독 하에 있는 자도 포함된다.[139)]

137) 대판 2010. 9. 30. 2009도3876

138) 대판 2012. 5. 9. 2011도11264. 같은 취지로는 구 산업안전보건법에 관하여 대판 2010. 9. 9. 2008도7834; 구 도로법에 관하여 대판 2010. 2. 25. 2009도5824. 다음은 같은 취지이다.
A법인의 사용인인 피고인이 공동피고인들과 공모하여 개발제한구역 내에서 무허가 비닐하우스를 신축하였다고 하여 구 개발제한구역의 지정 및 관리에 관한 특별조치법 위반으로 기소된 사안에서, A의 주의의무 내용이나 그 위반 여부를 살피지 아니한 채 같은 법 제32조 양벌규정을 적용하여 A를 처벌한 원심판결은 위법하다(대판 2011. 7. 14. 2009도5516)

139) 대판 2006. 2. 24. 2003도4966; 대판 2009. 4. 23. 2008도11921 등. 위 2003도4966의 구체적인 판시는 다음과 같다.
다단계판매원이 하위판매원의 모집 및 후원활동을 함
구 방문판매 등에 관한 법률 제63조에서 말하는 '법인의 사용인'에는 법인과 정식 고용계약이 체결되어 근무하는 자뿐만 아니라 그 법인의 업무를 직접 또는 간접으로 수행하면서 법인의 통제·감독 하에 있는 자도 포함된다.
다단계판매업의 영업태양 및 다단계판매업자와 다단계판매원 사이의 관계에 비추어 볼 때, 다단계판매원이 하위판매원의 모집 및 후원활동을 하는 것은 실질적으로 다단계판매업자의 관리 아래 그 업무를 위탁받아 행하는 것으로 볼 수 있어, 다단계판매업자가 상품의 판매 또는 용역의 제공에 의한 이익의 귀속주체가 된다고 할 것이므로, 다단

약사(갑) 명의로 약국을 개설하여 실질적인 경영을 하는 약사(피고인)가 고용한 종업원(을)이 약사법위반행위를 함

법인이 아닌 약국에서의 영업으로 인한 사법상의 권리·의무는 그 약국을 개설한 약사에게 귀속되므로 대외적으로 그 약국의 영업주는 그 약국을 개설한 약사라고 할 것이지만, 그 약국을 실질적으로 경영하는 약사가 다른 약사를 고용하여 그 고용된 약사를 명의상의 개설약사로 등록하게 해두고 실질적인 영업약사가 약사 아닌 종업원을 직접 고용하여 영업하던 중 그 종업원이 약사법위반 행위를 하였다면 약사법 제78조의 양벌규정상의 형사책임은 그 실질적 경영자가 진다.140)

조세포탈범에 대한 특가법상의 가중처벌규정에 의한 법인처벌의 가부

특가법 제8조는141) 조세포탈범의 법정책임자와 이러한 자의 포탈행위에 가담한 공범자인 자연인을 가중처벌하기 위한 규정임이 명백하므로, 법인에 대하여는 특가법상으로 법인을 조세범처벌법의 각 본조에 정한 벌금형을 가중하여 처벌한다는 명문의 처벌규정(양벌규정)이 없는 이상 특가법 제8조에 의하여 법인을 가중처벌할 수 없음은 죄형법정주의의 원칙상 당연하다.142)

도로법상 지입차주는 지입회사의 '대리인·사용인 그 밖의 종업원'에 해당

화물자동차운송사업면허를 가진 운송사업자와 실질적으로 자동차를 소유하고 있는 차주 간의 계약에 의해 외부적으로는 자동차를 운송사업자 명의로 등록하여 운송사업자에게 귀속시키고 내부적으로는 각 차주들이 독립된 관리 및 계산으로 영업을 하며 운송사업자에 대하여는 지입료를 지불하는 지입제 형식의 운송사업에 있어, 그 지입차주가 세무관서에 독립된 사업자등록을 하고 지입된 차량을 직접 운행·관리하면서 그 명의로 운송계약을 체결하였다고 하더라도, 지입차주는 객관적으로나 외형상으로나 그 차량의 소유자인 지입회사와의 위탁계약에 의하여 그 위임을 받아 운행·관리를 대행하는 지위에 있는 자로서 도로법 제100조 제1항143)에서 정한 "대리인·사용인 그 밖의 종업원"에 해당한다.144)

계판매원은 다단계판매업자의 통제·감독을 받으면서 다단계판매업자의 업무를 직접 또는 간접으로 수행하는 자로서, 적어도 구 방문판매 등에 관한 법률의 양벌규정의 적용에 있어서는 다단계판매업자의 사용인의 지위에 있다고 봄이 상당하다.

140) 대판 2000. 10. 27. 2000도3570.

141) **특가법 제8조(조세 포탈의 가중처벌)** ①「조세범 처벌법」 제3조 제1항, 제4조 및 제5조,「지방세기본법」 제129조 제1항에 규정된 죄를 범한 사람은 다음 각 호의 구분에 따라 가중처벌한다.

1. 포탈하거나 환급받은 세액 또는 징수하지 아니하거나 납부하지 아니한 세액이 연간 10억원 이상인 경우에는 무기 또는 5년 이상의 징역에 처한다.
2. 포탈세액 등이 연간 5억원 이상 10억원 미만인 경우에는 3년 이상의 유기징역에 처한다.

② 제1항의 경우에는 그 포탈세액 등의 2배 이상 5배 이하에 상당하는 벌금을 병과한다.

142) 대판 1992. 8. 14. 92도299.

143) **현행 도로법 제116조(양벌규정)** 법인의 대표자, 법인 또는 개인의 대리인, 사용인, 그 밖의 종업원이 그 법인 또는 개인의 업무에 관하여 제113조 제1항·제2항·제7항, 제114조, 제115조의 어느 하나에 해당하는 위반행위를 하면 그 행위자를 벌하는 외에 그 법인 또는 개인에게도 해당 조문의 벌금형을 과하고, 제113조 제3항에 해당하는 위반행위를 하면 그 행위자를 벌하는 외에 그 법인 또는 개인을 5천만원 이하의 벌금에 처한다. 다만, 법인 또는 개인이 그 위반행위를 방지하기 위하여 해당 업무에 관하여 상당한 주의와 감독을 게을리하지 아니한 경우에는 그러하지 아니하다.

144) 대판 2010. 4. 15. 2009도9624.

종업원 등의 위법행위에 관하여 양벌규정에 따라 형사책임을 지는 법인이 합병으로 소멸 → 존속하는 법인이 그 형사책임을 승계하지 않음

회사합병이 있는 경우 피합병회사의 권리·의무는 사법상의 관계나 공법상의 관계를 불문하고 모두 합병으로 인하여 존속하는 회사에 승계되는 것이 원칙이지만, 그 성질상 이전을 허용하지 않는 것은 승계의 대상에서 제외되어야 한다. 양벌규정에 의한 법인의 처벌은 어디까지나 형벌의 일종으로서 행정적 제재처분이나 민사상 불법행위책임과는 성격을 달리하는 점, 형소법 제328조가 '피고인인 법인이 존속하지 아니하게 되었을 때'를 공소기각결정의 사유로 규정하고 있는 것은 형사책임이 승계되지 않음을 전제로 한 것이라고 볼 수 있는 점 등에 비추어 보면, 법인이 형사처벌을 면탈하기 위한 방편으로 합병제도 등을 남용하는 경우 이를 처벌하거나 형사책임을 승계시킬 수 있는 근거규정을 특별히 두고 있지 않은 현행법 하에서는 합병으로 인하여 소멸한 법인이 그 종업원 등의 위법행위에 대해 양벌규정에 따라 부담하던 형사책임은 그 성질상 이전을 허용하지 않는 것으로서 합병으로 인하여 존속하는 법인에 승계되지 않는다.[145)]

라. 지방자치단체와 양벌규정의 적용

지방자치단체 소속 공무원이 도로법상의 과적운행제한을 위반

국가가 본래 그의 사무의 일부를 지방자치단체의 장에게 위임하여 그 사무를 처리하게 하는 기관위임사무의 경우에는 지방자치단체는 국가기관의 일부로 볼 수 있는 것이지만, 지방자치단체가 그 고유의 자치사무를 처리하는 경우에는 지방자치단체는 국가기관의 일부가 아니라 국가기관과는 별도의 독립한 공법인이므로, 지방자치단체 소속 공무원이 지방자치단체 고유의 자치사무를 수행하던 중 도로법 제81조 내지 제85조의 규정에 의한 위반행위를 한 경우에는 지방자치단체는 도로법 제86조의 양벌규정에 따라 처벌대상이 되는 법인에 해당한다. 지방자치단체 소속 공무원이 압축트럭 청소차를 운전하여 고속도로를 운행하던 중 제한축중을 초과 적재 운행함으로써 도로관리청의 차량운행제한을 위반한 사안에서, 해당 지방자치단체가 도로법 제86조의 양벌규정에 따른 처벌대상이 된다고 한 사례.[146)]

해설: 도로법상의 과적운행제한 위반은 2010년부터 과태료 사안으로 바뀌었다.[147)]

지방자치단체 공무원이 지정항만순찰 등을 위해 개조 승합차를 운행한 자동차관리법위반죄

국가가 본래 그의 사무의 일부를 지방자치단체의 장에게 위임하여 처리하게 하는 기관위임사무의 경우 지방

145) 대판 2015. 12. 24. 2015도13946.

146) 대판 2005. 11. 10. 2004도2657.

147) **도로법 제117조(과태료)** ① 다음 각 호의 어느 하나에 해당하는 자에게는 500만원 이하의 과태료를 부과한다.
  1. 제77조 제1항에 따른 운행 제한을 위반한 차량의 운전자

도로법 제77조(차량의 운행 제한 및 운행 허가) ① 도로관리청은 도로 구조를 보전하고 도로에서의 차량 운행으로 인한 위험을 방지하기 위하여 필요하면 대통령령으로 정하는 바에 따라 도로에서의 차량 운행을 제한할 수 있다. (단서 생략)

도로법 시행령 제79조(차량의 운행 제한 등) ① 생략
② 도로관리청이 법 제77조 제1항에 따라 운행을 제한할 수 있는 차량은 다음 각 호와 같다.
  1. 축하중이 10톤을 초과하거나 총중량이 40톤을 초과하는 차량

자치단체는 국가기관의 일부로 볼 수 있고, 지방자치단체가 그 고유의 자치사무를 처리하는 경우 지방자치단체는 국가기관의 일부가 아니라 국가기관과는 별도의 독립한 공법인으로서 양벌규정에 의한 처벌대상이 되는 법인에 해당한다. 또한, 법령상 지방자치단체의 장이 처리하도록 하고 있는 사무가 자치사무인지, 기관위임사무에 해당하는지 여부를 판단하는 때에는 그에 관한 법령의 규정 형식과 취지를 우선 고려하여야 하며, 그 외에도 그 사무의 성질이 전국적으로 통일적인 처리가 요구되는 사무인지 여부나 그에 관한 경비부담과 최종적인 책임귀속의 주체 등도 아울러 고려하여 판단하여야 한다.
지방자치단체 소속 공무원이 지정항만순찰 등의 업무를 위해 관할관청의 승인 없이 개조한 승합차를 운행함으로써 구 자동차관리법을 위반한 사안에서, 지방자치법, 항만법 등에 비추어 위 항만순찰 등의 업무가 지방자치단체의 장이 국가로부터 위임받은 기관위임사무에 해당하여, 해당 지방자치단체가 구 자동차관리법 제83조의 양벌규정에 따른 처벌대상이 될 수 없다.[148]

마. 양벌규정에 근거한 행위자의 처벌

양벌규정은 행위자에 대한 처벌규정을 토대로 하여 법인이나 사업주의 처벌근거가 되는 것이 보통이다. 이와 달리 다음의 경우는 양벌규정이 행위자에 대한 처벌근거로 기능한다.

법률 규정: 구 상호저축은행법
제12조 제1항: 상호저축은행은 동일인에 대하여 자기자본의 100분의 20 이내에서 대통령령이 정하는 한도를 초과하는 대출 등을 할 수 없다.
제39조 제3항 제4의2호: 법 제12조 제1항을 위반한 자는 …에 처한다.
개정 상호저축은행법
제12조 제1항: 상호저축은행은 개별 차주에 대하여 자기자본의 100분의 20 이내에서 대통령령이 정하는 한도를 초과하는 신용공여를 할 수 없다.
제39조 제3항 제4의2호: 법 제12조 제1항을 위반한 상호저축은행은 …에 처한다.
제39조의2: 법인의 대표자나 법인 또는 개인의 대리인·사용인 기타 종업원이 그 법인 또는 개인의 업무에 관하여 제39조의 위반행위를 한 때에는 **행위자를 처벌하는 외에 그 법인 또는 개인에 대하여도 동조의 벌금형을 과한다.**
판단: 위 양벌규정은 당해 업무를 실제로 집행하는 자가 있는 때에 위 벌칙규정의 실효성을 확보하기 위하여 그 적용대상자를 당해 업무를 실제로 집행하는 자에게까지 확장함으로써 그러한 자가 당해 업무집행과 관련하여 위 벌칙규정의 위반행위를 한 경우 위 양벌규정에 의하여 처벌할 수 있도록 한 행위자의 처벌규정임과 동시에 그 위반행위의 이익귀속주체인 상호저축은행에 대한 처벌규정이다.
따라서 앞서 본 상호저축은행법의 개정 결과, 같은 법 제39조 제3항 제4의2호의 문언이 '법 제12조 제1항을 위반한 자'에서 '법 제12조 제1항을 위반한 상호저축은행'으로 바뀌었다 하여 위 양벌규정의 해석을 달리할 것은 아니다.[149]

148) 대판 2009. 6. 11. 2008도6530.
149) 대판 2010. 4. 29. 2009도13868. 다음은 같은 취지이다.
상호저축은행법 제39조의2에 정한 양벌규정은, 당해 업무를 실제로 집행하는 자가 있는 때에 벌칙규정의 실효성을 확보하기 위하여 그 적용대상자를 당해 업무를 실제로 집행하는 자에게까지 확장함으로써 그러한 자가 당해 업무

> 구 건축법 제54조 내지 제56조의 벌칙규정에서 그 적용대상자를 건축주, 공사감리자, 공사시공자 등 일정한 업무주로 한정한 경우에 있어서, 같은 법 제57조[150]의 양벌규정은 업무주가 아니면서 당해 업무를 실제로 집행하는 자가 있는 때에 위 벌칙규정의 실효성을 확보하기 위하여 그 적용대상자를 당해 업무를 실제로 집행하는 자에게까지 확장함으로써 그러한 자가 당해 업무집행과 관련하여 위 벌칙규정의 위반행위를 한 경우 위 양벌규정에 의하여 처벌할 수 있도록 한 행위자의 처벌규정임과 동시에 그 위반행위의 이익귀속주체인 업무주에 대한 처벌규정이라고 할 것이다.[151]

집행과 관련하여 위 벌칙규정의 위반행위를 한 경우 위 양벌규정에 의하여 처벌할 수 있도록 한 행위자의 처벌규정임과 동시에 그 위반행위의 이익귀속주체인 상호저축은행에 대한 처벌규정이라 할 것이다. 따라서 2007. 7. 19. 법률 제8522호로 개정된 위 법 제39조 제3항 제4의2호에서 같은 법 제12조 제1항을 위반한 경우 그 벌칙을 규정함에 있어 그 문언이 '법 제12조 제1항을 위반한 자'에서 '법 제12조 제1항을 위반한 상호저축은행'으로 바뀌었다 하더라도 위 양벌규정의 해석을 달리할 것은 아니다. 위와 같은 법리에 비추어 볼 때, 위 법 개정 이후에도 위 양벌규정에 의하여 같은 법 제12조 제1항을 위반한 행위자 개인에 대한 처벌이 가능한 이상 결국 위 법 제39조 제3항 제4의2호의 개정은 형법 제1조 제2항에서 규정한 '범죄 후 법률의 변경에 의하여 그 행위가 범죄를 구성하지 아니하게 된 경우'에 해당한다고 볼 수 없다(대판 2010. 4. 29. 2009도7017).

150) 1991. 5. 31. 법률 제4381호로 전문 개정되기 전의 건축법

제54조(벌칙) ① 도시계획구역 안에서 제5조제1항 본문·제31조·제39조·제40조·제41조 또는 제41조의2의 규정에 위반하여 건축물을 건축하거나 대수선하는 건축주(법인인 경우에는 그 대표자를 말한다. 이하 같다)는 3년 이하의 징역 또는 5천만원 이하의 벌금에 처한다.

② 제1항의 경우 징역형과 벌금형을 병과할 수 있다.

제55조(벌칙) 다음 각 호의 1에 해당하는 자는 2년 이하의 징역 또는 1천만원 이하의 벌금에 처한다.

1. 제6조제2항·제6항·제7항 또는 제7조제4항의 규정에 위반한 건축주
2. 도시계획구역 외에서 제5조제1항 본문·제31조·제39조·제40조·제41조 또는 제41조의2의 규정에 위반하여 건축물을 건축하거나 대수선하는 건축주
3. 제7조의2, 제7조의3제1항 또는 제29조의 규정에 위반한 자
4. 제9조제4항 또는 제10조의 규정에 위반한 설계자·공사감리자 또는 공사시공자
5. 제47조제1항 또는 제49조의 규정에 의한 허가를 받지 아니하고 가설건축물 또는 공작물을 건축하는 건축주

제56조(벌칙) 생략

제57조(양벌규정) 법인의 대표자 또는 법인이나 자연인의 대리인, 사용인 기타 종업원이 그 법인 또는 자연인의 업무에 관하여 제54조 내지 제56조의 규정에 해당하는 행위를 하였을 때에는 행위자를 벌하는 외에 그 법인 또는 자연인에 대하여도 각 본조의 벌금형을 과한다. 다만, 위반행위를 방지하기 위하여 상당한 주의와 감독을 태만히 하지 아니하였을 때에는 그러하지 아니한다.

151) 대판 1999. 7. 15. 95도2870 전합(같은 취지로는 대판 2005. 12. 22. 2003도3984; 대판 2009. 2. 12. 2008도9476).

보충의견: 대법원이 종래 양벌규정에 의하여 업무주 등이 아닌 행위자도 벌칙규정의 적용대상이 된다고 해석하여 온 구 건설업법 등의 벌칙규정의 경우에는 선행하는 의무규정 또는 금지규정에서 적용대상자를 업무주 등으로 한정하고 그 의무규정 등의 위반행위를 처벌하는 벌칙규정에서는 그 적용대상자를 별도로 한정하지 아니한 것과는 달리, 구 건축법에는 위와 같은 형식의 벌칙규정(제55조 제3호) 외에도, 의무규정 또는 금지규정에서는 적용대상자를 한정하지 아니하고 그 의무규정 등의 위반행위를 처벌하는 벌칙규정에서 비로소 적용대상자를 업무주 등으로 한정하고 있는 경우(제54조, 제55조 제1호, 제2호, 제4호 등)가 있으나, 선행의 의무규정 또는 금지규정에서 그 적용대상자를 업무주 등으로 한정한 경우에는 벌칙규정에서 다시 처벌대상자를 한정하지 않더라도 위반행위에 관한 처벌대상자는 업무주 등으로 한정됨이 명백하므로 이를 다시 벌칙규정에서 한정하지 아니한 것일 뿐이고, 한편 선행의 의무규정 또는 금지규정에서 적용대상자를 한정하지 아니한 경우에는 그 위반행위에 관한 처벌대상자를 업무주 등으로 한정하기 위하여 벌칙에서 이를 규정한 것이라 할 것인데, 그러한 차이는 입법기술적인 면에서 비롯된 규정형식상의 차이에 불과할 뿐이며, 어느 경우든 의무규정 또는 금지규정의 위반행위에 관한 벌칙규정의 적용대상자가 업무주 등으로 한정된다는 점에 있어서는 실질적인 차이가 없으므로 각각의 경우에 있어서 동일 형식의

벌칙규정에 대한 양벌규정의 의미가 달라진다고 볼 수 없고, 이와 같이 적용대상자가 업무주 등으로 한정된 벌칙규정임에도 불구하고 양벌규정에서 '행위자를 벌'한다고 규정한 입법 취지는 위의 어느 경우든 업무주를 대신하여 실제로 업무를 집행하는 자임에도 불구하고 벌칙규정의 적용대상자로 규정되어 있지 아니하여 벌칙규정만으로는 처벌할 수 없는 위반행위자를 양벌규정에 의하여 처벌할 수 있도록 함으로써 벌칙규정의 실효성을 확보하는 데에 있음이 분명하다.

반대의견: 대법원이 종래 양벌규정에 의하여 업무주 등이 아닌 행위자도 벌칙규정의 적용대상이 된다고 해석하여 온 구 건설업법 등의 양벌규정은 모두 그 벌칙 본조에서 그에 선행하는 의무규정 또는 금지규정과 별도로 처벌대상자의 범위에 관하여 규정하고 있지 아니한데 비하여, 구 건축법 제57조의 양벌규정은 그 벌칙 본조인 같은 법 제54조 내지 제56조에서 그에 선행하는 의무규정 또는 금지규정상 이미 그 적용대상자의 범위가 건축주 등으로 제한되어 있는 같은 법 제7조의2와 제7조의3 및 제29조 위반행위에 대하여는 처벌대상자에 관하여 별도로 규정함이 없이 단지 그 각 조에 위반한 자를 처벌한다고 규정하면서도(제55조 제3호) 그 의무규정 또는 금지규정에서 적용대상자의 범위를 명시적으로 제한하고 있지 아니한 경우에는 그 벌칙 본조 자체에서 명시적으로 처벌대상자를 건축주, 설계자, 공사감리자 또는 공사시공자로 한정함으로써 다른 법률에 있어서의 벌칙 본조와는 규정 내용을 명백히 달리하고 있으므로(제55조 제4호), 다른 법률의 양벌규정을 행위자 처벌규정이라고 해석하여 왔다고 하여 위와 같이 벌칙 본조의 내용을 달리하고 있는 구 건축법의 양벌규정의 해석을 그와 같이 하여야 할 이유가 없는 점, 환경범죄의처벌에관한특별조치법 제5조 및 법무사법 제76조의 양벌규정은 구 건축법의 양벌규정과 유형을 같이 하고 있지만, 행위자의 처벌은 모두 벌칙 본조에 의하고 위 양벌규정이 그 처벌 근거가 될 수 없음이 규정상 명백하므로 구 건축법의 양벌규정이 다른 법률의 양벌규정과 그 유형을 같이 하고 있다고 하여 벌칙 본조와 관계없이 행위자 처벌의 근거가 된다고 해석할 수 없는 점, 구 건축법의 양벌규정에서처럼 단지 그 소정의 '행위자를 벌하는 외에'라고만 규정하여 그 규정에서 행위자 처벌을 새로이 정한 것인지 여부가 명확하지 않음에도 불구하고 형사처벌의 근거 규정이 된다고 해석하는 것은 죄형법정주의의 원칙에 배치되는 온당치 못한 해석이라는 점, 종래 대법원판례가 구 건축법의 양벌규정이 행위자 처벌의 근거 규정이 될 수 없다고 일관되게 해석하여 옴으로써 국민의 법의식상 그러한 해석이 사실상 구속력이 있는 법률해석으로 자리잡게 되었다고 할 수 있음에도 불구하고 단지 다른 법률의 양벌규정과 해석을 같이 하려는 취지에서 국민에게 불이익한 방향으로 그 해석을 변경하고 그에 따라 종전 대법원판례들을 소급적으로 변경하려는 것은 형사법에서 국민에게 법적 안정성과 예측가능성을 보장하기 위하여 소급입법 금지의 원칙을 선언하고 있는 헌법의 정신과도 상용될 수 없는 점 등에 비추어 구 건축법의 양벌규정 자체가 행위자 처벌의 근거 규정이 될 수는 없다.

2

구성요건

제 2 장 구성요건

통설은 구성요건을 위법성의 인식근거 내지 징표로 본다(위법성징표이론). 이에 따르면 구성요건해당성을 충족하면 위법(불법)하고, 다만 위법성조각사유가 존재하는 때에는 위법(불법)하지 않게 된다. 다시 말하면 구성요건에 해당하면 잠정적으로 위법(불법)하고, 위법성조각사유가 부존재하는 때에 확정적으로 위법(불법)한 것이다.

소극적 구성요건 표지이론은 '통상의 구성요건(협의의 불법구성요건)'은 적극적 구성요건표지, 위법성조각사유는 소극적 구성요건표지로 보아 위 적극적 구성요건표지와 소극적 구성요건표지가 총체적 불법구성요건을 구성한다고 본다. 이에 따르면 위법성조각사유의 존재를 소극적 구성요건표지로 보므로 범죄는 불법과 책임의 2가지 구성요소로만 이루어진다. 따라서 소극적 구성요건 표지이론에 의하면 '구성요건에 해당하지 않는 행위(적극적 구성요건표지의 부존재)'와 '구성요건에 해당하지만 위법성조각사유가 존재하는 행위(소극적 구성요건표지의 존재)' 사이에 존재하는 가치 차이를 무시하게 된다. 소극적 구성요건 표지이론은 구성요건의 착오와 위법성(법률)의 착오를 동일한 착오로 보게 된다.

Ⅰ 고 의

1. 고의의 의미

형법은 고의와 과실에 관하여 다음과 같이 규정하고 있다.

제13조(범의) 죄의 성립요소인 사실을 인식하지 못한 행위는 벌하지 아니한다. 단, 법률에 특별한 규정이 있는 경우에는 예외로 한다.
제14조(과실) 정상의 주의를 태만함으로 인하여 죄의 성립요소인 사실을 인식하지 못한 행위는 법률에 특별한 규정이 있는 경우에 한하여 처벌한다.

죄의 성립요소인 사실, 즉 구성요건적 사실을 인식하는 것을 고의라고 한다. 여기서 인식의 대상은 구성요건요소에 해당하는 모든 사실(행위의 주체, 객체, 결과, 인과관계 등)이다. 가중적 구성요건의 경우에는 가중적 요소(예컨대 존속살해죄에서 행위객체가 직계존속이라는 사실)를 인식하여야 한다. 결과적 가중범에 있어서는 원칙적으로 기본범죄에 대한 인식과 중한 결과에 대한 과실이 존재하여야 한다.

고의에서 말하는 인식의 의미에 관하여 인식설, 의사설, 인용설 등이 있다. 고의를 인정함에 있어 ① 인식설에 따르면 범죄사실에 대한 인식이 있으면 족하고, ② 의사설에 따르면 범죄사실을 인식하는 것만으로는 부족하고 결과발생, 즉 구성요건을 실현하는 데 대한 의욕 내지 희망이 필요하고, ③ 인용설에 따르면 범죄사실을 인식하는 것(지적 요소)만으로는 부족하지만 범죄사실을 인식하면서 결과의 발생을 받아들이는 인용(의지적 요소)이 필요하다.

2. 미필적 고의와 인식 있는 과실의 구분

미필적 고의는 범죄사실의 발생가능성을 불확실한 것으로 표상하면서 이를 용인하고 있는 경우를 말하고,[1] 인식 있는 과실은 행위자가 결과발생의 가능성은 인식하였으나 결과발생에 대한 의사가 없는 경우를 말한다. 미필적 고의와 인식 있는 과실을 구분하는 구체적인 기준에 관하여 다양한 이론이 존재한다.[2]

고의범에 있어서의 고의는 미필적 고의로 족한 것이 보통이다. 목적범이 성립하기 위해서는 결과발생에 대한 인식·인용 외에 일정한 의사 내지 목적이 요구된다.

가. 미필적 고의

미필적 고의의 의미 및 인정방법

사기죄의 주관적 구성요건인 편취의 범의는 피고인이 자백하지 않는 이상 범행 전후의 피고인의 재력, 환경, 범행의 내용, 거래의 이행과정 등과 같은 객관적인 사정 등을 종합하여 판단할 수밖에 없으며, 미필적 고의에 의하여도 사기죄는 성립되는 것인바, 범죄구성요건의 주관적 요소로서 미필적 고의라 함은 범죄사실의 발생가능성을 불확실한 것으로 표상하면서 이를 용인하고 있는 경우를 말하고, 미필적 고의가 있었다고 하려면 범죄사실의 발생가능성에 대한 인식이 있음은 물론, 나아가 범죄사실이 발생할 위험을 용인하는 내심의 의사가 있어야 하며, 그 행위자가 범죄사실이 발생할 가능성을 용인하고 있었는지의 여부는 행위자의 진술에 의존하지 아니하고, 외부에 나타난 행위의 형태와 행위의 상황 등 구체적인 사정을 기초로 하여 일반인이라면 당해 범죄사실이 발생할 가능성을 어떻게 평가할 것인가를 고려하면서 행위자의 입장에서 그 심리상태를 추인하여야 한다.[3]

---

1) 대판 2009. 2. 26. 2007도1214.

2) 예컨대 김태명, 판례형법총론, 피앤씨미디어, 2016, 175면은 "확실한 인식+강한 정도의 의사=의도적 고의, 확실한 인식+약한 정도의 의사=지정고의, 불확실한 인식+약한 정도의 의사=미필적 고의"라고 한다.

3) 대판 2009. 2. 26. 2007도1214. 다음은 같은 취지이다.

살인의 고의가 있었는지에 관한 판단방법

선박의 닻줄을 5샤클(125미터)로 해두면 양식장까지 약 30미터 근접하는데, 비용관계로 이동하지 못한 사이에 태풍을 만나 닻줄을 7샤클로 묘박하는 바람에 양식장의 재물손괴

피고인들이 그 판시 피조개양식장에 피해를 주지 아니하도록 할 의도에서 이 사건 금성호의 7샤클(175미터)이던 닻줄을 5샤클(125미터)로 감아 놓았고 그 경우에 피조개양식장까지의 거리는 약 30미터까지 근접한다는 것이므로 닻줄을 50미터 더 늘여서 7샤클로 묘박하였다면 선박이 태풍에 밀려 피조개양식장을 침범하여 물적 피해를 입히리라는 것은 당연히 예상되고, 그럼에도 불구하고 피고인들이 태풍에 대비한 선박의 안전을 위하여 금성호의 닻줄을 7샤클로 늘여 놓은 것은 피조개양식장의 물적 피해를 인용한 것이라 할 것이어서 재물손괴의 점에 대한 미필적 고의를 인정할 수 있다.

이 사건 금성호는 공유수면점용 허가 없이 정박하고 있었으므로 피고인들로서는 같은 해상에 점용허가를 얻어서 피조개양식장을 설치한 피해자측의 요구에 응하여 금성호를 양식장에 피해를 주지 아니하는 곳에 미리 이동시켜서 정박하였어야 할 책임은 있었다고 할 것이다.

그러나 위와 같이 선박이동에도 새로운 공유수면점용허가가 있어야 하고 휴지선을 이동하는 데는 예인선이 따로 필요한 관계로 비용이 많이 들어 다른 해상으로 이동을 하지 못하고 있는 사이에 태풍을 만나게 되었다면 피고인들로서는 그와 같은 위급한 상황에서 선박과 선원들의 안전을 위하여 사회통념상가장 적절하고 필요불가결하다고 인정되는 조치를 취하였다면 형법상 긴급피난으로서 위법성이 없어서 범죄가 성립되지 아니한다고 보아야 하고 미리 선박을 이동시켜 놓아야 할 책임을 다하지 아니함으로써 위와 같은 긴급한 위난을 당하였다는 점만으로는 긴급피난을 인정하는데 아무런 방해가 되지 아니한다.

태풍 내습시 금성호에는 태풍에 대비하여 7, 8명의 선원이 타고 있었고, 피고인들이 태풍으로 인한 선박의 조난이나 전복을 피하기 위하여 선박의 양쪽에 두개의 닻을 내리고, 한쪽의 닻줄의 길이를 175미터(7샤클)로 늘여 놓은 것이 사고지점에서 태풍의 내습에 대비한 가장 적절하고 필요한 조치로 인정되므로 피고인들의 행위는 긴급피난에 해당한다.[4]

나. 목적범

내란선동죄에서 '국헌을 문란할 목적'

내란선동죄에서 '국헌을 문란할 목적'이란 "헌법 또는 법률에 정한 절차에 의하지 아니하고 헌법 또는 법률의 기능을 소멸시키는 것(형법 제91조 제1호)" 또는 "헌법에 의하여 설치된 국가기관을 강압에 의하여 전복 또는 그 권능행사를 불가능하게 하는 것(같은 조 제2호)"을 말한다. 국헌문란의 목적은 범죄 성립을 위하여 고의 외에 요구되는 초과주관적 위법요소로서 엄격한 증명사항에 속하나, 확정적 인식임을 요하지 아니하며,

살인죄에 있어서의 범의는 반드시 살해의 목적이나 계획적인 살해의 의도가 있어야만 인정되는 것은 아니고 자기의 행위로 인하여 타인의 사망의 결과를 발생시킬 만한 가능 또는 위험이 있음을 인식하거나 예견하면 족한 것이고 그 인식 또는 예견은 확정적인 것은 물론 불확정적인 것이라도 이른바 미필적 고의로도 인정되는 것인데, 피고인이 살인의 범의를 자백하지 아니하고 상해 또는 폭행의 범의만이 있었을 뿐이라고 다투고 있는 경우에 피고인에게 범행 당시 살인의 범의가 있었는지 여부는 피고인이 범행에 이르게 된 경위, 범행의 동기, 준비된 흉기의 유무·종류·용법, 공격의 부위와 반복성, 사망의 결과발생가능성 정도, 범행 후에 있어서의 결과회피행동의 유무 등 범행 전후의 객관적인 사정을 종합하여 판단할 수밖에 없다(대판 2001. 9. 28. 2001도3997; 대판 2002. 2. 8. 2001도6425; 대판 2006. 4. 14. 2006도734; 대판 2009. 2. 26. 2008도9867).

4) 대판 1987. 1. 20. 85도221.

다만 미필적 인식이 있으면 족하다.[5]

도박개장죄에서의 영리의 목적

형법 제247조의 도박개장죄에서 … '영리의 목적'이란 도박개장의 대가로 불법한 재산상의 이익을 얻으려는 의사를 의미하는 것으로, 반드시 도박개장의 직접적 대가가 아니라 도박개장을 통하여 간접적으로 얻게 될 이익을 위한 경우에도 영리의 목적이 인정되고, 또한 현실적으로 그 이익을 얻었을 것을 요하지는 않는다.[6]

모해위증죄에서의 모해할 목적

형법 제152조 제2항의 모해위증죄에 있어서 '모해할 목적'이란 피고인·피의자 또는 징계혐의자를 불리하게 할 목적을 말하고, 허위진술의 대상이 되는 사실에는 공소 범죄사실을 직접, 간접적으로 뒷받침하는 사실은 물론 이와 밀접한 관련이 있는 것으로서 만일 그것이 사실로 받아들여진다면 피고인이 불리한 상황에 처하게 되는 사실도 포함된다. 그리고 이러한 모해의 목적은 허위의 진술을 함으로써 피고인에게 불리하게 될 것이라는 인식이 있으면 충분하고 그 결과의 발생까지 희망할 필요는 없다.[7]

3. 유형적 검토

가. 살인죄 관련

상세히는 형법각론을 참조.

나. 재산죄 관련

고물행상인이 두부 상자를 버린 물건으로 오인하여 가져감

갑이 을 경영의 슈퍼마켓에 두부를 담아 납품하고 난 빈상자로서 갑이 회수해 가도록 헌 신문지를 덮어 새벽에 위 슈퍼마켓 옆에 있는 쓰레기통 옆에 내놓아둔 것인데, 고물행상인이 위 빈상자를 소유권을 포기하고 버린 물건으로 오인하여 이를 취득하였다면 이와 같이 오인하는 데에 정당한 이유가 인정되는 한 절도의 범의를 인정할 수 없다.[8]

---

5) 대판 2015. 1. 22. 2014도10978 전합.

6) 대판 2002. 4. 12. 2001도5802; 대판 2008. 10. 23. 2008도3970; 대판 2009. 2. 26. 2008도10582.

7) 대판 2007. 12. 27. 2006도3575.

8) 대판 1989. 1. 17. 88도971. 다음은 유사취지이다.

자정 무렵 점포를 폐점하면서 방치한 제조연월일이 오래된 빵을 가져감

자정 가까운 시간에 점포를 폐점하면서 제조 연월일이 오래된 빵을 별다른 감수조치를 취함이 없이 점포 밖에 방치하였다면 외관상 피해자가 그 소유를 포기한 물품으로 오인될 수도 있고, 이러한 경우에 그 빵을 가져간 행위는 절도의 범위를 인정하기 어려운 경우가 있을 것이므로 원심으로서는 위 빵이 쌓여 있던 위치와 감수조치의 유무 및 종전에도 피해자가 부패된 빵을 점포 앞에 방치해 둔 사례가 있었는지 여부 등을 더 심리해 보아 부패하여 버린 빵으로 오인했다는 피고인 주장의 당부를 가렸어야 할 것이다(대판 1984. 12. 11. 84도2002).

잔대금지급 전이라도 묘목을 인도받기로 한 특약에 따라 묘목이식에 착수한 후 매도인의 계약해제 통고에도 불구하고 매수인이 매매목적물을 취거하였으나 계약이 해제되지 않음

계약의 당사자 일방이 계약 당시에 지급한 계약금 또는 보증금 등을 포기하거나 수령한 계약금 또는 보증금 등의 배액을 상환하고 계약을 해제하는 경우에도 상대방이 계약의 이행에 착수한 이후에는 이를 할 수 없는 것이므로, 매수인이 묘목매매계약의 잔대금 지급 전 언제라도 묘목을 이식 인도받을 수 있기로 한 특약에 따라 묘목의 이식작업에 착수하였다면 그 이후 매도인이 계약해제를 통고하였더라도 계약해제의 효력이 없고, 따라서 매수인이 위 계약해제통고 후 묘목을 이식한 행위에는 타인의 재물을 절취한다는 의사가 있다고 볼 수 없다.[9]

다. 무면허운전 관련

운전면허정지처분은 구 도교법시행령 제53조 제1항 소정의 적법한 통지가 있거나 제2항 소정의 적법한 공고가 있을 경우 구 도교법 제79조 소정의 운전면허증의 반납 여부와 상관없이 효력이 발생하고 통지된 기간 동안의 자동차운전은 무면허운전이 된다.[10]

정기적성검사 미필로 운전면허 취소처분시 취소처분의 통지 또는 공고 후에 무면허운전이 됨

자동차운전면허를 받은 사람이 정기적성검사를 받지 아니한 사유로 운전면허가 취소되려면 정기적성검사기간의 경과라는 사실의 발생만으로는 아직 부족하고 도교법 제78조 제2호에 의한 면허관청의 운전면허 취소처분이 별도로 필요하고, 또 면허관청이 운전면허를 취소하였다 하더라도 같은 법 시행령 제53조 소정의 적법한 통지 또는 공고가 없으면 그 효력을 발생할 수 없으므로 운전면허 취소처분 이후 위 적법한 통지 또는 공고가 없는 동안의 자동차운전은 무면허운전이라고 할 수 없다.

자동차운전면허관청이 피고인이 정기적성검사 기간만료일까지 정기적성검사를 받지 아니하였다는 사유를 들어 자동차운전면허를 취소하고, 그 통지서를 피고인의 주소로 발송하였다가 반송되어 왔다는 이유로 위 주소지의 관할경찰서 게시판에 10일간 위 취소사실을 공고하였지만 피고인은 위 주소지에 계속 거주하여 왔다면, 피고인의 주소변경이 없었으니 위 공고는 도교법 시행령 제53조 제2항 소정의 절차를 거치지 아니한 것이 되어 부적법하므로 면허관청의 위 운전면허 취소처분은 아직 그 효력이 발생하지 아니한 것이다.[11]

운전면허취소 통지에 갈음한 공고

관할 경찰당국이 운전면허취소통지에 갈음하여 적법한 공고를 거쳤다고 하더라도 공고만으로 운전면허가 취소된 사실을 알게 되었다고 볼 수 없다 할 것이므로 피고인에게 무면허운전이라는 점에 대한 고의가 있었다고 할 수 없다.[12]

9) 대판 1983. 6. 28. 83도1132.
10) 대판 1993. 4. 13. 92도2309.
11) 대판 1991. 3. 22. 91도223.
12) 대판 1993. 3. 23. 92도3045.

정기적성검사 미필로 운전면허 취소

기존의 운전면허가 취소된 상태에서 자동차를 운전하였더라도 운전자가 면허취소사실을 인식하지 못한 이상 무면허운전죄에 해당한다고 볼 수 없고, 관할 경찰당국이 운전면허취소처분의 통지에 갈음하는 적법한 공고를 거쳤다 하더라도, 그것만으로 운전자가 면허가 취소된 사실을 알게 되었다고 단정할 수는 없으며, 이 경우 운전자가 그러한 사정을 알았는지는 각각의 사안에서 면허취소의 사유와 취소사유가 된 위법행위의 경중, 같은 사유로 면허취소를 당한 전력의 유무, 면허취소처분 통지를 받지 못한 이유, 면허취소 후 문제된 운전행위까지의 기간의 장단, 운전자가 면허를 보유하는 동안 관련 법령이나 제도가 어떻게 변동하였는지 등을 두루 참작하여 구체적·개별적으로 판단하여야 한다.

운전면허증 앞면에 적성검사기간이 기재되어 있고, 뒷면 하단에 경고 문구가 있다는 점만으로 피고인이 정기적성검사 미필로 면허가 취소된 사실을 미필적으로나마 인식하였다고 추단하기 어렵다고 한 사례.[13]

적성검사 미필로 인한 운전면허 취소처분이 공고되었지만 무면허의 고의가 인정

면허증에 그 유효기간과 적성검사를 받지 아니하면 면허가 취소된다는 사실이 기재되어 있고, 이미 적성검사 미필로 면허가 취소된 전력이 있는데도 면허증에 기재된 유효기간이 5년 이상 지나도록 적성검사를 받지 아니한 채 자동차를 운전하였다면 비록 적성검사 미필로 인한 운전면허 취소사실이 통지되지 아니하고 공고되었다 하더라도 면허취소사실을 알고 있었다고 보아야 하므로 무면허운전죄가 성립한다고 한 사례.[14]

부작위범의 미필적 고의/정기적성검사기간 내에 적성검사를 받지 아니함

제1종 운전면허 소지자인 피고인이 정기적성검사기간 내에 적성검사를 받지 아니하였다고 하여 도로교통법 위반으로 기소된 사안에서, 운전면허증 소지자가 운전면허증만 꺼내 보아도 쉽게 알 수 있는 정도의 노력조차 기울이지 않는 것은 적성검사기간 내에 적성검사를 받지 못하게 되는 결과에 대한 방임이나 용인의 의사가 존재한다고 봄이 타당한 점 등에 비추어 볼 때, 피고인이 적성검사기간 도래 여부에 관한 확인을 게을리하여 기간이 도래하였음을 알지 못하였더라도 적성검사기간 내에 적성검사를 받지 않는 데 대한 미필적 고의는 있었다고 봄이 타당하다.[15]

13) 대판 2004. 12. 10. 2004도6480.

14) 대판 2002. 10. 22. 2002도4203.

15) 대판 2014. 4. 10. 2012도8374. 구체적인 판시는 다음과 같다.

① 운전면허증을 발급하면서는 운전면허를 받는 사람에게 정기적성검사를 받을 의무에 관하여 고지하고 있고, 운전면허증에도 적성검사기간 및 검사를 받지 않을 경우 면허 취소 등의 불이익에 관하여 명시되어 있는 한편, 도로교통법상 적성검사기간이 언제인지를 별도로 통지하도록 규정하고 있지 않고 단지 관할기관이 국민의 편의를 위하여 사전에 안내통지를 해 주는 것에 불과하므로, 운전면허증 소지자는 스스로 운전면허증에 기재된 적성검사기간이 언제인지를 확인하여 적성검사를 받아야 한다는 점과 그 기간을 지키지 못할 경우에는 범칙금이 부과되고 면허가 취소되는 등의 불이익을 받게 된다는 점을 알고 있다고 보아야 한다.

② 따라서 운전면허증 소지자가 운전면허증만 꺼내 보아도 쉽게 확인할 수 있는 정도의 노력조차 기울이지 않는 것은 적성검사기간 내에 적성검사를 받지 못하게 되는 결과에 대한 방임이나 용인의 의사가 존재한다고 봄이 상당하다.

③ 그리고 도로교통법령에 의하면 정기적성검사를 받지 않았다고 하여 곧바로 면허가 취소되는 것이 아니라 적성검사기간 경과 후 1년까지는 적성검사를 받아 운전면허증을 갱신할 수 있고, 그 동안에 운전면허조건부취소결정통지서 등을 적성검사 대상자에게 통지하도록 규정하고 있으며, 대상자는 단지 6만원 이하 벌금 등의 불이익을 받을 뿐

해설: 정기적성검사미필에 관한 현행 도교법은 과태료만을 규정하고 있어 위 판례는 더 이상 적용될 여지가 없을 것으로 생각된다.[16)]

라. 전자장치 부착명령의 요건인 피해자의 연령에 대한 인식

성폭력범죄를 다시 범할 위험성이 있는 사람에 대한 전자장치 부착명령 청구 요건의 하나로 전자장치부착법 5조 1항 4호에서 규정한 '19세 미만의 사람에 대하여 성폭력범죄를 저지른 때'란 피부착명령청구자가 저지른 성폭력범죄의 피해자가 19세 미만의 사람인 것을 말하고, 나아가 피부착명령청구자가 자신이 저지른 성폭력범죄의 피해자가 19세 미만이라는 점까지 인식하여야 하는 것은 아니다.[17)]

마. 연령확인의무

행정법령상의 확인의무/청소년유해업소의 업주가 청소년을 고용하지 않기 위하여 연령을 확인할 의무

청소년 보호법의 입법목적 등에 비추어 볼 때, 유흥주점과 같은 청소년유해업소의 업주에게는 청소년 보호를 위하여 청소년을 당해 업소에 고용하여서는 아니 될 매우 엄중한 책임이 부여되어 있으므로, 유흥주점의 업주가 당해 유흥업소에 종업원을 고용할 때에는 주민등록증이나 이에 유사한 정도로 연령에 관한 공적 증명력이 있는 증거에 의하여 대상자의 연령을 확인하여야 하고, 만일 대상자가 제시한 주민등록증상의 사진과 실물이 다르다는 의심이 들면 청소년이 자신의 신분과 연령을 감추고 유흥업소 취업을 감행하는 사례가 적지 않은 유흥업계의 취약한 고용실태 등에 비추어 볼 때, 업주로서는 주민등록증상의 사진과 실물을 자세히 대조하거나 주민등록증상의 주소 또는 주민등록번호를 외워보도록 하는 등 추가적인 연령확인조치를 취하여야 할 의무가 있다.[18)]

타인의 건강진단결과서를 제시하며 성인 행세를 하는 자를 청소년유해업소에 고용

청소년보호법의 입법목적 등에 비추어 볼 때, … 유흥주점영업의 업주가 당해 유흥업소에 종업원을 고용함에 있어서는 주민등록증이나 이에 유사한 정도로 연령에 관한 공적 증명력이 있는 증거에 의하여 대상자의 연령을 확인하여야 하고, 만일 대상자가 신분증을 분실하였다는 사유로 그 연령 확인에 응하지 아니하는 등 고용대상자의 연령확인이 당장 용이하지 아니한 경우라면 청소년유해업소의 업주로서는 청소년이 자신의 신분과 연령을 감추고 유흥업소 취업을 감행하는 사례가 적지 않은 유흥업계의 취약한 고용실태 등에 비추어 대상자의 연령을 공적 증명에 의하여 확실히 확인할 수 있는 때까지 그 채용을 보류하거나 거부하여야 할 것이다. 그리고 … 건강진단결과서 제도가 마련된 취지와 경위, … 등을 두루 감안해 볼 때 유흥업소의 업주로서는

이다. 이와 같이 적성검사기간 내 적성검사를 받지 않는 경우에 구제절차가 마련되어 있다는 점 역시 적성검사기간 확인을 게을리하게끔 하는 이유가 된다고 보인다.

이러한 사정에 비추어 보면, 설령 피고인이 적성검사기간 도래 여부에 관한 확인을 게을리하여 기간이 도래하였음을 알지 못하였다고 하더라도 적성검사기간 내에 적성검사를 받지 않는 데 대한 미필적 고의는 있었다고 봄이 상당하다.

16) 정기적성검사 미필에 대해서는 20만원 이하의 과태료만 규정되어 있다(현행 도교법 제160조 제2항 제7호).

17) 대판 2011. 7. 28. 2011도5813.

18) 대판 2013. 9. 27. 2013도8385.

다른 공적 증명력 있는 증거를 확인해 봄이 없이 단순히 건강진단결과서상의 생년월일 기재만을 확인하는 것으로는 청소년보호를 위한 연령확인의무이행을 다한 것으로 볼 수 없다. 따라서 이러한 의무이행을 다하지 아니한 채 대상자가 성인이라는 말만 믿고 타인의 건강진단결과서만을 확인한 채 청소년을 청소년유해업소에 고용한 업주에게는 적어도 청소년 고용에 관한 미필적 고의가 있다고 볼 것이다.

피고인이 경으로 행세하는 갑과 고용계약을 체결하는 당일 갑이 제시하는 성년인 경 명의의 건강진단결과서만을 확인한 채 고용대상자인 갑 및 소개인들의 거짓말에 터잡아 그녀가 성인이라고 가볍게 믿고 당일로 갑과 고용계약을 체결한 후 일을 시켰다는 것은 결국 피고인에게는 위에서 본 바와 같은 청소년유해업소 업주의 청소년연령확인에 관하여 필요한 조치를 다하지 아니한 것이라 할 것이고, 그렇다면 피고인에게는 갑이 청소년임에도 그녀를 고용한다는 점에 관하여 적어도 미필적 고의가 있었다고 볼 것이다.[19]

4. 사실의 착오[20]

가. 사실의 착오와 법률의 착오

사실의 착오는 죄의 성립요소인 사실에 관하여 오인이 있는 것을 말한다. 착오로 인하여 죄의 성립요소인 사실을 인식하지 못한 경우에는 원칙적으로 고의가 조각되고, 다만 그러한 오인에 과실이 있고 과실범을 처벌하는 규정이 있는 때에는 과실범으로 처벌된다(형법 13조, 14조). 이와 달리 자기의 행위가 법령에 의하여 죄가 되지 아니하는 것으로 오인한 행위는 그 오인에 정당한 이유가 있는 때에 한하여 벌하지 아니한다(형법 16조).

사실의 착오와 법률의 착오에 관하여 형법은 다음과 같이 규정하고 있다.

제15조(사실의 착오) ① 특별히 중한 죄가 되는 사실을 인식하지 못한 행위는 중한 죄로 벌하지 아니한다.

19) 대판 2002. 6. 28. 2002도2425. 구체적인 사실관계는 다음과 같다.
피고인은 자신의 업소에 유흥종사자 갑, 을, 병, 정, 무와 이들을 관리할 속칭 구좌마담으로 기를 함께 고용하면서 이들을 고용하기에 앞서 면접시에 주민등록증을 교부받아 나이 등을 확인한 후 고용계약서를 작성하였다. 다만 그 중 갑이 자신이 청소년인 것을 숨기기 위하여 과거 다방에 근무할 때 동료였던 경인 양 행세하면서 마침 소지하고 있던 경 명의로 된 건강진단결과서를 제시한 다음, 나이는 22세인데 주민등록증을 분실하였다고 거짓말을 하였고, 동석해 있던 을 등도 맞장구를 치면서 갑이 성년인 것이 맞다고 거짓말을 하자, 피고인은 그러한 거짓말을 만연이 받아들여 그렇다면 보건증을 갱신하라고 지시하였을 뿐 그 후로는 더 이상 갑의 연령을 확인하는 아무런 조치를 취하지는 아니한 채 즉석에서 갑과 고용계약서를 작성하고 당일부터 피고인의 업소에서 일을 시키게 되었고 그 후 갑은 의정부보건소에서 경 명의로 건강진단을 받은 다음 그 건강진단결과서를 피고인 업소에 제출하였다.
다음은 유사취지이다.
여관업 종사자가 이성혼숙을 허용함에 있어 청소년이 아님을 확인할 의무
여관업을 하는 사람으로서는 이성혼숙을 하려는 사람들의 겉모습이나 차림새 등에서 청소년이라고 의심할 만한 사정이 있는 때에는 신분증이나 다른 확실한 방법으로 청소년인지 여부를 확인하고 청소년이 아닌 것으로 확인된 경우에만 이성혼숙을 허용하여야 한다.
청소년 이성혼숙에 대한 여관업주의 미필적 고의를 인정한 사례(대판 2002. 10. 8. 2002도4282).

20) 구성요건적 착오와 사실의 착오는 같은 의미로 통용되고 있다. 고의의 인식대상은 객관적 구성요건요소이고, 객관적 구성요건요소에 대한 인식이 없는 것은 구성요건적 착오인데, 구성요건요소는 대부분 사실과 관련된 문제이기 때문이다.

② 결과로 인하여 형이 중할 죄에 있어서 그 결과의 발생을 예견할 수 없었을 때에는 중한 죄로 벌하지 아니한다.
제16조(법률의 착오) 자기의 행위가 법령에 의하여 죄가 되지 아니하는 것으로 오인한 행위는 그 오인에 정당한 이유가 있는 때에 한하여 벌하지 아니한다.

나. 사실의 착오와 부합설

죄의 성립요소인 사실을 인식하지 못한 행위는 벌하지 아니한다. 그러나 특별한 규정이 있는 경우에는 예외로 한다(형법 13조). 이와 같이 고의가 없는 행위는 과실범이나 기타 특별한 규정이 있는 경우 외에는 처벌하지 아니하므로 사실의 착오가 있는 경우에는 원칙적으로 고의범으로 처벌할 수 없다. 그러나 모든 사실의 착오에 있어 고의가 부존재한다고 보게 되면 처벌의 흠결이 발생하므로 인식한 사실과 발생한 결과가 어느 정도 일치하면 고의를 인정하는 이론이 등장하게 되었다. 이를 부합설이라고 하며, 고의가 인정되는 범위는 부합설에 따라 다르다.

다. 객체의 착오와 방법의 착오

사실의 착오는 객체의 착오와 방법의 착오로 나뉜다. 객체의 착오는 행위자가 인식한 객체에 대해서 결과가 발생하였지만 그 객체의 성질이 행위자가 인식한 내용과 다른 경우를 말한다. 예컨대 어떤 사람을 갑이라고 생각하고 살해하였는데 그가 을인 경우가 이에 해당한다. 방법의 착오는 행위의 수단이나 방법이 잘못되어 의도한 객체 이외의 객체에 결과가 발생한 것을 말한다. 예컨대 갑을 살해하려고 갑을 향하여 총을 발사하였는데 탄환이 을을 명중하여 을이 사망한 경우가 이에 해당한다.

위와 같은 착오에 있어 인식한 사실과 발생한 사실이, 서로 다른 구성요건에 해당하는 경우를 추상적 사실의 착오라 하고, 동일한 구성요건에 해당하는 경우를 구체적 사실의 착오라고 한다. 추상적 사실의 착오는 다시 경한 사실을 인식하고 중한 결과를 발생시킨 경우와 중한 사실을 인식하고 경한 결과를 발생시킨 경우로 나뉜다.

라. 부합설

(1) 구체적 부합설

구체적 부합설은 인식한 사실과 발생한 사실이 구체적으로 부합하는 경우에 한하여 고의의 기수책임을 인정한다.

① 구체적 사실의 착오

<u>구체적 사실의 착오 중 객체의 착오</u>(갑을 을로 알고 살해)에 있어서는 자신의 의도한 결과를 실현하였으나, 다만 행위객체에 착오가 있었을 뿐이므로 구체적으로 부합한다. 구체적 부합설은 이러한 경우에 <u>고의의 기수책임</u>을 인정한다.

<u>구체적 사실의 착오 중 방법의 착오</u>(갑을 살해하려고 하였는데 을이 사망)에 있어서는 자신의 의도한

결과가 수단·방법의 잘못으로 인해 발생하지 못하게 된 것이므로 구체적으로 부합한다고 볼 수 없다. 이러한 경우에는 갑에 대한 살인미수와 을에 대한 과실치사가 성립하고 이들은 상상적 경합관계에 있다.

② 추상적 사실의 착오

추상적 사실의 착오에 있어서는, 자신이 의도한 범죄와 다른 구성요건의 범죄가 발생하였으므로 구체적으로 부합한다고 볼 수 없다.

추상적 사실의 착오 중 객체의 착오에 있어서 ㉮ 개를 사람으로 오인하여 살해하려고 총을 쏘아 개가 죽은 때에는 살인미수와 과실재물손괴(과실재물손괴를 처벌하는 규정이 없어 불가벌임)의 상상적 경합이 되고, ㉯ 사람을 개로 오인하여 손괴하려고 총을 쏘아 사람이 사망한 때에는 재물손괴미수(형법 371조)와 과실치사의 상상적 경합이 된다.

추상적 사실의 착오 중 방법의 착오에 있어서, ㉮ 사람을 살해하려고 총을 쏘았는데 개가 죽은 때에는 살인미수와 과실재물손괴의 상상적 경합, ㉯ 개를 죽이려고 총을 쏘았는데 사람이 사망한 때에는 재물손괴미수와 과실치사의 상상적 경합이 된다.

(2) 법정적 부합설

법정적 부합설은 인식한 사실과 발생한 사실이 법정적 사실, 즉 구성요건적 사실의 범위에서 부합할 때 고의기수의 책임을 인정한다.[21] 판례는 법정적 부합설을 취하는 것으로 이해하는 것이 보통이다.

① 구체적 사실의 착오

구체적 사실의 착오가 있는 때에는 그 착오가 객체의 착오로 인한 것이건 방법의 착오로 인한 것이건 인식한 사실과 발생한 사실이 법정적으로 부합하므로 고의기수의 책임을 인정한다. 을을 갑으로 알고 살해한 경우(객체의 착오), 갑을 살해하려고 하였으나 을을 살해하게 된 경우(방법의 착오) 모두 을에 대한 살인죄가 성립한다.

② 추상적 사실의 착오

구체적 부합설과 같다.

(3) 추상적 부합설

추상적 부합설은 인식한 사실과 발생한 결과가 추상적으로 부합하면 고의기수의 책임을 인정한다.

① 구체적 사실의 착오

구체적 사실의 착오가 있는 때에는 그 착오가 객체의 착오로 인한 것이건 방법의 착오로 인한 것

21) 법정적 부합설을 부연 설명하면 다음과 같다.
법정적 부합설은 법률의 규정을 기준으로 삼아 의도한 범죄와 발생한 범죄의 규정이 같다면 고의의 전용을 인정한다. 구체적 사실의 착오에 있어서는 구성요건적으로 동일한 범죄가 발생한 것이므로 고의의 전용이 인정되나 추상적 사실의 착오에 있어서는 구성요건적으로 상이한 범죄가 발생한 것이므로 착오를 인정하게 된다. 구체적 부합설과의 차이는 구체적 사실의 착오 중 방법의 착오에서만 발생한다.

이건 인식한 사실과 발생한 사실이 추상적으로 부합하므로 고의기수의 책임을 인정한다. 을을 갑으로 알고 살해한 경우(객체의 착오), 갑을 살해하려고 하였으나 을을 살해하게 된 경우(방법의 착오) 모두 을에 대한 살인죄가 성립한다.

② 추상적 사실의 착오

추상적 사실의 착오가 있는 때에는 그 착오가 객체의 착오로 인한 것이건 방법의 착오로 인한 것이건 인식한 사실과 발생한 사실이 추상적으로 부합하는 범위 내에서 고의기수의 책임을 인정한다.

㉮ 중한 사실을 인식하였으나 경한 결과가 발생한 때에는(사람을 살해하려고 하였으나 재물을 손괴한 경우) 중한 사실의 미수(살인미수)와 경한 결과의 기수(재물손괴)의 상상적 경합을 인정하고,

㉯ 경한 사실을 인식하였으나 중한 결과가 발생한 때에는(재물을 손괴하려고 하였으나 사람을 살해한 경우) 경한 사실의 기수(재물손괴)와 중한 결과의 과실범(과실치사)의 상상적 경합을 인정한다.

추상적 사실의 착오인 경우에는 객체의 착오인지 방법의 착오인지 구분하지 않고 ㉮ 개를 사람으로 오인하여 살해하려고 총을 쏘아 개가 죽은 때에는 '인식한 사실'(중한 사실)과 '발생 결과'(경한 결과)가 추상적으로 부합하는 재물손괴죄의 기수와 살인미수의 상상적 경합이 되고, ㉯ 사람을 개로 오인하여 손괴하려고 총을 쏘아 사람이 사망한 때에는 '인식한 사실'(경한 사실)과 '발생한 결과'(중한 결과)가 추상적으로 부합하는 재물손괴죄의 기수와 과실치사의 상상적 경합이 된다.

〈표〉 사실의 착오와 부합설

		구체적 부합설	법정적 부합설	추상적 부합설
구체적 사실의 착오	객체의 착오	발생 결과에 대한 기수	발생 결과에 대한 기수	발생 결과에 대한 기수
	방법의 착오	인식사실에 대한 미수(장애미수)와 발생결과에 대한 과실	발생 결과에 대한 기수	발생 결과에 대한 기수
추상적 사실의 착오	객체의 착오	인식사실에 대한 미수(불능미수)와 발생결과에 대한 과실	인식사실에 대한 미수(불능미수)와 발생결과에 대한 과실	**경한 범죄에 대한 고의로 중한 결과 발생:** 경한 범죄의 기수, 중한 범죄의 과실범 **중한 범죄에 대한 고의로 경한 결과 발생:** 경한 범죄의 기수, 중한 범죄의 미수범(객체의 착오인 때에는 불능미수, 방법의 착오인 때에는 장애미수)
	방법의 착오	인식사실에 대한 미수(장애미수)와 발생결과에 대한 과실	인식사실에 대한 미수(장애미수)와 발생결과에 대한 과실	

※ 인식사실에 대한 미수는
- 객체의 착오로 인한 때에는 (처음부터 인식사실에 대한 결과발생이 불가능하였으므로) 불능미수이고,
- 방법의 착오로 인한 때에는 (인식사실에 대한 결과발생이 가능하였지만 수단·방법의 잘못으로 결과가 발생하지 않은 것이므로) 장애미수이다.

마. 판 례

몽둥이로 갑을 후려쳐 쓰러진 갑과 갑의 등에 업힌 을의 머리를 몽둥이로 내리쳐 을이 사망

피고인이 형수인 갑을 향하여 살의를 갖고 소나무 몽둥이를 양손에 집어들고 힘껏 후려친 가격으로 피를 흘리며 마당에 고꾸라진 갑과 그의 등에 업힌 을의 머리부분을 위 몽둥이로 내리쳐 을을 현장에서 두개골절 및 뇌좌상으로 사망케 한 때에는 소위 타격의 착오가 있는 경우라 할지라도 살인의 고의가 인정된다.[22]

갑을 살해하려고 총을 발사하였으나 이를 제지하려고 뛰어든 을에게 명중되어 을이 사망

사람을 살해할 목적으로 총을 발사한 이상 그것이 목적하지 아니한 다른 사람에게 명중되어 사망의 결과가 발생하였다 하더라도 살의를 저각하지 않는 것이라 할 것이니 피고인이 하사 갑을 살해할 목적으로 발사한 총탄이 이를 제지하려고 피고인 앞으로 뛰어들던 병장 을에게 명중되어 을이 사망한 경우에 을에 대한 살인죄가 성립한다.[23]

을 등 3명에게 식칼을 휘두르다가 이를 말리는 피해자에게 상해를 입게 함

갑이 을 등 3명과 싸우다가 힘이 달리자 식칼을 가지고 이들 3명을 상대로 휘두르다가 이를 말리면서 식칼을 뺏으려던 피해자 병에게 상해를 입혔다면 갑에게 상해의 범의가 인정되며 상해를 입은 사람이 목적한 사람이 아닌 다른 사람이라 하여 과실상해죄에 해당한다고 할 수 없다.[24]

바. 인과과정의 착오

고의의 인식대상은 객관적 구성요건요소이고, 인과관계는 객관적 구성요건요소 중 하나이다. 행위자가 인식한 객체에 결과가 발생하였으나 결과의 발생에 이르기까지의 과정이 행위자가 인식한 것과 차이가 있는 것을 인과과정의 착오라고 한다. 인과관계의 착오를 행위과정의 착오(예컨대, 상대방을 익사시키려고 강에 밀어 떨어뜨렸는데 강에 빠져 사망한 것이 아니라 떨어지는 과정에서 교각에 머리를 부딪쳐 사망한 경우)와 개괄적 고의(첫 번째 행위에 의해 구성요건적 결과가 발생한 것으로 믿었으나 실제로는 그 다음의 행위에 의해 구성요건적 결과가 발생한 경우)로 나누는 것이 보통이다.[25]

살해하려고 구타한 피해자가 정신을 잃자 사망한 것으로 알고 매장하여 질식사하게 함

갑은 피해자가 갑의 처를 희롱한다는 이유로 피해자의 뺨을 수회 때리고, 을은 피해자의 복부를 2회 때려

---

22) 대판 1984. 1. 24. 83도2813.
23) 대판 1975. 4. 22. 75도727.
24) 대판 1987. 10. 26. 87도1745.
25) 인과관계의 착오에 대해서 인과관계상위기준설, 객관적 귀속설, 계획실현설, 미수와 과실의 경합설 등의 학설이 있다. 판례는 개괄적 고의설에 가까운 입장을 취하고 있다.

넘어뜨린 다음 피해자를 살해하기로 마음먹고, 갑은 피해자의 배 위에 올라 타 돌멩이로 피해자의 가슴을 2회 내리치고, 을도 돌멩이로 피해자의 머리를 2회 내리친 후 피해자를 일으켜 세운 다음 복부를 1회 때려 피해자가 넘어지면서 뇌진탕 등으로 정신을 잃고 축 늘어지자, 그가 죽은 것으로 오인하고 사체를 몰래 파묻어 증거를 인멸할 목적으로 피해자를 그곳으로부터 150m 떨어진 개울 가로 끌고 가 삽으로 웅덩이를 파고 매장하여 피해자로 하여금 질식사하게 한 사안에서,

피해자가 갑과 을이 살해할 의도로 행한 구타행위에 의하여 사망한 것이 아니라 죄적을 인멸할 목적으로 행한 매장행위에 의하여 사망하였다고 하더라도 전 과정을 개괄적으로 보면 피해자의 살해라는 처음에 예견된 사실이 결국은 실현된 것으로서 갑과 을의 살인죄가 성립한다.[26]

비교판례: 상해를 가하여(살인 고의 없음) 피해자가 사망한 것으로 믿고 베란다에서 떨어뜨려 사망케 함

피고인이 피해자에게 우측 흉골골절 및 늑골골절상과 이로 인한 우측 심장벽좌상과 심낭내출혈 등의 상해를 가함으로써, 피해자가 바닥에 쓰러진 채 정신을 잃고 빈사상태에 빠지자, 피해자가 사망한 것으로 오인하고, 피고인의 행위를 은폐하고 피해자가 자살한 것처럼 가장하기 위하여 피해자를 베란다로 옮긴 후 베란다 밑 약 13m 아래의 바닥으로 떨어뜨려 피해자로 하여금 현장에서 좌측 측두부 분쇄함몰골절에 의한 뇌손상 및 뇌출혈 등으로 사망에 이르게 하였다면, 포괄하여 단일의 상해치사죄에 해당한다.[27]

해설: 앞의 판례에서는 처음부터 살해할 의사로 구타하였다가 피해자가 사망한 것으로 믿고 매장하여 질식사하게 한 것인 반면, 비교 판례에서는 처음에는 살해 의사 없이 구타하였다가 피해자가 사망한 것으로 믿고 베란다에서 떨어 뜨려 사망케 하였다.

Ⅱ. 과실범

과실범은 사회생활상 요구되는 주의의무를 위반하여 구성요건의 객관적 요소에 해당하는 사실을 인식하지 못하였거나 구성요건적 결과의 발생을 회피하지 못한 것을 말한다. 형법 14조는 "정상의 주의를 태만함으로 인하여 죄의 성립요소인 사실을 인식하지 못한 행위는 법률에 특별한 규정이 있는 경우에 한하여 처벌한다"라고 규정하고 있다.

주의의무 위반의 내용 및 기준

의료사고에 있어서 의사의 과실을 인정하기 위해서는 의사가 결과발생을 예견할 수 있었음에도 불구하고 그 결과발생을 예견하지 못하였고 그 결과발생을 회피할 수 있었음에도 불구하고 그 결과발생을 회피하지 못한 과실이 검토되어야 하고, 그 과실의 유무를 판단함에는 같은 업무와 직무에 종사하는 일반적 보통인의 주의 정도를 표준으로 하여야 하며, 이에는 사고 당시의 일반적인 의학의 수준과 의료환경 및 조건, 의료행위의 특수성 등이 고려되어야 한다.[28]

26) 대판 1988. 6. 28. 88도650.
27) 대판 1994. 11. 4. 94도2361.
28) 대판 1999. 12. 10. 99도3711; 대판 2009. 12. 24. 2005도8980.

1. 과실범을 처벌하기 위한 요건

행정상의 단속을 주안으로 하는 법규라 하더라도 명문규정이 있거나 해석상 과실범도 벌할 뜻이 명확한 경우를 제외하고는 형법의 원칙에 따라 고의가 있어야 벌할 수 있다.[29]

2. 인식 있는 과실과 인식 없는 과실

과실범에 있어서의 비난가능성의 지적 요소란 결과발생의 가능성에 대한 인식으로서 인식있는 과실에는 이와 같은 인식이 있고, 인식 없는 과실에는 이에 대한 인식 자체도 없는 경우이나, 전자에 있어서 책임이 발생함은 물론, 후자에 있어서도 그 결과발생을 인식하지 못하였다는 데에 대한 부주의 즉 규범적 실재로서의 과실책임이 있다고 할 것이다.[30]

3. 과실, 중과실, 업무상과실

과실은 통상의 과실, 중과실, 업무상과실로 나뉜다.

형법상의 과실범에 관한 주요 구성요건으로는 과실치상죄(266조), 과실치사죄(267조), 업무상·중과실치사상죄(268조), 실화죄(170조), 업무상·중과실실화죄(171조) 등이 있다. 특별법상의 과실범에 관한 주요 구성요건으로는 교통사고처리특례법상의 차의 운전으로 인한 업무상과실치사상죄(동법 2조), 도로교통법상의 업무상과실재물손괴죄(동법 151조) 등이 있다.

가. 업무상과실

업무상과실로 인하여 사람을 사상에 이르게 함으로써 성립하는 업무상과실치사상죄는 업무라는 신분상의 특성으로 인하여 단순 과실치사상죄에 비하여 중하게 처벌되는 부진정신분범이다. 중한 처벌의 근거에 대해서는 ① 업무자는 결과에 대한 예견가능성이 커서 책임이 가중되기 때문이라는 견해, ② 업무자는 높은 예견가능성을 가지므로 업무자의 주의의무위반은 비업무자에 비하여 불법이 가중된다는 견해, ③ 위와 같은 책임과 불법이 모두 가중된다는 견해 등이 있다.

업무상과실치사상죄에서 업무의 의미

업무상과실치상죄에 있어서의 '업무'란 사람의 사회생활면에서 하나의 지위로서 계속적으로 종사하는 사무를 말하고, 여기에는 수행하는 직무 자체가 위험성을 갖기 때문에 안전배려를 의무의 내용으로 하는 경우는 물론 사람의 생명·신체의 위험을 방지하는 것을 의무내용으로 하는 업무도 포함된다.[31]

29) 대판 1986. 7. 22. 85도108; 대판 2010. 2. 11. 2009도9807.
30) 대판 1984. 2. 28. 83도3007.
31) 대판 1988. 10. 11. 88도1273; 대판 2002. 5. 31. 2002도1342; 대판 2007. 5. 31. 2006도3493; 대판 2009. 5. 28. 2009도1040 등.

완구상 점원이 완구 배달을 위하여 자전거를 타고 소매상을 돌아다님

피고인이 완구상 점원으로서 완구배달을 하기 위하여 자전거를 타고 소매상을 돌아다니는 일을 하고 있었다고 한다면 그 자전거를 운전하는 업무에 종사하고 있다고 보아야 한다.[32]

허가 없이 골재채취업무에 종사

업무상 과실치사상죄에 있어서 업무는 허가받은 적법한 업무에 한하지 않는다. 따라서 골재채취허가 여부는 골재채취업무가 업무상과실치사상죄에 있어서의 업무에 해당하는 사실에 아무런 소장이 없다.[33]

업무상 실화죄에서 업무의 의미

업무상 실화죄에 있어서의 업무에는 그 직무상 화재의 원인이 된 화기를 직접 취급하는 것에 그치지 않고 화재의 발견 방지 등의 의무가 지워진 경우를 포함한다.[34]

자동차 운전업무 종사자의 주의의무

자동차 운전업무에 종사하는 자는 자동차 충돌로 인한 사고발생을 미리 방지하여야 할 의무가 있다고 하는 것은 몰라도, 일반적으로 그 자동차 운전 중 충돌로 인한 기름탱크의 파열로 발생할지 모를 화재를 미리 방지하여야 할 업무상의 주의의무는 없다.[35]

나. 중과실

안수기도하면서 20~30분간 노인(84세)과 아이(11세)의 배와 가슴을 세게 때리고 눌러 사망케 함

피고인이 84세 여자 노인과 11세의 여자 아이를 상대로 안수기도를 함에 있어서 그들을 바닥에 반드시 눕혀 놓고 기도를 한 후 "마귀야 물러가라", "왜 안 나가느냐"는 등 큰 소리를 치면서 한 손 또는 두 손으로 그들의 배와 가슴 부분을 세게 때리고 누르는 등의 행위를 여자 노인에게는 약 20분간, 여자아이에게는 약 30분간 반복하여 그들을 사망케 한 사안에서, 고령의 여자 노인이나 나이 어린 연약한 여자아이들은 약간의 물리력을 가하더라도 골절이나 타박상을 당하기 쉽고, 더욱이 배나 가슴 등에 그와 같은 상처가 생기면 치명적 결과가 올 수 있다는 것은 피고인 정도의 연령이나 경험 지식을 가진 사람으로서는 약간의 주의만 하더라도 쉽게 예견할 수 있음에도 그러한 결과에 대하여 주의를 다하지 않아 사람을 죽음으로까지 이르게 한 행위는 중대한 과실이라고 보아, 중과실치사죄로 처단한 사례.[36]

32) 대판 1972. 5. 9. 72도701.
33) 대판 1985. 6. 11. 84도2527.
34) 대판 1983. 5. 10. 82도2279.
35) 대판 1972. 2. 22. 71도2231.
36) 대판 1997. 4. 22. 97도538

주차장 출입구 문주 하단에 금이 가 있어 도괴위험이 있음에도 소유자에게 보수요구만 함(중과실치상죄)

피고인이 관리하던 주차장 출입구 문주의 하단부분에 금이 가 있어 도괴될 위험성이 있었다면 피고인으로서는 소유자에게 그 보수를 요청하는 외에 그 보수가 있을 때까지 임시적으로라도 받침대를 세우는 등 도괴를 방지하거나 그 근처에 사람이나 자동차 등의 근접을 막는 등 도괴로 인한 인명의 피해를 막도록 조치를 하여야 할 주의의무가 있다 할 것이며 동 주차장에는 사람이나 자동차의 출입이 빈번하고 근처 거주의 어린아이들이 문주근방에서 놀이를 하는 사례가 많은데도 불구하고 소유자에게 그 보수를 요구하는데 그쳤다면 그 주의의무를 심히 게을리한 중대한 과실이 있다.[37]

함께 술을 마시던 동료 경찰관과 피해자가 갑자기 러시안룰렛 게임을 하다가 사망

경찰관인 피고인들은 동료 경찰관인 갑 및 피해자 을과 함께 술을 많이 마셔 취하여 있던 중 갑자기 갑이 총을 꺼내 을과 같이 총을 번갈아 자기의 머리에 대고 쏘는 소위 "러시안 룰렛" 게임을 하다가 을이 자신이 쏜 총에 맞아 사망한 경우 피고인들은 갑과 을이 "러시안 룰렛"게임을 함에 있어 갑과 어떠한 의사의 연락이 있었다거나 어떠한 원인행위를 공동으로 한 바가 없고, 다만 위 게임을 제지하지 못하였을 뿐인데 보통 사람의 상식으로서는 함께 수차에 걸쳐서 흥겹게 술을 마시고 놀았던 일행이 갑자기 자살행위와 다름없는 위 게임을 하리라고는 쉽게 예상할 수 없는 것이고(신뢰의 원칙), 게다가 이 사건 사고는 피고인들이 "장난치지 말라"며 말로 갑을 만류하던 중에 순식간에 일어난 사고여서 음주만취하여 주의능력이 상당히 저하된 상태에 있던 피고인들로서는 미처 물리력으로 이를 제지할 여유도 없었던 것이므로, 경찰관이라는 신분상의 조건을 고려하더라도 위와 같은 상황에서 피고인들이 이 사건 "러시안 룰렛"게임을 즉시 물리력으로 제지하지 못하였다 한들 그것만으로는 중과실치사죄의 주의의무위반이 있었다고 할 수 없다.[38]

성냥불을 꺼졌는지 확인하지 않고 휴지가 들어 있는 플라스틱 휴지통에 던짐(중실화죄)

피고인이 성냥불로 담배를 붙인 다음 그 성냥불이 꺼진 것을 확인하지 아니한 채 휴지가 들어 있는 플라스틱 휴지통에 던진 것은 중대한 과실이 있는 경우에 해당한다.[39]

연탄아궁이로부터 80센티미터 떨어진 곳에 쌓아둔 솜 등이 넘어지면서 화재가 발생(중실화죄)

연탄아궁이로부터 80센티미터 떨어진 곳에 쌓아둔 스폰지요, 솜 등이 연탄아궁이 쪽으로 넘어지면서 화재현장에 의한 화재가 발생한 경우라고 하더라도 그 스폰지요, 솜 등을 쌓아두는 방법이나 상태 등에 관하여 아주 작은 주의만 기울였더라면 스폰지요나 솜 등이 넘어지고 또 그로 인하여 화재가 발생할 것을 예견하여 회피할 수 있었음에도 불구하고 부주의로 이를 예견하지 못하고 스폰지와 솜 등을 쉽게 넘어질 수 있는 상태로 쌓아둔 채 방치하였기 때문에 화재가 발생한 것으로 판단되어야만, "중대한 과실"로 인하여 화재가 발생한 것으로 볼 수 있다.[40]

37) 대판 1982. 11. 23. 82도2346.
38) 대판 1992. 3. 10. 91도3172.
39) 대판 1993. 7. 27. 93도135.
40) 대판 1989. 1. 17. 88도643. 다음은 같은 취지이다.

4. 허용된 위험 및 신뢰의 원칙

가. 허용된 위험

운동경기 등에서 당연히 예상되는 공격이나 경미한 규칙위반으로 인한 결과발생에 대해서는 과실책임을 묻지 않으며 이를 허용된 위험이라고 한다.

골프공을 쳐서 등 뒤에 있는 캐디에게 상해를 입힘

운동경기에 참가하는 자가 경기규칙을 준수하는 중에 또는 그 경기의 성격상 당연히 예상되는 정도의 경미한 규칙위반 속에 제3자에게 상해의 결과를 발생시킨 것으로서, 사회적 상당성의 범위를 벗어나지 아니하는 행위라면 과실치상죄가 성립하지 않는다. 그러나 골프경기를 하던 중 골프공을 쳐서 아무도 예상하지 못한 자신의 등 뒤편으로 보내어 등 뒤에 있던 경기보조원(캐디)에게 상해를 입힌 경우에는 주의의무를 현저히 위반하여 사회적 상당성의 범위를 벗어난 행위로서 과실치상죄가 성립한다.[41]

나. 신뢰의 원칙

신뢰의 원칙은 교통규칙을 준수한 자는 다른 교통관여자도 교통규칙을 준수할 것으로 신뢰하고 행동하면 족하고, 다른 교통관여자가 교통규칙을 위반하는 경우까지 대비할 필요가 없다는 것을 말한다. 이러한 신뢰의 원칙은 수술과 같은 분업적 공동작업에도 확대적용되고 있다.

제한시속 초과 운전자가 반대차선상의 차량이 중앙선을 침범할 것을 대비할 의무

중앙선이 설치된 도로를 자기 차선을 따라 운행하는 자동차 운전자로서는 마주 오는 자동차도 제 차선을 지켜 운행하리라고 신뢰하는 것이 보통이므로, 상대방 자동차의 비정상적인 운행을 예견할 수 있는 특별한 사정이 없다면, 상대방 자동차가 중앙선을 침범해 들어 올 경우까지 예상하여 운전하여야 할 주의의무는 없으며, 또한 위 운전자가 제한속도를 초과하여 운전하였다는 사정만을 들어 그에게 과실이 있다고 탓할 수는 없고, 다만 그와 같이 과속운행을 아니하였더라면 상대방 자동차의 중앙선 침범을 발견하는 즉시 정차 또는 감속으로 충돌을 피할 수 있었다는 사정이 있었던 경우에 한하여 과속운행을 과실로 볼 수 있다.[42]

피고인이 사용한 양초는 신품으로서 약 3시간 지속할 수 있는 것이고 창고 내는 휘발유 등 인화력이 강한 물건이 존재하지 아니하였으며 다만 팔 입쓰레기 등이 촛불 부근에 있었으며 창고 내는 양곡이 입고되어 있고 양초는 상자 우에 녹혀서 부쳐놓았으며 약 30분 후에는 고사를 끝내고 고사에 사용한 쌀가마니를 창고에 입고할 예정으로 촛불을 끄지 아니하고 그대로 세워놓고 창고문을 닫고 나온 것이므로 여사한 경우에 있어서는 피고인이 촛불을 들고 나오던가 이를 소화하고 나오지 아니한 과실은 있다 할 것이나 이것은 어디까지나 경과실에 불과하다(대판 1960. 3. 9. 4292형상761).

41) 대판 2008. 10. 23. 2008도6940.

42) 대판 1992. 4. 10. 91다44469.

편도 1차로의 도로 전방 좌측에 정(J)자형 소로가 있는 경우, 자전거 추월시의 주의의무

신뢰의 원칙은 상대방 교통관여자가 도로교통의 제반법규를 지켜 도로교통에 임하리라고 신뢰할 수 없는 특별한 사정이 있는 경우에는 그 적용이 배제된다. 본사건의 사고지점이 노폭 약 10미터의 편도 1차선 직선도로이며 진행방향 좌측으로 부락으로 들어가는 소로가 정(J)자형으로 이어져 있는 곳이고 당시 피해자는 자전거 짐받이에 생선상자를 적재하고 앞서서 진행하고 있었다면 피해자를 추월하고자 하는 자동차운전사는 자전거와 간격을 넓힌 것만으로는 부족하고 경적을 울려서 자전거를 탄 피해자의 주의를 환기시키거나 속도를 줄이고 그의 동태를 주시하면서 추월하였어야 할 주의의무가 있다고 할 것이고 그 같은 경우 피해자가 도로를 좌회전하거나 횡단하고자 할 때에는 도교법의 규정에 따른 조치를 취하리라고 신뢰하여도 좋다고 하여 위 사고발생에 대하여 운전사에게 아무런 잘못이 없다고 함은 신뢰의 원칙을 오해한 위법이 있다.[43]

내과의사가 신경과 전문의의 협의진료 결과를 믿어 지주막하출혈을 발견 못함

내과의사가 신경과 전문의에 대한 협의진료 결과 피해자의 증세와 관련하여 신경과 영역에서 이상이 없다는 회신을 받았고, 그 회신 전후의 진료 경과에 비추어 그 회신 내용에 의문을 품을 만한 사정이 있다고 보이지 않자 그 회신을 신뢰하여 뇌혈관계통 질환의 가능성을 염두에 두지 않고 내과 영역의 진료 행위를 계속하다가 피해자의 증세가 호전되기에 이르자 퇴원하도록 조치한 경우, 피해자의 지주막하출혈을 발견하지 못한 데 대하여 내과의사의 업무상과실을 부정한 사례.[44]

인턴이 부족하여 수혈하면서 두 번째 이후의 혈액봉지 교체를 간호사에게 일임

수혈은 종종 그 과정에서 부작용을 수반하는 의료행위이므로, 수혈을 담당하는 의사는 혈액형의 일치 여부는 물론 수혈의 완성 여부를 확인하고, 수혈 도중에도 세심하게 환자의 반응을 주시하여 부작용이 있을 경우 필요한 조치를 취할 준비를 갖추는 등의 주의의무가 있다. 그리고 의사는 전문적 지식과 기능을 가지고 환자의 전적인 신뢰 하에서 환자의 생명과 건강을 보호하는 것을 업으로 하는 자로서, 그 의료행위를 시술하는 기회에 환자에게 위해가 미치는 것을 방지하기 위하여 최선의 조치를 취할 의무를 지고 있고, 간호사로 하여금 의료행위에 관여하게 하는 경우에도 그 의료행위는 의사의 책임 하에 이루어지는 것이고 간호사는 그 보조자에 불과하므로, 의사는 당해 의료행위가 환자에게 위해가 미칠 위험이 있는 이상 간호사가 과오를 범하지 않도록 충분히 지도·감독을 하여 사고의 발생을 미연에 방지하여야 할 주의의무가 있고, 이를 소홀히 한 채 만연히 간호사를 신뢰하여 간호사에게 당해 의료행위를 일임함으로써 간호사의 과오로 환자에게 위해가 발생하였다면 의사는 그에 대한 과실책임을 면할 수 없다.
피고인이 근무하는 병원에서는 인턴의 수가 부족하여 수혈의 경우 두 번째 이후의 혈액봉지는 인턴 대신 간호사가 교체하는 관행이 있었다고 하더라도, 위와 같이 혈액봉지가 바뀔 위험이 있는 상황에서 피고인이 그에 대한 아무런 조치도 취함이 없이 간호사에게 혈액봉지의 교체를 일임한 것이 관행에 따른 것이라는 이유만으로 정당화될 수는 없다.[45]

---

43) 대판 1984. 4. 10. 84도79.
44) 대판 2003. 1. 10. 2001도3292.
45) 대판 1998. 2. 27. 97도2812.

5. 결과의 발생

형법상 과실범의 미수를 처벌하는 규정은 없다. 따라서 형법상 주의의무위반행위가 있다고 하더라도 결과가 발생하지 않는 한 처벌되지 않는다.

과실과 결과발생 사이에 인과관계가 존재하여야 과실범이 성립한다.

차에 남겨진 어린이가 시동열쇠를 돌리고 악셀을 밟아 사고냄

운전자가 차를 세워 시동을 끄고 1단 기어가 들어가 있는 상태에서 시동열쇠를 끼워놓은 채 11세 남짓한 어린이를 조수석에 남겨두고 차에서 내려온 동안 동인이 시동열쇠를 돌리며 악셀러레이터 페달을 밟아 차량이 진행하여 사고가 발생한 경우, 비록 동인의 행위가 사고의 직접적인 원인이었다 할지라도 그 경우 운전자로서는 위 어린이를 먼저 하차시키던가 운전기기를 만지지 않도록 주의를 주거나 손브레이크를 채운 뒤 시동열쇠를 빼는 등 사고를 미리 막을 수 있는 제반 조치를 취할 업무상 주의의무가 있다 할 것이어서 이를 게을리한 과실은 사고결과와 법률상의 인과관계가 있다고 봄이 상당하다.[46)]

간상태를 정확히 파악하지 아니한 채 할로테인으로 전신마취를 실시한 다음 난소종양절제수술을 하여 22일 만에 급성전격성간염으로 사망

전신마취에 의한 개복수술은 간부전을 일으키고 간성혼수에 빠지게 하기도 하는데 특히 급만성간염이나 간경변 등 간기능에 이상이 있는 경우에는 90% 이상이 간기능이 증악화하고 심한 경우에는 사망에 이르게 하는 것으로 알려져 있어 개복수술 전에 간의 이상 유무를 검사하는 것은 필수적이고, 피해자의 수술시에 사용된 마취제 할로테인은 드물게는 간에 해독을 끼치고 특히 이미 간장애가 있는 경우에는 간장애를 격화시킬 위험이 있으므로 이러한 환자에 대하여는 그 사용을 주의 또는 회피하여야 한다고 의료계에 주지되어 있으며 이 사건 사고당시 의료계에서는 개복수술 환자의 경우 긴급한 상황이 아닌 때에는 혈청의 생화학적 반응에 의한 간기능검사를 하는 것이 보편적이었다면, 응급환자가 아닌 난소종양환자의 경우에 있어서 수술주관의사 또는 마취담당의사인 피고인들로서는 난소종양절제수술에 앞서 혈청의 생화학적 반응에 의한 검사 등으로 종합적인 간기능검사를 철저히 하여 피해자가 간손상 상태에 있는지의 여부를 확인한 후에 마취 및 수술을 시행하였어야 할 터인데 피고인들은 시진, 문진 등의 검사결과와 정확성이 떨어지는 소변에 의한 간검사 결과만을 믿고 피해자의 간상태를 정확히 파악하지 아니한 채 할로테인으로 전신마취를 실시한 다음 이 사건 개복수술을 감행한 결과 수술 후 22일만에 환자가 급성전격성간염으로 인하여 사망한 경우에는 피고인들에게 업무상과실이 있다 할 것이다.

위와 같은 경우에는 혈청에 의한 간기능검사를 시행하지 않거나 이를 확인하지 않은 피고인들의 과실과 피해자의 사망 간에 인과관계가 있다고 하려면 피고인들이 수술 전에 피해자에 대한 간기능검사를 하였더라면 피해자가 사망하지 않았을 것임이 입증되어야 할 것인데도(수술 전에 피해자에 대하여 혈청에 의한 간기능검사를 하였더라면 피해자의 간기능에 이상이 있었다는 검사결과가 나왔으리라는 점이 증명되어야 할 것이다) 원심은 피해자가 수술 당시에 이미 간손상이 있었다는 사실을 증거 없이 인정함으로써 채증법칙위반 및 인과관계에 관한 법리오해의 위법을 저지른 것이다.[47)]

46) 대판 1986. 7. 8. 86도1048.
47) 대판 1990. 12. 11. 90도694.

Ⅲ. 인과관계

1. 인과관계의 의의

실행행위 외에 결과의 발생까지도 성립요건이 되는 범죄를 결과범이라고 한다. 결과범에 있어서는 결과가 실행행위로 인하여 발생하였을 것, 즉 실행행위와 결과 사이에 인과관계가 존재할 것이 요구된다. 이에 반하여 실행행위가 있으면 곧 범죄가 성립하는 거동범에 있어서는 실행행위 자체로 범죄가 완성되므로 결과의 발생을 요건으로 하지 않고 따라서 인과관계의 문제는 발생하지 않는다. 거동범으로는 공무집행방해죄, 주거침입죄 등이 열거된다.

2. 인과관계에 관한 이론

가. 조건설

결과에 대하여 조건관계에 있는 모든 행위는 형법적 인과관계가 있다고 보는 견해이다. "그 행위가 없었더라면 그 결과도 발생하지 않았을 것(conditio sine qua non)"이라고 인정될 때 조건관계가 충족된다. 조건설에서는 '문제가 되는 일정한 행위가 존재하지 않았더라면'이라는 형태로 조건을 가정적으로 제거해보고 결과가 발생하는지 여부에 따라 인과관계의 존부를 판단하는 가정적 소거방식을 사용한다.

조건설에 의하면 ① 결과발생에 대해 조건관계가 있는 모든 행위에 인과관계가 인정되므로 인과관계가 지나치게 넓어지고,[48] ② 이중적 인과관계(단독으로도 결과를 발생시킬 수 있는 수 개의 조건들이 동시에 작용하여 결과를 발생시키는 것을 말함)에서 각 조건들의 인과관계가 인정된다고 보아야 함에도 이를 부정하게 되는 모순이 나타난다.[49] 가설적 인과관계가 문제되는 사례에서 조건설은 부당한 결론에 이르게 된다는 견해가 있다. 이 견해에 따르면 예컨대 사형집행을 당하기 직전의 사형수(갑)를 타인(을)이 총을 쏘아 사형집행 이전에 살해하는 경우에 을이 총을 쏘지 않았더라도 어차피 사형집행에 의해 갑이 사망하였을 것이기 때문에 조건설로는 인과관계를 인정하기 곤란하다는 것이다.[50]

조건설을 수정한 합법칙적 조건설은, 일정한 결과가 시간적으로 원인된 행위 뒤에 야기되고, 또

---

48) 가령, 부모가 살인범을 낳은 행위도 살인행위와 조건관계가 인정된다. 다음 판례에서 이러한 모순이 잘 나타난다.
강간 피해자가 수치심으로 음독자살
강간을 당한 피해자가 집에 돌아가 음독자살하기에 이르른 원인이 강간을 당함으로 인하여 생긴 수치심과 장래에 대한 절망감 등에 있었다 하더라도 그 자살행위가 바로 강간행위로 인하여 생긴 당연의 결과라고 볼 수는 없으므로 강간행위와 피해자의 자살행위 사이에 인과관계를 인정할 수는 없다(대판 1982. 11. 23. 82도1446).

49) 가령, 갑과 을이 동시에 피해자에게 치사량을 초과하는 독약을 투여하였을 때, 조건설에 따르면 각자의 독약투여가 없었더라도 다른 사람의 독약투여로 사망의 결과가 발생하게 되므로 갑과 을 누구에게도 인과관계를 인정하기 어렵게 된다.

50) 사형집행 전에 을이 갑에게 총을 쏘아 살해한 경우, 조건설을 따르더라도 을이 총을 쏜 행위와 갑의 사망 사이에 인과관계가 인정된다고 보아야 할 것으로 생각된다.

그 결과와 행위가 일상적 경험법칙에 비추어 합법칙적 연관성을 가지는 때에 인과관계가 인정된다고 본다.[51)]

나. 상당인과관계설

행위와 결과 사이에 상당인과관계가 존재하면 인과관계가 인정된다고 보는 견해이다. 상당인과관계설은 상당성 판단에 있어, ① 행위 당시에 행위자가 인식했거나 인식할 수 있었던 사정을 기초로 하는 주관적 상당인과관계설, ② 행위 당시에 객관적으로 확인된 사정 및 일반적으로 예견할 수 있었던 행위 후의 사정을 기초로 하는 객관적 상당인과관계설, ③ 행위 당시에 일반인이 알고 있거나 예견할 수 있었던 일반적 사정과 행위자가 실제로 알고 있었던 특별한 사정을 기초로 하는 절충적 상당인과관계설이 있다. 상당인과관계설은 조건설이 다루지 않은 법적인 인과관계를 판단한다는 장점을 가지나, 사실의 문제와 규범의 문제가 혼재되어 있고, '상당성'이라는 기준이 추상적이어서 구체적인 결론을 도출하기 어려울 수 있다는 점에서 비판을 받고 있다.

다. 중요설

중요설은 자연과학적인 인과관계와 규범적인 귀속의 문제를 구별하여 양자가 모두 존재할 때 인과관계를 긍정한다. 중요설은 인과관계의 존부는 조건설에 의하여 논리적으로 판단하고, 결과귀속은 개개의 구성요건에 반영된 형법적 중요성에 따라 규범적으로 판단하자고 한다. 중요설은 자연과학적인 인과관계와 규범적인 인과관계를 구별하려는 장점을 가지나, 무엇이 법적으로 중요하고 중요하지 않은지에 대한 설명이 빈약하다는 비판을 받고 있다.

라. 객관적 귀속이론

합법칙적 조건관계를 전제로 결과귀속의 기준을 세분화하여 인과관계를 판단하자는 견해이다.[52)] 이에 따르면 객관적 귀속이 인정되기 위해서는 대체로 ① 법적으로 허용되지 않는 위험을 창출·증대시킨 경우여야 하고, ② 창출·증대된 위험이 결과로 실현되어야 하며, ③ 실현된 위험, 즉 결과가 규범의 보호범위 안에 있어야 한다.

---

51) 정영일, 형법강의(총론), 제2판, 도서출판 학림, 2015, 92면. 합법칙적 조건설 생성의 배경이 된 Contergan 사건은 다음과 같다.
서독이 Chemie Grünenthal이라는 제약회사는 Thalidomide라는 면역조절 약품을 개발하여 1957년부터 Contergan이라는 상표로 판매하였다. 판매 직후 Contergan은 메스꺼움이나 입덧 해소용으로도 사용되었는데 그로 인하여 서독에서는 5,000명 내지 7,000명의 아이가, 세계적으로는 1만여명의 아이가 사지기형(malformation of the limbs)으로 태어났고, 그 중 50%만 생존하였다. Contergan 사용의 부작용은 사지기형 외에도 눈과 심장의 이상 등으로도 나타났다. Thalidomide가 위와 같은 부작용을 야기하는 정확한 기제(mechanism)는 현재까지도 밝혀지지 않았다. Chemie Grünenthal의 임원들이 1968년에 과실치사상죄(negligent homicide and injury)로 기소되어 1970년에 심리가 종결되었으나 유죄판결을 받은 사람은 없었다. 이상의 내용은 위키피디아를 참조하였다.

52) 이 부분은 김태명, 판례형법총론, 피앤씨미디어, 2016, 159면을 따랐다.

마. 판 례

판례는 대체로 상당인과관계설을 취하고 있다.

야간에 과실로 무단횡단하는 피해자를 충격하여 넘어진 피해자가 40~60초 후 다른 차에 의해 역과되어 사망

피고인이 야간에 오토바이를 운전하다가 도로를 무단횡단하던 피해자를 충격하여 피해자로 하여금 위 도로상에 전도케 하고, 그로부터 약 40초 내지 60초 후에 다른 사람이 운전하던 타이탄 트럭이 도로 위에 전도되어 있던 피해자를 역과하여 사망케 한 경우, 피고인이 전방좌우의 주시를 게을리한 과실로 피해자를 충격하였고 나아가 이 사건 사고지점 부근 도로의 상황에 비추어 야간에 피해자를 충격하여 위 도로에 넘어지게 한 후 40초 내지 60초 동안 그대로 있게 한다면 후속차량의 운전사들이 조금만 전방주시를 태만히 하여도 피해자를 역과할 수 있음이 당연히 예상되었던 경우라면 피고인의 과실행위는 피해자의 사망에 대한 직접적 원인을 이루는 것이어서 양자간에는 상당인과관계가 있다.[53)]

감속하지 않고, 안전거리를 유지하지 않아 선행 차량에 역과된 피해자를 다시 역과

사고 당시는 01:10경으로서 야간인데다가 비까지 내려 시계가 불량하고 내린 비로 인하여 노면이 다소 젖어있는 상태였으며, 이 사건 사고지점은 비탈길의 고개마루를 지나 내리막길이 시작되는 곳으로부터 가까운 지점인 사실, 피고인은 이 사건 사고차량을 운전하고 편도 2차선 도로 중 2차로를 시속 약 60km의 속도로 선행 차량과 약 30m의 간격을 유지한 채 진행하다가 선행 차량에 역과된 채 진행 도로상에 누워있는 피해자를 뒤늦게 발견하고 급제동을 할 겨를도 없이 이를 그대로 역과한 사실을 인정할 수 있는바, 이러한 경우 피고인이 사전에 사람이 도로에 누워있을 것까지를 예상하여 이에 대비하면서 운전하여야 할 주의의무는 없다고 하더라도, 사고 당시의 도로상황에 맞추어 속도를 줄이고(위 사고지점은 비탈길의 고개마루를 막 지난 지점이므로 피고인으로서는 미리 법정 제한속도보다도 더 감속하여 서행하였어야 할 것이다) 전방시계의 확보를 위하여 선행 차량과의 적절한 안전거리를 유지한 채 전방 좌우를 잘 살펴 진로의 안전을 확인하면서 운전하는 등 자동차 운전자에게 요구되는 통상의 주의의무를 다하였더라면, 진행 전방 도로에 누워있는 피해자를 상당한 거리에서 미리 발견하고 좌측의 1차로로 피양하는 등 사고를 미연에 방지할 수 있었음에도 불구하고 위와 같은 주의를 게을리한 탓으로 피해자를 미리 발견하지 못하고 역과한 것이라고 할 것이므로, 이 사건 사고에 관하여 피고인에게 업무상 과실이 없다고 할 수는 없을 것이다.[54)]

해설: 위 판례에서 피해자는 선행 차량에 역과되어 좌측 얼굴에 피를 흘리고 있었던 것 외에는 신체나 의류에 외형적인 손상이 가해진 흔적 없이 도로에 반듯하게 누워있어 생존 중이었으나 피고인의 차량에 의해 역과됨으로써 사망하였다. 이와 달리 피해자가 선행 차량에 역과되어 이미 사망하였다면 피고인 차량에 의한 역과와 피해자의 사망은 인과관계가 인정되지 않으므로 피고인이 사망에 대한 책임을 질 여지가 없다.

53) 대판 1990. 5. 22. 90도580.

54) 대판 2001. 12. 11. 2001도5005.

차에 남겨진 11세 어린이가 시동열쇠를 돌리고 악셀을 밟아 사고냄

운전자가 차를 세워 시동을 끄고 1단 기어가 들어가 있는 상태에서 시동열쇠를 끼워놓은 채 11세 남짓한 어린이를 조수석에 남겨두고 차에서 내려온 동안 동인이 시동열쇠를 돌리며 악셀러레이터 페달을 밟아 차량이 진행하여 사고가 발생한 경우, 비록 동인의 행위가 사고의 직접적인 원인이었다 할지라도 그 경우 운전자로서는 위 어린이를 먼저 하차시키든가 운전기기를 만지지 않도록 주의를 주거나 손브레이크를 채운 뒤 시동열쇠를 빼는 등 사고를 미리 막을 수 있는 제반 조치를 취할 업무상 주의의무가 있다 할 것이어서 이를 게을리한 과실은 사고결과와 법률상의 인과관계가 있다고 봄이 상당하다.[55]

면허 없는 갑을 화약류취급 책임자로 선임하여 발파작업 중 갑의 과실로 사상자 발생

화약류를 취급하는데 필요한 소정의 면허를 받지 못한 갑을 화약류취급책임자로 선임하여 발파작업에 종사케 함으로써 그 발파작업 중 갑의 과실로 사상의 사고가 발생한 경우에는 위 사상과 그 선임자의 과실 사이에는 상당인과관계가 있어 그 책임을 면하지 못한다.[56]

화약류취급 책임자 면허 없는 갑에게 화약고 열쇠를 맡기어 갑이 화약고의 폭약 등을 숙소 아궁이에 감추었고, 이 사실을 모르는 자가 불을 때다 폭발하여 사상

탄광덕대인 피고인이 화약류취급책임자 면허가 없는 갑에게 화약고 열쇠를 맡기었던 바 갑이 경찰관의 화약고 검열에 대비하여 임의로 화약고에서 뇌관, 폭약 등을 꺼내어 이를 노무자 숙소 아궁이에 감추었고, 이 사실을 모르는 자가 위 아궁이에 불을 때다 위 폭발물에 인화되어 폭발위력으로 사람을 사상에 이르게 한 경우에는 피고인으로서는 위와 같은 사고를 예견할 수 있었다고 보기 어려울 뿐 아니라 피고인이 갑에게 위 열쇠를 보관시키고 화약류를 취급하도록 한 행위와 위 사고발생 간에는 인과관계가 있다고 할 수 없다.[57]

음독한 청산가리가 혈관에 흡수되어 의식을 잃은 자를 방치하여 사망케 함

치사량의 청산가리를 음독했을 경우 미처 인체에 흡수되기 전에 지체없이 병원에서 위 세척을 하는 등 응급치료를 받으면 혹 소생할 가능은 있을지 모르나 이미 이것이 혈관에 흡수되어 피고인이 피해자를 번소에서 발견했을 때의 피해자의 증상처럼 환자의 안색이 변하고 의식을 잃었을 때는 우리의 의학기술과 의료시설로서는 그 치료가 불가능하여 결국 사망하게 되는 것이고 또 일반적으로 병원에서 음독환자에게 위세척 호흡촉진제 강심제주사 등으로 응급가료를 하나 이것이 청산가리 음독인 경우에는 아무런 도움도 되지 못하는 것이므로 피고인의 유기행위와 피해자의 사망 간에는 상당인과관계가 없다 할 것이다.[58]

55) 대판 1986. 7. 8. 86도1048.
56) 대판 1966. 6. 28. 66도758.
57) 대판 1981. 9. 8. 81도53.
58) 대판 1967. 10. 31. 67도1151.

어로작업 중인 항행유지선과 피항선의 충돌

어로작업 중인 항행유지선과 이를 피할 의무있는 피항선이 서로 충돌한 경우에 피항선이 위 항행유지선의 존재나 위치를 정확히 알지 못하고 운행하다가 충돌한 것이라면 항행유지선을 조선하던 피고인에게도 적절한 위험신호를 미리 발하여 그 위치를 상대방 선박에게 알림으로써 피항하도록 하지 못한 과실이 있다 하겠으나, 만일 피항선이 항행유지선의 존재와 위치를 정확히 알고 있으면서 이를 피항하려다가 조선상의 과실로 충돌한 것이라면 항행유지선이 위험신호를 미리 발하여 그 위치를 알림으로써 피항하게 하지 못한 잘못이 사고발생의 원인이 되었다고 보기는 어렵다.

어로작업 중인 항행유지선이라고 할지라도 피항선이 피항하지 않음으로써 충돌의 위험이 닥친 경우에 스스로 방향을 바꾸거나 감속 또는 정선함으로써 사고를 미연에 방지할 수 있다면 그 같은 조치를 취할 주의의무가 있으나, 만일 항행유지선 조선자가 견시의무를 다하여 미리 피항선의 근접을 발견하였더라도 충돌의 위험이 닥친 단계에서 스스로 방향변경 등의 방법으로 위험을 피할 도리가 없는 이상 항행유지선 조선자의 견시의무를 소홀히 한 과실은 사고발생과 상당인과관계가 있다고 볼 수 없다.59)

터파기공사 작업반장이 현장소장의 작업중단 지시를 무시하고 작업하다가 흙벽 붕괴

배관공사 작업공정의 일부인 터파기작업을 함에 있어 현장소장인 피고인이 구덩이의 흙벽이 마사이고 전날 밤의 비로 붕괴의 위험이 있음을 엿보고 현장기사를 시켜 작업반장에게 구덩이 안의 작업을 중단할 것을 지시까지 하였으나 작업반장이 피고인의 지시를 무시하고 피해자 등에게 작업을 지시한 결과, 작업하던 피해자가 흙벽이 붕괴되어 흙에 묻히는 사고가 발생하였다면 일반인부는 위 작업반장이 지시, 감독하게 되어 있으므로 피고인으로서는 현장소장으로서 사고발생을 방지하기 위해 필요한 지시를 다하였다 할 것이므로 위 붕괴사고는 피고인의 과실에 인한 것이라고 볼 수 없다.60)

피해자를 넘어뜨리고 머리를 벽에 부딪치게 하여 뇌좌상으로 사망케 하였으나, 지병이 사망에 영향을 미침

피고인이 1981. 4. 8. 피해자의 뺨을 2회 때리고 두 손으로 어깨를 잡아 땅바닥에 넘어뜨리고 머리를 세멘트 벽에 부딪치게 하여서, 피해자가 그 다음날부터 머리에 통증이 있었고 같은 달 16. 의사 3인에게 차례로 진료를 받을 때에 혈압이 매우 높았고 몹시 머리가 아프다고 호소하였으며 그 후 병세가 계속 악화되어 결국 같은 해 4. 30. 뇌좌상으로 사망하였다면, 피해자가 평소 고혈압과 선천성혈관기형인 좌측전고동맥류의 증세가 있었고 피고인의 폭행으로 피해자가 사망함에 있어 위와 같은 지병이 사망결과에 영향을 주었다고 해서 피고인의 폭행과 피해자의 사망 간에 상당인과관계가 없다고 할 수 없으며, 피고인이 피해자를 폭행할 당시에 이미 폭행과 그 결과에 대한 예견가능성이 있었다 할 것이고 그로 인하여 치사의 결과가 발생하였다면 이른바 결과적가중범의 죄책을 면할 수 없다.61)

---

59) 대판 1984. 1. 17. 83도2746.

60) 대판 1984. 4. 10. 83도3365.

61) 대판 1983. 1. 18. 82도697. 나음은 유사 취지이다.
피해자가 평소 병약한 상태에 있었고 피고인의 폭행으로 그가 사망함에 있어서 지병이 또한 사망 결과에 영향을 주었다고 하여 폭행과 사망 간에 인과관계가 없다고 할 수 없다(대판 1979. 10. 10. 79도2040).

복부를 강타하여 장파열로 인한 복막염으로 사망하였으나 수술지연 등이 공동원인임

피고인이 주먹으로 피해자의 복부를 1회 강타하여 장파열로 인한 복막염으로 사망케 하였다면, 비록 의사의 수술지연 등 과실이 피해자의 사망의 공동원인이 되었다 하더라도 피고인의 행위가 사망의 결과에 대한 유력한 원인이 된 이상 그 폭력행위와 치사의 결과 간에는 인과관계가 있다 할 것이어서 피고인은 피해자의 사망의 결과에 대해 폭행치사의 죄책을 면할 수 없다.[62]

Ⅳ. 부작위범

1. 부작위범의 의의

범죄는 보통 적극적인 행위에 의하여 실행되지만 때로는 결과의 발생을 방지하지 아니한 부작위에 의하여도 실현될 수 있다. 형법 제18조는 "위험의 발생을 방지할 의무가 있거나 자기의 행위로 인하여 위험발생의 원인을 야기한 자가 그 위험발생을 방지하지 아니한 때에는 그 발생된 결과에 의하여 처벌한다"라고 하여 부작위범의 성립 요건을 별도로 규정하고 있다.

구성요건이 부작위에 의하여서만 실현될 수 있는 범죄를 진정부작위범이라고 한다.[63] 살인죄와 같이 일반적으로 작위를 내용으로 하는 범죄를 부작위에 의하여 범하는 것을 부진정부작위범이라고 한다.[64]

진정부작위범으로는 다중불해산죄(형법 116조), 퇴거불응죄(형법 319조 2항) 등이 있다.

2. 진정부작위범

시위참가자가 경찰서장의 해산명령에 불응하였으나 해산명령이 구체적인 해산사유를 고지하지 않았거나 정당하지 않은 사유를 고지함

집시법상 관할 경찰관서장이 집회 및 시위에 대하여 해산명령을 할 때에는 해산사유가 집시법 제20조 제1항 각 호 중 어느 사유에 해당하는지 구체적으로 고지하여야 한다. 따라서 해산명령을 하면서 구체적인 해산사유를 고지하지 않았거나 정당하지 않은 사유를 고지하면서 해산명령을 한 경우에는, 그러한 해산명령에 따르지 않았다고 하더라도 집시법 제20조 제2항을 위반하였다고 할 수 없다.[65]

피고인이 시위에 참가하여 도로를 점거하고 행진하던 중, 위 시위가 미신고 시위라는 이유로 관할 경찰서장

62) 대판 1984. 6. 26. 84도831.
63) 대판 2009. 2. 12. 2008도9476.
64) 대판 2015. 11. 12. 2015도6809 전합.
65) **집시법 제20조** ① 관할 경찰관서장은 다음 각 호의 어느 하나에 해당하는 집회 또는 시위에 대하여는 상당한 시간 이내에 자진 해산할 것을 요청하고 이에 따르지 아니하면 해산을 명할 수 있다.
② 집회 또는 시위가 제1항에 따른 해산명령을 받았을 때에는 모든 참가자는 지체 없이 해산하여야 한다.

으로부터 해산명령을 받았음에도 이에 불응하였다고 하여 집시법위반으로 기소된 사안에서, 피고인이 참가한 시위가 전국금속노동조합으로부터 신고된 것과는 다른 내용의 시위로 변경되었다고 볼 만한 자료가 없어 금지된 시위라거나 신고 없이 개최된 시위라고 보기 어려우므로, 미신고 시위임을 이유로 한 해산명령에 따르지 않은 행위가 집시법위반죄에 해당하지 않는다.[66)]

일정 기간 내에 아파트 관리소장을 자격 있는 자로 임명하라는 행정청의 지시를 불이행하여 주택건설촉진법 위반

A아파트의 입주자대표회의 회장인 피고인이 당국으로부터 1990. 12. 12.과 1991. 7. 25. 2회에 걸쳐 위 아파트 관리소장이 경력미달로 자격이 없으니 2개월 내에 자격이 있는 자로 보하고 그 결과를 보고하라는 내용의 행정지시를 받고도 정당한 이유 없이 이를 이행하지 아니한 사안에서,

일정한 기간 내에 잘못된 상태를 바로잡으라는 행정청의 지시를 이행하지 않았다는 것을 구성요건으로 하는 범죄는 이른바 진정부작위범으로서 그 의무이행기간의 경과에 의하여 범행이 기수에 이름과 동시에 작위의무를 발생시킨 행정청의 지시 역시 그 기능을 다한 것으로 보아야 한다.

2개월 내에 작위의무를 이행하라는 행정청의 지시를 이행하지 아니한 행위와 7개월 후 다시 같은 내용의 지시를 받고 이를 이행하지 아니한 행위는 성립의 근거와 일시 및 이행기간이 뚜렷이 구별되어 서로 양립이 가능한 전혀 별개의 범죄로서 동일성이 없다.[67)]

사립대학의 학장과 총무처장이 학교법인의 공중위생관리법상 신고의무위반죄의 공동정범이 될 수 있는지

구 공중위생관리법 위반죄[68)]는 구성요건이 부작위에 의하여서만 실현될 수 있는 진정부작위범에 해당한다고 할 것이고, 한편 부작위범 사이의 공동정범은 다수의 부작위범에게 공통된 의무가 부여되어 있고 그 의무를 공통으로 이행할 수 있을 때에만 성립한다고 할 것이다. 그리고 공중위생영업의 신고의무는 '공중위생영업을 하고자 하는 자'에게 부여되어 있고, 여기서 '영업을 하는 자'라 함은 영업으로 인한 권리·의무의 귀속주체가 되는 자를 의미하므로, 영업자의 직원이나 보조자의 경우에는 영업을 하는 자에 포함되지 않는다.

A대학의 설립·경영자는 B학교법인이고, 피고인 1은 사립학교인 A대학의 학장이고, 그 이사장은 피고인 1의 남편인 갑이고, 피고인 2는 A대학의 총무처장인바, 피고인 1, 2는 A대학의 교원 또는 사무직원에 불과하고 영업상의 권리·의무의 귀속주체가 아니므로, 공중위생관리법 제3조 제1항 전단의 규정에 의한 신고의무를 부담하는 자들이라고 할 수 없고, 따라서 위 피고인들을 구 공중위생관리법 제20조 제1항 제1호 위반죄로 처벌할 수는 없다.[69)]

66) 대판 2014. 3. 13. 2012도14137.

67) 대판 1994. 4. 26. 93도1731.

68) **구 공중위생관리법** 관련 규정은 다음과 같다.
제3조 제1항 전단: 공중위생영업을 하고자 하는 자는 공중위생영업의 종류별로 보건복지부령이 정하는 시설 및 설비를 갖추고 시장·군수·구청장에게 신고하여야 한다.
제20조 제1항 제1호: 제3조 제1항 전단의 규정에 의한 신고를 하지 아니한 자를 처벌한다.

69) 대판 2009. 2. 12. 2008도9476. 다음은 같은 취지이다.
A케어코리아의 공중위생관리법상 신고의무위반죄에 관하여 근로소득자인 A의 각 지점 실장들이 위 신고의무위반

3. 부진정부작위범

가. 성립요건

(1) 작위의무의 존재

부진정부작위범에서 작위의무를 지는 자를 보증인(또는 보증인적 지위에 있는 자)이라고 한다. 작위의무의 근거를 보호의무(타인의 법익이 침해되지 아니하도록 보호할 의무로서, 예컨대 친권자가 자녀를 보호해야 할 의무가 이에 해당함)와 안전의무(위험원이 타인의 법익을 침해하지 아니하도록 위험원을 감시할 의무로서, 예컨대 맹수를 사육하는 자가 맹수로 하여금 타인을 공격하지 않도록 감시할 의무가 이에 해당함)로 나누는 것이 보통이다.

작위의무의 의미

부작위범에서의 작위의무는 법적인 의무여야 하므로 단순한 도덕상 또는 종교상의 의무는 포함되지 않으나 작위의무가 법적인 의무인 한 성문법이건 불문법이건 상관이 없고 또 공법이건 사법이건 불문하므로, 법령, 법률행위, 선행행위로 인한 경우는 물론이고 기타 신의성실의 원칙이나 사회상규 혹은 조리상 작위의무가 기대되는 경우에도 법적인 작위의무는 있다.[70]

비법무사가 법무사가 아님을 밝히지 않고 법무사로 행세하며 근저당권설정계약서 작성

법무사가 아닌 사람이 법무사로 소개되거나 호칭되는 데에도 자신이 법무사가 아니라는 사실을 밝히지 않은 채 법무사 행세를 계속하면서 근저당권설정계약서를 작성한 사안에서, 부작위에 의한 법무사법 제3조 제2항 위반죄를 인정할 수 있다고 한 사례.[71]

죄의 공동정범이 될 수 있는지

공중위생관리법상, "공중위생영업을 하고자 하는 자는 … 신고하여야 하고, … 위 신고를 하지 아니한 자는 처벌한다"라고 규정하고 있는바, 그 규정 형식 및 취지에 비추어 신고의무 위반으로 인한 공중위생관리법 위반죄는 구성요건이 부작위에 의하여서만 실현될 수 있는 진정부작위범에 해당한다.

부작위범 사이의 공동정범은 다수의 부작위범에게 공통된 의무가 부여되어 있고 그 의무를 공통으로 이행할 수 있을 때에만 성립한다.

공중위생영업의 신고의무는 '공중위생영업을 하고자 하는 자'에게 부여되어 있고, 여기서 '영업을 하는 자'란 영업으로 인한 권리·의무의 귀속주체가 되는 자를 의미하므로, 영업자의 직원이나 보조자의 경우에는 영업을 하는 자에 포함되지 않는다.

A케어코리아 각 지점의 실장직에 있었던 피고인들은 A의 근로소득자에 불과하고 영업상의 권리·의무의 귀속주체가 아니라는 이유로 위 규정에 의한 신고의무를 부담하는 자에 해당하지 않으므로, 피고인들에게 공통된 신고의무가 부여되어 있지 않은 이상 부작위범인 신고의무 위반으로 인한 공중위생관리법 위반죄의 공동정범도 성립할 수 없다(대판 2008. 3. 27. 2008도89).

70) 대판 1996. 9. 6. 95도2551.

71) 대판 2008. 2. 28. 2007도9354.

법무사법 제3조(법무사가 아닌 자에 대한 금지) ① 생략

② 법무사가 아닌 자는 법무사 또는 이와 비슷한 명칭을 사용하지 못한다.

포털사이트 운영자가 정보제공업체들의 음란정보 반포 · 판매 행위를 방치

인터넷 포털 사이트를 운영하는 회사와 그 대표이사에게 정보제공업체들이 음란한 정보를 반포·판매하지 않도록 통제하거나 저지하여야 할 조리상의 의무를 부담한다고 한 사례.

인터넷 포털 사이트를 운영하는 회사와 그 대표이사가 정보제공업체들의 음란정보 반포·판매 행위를 방치한 것만으로는 전기통신기본법 제48조의2 위반죄의 정범에 해당하지 않는다고 한 사례.[72]

참조판례: 유기죄의 보호의무

현행 형법은 유기죄에 있어서 구법과는 달리 보호법익의 범위를 넓힌 반면에 보호책임 없는 자의 유기죄는 없애고 법률상 또는 계약상의 의무 있는 자만을 유기죄의 주체로 규정하고 있어 명문상 사회상규상의 보호책임을 관념할 수 없다고 하겠으니 유기죄의 죄책을 인정하려면 보호책임이 있게 된 경위, 사정관계 등을 설시하여 구성요건이 요구하는 법률상 또는 계약상 보호의무를 밝혀야 하고 설혹 동행자가 구조를 요하게 되었다 하여도 일정거리를 동행한 사실만으로서는 피고인에게 법률상 계약상의 보호의무가 있다고 할 수 없으니 유기죄의 주체가 될 수 없다.[73]

(2) 부작위가 작위에 의한 법익침해와 동등한 형법적 가치가 있을 것

형법이 금지하고 있는 법익침해의 결과발생을 방지할 법적인 작위의무를 지고 있는 자가 그 의무를 이행하지 아니한 경우, 이를 작위에 의한 실행행위와 동일하게 부작위범으로 처벌하기 위하여는, 그 의무를 이행함으로써 결과발생을 쉽게 방지할 수 있었음에도 불구하고 그 결과의 발생을 용인하고 이를 방관한 채 그 의무를 이행하지 아니한 결과, 그 부작위가 작위에 의한 법익침해와 동등한 형법적 가치를 가진다고 볼 수 있어 그 범죄의 실행행위로 평가될 만한 것이라야 한다.[74]

살해하려고 저수지 제방으로 유인한 조카가 물에 빠지자 그대로 두어 익사케 함

피고인이 조카인 피해자(10세)를 살해할 것을 마음먹고 저수지로 데리고 가서 미끄러지기 쉬운 제방 쪽으로 유인하여 함께 걷다가 피해자가 물에 빠지자 그를 구호하지 아니하여 피해자를 익사하게 한 것이라면 피해자가 스스로 미끄러져서 물에 빠진 것이고, 그 당시는 피고인이 살인죄의 예비 단계에 있었을 뿐 아직 실행의 착수에는 이르지 아니하였다고 하더라도, 피해자의 숙부로서 익사의 위험에 대처할 보호능력이 없는 나이 어린 피해자를 익사의 위험이 있는 저수지로 데리고 갔던 피고인으로서는 피해자가 물에 빠져 익사할 위험을 방지하고 피해자가 물에 빠지는 경우 그를 구호하여 주어야 할 법적인 작위의무가 있다고 보아야 할 것이고, 피해자가 물에 빠진 후에 피고인이 살해의 범의를 가지고 그를 구호하지 아니한 채 그가 익사하는 것을 용인하고 방관한 행위(부작위)는 피고인이 그를 직접 물에 빠뜨려 익사시키는 행위와 다름없다고 형법상 평가될 만한 살인의 실행행위라고 보는 것이 상당하다.[75]

---

72) 대판 2006. 4. 28. 2003도80.
73) 대판 1977. 1. 11. 76도3419.
74) 대판 1997. 3. 14. 96도1639; 대판 2010. 1. 14. 2009도12109.
75) 대판 1992. 2. 11. 91도2951.

백화점에서 특정 매장의 상품관리 담당직원이 점주가 가짜 상표 상품을 판매하도록 방치

백화점에서 바이어를 보조하여 특정매장에 관한 상품관리 및 고객들의 불만사항 확인 등의 업무를 담당하는 직원은 자신이 관리하는 특정매장의 점포에 가짜 상표가 새겨진 상품이 진열·판매되고 있는 사실을 발견하였다면 고객들이 이를 구매하도록 방치하여서는 아니되고 점주나 그 종업원에게 즉시 그 시정을 요구하고 바이어 등 상급자에게 보고하여 이를 시정하도록 할 근로계약상·조리상의 의무가 있다고 할 것임에도 불구하고 이러한 사실을 알고서도 점주 등에게 시정조치를 요구하거나 상급자에게 이를 보고하지 아니함으로써 점주로 하여금 가짜 상표가 새겨진 상품들을 고객들에게 계속 판매하도록 방치한 것은 작위에 의하여 점주의 상표법위반 및 부정경쟁방지법위반 행위의 실행을 용이하게 하는 경우와 동등한 형법적 가치가 있는 것으로 볼 수 있으므로, 백화점 직원인 피고인은 부작위에 의하여 공동피고인인 점주의 상표법위반 및 부정경쟁방지법위반 행위를 방조하였다고 인정할 수 있다.[76)]

법원의 입찰담당 공무원이 입찰보증금이 계속적으로 횡령되는 것을 알면서도 배당불능을 막기 위해 묵인

법원의 입찰사건에 관한 제반 업무를 주된 업무로 하는 공무원이 자신이 맡고 있는 입찰사건의 입찰보증금이 계속적으로 횡령되고 있는 사실을 알았다면, 담당 공무원으로서는 이를 제지하고 즉시 상관에게 보고하는 등의 방법으로 그러한 사무원의 횡령행위를 방지해야 할 법적인 작위의무를 지는 것이 당연하고, 비록 그의 묵인 행위가 배당불능이라는 최악의 사태를 막기 위한 동기에서 비롯된 것이라고 하더라도 자신의 작위의무를 이행함으로써 결과 발생을 쉽게 방지할 수 있는 공무원이 그 사무원의 새로운 횡령범행을 방조 용인한 것을 작위에 의한 법익 침해와 동등한 형법적 가치가 있는 것이 아니라고 볼 수는 없다는 이유로, 그 담당 공무원을 업무상횡령의 종범으로 처벌한 사례.[77)]

(3) 작위의무를 이행함으로써 결과발생을 쉽게 저지할 수 있을 것

현주건조물인 모텔의 방에서 중대한 과실로 담뱃불이 휴지와 옆에 있던 침대시트에 옮겨 붙었음에도 모텔 주인 등에게 알리지 않고 모텔을 빠져나와 치사상의 결과가 발생

피고인이 모텔 방에 투숙하여 담배를 피운 후 재떨이에 담배를 끄게 되었으나 담뱃불이 완전히 꺼졌는지 여부를 확인하지 않은 채 불이 붙기 쉬운 휴지를 재떨이에 버리고 잠을 잔 과실로 담뱃불이 휴지와 옆에 있던 침대시트에 옮겨 붙게 함으로써 이 사건 화재가 발생하였고, 이러한 피고인의 과실은 중대한 과실에 해당한다. 그러나 이와 같이 이 사건 화재가 피고인의 중과실로 발생하였다 하더라도 부작위에 의한 현주건조물방화치사 및 현주건조물방화치상죄가 성립하기 위하여는, 피고인에게 법률상의 소화의무가 인정되는 외에 소화의 가능성 및 용이성이 있었음에도 피고인이 그 소화의무에 위배하여 이미 발생한 화력을 방치함으로써 소훼의 결과를 발생시켜야 하는 것이다. 이 사건 화재가 피고인의 중대한 과실 있는 선행행위로 발생한 이상 피고인에게 이 사건 화재를 소화할 법률상 의무는 있다 할 것이나, 피고인이 이 사건 화재 발생 사실을 안 상태에서 모텔을 빠져나오면서도 모텔 주인이나 다른 투숙객들에게 이를 알리지 아니하였다는 사정만으로는 피고인이 이 사건 화재를 용이하게 소화할 수 있었다고 보기 어렵고, 달리 이를 인정할 만한 증거가 없다는

76) 대판 1997. 3. 14. 96도1639.

77) 대판 1996. 9. 6. 95도2551.

이유로 무죄로 판단한 것은 옳다.[78)]

폭약호송 책무자가 촛불을 켜 놓아 폭약에 불이 붙자 화차 밖으로 도주하여 폭발물파열

폭약을 호송하던 중 화차 내에서 금지된 촛불을 켜 놓은 채 잠자다가 폭약상자에 불이 붙는 순간 잠에서 깨어나 이를 발견하였다면 불이 붙은 상자를 뒤집어 쉽게 진화할 수 있고 또는 그 상자를 화차 밖으로 던지는 방법 등으로 대형폭발사고만은 방지할 수 있었는데도 불구하고 피고인이 화약호송 책무자로서 더구나 위험발생의 원인을 야기한 자로서의 진화 및 위험발생 원인제거에 관한 의무를 위반하여 이를 그대로 방치하면 화차 안 모든 화약류가 한꺼번에 폭발하리라는 정을 예견하면서도 화차 밖으로 도주하였다면 부작위에 의한 폭발물파열죄가 성립한다.[79)]

(4) 고 의

피해자의 양 손목과 발목을 묶고 입에 반창고를 붙여두어 탈진한 것을 알고도 얼굴에 모포를 덮어씌워 놓고 나와 사망케 함

피고인이 미성년자를 유인하여 포박 감금한 후 단지 그 상태를 유지하였을 뿐인데도 피감금자가 사망에 이르게 된 것이라면 피고인의 죄책은 감금치사죄에 해당한다 하겠으나, 나아가서 그 감금상태가 계속된 어느 시점에서 피고인에게 살해의 범의가 생겨 피감금자에 대한 위험발생을 방지함이 없이 포박감금상태에 있던 피감금자를 그대로 방치함으로써 사망케 하였다면 피고인의 부작위는 살인죄의 구성요건적 행위를 충족하는 것이라고 평가하기에 충분하므로 부작위에 의한 살인죄를 구성한다.

피해자를 아파트에 유인하여 양 손목과 발목을 노끈으로 묶고 입에 반창고를 두 겹으로 붙인 다음 양 손목을 묶은 노끈은 창틀에 박힌 시멘트 못에, 양 발목을 묶은 노끈은 방문손잡이에 각각 잡아매고 얼굴에 모포를 씌워 감금한 후 수차 아파트를 출입하다가 마지막 들어갔을 때 피해자가 이미 탈진 상태에 이르러 박카스를 마시지 못하고 그냥 흘려버릴 정도였고 피고인이 피해자의 얼굴에 모포를 덮어씌워 놓고 그냥 나오면서 피해자를 그대로 두면 죽을 것 같다는 생각이 들었다면, 피고인이 위와 같은 결과발생의 가능성을 인정하고 있으면서도 피해자를 병원에 옮기지 않고 사경에 이른 피해자를 그대로 방치한 소위는 피해자가 사망하는 결과에 이르더라도 용인할 수밖에 없다는 내심의 의사 즉 살인의 미필적 고의가 있다고 할 것이다.[80)]

나. 부작위범 사례

항해 중이던 선박의 선장, 1등 항해사, 2등 항해사가 배가 좌현으로 기울어져 멈춘 후 침몰하고 있는 상황에서 피해자들이 선내에 대기하고 있음에도 구조조치 없이 퇴선함으로써, 피해자들을 익사하게 하거나 해경 등에 의해 구조되게 함

자연적 의미에서의 부작위는 거동성이 있는 작위와 본질적으로 구별되는 무에 지나지 아니하지만, 위 규정에

78) 대판 2010. 1. 14. 2009도12109.
79) 대판 1978. 9. 26. 78도1996.
80) 대판 1982. 11. 23. 82도2024.

서 말하는 부작위는 법적 기대라는 규범적 가치판단 요소에 의하여 사회적 중요성을 가지는 사람의 행태가 되어 법적 의미에서 작위와 함께 행위의 기본 형태를 이루게 되므로, 특정한 행위를 하지 아니하는 부작위가 형법적으로 부작위로서의 의미를 가지기 위해서는, 보호법익의 주체에게 해당 구성요건적 결과발생의 위험이 있는 상황에서 행위자가 구성요건의 실현을 회피하기 위하여 요구되는 행위를 현실적·물리적으로 행할 수 있었음에도 하지 아니하였다고 평가될 수 있어야 한다.

나아가 살인죄와 같이 일반적으로 작위를 내용으로 하는 범죄를 부작위에 의하여 범하는 이른바 부진정 부작위범의 경우에는 보호법익의 주체가 법익에 대한 침해위협에 대처할 보호능력이 없고, 부작위행위자에게 침해위협으로부터 법익을 보호해 주어야 할 법적 작위의무가 있을 뿐 아니라, 부작위행위자가 그러한 보호적 지위에서 법익침해를 일으키는 사태를 지배하고 있어 작위의무의 이행으로 결과발생을 쉽게 방지할 수 있어야 부작위로 인한 법익침해가 작위에 의한 법익침해와 동등한 형법적 가치가 있는 것으로서 범죄의 실행행위로 평가될 수 있다. 다만 여기서의 작위의무는 법령, 법률행위, 선행행위로 인한 경우는 물론, 신의성실의 원칙이나 사회상규 혹은 조리상 작위의무가 기대되는 경우에도 인정된다.

또한 부진정 부작위범의 고의는 반드시 구성요건적 결과발생에 대한 목적이나 계획적인 범행 의도가 있어야 하는 것은 아니고 법익침해의 결과발생을 방지할 법적 작위의무를 가지고 있는 사람이 의무를 이행함으로써 결과발생을 쉽게 방지할 수 있었음을 예견하고도 결과발생을 용인하고 이를 방관한 채 의무를 이행하지 아니한다는 인식을 하면 족하며, 이러한 작위의무자의 예견 또는 인식 등은 확정적인 경우는 물론 불확정적인 경우이더라도 미필적 고의로 인정될 수 있다. 이때 작위의무자에게 이러한 고의가 있었는지는 작위의무자의 진술에만 의존할 것이 아니라, 작위의무의 발생근거, 법익침해의 태양과 위험성, 작위의무자의 법익침해에 대한 사태지배의 정도, 요구되는 작위의무의 내용과 이행의 용이성, 부작위에 이르게 된 동기와 경위, 부작위의 형태와 결과발생 사이의 상관관계 등을 종합적으로 고려하여 작위의무자의 심리상태를 추인하여야 한다.

선장의 권한이나 의무, 해원의 상명하복체계 등에 관한 해사안전법과 선원법은 모두 선박의 안전과 선원 관리에 관한 포괄적이고 절대적인 권한을 가진 선장을 수장으로 하는 효율적인 지휘명령체계를 갖추어 항해 중인 선박의 위험을 신속하고 안전하게 극복할 수 있도록 하기 위한 것이므로, 선장은 승객 등 선박공동체의 안전에 대한 총책임자로서 선박공동체가 위험에 직면할 경우 그 사실을 당국에 신고하거나 구조세력의 도움을 요청하는 등의 기본적인 조치뿐만 아니라 위기상황의 태양, 구조세력의 지원 가능성과 규모, 시기 등을 종합적으로 고려하여 실현 가능한 구체적인 구조계획을 신속히 수립하고 선장의 포괄적이고 절대적인 권한을 적절히 행사하여 선박공동체 전원의 안전이 종국적으로 확보될 때까지 적극적·지속적으로 구조조치를 취할 법률상 의무가 있다.

또한 선장이나 승무원은 수난구호법 제18조 제1항 단서에 의하여 조난된 사람에 대한 구조조치의무를 부담하고, 선박의 해상여객운송사업자와 승객 사이의 여객운송계약에 따라 승객의 안전에 대하여 계약상 보호의무를 부담하므로, 모든 승무원은 선박 위험 시 서로 협력하여 조난된 승객이나 다른 승무원을 적극적으로 구조할 의무가 있다.

따라서 선박침몰 등과 같은 조난사고로 승객이나 다른 승무원들이 스스로 생명에 대한 위협에 대처할 수 없는 급박한 상황이 발생한 경우에는 선박의 운항을 지배하고 있는 선장이나 갑판 또는 선내에서 구체적인 구조행위를 지배하고 있는 선원들은 적극적인 구호활동을 통해 보호능력이 없는 승객이나 다른 승무원의 사망 결과를 방지하여야 할 작위의무가 있으므로, 법익침해의 태양과 정도 등에 따라 요구되는 개별적·구체적인 구호의무를 이행함으로써 사망의 결과를 쉽게 방지할 수 있음에도 그에 이르는 사태의 핵심적 경과를 그대로 방관하여 사망의 결과를 초래하였다면, 부작위는 작위에 의한 살인행위와 동등한 형법적 가치를 가지고, 작위의무를 이행하였다면 결과가 발생하지 않았을 것이라는 관계가 인정될 경우에는 작위를 하지 않은 부작위와 사망의 결과 사이에 인과관계가 있다.

항해 중이던 선박의 선장 피고인 갑, 1등 항해사 피고인 을, 2등 항해사 피고인 병이 배가 좌현으로 기울어져 멈춘 후 침몰하고 있는 상황에서 피해자인 승객 등이 안내방송 등을 믿고 대피하지 않은 채 선내에 대기하고 있음에도 아무런 구조조치를 취하지 않고 퇴선함으로써, 배에 남아있던 피해자들을 익사하게 하고, 나머지 피해자들의 사망을 용인하였으나 해경 등에 의해 구조되었다고 하여 살인 및 살인미수로 기소된 사안에서, 피고인 을, 병은 간부 선원이기는 하나 나머지 선원들과 마찬가지로 선박침몰과 같은 비상상황 발생 시 각자 비상임무를 수행할 현장에 투입되어 선장의 퇴선명령이나 퇴선을 위한 유보갑판으로의 대피명령 등에 대비하다가 선장의 실행지휘에 따라 승객들의 이동과 탈출을 도와주는 임무를 수행하는 사람들로서, 임무의 내용이나 중요도가 선장의 지휘 내용이나 구체적인 현장상황에 따라 수시로 변동될 수 있을 뿐 아니라 퇴선유도 등과 같이 경우에 따라서는 승객이나 다른 승무원에 의해서도 비교적 쉽게 대체 가능하고, 따라서 승객 등의 퇴선을 위한 선장의 아무런 지휘·명령이 없는 상태에서 피고인 을, 병이 단순히 비상임무 현장에 미리 가서 추가 지시에 대비하지 아니한 채 선장과 함께 조타실에 있었다거나 혹은 기관부 선원들과 함께 3층 선실 복도에서 대기하였다는 사정만으로, 선장과 마찬가지로 선내 대기 중인 승객 등의 사망 결과나 그에 이르는 사태의 핵심적 경과를 계획적으로 조종하거나 저지·촉진하는 등 사태를 지배하는 지위에 있었다고 보기 어려운 점 등 제반 사정을 고려하면, 피고인 을, 병이 간부 선원들로서 선장을 보좌하여 승객 등을 구조하여야 할 지위에 있음에도 별다른 구조조치를 취하지 아니한 채 사태를 방관하여 결과적으로 선내 대기 중이던 승객 등이 탈출에 실패하여 사망에 이르게 한 잘못은 있으나, 그러한 부작위를 작위에 의한 살인의 실행행위와 동일하게 평가하기 어렵고, 또한 살인의 미필적 고의로 피고인 갑의 부작위에 의한 살인행위에 공모 가담하였다고 단정하기도 어려우므로, 피고인 을, 병에 대해 부작위에 의한 살인의 고의를 인정하기 어렵다고 한 것은 정당하다.[81)]

퇴원시 피해자의 사망이 예견됨에도 피해자의 처(부작위에 의한 살인 정범)가 경제적 부담을 빌미삼아 퇴원을 요구하고, 피해자를 수술한 전담의사(피고인 1, 살인방조 ○)가 수술을 보조한 3년차 수련의(피고인 2, 살인방조 ○)에게 퇴원을 지시하고, 피고인 2가 1년차 수련의(피고인 3, 살인방조 ×)에게 퇴원을 지시하여 피고인 3이 피해자를 주거지로 후송하여 인공호흡보조장치를 제거하자 피해자가 5분 내에 사망(보라매병원 사건).[82)]

81) 대판 2015. 11. 12. 2015도6809 전합. 피고인 갑에 대해서는 공소사실 중 피해자 공소외 3을 제외한 나머지 피해자들 부분에 대하여 부작위에 의한 살인 및 살인미수죄가 인정되었다.

82) 방조범 중 8. 부작위에 의한 방조범 부분 참조.

V. 결과적 가중범

1. 결과적 가중범의 의의

특정한 고의에 의한 기본범죄에 전형적인 위험이 수반되는 경우들이 있다. 폭행·협박을 수단으로 하는 강도·강간에 수반되는 상해·사망의 결과, 현주·현존건조물방화에 수반되는 상해·사망의 결과 등이 그러하다. 형법은 이와 같이 고의에 의한 기본범죄에 전형적으로 수반되는 범죄에 대해 '기본범죄와 수반되는 범죄를 결합하여 처벌'하는 규정들을 두고 있는데 그 규정형식은 크게 보아 2가지로 나뉜다. 즉 "'고의에 의한 기본범죄'와 '고의·과실로 야기한 중한 결과'를 결합하여 처벌하는 형태"(가령 강도살인·치사)[83]와 "'고의에 의한 기본범죄'와 '과실로 야기한 중한 결과'를 결합하여 처벌하는 형태"(가령 현주건조물방화치사상)[84]이다.

---

83) 다음은 같은 형태이다.

제290조(약취, 유인, 매매, 이송 등 상해·치상) ① 제287조부터 제289조까지의 죄를 범하여 약취, 유인, 매매 또는 이송된 사람을 상해한 때에는 3년 이상 25년 이하의 징역에 처한다.

② 제287조부터 제289조까지의 죄를 범하여 약취, 유인, 매매 또는 이송된 사람을 상해에 이르게 한 때에는 2년 이상 20년 이하의 징역에 처한다.

제291조(약취, 유인, 매매, 이송 등 살인·치사) ① 제287조부터 제289조까지의 죄를 범하여 약취, 유인, 매매 또는 이송된 사람을 살해한 때에는 사형, 무기 또는 7년 이상의 징역에 처한다.

② 제287조부터 제289조까지의 죄를 범하여 약취, 유인, 매매 또는 이송된 사람을 사망에 이르게 한 때에는 무기 또는 5년 이상의 징역에 처한다.

제301조(강간 등 상해·치상) 제297조, 제297조의2 및 제298조부터 제300조까지의 죄를 범한 자가 사람을 상해하거나 상해에 이르게 한 때에는 무기 또는 5년 이상의 징역에 처한다.

제301조의2(강간등 살인·치사) 제297조, 제297조의2 및 제298조부터 제300조까지의 죄를 범한 자가 사람을 살해한 때에는 사형 또는 무기징역에 처한다. 사망에 이르게 한 때에는 무기 또는 10년 이상의 징역에 처한다.

제324조의3(인질상해·치상) 제324조의2의 죄를 범한 자가 인질을 상해하거나 상해에 이르게 한 때에는 무기 또는 5년 이상의 징역에 처한다.

제324조의4(인질살해·치사) 제324조의2의 죄를 범한 자가 인질을 살해한 때에는 사형 또는 무기징역에 처한다. 사망에 이르게 한 때에는 무기 또는 10년 이상의 징역에 처한다.

제337조(강도상해, 치상) 강도가 사람을 상해하거나 상해에 이르게 한 때에는 무기 또는 7년 이상의 징역에 처한다.

제338조(강도살인·치사) 강도가 사람을 살해한 때에는 사형 또는 무기징역에 처한다. 사망에 이르게 한 때에는 무기 또는 10년 이상의 징역에 처한다.

84) 다음은 같은 형태이다.

제144조(특수공무방해) ① 단체 또는 다중의 위력을 보이거나 위험한 물건을 휴대하여 제136조, 제138조와 제140조 내지 전조의 죄를 범한 때에는 각조에 정한 형의 2분의 1까지 가중한다.

② 제1항의 죄를 범하여 공무원을 상해에 이르게 한 때에는 3년 이상의 유기징역에 처한다. 사망에 이르게 한 때에는 무기 또는 5년 이상의 징역에 처한다.

제164조(현주건조물등에의 방화) ① 불을 놓아 사람이 주거로 사용하거나 사람이 현존하는 건조물, 기차, 전차, 자동차, 선박, 항공기 또는 광갱을 소훼한 자는 무기 또는 3년 이상의 징역에 처한다.

② 제1항의 죄를 범하여 사람을 상해에 이르게 한 때에는 무기 또는 5년 이상의 징역에 처한다. 사망에 이르게 한 때에는 사형, 무기 또는 7년이상의 징역에 처한다.

제172조(폭발성물건파열) ① 보일러, 고압가스 기타 폭발성있는 물건을 파열시켜 사람의 생명, 신체 또는 재산에 대하여 위험을 발생시킨 자는 1년 이상의 유기징역에 처한다.

이와 같이 고의에 의한 기본범죄와 수반되는 범죄를 결합하여 처벌하는 범죄 중에서 '고의에 의한 기본범죄에 기하여 과실로 중한 결과를 발생케 하는 범죄'를 결과적 가중범이라 한다.

그런데 판례는 일정한 경우에 '고의에 의한 기본범죄에 기하여 과실로 중한 결과를 발생케 하는 범죄'에 대한 형법상의 처벌규정(결과적 가중범에 관한 처벌규정)을 '고의에 의한 기본범죄에 기하여 고의로 중한 결과를 발생케 하는 범죄'에 대해서도 적용한다. 이와 같이 '고의에 의한 기본범죄에 수반되는 중한 결과에 대해서 고의가 있는 경우'에 결과적 가중범에 대한 규정을 적용하여 처벌하는 것을 부진정 결과적 가중범이라고 한다. 학설상으로는 판례와 같이 부진정 결과적 가중범을 인정하는 견해, 부진정 결과적 가중범을 인정하지 않으면서 결과적 가중범에 관한 형벌 규정은 '고의에 의한 기본범죄에 기하여 과실로 중한 결과를 발생케 하는 범죄'에 한정하여 적용하자는 견해가 있다.

부진정 결과적 가중범을 인정할 필요성은 다음과 같다. 기본범죄에 전형적으로 수반되는 중한 결과를 처벌하는 규정은 그 중한 결과가 '고의·과실'로 야기된 경우를 대상으로 하는 경우와 '과실'로 야기된 경우만을 대상으로 하는 경우가 있음은 앞에서 본 바와 같다. 'A라는 기본범죄에 전형적으로 수반되는 B라는 중한 결과를 과실로 야기한 범죄(결과적 가중범)의 법정형'이 '고의로 B라는 중한 결과를 야기한 범죄의 법정형'보다 높은 경우에, 부진정 결과적 가중범을 인정하지 않으면, A라는 기본범죄에 전형적으로 수반되는 B라는 중한 결과를 고의로 야기한 범죄에 대하여 'A라는 기본범죄'와 '고의로 B라는 중한 결과를 야기한 범죄'의 실체적 경합범으로 처벌하여야 하는바, 이는 'A라는 기본범죄에 전형적으로 수반되는 B라는 중한 결과를 과실로 야기한 범죄'(결과적 가중범)보다 법정형이 낮아 불합리하다. 판례가 부진정 결과적 가중범을 인정하는 이유는 위와 같은 불합리를 제거하고자 함에 있을 것이다.

2. 부진정 결과적 가중범

판례가 부진정 결과적 가중범으로 인정한 범죄는 특수공무집행방해치사상과 현주건조물방해치사상의 2가지다.

---

② 제1항의 죄를 범하여 사람을 상해에 이르게 한 때에는 무기 또는 3년 이상의 징역에 처한다. 사망에 이르게 한 때에는 무기 또는 5년 이상의 징역에 처한다.

第188조(교통방해치사상) 제185조 내지 제187조의 죄를 범하여 사람을 상해에 이르게 한 때에는 무기 또는 3년 이상의 징역에 처한다. 사망에 이르게 한 때에는 무기 또는 5년 이상의 징역에 처한다.

第269조(낙태) ① 부녀가 약물 기타 방법으로 낙태한 때에는 1년 이하의 징역 또는 200만원 이하의 벌금에 처한다.
② 부녀의 촉탁 또는 승낙을 받어 낙태하게 한 자도 제1항의 형과 같다.
③ 제2항의 죄를 범하여 부녀를 상해에 이르게 한 때에는 3년 이하의 징역에 처한다. 사망에 이르게 한때에는 7년 이하의 징역에 처한다.

第281조(체포·감금등의 치사상) ① 제276조 내지 제280조의 죄를 범하여 사람을 상해에 이르게 한 때에는 1년 이상의 유기징역에 처한다. 사망에 이르게 한 때에는 3년 이상의 유기징역에 처한다.
② 자기 또는 배우자의 직계존속에 대하여 제276조 내지 제280조의 죄를 범하여 상해에 이르게 한 때에는 2년 이상의 유기징역에 처한다. 사망에 이르게 한 때에는 무기 또는 5년 이상의 징역에 처한다.

현주건조물 내에 있는 사람을 강타하여 실신케 한 후 동 건조물에 방화하여 소사케 함

형법 제164조 후단이 규정하는 현주건조물방화치사상죄는 그 전단에 규정하는 죄에 대한 일종의 가중처벌 규정으로서 불을 놓아 사람의 주거에 사용하거나 사람이 현존하는 건조물을 소훼함으로 인하여 사람을 사상에 이르게 한 때에 성립되며 동 조항이 사형, 무기 또는 7년 이상의 징역의 무거운 법정형을 정하고 있는 취의에 비추어 보면 과실이 있는 경우뿐만 아니라 고의가 있는 경우도 포함된다고 볼 것이므로, 현주건조물 내에 있는 사람을 강타하여 실신케 한 후 동 건조물에 방화하여 소사케 한 피고인을 현주건조물방화죄와 살인죄의 상상적 경합으로 의율할 것은 아니다.[85)]

해설: 위 판례는 범죄가 성립되는 구조와 법정형이 높다는 점을 들어 현주건조물방화치사상죄가 부진정 결과적 가중범이라고 보았다. 위 판례의 논리만으로는 현주건조물방화치사상죄가 왜 부진정 결과적 가중범에 해당하는지 이해할 수 없다.

사람을 살해할 목적으로 현주건조물에 방화하여 사망에 이르게 함

형법 제164조 후단이 규정하는 현주건조물방화치사상죄(1996. 7. 1. 개정 이전의 것을 말함)는 그 전단이 규정하는 죄에 대한 일종의 가중처벌 규정으로서 과실이 있는 경우뿐만 아니라, 고의가 있는 경우에도 포함된다고 볼 것이므로 사람을 살해할 목적으로 현주건조물에 방화하여 사망에 이르게 한 경우에는 현주건조물방화치사죄로 의율하여야 하고 이와 더불어 살인죄와의 상상적 경합범으로 의율할 것은 아니며, 다만 존속살인죄와 현주건조물방화치사죄는 상상적 경합범 관계에 있으므로, 법정형이 중한 존속살인죄로 의율함이 타당하다.[86)]

해설: 현주건조물방화치사상의 법정형은 사형, 무기 또는 7년 이상의 징역이었다가 1996. 7. 1. 개정 이후 현주건조물방화치상은 무기 또는 5년 이상의 징역, 현주건조물방화치사는 사형, 무기 또는 7년 이상의 징역이다(형법 164조).

살인죄의 법정형은 사형, 무기 또는 5년 이상의 징역, 존속살인죄의 법정형은 사형 또는 무기징역에서, 1996. 7. 1. 개정 이후 살인죄의 법정형은 사형, 무기 또는 5년 이상의 징역, 존속살인죄의 법정형은 사형, 무기 또는 7년 이상의 징역이다(형법 250조). (존속)살인죄에 대해 자격정지형을 병과할 수 있다(형법 256조). 따라서 현재에도 현주건조물방화치사의 법정형보다 존속살인의 법정형이 높아,[87)] 고의로 현주건조물에 방화하여 존속을 살해한 때에는 존속살인죄와 현주건조물방화치사죄가 모두 성립하며 이들은 상상적 경합범 관계에 있다고 보아야 할 것으로 생각된다.

참고 판례: 현주건조물에 불을 놓고 그곳에서 빠져 나오려는 피해자들을 막아 소사케 함

형법 제164조 전단의 현주건조물에의 방화죄는 공중의 생명, 신체, 재산 등에 대한 위험을 예방하기 위하여 공공의 안전을 그 제1차적인 보호법익으로 하고 제2차적으로는 개인의 재산권을 보호하는 것이라고 할 것이나, 여기서 공공에 대한 위험은 구체적으로 그 결과가 발생됨을 요하지 아니하는 것이고 이미 현주건조물에의 점화가 독립연소의 정도에 이르면 동 죄는 기수에 이르러 완료되는 것인 한편, 살인죄는 일신전속적인 개인적 법익을 보호하는 범죄이므로, 이 사건에서와 같이 불을 놓은 집에서 빠져 나오려는 피해자들을 막아 소사케 한 행위는 1개의 행위가 수 개의 죄명에 해당하는 경우라고 볼 수 없고, 위 방화행위와 살인행위는 법

85) 대판 1983. 1. 18. 82도2341.

86) 대판 1996. 4. 26. 96도485.

87) 형법 256조에서 (존속)살인죄에 대해 자격정지형을 병과할 수 있도록 하고 있으므로 법정형에 있어 존속살인죄가 현주건조물방화치사죄보다 더 중하다고 볼 수 있다.

률상 별개의 범의에 의하여 별개의 법익을 해하는 별개의 행위라고 할 것이니, 현주건조물방화죄와 살인죄는 실체적 경합관계에 있다.[88]

재물강취 후 살해할 목적으로 현주건조물에 방화하여 피해자들이 사망에 이르게 함

피고인들이 피해자들의 재물을 강취한 후 그들을 살해할 목적으로 현주건조물에 방화하여 사망에 이르게 한 경우, 피고인들의 행위는 강도살인죄와 현주건조물방화치사죄에 모두 해당하고 그 두 죄는 상상적 경합범관계에 있다.[89]

해설: 강도살인죄의 법정형은 사형 또는 무기징역이었다가, 1996. 7. 1. 개정 이후, 강도살인의 법정형은 사형 또는 무기징역, 강도치사의 법정형은 무기 또는 10년 이상의 징역으로 바뀌었다.

위험한 물건을 휴대하여 고의로 공무원에게 상해를 가함

기본범죄를 통하여 고의로 중한 결과를 발생하게 한 경우에 가중 처벌하는 부진정 결과적 가중범에서, 고의로 중한 결과를 발생하게 한 행위가 별도의 구성요건에 해당하고 그 고의범에 대하여 결과적 가중범에 정한 형보다 더 무겁게 처벌하는 규정이 있는 경우에는 그 고의범과 결과적 가중범이 상상적 경합관계에 있지만, 위와 같이 고의범에 대하여 더 무겁게 처벌하는 규정이 없는 경우에는 결과적 가중범이 고의범에 대하여 특별관계에 있으므로 결과적 가중범만 성립하고 이와 법조경합의 관계에 있는 고의범에 대하여는 별도로 죄를 구성하지 않는다.

직무를 집행하는 공무원에 대하여 위험한 물건을 휴대하여 고의로 상해를 가한 경우에는 특수공무집행방해치상죄만 성립할 뿐, 이와는 별도로 폭처법위반(집단·흉기 등 상해)죄를 구성하지 않는다.[90]

해설: 위 각 죄의 법정형은 징역 3년 이상으로 같았으나, 2016년 개정 폭처법에서는 집단·흉기등상해죄(개정 전의 폭처법 3조 1항)이 삭제되었다.

3. 기본범죄의 미수와 결과적 가중범

미수범 중 5. 결과적 가중범의 미수 부분 참조.

4. 결과적 가중범의 공범

상세히는 형법각론을 참조.

가. 강도죄 관련

나. 상해치사죄 관련

88) 대판 1983. 1. 18. 82도2341.
89) 대판 1998. 12. 8. 98도3416.
90) 대판 2008. 11. 27. 2008도7311.

3

判例中心 刑法總論

위법성

제 3 장 위법성

判例中心 刑法總論

1. 위법성의 의미

위법성은 구성요건에 해당하는 행위가 전체 법질서에 반하는 것을 의미한다. 구성요건에 해당하는 행위는 위법성조각사유가 존재하지 않는 한 위법하다. 위법성은 전체 법질서에 반한다는 객관적인 가치판단임에 반하여, 개개의 행위자에 대한 비난가능성을 의미하는 책임은 주관적 가치판단이다. 위법성은 객관적인 가치판단이므로 정범이 한 행위의 위법성은 공범에게도 연대적으로 작용하지만, 주관적 가치판단의 대상인 책임에 있어서 정범의 책임은 공범의 책임과 별개이다(통설인 제한적 종속형식에 따름).

형법상의 위법성조각사유로는 총론에 정당행위(20조), 정당방위(21조), 긴급피난(22조), 자구행위(23조), 피해자의 승낙(24조)이, 각론에 명예훼손죄의 위법성조각(310조), 일시오락을 위한 도박행위(246조 1항)가 각각 규정되어 있다.

2. 위법성과 불법

위법성은 구성요건에 해당하는 행위가 전체 법질서에 반하는 성질을 말한다. 이와 달리 불법은 위법하다는 평가를 받는 행위나 그로 인한 결과(법익의 침해 또는 그 위험성)를 말한다. 위법성은 평가 개념이기 때문에 '위법하다' 또는 '위법하지 않다'는 2가지로만 판단할 수 있지만, 불법은 실체 개념이기 때문에 구체화·유형화할 수 있다.

불법의 본질에 관하여 결과반가치론과 행위반가치론의 대립이 있다. 결과반가치론은 형법의 보장적 기능을 강조하여 불법의 본질이 법익침해 또는 그 위험성에 있다고 보고(객관적 불법론), 행위반가치론은 형법의 사회윤리적 행위가치보호 기능을 강조하여 불법의 본질이 주관적인 의사결정규범에 위반한 고의·과실에 있다고 본다. 오늘날 결과반가치와 행위반가치 모두 불법의 요소로 보는 견해가 일반적이다.

Ⅰ. 정당방위

1. 의 의

형법 제21조(정당방위) ① 자기 또는 타인의 법익에 대한 현재의 부당한 침해를 방위하기 위한 행위는 상당한 이유가 있는 때에는 벌하지 아니한다.

② 방위행위가 그 정도를 초과한 때에는 정황에 의하여 그 형을 감경 또는 면제할 수 있다.

③ 전항의 경우에 그 행위가 야간 기타 불안스러운 상태 하에서 공포, 경악, 흥분 또는 당황으로 인한 때에는 벌하지 아니한다.

2. 정당방위의 성립요건

어떠한 행위가 정당방위로 인정되려면 그 행위가 자기 또는 타인의 법익에 대한 현재의 부당한 침해를 방어하기 위한 것으로서 상당성이 있어야 하므로, 위법하지 않은 정당한 침해에 대한 정당방위는 인정되지 아니하고, 방위행위가 사회적으로 상당한 것인지 여부는 침해행위에 의해 침해되는 법익의 종류, 정도, 침해의 방법, 침해행위의 완급과 방위행위에 의해 침해될 법익의 종류, 정도 등 일체의 구체적 사정들을 참작하여 판단하여야 한다.[1]

정당방위가 성립하려면 침해행위에 의하여 침해되는 법익의 종류, 정도, 침해의 방법, 침해행위의 완급과 방위행위에 의하여 침해될 법익의 종류, 정도 등 일체의 구체적 사정들을 참작하여 방위행위가 사회적으로 상당한 것이어야 하고, 정당방위의 성립요건으로서의 방어행위에는 순수한 수비적 방어뿐 아니라 적극적 반격을 포함하는 반격방어의 형태도 포함되나, 그 방어행위는 자기 또는 타인의 법익침해를 방위하기 위한 행위로서 상당한 이유가 있어야 한다.[2]

가. 자기 또는 타인의 법익에 대한 현재의 부당한 침해

(1) 현재의 침해 긍정례

피고인의 차량에 함부로 타려 하고 바지를 잡아당겨 찢는 자의 손목을 3분간 잡아 누름

피해자가 피고인 운전의 차량 앞에 뛰어 들어 함부로 타려고 하고 이에 항의하는 피고인의 바지춤을 잡아당겨 찢고 피고인을 끌고 가려다가 넘어지자, 피고인이 피해자의 양 손목을 경찰관이 도착할 때까지 약 3분간 잡아 누른 경우, 정당방위에 해당한다고 본 사례.[3]

---

1) 대판 2003. 11. 13. 2003도3606.
2) 대판 1992. 12. 22. 92도2540.
3) 대판 1999. 6. 11. 99도943.

시공권을 인수하였으나 적법하게 공사현장을 인수받지 아니한 갑이 공사하려는 것을 현 시공자(을)가 실력으로 제지/갑이 실력을 행사하여 설치한 현수막 등을 을이 제거

갑 회사가, 건축공사를 시공하던 을에 대한 채권자단 대표로부터 공사시공권을 인수하였다 하더라도 적법한 절차를 거쳐 공사현장을 인수받지 아니하고 실력으로 공사현장을 인수받아 공사를 시행(계속)하려 한다면 을이 공사현장에 들어오려는 갑회사의 사람들을 제지하였다고 하여 갑회사의 정당한 업무를 방해한 것이라고 할 수 없다. 갑회사가 을이 점유하던 공사현장에 실력을 행사하여 들어와 현수막 및 간판을 설치하고 담장에 글씨를 쓴 행위는 을의 시공 및 공사현장의 점유를 방해하는 것으로서 을의 법익에 대한 현재의 부당한 침해라고 할 수 있으므로 을이 그 현수막을 찢고 간판 및 담장에 씌어진 글씨를 지운 것은 그 침해를 방어하기 위한 행위로서 상당한 이유가 있다.[4)]

(2) 현재의 침해 부정례

임대인측이 피고인의 방 창문을 쇠스랑으로 부수자 빠루로 구경하는 자들을 상해함

피고인은 집주인 갑으로부터 계약기간이 지났으니 방을 비워 달라는 요구를 수회 받고서도 그때마다 행패를 부리다가 … 본건 범행 당일에도 방을 비워 달라는 요구를 받고도 2,000만원을 주어야 방을 비워 준다고 억지를 쓰며 폭언을 하므로 갑의 며느리가 화가 나 피고인 방의 창문을 쇠스랑으로 부수자, 이에 격분하여 배척(속칭 빠루)을 들고 나와 마당에서 이 장면을 구경하던 피해자들을 때려 각 상해를 가한 사안에서, 피해자의 침해행위에 대하여 자기의 권리를 방위하기 위한 부득이한 행위가 아니고, 그 침해행위에서 벗어난 후 분을 풀려는 목적에서 나온 공격행위는 정당방위에 해당하지 않는다.[5)]

먼저 칼로 찔리자 그 칼을 뺏어 피해자에게 상해를 가함

피해자가 칼을 들고 피고인을 찌르자 그 칼을 뺏어 그 칼로 반격을 가한 결과 피해자에게 상해를 입게 하였다 하더라도 그와 같은 사실만으로는 피고인에 대한 현재의 부당한 침해를 방위하기 위한 행위로서 상당한 이유가 있는 경우에 해당한다고 할 수 없다.[6)]

나. 위법한 침해

구성요건에 해당하지만 위법하지 않은 행위에 대한 정당방위

어떠한 행위가 정당방위로 인정되려면 그 행위가 자기 또는 타인의 법익에 대한 현재의 부당한 침해를 방어하기 위한 것으로서 상당성이 있어야 하므로, 위법하지 않은 정당한 침해에 대한 정당방위는 인정되지 아니하고, 방위행위가 사회적으로 상당한 것인지 여부는 침해행위에 의해 침해되는 법익의 종류, 정도, 침해의 방법, 침해행위의 완급과 방위행위에 의해 침해될 법익의 종류, 정도 등 일체의 구체적 사정들을 참작하여

4) 대판 1989. 3. 14. 87도3674.
5) 대판 1996. 4. 9. 96도241.
6) 대판 1984. 1. 24. 83도1873.

판단하여야 한다.
공직선거 후보자 합동연설회장에서 후보자 갑이 적시한 연설 내용이 다른 후보자 을에 대한 명예훼손 또는 후보자비방의 요건에 해당되나 그 위법성이 조각되는 경우, 갑의 연설 도중에 을이 마이크를 빼앗고 욕설을 하는 등 물리적으로 갑의 연설을 방해한 행위가 갑의 '위법하지 않은 정당한 침해'에 대하여 이루어진 것일 뿐만 아니라 '상당성'을 결여하여 정당방위의 요건을 갖추지 못하였다고 한 사례.[7]

살해하려고 가격하였다가 반격을 받자 살해

피고인이 피해자를 살해하려고 먼저 가격한 이상 피해자의 반격이 있었더라도 피해자를 살해한 소위가 정당방위에 해당한다고 볼 수 없다.[8]

다. 타인의 법익에 대한 침해

피해자가 차를 운전하여 앞에서 제지하는 피고인의 부를 향하여 진행하자 차를 정지시키고자 피해자의 머리털을 잡아당겨 창문틀에 부딪치게 함으로써 약간의 상해를 가함

차량통행문제를 둘러싸고 피고인의 부 갑과 다툼이 있던 피해자가 그 소유의 차량에 올라타 연립주택 문 안으로 운전해 들어가려 하자 갑이 양팔을 벌리고 이를 제지하였으나 피해자가 이에 불응하고 그대로 그 차를 갑 앞 쪽으로 3미터 가량 전진시키자 위 차의 운전석 부근 옆에 서 있던 피고인이 갑이 위 차에 다칠 것에 당황하여 위 차를 정지시키기 위하여 운전석 옆 창문을 통하여 피해자의 머리털을 잡아당겨 그의 흉부가 위 차의 창문틀에 부딪혀 약간의 상처를 입게 한 행위는 부의 생명, 신체에 대한 현재의 부당한 침해를 방위하기 위한 정당방위에 해당한다.[9]

라. 공무집행과 정당방위

상세히는 형법각론을 참조.

마. 싸움과 정당방위

상호 쟁투

맞붙어 싸움을 하는 사람 사이에서는 공격행위와 방어행위가 연달아 행하여지고 방어행위가 동시에 공격행위인 양면적 성격을 띠어서 어느 한쪽 당사자의 행위만을 가려내어 방어를 위한 '정당행위'라거나 '정당방위'에 해당한다고 보기 어려운 것이 보통이다. 그러나 겉으로는 서로 싸움을 하는 것처럼 보이더라도 실제로는 한쪽 당사자가 일방적으로 위법한 공격을 가하고 상대방은 이러한 공격으로부터 자신을 보호하고 이를 벗어나기 위한 저항수단으로서 유형력을 행사한 경우에는, 그 행위가 새로운 적극적 공격이라고 평가되지 아니하

7) 대판 2003. 11. 13. 2003도3606.
8) 대판 1983. 9. 13. 83도1467.
9) 대판 1986. 10. 14. 86도1091.

는 한, 이는 사회관념상 허용될 수 있는 상당성이 있는 것으로서 위법성이 조각된다.[10]

(1) 원칙적으로 정당방위 불성립

20여명의 피해자 일행 중 1명이 피고인 일행으로부터 뺨을 맞고 탁자와 벽돌 등을 집어던지고 걸레자루로 피고인 일행 등을 구타하는데 대항하여 피해자 6명에게 상해 또는 폭행을 가함

피고인이 갑, 을과 공동하여 1991. 9. 29. 00:10경 병 경영의 A나이트클럽에서 을은 주먹과 발로 피해자 1의 전신을 수회 구타하고, 피고인은 공사용 삽으로 피해자 2의 머리부분을 1회 구타한 다음 봉걸레자루로 피해자 3의 허리 부분을 1회 구타하고, 갑은 주먹으로 피해자 4의 얼굴을 3회 구타한 다음 봉걸레자루로 피해자 5의 가슴 부분을 2회 구타하여 피해자 3에게 전치 2주의 흉부좌상 등을, 피해자 2에게 전치 10일의 좌두정부열상 등을, 피해자 5에게 전치 10일의 전두부타박상을 각 입게 하고 피해자 1과 6에게 각 폭행을 가하였지만 피해자들 일행은 모두 20여 명 가량으로 그중 일부는 A에 오기 전에 이미 상당히 취해 있었는데도 A에서 다시 술을 마시고 술값을 외상으로 하여 줄 것을 요구한 것이 발단이 되어 언쟁하다가 그 중 1명이 을로부터 뺨을 맞자 일부는 의자와 탁자 또는 벽돌이나 돌을 함부로 집어 던지고, 일부는 주먹이나 봉걸레자루로 피고인을 비롯한 위 나이트클럽 종업원 등을 구타하는 등 하여 피고인과 갑 및 정에게 각 전치 1주의 요추염좌상 등을 각 입게 하고 병 소유의 전자올갠 등 시가 1,251,000원 상당을 손괴하므로 피고인 등도 이에 대항하여 싸우는 과정에서 위와 같이 피해자들에게 상해를 입히거나 폭행을 가한 사안에서,
이 사건은 을이 피해자 일행 중 1명의 뺨을 때린 데에서 비롯된 것으로 피고인 등의 행위는 피해자 일행의 부당한 공격을 방위하기 위한 것이라기보다는 서로 공격할 의사로 싸우다가 먼저 공격을 받고 이에 대항하여 가해하게 된 것이라고 봄이 상당하고 이와 같은 싸움의 경우 가해행위는 방어행위인 동시에 공격행위의 성격을 가지므로 <u>정당방위 또는 과잉방위행위라고 볼 수 없다</u>.[11]

처에게 행패부리는 처남인 피해자와 싸우다가 거구의 피해자가 피고인을 넘어뜨리고 올라타 목부분을 눌러 호흡이 곤란하게 되자 안간힘을 쓰다가 과도로 피해자에게 상해를 가함

피고인이 1996. 8. 19. 10:00경 처남인 피해자의 집에서 피해자의 왼쪽 허벅지를 길이 21㎝ 가량의 과도로 1회 찔러 피해자에게 전치 2주의 좌측대퇴외측부 심부자상 등을 가하였지만, 피해자가 술에 만취하여 누나인 갑과 말다툼을 하다가 갑의 머리채를 잡고 때렸으며, 당시 갑의 남편이었던 피고인이 이를 목격하고 화가 나서 피해자와 싸우게 되었는데, 그 과정에서 몸무게가 85㎏ 이상이나 되는 피해자가 62㎏의 피고인을 침대 위에 넘어뜨리고 피고인의 가슴 위에 올라타 목부분을 누르자 호흡이 곤란하게 된 피고인이 안간힘을 쓰면서 허둥대다가 그 곳 침대 위에 놓여 있던 과도로 피해자에게 상해를 가한 사안에서,
피고인의 행위는 피해자의 부당한 공격을 방위하기 위한 것이라기보다는 <u>서로 공격할 의사로 싸우다가 먼저 공격을 받고 이에 대항하여 가해하게 된 것</u>이라고 봄이 상당하고, 이와 같은 싸움의 경우 가해행위는 방어행위인 동시에 공격행위의 성격을 가지므로 <u>정당방위 또는 과잉방위행위라고 볼 수 없다</u>.[12]

10) 대판 2010. 2. 11. 2009도12958.
11) 대판 1993. 8. 24. 92도1329.
12) 대판 2000. 3. 28. 2000도228.

(2) 상당성의 결여

갑작스럽게 뺨을 맞아 멱살을 잡고 서로 다투다가 피해자에게 대항하려고 깨어진 병으로 협박

피고인이 피해자로부터 갑작스럽게 뺨을 맞는 등 폭행을 당하여 서로 멱살을 잡고 다투자 주위 사람들이 싸움을 제지하였으나 피해자에게 대항하기 위하여 깨어진 병으로 피해자를 찌를 듯이 겨누어 협박한 경우, 피고인의 행위는 자기의 법익에 대한 현재의 부당한 침해를 방어하기 위한 것이라고 볼 수 있으나, 맨손으로 공격하는 상대방에 대하여 위험한 물건인 깨어진 병을 가지고 대항한다는 것은 사회통념상 그 정도를 초과한 방어행위로서 상당성이 결여된 것이고, 또 주위사람들이 싸움을 제지하였다는 상황에 비추어 야간의 공포나 당황으로 인한 것이었다고 보기도 어렵다.[13)]

(3) 부당한 공격에서 벗어나기 위한 방위행위

이유 없이 깨진 병으로 찌르고 폭행하는데 대항하여 피해자를 껴안거나 멱살을 잡아 흔듬

피고인이 방안에서 피해자로부터 깨진 병으로 찔리고 이유 없이 폭행을 당하여 이를 피하여 방밖 홀로 도망쳐 나오자 피해자가 피고인을 쫓아 나와서까지 폭행을 하였다면 이때 피고인이 방안에서 피해자를 껴안거나 두 손으로 멱살부분을 잡아 흔든 일이 있고 홀 밖에서 서로 붙잡고 밀고 당긴 일이 있다고 하여도 특별한 사정이 없는 한 이는 피해자에 대항하여 폭행을 가한 것이라기보다는 피해자의 부당한 공격에서 벗어나거나 이를 방어하려고 한 행위였다고 보는 것이 상당하다.[14)]

갑과 자신의 남편과의 관계를 의심하게 된 상대방이 자신의 아들 등과 함께 갑의 아파트에 찾아가 현관문을 발로 차는 등 소란을 피우다가, 출입문을 열어주자 곧바로 갑을 밀치고 신발을 신은 채로 거실로 들어가 상대방 일행이 서로 합세하여 갑을 구타하기 시작하였고, 갑은 이를 벗어나기 위하여 손을 휘저으며 발버둥치

---

13) 대판 1991. 5. 28. 91도80.

14) 대판 1989. 10. 10. 89도623. 다음은 같은 취지이다.

피해자가 주먹과 발로 피고인을 때리고 피신하는 것을 따라가 의자로 내리쳐 전치 4주 상해를 가하자 피고인이 이에 대항하여 피해자의 손과 멱살 등을 잡고 밀침

피고인이 욕설을 하였다는 이유로 피해자가 주먹과 발로 피해자의 얼굴과 가슴을 수회 때리거나 걷어 찬 후 식당 밖으로 피신하는 피고인을 따라 나가 플라스틱 의자로 피고인의 팔 부위를 수회 내리쳐 피고인에게 전치 4주의 늑골골절상을 입게 하는 과정에서 피고인이 피해자의 손과 멱살 등을 잡고 밀친 것은 상대방의 부당한 공격에서 벗어나거나 이를 방어하려고 한 행위이므로 위법성이 결여되었다(대판 1996. 12. 23. 96도2745).

피고인의 형과 싸운 사실을 따지다가 뛰어나오는 피해자들 중 1인이 든 칼을 빼앗아 살상

당일 피고인의 형인 "갑"과 "무"사이에 싸움이 벌어졌다가 그것이 일단 제지된 후 피고인은 피해자들의 비행을 따지기 이하여 그들이 술을 마시고 있는 술집으로 "갑"과 함께 찾아가서 그집 문전에서 먼저 "갑"과 "무"사이에 싸움이 시작되자 피해자들이 뛰어나오는 것을 보고 피고인도 "갑"에게 가세하여 그들과 싸우게 되었던 것이고 그 싸움 중에 피해자 "을"이 쥐고 있던 칼을 빼앗아 동인을 찌르고 다른 피해자들이 달려들므로 그들에 대하여도 그 칼을 휘두르며 공격하여 피해자들에게 그 판시와 같은 살상을 입히게 된 것이라면 그 행위와 흉기의 성질상 피고인의 위와 같은 행위에는 적어도 살인에 관한 미필적인 고의가 있었던 것이라고 하지 않을 수 없고 또 그것이 정당방위나 과잉방위에 해당한다고 할 수도 없다(대판 1968. 11. 12. 68도912).

는 과정에서 상대방 등에게 상해를 가하게 된 사안에서, 상대방의 남편과 갑이 불륜을 저지른 것으로 생각하고 이를 따지기 위하여 갑의 집을 찾아가 갑을 폭행하기에 이른 것이라는 것만으로 상대방 등의 위 공격행위가 적법하다고 할 수 없고, 갑은 그러한 위법한 공격으로부터 자신을 보호하고 이를 벗어나기 위한 사회관념상 상당성 있는 방어행위로서 유형력의 행사에 이르렀다고 한 사례.[15)]

갑이 피해자를 밀어 넘어뜨리고 배에 올라타 얼굴 등을 폭행하고, 갑의 남편도 피해자의 얼굴에 침을 뱉고 발로 밟자 피해자가 갑의 팔을 비틀고, 다리를 물어 전치 2주의 상해를 가함

갑(54세)이 남편인 을(59세)과 함께 외딴 집에서 묵을 만드는 피고인(66세, 여)을 찾아와 피고인이 갑이 첩의 자식이라는 헛소문을 퍼뜨렸다며 피고인의 멱살을 잡고 밀어 넘어뜨리고 배 위에 올라타 주먹으로 팔, 얼굴 등을 폭행하였고, 을도 피고인의 얼굴에 침을 뱉으며 발로 밟아 폭행을 하자, 연로한 탓에 힘에 부쳐 달리 피할 방법이 없던 피고인은 이를 방어하기 위하여 갑의 팔을 잡아 비틀고, 다리를 무는 등으로 하여 갑에게 오른쪽 팔목과 대퇴부 뒤쪽에 멍이 들게 하여 전치 2주의 상해를 가한 사안에서,

서로 격투를 하는 자 상호간에는 공격행위와 방어행위가 연속적으로 교차되고 방어행위는 동시에 공격행위가 되는 양면적 성격을 띠는 것이므로 어느 한쪽 당사자의 행위만을 가려내어 방어를 위한 정당행위라거나 또는 정당방위에 해당한다고 보기 어려운 것이 보통이나, 외관상 서로 격투를 하는 것처럼 보이는 경우라고 할지라도 실지로는 한쪽 당사자가 일방적으로 불법한 공격을 가하고 상대방은 이러한 불법한 공격으로부터 자신을 보호하고 이를 벗어나기 위한 저항수단으로 유형력을 행사한 경우라면, 그 행위가 적극적인 반격이 아니라 소극적인 방어의 한도를 벗어나지 않는 한 그 행위에 이르게 된 경위와 그 목적수단 및 행위자의 의사 등 제반 사정에 비추어 볼 때 사회통념상 허용될 만한 상당성이 있는 행위로서 위법성이 조각된다고 보아야 할 것이다.

피고인의 위와 같은 행위는 … 소극적인 방어의 한도를 벗어나지 않고, … 사회통념상 허용될 만한 상당성이 있는 행위로서 위법성이 조각된다.[16)]

15) 대판 2010. 2. 11. 2009도12958(및 원심인 대구지판 2009. 11. 5. 2009노2723). 구체적인 사안은 다음과 같다.
① 피해자는 노래방에서 남편 갑과 피고인이 팔짱을 끼고 나오는 장면을 목격하였다.
② 그 후 피고인과 갑의 관계를 의심하게 된 피해자는 피고인의 휴대전화번호를 알아낸 후 이 사건 발생 전날부터 자신과 아들 을의 휴대전화를 이용하여 수십 회에 걸쳐 피고인에게 죽이겠다는 내용 등이 담긴 문자메시지를 보내거나 협박전화를 하였다.
③ 이에 피고인이 수신거부를 해놓고 전화를 받지 아니하자, 피해자는 피고인의 주소를 알아낸 다음 이 사건 당일 11:00경 을 등과 함께 피고인의 아파트에 찾아와서 문을 열어 달라고 소리치는 등 소란을 피웠다.
④ 갑이 와서 피고인에게 별 문제가 없을 것이니 문을 열어 달라고 말하여 피고인이 출입문을 열어주자 피해자 일행이 피고인을 밀치고 신발을 신은 채로 피고인의 집 거실로 들어왔다.
⑤ 피해자는 피고인의 머리채를 손으로 잡아당기고, 주먹으로 피고인의 얼굴 부위를 수회 때리고, 발로 피고인의 배 부위를 걷어차고, 을은 이에 합세하여 주먹으로 피고인의 왼쪽 눈 부위를 수회 때리고, 발로 피고인의 옆구리 부위를 걷어차 피고인에게 전치 3주의 타박상 등을 가하자, 피고인이 이에 대항하여 피해자의 머리채를 손으로 잡아당기고, 손톱으로 피해자의 팔 부위를 할퀴고, 을의 목과 손목 부위를 손톱으로 할퀴어, 피해자에게 약 14일간의 치료를 요하는 뇌진탕 등을, 을에게 전치 2주의 상해를 가하였다.

16) 대판 1999. 10. 12. 99도3377.

밥상을 엎고 멱살을 잡아당기며 식도를 들고 행패부리는 자식의 후두부를 강타하여 지면에 넘어지면서 사망케 함

피고인의 차남인 피해자(21세)는 평소 부모에게 행패를 부려오던 중 1972. 7. 13. 19:30경 만취상태에서 저녁식사를 하는 피고인에게 "내 술 한 잔 먹어라"하고 소주병을 피고인의 입에 들어 부으면서 밥상을 차 엎은 후 피고인의 멱살을 잡아당기고 다시 부엌에서 식도를 들고 나와서 행패를 부리므로 피고인은 이를 피하여 밖으로 나왔던바, 피해자가 밖으로 따라 나와 피고인에게 달려들므로 이에 격분하여 주먹으로 피해자의 후두부를 1회 강타하여 돌이 많은 지면에 넘어지게 하여 피해자로 하여금 두개파열상으로 즉석에서 사망케 한 사안에서,

타인이 보는 자리에서 자식인 피해자가 인륜상 용납할 수 없는 폭언과 함께 폭행을 가하려 하자 피해자를 1회 구타한 행위는 피고인의 신체에 대한 법익뿐 아니라 아버지로서의 신분에 대한 법익에 대한 현재의 부당한 침해를 방위하기 위한 행위로써 … 정당방위에 해당하여 범죄를 구성하지 않고, 동 폭행행위가 범죄를 구성하지 아니하는 이상 피해자가 그 폭행으로 돌이 있는 지면에 넘어져서 머리 부분에 상처를 입은 결과로 사망에 이르게 되었다 하여도 피고인을 폭행치사죄로 처단할 수 없다.[17)]

바. 상당성

(1) 상당성 긍정례

피해자 등이 심야에 피고인의 양팔을 붙잡고 어두운 골목길로 끌고 가 옆구리를 무릎으로 차고 키스를 하자 피고인이 혀를 깨물어 절단되게 함

갑과 을이 공동으로 인적이 드문 심야에 혼자 귀가 중인 피고인에게 뒤에서 느닷없이 달려들어 양팔을 붙잡고 어두운 골목길로 끌고 들어가 담벽에 쓰러뜨린 후 갑이 음부를 만지며 반항하는 피고인의 옆구리를 무릎으로 차고 억지로 키스를 함으로 피고인이 정조와 신체를 지키려는 일념에서 엉겁결에 갑의 혀를 깨물어 설절단상을 입혔다면 피고인의 범행은 자기의 신체에 대한 현재의 부당한 침해에서 벗어나려고 한 행위로서 그 행위에 이르게 된 경위와 그 목적 및 수단, 행위자의 의사 등 제반 사정에 비추어 위법성이 결여된 행위이다.[18)]

자전거 절취범으로 오인받아 군중들로부터 무차별 구타를 당하자 손톱깍기 줄칼을 휘둘러 전치 1주의 상해를 입게 함

피고인이 자전거를 절취한 사실이 없는데 자전거 절취범으로 오인하고 군중들이 피고인을 에워싸고 무차별 구타를 하기에 자기는 자전거 절도범이 아니라고 외쳤으나, 군중들은 그것을 믿지 않고 무차별 구타를 계속하므로 피고인은 이를 제지하고 자기의 신체에 대한 가해행위의 부당한 침해를 방위하기 위하여, 또 야간에 위와 같은 불안스러운 상태 하에서 당황으로 인하여 피고인이 소지하고 있던 손톱깎기에 달린 줄칼을 내어 들고 휘둘러 갑의 등을 찌르게 되어 전치 1주의 상해를 입게 한 경우 정당방위에 해당한다.[19)]

17) 대판 1974. 5. 14. 73도2401.
18) 대판 1989. 8. 8. 89도358.
19) 대판 1970. 9. 17. 70도1473. 다음은 같은 취지이다.

(2) 상당성 부정례

피고인의 밤 18개를 주워 담은 피해자가 이를 빼앗기지 않으려 반항하자 상해를 가함

피고인이 그 소유의 밤나무 단지에서 피해자가 밤 18개를 푸대에 주워 담는 것을 보고 푸대를 빼앗으려다 반항하는 피해자의 뺨과 팔목을 때려 상처를 입혔다면 위 행위가 비록 피해자의 절취행위를 방지하기 위한 것이었다 하여도 긴박성과 상당성을 결여하여 정당방위라고 볼 수 없다.[20]

강간 후 계속적인 성관계를 요구하는 의붓아버지를 주취상태에서 자고 있는 때에 식칼로 살해

정당방위가 성립하려면 침해행위에 의하여 침해되는 법익의 종류, 정도, 침해의 방법, 침해행위의 완급과 방위행위에 의하여 침해될 법익의 종류, 정도 등 일체의 구체적 사정들을 참작하여 방위행위가 사회적으로 상당한 것이어야 하고, 정당방위의 성립요건으로서의 방어행위에는 순수한 수비적 방어뿐 아니라 적극적 반격을 포함하는 반격방어의 형태도 포함되나, 그 방어행위는 자기 또는 타인의 법익침해를 방위하기 위한 행위로서 상당한 이유가 있어야 한다.

의붓아버지의 강간행위에 의하여 정조를 유린당한 후 계속적으로 성관계를 강요받아 온 피고인이 상 피고인과 사전에 공모하여 범행을 순비하고 의붓아버지가 제대로 반항할 수 없는 상태에서 식칼로 심장을 찔러 살해한 행위는 사회통념상 상당성을 결여하여 정당방위가 성립하지 아니한다고 본 사례.[21]

전투경찰대원이 상관의 다소 심한 기합에 격분하여 상관을 사살한 행위는 자신의 신체에 대한 침해를 방위하기 위한 상당한 방법이었다고 볼 수 없다.[22]

접대부와 동침시켜 주지 않는다고 내실에 들어와 소변을 보고 피고인을 집단 구타하자 업어치기하여 전치 12일의 상해를 가한

피고인 경영의 주점에서 갑 등 3인이 통금시간이 지나도록 외상술을 마시면서 접대부와 동침시켜 줄 것을 요구하고 이를 거절한데 불만을 품고 내실까지 들어와 피고인의 처가 있는데서 소변까지 하므로 피고인이 항의하자 갑이 그 일행과 함께 피고인을 집단구타하므로 피고인이 갑을 업어치기시으로 넘어뜨려 그에게 전치 12일의 상해를 입힌 경우에는 피고인의 갑에 대한 위 폭행행위는 정당방위로 죄가 되지 아니한다(대판 1981. 8. 25. 80도800).

20) 대판 1984. 9. 25. 84도1611.

21) 대판 1992. 12. 22. 92도2540.

22) 대판 1984. 6. 12. 84도683.

3. 과잉방위

가. 형의 임의적 감면사유인 과잉방위

(1) 긍정례

갑, 을, 병이 시멘트벽돌을 집어던지는 등 하여 곡괭이 자루를 집어 들고 도주하는데 병은 각목을, 갑은 빈 전화케이블선을 들고 쫓아와 머리 등을 마구 때리자 곡괭이 자루를 휘둘러 병이 사망

갑, 을, 병이 피고인에게 이유 없이 욕설을 하고 이에 대꾸하는 피고인의 얼굴에 갑이 연필깎기용 면도칼을 들이대며 찌를 듯이 위협하고, 이에 피고인이 A식품점 안으로 피신하였다가 그 주인의 나가라는 요구에 따라 밖으로 나오자 병이 소주병을 깨어 던져서 피고인의 왼손목에 맞게 하고 갑은 사이다병을 깨어 던져 피고인의 오른손목에 맞게 하고 을도 이 새끼 죽으려고 환장하였느냐고 하면서 시멘트벽돌을 집어던지는 등 하므로 피고인은 곡괭이 자루를 집어 들고 약 50미터 도망가는데 병은 각목을 들고, 갑은 빈 전화케이블선을 들고 계속 쫓아와 마구 휘두르며 피고인의 어깨, 머리, 왼손, 옆구리 등을 마구 때리므로 이에 대항하여 피고인도 곡괭이 자루를 마구 휘두른 결과 병의 머리 뒷부분을 1회 힘껏 맞게 하여 동인도 사망하고 갑은 상해를 입었으며 피고인 자신도 왼쪽 셋째 손가락이 부러지는 상해를 입은 사안에서,
이와 같이 집단구타를 당하게 된 피고인이 더 이상 도피하기 어려운 상황에서 이를 방어하기 위하여 반격적인 행위를 하려던 것이 그 정도가 지나친 행위를 한 것이므로 과잉방위에 해당한다.[23)]

(2) 부정례

피해자로부터 구타당하자 과도로 복부를 3, 4회 찔러 상해를 입게 함

피고인이 길이 26센티미터의 과도로 복부와 같은 인체의 중요한 부분을 3, 4회나 찔러 피해자에게 상해를 입힌 행위는 비록 그와 같은 행위가 피해자의 구타행위에 기인한 것이라 하여도 정당방위나 과잉방위에 해당한다고 볼 수 없다.[24)]

나. 불가벌적 과잉방위

(1) 긍정례

5시간 동안 행패를 부린 피해자가 죽여버리겠다며 식칼을 모의 얼굴에 들이대어 기절시키고, 이를 제지하려는 오빠의 목을 움켜쥐어 숨쉬기 곤란하게 하자, 피고인이 피해자의 목을 감아쥐고 뒤로 밀어 넘어뜨린 다음 정신없이 피해자의 목을 두 손으로 눌러 질식사함

- 피해자가 거의 매일 술에 취하여 행패를 부리자 그의 모인 갑이 아들 을과 딸 피고인과 함께 몰래 서울로

---

23) 대판 1985. 9. 10. 85도1370.

24) 대판 1989. 12. 12. 89도2049. 다음은 같은 취지이다.
피해자로부터 구타당하자 피해자를 식칼로 7군데 찔러 사망케 함
피고인이 피해자를 7군데나 식칼로 찔러 사망케 한 행위가 피해자의 구타행위로 말미암아 유발된 범행이었다 하더라도 그와 같은 사정만으로는 위 소위가 정당방위 또는 과잉방위에 해당된다고 볼 수 없다(대판 1983. 9. 27. 83도1906).

이사하였다가 피해자가 찾아와 다시 함께 살게 되었으나 피해자가 교통사고를 당하면서 정신이상자처럼 욕설을 하거나 흉포한 행동을 할 뿐만 아니라 술에 취하면 행패를 부리는 정도가 더욱 심하여졌고,

- 이 사건이 있기 전날에도 피해자는 술값을 1만원만 주겠다고 한다는 이유로 선풍기를 집어던져 부수는 등 난동을 계속하므로 이에 겁을 먹은 갑, 을, 피고인이 안방으로 들어가 문을 잠그자 피해자가 "문을 열라"고 고함치면서 안방문을 주먹으로 치고 발로 차는가 하면, 문손잡이를 잡아 비틀고 힘을 주어 미는 등의 행패를 5시간 가량 계속함으로써 다음날 05:00경에는 안방문이 거의 부서질 지경에 이르게 되어 갑이 방문을 열고 마루로 나가자 피해자는 주방에서 식칼을 찾아 꺼내어 들고 갑을 향해 "이년, 너부터 찔러 죽이고 식구들을 모두 죽여 버리겠다"라고 소리치며 달려들어 칼을 얼굴 가까이 갖다 들이대어 갑이 놀라서 기절하였고,
- 그 순간 을이 갑의 생명이 위험하다고 느끼고 마루로 뛰어나감과 동시에 왼손으로는 갑을 옆으로 밀치면서 오른손으로는 피해자의 왼손목을 잡고 칼을 뺏으려 하였으나 피해자가 오히려 오른손으로 을의 목을 앞에서 움켜 쥐고 손아귀에 힘을 줌으로써 을로 하여금 숨쉬기가 곤란할 지경에 이르게 하였고,
- 그때까지 겁에 질려 방안에서 이를 보기만 하고 있던 피고인은 그대로 두면 을의 생명이 위험하다고 순간적으로 생각하고, 그를 구하기 위하여 마루로 뛰어나가 피해자에게 달려들어 두 손으로 그의 목을 앞에서 감아 쥐고 힘껏 조르면서 뒤로 밀자, 그가 뒤로 넘어지므로 피고인도 함께 앞으로 쓰러진 다음, 그의 몸 위에 타고 앉은 채로 정신없이 두 손으로 계속 그의 목을 누르고 있던 중, 피고인의 도움으로 위기에서 풀려난 을이 기절하여 쓰러져 있는 갑의 상태를 살피는 등 약간 지체한 후에 피고인이 그때까지도 피해자의 몸 위에서 두 손으로 그의 목을 계속 누르고 있는 것을 비로소 알아차리고 "누나, 왜 이래"하고 소리치자 피고인은 그때서야 정신을 차린 듯 피해자의 목에서 손을 떼면서 일어났으나, 그때 이미 피해자는 피고인의 목졸임으로 말미암아 질식된 채 아무런 움직임이 없었던 사안에서,
- 피고인이 위급한 상황에서 순간적으로 을을 구하기 위하여 피해자에게 달려들어 그의 목을 조르면서 뒤로 넘어뜨린 행위는 갑, 을의 생명, 신체에 대한 현재의 부당한 침해를 방위하기 위한 상당한 행위라 할 것이고, 나아가 위 사건 당시 피해자가 피고인의 위와 같은 방위행위로 말미암아 뒤로 넘어져 피고인의 몸 아래 깔려 더 이상 침해행위를 계속하는 것이 불가능하거나 또는 적어도 현저히 곤란한 상태에 빠졌음에도 피고인이 피해자의 몸 위에 타고앉아 그의 목을 계속하여 졸라 누름으로써 결국 피해자로 하여금 질식하여 사망에 이르게 한 행위는 정당방위의 요건인 상당성을 결여한 행위라고 보아야 할 것이나, 극히 짧은 시간 내에 계속하여 행하여진 피고인의 위와 같은 일련의 행위는 이를 전체로서 하나의 행위로 보아야 할 것이므로, 방위의사에서 비롯된 피고인의 위와 같이 연속된 전후행위는 하나로서 형법 제21조 제2항 소정의 과잉방위에 해당한다 할 것이고, 당시 야간에 흉포한 성격에 술까지 취한 피해자가 식칼을 들고 피고인을 포함한 가족들의 생명, 신체를 위협하는 불의의 행패와 폭행을 하여 온 불안스러운 상태 하에서 공포, 경악, 흥분 또는 당황 등으로 말미암아 저질러진 것이라고 보아야 할 것이어서 벌할 수 없다.[25)]

피해자가 소변을 보며 질녀 등에게 키스를 하려 하고, 피고인의 처를 넘어 뜨려 깔고 앉은 채 돌로 때리려는 순간 빌토 피해자를 차 사망하게 함

피고인이 1969. 8. 30. 22:40경 처 갑(31세)과 함께 극장구경을 마치고 귀가하는 도중 피해자(19세)가 피

25) 대판 1986. 11. 11. 86도1862.

고인의 질녀 을(14세) 등의 소녀들에게(음경을 내놓고 소변을 보면서) 키스를 하자고 달려드는 것을 피고인이 술에 취했으니 집에 돌아가라고 타이르자 도리어 피고인의 뺨을 때리고 돌을 들어 구타하려고 따라오는 것을 피고인이 피하자, 피해자는 갑을 땅에 넘어뜨려 깔고 앉아서 구타하는 것을 피고인이 다시 제지하였지만 듣지 아니하고 돌로써 갑을 때리려는 순간 피고인이 그 침해를 방위하기 위하여 농구화 신은 발로서 피해자의 복부를 한차례 차서 외상성 12지장 천공상을 입게하여 같은 해 10. 13. 사망에 이르게 한 사안에서, 피고인의 행위는 형법 제21조 제2항 소정의 과잉방위이고, 당시 야간에 술이 취한 피해자의 불의의 행패와 폭행으로 인한 불안스러운 상태에서의 공포, 경악, 흥분 또는 당황에 기인되었던 것이어서 형법 21조 3항을 적용하여 무죄를 선고한 것은 정당하다.[26]

(2) 부정례

먼저 뺨을 맞고 다투다가 주위 사람들의 제지를 받자 깨진 병으로 찌를 듯이 겨누어 협박

피고인이 피해자로부터 갑작스럽게 뺨을 맞는 등 폭행을 당하여 서로 멱살을 잡고 다투자 주위 사람들이 싸움을 제지하였으나 피해자에게 대항하기 위하여 깨어진 병으로 피해자를 찌를 듯이 겨누어 협박한 경우, 피고인의 행위는 자기의 법익에 대한 현재의 부당한 침해를 방어하기 위한 것이라고 볼 수 있으나, 맨손으로 공격하는 상대방에 대하여 위험한 물건인 깨어진 병을 가지고 대항한다는 것은 사회통념상 그 정도를 초과한 방어행위로서 상당성이 결여된 것이고, 또 주위사람들이 싸움을 제지하였다는 상황에 비추어 야간의 공포나 당황으로 인한 것이었다고 보기도 어렵다.[27]

4. 오상방위

오상방위는 정당방위의 객관적 상황이 존재하지 않음에도 그러한 상황이 존재하는 것으로 오인하

26) 대판 1974. 2. 26. 73도2380.

27) 대판 1991. 5. 28. 91도80. 다음은 같은 취지의 민사판례이다.

경찰관이 야간에 주취상태에서 대형 유리창문을 깨뜨리고 할복 자살하겠다고 난동을 부린 피해자를 총으로 쏘아 사망케 함

야간에 술이 취한 상태에서 병원에 있던 과도로 대형 유리창문을 쳐 깨뜨리고 자신의 복부에 칼을 대고 할복 자살하겠다고 난동을 부린 피해자가 출동한 2명의 경찰관들에게 칼을 들고 항거하였다고 하여도 위 경찰관 등이 공포를 발사하거나 소지한 가스총과 경찰봉을 사용하여 위 망인의 항거를 억제할 시간적 여유와 보충적 수단이 있었다고 보여지고, 또 부득이 총을 발사할 수밖에 없었다고 하더라도 하체부위를 향하여 발사함으로써 그 위해를 최소한도로 줄일 여지가 있었다고 보여지므로, 칼빈소총을 1회 발사하여 피해자의 왼쪽 가슴 아래 부위를 관통하여 사망케 한 경찰관의 총기사용행위는 경찰관직무집행법 제11조 소정의 총기사용 한계를 벗어난 것이라고 한 사례.

정당방위에 있어서는 반드시 방위행위에 보충의 원칙은 적용되지 않으나 방위에 필요한 한도내의 행위로서 사회윤리에 위배되지 않는 상당성있는 행위임을 요한다(대판 1991. 9. 10. 91다19913).

은신 중의 범인이 명령에 따라 손을 들고 나오다가 도주하자 권총을 발사하여 사망케 함

타인의 집대문 앞에 은신하고 있다가 경찰관의 명령에 따라 순순히 손을 들고 나오면서 그대로 도주하는 범인을 경찰관이 뒤따라 추격하면서 등부위에 권총을 발사하여 사망케한 경우, 위와 같은 총기사용은 현재의 부당한 침해를 방지하거나 현재의 위난을 피하기 위한 상당성있는 행위라고 볼 수 없는 것으로서 범인의 체포를 위하여 필요한 한도를 넘어 무기를 사용한 것이라고 하여 국가의 손해배상책임을 인정한 사례(대판 1991. 5. 28. 91다10084).

고 방위행위로 나아가는 것을 말한다. 오상방위는 위법성조각사유의 전제사실에 관한 착오의 한 형태이다.

교대시간이 늦어 언쟁하다가 다음 초소근무자인 갑을 구타하여, 갑이 등 뒤에서 소총을 겨누며 실탄을 장전하는 등 발사할 듯이 위협하자 피고인이 소지한 소총을 발사하여 갑이 사망

격투를 하는 자 중의 한사람의 공격이 그 격투에서 당연히 예상을 할 수 있는 정도를 초과하여 살인의 흉기 등을 사용하여 온 경우에는 이는 역시 부당한 침해라고 아니할 수 없으므로 이에 대하여는 정당방위를 허용하여야 한다.

상병인 피고인은 초소근무 중, 1967. 7. 27. 01: 30경 다음 근무자인 갑과 교대시간이 늦었다는 이유로 언쟁하다가 갑을 구타하여 갑이 소지하고 있던 카빙소총을 피고인의 등 뒤에 겨누며 실탄을 장전하는 등 발사할 듯이 위협을 하자 피고인은 당황하여 먼저 갑을 사살치 않으면 위험하다고 느끼고 뒤로 돌아서면서 소지하고 있던 카빙소총을 갑의 복부에 발사하여 갑을 사망케 한 사안에서,

그렇다면 구타를 하였음에 불과한 피고인으로서는 갑이 실탄이 장전되어 있는 카빙소총을 피고인의 등 뒤에 겨누며 발사할 것 같이 위협하는 방위 행위는 피고인이 당연히 예상하였던 상대방의 방위행위라고는 인정할 수 없으므로 이는 부당한 침해라고 아니할 수 없어 피고인의 행위는 현재의 급박하고도 부당한 침해를 방위하기 위한 행위로서 상당한 이유가 있는 행위라고 아니할 수 없다. 가사 피고인이 발사를 할 때까지는 갑이 발사를 하지 아니한 점으로 보아, 갑에게 피고인을 상해할 의사가 없고 객관적으로 급박하고 부당한 침해가 없었다고 가정하더라도 피고인으로서는 현재의 급박하고도 부당한 침해가 있는 것으로 오인하는데 대한 정당한 사유가 있는 경우(갑은 술에 취하여 초소를 교대하여야 할 시간보다 한 시간 반 늦게 왔었고, 피고인의 구타로 갑이 코피를 흘렸으며, 갑은 코피를 닦으며 흥분하여 "월남에서는 사람하나 죽인 것은 파리를 죽인 것이나 같았다. 너 하나 못 죽일 줄 아느냐"라고 하면서 피고인의 등 뒤에 카빙총을 겨누었음)에 해당된다.[28]

Ⅱ. 긴급피난

1. 의 의

형법 제22조(긴급피난) ① 자기 또는 타인의 법익에 대한 현재의 위난을 피하기 위한 행위는 상당한 이유가 있는 때에는 벌하지 아니한다.
② 위난을 피하지 못할 책임이 있는 자에 대하여는 전항의 규정을 적용하지 아니한다.
③ 전조 제2항과 제3항의 규정은 본조에 준용한다.

긴급피난은 자기 또는 타인의 법익에 대한 현재의 위난을 피하기 위한 행위로서 상당한 이유가 있는 것을 말한다. 정당방위는 위법한 침해에 대해 직접적인 침해자를 대상으로 방위행위를 하는 것이므

28) 대판 1968. 5. 7. 68도370.

로 부정(不正) 대 정(正)의 관계로 표현된다. 이에 반하여 긴급피난은 위난의 원인이 적법한지 위법한지를 불문하고, 피난행위도 위난을 야기한 자뿐만 아니라 제3자에 대해서도 가능하므로 정(正) 대 정(正)의 관계로 표현된다. 정당방위에서는 이익교량의 원칙이 적용되지 않으나,[29] 긴급피난에서는 이익교량의 원칙이 적용된다.

2. 긴급피난의 성립요건

긴급피난의 요건

형법 제22조 제1항의 긴급피난이란 자기 또는 타인의 법익에 대한 현재의 위난을 피하기 위한 상당한 이유 있는 행위를 말하고, 여기서 '상당한 이유 있는 행위'에 해당하려면, 첫째, 피난행위는 위난에 처한 법익을 보호하기 위한 유일한 수단이어야 하고, 둘째, 피해자에게 가장 경미한 손해를 주는 방법을 택하여야 하며, 셋째, 피난행위에 의하여 보전되는 이익은 이로 인하여 침해되는 이익보다 우월해야 하고, 넷째, 피난행위는 그 자체가 사회윤리나 법질서 전체의 정신에 비추어 적합한 수단일 것을 요하는 등의 요건을 갖추어야 한다.[30]

선박의 닻줄을 5샤클(125미터)로 해두면 양식장까지 약 30미터 근접하는데, 비용관계로 이동하지 못한 사이에 태풍을 만나 닻줄을 7샤클로 묘박하는 바람에 양식장의 재물손괴

피고인들이 그 판시 피조개양식장에 피해를 주지 아니하도록 할 의도에서 이 사건 금성호의 7샤클(175미터)이던 닻줄을 5샤클(125미터)로 감아 놓았고 그 경우에 피조개양식장까지의 거리는 약 30미터까지 근접한다는 것이므로 닻줄을 50미터 더 늘여서 7샤클로 묘박하였다면 선박이 태풍에 밀려 피조개양식장을 침범하여 물적 피해를 입히리라는 것은 당연히 예상되고, 그럼에도 불구하고 피고인들이 태풍에 대비한 선박의 안전을 위하여 금성호의 닻줄을 7샤클로 늘여 놓은 것은 피조개양식장의 물적 피해를 인용한 것이라 할 것이어서 재물손괴의 점에 대한 미필적 고의를 인정할 수 있다.

이 사건 금성호는 공유수면점용 허가 없이 정박하고 있었으므로 피고인들로서는 같은 해상에 점용허가를 얻어서 피조개양식장을 설치한 피해자측의 요구에 응하여 금성호를 양식장에 피해를 주지 아니하는 곳에 미리 이동시켜서 정박하였어야 할 책임은 있었다고 할 것이다.

그러나 위와 같이 선박이동에도 새로운 공유수면점용허가가 있어야 하고 휴지선을 이동하는 데는 예인선이 따로 필요한 관계로 비용이 많이 들어 다른 해상으로 이동을 하지 못하고 있는 사이에 태풍을 만나게 되었다면 피고인들로서는 그와 같은 위급한 상황에서 선박과 선원들의 안전을 위하여 사회통념상가장 적절하고 필요불가결하다고 인정되는 조치를 취하였다면 형법상 긴급피난으로서 위법성이 없어서 범죄가 성립되지 아니한다고 보아야 하고 미리 선박을 이동시켜 놓아야 할 책임을 다하지 아니함으로써 위와 같은 긴급한 위난을 당하였다는 점만으로는 긴급피난을 인정하는데 아무런 방해가 되지 아니한다.

태풍내습시 금성호에는 태풍에 대비하여 7, 8명의 선원이 타고 있었고, 피고인들이 태풍으로 인한 선박의 조난이나 전복을 피하기 위하여 선박의 양쪽에 두개의 닻을 내리고, 한쪽의 닻줄의 길이를 175미터(7샤클)

29) 정당방위에서도 상당성의 요건을 갖추어야 하므로 이익교량의 원칙이 적용되지 않는다는 표현이 적절한지는 의문이다.

30) 대판 2006. 4. 13. 2005도9396; 대판 2013. 6. 13. 2010도13609.

로 늘여 놓은 것이 사고지점에서 태풍의 내습에 대비한 가장 적절하고 필요한 조치로 인정되므로 피고인들의 행위는 긴급피난행위에 해당한다.[31]

입주자대표회의 회장이 A방송의 시험방송 송출로 위성방송 수신이 불가능하게 되자 1시간 30분만에 곧바로 A방송의 방송안테나를 절단함

이 사건 당시 피고인이 경기동부방송의 시험방송 송출로 인하여 위성방송의 수신이 불가능하게 되었다는 민원을 접수한 후 경기동부방송에 시험방송 송출을 중단해달라는 요청도 해보지 아니한 채 시험방송이 송출된 지 1시간 30여 분만에 곧바로 경기동부방송의 방송안테나를 절단하도록 지시한 점, 그 당시 A아파트 전체 815세대 중 140여 세대는 경기동부방송과 유선방송이용계약을 체결하고 있었던 점 등 그 행위의 내용이나 방법, 법익침해의 정도 등에 비추어 볼 때, 당시 피고인이 다수 입주민들의 민원에 따라 입주자대표회의 회장의 자격으로 위성방송 수신을 방해하는 경기동부방송의 시험방송 송출을 중단시키기 위하여 경기동부방송의 방송안테나를 절단하도록 지시하였다고 할지라도 피고인의 위와 같은 행위를 긴급피난 내지는 정당행위에 해당하지 않는다.[32]

A대학교에서의 집회가 저지되자 소정의 신고 없이 B대학교에서 집회

집회장소 사용 승낙을 하지 않은 A대학교측의 집회 저지 협조요청에 따라 경찰관들이 A 출입문에서 신고된 A에서의 집회에 참가하려는 자의 출입을 저지한 것은 경찰관직무집행법 제6조의 주거침입행위에 대한 사전 제지조치로 볼 수 있고, 비록 그 때문에 소정의 신고 없이 B대학교로 장소를 옮겨서 집회를 하였다 하여 그 신고 없이 한 집회가 급박한 현재의 위난을 피하기 위한 부득이한 것이었다고 볼 수는 없는 것이므로 긴급피난에 해당한다고 할 수 없다.[33]

산부인과 의사의 낙태

임신지속이 모체의 건강을 해칠 우려가 현저하고 기형아 출산 가능성도 있어 산부인과 의사가 한 낙태는 정당행위 내지 긴급피난에 해당된다.[34] (형법각론 낙태죄 부분 참조)

봉쇄된 국회 외교통상상임위원회 회의장 출입구를 뚫으려고 출입문과 그 안쪽에 쌓인 탁자 등을 손상하고 국회의 심의를 방해할 목적으로 소방호스로 회의장 내에 물을 분사

갑 정당 당직자인 피고인들 등이 국회 외교통상 상임위원회 회의장 앞 복도에서 출입이 봉쇄된 회의장 출입구를 뚫을 목적으로 회의장 출입문 및 그 안쪽에 쌓여있던 책상, 탁자 등 집기를 손상하거나, 국회의 심의를

31) 대판 1987. 1. 20. 85도221.
32) 대판 2006. 4. 13. 2005도9396.
33) 대판 1990. 8. 14. 90도870.
34) 대판 1976. 7. 13. 75도1205.

방해할 목적으로 소방호스를 이용하여 회의장 내에 물을 분사한 사안에서, 피고인들의 위와 같은 행위는 공용물건손상죄(형법 148조 1항) 및 국회회의장소동죄(형법 138조)의 구성요건에 해당하고, 국민의 대의기관인 국회에서 서로의 의견을 경청하고 진지한 토론과 양보를 통하여 더욱 바람직한 결론을 도출하는 합법적 절차를 외면한 채 곧바로 폭력적 행동으로 나아가 방법이나 수단에 있어서도 상당성의 요건을 갖추지 못하여 이를 위법성이 조각되는 정당행위나 긴급피난이라고 보기 어렵다.[35)]

강간하던 중 피해자가 깨무는 손가락을 뽑아 피해자의 치아가 결손됨(자초위난)

피해자의 입을 막고 음부를 더듬다가 피해자가 깨무는 손가락을 뽑아 피해자의 치아결손이 발생한 경우 강간치상죄가 성립하며, 피고인이 스스로 야기한 범행의 와중에서 피해자에게 위와 같은 상해를 입힌 소위를 가리켜 법에 의하여 용인되는 피난행위라 할 수도 없다.[36)]

3. 의무의 충돌

물에 빠진 여러 자식들 중 일부는 구조하였으나, 구조하지 못한 그 나머지의 자식들은 사망에 이르게 된 경우와 같이 동시에 이행하여야 할 여러 개의 의무 중 일부의 의무는 이행하였으나 나머지의 의무를 이행하지 못함으로써 구성요건을 실현하는 경우를 의무의 충돌이라고 한다. 이에 대해서는 정당행위라는 견해, 초법규적 위법성조각사유라는 견해, 긴급피난에 해당한다는 견해 등이 있다. 의무의 충돌은 법적인 의무가 부여된 자에게 발생하므로 부진정부작위범이 문제되기도 한다.

Ⅲ. 자구행위

1. 의 의

형법 제23조(자구행위) ① 법정절차에 의하여 청구권을 보전하기 불능한 경우에 그 청구권의 실행불능 또는 현저한 실행곤란을 피하기 위한 행위는 상당한 이유가 있는 때에는 벌하지 아니한다.
② 전항의 행위가 그 정도를 초과한 때에는 정황에 의하여 형을 감경 또는 면제할 수 있다.

자구행위의 의미

형법상 자구행위라 함은 법정절차에 의하여 청구권을 보전하기 불능한 경우에 그 청구권의 실행불능 또는

35) 대판 2013. 6. 13. 2010도13609.
36) 대판 1995. 1. 12. 94도2781.

현저한 실행곤란을 피하기 위한 상당한 행위를 말한다.[37)]

2. 자구행위의 성립요건

관리인이 있는 민사소송 중의 건조물에 자물쇠를 절단하고 침입

소유권의 귀속에 관한 분쟁이 있어 민사소송이 계속 중인 건조물에 관하여 현실적으로 관리인이 있음에도 위 건조물의 자물쇠를 쇠톱으로 절단하고 침입한 소위는 법정절차에 의하여 그 권리를 보전하기가 곤란하고 그 권리의 실행불능이나 현저한 실행곤란을 피하기 위해 상당한 이유가 있는 행위라고 할 수 없다.[38)]

절의 출입구와 마당으로 사용되는 대지를 전 주지의 가족으로부터 매수하였다는 구실로 불법 침입하여 호를 파자 주지가 신도들과 더불어 그 호를 메워버림

절의 출입구와 마당으로 약 10년 전부터 사용하고 또 그곳을 통하여서만 출입할 수 있는 대지를 전 주지의 가족으로부터 매수하여 등기를 마쳤다는 구실로 불법침입하여 담장을 쌓기 위한 호를 파 놓았기 때문에 그 절의 주지가 신도들과 더불어 그 호를 메워버린 소위는 법정절차에 의하여 청구권을 보존할 수 없는 경우에 해당하지 아니하여 자구행위로서의 요건을 갖추었다고 볼 수 없다.[39)]

석고대금을 미지급한 화랑 주인이 도주하자 화랑에 들어가 물건을 몰래 가지고 나옴

피고인이 피해자에게 석고를 납품한 대금을 받지 못하고 있던 중 피해자가 화랑을 폐쇄하고 도주하자, 피고인이 야간에 폐쇄된 화랑의 베니어판 문을 미리 준비한 드라이버로 뜯어내고 피해자의 물건을 몰래 가지고 나왔다면, 위와 같은 피고인의 강제적 채권추심 내지 이를 목적으로 하는 물품의 취거행위를 형법 제23조 소정의 자구행위라고 볼 수 없다.[40)]

불특정 다수의 주민들이 이용하는 도로에 깊이 1m 정도의 구덩이를 팜

주민들이 농기계 등으로 그 주변의 농경지나 임야에 통행하기 위해 이용하는 자신 소유의 도로에 깊이 1m 정도의 구덩이를 판 사안에서,
이 사건 도로는 피고인 소유 토지상에 무단으로 확장 개설되어 그대로 방치할 경우 불특정 다수인이 통행할 우려가 있다는 사정만으로는 피고인이 법정절차에 의하여 자신의 청구권을 보전하는 것이 불가능한 경우에

37) 대판 2006. 3. 24. 2005도8081; 대판 2007. 5. 11. 2006도4328.
암장된 분묘의 무허가 발굴·개장
암장된 분묘라 하더라도 당국의 허가없이 자구행위로 이를 발굴하여 개장할 수는 없다(대판 1976. 10. 29. 76도2828).

38) 대판 1985. 7. 9. 85도707.

39) 대판 1970. 7. 21. 70도996.

40) 대판 1984. 12. 26. 84도2582.

해당한다고 볼 수 없을 뿐 아니라, 이미 불특정 다수인이 통행하고 있는 육상의 통로에 구덩이를 판 행위가 피고인의 청구권의 실행불능이나 현저한 실행곤란을 피하기 위한 상당한 이유가 있는 행위라고도 할 수 없으므로, 일반교통방해죄가 성립하며 자구행위나 정당행위에 해당하지 않는다.[41)]

사회상규에 위배되지 않는 정당행위/토지 소유자가 A주식회사와의 사용대차계약을 해지하고 그 토지 중 A의 진입로 부분을 폐쇄

피고인이 피해자 운영의 A주식회사가 이 사건 토지에 관한 사용·수익권을 가지고 있었음에도 불구하고, 피고인이 이 사건 토지 중 A로 들어가는 진입로를 폐쇄함으로써 피해자의 A 운영에 관한 업무를 방해하였다는 공소사실에 관하여,

피고인이 이 사건 토지의 소유권자로서 A에 대하여 사용대차계약을 해지하고 이 사건 토지의 인도 등을 구할 권리가 있다는 이유만으로 A로 들어가는 진입로를 폐쇄한 것은, 그 권리를 확보하기 위하여 다른 적법한 절차를 취하는 것이 곤란하였던 것으로 보이지 않아 그 동기와 목적이 정당하다거나 수단이나 방법이 상당하다고 할 수 없고, 또한 그에 관한 피고인의 이익과 피해자가 침해받은 이익 사이에 균형이 있는 것으로도 보이지 않으므로 정당한 행위라고 할 수 없다.

피고인이 법정절차에 의하여 자신의 A 및 피해자에 대한 토지인도 등 청구권을 보전하는 것이 불가능하였거나 현저하게 곤란하였다고 볼 수 없을 뿐만 아니라, 피고인의 행위가 그 청구권의 보전불능 등을 피하기 위한 상당한 행위라고 할 수도 없다.[42)]

Ⅳ. 피해자의 승낙

1. 의 의

형법 제24조(피해자의 승낙) 처분할 수 있는 자의 승낙에 의하여 그 법익을 훼손한 행위는 법률에 특별한 규정이 없는 한 벌하지 아니한다.

피해자의 승낙으로 위법성이 조각되기 위한 요건

형법 제24조의 규정에 의하여 위법성이 조각되는 피해자의 승낙은 개인적 법익을 훼손하는 경우에 법률상 이를 처분할 수 있는 사람의 승낙이어야 할 뿐만 아니라 그 승낙이 윤리적·도덕적으로 사회상규에 반하는 것이 아니어야 한다.[43)]

41) 대판 2007. 3. 15. 2006도9418.

42) 대판 2007. 5. 11. 2006도4328.

43) 대판 1985. 12. 10. 85도1892; 대판 2008. 12. 11. 2008도9606.

2. 피해자 승낙의 성립요건

가. 개인이 처분할 수 있는 법익

승낙을 받아 피고소인에 대하여 허위 고소한 다음 출석요구에 불응하여 각하로 종결

고소인들은 갑과 그로부터 피해를 당한 사람들 사이의 합의를 주선하기 위하여 자신들도 피해자인 것처럼 행세하기 위한 방편으로 "갑에게 돈을 빌려주었으나 변제기 경과 후에도 원리금을 전혀 변제받지 못하였다"는 허위 내용의 고소장을 제출한 다음, 바로 갑에게 합의서를 작성하여 교부해 주는 한편 수사기관의 출석요구에 응하지 않아 위 고소사건이 각하로 종결된 사안에서,

무고죄는 국가의 형사사법권 또는 징계권의 적정한 행사를 주된 보호법익으로 하고 다만, 개인의 부당하게 처벌 또는 징계받지 아니할 이익을 부수적으로 보호하는 죄이므로, 설사 무고에 있어서 피무고자의 승낙이 있었다고 하더라도 무고죄의 성립에는 영향을 미치지 못한다.

피무고자의 승낙을 받아 허위사실을 기재한 고소장을 제출하였다면 피무고자에 대한 형사처분이라는 결과발생을 의욕한 것은 아니라 하더라도 적어도 그러한 결과발생에 대한 미필적인 인식은 있었던 것으로 보아야 한다.[44]

나. 승낙이 윤리적·도덕적으로 사회상규에 반하지 아니함

보험금편취 목적으로 승낙을 받아 교통사고를 가장하여 피해자에게 상해를 가함

피고인이 피해자와 공모하여 교통사고를 가장하여 보험금을 편취할 목적으로 피해자에게 상해를 가하였다면 피해자의 승낙이 있었다고 하더라도 이는 위법한 목적에 이용하기 위한 것이므로 피고인의 행위가 피해자의 승낙에 의하여 위법성이 조각되지 않는다.[45]

신체가 더 건강한 피고인이 피해자에게 1분 이상 가슴과 배를 때려 치사(폭행치사죄)

각종의 장기와 신경이 밀집되어 있어 인체의 가장 중요한 부위를 점하고 있는 흉부에 대한 강도의 타격은 생리적으로 중대한 영향을 줄 뿐만 아니라 신경에 자극을 줌으로써 이에 따른 쇼크로 인해 피해자를 사망에 이르게 할 수 있고, 더우기 그 가격으로 급소를 맞을 때에는 더욱 그러할 것인데, 피할만한 여유도 없는 좁은 장소와 상급자인 피고인이 하급자인 피해자로부터 아프게 반격을 받을 정도의 상황에서 신체가 보다 더 건강한 피고인이 피해자에게 약 1분 이상 가슴과 배를 때렸다면 사망의 결과에 대한 예견가능성을 부정할 수도 없을 것이며 위와 같은 상황에서 이루어진 폭행이 장난권투로서 피해자의 승낙에 의한 사회상규에 어긋나지 않는 것이라고도 볼 수 없다.[46]

44) 대판 2005. 9. 30. 2005도2712.
45) 대판 2008. 12. 11. 2008도9606.
46) 대판 1989. 11. 28. 89도201.

다. 승낙의 존재

계주 아닌 자가 계주의 승낙을 받아 계주행세를 하여 계원들로부터 계불입금을 지급받음

피고인이 계원들로 하여금 갑 대신 피고인을 계주로 믿게 하여 계금을 지급하고 불입금을 지급받아 위계를 사용하여 갑의 계운영업무를 방해하였다고 하여도 피고인에 대하여 다액의 채무를 부담하고 있던 갑으로서는 채권확보를 위한 피고인의 요구를 거절할 수 없었기 때문에 피고인이 계주의 업무를 대행하는데 대하여 이를 승인 내지 묵인한 사실이 인정된다면 피고인의 소위는 이른바 갑의 승락이 있었던 것으로서 위법성이 저각되어 업무방해죄가 성립되지 않는다.47)

평소 복직협의 등의 명목으로 회사 출입이 허용된 피고인이 노조원들에 의해 무단 장악된 사무실로 들어감

공소사실: 피고인은 A회사 노조수석부위원 등이 경찰에 의해 구속영장이 집행되자 이에 반발한 A의 노조원들이 A의 각 출입문 경비실을 장악하고 관리직사원들의 출입을 봉쇄하며 경찰과 대치하면서 투석시위를 벌이는 등으로 A를 점거한 상황에서 성명불상자 6인과 함께 A의 조립부 풀팀(pool team) 사무실로 들어가 건조물에 침입함

판단: A가 평소 외부방문객, 노조방문객 등의 회사출입시 정문 경비실에서 방문서류를 기재하게 하고 출입명패를 발급해 주었고 방문객들은 이를 패용하고 회사 구내로 출입하였으며 피고인 등 A의 해고자들 역시 회사와 불필요한 마찰을 줄이기 위하여 A에서 발부하는 출입명패를 받아 복직협의 또는 노조활동의 명목으로 A의 사무실에 출입하여 왔다.

A가 해고근로자들의 출입을 위와 같은 방법으로 허락해 왔더라도 이는 어디까지나 A의 업무가 정상적으로 수행되고 있는 경우에 복직협의 등에 관련하여 필요한 범위내의 출입에 한정된 것이라고 봄이 상당할 것이다. 피고인이 위 사무실에 들어갈 당시 사무실은 노조간부들이 무단으로 점거하여 노조 임시사무실로 사용하고 있던 중이었을 뿐 아니라, 피고인이 위 사무실에 들어간 시점도 A 노조원들에 의해 A가 점거되어 A의 업무가 정상적으로 수행되지 아니할 때이다. 그렇다면 특별한 사정이 없는 한 피고인의 위와 같은 출입행위는 관리자인 A의 의사 내지 추정적 의사에 반한다.48)

라. 피해자의 승낙이 유효할 것

정밀진단을 하지 않은 채 자궁외 임신을 자궁근종으로 오인하고 부정확한 설명으로 승낙을 받아 자궁적출/난소제거로 임신불능인 피해자의 자궁을 적출

산부인과 전문의 수련과정 2년차인 의사가 자신의 시진, 촉진결과 등을 과신한 나머지 초음파검사 등 피해자의 병증이 자궁외 임신인지, 자궁근종인지를 판별하기 위한 정밀한 진단방법을 실시하지 아니한 채 피해자의 병명을 자궁근종으로 오진하고 이에 근거하여 의학에 대한 전문지식이 없는 피해자에게 자궁적출술의 불가피성만을 강조하였을 뿐 위와 같은 진단상의 과오가 없었으면 당연히 설명받았을 자궁외 임신에 관한 내용을 설명받지 못한 피해자로부터 수술승낙을 받았다면 위 승낙은 부정확 또는 불충분한 설명을 근거로 이

47) 대판 1983. 2. 8. 82도2486.
48) 대판 1994. 2. 8. 93도120.

루어진 것으로서 수술의 위법성을 조각할 유효한 승낙이라고 볼 수 없다.
난소의 제거로 이미 임신불능 상태에 있는 피해자의 자궁을 적출했다 하더라도 그 경우 자궁을 제거한 것이 신체의 완전성을 해한 것이 아니라거나 생활기능에 아무런 장애를 주는 것이 아니라거나 건강상태를 불량하게 변경한 것이 아니라고 할 수 없고 이는 업무상과실치상죄에 있어서의 상해에 해당한다.[49)]

비정상적이거나 과도한 유형력을 행사하는 안수기도

종교적 기도행위의 일환으로서 기도자의 기도에 의한 염원 내지 의사가 상대방에게 심리적 또는 영적으로 전달되는 데 도움이 된다고 인정될 수 있는 한도 내에서 상대방의 신체의 일부에 가볍게 손을 얹거나 약간 누르면서 병의 치유를 간절히 기도하는 행위는 그 목적과 수단면에 있어서 정당성이 인정된다고 볼 수 있을 것이지만, 그러한 종교적 기도행위를 마치 의료적으로 효과가 있는 치료행위인 양 내세워 환자를 끌어들인 다음, 통상의 일반적인 안수기도의 방식과 정도를 벗어나 환자의 신체에 비정상적이거나 과도한 유형력을 행사하고 신체의 자유를 과도하게 제압하여 그 결과 환자의 신체에 상해까지 입힌 경우라면, 그러한 유형력의 행사가 비록 안수기도의 명목과 방법으로 이루어졌다 해도 사회상규상 용인되는 정당행위라고 볼 수 없음은 물론이고, 이를 치료행위로 오인한 피해자측의 승낙이 있었다 하여 달리 볼 수도 없다.[50)]

마. 양 해

구성요건해당성 조각사유로 기능하는 피해자의 승낙을 특별히 양해라고 한다. 따라서 양해는 구성요건이 피해자의 의사에 반하는 경우에만 충족될 수 있는 범죄에서 나타난다.

공문서 작성권자가 타인에게 대신 서명케 함

공문서의 위조라 함은 행사할 목적으로 공무원 또는 공무소의 문서를 정당한 작성권한 없는 자가 작성권한 있는 자의 명의로 작성하는 것을 말하므로, 공문서인 기안문서의 작성 권한자가 직접 이에 서명하지 않고 피고인에게 지시하여 자기의 서명을 흉내내어 기안문서의 결재란에 대신 서명케 한 경우라면 피고인의 기안문

49) 대판 1993. 7. 27. 92도2345.
50) 대판 2008. 8. 21. 2008도2695. 구체적인 판단은 다음과 같다.
피고인이 실시한 이 사건 안수기도는 의료적 치료행위임을 전제로 피해자의 어머니 갑으로부터 시술에 따른 책임을 전가하는 각서까지 받은 점, 그 실시에 앞서 피해자가 고통을 느껴 몸부림칠 것에 대비하여 다수의 사람들을 동원해서 피해자의 신체를 장시간 강제로 제압하도록 하였고, 실제 안수기도 과정에서 피해자가 신체에 상해(피해자측이 제출한 진단서상으로는 3주간의 치료를 요하는 다발성좌상 및 피하출혈흔 등의 상해)를 입는 것을 감수하면서까지 고통으로부터 벗어나고자 저항하였을 정도인데다가, 피해자와 달리 정신적 질환이 없는 갑마저 피고인의 권유로 위 안수기도를 받다가 고통을 못 이겨 소리를 지르는 바람에 큰 소동이 벌어졌음에 비추어 위 안수기도로 피해자가 느낀 고통은 단순한 심리적·정신적 고통이 아닌 신체적 고통으로 볼 여지가 많다는 점, 피해자가 입은 2006. 8. 21.자의 상해가 위 안수기도와 무관한 피고인의 별도의 가해행위로 인한 것이 아니라면 그것이 피해자의 자해행위에 의한 것도 아닌 이상에야 결국, 이 사건 안수기도의 불법적인 폭력행사의 측면 때문에 초래된 것이라고 볼 수밖에 없다는 점 등의 사정을 종합하여 보면, 이 사건 눈 안수기도의 명목으로 피고인이 사용한 일련의 유형력의 행사 및 그로 인한 상해의 결과는 그 목적뿐만 아니라 수단과 방법의 측면에 있어서도 사회상규상 용인될 수 있는 정당행위라고 보기 어렵다.

서 작성행위는 작성권자의 지시 또는 승낙에 의한 것으로서 공문서위조죄의 구성요건해당성이 조각된다.[51)]

동거인이 지갑에서 현금을 꺼내가는 것을 목격하고 만류하지 않음

피고인이 동거 중인 피해자의 지갑에서 현금을 꺼내가는 것을 피해자가 현장에서 목격하고도 만류하지 아니하였다면 피해자가 이를 허용하는 묵시적 의사가 있었다고 봄이 상당하여 이는 절도죄를 구성하지 않는다.[52)]

밍크를 가져갈 권리가 있다고 주장하며 가져가는 것을 묵시적으로 동의

피고인이 피해자에게 이 사건 밍크 45마리에 관하여, 자기에게 그 권리가 있다고 주장하면서 이를 가져간데 대하여 피해자의 묵시적인 동의가 있었다면 피고인의 주장이 후에 허위임이 밝혀졌더라도 피고인의 행위는 절도죄의 절취행위에는 해당하지 않는다.[53)]

주거침입죄와 관련하여 형법각론을 참조.

바. 승낙의 철회

임대인으로부터 임대차보증금 잔금지급 전에 건물을 인도받아 철거 및 인테리어공사를 하도록 승낙을 받아 공사 중 잔금미지급을 이유로 승낙이 철회되었음에도 유리창 손괴

법리: 위법성조각사유로서의 피해자의 승낙은 언제든지 자유롭게 철회할 수 있고, 그 철회의 방법에는 아무런 제한이 없다.[54)]

사실관계: ① 피고인은 피해자 소유의 A건물에 관하여 피해자의 모인 갑과 사이에 임대차계약을 체결함에 있어 임대차보증금 잔금 지급일을 2009. 3. 31.로 하되 A를 전부 인도받는 시점에 임대차보증금 잔금을 지급하기로 합의함

② 피고인은 위 임대차계약 체결 당시 갑으로부터 잔금 지급기일 전에 인테리어 공사를 할 수 있도록 승낙을 받고 2009. 4. 11.까지 갑으로부터 A를 인도받아 인테리어 공사를 하면서 설치된 시설물의 대부분을 철거함

③ 피고인은 임대차보증금 잔금을 지급하지 않았고, 2009. 4. 13. 갑으로부터 임대차보증금 잔금 지급을 일주일 유예한다는 승낙을 받아 그 유예기간이 경과하였음에도 임대차보증금 잔금을 지급하지 않음

④ 피고인은 2009. 4. 22. 갑과 피해자로부터 임대차보증금 잔금을 지급하지 않았으므로 공사를 중단하고 A에서 퇴거하라는 요구를 받음

⑤ 이에 피고인은 인근 바닥에 있던 도끼를 집어 던져 A의 1층 유리창을 손괴함

51) 대판 1983. 5. 24. 82도1426.

52) 대판 1985. 11. 26. 85도1487.

53) 대판 1990. 8. 10. 90도1211.

54) 대판 2006. 4. 27. 2005도8074; 대판 2011. 5. 13. 2010도9962.

⑥ 그 후 갑의 2009. 4. 23.자 위 임대차계약 해지의 의사표시가 기재된 내용증명 우편이 피고인에게 도달함
판단: 갑이 피고인의 유리창 손괴행위 전에 피고인에게 임대차보증금 잔금 미지급을 이유로 하여 A에서의 공사 중단 및 퇴거를 요구하는 취지의 의사표시를 하였다면, 이로써 갑은 위 임대차계약을 체결하면서 피고인에게 한 A의 시설물 철거에 대한 동의를 철회하였다고 봄이 상당하고, 당시는 갑의 위 내용증명 우편이 피고인에게 도달되기 전이라 하더라도 철거동의를 철회하는 의사표시가 효력이 없다고 볼 것은 아니다.[55)]

V. 정당행위

1. 의 의

형법 제20조(정당행위) 법령에 의한 행위 또는 업무로 인한 행위 기타 사회상규에 위배되지 아니하는 행위는 벌하지 아니한다.

정당행위의 의미와 요건

형법 제20조 소정의 '사회상규에 위배되지 아니하는 행위'라 함은 법질서 전체의 정신이나 그 배후에 놓여 있는 사회윤리 내지 사회통념에 비추어 용인될 수 있는 행위를 말하고, 어떠한 행위가 사회상규에 위배되지 아니하는 정당한 행위로서 위법성이 조각되는 것인지는 구체적인 사정 아래서 합목적적, 합리적으로 고찰하여 개별적으로 판단하여야 할 것인바, 이와 같은 정당행위를 인정하려면 ① 그 행위의 동기나 목적의 정당성, ② 행위의 수단이나 방법의 상당성, ③ 보호이익과 침해이익의 법익균형성, ④ 긴급성, ⑤ 그 행위 외에 다른 수단이나 방법이 없다는 보충성 등의 요건을 갖추어야 한다.[56)]

---

55) 대판 2011. 5. 13. 2010도9962.

56) 대판 1984. 5. 22. 84도39; 대판 1999. 1. 26. 98도3029; 대판 2001. 2. 23. 2000도4415; 대판 2004. 3. 26. 2003도7878.

중공민항기의 납치

중공의 정치, 사회현실에 불만을 품고 자유중국으로 탈출하고자 민항기를 납치한 이 사건에서 그 수단이나 방법에 있어 민간항공기를 납치한 행위는 상당하다 할 수 없고 피고인들이 보호하려는 이익은 피고인들의 자유였음에 반하여 피고인들의 행위로 침해되는 법익은 승객 등 불특정다수인의 생명, 신체의 위험과 항공여행의 수단인 항공기의 안전에 대한 세계인의 신뢰에 대한 침해인 점에 비추어 현저히 균형을 잃었다 할 것이며, 그 당시의 상황에 비추어 항공기납치행위가 긴급, 부득이한 것이라고 인정하기 어려우므로 피고인들의 행위를 사회상규에 위배되지 아니한 행위로서 위법성이 조각되는 행위라고 할 수 없다(대판 1984. 5. 22. 84도39).

2. 법령에 의한 행위

가. 공무원의 직무집행행위

경찰관이 법정 절차 없이 피해자를 경찰서보호실에 감금(직권남용감금죄)

법정의 절차 없이 피해자를 경찰서보호실에 감금한 행위는 수사목적 달성을 위하여 적절한 행위라고 믿고 한 정당행위라 할 수 없고 직무상의 권능을 행사함에 있어서 법정의 조건을 구비하지 아니하고 이를 행사한 것은 곧 직권을 남용하여 불법감금한 것에 해당한다.[57)]

대공수사단 직원이 상관의 명령에 따라 물고문하여 치사케 함

공무원이 그 직무를 수행함에 있어 상관은 하관에 대하여 범죄행위 등 위법한 행위를 하도록 명령할 직권이 없는 것이고, 하관은 소속 상관의 적법한 명령에 복종할 의무는 있으나 그 명령이 참고인으로 소환된 사람에게 가혹행위를 가하라는 등과 같이 명백한 위법 내지 불법한 명령인 때에는 이는 벌써 직무상의 지시명령이라 할 수 없으므로 이에 따를 의무는 없다.

설령 대공수사단 직원은 상관의 명령에 절대 복종하여야 한다는 것이 불문율로 되어 있다 할지라도 국민의 기본권인 신체의 자유를 침해하는 고문행위 등이 금지되어 있는 우리의 국법질서에 비추어 볼 때 그와 같은 불문율이 있다는 것만으로는 고문치사와 같이 중대하고도 명백한 위법명령에 따른 행위가 정당한 행위에 해당하거나 강요된 행위로서 적법행위에 대한 기대가능성이 없는 경우에 해당하지 않는다.[58)]

해설: 형법 124조(불법체포, 불법감금)에 규정된 죄를 범하여 사람을 사망에 이르게 한 특가법 4조의2 위반죄가 성립한다.

남북정상회담의 개최과정에서 이루어진 대북송금

남북정상회담의 개최는 고도의 정치적 성격을 지니고 있는 행위라 할 것이므로 특별한 사정이 없는 한 그 당부를 심판하는 것은 사법권의 내재적·본질적 한계를 넘어서는 것이 되어 적절하지 못하지만, 남북정상회담의 개최과정에서 재정경제부장관에게 신고하지 아니하거나 통일부장관의 협력사업 승인을 얻지 아니한 채 북한측에 사업권의 대가 명목으로 송금한 행위 자체는 헌법상 법치국가의 원리와 법 앞에 평등원칙 등에 비추어 볼 때 사법심사의 대상이 되고, 남북정상회담의 개최과정에서 이루어진 대북송금 행위가 형법상 정당행위에 해당된다고 보기 어렵다고 한 사례.[59)]

---

57) 대판 1971. 3. 9. 70도2406.

58) 대판 1988. 2. 23. 87도2358. 다음은 같은 취지이다.

명백히 위법 내지 불법한 명령

공무원이 그 직무를 수행함에 있어 상관은 하관에 대하여 범죄행위 등 위법한 행위를 하도록 명령할 직권이 없는 것이며, 또한 하관은 소속 상관의 적법한 명령에 복종할 의무는 있으나 위와 같이 명백히 위법 내지 불법한 명령인 때에는 이는 벌써 직무상의 지시명령이라 할 수 없으므로 이에 따라야 할 의무는 없다(대판 1999. 4. 23. 99도636; 대판 2013. 11. 28. 2011도5329).

59) 대판 2004. 3. 26. 2003도7878.

나. 징계권의 행사

(1) 교사의 징계권

여중 교사의 학생지도가 정당행위에 해당하지 않은 사례

사회상규에 위반되지 아니하는 행위라 함은 법질서 전체의 정신이나 그의 배후에 놓여 있는 사회윤리 도의적 감정 내지 사회통념에 비추어 용인될 수 있는 행위를 말하는 것이어서 어떠한 행위가 사회상규에 위배되지 아니하는가는 구체적 사정 아래에서 합목적적 합리적으로 고찰하여 개별적으로 판단되어야 한다.

초·중등교육법령에 따르면 교사는 학교장의 위임을 받아 교육상 필요하다고 인정할 때에는 징계를 할 수 있고 징계를 하지 않는 경우에는 그 밖의 방법으로 지도를 할 수 있는데 그 지도에 있어서는 교육상 불가피한 경우에만 신체적 고통을 가하는 방법인 이른바 체벌로 할 수 있고 그 외의 경우에는 훈육, 훈계의 방법만이 허용되어 있는바, 교사가 학생을 징계 아닌 방법으로 지도하는 경우에도 징계하는 경우와 마찬가지로 교육상의 필요가 있어야 될 뿐만 아니라 특히 학생에게 신체적, 정신적 고통을 가하는 체벌, 비하하는 말 등의 언행은 교육상 불가피한 때에만 허용되는 것이어서, 학생에 대한 폭행, 욕설에 해당되는 지도행위는 학생의 잘못된 언행을 교정하려는 목적에서 나온 것이었으며 다른 교육적 수단으로는 교정이 불가능하였던 경우로서 그 방법과 정도에서 사회통념상 용인될 수 있을 만한 객관적 타당성을 갖추었던 경우에만 법령에 의한 정당행위로 볼 수 있을 것이고, 교정의 목적에서 나온 지도행위가 아니어서 학생에게 체벌, 훈계 등의 교육적 의미를 알리지도 않은 채 지도교사의 성격 또는 감정에서 비롯된 지도행위라든가, 다른 사람이 없는 곳에서 개별적으로 훈계, 훈육의 방법으로 지도·교정될 수 있는 상황이었음에도 낯모르는 사람들이 있는 데서 공개적으로 학생에게 체벌·모욕을 가하는 지도행위라든가, 학생의 신체나 정신건강에 위험한 물건 또는 지도교사의 신체를 이용하여 학생의 신체 중 부상의 위험성이 있는 부위를 때리거나 학생의 성별, 연령, 개인적 사정에서 견디기 어려운 모욕감을 주어 방법·정도가 지나치게 된 지도행위 등은 특별한 사정이 없는 한 사회통념상 객관적 타당성을 갖추었다고 보기 어렵다.

여자중학교 교사의 학생에 대한 지도행위가 당시의 상황, 동기, 그 수단, 방법 등에 비추어 사회통념상 객관적 타당성을 갖추지 못하여 정당행위로 볼 수 없다고 한 사례.[60]

교사가 욕설하였는지도 확인 못할 정신상태에서 욕설하지 않은 학생을 오인하여 구타

교사가 피해자인 학생이 욕설을 하였는지를 확인도 하지 못할 정도로 침착성과 냉정성을 잃은 상태에서 욕설을 하지도 아니한 학생을 오인하여 구타하였다면 그 교사가 비록 교육상 학생을 훈계하기 위하여 한 것이라고 하더라도 이는 징계권의 범위를 일탈한 위법한 폭력행위이다.[61]

60) 대판 2004. 6. 10. 2001도5380. 구체적인 판시는 다음과 같다.
피고인이 피해자들의 각 언행을 교정하기 위하여는 위에서 본 학생지도시의 준수요건을 지켜 개별적 지도로서 훈계하는 등의 방법을 사용할 수 있었던 상황이었으며 달리 특별한 사정은 인정될 수 없었음에도 스스로의 감정을 자제하지 못한 나머지 많은 낯모르는 학생들이 있는 교실 밖에서 피해자 학생들의 행동을 본 즉시 피고인 자신의 손이나 주먹으로 피해자 1의 머리 부분을 때렸고 피고인이 신고 있던 슬리퍼로 피해자 2의 양손을 때렸으며 감수성이 예민한 여학생인 피해자들에게 모욕감을 느낄 지나친 욕설을 하였던 것은 사회관념상 객관적 타당성을 잃은 지도행위여서 정당행위로 볼 수 없다.

61) 대판 1980. 9. 9. 80도762.

교사가 훈계 목적으로 몽둥이로 학생을 때려 전치 3주의 상해를 가함

교사가 학생을 엎드러지게 한 후 몽둥이와 당구큐대로 그의 둔부를 때려 3주간의 치료를 요하는 우둔부심부혈종좌이부좌상을 입혔다면 비록 학생주임을 맡고 있는 교사로서 제자를 훈계하기 위한 것이었다 하더라도 이는 징계의 범위를 넘는 것으로서 정당행위에 해당하지 아니한다.[62]

중학교 교장직무대리자가 훈계 목적으로 교칙위반학생의 뺨을 몇 차례 때림

중학교 교장직무대리자가 훈계의 목적으로 교칙위반학생에게 뺨을 몇 차례 때린 정도는 감호교육상의 견지에서 볼 때 징계의 방법으로서 사회 관념상 비난의 대상이 될 만큼 사회상규를 벗어난 것으로는 볼 수 없어 처벌의 대상이 되지 아니한다.[63]

(2) 친권자의 징계권

친권자가 야구방망이로 때릴 듯이 피해자에게 '죽여 버린다'고 말함

친권자는 자를 보호하고 교양할 권리·의무가 있고 그 자를 보호 또는 교양하기 위하여 필요한 징계를 할 수 있기는 하지만 인격의 건전한 육성을 위하여 필요한 범위 안에서 상당한 방법으로 행사되어야만 할 것인데, 스스로의 감정을 이기지 못하고 야구방망이로 때릴 듯이 피해자에게 '죽여 버린다'고 말하여 협박하는 것은 그 자체로 피해자의 인격 성장에 장해를 가져올 우려가 커서 이를 교양권의 행사라고 보기도 어렵다.[64]

(3) 군인의 징계권

피고인은 소대장으로서 평소 피해자의 행동과 성정을 알고 있었을 터이니 그때에도 탈영·음주를 저지른 장본인이 자기 잘못은 아랑곳없이 신병들을 못살게 구는 행패를 야반에 저지르는 소란피우는 행동에 격분함은 누구나가 같을 것이니 이런 사정 하에 있는 지휘관이 손발을 각각 한 번씩 휘둘러 써서 제지했다면 군대 내에서 생명으로 삼는 질서를 지키려는 목적에서 이를 이루려는 일념으로 경미한 손짓 발짓을 한 것으로서 지키려는 법익이 피해법익에 비하여 월등 크다고 인정되어 크게 나무랄 것까지는 못된다 하겠으며 사회정의와 법의 정신에 어긋난데 있다고 비난될 정도도 아니니 정당한 목적을 위한 상당한 수단범위 내라고 하겠다.[65]

---

62) 대판 1991. 5. 14. 91도513. 다음은 같은 취지이다.
초등학생을 나무 지휘봉으로 때려 전치 6주의 상해를 가함
교사가 국민학교 5학년생을 징계하기 위하여 양손으로 교탁을 잡게하고 길이 50cm, 직경 3cm 가량 되는 나무 지휘봉으로 엉덩이를 두번 때리고, 학생이 아파서 무릎을 굽히며 허리를 옆으로 틀자 다시 허리부분을 때려 6주간의 치료를 받아야 할 상해를 입힌 경우 위 징계행위는 그 방법 및 정도가 교사의 징계권행사의 허용한도를 넘어선 것으로서 정당한 행위로 볼 수 없다(대판 1990. 10. 30. 90도1456).

63) 대판 1976. 4. 27. 75도115.

64) 대판 2002. 2. 8. 2001도6468. 연장자의 연소자에 대한 폭행 사례로는 대판 1978. 12. 13. 78도2617; 대판 2000. 2. 25. 99도4305.

65) 대판 1978. 4. 11. 77도3149.

상관인 피고인이 군내부에서 부하인 방위병들의 훈련 중에 그들에게 군인정신을 환기시키기 위하여 한 일이라 하더라도 감금과 구타행위는 징계권 내지 훈계권의 범위를 넘어선 것으로 위법하다.[66)]

상사 계급의 피고인이 부대원들에게 얼차려를 지시할 당시 얼차려의 결정권자도 아니었고 소속 부대의 얼차려 지침상 허용되는 얼차려도 아니라는 등의 이유로, 피고인의 얼차려 지시 행위를 형법 제20조의 정당행위로 볼 수 없다고 한 사례.[67)]

(4) 기 타

자신의 차를 열쇠로 긁어 손괴하는 피해자를 현행범체포하면서 전치 2주의 상해를 가함

적정한 한계를 벗어나는 현행범인 체포행위는 그 부분에 관한 한 법령에 의한 행위로 될 수 없다고 할 것이나, 적정한 한계를 벗어나는 행위인가 여부는 결국 정당행위의 일반적 요건을 갖추었는지 여부에 따라 결정되어야 할 것이지 그 행위가 소극적인 방어행위인가 적극적인 공격행위인가에 따라 결정되어야 하는 것은 아니다.

피해자가 그의 집 앞 노상에 주차하여 둔 피고인의 차를 열쇠 꾸러미로 긁어 손괴하고 있다가 피고인이 나타나자 부인하면서 도망하려고 하는 것을 보고 피고인이 피해자의 멱살을 수회 잡아 흔들어 피해자에게 약 14일간의 치료를 요하는 흉부찰과상을 가한 것은 사회통념상 허용될 수 없는 행위라고 보기는 어렵다.[68)]

폭행을 가한 자가 시비하다가 그의 집에 들어가자 얻어 맞아가면서 따라 들어가 이유를 따짐

피고인, 갑, 을이 함께 술을 마시고 그들이 사는 동리의 갑의 집 앞길에 이르렀을 때 갑이 사소한 일로 피고인에게 폭행을 가함으로써 상호 시비 중 갑이 그의 집으로 들어가기에 피고인도 술에 취하여 동인에게 얻어 맞아가면서 동인의 집까지 따라 들어가서 때리는 이유를 따지었던 경우에 피고인이 갑의 집에 따라 들어간 소위를 위법성 있는 주거침입이라고 논단하기 어렵다.[69)]

다. 노동쟁의

전국철도노동조합 집행부가 필수공익사업장으로 파업이 허용되지 않는 사업장에서 '직권중재회부 시 쟁의행위 금지규정 등'을 위반하여 파업을 강행

[1] 업무방해죄는 위계 또는 위력으로써 사람의 업무를 방해한 경우에 성립하며, '위력'이란 사람의 자유의사를 제압·혼란케 할 만한 일체의 세력을 말한다. 쟁의행위로서 파업(노동조합 및 노동관계조정법 제2조

66) 대판 1984. 6. 12. 84도799.
67) 대판 2006. 4. 27. 2003도4151.
68) 대판 1999. 1. 26. 98도3029.
69) 대판 1967. 9. 26. 67도1089.

第6호)도, 단순히 근로계약에 따른 노무의 제공을 거부하는 부작위에 그치지 아니하고 이를 넘어서 사용자에게 압력을 가하여 근로자의 주장을 관철하고자 집단적으로 노무제공을 중단하는 실력행사이므로, 업무방해죄에서 말하는 위력에 해당하는 요소를 포함하고 있다.

근로자는 원칙적으로 헌법상 보장된 기본권으로서 근로조건 향상을 위한 자주적인 단결권·단체교섭권 및 단체행동권을 가지므로, 쟁의행위로서 파업이 언제나 업무방해죄에 해당하는 것으로 볼 것은 아니고, 전후 사정과 경위 등에 비추어 사용자가 예측할 수 없는 시기에 전격적으로 이루어져 사용자의 사업운영에 심대한 혼란 내지 막대한 손해를 초래하는 등으로 사용자의 사업계속에 관한 자유의사가 제압·혼란될 수 있다고 평가할 수 있는 경우에 비로소 집단적 노무제공의 거부가 위력에 해당하여 업무방해죄가 성립한다고 보는 것이 타당하다.

[2] 피고인을 비롯한 전국철도노동조합 집행부가 중앙노동위원회 위원장의 직권중재회부결정에도 불구하고 파업에 돌입할 것을 지시하여, 조합원들이 전국 사업장에 출근하지 아니한 채 업무를 거부하여 철도 운행이 중단되도록 함으로써 한국철도공사에 영업수익 손실과 대체인력 보상금 등 막대한 손해를 입힌 사안에서, 중앙노동위원회 위원장의 중재회부보류결정의 경위 및 내용, 노동조합의 총파업 결의 이후에도 노사 간에 단체교섭이 계속 진행되다가 최종적으로 결렬된 직후 위 직권중재회부결정이 내려진 점을 감안할 때, 한국철도공사로서는 노동조합이 필수공익사업장으로 파업이 허용되지 않는 사업장에서 구 노동조합 및 노동관계조정법상 직권중재회부 시 쟁의행위 금지규정 등을 위반하면서까지 파업을 강행하리라고는 예측할 수 없었다 할 것이고, 나아가 파업의 결과 수백 회에 이르는 열차 운행이 중단되어 한국철도공사의 사업운영에 예기치 않은 중대한 손해를 끼친 사정들에 비추어, 위 파업은 사용자의 자유의사를 제압·혼란케 할 만한 세력으로서 업무방해죄의 '위력'에 해당한다고 본 사례.[70)]

해설: 종래의 판례는 "쟁의행위로서 파업을 하면 당연히 업무방해죄의 구성요건이 충족되고 다만 정당한 쟁의행위인 경우에 위법성이 조각될 수 있을 뿐이다"라고 보았으나, 위 판례에 의해 쟁의행위로서의 파업은 "사용자가 예측할 수 없는 시기에 전격적으로 이루어져 사용자의 사업운영에 심대한 혼란 내지 막대한 손해를 초래하는 등으로 사용자의 사업계속에 관한 자유의사가 제압·혼란될 수 있다고 평가할 수 있는 경우에

70) 대판 2011. 3. 17. 2007도482 전합. 다음은 같은 취지이다.

철도노동조합 등이 한국철도공사의 경영권에 속하는 사항을 주장하면서 안전운행투쟁

쟁의행위로서 파업이 언제나 업무방해죄의 구성요건을 충족한다고 할 것은 아니며, 전후 사정과 경위 등에 비추어 전격적으로 이루어져 사용자의 사업운영에 심대한 혼란 내지 막대한 손해를 초래할 위험이 있는 등의 사정으로 사용자의 사업계속에 관한 자유의사가 제압·혼란될 수 있다고 평가할 수 있는 경우 비로소 그러한 집단적 노무제공의 거부도 위력에 해당하여 업무방해죄를 구성한다고 보는 것이 타당하다.

철도노동조합과 산하 지방본부 간부인 피고인들이 '구내식당 외주화 반대' 등 한국철도공사의 경영권에 속하는 사항을 주장하면서 업무 관련 규정을 지나치게 철저히 준수하는 등의 방법으로 안전운행투쟁을 전개하여 열차가 지연 운행되도록 함으로써 한국철도공사의 업무를 방해하였다는 내용으로 기소된 사안에서, 열차 지연 운행 횟수나 정도 등에 비추어 안전운행투쟁으로 말미암아 한국철도공사의 사업운영에 심대한 혼란 내지 막대한 손해가 초래될 위험이 있었다고 하기 어렵고, 그 결과 한국철도공사의 사업계속에 관한 자유의사가 제압·혼란될 수 있다고 평가할 수 있는 경우에 해당하지 않는다고 볼 여지가 충분하다고 본 사례(대판 2014. 8. 20. 2011도468).

전국민주노동조합총연맹이 '미국산 쇠고기 수입 반대' 등을 주된 목적으로 총파업을 실시

전국민주노동조합총연맹 부위원장인 피고인이 위원장 등과 공모하여 연맹 산하의 전국 사업장에서 '미국산 쇠고기 수입 반대' 등을 주된 목적으로 총파업을 실시하여 위력으로 사용자의 업무를 방해하였다는 내용으로 기소된 사안에서, 사용자의 사업계속에 관한 자유의사가 제압·혼란될 수 있는 경우로 평가할 여지가 없는 일부 사업장을 포함하여 유죄 인정한 것은 잘못이라는 사례(대판 2011. 10. 27. 2009도3390).

비로소 업무방해죄의 구성요건을 충족한다"라는 것으로 바뀌었다.[71]

일부 쟁의행위가 정당하지 못한 경우 전체 쟁의행위의 정당성 판단/파업이 업무방해죄를 구성하기 위한 요건

정리해고나 사업조직의 통폐합 등 기업의 구조조정 실시 여부는 경영주체의 고도의 경영상 결단에 속하는 사항으로서 원칙적으로 단체교섭의 대상이 될 수 없어, 그것이 긴박한 경영상의 필요나 합리적 이유 없이 불순한 의도로 추진된다는 등의 특별한 사정이 없음에도 노동조합이 실질적으로 그 실시 자체를 반대하기 위하여 쟁의행위로 나아간다면, 비록 그러한 구조조정의 실시가 근로자들의 지위나 근로조건의 변경을 필연적으로 수반한다 하더라도, 그 쟁의행위는 목적의 정당성을 인정할 수 없다. 아울러 쟁의행위가 추구하는 목적이 여러 가지로서 그 중 일부가 정당하지 못한 경우에는 주된 목적 내지 진정한 목적을 기준으로 쟁의행위 목적의 정당성 여부를 판단하여야 하는데, 만일 부당한 요구사항을 뺐더라면 쟁의행위를 하지 않았을 것이라고 인정될 때에는 그 쟁의행위 전체가 정당성을 갖지 못한다고 보아야 한다.

한편 쟁의행위로서의 파업은 근로자가 사용자에게 압력을 가하여 그 주장을 관철하고자 집단적으로 노무제공을 중단하는 실력행사여서 업무방해죄에서의 위력으로 볼 만한 요소를 포함하고 있지만, 근로자에게는 원칙적으로 헌법상 보장된 기본권으로서 근로조건 향상을 위한 자주적인 단결권·단체교섭권 및 단체행동권이 있으므로, 이러한 파업이 언제나 업무방해죄의 구성요건을 충족한다고 할 것은 아니며, 전후 사정과 경위 등에 비추어 전격적으로 이루어져 사용자의 사업운영에 심대한 혼란 내지 막대한 손해를 초래할 위험이 있는 등의 사정으로 사용자의 사업계속에 관한 자유의사가 제압·혼란될 수 있다고 평가할 수 있는 경우 비로소 그러한 집단적 노무제공의 거부도 위력에 해당하여 업무방해죄를 구성한다고 보는 것이 타당하다.[72]

3. 업무로 인한 행위

가. 의료행위

샥숀의 사용으로 인한 통상적인 약간의 상해는 의사의 정당업무에 해당한다.[73]

자격이나 면허 없이 영리 목적으로 부항침과 부항을 이용하여 체내의 혈액을 밖으로 배출

부항 시술행위가 광범위하고 보편화된 민간요법이고, 그 시술로 인한 위험성이 적다는 사정만으로 그것이 바로 사회상규에 위배되지 아니하는 행위에 해당한다고 보기는 어렵고, 다만 개별적인 경우에 그 부항 시술행위의 위험성의 정도, 일반인들의 시각, 시술자의 시술의 동기, 목적, 방법, 횟수, 시술에 대한 지식수준, 시술

71) 위 판례에 의하여 다음 판례들은 변경되었다.
근로자들이 집단적으로 근로의 제공을 거부하여 사용자의 정상적인 업무운영을 저해하고 손해를 발생하게 한 행위가 당연히 위력에 해당하는 것을 전제로 노동관계 법령에 따른 정당한 쟁의행위로서 위법성이 조각되는 경우가 아닌 한 업무방해죄를 구성한다(대판 1991. 4. 23. 90도2771; 대판 1991. 11. 8. 91도326; 대판 2004. 5. 27. 2004도689; 대판 2006. 5. 12. 2002도3450; 대판 2006. 5. 25. 2002도5577).

72) 대판 2014. 11. 13. 2011도393.

73) 대판 1978. 11. 14. 78도2388.

경력, 피시술자의 나이, 체질, 건강상태, 시술행위로 인한 부작용 내지 위험발생 가능성 등을 종합적으로 고려하여 법질서 전체의 정신이나 그 배후에 놓여 있는 사회윤리 내지 사회통념에 비추어 용인될 수 있는 행위에 해당한다고 인정되는 경우에만 사회상규에 위배되지 아니하는 행위로서 위법성이 조각된다고 할 것이다. 피고인이 행한 부항 시술행위가 보건위생상 위해가 발행할 우려가 전혀 없다고 볼 수 없는 데다가, 피고인이 한의사 자격이나 이에 관한 어떠한 면허도 없이 영리를 목적으로 위와 같은 치료행위를 한 것이고, 단순히 수지침 정도의 수준에 그치지 아니하고 부항침과 부항을 이용하여 체내의 혈액을 밖으로 배출되도록 한 것이므로, 이러한 피고인의 시술행위는 의료법을 포함한 법질서 전체의 정신이나 사회통념에 비추어 용인될 수 있는 행위에 해당한다고 볼 수는 없고, 따라서 사회상규에 위배되지 아니하는 행위로서 위법성이 조각되는 경우에 해당한다고 할 수 없다.[74)]

수지침을 사와 시술을 부탁하는 자에게 맥을 짚어보고 진단하여 손등과 손바닥에 수지침 시술

일반적으로 면허 또는 자격 없이 침술행위를 하는 것은 의료법 제25조의 무면허 의료행위에 해당되고, 수지침 시술행위도 위와 같은 침술행위의 일종으로서 의료법에서 금지하고 있는 의료행위에 해당하며, 이러한 수지침 시술행위가 광범위하고 보편화된 민간요법이고, 그 시술로 인한 위험성이 적다는 사정만으로 그것이 바로 사회상규에 위배되지 아니하는 행위에 해당한다고 보기는 어렵다고 할 것이나, 수지침은 시술부위나 시술방법 등에 있어서 예로부터 동양의학으로 전래되어 내려오는 체침의 경우와 현저한 차이가 있고, 일반인들의 인식도 이에 대한 관용의 입장에 기울어져 있으므로, 이러한 사정과 함께 시술자의 시술의 동기, 목적, 방법, 횟수, 시술에 대한 지식수준, 시술경력, 피시술자의 나이, 체질, 건강상태, 시술행위로 인한 부작용 내지 위험발생 가능성 등을 종합적으로 고려하여 구체적인 경우에 있어서 개별적으로 보아 법질서 전체의 정신이나 그 배후에 놓여 있는 사회윤리 내지 사회통념에 비추어 용인될 수 있는 행위에 해당한다고 인정되는 경우에는 형법 제20조 소정의 사회상규에 위배되지 아니하는 행위로서 위법성이 조각된다.

피고인이 갑의 맥을 짚어 보고 그 병명을 진단한 후 수지침을 시술한 사안에서, 피고인의 위와 같은 수지침 시술행위는 손등과 손바닥에만 하는 것으로서 피부에 침투하는 정도가 아주 경미하여 부작용이 생길 위험이 극히 적은 사실(아직까지 부작용이 보고된 예는 보이지 아니한다), 수지침시술은 1971년경 공소외 유태우에 의하여 연구, 발표된 이래 국민건강요법으로 이용되어 왔고, 수지침을 연구하는 사람들의 모임인 고려수지요법학회는 전국 160개 지부를 통하여 전국에 걸쳐 수지침을 통한 의료봉사활동을 하고 있으며, 수지침시술은 누구나 쉽게 배워 스스로를 진단하여 자신의 손에 시술할 수 있고, 또한 실제로 많은 사람들이 민간요법으로 이용하고 있는 사실, 피고인은 수지침의 전문가로서 위 학회의 춘천시지회를 운영하면서 일반인들에게 수지침요법을 보급하고, 수지침을 통한 무료의료봉사활동을 하여 온 사실, 갑은 스스로 수지침(침의 총길이 1.9~2.3㎝, 침만의 길이 약 0.7~1㎜) 한 봉지를 사 가지고 피고인을 찾아와서 수지침 시술을 부탁하므로, 피고인은 아무런 대가를 받지 아니하고 이 사건 시술행위를 한 사실 등을 인정한 다음, 수지침시술로 인한 부작용의 발생 가능성이 극히 적은 점, 수지침시술이 우리 사회에 민간요법으로서 광범위하게 행하여지고 있는 점, 피고인이 위와 같은 행위에 이르게 된 경위 등 제반 사정에 비추어 보면, 피고인의 행위는 사회통념상 허용될 만한 정도의 상당성이 있는 정당행위에 해당한다.[75)]

---

74) 대판 2004. 10. 28. 2004도3405.

75) 대판 2000. 4. 25. 98도2389.

외국에서 침구사자격을 취득한 자가 노인 등에게 체침시술을 함

피고인이 인도네시아 등 외국에서 침구사자격을 취득하였지만, 국내에서 침술행위를 할 수 있는 면허나 자격을 취득하지는 못하였고, 단순히 수지침 정도의 수준에 그치지 아니하고 갑의 허리 부위, 을의 다리 부위에도 체침을 시술하였고, 병은 나이가 많은 노인으로서 시술행위로 인한 부작용 내지 위험발생 가능성이 높아 보이는 사실 등이 인정되므로 피고인의 침술행위는 의료법을 포함한 법질서 전체의 정신이나 사회통념에 비추어 용인될 수 있는 행위에 해당한다고 볼 수는 없다.[76)]

조산사가 의사의 지시 없이 산모의 분만과정 중 독자적으로 포도당이나 옥시토신을 투여

조산사가 산모의 분만과정 중 별다른 응급상황이 없음에도 독자적 판단으로 포도당 또는 옥시토신을 투여한 행위에 대하여, 조산원에서 산모의 분만을 돕거나 분만 후의 처치를 위하여 옥시토신과 포도당이 일반적으로 사용되고 있고, 위 약물들을 산모의 건강을 위해 투여하였다고 하더라도, 지도의사로부터 지시를 받지 못할 정도의 긴급상황을 인정할 수 없는 이상 정당한 응급의료행위라거나 사회상규에 반하지 않는 행위라고 볼 수 없어 의료법위반죄를 인정한 사례.[77)]

나. 성직자의 범인은닉·도피

성직자라 하여 초법규적인 존재일 수는 없으며 성직자의 직무상 행위가 사회상규에 반하지 아니한다 하여 그에 적법성이 부여되는 것은 그것이 성직자의 행위이기 때문이 아니라 그 직무로 인한 행위에 정당, 적법성을 인정하기 때문인바, 사제가 죄지은 자를 능동적으로 고발하지 않는 것에 그치지 아니하고 은신처 마련, 도피자금 제공 등 범인을 적극적으로 은닉·도피케 하는 행위는 사제의 정당한 직무에 속하는 것이라고 할 수 없다.[78)]

다. 언론기관의 언론보도

불법 감청·녹음 등에 의한 통신·대화를 언론기관이 공개하는 것이 정당행위로 되기 위한 요건/국가안전기획부가 대기업 고위관계자와 중앙일간지 사주 사이의 검찰 고위관계자에 대한 떡값 지원 등에 관한 대화의 도청자료를 입수하여 방송

[1] (가) 통신비밀보호법은 같은 법 및 형소법 또는 군사법원법이 규정에 의하지 아니한 우편물의 검열 또는 전기통신의 감청, 공개되지 아니한 타인 간의 대화의 녹음 또는 청취행위 등 통신비밀에 속하는 내용을 수집하는 행위(이하 이러한 행위들을 '불법 감청·녹음 등'이라고 한다)를 금지하고 이를 위반한 행위를

76) 대판 2002. 12. 26. 2002도5077.

77) 대판 2007. 9. 6. 2005도9670. 다음은 같은 취지이다.
의사가 간호조무사에게 모발이식시술을 하게 함
의사가 모발이식시술을 하면서 이에 관하여 어느 정도 지식을 가지고 있는 간호조무사로 하여금 모발이식시술행위 중 일정 부분을 직접 하도록 맡겨둔 채 별반 관여하지 않은 것이 정당행위에 해당하지 않는다고 한 사례(대판 2007. 6. 28. 2005도8317).

78) 대판 1983. 3. 8. 82도3248.

처벌하는 한편, 불법 감청·녹음 등에 의하여 수집된 통신 또는 대화의 내용을 공개하거나 누설하는 행위를 동일한 형으로 처벌하도록 규정하고 있다.

(나) 불법 감청·녹음 등에 관여하지 아니한 언론기관이, 그 통신 또는 대화의 내용이 불법 감청·녹음 등에 의하여 수집된 것이라는 사정을 알면서도 이를 보도하여 공개하는 행위가 형법 제20조의 정당행위로서 위법성이 조각된다고 하기 위해서는, ① 보도의 목적이 불법 감청·녹음 등의 범죄가 저질러졌다는 사실 자체를 고발하기 위한 것으로 그 과정에서 불가피하게 통신 또는 대화의 내용을 공개할 수밖에 없는 경우이거나, 불법 감청·녹음 등에 의하여 수집된 통신 또는 대화의 내용이 이를 공개하지 아니하면 공중의 생명·신체·재산 기타 공익에 대한 중대한 침해가 발생할 가능성이 현저한 경우 등과 같이 비상한 공적 관심의 대상이 되는 경우에 해당하여야 하고, ② 언론기관이 불법 감청·녹음 등의 결과물을 취득할 때 위법한 방법을 사용하거나 적극적·주도적으로 관여하여서는 아니 되며, ③ 보도가 불법 감청·녹음 등의 사실을 고발하거나 비상한 공적 관심사항을 알리기 위한 목적을 달성하는 데 필요한 부분에 한정되는 등 통신비밀의 침해를 최소화하는 방법으로 이루어져야 하고, ④ 언론이 그 내용을 보도함으로써 얻어지는 이익 및 가치가 통신비밀의 보호에 의하여 달성되는 이익 및 가치를 초과하여야 한다. 여기서 이익의 비교·형량은, 불법 감청·녹음된 타인 간의 통신 또는 대화가 이루어진 경위와 목적, 통신 또는 대화의 내용, 통신 또는 대화 당사자의 지위 내지 공적 인물로서의 성격, 불법 감청·녹음 등의 주체와 그러한 행위의 동기 및 경위, 언론기관이 불법 감청·녹음 등의 결과물을 취득하게 된 경위와 보도의 목적, 보도의 내용 및 보도로 인하여 침해되는 이익 등 제반 사정을 종합적으로 고려하여 정하여야 한다.

[2] 방송사 기자인 피고인이, 구 국가안전기획부 내 정보수집팀이 대기업 고위관계자와 모 중앙일간지 사주 간의 사적 대화를 불법 녹음하여 생성한 녹음테이프와 녹취보고서로서, 1997년 제15대 대통령 선거를 앞두고 위 대기업의 여야 후보 진영에 대한 정치자금 지원 문제 및 정치인과 검찰 고위관계자에 대한 이른바 추석 떡값 지원 문제 등을 논의한 대화가 담겨 있는 도청자료를 입수한 후 그 내용을 자사의 방송프로그램을 통하여 공개한 사안에서, 피고인이 국가기관의 불법 녹음을 고발하기 위하여 불가피하게 위 도청자료에 담겨있던 대화 내용을 공개하였다고 보기 어렵고, 위 대화가 보도 시점으로부터 약 8년 전에 이루어져 그 내용이 보도 당시의 정치질서 전개에 직접적인 영향력을 미친다고 보기 어려운 사정 등을 고려할 때 위 대화 내용이 비상한 공적 관심의 대상이 되는 경우에 해당한다고 보기도 어려우며, 피고인이 위 도청자료의 취득에 적극적·주도적으로 관여하였다고 보는 것이 타당하고, 이를 보도하면서 대화 당사자들의 실명과 구체적인 대화 내용을 그대로 공개함으로써 수단이나 방법의 상당성을 결여하였으며, 위 보도와 관련된 모든 사정을 종합하여 볼 때 위 보도에 의하여 얻어지는 이익 및 가치가 통신비밀이 유지됨으로써 얻어지는 이익 및 가치보다 우월하다고 볼 수 없다는 이유로, 피고인의 위 공개행위가 형법 제20조의 정당행위에 해당하지 않는다.[79]

라. 기 타

불신임으로 사임한 전임 조합장이 대의원총회의 진행을 어렵게 하자 새 조합장이 진상보고를 하면서 불신임을 받고 쫓겨나간 사람이라고 발언

불신임을 받아 조합장직을 사임한 피해자가 대의원총회의 진행을 어렵게 하자 새 조합장이 회의진행의 질서

79) 대판 2011. 3. 17. 2006도8839 전합.

유지를 위하여 진상보고를 하면서 피해자는 긴급 이사회에서 불신임을 받고 쫓겨나간 사람이라고 발언한 것은 업무로 인한 행위이고 사회상규에 위배되지 아니하다.[80)]

농성을 제지하기 위해 해고근로자들을 봉고차에 강제로 태워 내리지 못하게 함

회사의 관리사원으로 근무하는 자들이 해고에 항의하는 농성을 제지하기 위하여 그 주동자라고 생각되는 해고근로자들을 다른 근로자와 분산시켜 귀가시키거나 불응시에는 경찰에 고발, 인계할 목적으로 간부사원회의의 지시에 따라 위 근로자들을 봉고차에 강제로 태운 다음 그곳에서 내리지 못하게 하여 감금행위를 한 것이라고 하더라도 이를 정당한 업무행위라거나 정당한 행위 또는 정당방위 행위라고 볼 수 없다.[81)]

4. 사회상규에 반하지 않는 행위

전매서장이 할당된 홍삼을 판매하고자 지정판매인 외의 자에게 판매하고 허위공문서 작성

형법 제20조가 사회상규에 위배되지 아니하는 행위는 처벌하지 아니한다고 규정한 것은 사회상규 개념을 가장 기본적인 위법성 판단의 기준으로 삼아 이를 명문화한 것으로서 그에 따르면 행위가 법규정의 문언상 일응범죄구성요건에 해당된다고 보이는 경우에도 그것이 극히 정상적인 생활형태의 하나로서 역사적으로 생성된 사회생활질서의 범위안에 있는 것이라고 생각되는 경우에 한하여 그 위법성이 저각되어 처벌할 수 없게 되는 것이며, 어떤 법규성이 처벌대상으로 하는 행위가 사회발전에 따라 전혀 위법하지 않다고 인식되고 그 처벌이 무가치할뿐 아니라 사회정의에 배반된다고 생각될 정도에 이를 경우나, 자유민주주의 사회의 목적 가치에 비추어 이를 실현하기 위해 사회적 상당성이 있는 수단으로 행하여졌다는 평가가 가능한 경우에 한하여 이를 사회상규에 위배되지 아니한다고 할 것이다.

광주전매지청 관하 광주전매서장인 피고인이 홍삼판매할당량을 충실히 이행함으로써 국고수입을 늘린다는 일념하에서 법령에 위반하여 지정판매인 이외의 자에게 판매하고 이를 법령상 허용된 절차와 부합시키기 위하여 허위의 공문서인 매도신청서와 영수증을 작성케 하였다면, 설사 그것이 광주전매지청 관하에 일반화된 관례였고, 상급관청이 이를 묵인하였다는 사정이 있다 하더라도 이를 전혀 정상적인 행위라고 하거나 그 목적과 수단의 관계에서 보아 사회적 상당성이 있다고 단정할 수는 없고, 그 법익침해 정도가 경미하여 가벌적 위법성이 없다고 할 수도 없다.[82)]

---

80) 대판 1990. 4. 27. 89도1467. 다음은 같은 취지이다.

재건축조합의 조합장이 조합탈퇴의 의사표시를 한 자를 상대로 가처분판결을 받아 건물 철거

재건축조합의 조합장이 조합탈퇴의 의사표시를 한 자를 상대로 '사업시행구역 안에 있는 그 소유의 건물은 명도하고 이를 재건축사업에 제공하여 행하는 업무를 방해하여서는 아니 된다'는 가처분의 판결을 받아 위 건물을 철거한 것이 형법 제20조에 정한 업무로 인한 정당행위에 해당한다고 본 사례(대판 1998. 2. 13. 97도2877).

81) 대판 1989. 12. 12. 89도875.

82) 대판 1983. 2. 8. 82도357.

한 달 가까이 결근하던 감사가 자신의 출입카드가 정지되어 있음에도 하드디스크를 절취하기 위하여 경비원에게서 출입증을 받아 회사 감사실에 들어감

갑 주식회사 감사인 피고인이 회사 경영진과의 불화로 한 달 가까이 결근하다가 자신의 출입카드가 정지되어 있는데도 이른 아침에 경비원에게서 출입증을 받아 컴퓨터 하드디스크를 절취하기 위해 회사 감사실에 들어간 사안에서, 위 방실침입 행위가 정당행위에 해당하지 않는다고 본 사례.[83)]

백범 김구의 암살범인 안두희를 살해

피고인이 백범 김구의 암살범인 안두희를 살해한 범행의 동기나 목적은 주관적으로는 정당성을 가진다고 하더라도 우리 법질서 전체의 관점에서는 사회적으로 용인될 수 있을 만한 정당성을 가진다고 볼 수 없고, 나아가 피고인은 그 처단의 방법으로 살인을 선택하였으나 우리나라의 현재 상황이 위 안두희를 살해하여야 할 만큼 긴박한 상황이라고 볼 수 없을 뿐만 아니라 민족정기를 세우기 위하여서는 위 안두희를 살해하지 아니하면 안된다는 필연성이 있다고 받아들이기도 어려우므로 결국 피고인의 각 범행이 사회상규에 위배되지 아니하는 행위로서 정당행위에 해당한다고 볼 수 없다.[84)]

5. 유형별 검토

가. 폭행 관련

잡힌 팔을 빼기 위하여 뿌리쳐 피해자가 사망

피고인이 술이 취해서 시비하려는 피해자를 피해서 문밖으로 나오려는 순간 피해자가 뒤따라 나오며 피고인의 오른팔을 잡자 피고인이 잡힌 팔을 빼기 위하여 뿌리친 행위는 불법적으로 붙잡힌 팔을 빼기 위한 본능적 방어행위로서 사회상규에 어긋나는 행위가 아니므로 이로 인하여 피해자가 사망하였다고 하더라도 피고인에게 폭행치사죄의 책임을 지울 수 없다.[85)]

만취한 피해자가 가정주부의 집에 들어와 유리창을 깨고 소변을 보는 등 행패부리고 나가며 욕설하자 피해자의 어깨를 밀어 피해자가 시멘트 바닥에 이마를 부딪쳐 사망

피해자(남, 57세)가 술에 만취하여 아무런 연고도 없는 가정주부인 피고인의 집에 들어가 유리창을 깨고 아무데나 소변을 보는 등 행패를 부리고 나가자, 피고인이 유리창 값을 받으러 피해자를 뒤따라 가며 그 어깨를 붙잡았으나, 상스러운 욕설을 계속하므로 더 이상 참지 못하고 잡고 있던 손으로 피해자의 어깨부분을 밀치자 술에 취하여 비틀거리던 피해자가 몸을 제대로 가누지 못하고 앞으로 넘어져 시멘트 바닥에 이마를 부딪쳐 1차성 쇼크로 사망한 경우, 피고인의 위와 같은 행위는 피해자의 부당한 행패를 저지하기 위한 본능적

83) 대판 2011. 8. 18. 2010도9570.
84) 대판 1997. 11. 14. 97도2118.
85) 대판 1980. 9. 24. 80도1898.

인 소극적 방어행위에 지나지 아니하여 사회통념상 용인될 수 있는 정도의 상당성이 있어 형법 제20조에 정한 정당행위에 해당한다고 본 사례.[86)]

주취상태에서 시비 걸고 얼굴을 때리는 피해자를 뿌리치고 도망하면서 피해자가 넘어져 다침

피해자가 술에 취하여 피고인에게 아무런 이유 없이 시비를 걸면서 얼굴을 때리다가 피고인이 이를 뿌리치고 현장에서 도망가는 바람에 그가 땅에 넘어져 상처를 입은 사실이 인정된다면 피고인의 행위는 사회통념상 허용될 만한 정도의 상당성이 있는 행위로서 형법 제20조에 정한 정당행위에 해당한다.[87)]

피해자가 며칠 간 집요하게 괴롭히고 강의실 출입구에서 진로를 막아서자 그 행패에서 벗어나려고 피해자의 팔을 뿌리쳐서 상해를 입게 함

피고인이 피해자로부터 며칠 간에 걸쳐 집요한 괴롭힘을 당해 온데다가 피해자가 피고인이 교수로 재직하고 있는 대학교의 강의실 출입구에서 피고인의 진로를 막아서면서 피고인을 물리적으로 저지하려 하자 극도로 흥분된 상태에서 그 행패에서 벗어나기 위하여 피해자의 팔을 뿌리쳐서 피해자가 상해를 입게 된 경우, 피고인의 행위는 피해자의 부당한 행패를 저지하기 위한 본능적인 소극적 방어 행위에 지나지 아니하여 사회통념상 허용될 만한 정도의 상당성이 있어 위법성이 없는 정당행위라고 봄이 상당하다고 한 사례.[88)]

피고소인(피고인)이 고소인(피해자)의 집에 침입하여 문을 닫으려는 피고인과 열려는 피해자 사이의 실랑이 과정에서 문짝이 떨어져 피해자가 넘어져 전치 2주의 상해를 입음

피해자가 피고인의 고소로 조사받는 것을 따지기 위하여 야간에 피고인의 집에 침입한 상태에서 문을 닫으려는 피고인과 열려는 피해자 사이의 실랑이가 계속되는 과정에서 문짝이 떨어져 그 앞에 있던 피해자가 넘어져 2주간의 치료를 요하는 요추부염좌 및 우측 제4수지 타박상의 각 상해를 입게 된 경우, 피고인의 가해행위가 이루어진 시간 및 장소, 경위와 동기, 방법과 강도 및 피고인의 의사와 목적 등에 비추어 볼 때, 사회통념상 허용될 만한 정도를 넘어서는 위법성이 있는 행위라고 보기는 어려우므로 정당행위에 해당한다고 본 사례.[89)]

86) 대판 1992. 3. 10. 92도37.

87) 대판 1990. 5. 22. 90노748.

88) 대판 1995. 8. 22. 95도936.

89) 대판 2000. 3. 10. 99도4273. 다음은 같은 취지이다.
갑 등 3인이 합세하여 피고인을 강제로 영등포경찰서에 연행하려 하므로 이를 모면하려고 피고인이 팔꿈치로 갑을 뿌리치면서 그의 가슴을 잡고 벽에 밀어붙인 행위는 소극적인 저항으로 사회상규에 위반되지 아니한다(대판 1982. 2. 23. 81도2958).

부부싸움 끝에 도망 나온 승객을 태우고 출발하려는 택시운전사의 멱살을 잡아 흔들자 이를 뿌리치고 택시를 출발

택시운전사가 승객의 요구로 택시를 출발시키려 할 때 피해자가 부부싸움 끝에 도망나온 위 승객을 택시로부터 강제로 끌어내리려고 운전사에게 폭언과 함께 택시 안으로 몸을 들이밀면서 양손으로 운전사의 멱살을 세게 잡아 상의단추가 떨어질 정도로 심하게 흔들어 대었고, 이에 운전사가 위 피해자의 손을 뿌리치면서 택시를 출발시켜 운행하였을 뿐이라면 운전사의 이러한 행위는 사회상규에 위배되지 아니하는 행위라고 할 것이다.[90]

갑자기 멱살을 잡고 파출소로 가자면서 끌어당기는 피해자의 옷자락을 잡고 밀침

피해자가 갑자기 달려 나와 정당한 이유 없이 피고인의 멱살을 잡고 파출소로 가자면서 계속하여 끌어당기므로 피고인이 그와 같은 피해자의 행위를 제지하기 위하여 그의 양팔부분의 옷자락을 잡고 밀친 것이라면 이러한 피고인의 행위는 멱살을 잡힌데서 벗어나기 위한 소극적인 저항행위에 불과하고 그 행위에 이른 경위 등에 비추어 볼 때 사회통념상 허용될만한 정도의 상당성이 있는 행위로서 형법 제20조 소정의 정당행위에 해당한다.[91]

여자 화장실에 주저앉은 피고인으로부터 쇼핑백을 빼앗으려는 피해자(남자)의 어깨를 밀침

남자인 피해자가 비좁은 여자 화장실 내에 주저앉아 있는 피고인으로부터 무리하게 쇼핑백을 빼앗으려고 다가오는 것을 저지하기 위하여 피해자의 어깨를 순간적으로 밀친 것은 피해자의 불법적인 공격으로부터 벗어나기 위한 본능적인 소극적 방어행위에 지나지 아니하므로 이는 사회통념상 허용될 수 있는 행위로서 그 위법성을 인정할 수 없다고 본 사례.[92]

안방까지 뛰어 들어와 런닝셔츠를 잡아당기고 찢는 채권자를 뿌리치려고 방 밖으로 밀어냄

피해자가 채권변제를 요구하면서 고함치고 욕설하며 안방에까지 뛰어 들어와 피고인이 가만히 있는데도 피고인의 런닝셔츠를 잡아당기며 찢기까지 하는 등의 상황하에서 그를 뿌리치기 위하여 방밖으로 밀어낸 소위는 사회통념상 용인되는 행위로서 위법성이 없다.[93]

피고인이 영업을 마칠 무렵에 피해자가 다방에 들어와 차를 팔라고 하고, 처와 잠을 자려고 하는 내실 문을 발로 차고 들어와 욕설하고 폭행을 하자 피해자의 뺨을 2회 때림

피고인이 00:20경 다방영업을 마칠 무렵 피해자가 술에 취한 채 다방에 들어와 차를 팔라며 나가지 않고

90) 대판 1989. 11. 14. 89도1426.
91) 대판 1990. 1. 23. 89도1328.
92) 대판 1992. 3. 27. 91도2831.
93) 대판 1985. 11. 12. 85도1978.

피고인이 옥상에 있는 내실에 올라가 처와 잠을 자려고 하는데 이유 없이 내실문을 발로 차고 들어와 욕설을 하기에 피고인은 피해자와 서로 멱살을 잡고 밖으로 나가자 계속 욕설을 하며 주먹으로 피고인의 얼굴을 2회 가량 때려 피고인을 넘어뜨리는 등 폭행을 하여 피고인도 화가 나서 동인의 뺨을 2회 때린 것은 사회통념상 용인되는 행위로서 위법성이 없다.[94]

피해자가 주전자로 피고인의 얼굴을 때린 다음 또 다시 때리려고 하여 이를 피하고자 피해자를 밀어 넘어뜨린 것이라면 이러한 행위는 피해자의 불법적인 공격으로부터 벗어나기 위한 부득이한 저항의 수단으로서 소극적인 방어행위에 지나지 않는다고 볼 여지가 있을 것이나, 이와 달리 술에 취한 피해자가 피고인을 때렸다가 피고인의 반항하는 기세에 겁을 먹고 주춤주춤 피하는 것을 피고인이 밀어서 넘어뜨렸다면 이러한 피고인의 행위는 피해자의 공격으로부터 벗어나기 위한 부득이한 소극적 저항의 수단이라기보다는 보복을 위한 적극적 반격행위라고 보지 않을 수 없다.[95]

딸(4세)이 쌓아놓은 블록을 무너뜨리고 갑자기 딸의 눈으로 손을 뻗는 피해자(2세)를 제지하여 고무매트에 엉덩방아를 찧게 함

피고인은 실내 어린이 놀이터 벽에 기대어 앉아 자신의 딸(4세)이 노는 모습을 보고 있었는데, 피해자가 다가와 딸이 가지고 놀고 있는 블록을 발로 차고 손으로 집어 들면서 쌓아놓은 블록을 무너뜨리고, 이에 딸이 울자 피고인이 피해자에게 '하지 마, 그러면 안 되는 거야'라고 말하면서 몇 차례 피해자를 제지한 사실, 그러자 피해자는 피고인의 딸을 한참 쳐다보고 있다가 갑자기 딸의 눈 쪽을 향해 오른손을 뻗었고 이를 본 피고인이 왼손을 내밀어 피해자의 행동을 제지하였는데, 이로 인해 피해자가 바닥에 넘어져 엉덩방아를 찧은 사실, 그 어린이 놀이터는 실내에 설치되어 있는 것으로서, 바닥에는 충격방지용 고무매트가 깔려 있었던 사실, 한편 피고인의 딸은 그 전에도 또래 아이들과 놀다가 다쳐서 당시에는 얼굴에 손톱 자국의 흉터가 몇 군데 남아 있는 상태였던 사실 등을 알 수 있다.

피고인의 이러한 행위는 피해자의 갑작스런 행동에 놀라서 자신의 어린 딸이 다시 얼굴에 상처를 입지 않도록 보호하기 위한 것으로 딸에 대한 피해자의 돌발적인 공격을 막기 위한 본능적이고 소극적인 방어행위라고 평가할 수 있고, 따라서 이를 사회상규에 위배되는 행위라고 보기는 어렵다고 할 것이다.[96]

택시 운전사가 고객에게 욕설하였다가 얻어맞자 파출소로 끌고 감을 빙자하여 가정주부인 피해자의 손목을 잡아 틀어 상해를 가함

택시 운전사인 피고인이 고객인 가정주부들에게 입에 담지 못할 욕설을 퍼부은 데서 발단이 되어 가정주부인 피해자 등으로부터 핸드백과 하이힐 등으로 얻어 맞게 되자 그 때문에 입은 상처를 고발하기 위해 파출소로 끌고 감을 빙자하여 피해자의 손목을 잡아 틀어 상해를 가했다면 피고인의 행위가 사회통념상 용인될 만

94) 대판 1989. 5. 23. 88도1376.
95) 대판 1985. 3. 12. 84도2929.
96) 대판 2014. 3. 27. 2012도11204.

한 상당성이 있는 정당행위라고 볼 수는 없다고 한 사례.[97]

나. 권리의 실현과 공갈죄, 사기죄 등

(1) 공갈죄

피고인은 갑이 위조된 망 을의 인감증명서를 사용하여 이 사건 대지에 관하여 갑 명의로 소유권이전등기를 마친 사실을 알고 갑에게 만약 위 대지를 내어놓지 않으면 법에 호소하여 잡아넣겠다는 등 다소 거친 말로 갑을 협박했다 하더라도, 이 정도의 협박은 권리자로서 사회통념상 권리행사의 수단으로서 용인받을 수 있는 행위이다.[98]

하자발생으로 기성고를 지급받지 못하자 비리를 고발하겠다고 협박하고, 사무실을 무단 점거하여 공사대금을 받아냄

공사 수급인의 공사부실로 하자가 발생되어 도급인측에서 하자보수시까지 기성고 잔액의 지급을 거절하자 수급인이 일방적으로 공사를 중단하여 수급인에게 자신이 임의로 결가계산한 기성고 잔액 등 1억 9,900만원의 지급청구권이 있다고 볼 수 없을 뿐만 아니라, 비록 그렇지 않다 하더라도 수급인이 권리행사에 빙자하여 도급인측에 대하여 비리를 관계기관에 고발하겠다는 내용의 협박 내지 사무실의 장시간 무단점거 및 직원들에 대한 폭행 등의 위법수단을 써서 기성고 공사대금 명목으로 8,000만원을 교부받은 소위는 사회통념상 허용되는 범위를 넘는 것으로서 공갈죄에 해당한다.[99]

피해자의 기망에 의하여 부동산을 비싸게 매수하자 계약취소 없이 협박하여 피해자의 전매차익을 받아낸 경우 사회통념상 용인될 수 없으므로 공갈죄를 구성한다.[100]

목재대금청구소송 계속 중 조세포탈 사실을 진정하겠다고 말하여 목재대금 지급을 약속받음

피고인이 피해자를 상대로 목재대금청구소송 계속 중 피해자에게 피해자의 양도소득세포탈사실을 관계기관에 진정하여 일을 벌이려 한다고 말하여 겁을 먹은 피해자로부터 목재대금을 지급하겠다는 약속을 받아낸 행위는 사회상규에 어긋난다.[101]

---

97) 대판 1991. 12. 27. 91도1169.
98) 대구고판 1981. 12. 4. 81노527.
99) 대판 1991. 12. 13. 91도2127.
100) 대판 1991. 9. 24. 91도1824.
101) 대판 1990. 11. 23. 90도1864.

(2) 사기죄

수표를 갈취당한 자가 분실하였다고 제권판결을 받음

수표를 갈취당한 자가 공갈로 인한 의사표시를 취소하지 않고 분실하였다고 허위로 제권판결을 선고·확정받은 경우, 그 수표를 갈취하여 소지하고 있는 자에 대하여 사기죄가 성립한다.[102)]

채권을 변제받으려고 환전해 주겠다고 기망하여 약속어음을 교부받음

채권을 변제받기 위하여 피해자에게 환전해 주겠다고 기망하여 약속어음을 교부받은 경우, 그 어음금 전부에 대하여 사기죄가 성립한다.[103)]

채권자가, 채무자로 하여금 남편의 부동산 매수인으로부터 매매대금을 교부받아 지급케 함

피고인이 갑에 대한 대여금채권을 변제받지 못하자 갑과 공모하여, 을로 하여금 갑의 남편인 피해자의 부동산을 매수하도록 한 다음 그 매매대금을 갑에게 지급하게 하고, 갑은 위 매매대금을 피고인에게 교부하여 피고인이 위 매매대금을 위 채권에 충당한 경우, 사기죄가 성립한다.[104)]

(3) 기 타

며느리가 제기한 소송에서, 패소한 남편(시아버지) 명의의 항소장을 임의로 작성, 행사

피고인은 며느리가 피고인, 피고인의 아들과 남편을 상대로 하여 위자료 청구소송을 제기하여 피고인 등의 패소판결이 선고되자, 남편이 이미 가출하여 항소할 수 없음에도 불구하고 그 명의의 항소장을 임의로 작성하여 법원에 제출한 경우, 남편을 상대로 한 제소행위에 대하여 응소하는 행위가 처의 일상가사대리권에 속한다고 할 수 없고, 행방불명된 남편에 대하여 불리한 민사판결이 선고되었다 하더라도 그러한 사정만으로써는 적법한 다른 방법을 강구하지 아니하고 남편 명의의 항소장을 임의로 작성하여 법원에 제출한 피고인의 소위가 사회통념상 용인되는 극히 정상적인 생활형태의 하나로서 위법성이 없다 할 수 없다.[105)]

102) 대판 2003. 12. 26. 2003도4914. 구체적인 판시는 다음과 같다.
피고인은 이 사건 자기앞수표를 갈취한 피해자에 대하여 그 수표 교부의 원인이 된 합의서상의 의사표시를 취소한 뒤 그 수표의 반환을 청구할 수 있는 권리가 있고, 그 경우 그 수표상의 채무자, 즉 발행인인 광주은행은 피해자에 대하여 이른바 무권리의 항변으로 대항할 수 있었지만, 기록에 나타난 증거만으로는 그 제권판결 선고시까지 수표 교부의 원인이 된 합의서상의 의사표시가 적법하게 취소되었다고 단정할 수 없을 뿐만 아니라, 그 수표의 소지인인 피해자는 그 원인관계의 흠결이나 하자에 관계없이 수표상의 권리를 행사할 수 있는 자격이 있으므로(다만, 그 수표상의 채무자가 원인관계의 흠결 등을 들어 인적 항변을 할 수 있을 뿐이나), 피고인이 그와 같이 위법하게 제권판결을 선고받아 그 수표(증권)를 무효로 하였다면, 이로써 피해자에게 현실적·경제적으로 재산상 손해가 생겼는지 여부에 관계없이, 피해자의 수표상의 권리를 침해하여 재산상 손해를 입혔다고 보아야 한다.

103) 대판 1982. 9. 14. 82도1679.

104) 대판 1991. 9. 10. 91도376.

105) 대판 1994. 11. 8. 94도1657.

시장번영회의 회장이 관리규정을 위반한 점포주들에 대하여 단전조치를 함

시장번영회의 회장인 피고인이 시장번영회에서 제정하여 시행 중인 관리규정을 위반하여 칸막이를 천장에까지 설치한 일부 점포주들에 대하여 단전조치를 한 사안에서, 피고인이 이러한 행위에 이르게 된 경위가 단전 그 자체를 궁극적인 목적으로 한 것이 아니라 위 관리규정에 따라 상품진열 및 시설물 높이를 규제함으로써 시장기능을 확립하기 위하여 적법한 절차를 거쳐 시행한 것이고 그 수단이나 방법에 있어서도 비록 전기의 공급이 현대생활의 기본조건이기는 하나 위 번영회를 운영하기 위한 효과적인 규제수단으로서 회원들의 동의를 얻어 시행되고 있는 관리규정에 따라 전기공급자의 지위에서 그 공급을 거절한 것이므로 정당한 사유가 있다고 본 사례.[106)]

임대차계약 종료 16일만에 갱신 여부에 관한 의사표시나 명도의무 지체를 이유로 단전조치

차임이나 관리비를 단 1회도 연체한 적이 없는 피해자가 임대차계약의 종료 후 임대료와 관리비를 인상하는 내용의 갱신계약 여부에 관한 의사표시나 명도의무를 지체하고 있다는 이유만으로 그 종료일로부터 16일 만에 피해자의 사무실에 대하여 단전조치를 취한 피고인의 행위는 그 권리를 확보하기 위하여 다른 적법한 절차를 취하는 것이 매우 곤란하였던 것으로 보이지 않아 그 동기와 목적이 정당하다거나 수단이나 방법이 상당하다고 할 수 없고, 또한 그에 관한 피고인의 이익과 피해자가 침해받은 이익 사이에 균형이 있는 것으로도 보이지 않으므로, 사회상규에 위배되지 아니하는 정당행위에 해당하지 않고,

사무실 임대를 업으로 하는 피고인이 위와 같은 사정에서 일방적으로 취한 단전조치가 죄가 되지 않는다고 오인하였다 하여 정당한 이유가 있는 법률의 착오에 해당하지 않는다.[107)]

후보자의 회계책임자가 자원봉사자인 후보자의 친족 등에게 80만원 상당의 식사를 제공

후보자의 회계책임자인 피고인이 1998. 5. 22.부터 같은 해 6. 3.까지 13일 동안 식당에서 자원봉사자인 후보자의 배우자, 직계혈족 기타 친족 9명에게 1인분에 4,000원인 식사 204인분(금 816,000원 상당)을 제공한 사안에서, 위와 같이 식사를 제공한 행위는 그 경위 등에 비추어 지극히 정상적인 생활형태의 하나로서 역사적으로 생성된 사회질서의 범위 안에 있는 것이어서 사회상규에 위배되지 아니하여 위법성이 조각된다고 본 사례.[108)]

집행관이 강제집행을 위하여 주거지에 들어가려고 채무자의 아들(갑)과 몸싸움하다가 갑이 출입문에 부딪치게 하여 전치 2주의 상해를 가함

집행관인 피고인 등이 집행력 있는 판결정본에 기하여 유체동산을 압류하고자 채무자의 주소지에 이르러 채무자의 아들 갑에게 채무자의 주거임을 확인하고 강제집행을 하려고 하였는바, 갑이 피고인들이 휴대한 집행력 있는 판결정본과 신분증을 확인하고서도 집에 어른이 없다고 하면서 피고인들이 집안으로 들어가지 못하

106) 대판 1994. 4. 15. 93도2899.
107) 대판 2006. 4. 27. 2005도8074.
108) 대판 1999. 10. 22. 99도2971.

게 문밖으로 밀어내고 문을 닫으려 하자 피고인들은 갑이 문을 닫지 못하게 하려고 문을 잡은 채 서로 밀고 당기면서 몸싸움을 하던 도중 갑을 밀어 출입문에 우측 이마 등을 부딪치게 하여 그에게 전치 2주의 두부타박상을 가한 사안에서, 집행관의 권리와 의무 등에 비추어 갑이 적법한 집행을 방해하는 등 저항하므로 이를 배제하고 채무자의 주거에 들어가기 위하여 동인을 떠민 것은 집행관으로서의 정당한 직무범위 내에 속하는 위력의 행사라고 할 것이고, 이로 인하여 갑에게 상해를 가하였다 하더라도 형법 제20조에 의하여 위법성이 조각된다.[109)]

집회·시위를 하면서 주된 참가단체가 달라지고 신고 내용에 없는 삼보일배 행진을 함

법리: 집회나 시위는 다수인이 공동 목적으로 회합하고 공공장소를 행진하거나 위력 또는 기세를 보여 불특정 다수인의 의견에 영향을 주거나 제압을 가하는 행위로서 그 회합에 참가한 다수인이나 참가하지 아니한 불특정 다수인에게 의견을 전달하기 위하여 어느 정도의 소음이나 통행의 불편 등이 발생할 수밖에 없는 것은 부득이한 것이므로 집회나 시위에 참가하지 아니한 일반 국민도 이를 수인할 의무가 있다고 할 수 있다. 따라서, 그 집회나 시위의 장소, 태양, 내용, 방법 및 그 결과 등에 비추어, 집회나 시위의 목적 달성에 필요한 합리적인 범위에서 사회통념상 용인될 수 있는 다소간의 피해를 발생시킨 경우에 불과하다면, 정당행위로서 위법성이 조각될 수 있다.

사실관계: 피고인들이 울산 플랜트노조의 조합원 600여 명 등과 함께 서울 종로구 동숭동에 있는 마로니에 공원에서 '임·단협 성실교섭 촉구 결의대회'를 개최한 후 피켓, 깃발, 현수막 등을 지니고 인근 국제협력단 건물 앞까지 2차선 전 차로를 점거하면서 삼보일배 행진을 하여 차량의 통행을 방해함.

원심의 판단: 이 사건 집회의 참가예정단체로 신고되지 아니하였던 울산 플랜트노조원들이 집단적으로 참석하여 집회참가자의 대다수를 이루었고, 차도의 통행방법으로 삼보일배 행진을 신고하지도 아니하였던 점, 위 삼보일배 행진은 약 700여 명이 이동하는 중에 앞선 100여 명이 30분간에 걸쳐 편도 2차로를 모두 차지하고 이루어진 점 등에 비추어 이 사건 집회신고의 범위를 일탈한 것으로서 정당행위에 해당하지 않는다.

대법원의 판단: 이 사건 집회·시위가 시간 및 장소, 행진이 예정되어 있었다는 점, 참가인원을 3,000명으로 예상한다는 점 등의 신고내용을 벗어나지 않았고, 경찰이 삼보일배 행진을 저지하기 전까지는 이 사건 집회·시위가 어떠한 폭력성도 보이지 않았다는 것이며, 한편 삼보일배 행진은 통상적인 행진에 비해 다소 진행속도가 느려져 다른 사람들의 통행의 불편이 오래 지속된다는 점은 있을 것이나, 삼보일배 행진 자체가 타인에게 혐오감을 주거나 폭력성을 내포한 행위라고 볼 수도 없으므로 위와 같은 사정은 삼보일배 없이 천천히 진행하는 경우와 달리 볼 것이 아니고, 시위시간이 다소 늘어나는 점은 구 집시법의 다른 규정에 의해서 충분히 제한될 수 있는 부분이므로, 특별한 사정이 없는 한 시위주최자나 참가자들이 시위방법의 하나로서 삼보일배의 방식으로 행진하는 것은 표현의 자유의 영역을 벗어나지 않는다고 볼 것인바, 이러한 점들을 앞서 본 법리 및 이 사건에 있어서와 같이 보행자의 통행에 지장을 줄 우려가 있는 기 또는 현수막 등을 휴대한 행렬은 차도의 우측으로 통행할 수 있도록 규정하고 있는 도로교통법 제9조 제1항, 동 시행령 제7조 제5

---

109) 대판 1993. 10. 12. 93도875. 다음은 유사취지이다.
피해어민들이 그들의 피해보상 주장을 관철하기 위하여 집단적인 시위를 하고, 선박의 입·출항 업무를 방해하며 이를 진압하려는 경찰관들을 대나무 사앗대 등을 들고 구타하여 상해를 입히는 등의 행위를 한 경우 각 범행의 수단, 방법 및 그 결과 등에 비추어 위 각 범행이 사회통념상 용인될 만한 상당성이 있는 정당행위라고는 할 수 없다(대판 1991. 5. 10. 91도346).

호의 규정, 기록상 관할경찰관서장이 이 사건 시위에 대해 앞서 본 바와 같은 집시법상의 규정에 의해 이를 금지하거나, 조건을 붙여 제한하거나, 신고서 기재사항의 보완을 통고하지도 않은 것으로 보이는 점 등에 비추어 보면, 비록 이 사건 집회·시위가 주된 참가단체 등에 있어서 신고내용과 다소 달라진 면이 있다고 하더라도, 이 사건 삼보일배 행진이라는 시위방법 자체에 있어서는 그 장소, 태양, 내용, 방법과 결과 등에 비추어 시위의 목적 달성에 필요한 합리적인 범위에서 사회통념상 용인될 수 있는 다소의 피해를 발생시킨 경우에 불과하다고 보이고, 또한 신고내용에 포함되지 않은 삼보일배 행진을 한 것이 앞서 본 바와 같은 신고제도의 목적 달성을 심히 곤란하게 하는 정도에 이른다고 볼 수도 없으므로, 결국 피고인들의 위와 같은 행위는 사회상규에 반하지 아니하는 행위로서 위법성이 조각된다.[110)]

후보자가 선거구 내 거주자로부터 부의금 5만원을 받고 동액의 결혼축의금을 지급

후보자가 선거구 내 거주자에 대한 결혼축의금으로서 중앙선거관리위원회규칙이 정한 금액인 금 30,000원을 초과하여 금 50,000원을 지급한 사유가 후보자가 모친상시 그로부터 받은 같은 금액의 부의금에 대한 답례취지였다 하더라도 그것이 미풍양속으로서 사회상규에 위배되지 않는다고 볼 수 없다.[111)]

특정 후보자에 대한 낙선운동

피고인들이 확성장치 사용, 연설회 개최, 불법행렬, 서명날인운동, 선거운동기간 전 집회 개최 등의 방법으로 특정 후보자에 대한 낙선운동을 함으로써 공직선거및선거부정방지법에 의한 선거운동제한 규정을 위반한 피고인들의 같은 법 위반의 각 행위는 위법한 행위로서 허용될 수 없는 것이고, 피고인들의 위 각 행위가 시민불복종운동으로서 헌법상의 기본권 행사 범위 내에 속하는 정당행위이거나 형법상 사회상규에 위반되지 아니하는 정당행위 또는 긴급피난의 요건을 갖춘 행위로 볼 수는 없다.[112)]

지방자치단체장이 여론형성층에게 시책홍보와 관광을 내용으로 하는 '버스 투어'를 시행

공직선거법상 기부행위의 구성요건에 해당하는 행위라 하더라도 '사회상규에 위배되지 아니하는 행위'로서 위법성이 조각될 수 있는지 여부(한정 적극) 및 이 사건 '버스 투어'를 통하여 이루어진 지방자치단체장의 기

110) 대판 2009. 7. 23. 2009도840. 다음은 같은 취지이다.
비록 이 사건 집회·시위가 주된 참가단체 등에 있어서 신고내용과 다소 달라진 면이 있다고 하더라도, 이 사건 삼보일배 행진이라는 시위방법 자체에 있어서는 그 장소, 형태, 내용, 방법과 결과 등에 비추어 시위의 목적 달성에 필요한 합리적인 범위에서 사회통념상 용인될 수 있는 다소의 피해를 발생시킨 경우에 불과하다고 보이고, 또한 신고내용에 포함되지 않은 삼보일배 행진을 한 것이 신고제도의 목적 달성을 심히 곤란하게 하는 정도에 이른다고 볼 수도 없으므로, 결국 피고인들의 위와 같은 행위는 사회상규에 반하지 아니하는 행위로서 위법성이 조각된다(대판 2010. 4. 8. 2009도11395).

111) 대판 1999. 5. 25. 99도983. 다음은 같은 취지이다.
제3자가 정당추천 후보자 선출을 위한 당내 경선에서 특정인을 지지하도록 부탁할 목적하에 타인의 술값 40,000원을 지불한 행위가 사회적 상당성 있는 행위이거나 위법성이 없는 행위가 아니라고 본 사례(대판 1996. 6. 14. 96도405).

112) 대판 2004. 4. 27. 2002도315.

부행위가 '사회상규에 위배되지 아니하는 행위'에 해당하지 않는다고 한 사례.[113]

주택신축 공사차량의 통행으로 소음, 먼지가 발생하자 4개월 동안 승용차를 통행로에 주차

피해자는 이 사건 다세대주택에 대한 건축허가를 받아 그 공사를 개시하여 약 1달 정도 진행하고 있었고, 그 소유의 A 토지 부분에 별도의 출입로를 확보하지 않은 채 공사를 진행하기는 하였으나, 그것이 건축허가 조건에 위배되는 것도 아니었고, 피해자가 당초 불특정·다수인의 통행로로 이용되어 오던 이 사건 통로에 대하여 그 일부분의 소유자들인 피고인 등으로부터 사전에 사용승낙을 받지 못하였거나 그 공사차량 통행으로 인하여 피고인의 영업에 다소 피해를 주었다고 하더라도, 그러한 사정들만으로 피해자의 건축공사업무가 그 위법의 정도가 중하여 사회생활상 도저히 용인할 수 없는 정도로 반사회성을 띤다거나 그와 동등한 것으로 평가할 정도에 이르렀다고는 할 수 없으므로, 피해자의 건축공사업무가 업무방해죄에 의하여 보호받아야 할 대상이 되는 업무에 해당하지 않는다고 할 수는 없다.

피해자가 피고인 등의 토지 소유자들로부터 사용승낙을 받지 아니한 채 이 사건 통로를 이용하여 공사차량을 통행하게 함으로써 피고인이 운영하는 휴게실에 소음, 먼지 등이 발생하였고 이로 인하여 피고인과 피해자 사이에 분쟁이 발생하자, 피고인이 약 4개월 동안 위 공사차량을 통행하지 못하도록 그 소유의 엑센트 승용차량을 이 사건 통로 중 피고인 등 소유 토지 부분뿐만 아니라, 피해자 소유의 토지 부분까지에 걸쳐 오전 10시경부터 자정 무렵까지 주차시켜 놓았던 사실, 이로 인하여 이 사건 건축공사현장으로 차량은 물론 손수레의 출입마저 불가능하여 건축인부들이 손으로 자재를 운반하기도 하였고, 아침 일찍 들어갔던 차량들이 빠져나오지 못한 적도 있었던 사실 및 정면에서 바라볼 때 피고인의 휴게실의 출입문은 이 사건 통로와 반대쪽에 설치되어 있는 사실을 각 인정할 수 있는바, 피고인의 위와 같은 행위가 그 수단과 방법에 있어서 상당하다거나, 긴급 불가피한 수단이었다고 볼 수 없으므로 이를 가리켜 사회상규에 위배되지 않는 정당한 행위에 해당한다고 할 수는 없다.[114]

---

113) 대판 2009. 12. 10. 2009도9925.

114) 대판 2005. 9. 30. 2005도4688. 다음은 유사 취지이다.

채권자가 채권관리를 위하여 근저당권이 설정된 회사의 공장건물에 무단침입하고 건물에 부착되어 있던 자물쇠를 손괴한 행위가 정당행위에 해당한다고 보기 어렵다고 한 사례(대판 2005. 4. 29. 2005도381).

아파트 입주자대표회의의 임원 또는 아파트관리회사의 직원들인 피고인들이 기존 관리회사의 직원들로부터 계속 업무집행을 제지받던 중 저수조 청소를 위하여 출입문에 설치된 자물쇠를 손괴하고 중앙공급실에 침입한 행위는 정당행위에 해당하나, 관리비 고지서를 빼앗거나 사무실의 집기 등을 들어낸 행위는 정당행위에 해당하지 않는다고 한 사례(대판 2006. 4. 13. 2003도3902).

민간인 사찰을 폭로하기 위한 군무이탈

서면화된 인사발령 없이 국군보안사령부 서빙고분실로 배치되어 이른바 "혁노맹"사건 수사에 협력하게 된 사정만으로 군무이탈행위에 군무기피목적이 없었다고 할 수 없고, 국군보안사령부의 민간인에 대한 정치사찰을 폭로한다는 명목으로 군무를 이탈한 행위가 정당방위나 정당행위에 해당하지 아니한다고 한 사례(대판 1993. 6. 8. 93도766).

4

判例中心 刑法總論

책 임

제 4 장 책 임

判例中心 刑法總論

Ⅰ. 책임의 근거와 본질

1. 책임의 의의

책임은 법규범에 따라 적법하게 행위할 수 있었음에도 불구하고 불법을 결의하고 위법한 행위를 하였다는 것에 대하여 행위자에게 가해지는 비난가능성을 말한다.

2. 책임의 근거

도의적 책임론은 책임의 근거가 자유의사에 있다고 보고, 자유의사를 가진 자가 자유로운 의사에 의하여 적법한 행위를 할 수 있었음에도 위법한 행위를 한 데 대한 도의적·윤리적 비난이 책임이라고 본다.

사회적 책임론은 범죄가 소질과 환경에 의해 필연적으로 결정된 행위자의 위험한 성격에서 비롯되므로 책임의 근거는 행위자의 반사회적 성격에 있다고 본다. 사회적 책임론은 책임능력이 형벌능력 내지 형벌적응능력을 의미하는 것으로 본다.

인격적 책임론은 위 양자를 결합하여 인간이 자유의사를 가지면서도 소질과 환경의 영향을 받는다고 보아, 인간이 행한 구체적 행위와 그 배후에 있는 행위자의 인격에 책임의 근거가 있다고 본다.

3. 책임의 본질(구성요소)

가. 심리적 책임론[1)]

심리적 책임론은 책임을 결과에 대한 행위자의 심리적 관계라고 이해하여, 주관적·심리적 요소인 '고의·과실'만 있으면 책임이 있다고 본다. 따라서 고의·과실이 존재하면 그것으로 바로 형법상의 책임

1) 고전적 범죄체계론은 범죄를 '객관적 요소(불법)'와 '주관적 요소(책임)'으로 나누었다. 고전적 범죄체계론에 따르면 주관적·심리적 요소인 고의·과실이 책임을 구성하게 된다. 심리적 책임론은 고전적 범죄체계론을 따른 것이다.

은 인정되고 그 안에 위법성의 인식이나 인식가능성, 기대가능성 등의 요소가 모두 포함되어 있는 것으로 본다.[2] 심리적 책임론은 인과적 행위론에 기초하고 있다.

나. 규범적 책임론[3]

규범적 책임론은 일반인의 관점에서 적법한 행위를 할 수 있었음에도 불구하고 위법한 행위를 한데 대한 비난가능성을 책임의 본질로 본다. 규범적 책임론에서는 책임 개념을 다음과 같이 구분한다.

(1) 복합적 책임 개념

복합적 책임 개념(인과적 행위론에 기초함)에 의하면 책임은 고의(=사실의 인식+위법성의 인식)·과실, 책임능력, 기대가능성으로 이루어진다. 여기서 위법성의 인식은 책임고의의 한 요소에 속한다(고의설).

(2) 순수한 규범적 책임 개념

목적적 범죄론체계(목적적 행위론을 따름)에서는 고의·과실을 구성요건요소로 보고,[4] 책임은 책임능력, 위법성의 인식, 기대가능성으로 구성된다. 목적적 범죄론 체계에서 위법성의 인식은 고의에서 분리되어 독자적인 책임의 요소가 된다(책임설).

(3) 신복합적 책임 개념

합일태적 범죄론체계(사회적 행위론을 따름)에서는 고의와 과실의 2중적 지위를 인정한다. 즉 고의·과실의 심리적 사실관계는 불법평가의 대상이 되지만, 고의·과실의 심정적 반가치는 책임평가의 대상이 된다. 이에 따르면 책임은 책임능력, 위법성의 인식, 책임형식으로서의 고의·과실, 기대가능성으로 구성된다.

Ⅱ. 책임능력

책임능력은 행위자가 법규범의 명령과 금지를 인식하고 법규범에 따라 행동할 수 있는 능력을 말한다. 책임능력은 법과 불법을 분별할 수 있는 지적 능력을 의미하는 '사물변별능력'과 이에 따라 의사

2) 책임능력은 심리적 관계가 아니므로 책임의 구성요소는 아니고 그 전제라고 한다.

3) 고전적 범죄체계론은 구성요건을 '범죄를 객관적이고 가치판단과 무관하게 서술한 것'이라고 보았으나, 구성요건에 '규범적인 성격의 것'(예컨대 규범적인 판단을 거쳐야 타인 소유의 재물 여부를 알 수 있다)과 '주관적인 성격의 것'(예컨대 고의)도 포함되어 있음을 인정하는 것이 규범적 책임론이다. 여기서 일정한 범죄에 있어서 주관적 요소인 목적, 표현 등 그리고 미수범에 있어서 고의 등이 주관적 구성요건요소로 인정되었다.

4) 목적적 행위론에서는 행위가 가치판단과 무관한 맹목적인 것이 아니라, 목적성(고의)이 행위의 중추적인 것으로 되었다. 목적적 행위론에 따르면 구성요건은 입법자에 의해 유형화된 불법행위인 것이고, 목적성(고의)은 구성요건요소로 파악되어야 한다. 예컨대, 칼을 들고 상대방을 찌르는 행위에 있어 구성요건요소인 고의를 확정하지 않고서는 그러한 행위가 살인, 상해, 협박 중 어떤 범죄를 구성하는지 알 수 없는 것이다.

를 결정하고 통제할 수 있는 '의사결정능력'으로 구성된다.

1. 형사미성년자

14세가 되지 아니한 자의 행위는 벌하지 아니한다(형법 9조). 14세가 되지 아니한 자의 행위가 구성요건에 해당하고 위법하더라도 책임능력이 없으므로 범죄가 성립하지 않는 것이다.

소년법은 19세 미만의 소년에 대해 ① 소년보호사건으로 처리하지만(동법 2장),[5] ② 형사처분의 필요가 있는 경우에는 일반 형사사건으로 처리하되 소년에 대한 특별규정을 두고 있다(동법 3장).

2. 심신장애

가. 의 의

형법 제10조(심신장애인) ① 심신장애로 인하여 사물을 변별할 능력이 없거나 의사를 결정할 능력이 없는 자의 행위는 벌하지 아니한다.
② 심신상애로 인하여 전항의 능력이 미약한 자의 행위는 형을 감경한다.
③ 위험의 발생을 예견하고 자의로 심신장애를 야기한 자의 행위에는 전 2항의 규정을 적용하지 아니한다.

심신장애의 요건/정신장애자이지만 범행 당시 정상적인 사물변별 및 의사결정 능력 있음
형법 제10조에 규정된 심신장애는 **생물학적 요소**로서 정신병 또는 비정상적 정신상태와 같은 정신적 장애가 있는 외에 **심리학적 요소**로서 이와 같은 정신적 장애로 말미암아 사물에 대한 변별능력과 그에 따른 행위통제능력이 결여되거나 감소되었음을 요하므로, 정신적 장애가 있는 자라고 하여도 범행 당시 정상적인 사물변별능력이나 행위통제능력이 있었다면 심신장애로 볼 수 없는 것이다.[6]

5) 소년보호사건으로 심리할 대상은 다음과 같다(동법 4조 1항).
1. 죄를 범한 소년(범죄소년).
2. 형벌 법령에 저촉되는 행위를 한 10세 이상 14세 미만인 소년(촉법소년).
3. 다음 각 목에 해당하는 사유가 있고 그의 성격이나 환경에 비추어 앞으로 형벌 법령에 저촉되는 행위를 할 우려가 있는 10세 이상인 소년(우범소년).
가. 집단적으로 몰려다니며 주위 사람들에게 불안감을 조성하는 성벽이 있는 것.
나. 정당한 이유 없이 가출하는 것.
다. 술을 마시고 소란을 피우거나 유해환경에 접하는 성벽이 있는 것.
범죄소년(1호)과 촉법소년(2호)은 죄를 범한 경우이고 우범소년(3호)은 죄를 범할 우려가 있는 경우이다. 1호는 14세 이상의 소년이 대상이므로 보호처분 외에 형벌을 과할 수도 있다. 2호는 형사미성년자(형법 9조)가 대상이므로 형벌을 과할 수는 없고, 보호처분을 할 수 있을 뿐이다. 3호는 죄를 범한 것은 아니어서 형벌을 과할 수는 없고 보호처분을 할 수 있을 뿐이다. 범죄소년(14세 이상)과 촉법소년(10세 이상 14세 미만)은 범행 당시의 나이를 기준으로 하고, 우범소년(10세 이상)은 소년 보호처분 당시의 나이를 기준으로 한다(소년법 38조 2항).
소년이 소년보호사건으로 조사 또는 심리하는 과정에서 19세에 도달하면 소년보호사건으로 처리할 수 없으므로 검사에게 송치하여야 한다(동법 7조 2항).
6) 대판 1992. 8. 18. 92도1425; 대판 2007. 2. 8. 2006도7900.

심신상실 상태에서의 범행

피고인이 범행 당시 심신상실의 상태에 있었다면 무죄를 선고하여야 한다.[7)]

나. 심신장애의 판단

(1) 전문감정인 의견의 기속력

심신장애의 판단에 있어 전문감정인의 의견에 기속되지 아니함

형법 제10조 제1항, 제2항에 규정된 심신장애의 유무 및 정도의 판단은 법률적 판단으로서 반드시 전문감정인의 의견에 기속되어야 하는 것은 아니고, 정신분열증의 종류와 정도, 범행의 동기, 경위, 수단과 태양, 범행 전후의 피고인의 행동, 반성의 정도 등 여러 사정을 종합하여 법원이 독자적으로 판단할 수 있다.[8)]

정신과의사의 감정은 중요한 참고자료임

피고인이 범행 당시 그 심신장애의 정도가 단순히 사물을 변별할 능력이나 의사를 결정할 능력이 미약한 상태에 그쳤는지 아니면 그러한 능력이 상실된 상태였는지 여부가 불분명하므로, 원심으로서는 먼저 피고인의 정신상태에 관하여 충실한 정보획득 및 관계 상황의 포괄적인 조사·분석을 위하여 피고인의 정신장애의 내용 및 그 정도 등에 관하여 정신의로 하여금 감정을 하게 한 다음, 그 감정결과를 중요한 참고자료로 삼아 범행의 경위, 수단, 범행 전후의 행동 등 제반 사정을 종합하여 범행 당시의 심신상실 여부를 경험칙에 비추어 규범적으로 판단하여야 한다.[9)]

심신상실 감정의견을 배척하고 심신미약을 인정

피고인이 편집형 정신분열증환자로서 심신상실의 상태에 있었다는 감정인의 의견을 배척하고 제반 사정을 종합하여 심신미약으로만 인정한 사례.[10)]

---

7) 대판 1998. 4. 10. 98도549. 다음은 유사 취지이다.

공익근무요원(현재는 사회복무요원)의 정신장애로 인한 복무이탈

공익근무요원인 피고인이 정당한 사유 없이 13일간 복무를 이탈하였다고 하여 구 병역법위반으로 기소된 사안에서, 피고인은 유년시절부터 부모님이 이혼하는 등의 가정불화를 겪으면서 우울증이 발병한 점, 피고인을 치료하여 온 의사와 치료감호소장은 일치하여 피고인이 심한 우울증세로 정신운동성 저하, 대인관계 저하, 전반적인 무의욕 및 무력감 상태를 보이며 자살 위험이 있고, 공익근무요원으로 계속 복무하는 데 어려움이 있을 것으로 판단하고 있는 점 등의 제반 사정에 비추어 볼 때, 피고인의 위와 같은 정신장애는 피고인의 책임으로 돌릴 수 없는 사유로서 병역법 제89조의2 제1호에 정한 '정당한 사유'에 해당한다(대판 2014. 6. 26. 2014도5132).

8) 대판 1999. 1. 26. 98도3812.

9) 대판 1998. 4. 10. 98도549.

10) 대판 1994. 5. 13. 94도581. 구체적인 판시는 다음과 같다.

피고인이 이 사건 범행 당시 피해망상을 주증상으로 하는 편집형 정신분열증으로 말미암아 심신상실의 상태에 있었다는 감정인 작성의 감정서의 기재 및 동인에 대한 사실조회 회보서의 기재를 배척하면서, 이 사건 범행의 동기와 범행방법, 범행 후의 정황 등 피고인의 일련의 행위가 정상적인 사람의 행동범위를 크게 벗어나지 아니하고, 피고인

(2) 정신감정을 거칠 의무

전문가의 감정을 거치지 아니한 채 심신장애를 불인정

피고인이 범행 당시 심신장애의 상태에 있었는지 여부를 판단함에 있어 반드시 전문가의 감정을 거쳐야 하는 것은 아니므로, 법원이 범행의 경위와 수단, 범행 전후의 피고인의 행동 등 기록에 나타난 여러 자료와 공판정에서의 피고인의 태도 등을 종합하여 피고인이 심신장애의 상태에 있지 아니하였다고 판단하여도 이것만 가지고 위법이라고 할 수는 없다.[11]

심신장애의 존재가 의심스러운 경우의 직권심리의무

피고인에게 우울증 기타 정신병이 있고 특히 생리도벽이 발동하여 절도 범행을 저지른 의심이 든다는 이유로 전문가에게 피고인의 정신상태를 감정시키는 등의 방법으로 심신장애 여부를 심리하여야 한다고 한 사례.[12]

의 의식과 지남력, 기억력, 지식, 지능이 모두 정상이며, 착각이나 환각 같은 지각장애가 없는 점 등을 종합하면 피고인은 이 사건 범행 당시 사물의 선악과 시비를 합리적으로 판단하여 구별할 수 있는 능력이나 사물을 변별한 바에 따라 의지를 정하여 자기의 행위를 통제할 수 있는 능력이 미약한 상태에 있었다고 봄이 상당하고, 이에서 나아가 그 사물의 변별력이나 의사결정능력을 상실한 상태에까지 이른 것이라고는 볼 수 없다고 본 원심의 판단은 정당하다.

11) 대판 1993. 12. 7. 93도2701; 대판 2007. 6. 14. 2007도2360.

12) 대판 1999. 4. 27. 99도693. 다음은 같은 취지이다.

항소이유에서 주장되지 아니한 심신장애에 관한 직권심리

피고인이 정신장애 3급의 장애자로 등록되어 있고, 진료소견서 등에도 병명이 '미분화형 정신분열증 및 상세불명의 간질' 등으로 기재되어 있을 뿐만 아니라, 수사기관에서부터 자신의 심신장애 상태를 지속적으로 주장하여 왔으며, 변호인 또한 공판기일에서 피고인의 심신장애를 주장하는 내용의 진술을 하였다면, 비록 피고인이 항소이유서에서 명시적으로 심신장애 주장을 하지 않았다고 하더라도, 직권으로라도 피고인의 병력을 상세히 확인하여 그 증상을 밝혀보는 등의 방법으로 범행 당시 피고인의 심신장애 여부를 심리하였어야 한다는 이유로 원심판결을 파기한 사례(대판 2009. 4. 9. 2009도870).

심신장애의 존재가 의심되는 경우의 직권심리의무

피고인의 범행 동기나 수법, 범행의 전후 과정에서 보인 태도, 범행 당시 음주정도, 피고인의 성장배경·학력·가정환경·사회경력 등을 통하여 추단되는 피고인의 지능정도와 인성 등에 비추어 볼 때, 피고인이 강간살인 범행을 저지를 당시 사기 통제력이나 판단력, 사리분별력이 저하된 어떤 심신장애의 상태가 있었던 것은 아닌가 하는 의심이 드는데도 전문가에게 피고인의 정신상태를 감정시키는 등의 방법으로 심신장애 여부를 심리하지 아니한 채 선고한 원심판결을 심리미진과 심신장애에 관한 법리오해의 위법이 있다는 이유로 파기한 사례(대판 2002. 11. 8. 2002도5109).

충동조절장애의 심신장애가 의심되는 경우의 직권심리의무

피고인이 생리기간 중에 심각한 충동조절장애에 빠져 절도 범행을 저지른 것으로 의심이 되는데도 전문가에게 피고인의 정신상태를 감정시키는 등의 방법으로 심신장애 여부를 심리하지 아니한 원심판결을 심리미진과 심신장애에 관한 법리오해의 위법이 있다는 이유로 파기한 사례(대판 2002. 5. 24. 2002도1541).

심신상실에 관한 직권심리

정신분열증을 이유로 심신미약 감경을 한 제1심판결에 대하여 피고인이 항소이유에서 양형부당만을 주장하고 심신상실 주장은 하지 않았다고 하더라도, 직권으로 피고인의 심신장애 정도에 관하여 심리를 하였어야 한다는 이유로 원심판결을 파기한 사례(대판 1999. 1. 26. 98도3812).

(3) 심신장애사유에 관한 판단

충동조절장애와 같은 성격적 결함이 심신장애사유인지

자신의 충동을 억제하지 못하여 범죄를 저지르게 되는 현상은 정상인에게서도 얼마든지 찾아볼 수 있는 일로서, 특단의 사정이 없는 한 위와 같은 성격적 결함을 가진 자에 대하여 자신의 충동을 억제하고 법을 준수하도록 요구하는 것이 기대할 수 없는 행위를 요구하는 것이라고는 할 수 없으므로, 원칙적으로 충동조절장애와 같은 성격적 결함은 형의 감면사유인 심신장애에 해당하지 아니한다고 봄이 타당하다. 다만 충동조절장애와 같은 성격적 결함이라 할지라도 그것이 매우 심각하여 원래의 의미의 정신병을 가진 사람과 동등하다고 평가할 수 있는 경우에는 그로 인한 범행은 심신장애로 인한 범행으로 보아야 한다.[13)]

성주물성애증이라는 정신질환으로 인한 여성의 속옷 절취

원심의 판단: 피고인이 무생물인 옷이나 신는 것들의 조각을 사람의 몸의 연장으로서 성적 각성과 희열의 자극제로 믿고 이를 성적 흥분을 고취시키는 데 쓰는 '성주물성애증'이라는 정신질환을 가지고 있는 점, 위 정신질환은 피고인이 초등학교 때 아버지가 어머니를 자주 폭행하고 전학을 3회나 하여 친구가 없고 가정이나 학교에서 외로움을 느끼며 지내다가 2007년 29세경에 주점에서 일하는 여성의 속옷을 훔친 이후로 발현되어 계속 여성의 옷을 훔치거나 구입하여 때때로 이를 자위행위의 도구로 사용하면서 심화되었던 점, 피고인은 사용했던 여성의 속옷이나 옷을 절취한 다음 이를 처분하지 않고 보관하였으며, 여성의 속옷이나 옷을 절취하기 위하여 다른 사람의 집에 침입하는 것도 서슴지 않은 점, 피고인이 여성의 속옷이나 옷을 절취할 만한 다른 동기는 없는 점 등에 비추어 볼 때, 피고인은 이 사건 각 범행 당시 성주물성애증으로 인하여 사물을 변별하거나 의사를 결정할 능력이 미약한 상태에 있었다.

대법원의 판단: 형법 제10조에 규정된 심신장애는 정신병 또는 비정상적 정신상태와 같은 정신적 장애가 있는 외에 이와 같은 정신적 장애로 말미암아 사물에 대한 변별능력이나 그에 따른 행위통제능력이 결여 또는 감소되었음을 요하므로, 정신적 장애가 있는 자라고 하여도 범행 당시 정상적인 사물변별능력과 행위통제능력이 있었다면 심신장애로 볼 수 없다. 그리고 특별한 사정이 없는 한 성격적 결함을 가진 사람에 대하여 자신의 충동을 억제하고 법을 준수하도록 요구하는 것이 기대할 수 없는 행위를 요구하는 것이라고는 할 수 없으므로, 무생물인 옷 등을 성적 각성과 희열의 자극제로 믿고 이를 성적 흥분을 고취시키는 데 쓰는 성주물성애증이라는 정신질환이 있다고 하더라도 그러한 사정만으로는 절도 범행에 대한 형의 감면사유인 심신장애에 해당한다고 볼 수 없고, 다만 그 증상이 매우 심각하여 원래의 의미의 정신병이 있는 사람과 동등하다고 평가할 수 있거나, 다른 심신장애사유와 경합된 경우 등에는 심신장애를 인정할 여지가 있으며, 이 경우 심신장애의 인정 여부는 성주물성애증의 정도 및 내용, 범행의 동기 및 원인, 범행의 경위 및 수단과 태양, 범행 전후의 피고인의 행동, 범행 및 그 전후의 상황에 관한 기억의 유무 및 정도, 수사 및 공판절차에서의 태도 등을 종합하여 법원이 독자적으로 판단할 수 있다.

① 피고인은 빌라 외벽에 설치된 가스배관을 타고 올라가 베란다를 통해 빌라에 침입하여 여성 속옷 등을 훔치다가 집주인에게 발각되는 바람에 체포된 사실, ② 피고인은 위와 같이 체포되어 조사받는 과정에 이 사건 각 범행을 자백하였는데, 범행을 비교적 구체적으로 기억하고 있는 것으로 보이는 사실, ③ 피고인은 수

13) 대판 2002. 5. 24. 2002도1541; 대판 2009. 2. 26. 2008도9867; 대판 2011. 2. 10. 2010도14512.

사기관에서는 술을 마시는 바람에 범행을 저지르게 되었다는 취지로 진술하였다가, 원심에서는 범행의 동기를 모르겠다고 진술한 사실, ④ 피고인은 다소 불우한 성장과정을 겪었으나 그로 인하여 사회적, 직업적으로 지장을 받고 있다고 볼 만한 사정은 보이지 않는 사실, ⑤ 피고인에 대한 정신감정 결과에 의하더라도 피고인은 특이한 정신병적 증세를 보이지 않고, 사고기능면에서도 사고장애의 증거가 뚜렷하지 않으며, 다만 범행 당시에는 알코올 복용 상태에서 성주물성애증으로 절도 충동을 억제하지 못하여 범행에 이른 것으로 의사결정능력이 다소 저하된 상태에 있었을 것으로 추정된다고 판단된 사실 등을 알 수 있다.

앞서 본 법리에 비추어 살펴보면, 비록 피고인에 대한 정신감정에서 피고인이 범행 당시 알코올 복용 상태에서 성주물성애증으로 절도 충동을 억제하지 못하여 범행에 이른 것으로 의사결정능력이 다소 저하된 상태에 있었을 것으로 추정된다고 판단되었다고 하더라도, 위에서 본 바와 같은 범행의 경위 및 태양, 범행에 대한 피고인의 기억의 정도, 수사 및 공판절차에서의 피고인의 태도, 피고인의 정신병적 증세의 정도 등을 종합해 보면, 피고인은 이 사건 각 범행 당시 성주물성애증이라는 정신적 장애가 있었다는 사정 이외에 사물을 변별할 능력이나 의사를 결정할 능력이 미약한 상태에 있었다고 인정할 만한 사정이 있었다거나 피고인의 성주물성애증의 정도가 원래의 의미의 정신병이 있는 사람과 동등하다고 평가할 수 있을 정도로 심각하다고 인정하기는 어려워 보인다.[14]

소아기호증과 같은 성격적 결함이 심신장애사유인지

특단의 사정이 없는 한 성격적 결함을 가진 자에 대하여 자신의 충동을 억제하고 법을 준수하도록 요구하는 것이 기대할 수 없는 행위를 요구하는 것이라고는 할 수 없으므로, 사춘기 이전의 소아들을 상대로 한 성행위를 중심으로 성적 흥분을 강하게 일으키는 공상, 성적 충동, 성적 행동이 반복되어 나타나는 소아기호증은 성적인 측면에서의 성격적 결함으로 인하여 나타나는 것으로서, 소아기호증과 같은 질환이 있다는 사정은 그 자체만으로는 형의 감면사유인 심신장애에 해당하지 아니한다고 봄이 상당하고, 다만 그 증상이 매우 심각하여 원래의 의미의 정신병이 있는 사람과 동등하다고 평가할 수 있거나, 다른 심신장애사유와 경합된 경우 등에는 심신장애를 인정할 여지가 있으며, 이 경우 심신장애의 인정 여부는 소아기호증의 정도, 범행의 동기 및 원인, 범행의 경위 및 수단과 태양, 범행 전후의 피고인의 행동, 증거인멸 공작의 유무, 범행 및 그 전후의 상황에 관한 기억의 유무 및 정도, 반성의 빛의 유무, 수사 및 공판정에서의 방어 및 변소의 방법과 태도, 소아기호증 발병 전의 피고인의 성격과 그 범죄와의 관련성 유무 및 정도 등을 종합하여 법원이 독자적으로 판단할 수 있다.[15]

(4) 심신장애사유의 존재 시기

심신장애사유의 존재 시기/범행을 기억하지 못함

형법상 심신상실자라고 하려면 그 범행 당시에 심신장애로 인하여 사물의 시비선악을 변식할 능력이나 또 그 변식하는 바에 따라 행동할 능력이 없어 그 행위의 위법성을 의식하지 못하고 또는 이에 따라 행위를 할

14) 대판 2013. 1. 24. 2012도12689.

15) 대판 2007. 2. 8. 2006도7900. 범행 당시 소아기호증의 정도 및 내용 등 여러 사정에 관하여 구체적으로 심리·검토하지 않은 채 심신미약의 상태에 있었다고 본 원심판결을 파기한 사례임.

수 없는 상태에 있어야 하며 범행을 기억하고 있지 않다는 사실만으로 바로 범행 당시 심신상실 상태에 있었다고 단정할 수는 없다.[16)]

간질병 증세가 있으나 범행 당시에는 간질병이 발작하지 않음

피고인이 평소 간질병 증세가 있었더라도 범행 당시에는 간질병이 발작하지 아니하였다면 이는 책임감면사유인 심신장애 내지는 심신미약의 경우에 해당하지 아니한다.[17)]

고정적 정신질환인 망상형 정신분열증 질환자가 증상인 환청이나 피해망상이 아니라 술에 취하여 충동을 억제치 못하고 범행함

정신적 장애가 있는 자라고 하여도 범행 당시 정상적인 사물판별능력이나 행위통제능력이 있었다면 심신장애로 볼 수 없음은 물론이나, 정신적 장애가 정신분열증과 같은 고정적 정신질환의 경우에는 범행의 충동을 느끼고 범행에 이르게 된 과정에 있어서의 범인의 의식상태가 정상인과 같아 보이는 경우에도 범행의 충동을 억제하지 못한 것이 흔히 정신질환과 연관이 있을 수 있고, 이러한 경우에는 정신질환으로 말미암아 행위통제능력이 저하된 것이어서 심신미약이라고 볼 여지가 있다.[18)]

다른 살해동기 없이 오로지 사탄인 피해자를 살해하여야 천당에 갈 것으로 믿고 살해

범행 당시 정신분열증으로 심신장애의 상태에 있었던 피고인이 피해자를 살해한다는 명확한 의식이 있었고

16) 대판 1985. 5. 28. 85도361.

17) 대판 1983. 10. 11. 83도1897.

18) 대판 1992. 8. 18. 92도1425. 구체적인 판시는 다음과 같다.
피고인은 망상형 정신분열증질환을 가진 자로서 1983. 10. 28. 정신분열증세가 발작하여 그의 처를 살해한 사실로 치료감호처분을 받아 1990. 12. 5.까지 치료감호를 받은 전력이 있고, 또 이 사건에 관한 검찰조사에서 피고인은 "약 3개월 전부터 누군가가 저를 감시하는 것 같고 따라다니면서 저를 죽이려고 하여 그날 아침 생각해 보니 도저히 견딜 수 없어 식칼을 저의 점퍼 안주머니에 넣고 위 사람을 만나 대결하려고 생각하였는데 막상 찾을 길이 없어 강릉으로 가서 술이나 실컷 마시고 자살을 하려고 강릉까지 온 것입니다", "… 이번에는 자살을 하러 왔다가 술을 마신 것이 취하여 순간적으로 감정이 폭발하여 칼을 휘둘렀는데 술만 취하지 않았다면 그런 행동을 하지 않았을 것입니다"라고 진술하고 있으며, 한편 원심이 채용한 의사 작성의 정신감정서에 의하면 피고인이 망상형 정신분열증질환을 가지고 있으나 이 사건 범행은 환청이나 피해망상이 관련되어 있지 않았고, 다만 이 사건 살인은 자살하려던 피고인의 억압된 분노가 술로 인하여 억압되지 못하고 타인에게로 향해져 야기된 것으로 추정된다고 하면서, 결론적으로 피고인은 생물학적으로 정신분열증을 가지고 있지만 범행 당시 살인의 위법성을 모르고 있었다고 생각하기 어려우며 술로 인해 억제기능이 저하되어 있기는 하지만 의사결정능력이 없다고 보기는 어렵다는 취지로 감정하고 있는 사실이 인정된다.
위와 같은 사실관계에 비추어 보면 피고인은 망상형 정신분열증의 정신적 장애를 가진 자로서 범행 당시 범행의 충동을 억제하지 못하고 범행에 이르게 된 것임을 알 수 있는바, 피고인이 느낀 범행의 충동이 직접적으로 위 정신질환의 증상인 환청이나 피해망상으로부터 비롯된 것은 아니라고 하여도, 정상인이라면 그 정도의 술을 마신 것 만으로는(피고인은 검찰에서 술에 조금 취한 상태라고 진술함) 범행의 충동을 억제할 수 있는데도 피고인이 정신질환으로 말미암아 그 억제능력이 저하되어 억제하지 못하고 범행에 나간 것이라면 정신질환은 행위통제능력 감소의 원인을 이루고 있다고 볼 여지가 있을 것이다.

범행의 경위를 소상하게 기억하고 있다고 하여 범행 당시 사물의 변별능력이나 의사결정능력이 결여된 정도가 아니라 미약한 상태에 있었다고 단정할 수는 없는 것인바, 피고인이 피해자를 살해할 만한 다른 동기가 전혀 없고, 오직 피해자를 "사탄"이라고 생각하고 피해자를 죽여야만 피고인 자신이 천당에 갈 수 있다고 믿어 살해하기에 이른 것이라면, 피고인은 범행 당시 정신분열증에 의한 망상에 지배되어 사물의 선악과 시비를 구별할 만한 판단능력이 결여된 상태에 있었던 것으로 볼 여지가 없지 않다.[19)]

생면부지 행인의 머리를 도끼로 내리친 만성형 정신분열증 환자의 심신상실을 인정한 사례

피고인은 이미 10여년 전부터 만성형 정신분열증 질환을 앓아 왔고 그 동안 각종 정신병원 및 정신요양원 등의 치료시설에 장기간 수용되어 치료를 받아 온 사실과 피고인의 현재 지능은 보통수준이고 외면상으로는 정상적인 지적 판단능력을 갖춘 듯이 보이나 내면에는 과대망상이나 피해망상 등 비현실적인 사고로 가득 차 있어 정상적인 사리판단이나 의사결정을 기대할 수 없는 상태로 보이며 이 사건 범행의 경위도 위와 같은 왜곡된 사고와 망상의 지배로 말미암아 아무런 관계도 없는 생면부지의 행인인 피해자들의 머리를 이유 없이 도끼로 내리쳐 상해를 가하기에 이른 사실이 인정되는 경우, 이와 같은 여러 가지 사정을 종합하여 보면 피고인은 이 사건 범행 당시 심한 만성형 정신분열증에 따른 망상에 지배되어 사물의 선악과 시비를 구별할 만한 판단능력이 결여된 상태에 있었다고 보여지므로 피고인의 이 사건 범행에 대하여 형법 제10조 제1항에 따라 벌할 수 없는 것이라고 보고 무죄 선고한 것은 옳다.[20)]

(5) 정신장애의 발현과 상습성의 부정

행위자가 범죄행위 당시 심신미약 등 정신적 장애상태에 있었다고 하여 일률적으로 그 행위자의 상습성이 부정되는 것은 아니다. 심신미약 등의 사정은 상습성을 부정할 것인지 여부를 판단하는 데 자료가 되는 여러 가지 사정들 중의 하나일 뿐이다. 따라서 행위자가 범죄행위 당시 심신미약 등 정신적 장애상태에 있었다는 이유만으로 그 범죄행위가 상습성이 발현된 것이 아니라고 단정할 수 없고 다른 사정을 종합하여 상습성을 인정할 수 있어 심신미약의 점이 상습성을 부정하는 자료로 삼을 수 없는 경우가 있는가 하면, 경우에 따라

19) 대판 1990. 8. 14. 90도1328.

20) 대판 1991. 5. 28. 91도636. 다음은 같은 취지이다.

편집형 정신분열증환자(대학원생)가 모르는 자를 과도로 찔러 사망케 함(심신상실 인정)

의사의 증언은, 피고인은 이건 범행 이전부터 편집형 정신분열증 환자이고 이러한 환자는 자기의 행동을 알 때도 있고 모를 때도 있으나 사물에 대한 판단력이 없는 것이 위 정신병의 특징이고 사물을 변별하고 그에 따라서 자신의 의사결정을 하거나 자기의 의지를 제어할 능력이 없는 것이므로 피고인은 심신상실 상태에 있었다고 보아야 할 것이라는 취지이며, 또 피고인은, 중학교를 졸업하고 14세 때 대학입학검정시험에 합격하여 16세에 경희대학교 경제학과에 입학하여 동교를 졸업한 후 동 대학교 대학원에 진학 재학 중인 자이고 피해자와는 이건 범행시까지 전연 알지도 못하는 사람이어서 피고인이 피해자를 과도로 찔러 사망케 할 아무런 동기나 이유가 전연 없는 점과 위 증인의 정신감정서등을 아울러 참작하면 피고인은 위 정신병으로 피해망상에 사로잡혀 심신상실상태에서 행하여진 범행으로 보아야 할 것이다(대판 1980. 5. 27. 80도656).

아들인 피해자가 자기 말을 잘 듣지 않는다는 사유만으로 그가 한씨 가문의 역적이니 죽여야 된다는 심한 망상 속에 빠져 피해자를 살해한 사안에서, 심신상실을 이유로 무죄를 선고하면서 사회보호법을 적용하여 치료감호에 처한 사례(대판 1984. 8. 21. 84도1510).

서는 심신미약 등 정신적 장애상태에 있었다는 점이 다른 사정들과 함께 참작되어 그 행위자의 상습성을 부정하는 자료가 될 수도 있다.[21]

Ⅲ. 원인에 있어서 자유로운 행위

위험의 발생을 예견하고 자의로 심신장애를 야기한 자의 행위에는 전 2항의 규정(심신상실과 심신미약에 관한 규정임)을 적용하지 아니한다(형법 10조 3항).

1. 원인에 있어서 자유로운 행위의 법률적 의미

원인에 있어 자유로운 행위는, 책임능력이 있는 사람이 고의 또는 과실로 심신장애(심신상실 또는 심신미약)를 야기하여 심신장애 상태에서 범죄를 저지르는 것을 말한다. 원인에 있어 자유로운 행위에 해당하는 때에는, 심신상실 상태에서 범죄를 저질렀더라도 범인을 벌하며, 심신미약 상태에서 범죄를 저질렀더라도 형을 감경하지 않는다(형법 10조 3항).

2. '행위와 책임의 동시존재의 원칙'에 대한 예외

원인에 있어 자유로운 행위의 가벌성의 근거에 관하여 다음과 같은 견해가 있다.

① 원인설정행위를 실행행위로 보는 견해(원인설정행위설)

내용: 원인에 있어 자유로운 행위는 자신을 도구로 이용하는 간접정범과 유사하므로 원인설정행위가 실행의 착수이고, 실행의 착수시기에 책임능력이 있었던 이상 책임능력자로서 처벌이 가능하다(책임능력과 책임이 동시에 존재함).

비판: 원인설정행위가 실행의 착수에 해당한다고 보게 되므로 구성요건적 행위정형을 무시한다.

② 원인행위와 실행행위의 불가분적 관련에서 책임의 근거를 찾는 견해(불가분적 연관설)

내용: 심신장애상태하에서의 행위가 실행행위이고 책임능력은 원인설정행위시에 갖추어져 있지만 양 행위는 불가분의 관련을 가지므로 전체적으로 책임능력자로 처벌할 수 있다. 원인에 있어서 자유로운 행위는 '행위와 책임의 동시존재의 원칙'에 대한 예외이다.

비판: 책임주의의 예외를 쉽게 인정한다.

사견: 불가분적 연관설은 어떤 요건하에 원인에 있어 자유로운 행위가 성립하는지를 명확하게 밝

21) 대판 2009. 2. 12. 2008도11550.

히고 있지 않아 책임주의의 예외를 쉽게 인정하는지 여부는 알 수 없다.

③ 책임능력결함 상태에서의 실행행위에 책임의 근거를 인정하는 견해(반무의식상태설)

내용: 원인설정행위는 예비행위에 불과하고 심신장애상태하에서의 행위가 실행행위이며, 실행행위는 반무의식적 상태에서 이루어지므로 행위의 주관적 요소를 인정할 수 있다.

비판: 반무의식적 상태라는 개념에 의해 책임능력의 존재를 인정하는 것은 책임주의에 반한다. 술에 만취하거나, 환각물질을 흡입하는 등에 의해 심신장애상태가 초래된 상황에 대해서, 반무의식적 상태이므로 책임능력이 인정된다고 보는 것은 형법 10조에 반한다.

원인에 있어서 자유로운 행위의 경우 심신장애 상태를 야기하는 행위 자체를 실행행위라고 볼 수는 없고, 실행행위 당시에는 심신장애 상태에 있으므로 '행위와 책임의 동시존재의 원칙'의 예외에 해당한다고 보아야 할 것이다. 원인에 있어서 자유로운 행위에 관하여 '행위와 책임의 동시존재의 원칙'에 대한 예외를 인정한 이유는 행위자가 심신장애 상태를 위험의 발생을 예견하고 자의(고의 또는 과실)로 야기하였기 때문이라고 보면 족하지 않을까 생각된다.

3. 판 례

원인에 있어 자유로운 행위의 적용 범위/음주운전할 의사로 만취하여 운전 중 교통사고

형법 제10조 제3항은 "위험의 발생을 예견하고 자의로 심신장애를 야기한 자의 행위에는 전 2항의 규정을 적용하지 아니한다"고 규정하고 있는 바, 이 규정은 고의에 의한 원인에 있어서의 자유로운 행위만이 아니라 과실에 의한 원인에 있어서의 자유로운 행위까지도 포함하는 것으로서 위험의 발생을 예견할 수 있었는데도 자의로 심신장애를 야기한 경우도 그 적용 대상이 된다고 할 것이어서, 피고인이 음주운전을 할 의사를 가지고 음주만취한 후 운전을 결행하여 교통사고를 일으켰다면 피고인은 음주시에 교통사고를 일으킬 위험성을 예견하였는데도 자의로 심신장애를 야기한 경우에 해당하므로 위 법조항에 의하여 심신장애로 인한 감경 등을 할 수 없다.[22]

살인을 공모한 후, 대마초를 흡연하여 심신미약 상태에서 살인

피고인들은 상습적으로 대마초를 흡연하는 자들로서 이 사건 각 살인범행 당시에도 대마초를 흡연하여 그로 인하여 심신이 다소 미약한 상태에 있었음은 인정되나, 이는 피고인들이 피해자들을 살해할 의사를 가지고 범행을 공모한 후에 대마초를 흡연하고, 위 각 범행에 이른 것으로 대마초 흡연시에 이미 범행을 예견하고도 자의로 위와 같은 심신장애를 야기한 경우에 해당하므로, 형법 제10조 제3항에 의하여 심신장애로 인한 감경 등을 할 수 없다.[23]

22) 대판 1992. 7. 28. 92도999.
23) 대판 1996. 6. 11. 96도857.

Ⅳ. 위법성의 인식

1. 의 의

위법성의 인식은 행위자가 자신의 행위가 전체 법질서에 반하고 따라서 법적으로 금지되어 있다는 것을 인식하는 것을 말한다. 위법성의 인식이 있어야 금지되어 있음을 알고도 범죄를 결의하였다는 데 대해 비난이 가능하므로 위법성의 인식은 책임비난의 핵심이 된다.

허위공문서(호적부)를 작성하면서 형법상의 허위공문서작성죄에 해당함을 모름

면사무소 호병계장인 피고인이 동거녀와 사이에 출생한 갑을 피고인과 피고인의 법률상 처 사이에서 출생한 것처럼 호적부에 허위의 기재를 한 후 그 정을 모르는 면장으로 하여금 이에 날인케 하여 허위내용의 호적부를 작성함으로써 허위공문서작성죄를 범한 사안에서,
범죄의 성립에 있어서 위법의 인식은 그 범죄사실이 사회정의와 조리에 어긋난다는 것을 인식하는 것으로서 족하고 구체적인 해당 법조문까지 인식할 것을 요하는 것은 아니므로 설사 형법상의 허위공문서작성죄에 해당되는 줄 몰랐다고 가정하더라도 그와 같은 사유만으로는 위법성의 인식이 없었다고 할 수 없다.[24)]

2. 위법성인식의 체계적 위치

종전에는 형법상 책임이 인정되기 위해서는 고의·과실만으로 충분하고 위법성의 인식이 반드시 필요한 것은 아니라는 위법성인식불요성이 주장되기도 하였다. 오늘날 위법성의 인식이 필요하다고 보는 것이 일반적이며 위법성인식의 체계적 지위에 관하여 고의설과 책임설이 있다. 위법성인식의 체계적 지위에 대한 문제는 결국 위법성의 인식이 독자적인 책임요소인지 아니면 고의를 구성하는 요소인지가 쟁점이다.

가. 고의설

인과적 행위론은 범죄의 주관적 요소를 모두 책임에 위치시킨다. 여기서 고의의 내용에는 구성요건에 해당하는 객관적 사실에 대한 인식과 위법성의 인식이 포함된다. 따라서 위법성의 인식이 없으면 책임 고의가 조각되는 것이다. 결국 고의설에 의하면 위법성의 인식은 책임의 요소가 된다는 점에서 책임설과 다르지 않다.

고의설은 고의를 인정하기 위해서는 어느 정도의 위법성인식이 필요한지에 관하여 엄격고의설과 제한적 고의설로 나뉜다. 고의가 성립되기 위한 요건에 관하여, 엄격고의설은 행위자에게 현실적인 위법성의 인식이 있어야 한다고 하고, 제한적 고의설은 행위자에게 위법성인식의 가능성(즉, 착오의 회피가능성)이 있어야 한다고 한다.

---
24) 대판 1987. 3. 24. 86도2673.

나. 책임설

책임설에 따르면 고의는 구성요건요소에 속하며, 위법성의 인식은 고의와는 별개인 책임의 한 요소에 속한다. 책임설은 엄격책임설과 제한적 책임설로 나뉜다.

엄격책임설은 위법성조각사유의 전제사실에 관한 착오를 포함한 모든 위법성조각사유에 관한 착오를 금지의 착오로 본다. 제한적 책임설은 위법성조각사유의 존재와 한계에 관한 착오는 금지착오로 보지만, 위법성조각사유의 전제사실에 관한 착오는 구성요건적 착오는 아니지만 구성요건적 착오와 유사하여 구성요건적 착오와 동일한 법적 효과를 인정하므로 위법성의 인식이 없는 경우에는 고의가 조각되고 과실범이 성립될 수 있다고 본다.

채권자가 담보부동산에 관하여 임의경매절차를 진행하면서 채무자가 변제공탁한 차용원리금을 이의 없이 수령하고도 경매절차를 그대로 유지한 다음 부동산의 경락잔금을 수령함

채무자가 채권자로부터 금원을 차용하면서 담보를 제공한 부동산 위에 채권자가 은행으로부터 금원을 차용하고서 설정한 저당권에 기하여 임의경매절차가 진행되고 있는 동안에 위 채무자가 차용원리금을 변제공탁한 것을 채권자가 아무런 이의도 없이 변제공탁금을 수령함으로써 피해자에 대하여 가지고 있던 피담보채권이 전부 소멸되었다 할 것이고 따라서 피고인으로서는 피해자에게 단지 이 사건 부동산의 가액에서 대여원리금 및 비용등을 공제한 나머지 금액을 정산하여 줄 의무를 부담할 뿐인 것이 아니라 피담보채무가 소멸함에 따라 피해자에게 이 사건 부동산에 관한 소유명의를 회복시켜 주어야 할 의무를 부담하게 되었다 할 것임에도 불구하고 그 임무에 위배하여 위 경매절차에 대하여 손을 쓰지 아니하는 바람에 타인에게 경락되게 하고 그 부동산의 경락잔금까지 받아간 것은 배임죄를 구성한다.

비록 채권자가 민사법상 이의의 유보 없는 공탁금수령의 법률상의 효과에 대한 정확한 지식이 없었다 하더라도 금전소비대차거래에 있어서 이자제한법의 존재가 공지의 사실로 되어 있는 거래계의 실정에 비추어 막연하게나마 자기의 행위에 대한 위법의 인식이 있었다고 보지 못할 바 아니므로 위 채권자의 미필적 고의는 인정할 수 있다.[25]

해설: 위 판례가 고의설을 취한 것으로 해석하는 견해가 있다.

3. 금지의 착오(법률의 착오)

형법 제16조(법률의 착오) 자기의 행위가 법령에 의하여 죄가 되지 아니하는 것으로 오인한 행위는 그 오인에 정당한 이유가 있는 때에 한하여 벌하지 아니한다.

---

25) 대판 1988. 12. 13. 88도184. 이의의 유보 없는 공탁금수령 부분에 관한 판시는 다음과 같다.
피해자는 1986. 1. 31. 위 차용원리금 등의 합계를 23,990,400원으로 계산하여 변제공탁하였는데 피고인은 1986. 3. 11. 공탁원인사실 가운데 적시된 원금의 수액과 변제충당 및 이자의 계산방법 등에 대하여 이의를 유보하지 아니한 채 위 변제공탁금 전액을 수령함으로써 피해자에 대하여 가지고 있던 피담보채권이 전부 소멸되었다 할 것이고 따라서 피고인으로서는 피해자에게 단지 이 사건 부동산의 가액에서 위 대여원리금 및 비용 등을 공제한 나머지 금액을 정산하여 줄 의무를 부담할 뿐인 것이 아니라 피담보채무가 소멸함에 따라 피해자에게 이 사건 부동산에 관한 소유명의를 회복시켜 주어야 할 의무를 부담하게 되었다.

가. 금지의 착오의 의의

금지의 착오는 행위자가 구성요건적 사실은 인식하였으나(고의의 존재) 착오로 인하여 자신의 행위가 금지규범에 위반하여 위법하다는 것을 인식하지 못한 경우(위법성인식의 부존재)를 말한다. 법률의 착오 또는 위법성의 착오라고도 한다. 행위자가 구성요건적 사실을 인식하지 못한 구성요건적 착오와 대비된다.

위법성의 적극적 착오는 위법하지 않은 행위를 위법한 행위라고 오인한 경우로서 반전된 금지착오인 환각범에 해당한다. 위법성의 소극적 착오는 위법한 행위를 위법하지 않다고 오인한 경우로서 금지착오가 문제된다.

나. 금지착오의 유형

(1) 직접적 금지착오

행위자가 자기의 행위에 직접적으로 적용되는 금지규범 그 자체를 인식하지 못하여 자기의 행위가 허용된다고 오인하는 경우이다.

(가) 법률의 부지

행위자가 자기의 행위를 금지하는 법규의 존재를 모르는 것이다. 예컨대, 간첩행위가 처벌되는 것을 모르는 외국인이 간첩행위를 하는 것이다.

통설은 법률의 부지도 금지의 착오에 해당한다고 본다. 판례는 "일반적으로 범죄가 되는 경우이지만 자기의 특수한 경우에는 법령에 의하여 허용된 행위로서 죄가 되지 아니한다고 그릇 인식한 경우만 법률의 착오이고, 단순한 법률의 부지는 금지의 착오가 아니다"라는 입장을 취하고 있는 것으로 해석된다.

(나) 효력의 착오

행위자가 일반적 구속력이 있는 법규정을 잘못 판단하여 그 규정이 무효라고 오인한 경우이다. 예컨대 도박죄를 처벌하는 규정이 위헌, 무효라고 믿고 도박을 하는 것이다.

(다) 포섭의 착오

행위자가 금지규범을 너무 좁게 해석하여 자기의 행위가 허용된다고 믿은 경우이다. 가령, 공무원의제 규정이 적용되어 허위공문서작성죄의 주체가 되는 자가 자기는 공무원이 아니므로 허위 내용의 문서를 자기 명의로 작성하더라도 허위공문서작성죄가 성립하지 않는다고 믿고 허위공문서를 작성하는 것이다.

(2) 간접적 금지착오

(가) 위법성조각사유의 존재에 관한 착오

남편이 징계권이 있다고 믿고서 처를 구타하는 것과 같이 위법성조각사유가 존재하지 않음에도 위법성조각사유가 존재하는 것으로 믿는 것을 말한다.

(나) 위법성조각사유의 한계에 관한 착오

교사가 학생에 대한 징계권의 허용범위 내라고 판단하여 몽둥이로 학생을 구타하여 상해를 입게 하는 경우와 같이 위법성조각사유의 법적 한계를 오인한 것을 말한다.

사인이 현행범을 체포하면서 주거침입까지도 허용된다고 믿은 경우를 위법성조각사유의 한계에 관한 착오의 사례로 드는 견해가 있다.[26)]

(다) 위법성조각사유의 전제사실에 관한 착오

야간에 자장면을 배달하러 온 사람을 강도로 오인하여 정당방위의 의사로 폭행하는 경우와 같이 위법성조각사유의 전제사실이 존재하지 않음에도 존재하는 것으로 오인함으로 인하여 위법성조각사유에 해당한다고 믿는 행위를 하는 것을 말한다.

다. 금지착오의 효과

(1) 고의설

위법성의 인식이 책임고의의 내용이므로 금지의 착오가 있으면 책임고의가 조각되고, 다만 과실이 있으면 과실범으로 처벌된다.

(2) 책임설

위법성의 인식은 고의와는 별개의 독자적인 책임요소이므로 금지착오가 있으면 정당한 이유가 있는 경우에 한하여 책임이 조각되며, 정당한 이유가 없는 때에는 고의범이 성립될 수 있다.

라. 정당한 이유

통설에 따르면 형법 16조의 정당한 이유가 있는 때란 행위자에게 착오의 회피가능성이 없는 경우, 즉 착오가 불가피한 경우를 말한다. 다만 판례는 정당한 이유란 오인에 과실이 없는 때를 말한다고 한다.[27)]

---

26) 위 견해는 다음 판례가 "현행범인을 체포하기 위해서 사인이 주거침입을 하는 것은 허용되지 않는다"라는 입장을 취하고 있는 것으로 이해하고 있다.

현행범인을 추적하여 그 범인의 부의 집에 들어가서 동인과의 시비 끝에 상해를 입힌 경우에 주거침입죄가 성립한다(대판 1965. 12. 21. 65도899).

해설: 사인이 현행범인을 체포하기 위해 타인의 주거에 침입하는 것은 현행범인이 저지른 범행의 내용, 주거침입의 동기와 경위, 범인의 인적 사항이 확인되었는지, 거주자가 주거침입을 허용하였을 것인지 여부 등에 따라 주거침입죄에 해당할 수도 있고, 그렇지 않을 수도 있을 것이다. 위 판례에서는 위와 같은 사정들이 나타나 있지 않아, 판례가 현행범인을 체포하기 위해서 사인이 주거침입을 하는 것은 허용되지 않는다는 입장을 취하였다고 단정적으로 말할 수는 없다고 생각된다. 가령, 절도범인이 피해자의 집에서 고가의 재물을 절취한 것을 발견하고 그 절도범인을 체포하기 위하여 피해자의 집에 침입하는 것은 통상의 경우 허용되어야 할 것이다.

27) 예컨대 다음 판례를 참조. 피고인은 본건 범행 당시 자기의 행위가 법령에 의하여 죄가 되지 않는 것으로 오인하였고 또 그렇게 오인함에 어떠한 과실이 있음을 가려낼 수 없어 정당한 이유가 있는 경우에 해당하므로 피고인의 본건 소위는 벌할 수 없다(대판 1983. 2. 22. 81도2763).

4. 위법성조각사유의 전제사실에 관한 착오

가. 의 의

위법성조각사유의 전제사실이 존재하지 않음에도 존재하는 것으로 오인함으로 인하여 위법성조각사유에 해당한다고 믿고 행위를 하는 것을 위법성조각사유의 전제사실에 관한 착오 또는 허용구성요건의 착오라고 한다. 이러한 경우로는 정당방위, 긴급피난 또는 자구행위를 할 수 있는 상황이 존재한다고 믿고서 하는 오상방위, 오상피난, 오상자구행위 등이 있다. 위와 같은 행위들은 위법성에 관한 착오라는 점에서 법률의 착오에 속하지만, 사실에 관한 착오라는 점에서 사실의 착오로서의 성격도 가지고 있다. 그러한 이유로 위법성조각사유의 전제사실에 관한 착오를 법률의 착오로 보아 정당한 이유가 있는 때에 한하여 책임이 조각되는 것으로 취급할 것인지, 아니면 사실의 존재에 관하여 착오가 있다고 보아 고의가 조각되는 것으로 취급할 것인지에 관하여 견해가 나뉜다.

나. 학 설

(1) 고의설

고의설은 위법성의 인식을 구성요소로 보므로 위법성인식의 착오(허용구성요건의 착오)를 고의의 문제로 본다. 고의설은 엄격고의설과 제한적 고의설로 나뉜다. 엄격고의설에 따르면, 위법성조각사유의 전제사실에 관한 착오가 있는 때에는 위법성의 인식이 없으므로 고의가 조각된다고 보게 된다. 제한적 고의설에 의하면 위법성의 인식가능성이 있었던 경우에는 고의범이 성립하고, 위법성의 인식가능성이 없었던 경우에는 불가벌이라고 한다.

(2) 책임설

위법성의 인식을 고의와는 별개의 독자적인 책임요소로 보는 책임설은 엄격책임설과 제한적 책임설로 나뉜다.

위법성조각사유의 전제사실에 관한 착오를 포함한 모든 위법성조각사유에 관한 착오를 금지의 착오로 보는 엄격책임설에 의하면, 행위자가 구성요건적 사실 자체는 인식했으므로 구성요건적 고의는 조각될 수 없고, 착오로 위법성을 인식하지 못한 것이므로 금지착오의 문제가 된다(따라서 정당한 이유의 유무에 따라 책임이 긍정되거나 부정됨).

위법성조각사유의 전제사실에 관한 착오는 구성요건적 착오는 아니지만 구성요건적 착오와 유사하여 구성요건적 착오와 동일한 법적 효과를 인정하는 제한적 책임설은 유추적용설과 법효과제한설로 나뉜다.

유추적용설은 위법성조각사유의 전제사실은 구성요건의 객관적 요소와 유사하며, 행위자에게는 구성요건적 불법을 실현하려는 의사가 결여되어 행위반가치가 부정되기 때문에 구성요건적 착오를 유추적용하여 불법고의가 조각된다(따라서 과실범만 문제됨)고 한다. 유추적용설을 적용하면 위법성조각사유의 전제사실에 관하여 착오를 일으킨 자(고의가 조각)를 이용하여 범행을 저지르는 자는 공범(교사·방조범)이 될 수 없다(간접정범은 가능함).

법효과제한설은 고의가 구성요건적 고의와 책임고의로 나뉘는데, 위법성조각사유의 전제사실에 관한 착오의 경우 구성요건적 고의는 존재하지만 책임고의는 부존재하기 때문에 법효과(형벌)에 있어 사실의 착오에 준하여 고의책임은 부정되고 과실책임만을 물을 수 있다고 한다.

(3) 소극적 구성요건 표지이론

'통상의 구성요건'(협의의 불법구성요건)은 적극적 구성요건표지, 위법성조각사유는 소극적 구성요건표지로 보아 위 적극적 구성요건표지와 소극적 구성요건표지가 총체적 불법구성요건을 구성한다고 보는 소극적 구성요건 표지이론은 위법성조각사유의 부존재를 고의의 인식대상에 포함시킨다. 따라서 소극적 구성요건 표지이론에 의하면 사실의 착오나 법률의 착오 모두 구성요건적 착오에 해당하므로 위법성조각사유의 전제사실에 관한 착오 역시 구성요건적 착오에 해당하여 고의를 조각하고, 과실범으로 처벌될 수 있을 뿐이다.

주위적 공소사실: 한겨레신문 기자인 피고인은 국가안전기획부 소속 타자수 갑을 비방할 목적으로 1989. 10. 6. 자 위 신문에 '을의 사망 전 안기부 요원 동행'이라는 제목 아래 '중앙대 안성캠퍼스 총학생회장 을이 사망하기 직전에 마지막으로 동행한 사람은 남자 한 명, 여자 한 명이며 이 중 여자는 안기부에 근무하고 있다는 새로운 사실이 밝혀졌으며, 숨진 을이 배에 타기 직전 을을 보았다는 병은 을이 동행한 여자는 사진으로 확인해 보니 갑이었다고 경찰에서 진술했고, 선장 정은 을과 배에 탄 남자는 백아무개(22세)라고 말하고 갑은 안기부에 근무하고 있는 것이 밝혀졌다'는 요지의 허위기사를 작성, 이를 게재한 위 신문을 그 날 전국 일원에 보급하게 하여서 공연히 갑이 안기부 직원으로서 을의 사망 직전 동행하고 을의 죽음에 관여된 듯한 허위사실을 적시하여 그녀의 명예를 훼손하였다.
예비적 공소사실: 위 주위적 공소사실에서 비방할 목적이 인정되지 아니한 경우에 피고인의 위 취재보도는 형법 제307조 제2항의 허위사실적시명예훼손죄에 해당한다.

예비적 공소사실에 대한 판단: 피고인이 위 기사내용을 허위라고 인식하였음을 인정할 증거가 없으므로 피고인을 허위사실 적시로 인한 명예훼손죄로 처벌할 수는 없고 다만 형법 제307조 제1항의 죄로 처벌할 여지가 있을 뿐이다. 명예훼손죄에 있어서는 개인의 명예보호와 정당한 표현의 자유보장이라는 상충되는 두 법익의 조화를 꾀하기 위하여 형법 제310조를 규정하고 있으므로 적시된 사실이 공공의 이익에 관한 것이면 진실한 것이라는 증명이 없다 할지라도 행위자가 진실한 것으로 믿었고 또 그렇게 믿을 만한 상당한 이유가 있는 경우에는 위법성이 없다고 보아야 할 것인데, 위 기사는 당시 평양에서 벌어진 세계청년학생축전에 학생운동권 대표가 비밀리에 참가한 것을 계기로 정부수사기관과 학생운동권 간의 긴장이 고조되고 있던 시점에서 중앙대 안성캠퍼스 총학생회장인 을이 거문도의 외딴 해수욕장에서 의문의 변사체로 발견된 것과 관련하여 제기된 의혹들을 취재하여 보도하는 과정에서 작성된 것으로 그 주요 목적이 공공의 이익에 관한 것으로 볼 수 있고, '을이 사망 직전에 마지막으로 동행한 사람은 백○○와 안기부 요원인 갑이었다'라는 취지의 이 사건 기사내용이 진실이라는 것을 입증할 증거가 없고 나아가 그것이 결국에는 사실과 다른 것으로 밝혀졌다 하더라도 안기부의 추적대상이었을 것으로 추정되는 을이 거문도에까지 와서 사망하게 된 경위와 그 사망 원인에 의혹이 제기되고 있던 터에 갑이 여수에서 거문도까지 가는 배에 을과 동승하였던 것으로 밝혀지고 나아가 을과 갑의 일행이 거문도에서 함께 동행하고 있는 것을 보았다는 목격자까지 나왔으나 그들이 석연치 않은 이유로 그 진술을 번복하였던 까닭에 피고인이 위 기사내용을 진실이라고 믿고 보도하게 되었던 것이므로 피고인이 그와 같이 믿은 데에는 객관적으로 그럴 만한 상당한 이유가 있었다 할 것이어서 피고인의 행위는 형법 제310조에 따라 처벌할 수 없다.[28]

5. 판 례

가. 정당한 이유 부정례

자신의 행위가 건축법상의 허가대상인지 모름

형법 제16조에 의하여 처벌하지 아니하는 경우란 단순한 법률의 부지의 경우를 말하는 것이 아니고, 일반적으로 범죄가 되는 행위지만 자기의 특수한 경우에는 법령에 의하여 허용된 행위로서 죄가 되지 아니한다고 그릇 인식하고 그와 같이 인식함에 있어 정당한 이유가 있는 경우에는 벌하지 아니한다는 취지이므로, 피고인이 자신의 행위가 구 건축법상의 허가대상인 줄을 몰랐다는 사정은 단순한 법률의 부지에 불과하고 특히 법령에 의하여 허용된 행위로서 죄가 되지 않는다고 적극적으로 그릇 인식한 경우가 아니어서 이를 법률의 착오에 기인한 행위라고 할 수 없다.[29]

등록규정을 모르고 간행물발행에 대해 장기간 문제되지 않아 등록 않고 정기간행물 발행

정기간행물을 등록하지 않고 발행한 피고인들이 정기간행물의 등록을 강제하는 법률규정이 있다는 것을 몰랐고 또 그 간행물이 발행될 당시뿐만 아니라 그 발행이 중단되고 오랜 기간이 지난 다음에도 이에 대하여 문제가 제기된 바 없었다는 사정만으로는 피고인들이 그 행위가 죄가 되지 아니한다고 믿은 데 정당한 이유가 있다고 할 수 없다.[30]

직무집행정지가처분 중인 종단대표자가 변호사의 조언을 받아 종단의 보관금을 소송비용으로 사용

가처분결정으로 직무집행정지 중에 있던 종단대표자가 종단소유의 보관금을 소송비용으로 사용함에 있어 변호사의 조언이 있었다는 것만으로 보관금인출사용행위가 법률의 착오에 의한 것이라 할 수 없다.[31]

28) 대판 1996. 8. 23. 94도3191.
29) 대판 1991. 10. 11. 91도1566; 대판 2011. 10. 13. 2010도15260.
30) 대판 1994. 12. 9. 93도3223.
31) 대판 1990. 10. 16. 90도1604.

감독관청의 주선으로 건설업면허를 대여받아 건축공사를 시공

건설업면허없이 시공할 수 없는 건축공사를 피고인이 타인의 건설업면허를 대여받아 그 명의로 시공하였다면 비록 위 면허의 대여가 감독관청의 주선에 의하여 이루어졌다 하더라도 그와 같은 사정만으로서는 피고인의 소위를 사회상규에 위배되지 않는 적법행위로 볼 수는 없을 뿐만 아니라, 설사 피고인으로서는 이를 적법행위로 오인하였다 하더라도 위와 같은 사정만으로서는 그 오인에 정당한 이유가 있다고 볼 수도 없다.[32)]

미성년자보호법상 20세 미만자는 유흥접객업소인 디스코클럽 내에 출입시킬 수 없음에도, 출입단속대상자를 18세 미만자와 고등학생으로 한 경기도 경찰국장 명의의 공문을 믿고 만 18세 이상이고 고등학생이 아닌 자를 출입시킴

미성년자보호법상 유흥접객업소인 디스코클럽 내에 출입시키거나 주류를 판매하여서는 아니 되는 대상은 20세 미만의 미성년자로 규정되어 있다.

1983. 4. 15. 의정부경찰서에서 개최된 청소년선도에 따른 디스코클럽 관련 업주회의에서 업주측의 관심사라 할 수 있는 18세 이상자나 대학생인 미성년자들의 업소출입 가부에 관한 질의가 있었으나 그 확답을 얻지 못하였는데, 같은 달 26. 경기도 경찰국장 명의로 청소년 유해업소 출입단속대상자가 18세 미만자와 고등학생이라는 내용의 공문이 의정부경찰서에 하달되고 그 시경 관할지서와 파출소에 그러한 내용이 다시 하달됨으로써 업주들은 경찰서나 파출소에 직접 또는 전화상의 확인방법으로 그 내용을 알게 되었고 위와 같은 사정을 알게 된 피고인은 종업원에게 단속 대상자가 18세 미만자와 고등학생임을 알려주고 그 기준에 맞추어서 만 18세 이상자이고 고등학생이 아닌 갑 등 10명을 출입시키고 주류를 판매하였다.

형법 제16조에 자기의 행위가 법령에 의하여 죄가 되지 아니하는 것으로 오인한 행위는 그 오인에 정당한 이유가 있는 때에 한하여 벌하지 아니한다고 규정하고 있는바, 이는 단순한 법률의 무지의 경우를 말하는 것이 아니고, 일반적으로는 범죄가 되는 행위이지만 자기의 특수한 경우에는 법령에 의하여 허용된 행위로서 죄가 되지 아니한다고 그릇 인식하고 그와 같이 그릇 인식함에 있어서 정당한 이유가 있는 경우에는 벌하지 아니한다는 취지이다.

피고인은 유흥접객업소 내에 출입시키거나 주류를 판매하여서는 아니 되는 대상을 18세 미만자 또는 고등학생에 한정되고, 20세 미만의 미성년자 전부가 이에 해당된다는 미성년자보호법의 규정을 알지 못하였다는 것이므로 이는 단순한 법률의 부지에 해당한다 할 것이고 피고인의 소위가 특히 법령에 의하여 허용된 행위로서 죄가 되지 아니한다고 적극적으로 그릇 인정한 경우는 아니므로 범죄의 성립에 아무런 지장이 될 바 아니고 또 미성년자보호법 제4조 제1, 2항에 위반되는 이상 경찰당국이 당시 미성년자의 유흥접객업소 출입단속대상에서 고등학생이 아닌 18세 이상의 미성년자를 제외하였다 하여 그로 인하여 그 범죄의 성립에 어떠한 영향을 미친다고는 할 수 없을 것이므로 피고인이 이를 믿었다고 하여 법령에 저촉되지 않는 것으로 오인함에 정당한 사유가 있는 경우에 해당한다고도 할 수 없다.[33)]

32) 대판 1987. 12. 22. 86도1175.

33) 대판 1985. 4. 9. 85도25.

장애인복지법상의 보장구제조업 허가를 받아 정형외과용 교정장치인 다리교정기를 제조

장애인복지법 제50조 제1항 소정의 보장구제조업허가를 받아 제조되는 보장구는 어디까지나 장애인의 장애를 보완하기 위하여 필요한 기구(장애인복지법 제9조 제1항 참조)에 불과하므로 위 허가를 받았다고 하여 다리교정기와 같은 정형외과용 교정장치를 제조할 수 있도록 허용되는 것이 아님은 분명하므로, 설령 장애인복지법 제50조 제1항에 의해 보장구제조허가를 받았고 또 한국보장구협회에서 다리교정기와 비슷한 기구를 제작·판매하고 있던 자라 하더라도, 다리교정기가 의료용구에 해당되지 않는다고 믿은 데에 정당한 사유가 있다고 볼 수는 없다.[34]

나. 정당한 사유 긍정례

국민학교 교장이 도 교육위원회의 지시에 따라 교과내용으로 되어 있는 꽃 양귀비를 교과식물로 비치하기 위하여 양귀비 종자를 사서 교무실 앞 화단에 심은 것이라면 이는 죄가 되지 아니하는 것으로 오인한 행위로서 그 오인에 정당한 이유가 있는 경우에 해당한다고 할 것이다.[35]

해설: 위 판례에서 피고인은 양귀비 종자를, 마약 성분이 없는 꽃 양귀비의 종자인 것으로 잘못 알고 구입하여 식재하였던 것으로 짐작된다.

향토예비군대원이 대원신고를 한 곳으로 주민등록지를 이전하면서 재차 대원신고를 하지 않음

주민등록법 17조의7에 의하여 주민등록지를 공법관계에 있어서의 주소로 볼 것이므로 주민등록지를 이전한 이상 향토예비군설치법 3조 4항 동법 시행령 22조 1항 4호에 의하여 대원신고를 하여야 하나 이미 주거를 이동하고 같은 주소에 대원신고를 하였던 터이므로 피고인이 재차 동일 주소에 대원신고(주소이동)를 아니하였음이 향토예비군설치법 15조 6항에서 말한 정당한 사유가 있다고 오인한데서 나온 행위였다면 이는 법률착오가 범의를 조각하는 경우이다.[36]

---

34) 대판 1995. 12. 26. 95도2188.

35) 대판 1972. 3. 31. 72도64. 위 판례는 보건사회부 장관의 승인 없이 마약의 원료가 되는 앵속을 각 매수하여 판매 소지하였다는 마약법위반죄로 기소된 공동피고인들에 대해서, "10년 이상을 소채 및 종묘상 등을 경영함으로써 식물의 종자에 대하여 지식과 경험을 가졌다고 볼 수 있는 피고인 등으로서는 꽃 양귀비 종자가 바로 앵 속 종자인 여부와 양귀비종자(앵속 종자)에 마약성분이 함유되어 있는 사실을 쉽게 알고 있었다고 봄이 경험법칙상 당연하다"라고 유죄 취지로 판시하였다.

36) 예비군 대원신고 및 거주지이동신고 등은 1999. 7. 1.부터 시행된 향토예비군설치법에 의하여 폐지되었다.
위와 같은 개정 전의 향토예비군설치법 제3조의2 … ③ 제3조의 규정에 의한 예비군조직대상자(지원한 자 중에서 선발된 자를 제외한다)는 대통령령이 정하는 바에 의하여 거주지의 동(특별시·광역시 및 시의 경우를 말한다. 이하 같다)·읍·면의 장(직장예비군이 편성되어 있는 경우에는 거주지의 동·읍·면의 장과 당해 직장의 장)에게 예비군대원의 신고를 하여야 하며, 예비군대원의 신고를 한 후에 거주지를 이동하거나 병적사항(階級·姓名·生年月日)이 변동된 경우에는 동·읍·면의 장에게 그 사실을 신고하여야 한다.
위와 같은 개정 후의 향토예비군설치법 제3조의2(예비군의 편성등) … ⑤ 지역예비군대원이 거주지를 옮긴 때에는 주민등록법 제14조 제1항의 규정에 의하여 전입신고를 한 신거주지의 관할 지방병무청장이 해당 지역예비군에 편성한다. ⑥ 직장예비군이 편성되어 있는 직장의 장은 예비군편성대상자를 채용하는 경우 당해 직장예비군에 편성하여야 하며, 당해 직장예비군대원의 관할 지방병무청장에게 직장예비군에 편성된 사실을 통보하여야 한다.

다. 유형별 판례

(1) 변호사, 변리사의 자문을 받음

변호사의 자문을 받고 압류물을 집행관의 승인 없이 임의로 관할구역 밖으로 옮김

압류물을 집달관의 승인 없이 임의로 그 관할구역 밖으로 옮긴 경우에는 압류집행의 효용을 해하게 된다고 할 것이므로 공무상비밀표시무효죄가 성립한다. 위와 같은 행위를 하면서 변호사 등에게 문의하여 자문을 받았다는 사정만으로는 자신의 행위가 죄가 되지 않는다고 믿는 데에 정당한 이유가 없다고 한 사례.[37)]

변리사의 자문과 감정을 받아 등록상표와 유사한 상표를 사용

피고인이 변리사로부터 타인의 등록상표가 상품의 품질이나 원재료를 보통으로 표시하는 방법으로 사용하는 상표로서 효력이 없다는 자문과 감정을 받아 자신이 제작한 물통의 의장등록을 하고 그 등록상표와 유사한 상표를 사용한 경우, 설사 피고인이 위와 같은 경위로 자기의 행위가 죄가 되지 아니한다고 믿었다 하더라도 이러한 경우에는 누구에게도 그 위법의 인식을 기대할 수 없다고 단정할 수 없으므로 피고인은 상표법위반의 죄책을 면할 수 없다고 한 사례.[38)]

변리사의 감정, 3회에 걸친 검사의 무혐의처분 후 공소제기, 유사취지의 대법원 판례를 잘못 이해, 특허청에 상표등록을 한 후 상표권 침해

피고인들이 변리사로부터 그들의 행위가 고소인의 상표권을 침해하지 않는다는 취지의 회답과 감정결과를 통보받았고, 피고인들의 행위에 대하여 3회에 걸쳐서 검사의 무혐의처분이 내려졌다가 최종적으로 고소인의 재항고를 받아들인 대검찰청의 재기수사명령에 따라 이 사건 공소가 제기되었으며, 피고인들로서는 이 사건과 유사한 대법원의 판례들을 잘못 이해함으로써 자신들의 행위는 죄가 되지 않는다고 확신을 하였고, 특허청도 피고인들의 상표출원을 받아들여서 이를 등록하여 주기까지 하였다는 등 피고인들이 주장하는 사유들만으로는 피고인이 자신의 행위가 고소인의 상표권을 침해하는 것이 아니라고 믿은 데에 정당한 이유가 있다고 볼 수 없다.[39)]

(2) 행정관청의 답변을 신뢰

허가담당 공무원이 허가를 요하지 않는 것으로 잘못 알려 주어 이를 믿음

행정청의 허가가 있어야 함에도 불구하고 허가를 받지 아니하여 처벌대상의 행위를 한 경우라도 허가를 담

---

⑦ 직장예비군이 편성되어 있는 직장의 장은 직장예비군대원이 당해 직장에서 퇴직하거나 전출하는 등의 사유로 당해 직장예비군의 편성에서 제외된 경우에는 당해 예비군대원의 관할 지방병무청장에게 그 사실을 통보하여야 하며, 관할 지방병무청장은 당해 예비군대원을 지역예비군에 편성한다.

37) 대판 1992. 5. 26. 91도894.

38) 대판 1995. 7. 28. 95도702.

39) 대판 1998. 10. 13. 97도3337.

당하는 공무원이 허가를 요하지 않는 것으로 잘못 알려 주어 이를 믿었기 때문에 허가를 받지 아니한 것이라면 허가를 받지 않더라도 죄가 되지 않는 것으로 착오를 일으킨 데 대하여 정당한 이유가 있는 경우에 해당하여 처벌할 수 없다.[40)]

레스토랑(일반음식점)을 운영하면서 야간에 주로 주류를 조리·판매하는 영업(청소년유해업소)을 하는 자가 시청 위생과로부터 청소년을 고용해도 좋다는 답변을 듣고 청소년을 야간에 고용

식품위생법 제21조 제2항, 식품위생법 시행령 제7조 제8호 (나)목은 일반음식점 영업을 '음식류를 조리·판

40) 대판 1983. 3. 22. 81도2763; 대판 1989. 2. 28. 88도1141; 대판 1992. 5. 22. 91도2525; 대판 1993. 9. 14. 92도1560; 대판 2005. 8. 19. 2005도1697. 위 91도2525의 구체적인 판시는 다음과 같다.
피고인들이 이 사건 산림훼손 등의 행위를 하기 직전에 제주시장에게 위 산림훼손지역이 속한 골프장 중 다른 지역에 대하여 산림법 제90조에 의한 입목벌채허가신청을 하였던 바, 제주시장은 위 지역이 국토이용관리법에 의하여 관광휴양지역으로 결정 고시된 장소로서 산림법 제90조의 적용이 배제된다는 이유로 위 신청서를 반려한 사실 및 이 사건 산림훼손지역이 관광휴양지역 내에 위치하고 있다는 사실을 원심이 인정하고 있고, 더욱 피고인들은 이 사건 산림훼손 등의 행위를 함에 있어 산림법 제90조에 의한 허가를 받지 아니한 것은 관광휴양지역 내에서는 위 산림법의 규정이 배제된다는 제주시장의 말을 믿은데에도 그 이유가 있다는 취지로 변소하고 있음을 기록에 의하여 알 수 있다. 이와 같이 이 사건 산림훼손지역이 허가신청이 반려된 지역과 마찬가지로 관광휴양지역 내에 위치하고 있는 이상, 피고인들이 위 산림훼손지역에 대하여서는 산림법 제90조 소정의 허가신청을 한 바 없다 하더라도 그와 같이 허가신청을 하지 아니한 것이 제주시장의 말을 믿은 때문이라면 거기에는 정당한 이유가 있다고 할 것이므로 피고인들을 산림법위반으로 처벌 할 수는 없다고 할 것이다. 피고인들이 위 산림훼손지역에 대하여 관광진흥법 제36조 소정의 허가를 받지 아니하였다 하더라도 이는 동 법 제59조 제1항 제3호에 의하여 과태료를 부과할 사유는 될지언정 그 때문에 피고인들이 산림법 제90조 소정의 허가를 받지 아니하여도 된다고 믿은데 정당한 이유가 있다는 결론에 지장이 있는 것은 아니다.
위 92도1560의 구체적인 판시는 다음과 같다.
피고인은 검찰이래 제1심법정에 이르기까지 일관하여 이 사건 산림훼손지역은 그 곳에 있는 자수정 광산을 둘러싸고 위 C와 사이에서 분쟁이 있어온 곳이었으므로 그로부터 책잡히지 않기 위하여 자수정 채광 작업을 하기에 앞서 울산군 산림과에 가서 산림훼손허가를 받으려고 하였으나 관광지 조성승인이 난 지역이므로 별도로 산림훼손허가를 받을 필요가 없으니 도시과에 문의하라고 하여 다시 도시과에 가서 확인해 본 바 역시 같은 이유로 산림훼손허가가 필요 없다고 하면서 피고인의 요구에 따라 그러한 취지가 기재된 울주군수 명의의 산림법배제확인서를 작성해 주므로 이를 믿고 산림훼손허가를 받지 않은 채로 자수정 채광 작업을 하여오고 있다고 변소하고 있고 울산군 도시과 G계에 근무하는 H도 검찰에서 자신이 도시과에 근무한지 약 1개월 가량밖에 되지 아니하여 구체적인 업무를 잘 모르는 상태에서 피고인의 요구에 따라 산림법의 적용이 배제된다는 취지의 확인서를 작성해 주었다고 피고인의 위 변소에 부합하는 진술을 하고 있으며(91년 형 제24985호 수사기록 399면) 피고인이 위 H로부터 발급받은 1990. 9. 26.자 울주군수 명의의 산림법배제확인서(위 수사기록 131면)를 보면 울주군 I(일부), J, D, E, 같은 군 F의 토지는 자수정 광구에 포함되어 있어 피고인이 광업주로서 자수정 채굴 작업을 할 때도 이미 관광지 조성승인이 된 지역이므로 관광진흥법 제26조 제10호에 따라 별도의 산림훼손허가를 얻을 필요가 없다는 내용으로 되어 있는 사실, 또한 위 H가 그 후 이 사건 산림훼손지역이 위치하는 자수정산업 관광지에 대한 산림훼손허가 요부에 관하여 경상남도지사로부터 받은 질의회신내용(위 수사기록 402면)이나 피고인에게 채광작업을 중지하도록 통보하였다는 내용(위 수사기록 403면)을 살펴보더라도 광물채취 등 자연자원훼손행위는 관광진흥법과 그 시행령에 의하여 관계행정청의 허가를 받은 후 작업을 재개하라는 취지의 것이었을 뿐 산림법에 따른 산림훼손허가를 받으라는 내용은 담겨져 있지 않은 사실을 인정할 수 있는바 이러한 사정을 종합하여 보면 피고인은 위 산림훼손지역에 대하여 비록 산림법 제90조 소정의 허가를 받은 바 없다 하더라도 이 사건 범행 당시 자기의 행위가 법령에 의하여 죄가 되지 않는 것으로 믿을 수밖에 없었고 또 그렇게 오인함에 있어서 정당한 이유가 있는 경우에 해당한다고 보아야 할 것이므로 피고인을 산림법위반으로 처벌할 수는 없다고 하겠다.

매하는 영업으로서 식사와 함께 부수적으로 음주행위가 허용되는 영업'이라고 규정하고 있지만, 청소년보호법 제2조 제5호는 청소년고용금지업소 등 청소년유해업소의 구분은 그 업소가 영업을 함에 있어서 다른 법령에 의하여 요구되는 허가·인가·등록·신고 등의 여부에 불구하고 실제로 이루어지고 있는 영업행위를 기준으로 하도록 규정하고 있으므로, 음식류를 조리·판매하면서 식사와 함께 부수적으로 음주행위가 허용되는 영업을 하겠다면서 식품위생법상의 일반음식점 영업허가를 받은 업소라고 하더라도 실제로는 음식류의 조리·판매보다는 주로 주류를 조리·판매하는 영업행위가 이루어지고 있는 경우에는 청소년보호법상의 청소년고용금지업소에 해당하며, 나아가 일반음식점의 실제의 영업형태 중에서는 주간에는 주로 음식류를 조리·판매하고 야간에는 주로 주류를 조리·판매하는 형태도 있을 수 있는데, 이러한 경우 음식류의 조리·판매보다는 주로 주류를 조리·판매하는 야간의 영업형태에 있어서의 그 업소는 위 청소년보호법의 입법취지에 비추어 볼 때 청소년보호법상의 청소년고용금지업소에 해당한다.

피고인은 주로 음식류를 조리·판매하는 레스토랑으로 허가받았으면 청소년을 고용해도 괜찮을 줄로 알고 있었다거나, 구미 시내 다른 레스토랑이나 한식당에서도 청소년을 고용하는 업소가 많고 주로 주류를 조리·판매 대답이 있어 자신의 행위가 법률에 의하여 죄가 되지 아니하는 것으로 인식하였고 그와 같이 인식하는 데 정당한 이유가 있다고 주장하나, 이는 일반음식점을 영위하는 자가 주로 음식류를 조리·판매하는 영업을 하면서 19세 미만의 청소년을 고용하는 경우에는 특별한 사정이 없는 한 청소년보호법의 규정에 저촉되지 않는다는 것을 피고인이 자기 나름대로 확대해석하거나 달리 해석했을 뿐이라고 보여지므로, 피고인이 자신의 행위가 법률에 의하여 죄가 되지 아니하는 것으로 인식하는 데에 정당한 이유가 있다고 할 수 없다.[41]

민원사무담당 공무원으로부터 인·허가사항이 아니라는 답변을 듣고 세무서에 탐정업 사업자등록을 한 후 신용조사업법상 금지된 특정인의 소재탐지, 사생활조사

피고인이 경제기획원 발행의 서비스업통계조사지침서와 통계청 발행의 총사업체통계조사보고서에 탐지, 감시 등을 업으로 하는 탐정업이 적시되어 있는 것을 보고 민원사무담당 공무원에게 문의하여 탐정업이 인·허가 또는 등록사항이 아니라는 대답을 얻었으며 세무서에 탐정업 및 심부름 대행업에 관한 사업자등록을 하였다 하더라도, 인·허가 등록없이 탐정행위를 하였다는 것을 처벌대상으로 하는 것이 아니라 신용조사업법에서 금지하고 있는 특정인의 소재를 탐지하거나 사생활을 조사하는 행위를 업으로 하였다는 것을 그 처벌대상으로 하는 것으로서, 신용조사업법에서 금지하고 있는 특정인의 소재를 탐지하거나 사생활을 조사하는 행위 등을 제외하더라도 탐정업이 하나의 사업으로 존재할 수 있는 것이므로 탐정업이 정부기관에 의하여 하나의 업종으로 취급되고 있다거나 세무서에서 사업자등록을 받아 주었다고 하여 그것이 위 법률에서 금지하는 행위까지를 할 수 있다는 취지는 아님이 분명하고 그렇다면 피고인이 특정인 소재탐지, 사생활조사 등의 행위가 죄가 되지 않는다고 믿은 데에 정당한 이유가 있었다고는 할 수 없다.[42]

체신부장관의 회신을 믿은 유선비디오 방송업자가 허가 없이 유선비디오 방송시설(자가전기통신설비)을 설치

유선비디오 방송시설을 자신의 유선비디오방송업 경영을 위하여 설치·운영한 것이라면 이는 전기통신기본

41) 대판 2004. 2. 12. 2003도6282.
42) 대판 1994. 8. 26. 94도780.

법 제2조 제6호 소정의 자가전기통신설비에 해당하고 당국의 허가 없이 이를 설치한 때에는 같은 법 제40조, 제15조에 위반된다.

유선비디오 방송업자들의 질의에 대하여 체신부장관이 1985. 7. 12. 또는 그 후에 한 회신에서 유선비디오 방송이 전기통신기본법이 정하는 자가전기통신설비로 볼 수 없어 같은 법 제15조 제1항 소정의 허가대상이 되지 아니한다는 견해를 밝힌 바 있다 하더라도 그 견해가 법령의 해석에 관한 법원의 판단을 기속하는 것은 아니므로 그것만으로 피고인에게 원판시 범행에 범의가 없었다고 할 수 없다.

또한 피고인과 같은 사업자들이 유선비디오 방송시설을 허가대상이 되는 자가전기통신설비가 아닌 것으로 알고 그 사업을 계속하였는데도 당국이 이를 단속하기 위한 행정지도를 하지 아니하였다 하여 이 사건 행위가 범죄가 안 된다고 볼 수 없고 피고인이 이렇게 오인한데 대하여 정당한 이유가 있는 것으로 보기 어렵다.[43]

(3) 검찰의 처분

의약품의 정의/십전대보초에 관한 검찰의 무혐의결정을 믿고 가감삼십전대보초를 '허증'을 근본적으로 보할 수 있는 한방 제제라고 선전, 판매

가. 약사법에서 말하는 의약품은 제2조 제4항 제1호의 대한 약전에 수재된 것 외에는, 사람 또는 동물의 질병의 진단, 치료, 경감, 처치 또는 예방에 사용됨을 목적으로 하는 것(같은 항 제2호)이거나 혹은 사람 또는 동물의 신체의 구조 또는 기능에 약리적 기능을 미치게 하는 것이 목적으로 되어 있는 것(같은 항 제3호)을 모두 포함하는 개념(단 기계·기구, 화장품 제외)이고, 반드시 약리작용상 어떠한 효능의 유무와는 관계없이 그 성분, 형상, 명칭, 거기에 표시된 사용 목적, 효능, 효과, 용법, 용량, 판매할 때의 선전 또는 설명 등을 종합적으로 판단하여, 사회 일반인이 볼 때 한눈으로 식품으로 인식되는 것을 제외하고는, 그것이 위 목적에 사용되는 것으로 인식되거나 약효가 있다고 표방된 경우에는 이를 모두 의약품으로 보아 약사법의 규제 대상이 된다고 해석함이 상당하다.

나. 피고인이 인삼, 영지, 황기, 산약 등 30가지의 한약재를 공급받아 각 약재를 개별적으로 분리 구분하여 일정량을 소포장한 후 이를 가감삼십전대보초라는 상표가 붙은 상자에 담아서 상세한 복용 방법이 기재된 설명서를 그 상자에 첨부하였고, 또한 위 가감삼십전대보초의 설명서 또는 광고지 등에 '동의보감이 전하는 생약 성분 및 식효'라고 기재되어 있는 제목 아래에 각 한약재의 사진을 싣고, 그 효능을 설명하면서 가감삼십전대보초가 전통 한방 의약에서 음양, 기혈 등 몸을 이루고 있는 기본 요소 중 어느 한 가지가 부족하게 되어 나타나는 부조화 현상인 '허증'을 근본적으로 보할 수 있는 한방 제제라고 선전, 판매한 것이라면, 그 가감삼십전대보초는 의약품으로서 약사법의 규제 대상이 된다고 본 사례.

다. '나'항의 가감삼십전대보초와 한약 가지 수에만 차이가 있는 십전대보초를 제조하고 그 효능에 관하여 광고를 한 사실에 대하여 이전에 검찰의 혐의없음 결정을 받은 적이 있다면, 피고인이 비록 한의사·약사·한약업사 면허나 의약품판매업 허가가 없이 의약품인 가감삼십전대보초를 '나'항과 같이 판매하였다고 하더라도 자기의 행위가 법령에 의하여 죄가 되지 않는 것으로 믿을 수밖에 없었고, 또 그렇게 오인함에 있어서 정당한 이유가 있는 경우에 해당한다고 한 사례.[44]

43) 대판 1989. 2. 14. 87도1860.
44) 대판 1995. 8. 25. 95도717.

상표법위반 범행 중 일부가 검사의 무혐의결정 후 이루어졌지만 그 직후 항고가 받아들여져 재기수사 후 기소된 범행

검사가 1992. 8. 17.자로 이 사건 피고인들의 상표법위반행위에 대하여 범죄혐의 없다고 무혐의 처리하였다가 고소인의 항고를 받아들여 재기수사명령에 의한 재수사 결과 이 사건 기소에 이른 사안에서,

피고인들의 이 사건 상표법위반행위는 위 불기소처분 이전인 1991.8.25.경부터 저질러진 것임에 비추어 피고인들의 위와 같은 위반행위가 위 무혐의 처분결정을 믿고 이에 근거하여 이루어진 것이 아님이 명백하고, 가사 이 사건 상표법위반행위 중 무혐의 처분일 이후에 이루어진 행위에 대하여도 위 무혐의 처분에 대하여는 곧바로 고소인의 항고가 받아들여져 재기수사명령에 따라 재수사되어 이 사건 기소에 이르게 된 이상 피고인들이 자신들의 행위가 죄가 되지 않는다고 그릇 인식하는 데 정당한 이유가 있었다고는 할 수 없다.[45]

피고인이 한국무도교육협회의 정관에 따라 무도교습소를 운영하였고, 위 협회가 소속 회원을 교육함에 있어서는 학원설립인가를 받을 필요가 없다고 한 검찰의 무혐의결정 내용을 통지받은 사실만으로 피고인이 인가를 받지 않고 교습소를 운영한 것이 법률의 착오에 해당한다고 볼 수 없다고 한 사례.[46]

(4) 대체의학

대체의학의 위법성조각/'활법'의 사회체육지도자 자격증을 취득한 자의 척추교정 시술행위

사람의 정신적, 육체적 고통을 해소하여 주는 모든 행위를 의료행위의 범주에 포함시켜 이를 규제하는 것은 불필요한 과잉규제로서 오히려 환자의 생명권 및 건강권 등을 침해하는 결과를 초래할 경우도 전혀 없다고 볼 수는 없다 할 것이나, 의료행위는 전문지식을 기초로 하는 경험과 기능으로 시행하지 아니하면 사람의 생명이나 신체 또는 공중위생에 위해를 발생시킬 우려가 있는 것이기 때문에, 의료법 제25조 제1항에서 이러한 위해를 방지하기 위하여 의사가 아닌 자의 의료행위를 규제하고 있는 것이므로, 이른바 '대체의학'이 사람의 정신적, 육체적 고통을 해소하여 주는 기능이 전혀 없지 아니하다 하여도, 그것은 단순히 통증을 완화시켜 주는 정도의 수준을 넘어서서, 그 행위로 인하여 사람의 생명이나 신체 또는 공중위생의 위해라는 중대한 부작용을 발생시킬 소지가 크다 할 것이어서, 이는 쉽게 허용될 수 없다 할 것인바, 이른바 '활법'이라는 이름하에 행하여지나 사실은 사람의 생명이나 신체 또는 공중위생에 위해를 발생시킬 우려가 있는 의료행위는 지금도 여전히 이를 처벌하여야 할 필요가 있다.

기공원을 운영하면서 환자들을 대상으로 척추교정시술행위를 한 자가 성무 공인의 체육종목인 '활법'의 사회체육지도자 자격증을 취득한 자라 하여도 자신의 행위가 무면허 의료행위에 해당되지 아니하여 죄가 되지 않는다고 믿은 데에 정당한 사유가 있었다고 할 수 없다고 한 사례.[47]

45) 대판 1995. 6. 16. 94도1793.

46) 대판 1992. 8. 18. 92도1140. 다음은 마찬가지로 정당한 사유를 부정한 사례이다.
풍속영업의 규제에 관한 법률상의 풍속영업소인 숙박업소에서 음란한 외국의 위성방송프로그램을 수신하여 투숙객 등으로 하여금 시청하게 하는 행위는, 동법 제3조 제2호에 규정된 '음란한 물건'을 관람하게 하는 행위에 해당한다. 피고인이 위와 같은 이 사건 행위 이전에 그와 유사한 행위에 대하여 '혐의없음' 처분을 받은 전력이 있다거나 일정한 시청차단장치를 설치하였다는 등의 사정만으로는 형법 제16조 소정의 정당한 이유가 있다고 볼 수 없다(대판 2010. 7. 15. 2008도11679).

47) 대판 2002. 5. 10. 2000도2807.

대체의학자격증을 수여받은 자가 사업자등록을 한 후 침술원을 개설하고 침술행위를 함

일반적으로 면허 또는 자격 없이 침술행위를 하는 것은 의료법 제25조의 무면허 의료행위(한방의료행위)에 해당되어 같은 법 제66조에 의하여 처벌되어야 하는 것이며, 그 침술행위가 광범위하고 보편화된 민간요법이고 그 시술로 인한 위험성이 적다는 사정만으로 그것이 바로 사회상규에 위배되지 아니하는 행위에 해당한다고 보기는 어렵다 할 것이고, 다만 개별적인 경우에 그 침술행위의 위험성의 정도, 일반인들의 시각, 시술자의 시술의 동기, 목적, 방법, 횟수, 시술에 대한 지식수준, 시술경력, 피시술자의 나이, 체질, 건강상태, 시술행위로 인한 부작용 내지 위험발생 가능성 등을 종합적으로 고려하여 법질서 전체의 정신이나 그 배후에 놓여 있는 사회윤리 내지 사회통념에 비추어 용인될 수 있는 행위에 해당한다고 인정되는 경우에만 사회상규에 위배되지 아니하는 행위로서 위법성이 조각된다.

자격기본법에 의한 민간자격관리자로부터 대체의학자격증을 수여받은 자가 사업자등록을 한 후 침술원을 개설하였다고 하더라도 국가의 공인을 받지 못한 민간자격을 취득하였다는 사실만으로는 자신의 행위가 무면허 의료행위에 해당되지 아니하여 죄가 되지 않는다고 믿는 데에 정당한 사유가 있었다고 할 수 없다.[48]

V. 기대가능성

기대가능성은 행위시의 구체적 사정으로 보아 행위자가 범죄행위를 하지 않고 적법행위를 할 것을 기대할 수 있는 가능성을 말한다. 행위자에게 적법행위를 할 것에 대한 기대가능성이 없는 때에는 그러한 기대불가능성을 초법규적 책임조각사유로 보는 것이 일반적이다.

1. 직무상의 복종의무

직무상의 복종의무

직장의 상사가 범법행위를 하는데 가담한 부하에게 직무상 지휘·복종관계에 있다 하여 범법행위에 가담하지 않을 기대가능성이 없다고 할 수 없다.[49]

---

48) 대판 2003. 5. 13. 2003도939.

49) 대판 1999. 7. 23. 99도1911. 다음은 같은 취지이다.

피고인이 비서라는 특수신분 때문에 주종관계에 있는 공동피고인들의 지시를 거절할 수가 없어 뇌물을 공여한 것이었다 하더라도 그와 같은 사정만으로 피고인에게 뇌물공여 이외의 반대행위를 기대할 수 없는 경우였다고 볼 수는 없다(대판 1983. 3. 8. 82도2873).

상사인 포대장이나 인사계 상사의 지시에 따라 휘발유 등 군용물을 불법매각

휘발유 등 군용물의 불법매각이 상사인 포대장이나 인사계 상사의 지시에 의한 것이라 하여도 그 같은 지시가 저항할 수 없는 폭력이나 자기 또는 친족의 생명, 신체에 대한 위해를 방어할 방법이 없는 협박에 상당한 것이라고 인정되지 않은 이상 강요된 행위로서 책임성이 조각된다고 할 수 없다(대판 1983. 12. 13. 83도2543).

상관의 명령

공무원이 그 직무를 수행함에 있어 상관은 하관에 대하여 범죄행위 등 위법한 행위를 하도록 명령할 직권이 없는 것이며, 또한 하관은 소속 상관의 적법한 명령에 복종할 의무는 있으나 위와 같이 명백히 위법 내지 불법한 명령인 때에는 이는 벌써 직무상의 지시명령이라 할 수 없으므로 이에 따라야 할 의무는 없다.[50)]

상관의 지시에 따라 불법내사와 관련된 증거자료를 인멸

갑이 '을에 대한 불법 내사'와 관련된 증거자료를 인멸하라고 지시한 것은 직무상의 지시명령이라고 할 수 없으므로 피고인이 이에 따라야 할 의무가 없음에도 증거인멸 및 공용물손상 행위에 적극적으로 가담한 사실을 알 수 있고, 여기에 피고인의 지위 및 경력 등에 비추어 보면 이 사건 범행이 강요된 행위로서 적법행위에 대한 기대가능성이 없다고 볼 수는 없다.[51)]

대공수사단 직원이 상관의 명령에 따라 물고문하여 치사케 함/명백히 위법한 명령

공무원이 그 직무를 수행함에 있어 상관은 하관에 대하여 범죄행위 등 위법한 행위를 하도록 명령할 직권이 없는 것이고, 하관은 소속 상관의 적법한 명령에 복종할 의무는 있으나 그 명령이 참고인으로 소환된 사람에게 가혹행위를 가하라는 등과 같이 명백한 위법 내지 불법한 명령인 때에는 이는 벌써 직무상의 지시명령이라 할 수 없으므로 이에 따를 의무는 없다.

설령 대공수사단 직원은 상관의 명령에 절대 복종하여야 한다는 것이 불문율로 되어 있다 할지라도 국민의 기본권인 신체의 자유를 침해하는 고문행위 등이 금지되어 있는 우리의 국법질서에 비추어 볼 때 그와 같은 불문율이 있다는 것만으로는 고문치사와 같이 중대하고도 명백한 위법명령에 따른 행위가 정당한 행위에 해당하거나 강요된 행위로서 적법행위에 대한 기대가능성이 없는 경우에 해당하게 되는 것이라고는 볼 수 없다.[52)]

해설: 형법 124조(불법체포, 불법감금)에 규정된 죄를 범하여 사람을 사망에 이르게 한 특가법 4조의2 위반죄가 성립한다.

2. 양심적 병역기부

양심적 병역거부와 적법행위의 기대가능성

입영기피에 대한 처벌조항인 병역법 제88조 제1항의 '정당한 사유'는 원칙적으로 추상적 병역의무의 존재와 그 이행 자체의 긍정을 전제로 하되 다만 병무청장 등의 결정으로 구체화된 병역의무의 불이행을 정당화할

50) 대판 1999. 4. 23. 99도636; 대판 2013. 11. 28. 2011도5329.

51) 대판 2013. 11. 28. 2011도5329.

52) 대판 1988. 2. 23. 87도2358. 다음은 같은 취지이다.

명백히 위법한 명령

안기부가 엄격한 상명하복의 관계에 있는 조직이라고 하더라도 안기부 직원의 정치관여가 법률로 엄격히 금지되어 있고 … 이 사건 범행이 강요된 행위로서 적법행위에 대한 기대가능성이 없다고 볼 수는 없다(대판 1999. 4. 23. 99도636).

만한 사유, 즉 질병 등 병역의무 불이행자의 책임으로 돌릴 수 없는 사유에 한하는 것으로 보아야 할 것이고, 다만 다른 한편, 구체적 병역의무의 이행을 거부한 사람이 그 거부 사유로서 내세운 권리가 우리 헌법에 의하여 보장되고, 나아가 그 권리가 위 법률조항의 입법목적을 능가하는 우월한 헌법적 가치를 가지고 있다고 인정될 경우에 대해서까지도 병역법 제88조 제1항을 적용하여 처벌하게 되면 그의 헌법상 권리를 부당하게 침해하는 결과에 이르게 되므로 이 때에는 이러한 위헌적인 상황을 배제하기 위하여 예외적으로 그에게 병역의무의 이행을 거부할 정당한 사유가 존재하는 것으로 봄이 상당하다.

병역의무의 이행을 확보하기 위하여 현역입영을 거부하는 자에 대하여 형벌을 부과할 것인지, 대체복무를 인정할 것인지 여부에 관하여는 입법자에게 광범위한 입법재량이 유보되어 있다고 보아야 하므로, 병역법이 질병 또는 심신장애로 병역을 감당할 수 없는 자에 대하여 병역을 면제하는 규정을 두고 있고, 일정한 자에 대하여는 공익근무요원, 전문연구요원, 산업기능요원 등으로 근무할 수 있는 병역특례제도를 두고 있음에도 양심 및 종교의 자유를 이유로 현역입영을 거부하는 자에 대하여는 현역입영을 대체할 수 있는 특례를 두지 아니하고 형벌을 부과하는 규정만을 두고 있다고 하더라도 과잉금지 또는 비례의 원칙에 위반된다거나 종교에 의한 차별금지 원칙에 위반된다고 볼 수 없다.

양심적 병역거부자에게 그의 양심상의 결정에 반한 행위를 기대할 가능성이 있는지 여부를 판단하기 위해서는, 행위 당시의 구체적 상황 하에 행위자 대신에 사회적 평균인을 두고 이 평균인의 관점에서 그 기대가능성 유무를 판단하여야 할 것인바, 양심적 병역거부자의 양심상의 결정이 적법행위로 나아갈 동기의 형성을 강하게 압박할 것이라고 보이기는 하지만 그렇다고 하여 그가 적법행위로 나아가는 것이 실제로 전혀 불가능하다고 할 수는 없다고 할 것인바, 법규범은 개인으로 하여금 자기의 양심의 실현이 헌법에 합치하는 법률에 반하는 매우 드문 경우에는 뒤로 물러나야 한다는 것을 원칙적으로 요구하기 때문이다.[53]

3. 위증죄와 기대가능성

형법 각론 참조.

4. 기 타

출제교수들로부터 대학원 신입생전형 시험문제를 제출받은 자로부터 이를 제공받아 답안 작성

갑이 출제교수들로부터 대학원 신입생전형 시험문제를 제출받아 알게 된 것을 틈타서 을, 병 등에게 그 시험문제를 알려주었고 그렇게 알게 된 을, 병 등이 그 답안쪽지를 작성한 다음 이를 답안지에 그대로 베껴 써서 그 정을 모르는 시험감독관에게 제출하였다면 이는 위계로써 입시감독업무를 방해하였다 할 것이며 기대가능성이 없었다 할 수 없다.[54]

누이로부터 받은 채점기준표를 암기하여 고등학교 입학고사 답안을 작성, 제출

피고인은 자기 누이로부터 어떠한 경위로 입수되었는지 모르는 "1965년도 서울시내 사립 및 공립고등학교

53) 대판 2004. 7. 15. 2004도2965 전합.
54) 대판 1991. 11. 12. 91도2211.

전기 입학고사 연합출제 채점 기준표"를 받아 거기에 기재된 답을 암기하였으며 그 암기한 답에 해당된 문제가 출제되었으므로 미리 암기한 기억에 따라 답안을 작성, 제출하였다는 것이므로 위와 같은 경우에 피고인으로 하여금 미리 암기한 답에 해당된 문제가 출제되었다 하여도 그 답안지에 미리 암기한 답을 기입하여서는 안 된다고 기대하는 것은 수험생들의 일반적 심리상태로 보아 도저히 불가능하다.[55)]

모든 옥내외 집회가 부당하게 금지되자 관할 경찰서장에게 신고하지 않고 옥외집회를 주최

집회및시위에관한법률은 그 제13조의 집회를 제외한 옥외집회에 대하여 관할경찰서장에게 신고할 것을 요구하고 있고, 관할경찰서장의 부당한 금지통고에 대하여는 이의신청과 행정소송 등을 통하여 집회의 권리를 행사할 수 있도록 규정하고 있는 점에 비추어 보면, 단지 당국이 피고인이 간부로 있는 전국교직원노동조합이나 기타 단체에 대하여 모든 옥내외 집회를 부당하게 금지하고 있다고 하여 그 집회신고의 기대가능성이 없다 할 수 없으므로, 위와 같은 이유만으로 관할경찰서장에게 신고하지 않고 옥외집회를 주최한 것이 죄가 되지 않는다고 할 수 없다.[56)]

나이트클럽에서 수학여행 온 대학 3학년 34명 중 일부만의 학생증을 확인함으로써 미성년자(19세 4개월) 1인을 출입시킴

수학여행을 온 대학교 3학년생 34명이 지도교수의 인솔하에 피고인 경영의 나이트클럽에 찾아와 단체입장을 원하므로 그들 중 일부만의 학생증을 제시받아 확인하여 본즉 그들이 모두 같은 대학교 같은 학과 소속의 3학년 학생들로서 성년자임이 틀림없어 나머지 학생들의 연령을 개별적, 기계적으로 일일이 증명서로 확인하지 아니하고 그들의 단체입장을 허용함으로써 그들 중에 섞여 있던 미성년자(19세 4개월 남짓된 여학생) 1인을 위 업소에 출입시킨 결과가 되었다면 피고인이 단체입장하는 위 학생들이 모두 성년자일 것으로 믿은 데에는 정당한 이유가 있었다고 할 것이고, 따라서 위와 같은 상황 아래서 피고인에게 위 학생들 중에 미성년자가 섞여 있을지도 모른다는 것을 예상하여 그들의 증명서를 일일이 확인할 것을 요구하는 것은 사회통념상 기대가능성이 없다고 봄이 상당하므로 이를 벌할 수 없다.[57)]

영업정지처분에 대한 집행정지결정 이후의 영업과 기대가능성

피고인의 주장: 피고인이 문화관광부로부터 정당한 허가를 얻어 이 사건 게임장을 운영하다가 당국으로부터 영업정지처분을 받고 이를 다투었는데 의정부지방법원이 위 영업정지처분 효력정지 결정을 하여 이를 신뢰하고 영업을 계속하였으므로, 피고인은 적법행위에 대한 기대가능성이 없어 책임이 조각된다.

행정법상 집행정지 제도는 처분에 대한 취소소송이 제기된 경우에 처분의 집행 또는 절차의 속행으로 인하여 생길 회복하기 어려운 손해를 예방하기 위하여 긴급한 필요가 있다고 인정될 때 예외적으로 인정되는 것으로서, 위와 같은 제도는 본안사건에 관한 신청의 당부 판단에 앞서 잠정적으로 권리구제를 도모하기 위한

55) 대판 1966. 3. 22. 65도1164.
56) 대판 1992. 8. 14. 92도1246.
57) 대판 1987. 1. 20. 86도874.

것에 불과하다. 이 사건에서도 영업정지처분 집행정지 결정은 피고인이 제기한 영업정지처분 취소사건의 본안판결 선고시까지 그 처분의 효력을 정지한 것으로서 행정청의 처분의 위법성을 확정적으로 선언하지도 않았으므로, 집행정지 신청이 잠정적으로 받아들여졌다는 사정만으로는 피고인에게 적법행위의 기대가능성이 없다고 볼 수는 없다.[58)]

불가피한 사정으로 임금과 퇴직금 등을 기일 내에 지급할 의무를 위반

기업이 불황이라는 사유만으로 사용자가 근로자에 대한 임금이나 퇴직금을 체불하는 것은 허용되지 아니하지만, 모든 성의와 노력을 다했어도 임금이나 퇴직금의 체불이나 미불을 방지할 수 없었다는 것이 사회통념상 긍정할 정도가 되어 사용자에게 더 이상의 적법행위를 기대할 수 없거나 불가피한 사정이었음이 인정되는 경우에는 그러한 사유는 근로기준법이나 근로자퇴직급여 보장법에서 정하는 임금 및 퇴직금 등의 기일 내 지급의무 위반죄의 책임조각사유로 된다.[59)]

58) 대판 2010. 11. 11. 2007도8645 및 원심인 의정부지판 2007. 9. 21. 2007노338.

59) 대판 2015. 2. 12. 2014도12753.

근로기준법 제36조(금품 청산) 사용자는 근로자가 사망 또는 퇴직한 경우에는 그 지급 사유가 발생한 때부터 14일 이내에 임금, 보상금, 그 밖에 일체의 금품을 지급하여야 한다. 다만, 특별한 사정이 있을 경우에는 당사자 사이의 합의에 의하여 기일을 연장할 수 있다.

제43조(임금 지급) ① 임금은 통화로 직접 근로자에게 그 전액을 지급하여야 한다. 다만, 법령 또는 단체협약에 특별한 규정이 있는 경우에는 임금의 일부를 공제하거나 통화 이외의 것으로 지급할 수 있다.

② 임금은 매월 1회 이상 일정한 날짜를 정하여 지급하여야 한다. 다만, 임시로 지급하는 임금, 수당, 그 밖에 이에 준하는 것 또는 대통령령으로 정하는 임금에 대하여는 그러하지 아니하다

제109조(벌칙) ① 제36조, 제43조, 제44조, 제44조의2, 제46조, 제56조, 제65조 또는 제72조를 위반한 자는 3년 이하의 징역 또는 2천만원 이하의 벌금에 처한다.

② 제36조, 제43조, 제44조, 제44조의2, 제46조 또는 제56조를 위반한 자에 대하여는 피해자의 명시적인 의사와 다르게 공소를 제기할 수 없다.

근로자 퇴직급여보장법 제9조(퇴직금의 지급) 사용자는 근로자가 퇴직한 경우에는 그 지급사유가 발생한 날부터 14일 이내에 퇴직금을 지급하여야 한다. 다만, 특별한 사정이 있는 경우에는 당사자 간의 합의에 따라 지급기일을 연장할 수 있다.

제44조(벌칙) 다음 각 호의 어느 하나에 해당하는 자는 3년 이하의 징역 또는 2천만원 이하의 벌금에 처한다. 다만, 제1호 및 제2호의 경우 피해자의 명시적인 의사에 반하여 공소를 제기할 수 없다.

1. 제9조를 위반하여 퇴직금을 지급하지 아니한 자
2. 근로자가 퇴직할 때에 제17조 제2항·제3항, 제20조 제5항 또는 제25조 제3항을 위반하여 급여를 지급하지 아니하거나 부담금 또는 지연이자를 납입하지 아니한 자
3. 제27조 제4항을 위반하여 가입자 보호조치를 하지 아니한 퇴직연금사업자
4. 제33조 제3항 및 제4항을 위반한 퇴직연금사업자

Ⅵ. 강요된 행위

1. 의 의

형법 제12조(강요된 행위) 저항할 수 없는 폭력이나 자기 또는 친족의 생명, 신체에 대한 위해를 방어할 방법이 없는 협박에 의하여 강요된 행위는 벌하지 아니한다.

강요된 행위에 대해서는 적법행위를 기대할 가능성이 없어 책임이 조각된다고 해석하는 것이 보통이다.

2. 강요된 행위의 의미

형법 제12조에서 말하는 강요된 행위는 저항할 수 없는 폭력이나 생명, 신체에 위해를 가하겠다는 협박 등 다른 사람의 강요에 의하여 이루어진 행위를 의미하는데, 여기서 저항할 수 없는 폭력은 심리적 의미에 있어서 육체적으로 어떤 행위를 절대적으로 하지 아니할 수 없게 하는 경우와 윤리적 의미에 있어서 강압된 경우를 말하고, 협박이란 자기 또는 친족의 생명, 신체에 대한 위해를 달리 막을 방법이 없는 협박을 말하며, 강요라 함은 피강요자의 자유스런 의사결정을 하지 못하게 하면서 특정한 행위를 하게 하는 것을 말하는 것이다.[60)]

성장교육과정을 통해 형성된 내재적 관념·확신으로 의사결정이 사실상 강제(K A L기 폭파사건)

형법 제12조에서 말하는 강요된 행위는 저항할 수 없는 폭력이나 생명, 신체에 위해를 가하겠다는 협박 등 다른 사람의 강요행위에 의하여 이루어진 행위를 의미하는 것이지 어떤 사람의 성장교육과정을 통하여 형성된 내재적인 관념 내지 확신으로 인하여 행위자 스스로의 의사결정이 사실상 강제되는 결과를 낳게 하는 경우까지 의미한다고 볼 수 없다.[61)]

어로작업 중 북괴에 납치되어 북괴의 활동을 찬양하고 그 구성원의 물음에 대하여 아는 사실을 답하고 물품을 받는 등의 행위는 강요된 행위라고 봄이 상당하다.[62)]

---

60) 대판 1983. 12. 13. 83도2276; 대판 2007. 6. 29. 2007도3306.

61) 대판 1990. 3. 27. 89도1670.

62) 대판 1968. 11. 5. 68도1334. 구체적인 판시는 다음과 같다.

설사 피고인들이 북괴의 기관원으로부터 신문을 받은 뒤에 서로 만나서 각자 대답한 내용사실을 알아 본 일이 있었고, 또 피고인들을 신술한 사람이 무장하지 아니하고, 위협적인 언사를 쓰지 아니하였다 하더라도 피고인들의 행위가 강요된 행위가 아니라고 보기는 어렵다. 특히 당시 피고인들이 대한민국으로의 귀환이 가능한지의 여부가 확실하지 아니한 상태 하에 있어서는 피고인들이 정보제공을 거부한다든가, 물품의 수령을 거부할 수는 없었으리라고 보는 것이 상당하다. 필경 피고인들의 위의 행위는 피고인들의 생명, 신체에 대한 위해를 방어할 방법이 없는 협박에 의하여 강요된 행위라고 보는 것이 상당하다.

다음은 같은 취지이다.

동해 방면에서 명태잡이를 하다가 기관고장과 풍랑으로 표류중 북한괴뢰집단에 함정에 납치되어 북괴지역으로 납북된 후 북괴를 찬양, 고무 또는 이에 동조하고 우리나라로 송환됨에 있어 여러 가지 지령을 받아 수락한 소위는 살

월선조업 중 납북된 경험 있는 자가 다시 월선조업을 하다가 납북되어 답변을 제공

어로저지선을 넘어 어로의 작업을 하면 북괴구성원에게 납치될 염려가 있으며 만약 납치된다면 대한민국의 각종 정보를 북괴에게 제공하게 된다 함은 일반적으로 예견된다고 하리니 피고인이 그 전에 선원으로 월선조업을 하다가 납북되었다가 돌아온 경험이 있는 자로서 월선하자고 상의하여 월선조업을 하다가 납치되어 북괴의 물음에 답하여 제공한 사실을 강요된 행위라 할 수 없다.[63]

어로작업 중 북한지역임을 알고 자의로 들어감

어로작업 중 북한지역임을 알고 자의로 들어간 이상 만일의 경우에는 그 기관원에게 체포될 것을 예기 못하였다고 믿을 만한 특별한 사정(예컨대 부근에 북한선박이나 병력이 전연 없고 안전하게 귀항할 수 있는 해상에서 단시간 내에 사람 혹은 난파선을 구조하거나, 어망 등을 회수하기 위하여 군사분계선을 넘어가는 행위)이 없는 한 북한집단의 구성원과 회합이 있을 것이라는 미필적 예측이라도 하였다고 할 것이다.[64]

어로저지선을 넘어 어로작업을 하면 납북될 염려와 납북되면 그들의 활동을 찬양할 것을 예견하였다 하더라도 납북되어도 좋다는 생각에서 들어간 것이 아니면 위 범행에 대한 미필적 고의가 있다 할 수 없다.[65]

북괴에 가게 된 것이 자의에 의한 것이 아니었다고 하더라도 북괴로부터 무전기 외 난수표, 다액의 공작금을 받고 남한에 잠입한 점, 잠입 후 바로 수사기관에 자수하지 아니한 점 등에 비추어 보면 피고인의 북괴지역에서의 행위 내지 남한에서의 간첩방조행위가 강요된 행위 내지 기대가능성이 없는 행위라고 볼 수는 없다.[66]

단체 사이의 상하관계에서 오는 구속력 때문에 이루어진 행위라는 사유만으로는 그 행위를 강요된 행위라 볼 수 없다.[67]

기 위한 부득이한 행위로서 기대가능성이 없다고 할 것이다(대판 1967. 10. 4. 67도1115).

다음은 유사취지이다.

18세 소년이 취직할 수 있다는 감언에 속아 도일하여 조총련 간부들의 감시 내지 감금 하에 강요에 못 이겨 공산주의자가 되어 북한에 갈 것을 서약한 행위를 한 것이 강요된 행위라고 인정한 사례(대판 1972. 5. 9. 71도1178).

63) 대판 1971. 2. 23. 70도2629.

64) 대판 1973. 9. 12. 73도1684.

65) 대판 1969. 12. 9. 69도1671.

66) 대판 1968. 9. 24. 68도841.

67) 대판 1986. 9. 23. 86도1547. 구체적인 사실관계가 나타나 있지 않다.

회생절차 관리인의 임금 및 퇴직금 등의 기일 내 지급의무 위반죄

기업에 대하여 회생절차개시결정이 있는 때에는 채무자의 업무의 수행과 재산의 관리 및 처분을 하는 권한은 관리인에게 전속한다[채무자 회생 및 파산에 관한 법률(이하 '채무자회생법'이라 한다) 제56조 제1항]. 그러나 관리인은 채무자나 그의 기관 또는 대표자가 아니고 채무자와 채권자 등으로 구성되는 이른바 이해관계인 단체의 관리자로서 일종의 공적 수탁자에 해당하고, 채권자·주주·지분권자 등 이해관계인의 법률관계를 조정하여 채무자 또는 사업의 효율적인 회생을 도모하기 위하여 업무수행 등을 하는 것이고, 재산의 처분이나 금전의 지출 등의 일정 행위에 대하여 미리 법원의 허가를 받아야 하거나(채무자회생법 제61조 등 참조), 채무자의 업무와 재산의 관리상태 등을 법원에 보고하여야 하는 등 다양한 방법으로 법원의 감독을 받게 된다(채무자회생법 제91조 내지 제93조 등 참조).

이러한 회생절차에서의 관리인의 지위 및 역할, 업무수행의 내용 등에 비추어 보면, 관리인이 채무자회생법 등에 따라 이해관계인의 법률관계를 조정하여 채무자 또는 사업의 효율적인 회생을 도모하는 업무를 수행하는 과정에서 자금 사정의 악화나 관리인의 업무수행에 대한 법률상의 제한 등에 따라 불가피하게 근로자의 임금 또는 퇴직금을 지급기일 안에 지급하지 못한 것이라면 임금 및 퇴직금 등의 기일 내 지급의무 위반죄의 책임조각사유로 되는 하나의 구체적인 징표가 될 수 있다.

나아가 관리인이 업무수행 과정에서 임금이나 퇴직금을 지급기일 안에 지급할 수 없었던 불가피한 사정이 있었는지 여부는 채무자가 회생절차의 개시에 이르게 된 사정, 법원이 관리인을 선임한 사유, 회생절차개시결정 당시 채무자의 업무 및 재산의 관리상태, 회생절차개시결정 이후 관리인이 채무자 또는 사업의 회생을 도모하기 위하여 한 업무수행의 내용과 근로자를 포함한 이해관계인과의 협의 노력, 회생절차의 진행경과 등 제반 사정을 종합하여 개별·구체적으로 판단하여야 한다.[68]

68) 대판 2015. 2. 12. 2014도12753.

5

判例中心 刑法總論

미수론

제 5 장 미수론

判例中心 刑法總論

Ⅰ. 범죄의 실현단계

범죄의사는 외부적 행위로 드러나지 않는 한 처벌 대상이 되지 않는다.

범죄의사는 범죄의 실현을 위하여 준비하거나 2인 이상이 범죄의 실행을 합의하는 예비·음모의 단계에 이르러야 비로소 처벌의 대상이 된다. 그렇지만 예비·음모의 단계에서는 법익침해의 위험성이 낮고 범죄의사가 확정적으로 드러난 것은 아니므로 내란의 죄, 외환의 죄, 살인죄, 강도죄 등 비교적 중한 범죄들에 대해서만 예비·음모를 처벌하는 규정이 있다.

범죄의 실행에 착수하여 실행행위가 종료하거나 결과가 발생하기 전까지의 단계를 미수라고 한다(형법 25조 1항). 범죄는 일정한 실행행위만 있으면 기수에 이르는 거동범과 그러한 실행행위로 인하여 결과가 발생하여야 기수에 이르는 결과범으로 나뉜다. 기수에 이르는 시기는 거동범에 있어서는 실행행위가 종료되는 때이고, 결과범에 있어서는 결과가 발생하는 때이다.

범죄는 원칙적으로 구성요건을 모두 실현하는 것, 다시 말하면 기수를 의미한다. 따라서 특정한 범죄를 처벌하는 규정은 기수범에 대해서 적용되고, 그 미수범을 처벌하기 위해서는 기수범 처벌 규정과는 별도로 미수범을 처벌하는 규정이 존재하여야 한다.

그런데, 실행행위가 종료하거나 결과가 발생함으로써 범죄는 종료되는 것이 보통이지만 기수가 이른 후에도 범행이 종료되지 않고 계속되는 경우가 있다. 예컨대, 감금죄에 있어서는 감금이 기수에 달한 이후에도 계속적으로 감금이라는 구성요건실현행위가 계속되는 것이다. 전자를 즉시범(또는 상태범)이라 하고, 후자를 계속범이라 한다. 계속범에 있어서는 범죄가 기수에 달한 이후에도 공범이 성립할 수 있고, 범행이 종료되는 시점에서 비로소 공소시효가 기산된다.

Ⅱ. 예비·음모

음모란 2인 이상의 자 사이에 성립한 범죄실행의 합의를 말하는 것으로, 범죄실행의 합의가 있다고 하기 위하여는 단순히 범죄결심을 외부에 표시·전달하는 것만으로는 부족하고, 객관적으로 보아 특정한 범죄의 실행을 위한 준비행위라는 것이 명백히 인식되고, 그 합의에 실질적인 위험성이 인정되어야 한다.[1)]

예비가 성립하기 위해서는 범죄를 범할 목적 외에도 범죄의 준비에 관한 고의가 있어야 하며, 나아가 실행의 착수까지에는 이르지 아니하는 범죄의 실현을 위한 준비행위가 있어야 한다. 여기서의 준비행위는 물적인 것에 한정되지 아니하며 특별한 정형이 있는 것도 아니지만, 단순히 범행의 의사 또는 계획만으로는 그것이 있다고 할 수 없고 객관적으로 보아서 범죄의 실현에 실질적으로 기여할 수 있는 외적 행위를 필요로 한다.[2)]

1. 예비·음모의 의미

수회에 걸쳐 '총을 훔쳐 전역 후 은행이나 현금수송차량을 털어 한탕하자'는 말을 나눔

형법상 음모죄가 성립하는 경우의 음모란 2인 이상의 자 사이에 성립한 범죄실행의 합의를 말하는 것으로, 범죄실행의 합의가 있다고 하기 위하여는 단순히 범죄결심을 외부에 표시·전달하는 것만으로는 부족하고, 객관적으로 보아 특정한 범죄의 실행을 위한 준비행위라는 것이 명백히 인식되고, 그 합의에 실질적인 위험성이 인정될 때에 비로소 음모죄가 성립한다.

갑과 을이 수회에 걸쳐 '총을 훔쳐 전역 후 은행이나 현금수송차량을 털어 한탕하자'는 말을 나눈 정도만으로는 강도음모를 인정하기에 부족하다.[3)]

을을 살해하려고 병, 정 등을 고용하면서 그들에게 대가의 지급을 약속함

형법 제255조, 제250조의 살인예비죄가 성립하기 위하여는 형법 제255조에서 명문으로 요구하는 살인죄를 범할 목적 외에도 살인의 준비에 관한 고의가 있어야 하며, 나아가 실행의 착수까지에는 이르지 아니하는 살인죄의 실현을 위한 준비행위가 있어야 한다. 여기서의 준비행위는 물적인 것에 한정되지 아니하며 특별한 정형이 있는 것도 아니지만, 단순히 범행의 의사 또는 계획만으로는 그것이 있다고 할 수 없고 객관적으로 보아서 살인죄의 실현에 실질적으로 기여할 수 있는 외적 행위를 필요로 한다.

갑이 을을 살해하기 위하여 병, 정 등을 고용하면서 그들에게 대가의 지급을 약속한 경우, 갑에게는 살인죄를 범할 목적 및 살인의 준비에 관한 고의뿐만 아니라 살인죄의 실현을 위한 준비행위를 하였음을 인정할 수 있다.[4)]

1) 대판 1999. 11. 12. 99도3801.
2) 대판 2009. 10. 29. 2009도7150.
3) 대판 1999. 11. 12. 99도3801.
4) 대판 2009. 10. 29. 2009도7150.

2. 예비·음모의 처벌 형식

범죄의 음모 또는 예비행위가 실행의 착수에 이르지 아니한 때에는 법률에 특별한 규정이 없는 한 벌하지 아니한다(형법 28조).

예비죄와 음모죄는 함께 규정되어 있다(예컨대 형법 90조 1항). 예외적으로 관세법 268조의2(전자문서 위조·변조죄 등), 269조(밀수출입죄) 및 제270조(관세포탈죄 등)에 대해서는 예비행위만을 처벌하고 있다(관세법 271조 3항).

밀항에 대해서 예비만을 처벌하던 구 밀항단속법위반 사건에 관하여 판례는 다음과 같이 밀항의 음모와 예비를 구분하였었다.[5)]

밀항하고자 갑에게 도항비로 일화 100만엔을 주기로 약속하였다가 밀항을 포기

일본으로 밀항하고자 갑에게 도항비로 일화 100만엔을 주기로 약속한 바 있었으나 그 후 이 밀항을 포기하였다면 이는 밀항의 음모에 지나지 않는 것으로 밀항의 예비정도에는 이르지 아니한 것이다.[6)]

해설: 위 판례는 시간적으로 음모가 예비의 선행단계인 것처럼 판시하면서 밀항 음모에 대해서는 무죄를 선고한 것으로 보인다. 현재의 판례는 음모는 2인 이상이 범죄실행을 합의하는 것, 예비는 범죄실현을 위한 외적 준비행위라고 구분하고 있을 뿐이다.

예비음모를 처벌한다는 규정은 있으나 그 형을 따로 정하지 않은 경우에는 처벌할 수 없다.[7)]

Ⅲ. 미수범

1. 미수범 처벌규정의 형식

범죄의 실행에 착수하여 행위를 종료하지 못하였거나 결과가 발생하지 아니한 때에는 미수범으로

5) **현행 밀항단속법 제3조(밀항·이선 등)** ① 밀항 또는 이선·이기한 사람은 3년 이하의 징역 또는 2천만원 이하의 벌금에 처한다.
② 제1항의 경우 미수범도 처벌한다.
③ 제1항의 죄를 범할 목적으로 예비하거나 음모한 사람은 1년 이하의 징역 또는 1천만원 이하의 벌금에 처한다.
2013. 5. 22. 개정 전의 밀항단속법 제3조 ③ 제1항의 죄를 범할 목적으로 예비를 한 자는 1년 이하의 징역 또는 100만원 이하의 벌금에 처한다.

6) 대판 1986. 6. 24. 86도437.

7) **예비음모를 처벌하는 규정은 있으나 그 형을 따로 정하지 않음**
부정선거관련자처벌법 제5조 제4항에 동법 제5조 제1항의 예비음모는 이를 처벌한다고만 규정하고 있을 뿐이고 그 형에 관하여 따로 규정하고 있지 아니한 이상 죄형법정주의의 원칙상 위 예비음모를 처벌할 수 없다(대판 1977. 6. 28. 77도251). 같은 취지로는 대판 1979. 12. 26. 78도957.

처벌한다(형법 25조 1항). 미수범을 처벌할 죄는 각 본조에 정한다(형법 29조). 미수범의 형은 기수범보다 감경할 수 있다(형법 25조 2항). 형법 25조 2항에서 형의 임의적 감경사유로 규정된 미수범은 장애미수를 의미한다. 미수범 중 중지범과 불능범에 대한 법정형은 형법 26조와 27조에 따로 규정되어 있다.

미수범에 대한 법정형을 위와 같이 형법총칙에서 일률적으로 정하고 있는 것은, 예비·음모에 관하여 그 처벌법조에서 법정형도 함께 규정한 것과 대비된다.

예외적으로 관세법 268조의2(전자문서 위조·변조죄 등), 269조(밀수출입죄) 및 제270조(관세포탈죄 등)의 미수범은 본죄에 준하여 처벌한다(관세법 271조 2항).

2. 미수범의 성립요건

미수범이 성립하기 위해서는 ① 미수범처벌규정이 존재하고, ② 실행의 착수가 있으며, ③ 행위를 종료하지 못하였거나 결과가 발생하지 않아야 한다.

3. 미수범 처벌규정의 존재

절취 신용카드로 결제하기 위해 카드회사 승인을 받았으나 도난카드임이 밝혀져 매출 취소

여전법 제70조 제1항은 분실 또는 도난된 신용카드 등을 사용한 자를 처벌하는 규정을 두고 있는데, 위 부정사용죄의 구성요건적 행위인 신용카드의 사용이라 함은 신용카드의 소지인이 신용카드의 본래 용도인 대금결제를 위하여 가맹점에 신용카드를 제시하고 매출전표에 서명하여 이를 교부하는 일련의 행위를 가리키므로, 단순히 신용카드를 제시하는 행위만으로는 신용카드부정사용행위를 완성한 것으로 볼 수 없다.

피고인이 절취한 신용카드로 대금을 결제하기 위하여 신용카드를 제시하고 카드회사의 승인까지 받았으나 카드가 없어진 사실을 알게 된 피해자에 의해 거래가 취소되어 최종적으로 매출취소로 거래가 종결된 경우, 피고인의 행위는 신용카드 부정사용의 미수행위에 불과하고 여전법에서 위와 같은 미수행위를 처벌하는 규정을 두고 있지 아니하므로 피고인을 위 법률위반죄로 처벌할 수 없다.[8]

4. 실행의 착수

가. 학 설

실행의 착수가 존재하는 시기에 관한 학설로는, ① 범죄의사가 확정적으로 드러나는 행위가 있거나 범죄수행의사가 비약적으로 표동되는 때라는 견해(주관설), ② 구성요건의 정형적 행위를 개시하거나 그 일부를 실행하는 때라는 견해(형식적 객관설), ③ 보호법익을 직접적으로 위태롭게 하는 행위가 있거나 구성요건적 행위와 밀접하게 관련되어 있는 행위가 있는 때라는 견해(실질적 객관설), ④ 행위자의 범죄의사가 외부적으로 명백히 드러날 뿐만 아니라 보호법익을 직접적으로 위태롭게 하는 행위가

8) 대판 2008. 2. 14. 2007도8767.

있는 때라는 견해(주관적 개관설 또는 절충설) 등이 있다.

나. 유형별 검토

상세한 내용은 형법 각론의 해당 부분을 참조.

(1) 주거침입죄

가. 주거침입죄는 사실상의 주거의 평온을 보호법익으로 하는 것이므로, 반드시 행위자의 신체의 전부가 범행의 목적인 타인의 주거 안으로 들어가야만 성립하는 것이 아니라 신체의 일부만 타인의 주거 안으로 들어갔다고 하더라도 거주자가 누리는 사실상의 주거의 평온을 해할 수 있는 정도에 이르렀다면 범죄구성요건을 충족하는 것이라고 보아야 하고, 따라서 주거침입죄의 범의는 반드시 신체의 전부가 타인의 주거 안으로 들어간다는 인식이 있어야만 하는 것이 아니라 신체의 일부라도 타인의 주거 안으로 들어간다는 인식이 있으면 족하다.

나. '가'항의 범의로써 예컨대 주거로 들어가는 문의 시정장치를 부수거나 문을 여는 등 침입을 위한 구체적 행위를 시작하였다면 주거침입죄의 실행의 착수는 있었다고 보아야 하고, 신체의 극히 일부분이 주거 안으로 들어갔지만 사실상 주거의 평온을 해하는 정도에 이르지 아니하였다면 주거침입죄의 미수에 그친다.

다. 야간에 타인의 집의 창문을 열고 집 안으로 얼굴을 들이미는 등의 행위를 하였다면 피고인이 자신의 신체의 일부가 집 안으로 들어간다는 인식하에 하였더라도 주거침입죄의 범의는 인정되고, 또한 비록 신체의 일부만이 집 안으로 들어갔다고 하더라도 사실상 주거의 평온을 해하였다면 주거침입죄는 기수에 이르렀다.[9]

(2) 절도죄

판례는 절도죄의 실행의 착수에 관하여 ㉮ 절취할 물건의 물색행위를 시작하는 때부터 인정된다고 보는 것이 일반적이지만, ㉯ 점유를 침해하는 데 밀접한 행위를 개시하는 때에 실행의 착수가 인정된다고 보는 경우도 있다. 절도가 행해지는 것을 논리적으로 따진다면 물색행위가 선행하고, 그 후에 밀접행위가 존재하는 것이 보통이지만, 범인이 절취할 물건의 소재를 이미 알고 있는 경우에는 물색행위가 존재할 수 없을 것이다.[10]

(가) 물색행위와 밀접행위

금품을 훔칠 목적으로 피해자의 집에 담을 넘어 침입하여 그 집 부엌에서 금품을 물색하던 중에 발각되어 도주한 것이라면 이는 절취행위에 착수한 것이라고 보아야 한다.[11]

9) 대판 1995. 9. 15. 94도2561.

10) 다음 판례는 '물색과 그 후행행위'가 '밀접행위'에 해당한다고 본 경우일 것으로 생각된다.
야간이 아닌 주간에 절도의 목적으로 다른 사람의 주거에 침입하여 절취할 재물의 물색행위를 시작하는 등 그에 대한 사실상의 지배를 침해하는 데에 밀접한 행위를 개시하면 절도죄의 실행에 착수한 것으로 보아야 한다(대판 2003. 6. 24. 2003도1985).

11) 대판 1987. 1. 20. 86도2199. 다음은 같은 취지이다.

절도의 목적으로 피해자의 집 현관을 통하여 그 집 마루 위에 올라서서 창고문 쪽으로 향하다가 피해자에게 발각, 체포되었다면 아직 절도행위의 실행에 착수하였다고 볼 수 없다.12)

절취할 생각으로 승합차량의 문이 잠겨 있는지 확인하기 위해 손잡이를 잡고 열려고 함

피고인이 야간에 소지하고 있던 손전등과 박스 포장용 노끈을 이용하여 도로에 주차된 차량의 문을 열고 그 안에 들어있는 현금 등을 절취할 것을 마음먹고 승합차량의 문이 잠겨 있는지 확인하기 위해 양손으로 운전석 문의 손잡이를 잡고 열려고 하던 중 경찰관에게 발각된 사안에서,

이러한 행위는 승합차량 내의 재물을 절취할 목적으로 승합차량 내에 칩입하려는 행위에 착수한 것으로 볼 수 있고, 그로써 차량 내에 있는 재물에 대한 피해자의 사실상의 지배를 침해하는 데에 밀접한 행위가 개시된 것으로 보아 절도죄의 실행에 착수한 것으로 봄이 상당하다.13)

노상에 세워 놓은 자동차 안에 있는 물건을 훔칠 생각으로 자동차의 유리창을 통하여 그 내부를 손전등으로 비추어 본 것에 불과하다면 비록 유리창을 따기 위해 면장갑을 끼고 있었고 칼을 소지하고 있었다 하더라도 절도의 예비행위로 볼 수는 있겠으나 타인의 재물에 대한 지배를 침해하는데 밀접한 행위를 한 것이라고는 볼 수 없어 절취행위의 착수에 이른 것이었다고 볼 수 없다.14)

(나) 절도죄의 기수

절도죄는 타인의 점유를 배제하고 자기의 지배하에 둔 때 기수가 된다.

절도죄는 타인의 소지를 침해하여 재물이 자기의 소지로 이동할 때 즉 자기의 사실적 지배 밑에 둔 때에 기수가 된다고 할 것인바 피고인이 공동피고인과 함께 피해자 집에 침입하여 그 집 광에서 공동피고인이 자루에 담아 내주는 백미를 받아 그 집을 나오려 하다가 피해자에게 발각된 경우에는 특수절도죄의 기수가 된다.15)

(다) 야간주거침입절도죄

야간주거침입절도죄가 성립하기 위해서는 주거침입이 야간에 이루어져야 하고, 절취행위는 주간에 행해지건 야간에 행해지건 관계없다.16) 따라서 '주거침입이 주간'에 행해지고 '절취행위가 주간 또는

절도의 목적으로 건조물에 침입한 자가 절취할 물건을 물색하다가 발각되어 미수에 그친 경우에는 건조물침입죄와 절도미수의 죄가 성립된다(대판 1984. 3. 13. 84도71).

12) 대판 1986. 10. 28. 86도1753.

13) 대판 2009. 9. 24. 2009도5595.

14) 대판 1985. 4. 23. 85도464.

15) 대판 1964. 12. 8. 64도577.

16) 대판 2011. 4. 14. 2011도300.

야간'에 행해지는 경우에는 주거침입죄와 절도죄는 실체적 경합범이 된다.[17]

야간에 타인의 재물을 절취할 목적으로 사람의 주거에 침입한 경우에는 주거에 침입한 단계에서 이미 야간주거침입절도라는 범죄행위의 실행에 착수한 것이다.[18]

(3) 강도죄

(가) 단순강도죄

강도죄는 재물탈취의 목적으로 피해자의 반항을 억압할 정도의 폭행이나 협박을 개시한 때에 비로소 그 실행의 착수가 있다고 볼 것인바 이에 이르지 못하고 강도의 목적으로 피해자의 주거에 침입한 사실만 가지고 강도미수죄로 인정할 수 없다.[19]

(나) 특수강도 중 야간주거침입강도죄

야간주거침입강도의 실행의 착수시기에 관하여 주거침입시설과 폭행·협박시설이 있다.

① 형법 제334조 제1항 소정의 야간주거침입강도죄는 주거침입과 강도의 결합범으로서 시간적으로 주거침입행위가 선행되므로 주거침입을 한 때에 본죄의 실행에 착수한 것으로 볼 것인바, 같은 조 제2항 소정의 흉기휴대 합동강도죄에 있어서도 그 강도행위가 야간에 주거에 침입하여 이루어지는 경우에는 주거침입을 한 때에 실행에 착수한 것으로 보는 것이 타당하다.[20]

해설: 위 판례가 형법 334조 1항의 야간주거침입강도죄의 실행의 착수시기를 주거침입을 한 때로 보는 것은 야간주거침입절도죄에서의 해석론과 동일하다. '흉기를 휴대하거나 합동하여', '야간에 주거에 침입하여'라는 2개의 표지를 모두 충족하는 형태로 강도죄를 범하는 때에는 형법 334조 1항과 2항을 동시에 충족하게 된다.

---

17) 절도의 목적으로 건조물에 침입한 자가 절취할 물건을 물색하다가 발각되어 미수에 그친 경우에는 건조물침입죄와 절도미수의 죄가 성립된다(대판 1984. 3. 13. 84도71).

18) 대판 1970. 4. 24. 70도507; 대판 2003. 10. 24. 2003도4417; 대판 2006. 9. 14. 2006도2824.

19) 대구고등법원 1975. 4. 17. 75노16.

20) 대판 1992. 7. 28. 92도917.
특가법의 다음 조문은 1994. 4. 1.부터 폐지되었다.
제5조의6(특수강도강간등) ① 생략
② 형법 제334조의 강도가 동법 제297조 내지 제299조의 죄를 범한 때에는 사형·무기 또는 10년 이상의 징역에 처한다.
③ 제1항 및 제2항에 규정된 죄의 미수범은 처벌한다.
성폭법 제3조(특수강도강간 등) ① 생략
②「형법」제334조(특수강도) 또는 제342조(미수범. 다만, 제334조의 미수범으로 한정한다)의 죄를 범한 사람이 같은 법 제297조(강간), 제297조의2(유사강간), 제298조(강제추행) 및 제299조(준강간, 준강제추행)의 죄를 범한 경우에는 사형, 무기징역 또는 10년 이상의 징역에 처한다.

② 특수강도의 실행의 착수는 강도의 실행행위 즉 사람의 반항을 억압할 수 있는 정도의 폭행 또는 협박에 나아갈 때에 있다 할 것이다.
강도의 범의로 야간에 칼을 휴대한 채 타인의 주거에 침입하여 집안의 동정을 살피다가 피해자를 발견하고 갑자기 욕정을 일으켜 칼로 협박하여 강간한 경우, 야간에 흉기를 휴대한 채 타인의 주거에 침입하여 집안의 동정을 살피는 것만으로는 특수강도의 실행에 착수한 것이라고 할 수 없으므로 위의 특수강도에 착수하기도 전에 저질러진 위와 같은 강간행위가 구 특가법 제5조의6 제1항 소정의 특수강도강간죄에 해당한다고 할 수 없다.[21]
해설: 위 ② 판례가 ① 판례와 달리 야간주거침입강도의 실행의 착수시기에 관하여 주거침입시설이 아니라 폭행·협박시설을 취한 배경에는 종전 특가법상 특수강도강간죄의 법정형이 지나치게 높다는 사정이 있을 것으로 생각된다.

(4) 사기죄

사기죄는 편취의 의사로 기망행위를 개시한 때에 실행에 착수한 것으로 보아야 하므로, 사기도박에서도 사기적인 방법으로 도금을 편취하려고 하는 자가 상대방에게 도박에 참가할 것을 권유하는 등 기망행위를 개시한 때에 실행의 착수가 있는 것으로 보아야 한다.[22]

(5) 횡령죄

횡령죄의 구성요건으로서의 횡령행위란 불법영득의사를 실현하는 일체의 행위를 말하는 것으로서 불법영득의사가 외부에 인식될 수 있는 객관적 행위가 있을 때 횡령죄가 성립한다.[23]

점유하는 타인 소유의 나무를 제3자에게 매도하고 계약금을 받음
피고인이 피해자로부터 위탁받아 식재·관리하여 오던 나무들을 피해자 몰래 제3자에게 매도하는 계약을 체결하고 제3자로부터 계약금을 수령한 상태에서 피해자에게 적발되어 위 계약이 더 이상 진행되지 아니한 경우 횡령미수에 해당한다.[24]

(6) 강간죄

강간죄는 사람을 간음하기 위하여 피해자의 항거를 불능하게 하거나 현저히 곤란하게 할 정도의 폭행 또는 협박을 개시한 때에 그 실행의 착수가 있다고 보아야 할 것이고, 실제로 그와 같은 폭행 또는 협박에 의하여 피해자의 항거가 불능하게 되거나 현저히 곤란하게 되어야만 실행의 착수가 있다고 볼 것은 아니다.[25]

21) 대판 1991. 11. 22. 91도2296.
22) 대판 2011. 1. 13. 2010도9330.
23) 대판 2004. 12. 9. 2004도5904.
24) 대판 2012. 8. 17. 2011도9113.
25) 대판 1990. 5. 25. 90도607; 대판 2000. 6. 9. 2000도1253.

간음할 목적으로 피해자의 집에 침입하여 자고 있는 피해자의 가슴과 엉덩이를 만짐

강간죄의 실행의 착수가 있었다고 하려면 강간의 수단으로서 폭행이나 협박을 한 사실이 있어야 할 터인데 피고인이 강간할 목적으로 피해자의 집에 침입하였다 하더라도 안방에 들어가 누워 자고 있는 피해자의 가슴과 엉덩이를 만지면서 간음을 기도하였다는 사실만으로는 강간의 수단으로 피해자에게 폭행이나 협박을 개시하였다고 하기는 어렵다.[26)]

방문을 부수고 들어갈 듯한 기세로 두드려 피해자가 창문에 걸터 앉아 뛰어 내리려 함에도 베란다를 통해 창문으로 침입하려 함

피고인이 간음할 목적으로 새벽 4시에 여자 혼자 있는 방문 앞에 가서 피해자가 방문을 열어 주지 않으면 부수고 들어갈 듯한 기세로 방문을 두드리고 피해자가 위험을 느끼고 창문에 걸터 앉아 가까이 오면 뛰어 내리겠다고 하는데도 베란다를 통하여 창문으로 침입하려고 하였다면 강간의 수단으로서의 폭행에 착수하였다고 할 수 있어 강간의 착수가 인정된다.[27)]

(7) 방화죄

처와 자녀가 현존하는 건조물 주위에 휘발유를 뿌려 이를 제지하는 피해자의 몸에 휘발유가 살포된 상태에서 라이터로 불을 붙여 피해자의 몸에 불이 붙어 화상을 입음

피고인은 그의 집에서 부부싸움을 하다가 격분하여 "집을 불태워 버리고 같이 죽어 버리겠다"며 그곳 창고 뒤에 있던 18ℓ들이 플라스틱 휘발유통을 들고 나와 처와 자녀 2명이 있는 피고인의 집 주위에 휘발유를 뿌리고, 1회용 라이터를 켜 불을 놓아 사람이 현존하는 건조물을 소훼하려고 하였으나, 불길이 번지지 않는 바람에 그 뜻을 이루지 못한 채 미수에 그치고, 이로 인하여 피고인을 만류하던 앞집 거주자인 피해자로 하여금 약 4주간의 치료를 요하는 화상을 입게 한 사안에서,

매개물을 통한 점화에 의하여 건조물을 소훼함을 내용으로 하는 형태의 방화죄의 경우에, 범인이 그 매개물에 불을 켜서 붙였거나 또는 범인의 행위로 인하여 매개물에 불이 붙게 됨으로써 연소작용이 계속될 수 있는 상태에 이르렀다면, 그것이 곧바로 진화되는 등의 사정으로 인하여 목적물인 건조물 자체에는 불이 옮겨 붙지 못하였다고 하더라도, 방화죄의 실행의 착수가 있었다고 보아야 할 것이고, 구체적인 사건에 있어서 이러한 실행의 착수가 있었는지 여부는 범행 당시 피고인의 의사 내지 인식, 범행의 방법과 태양, 범행 현장 및 주변의 상황, 매개물의 종류와 성질 등의 제반 사정을 종합적으로 고려하여 판단하여야 한다.

피고인이 방화의 의사로 뿌린 휘발유가 인화성이 강한 상태로 주택주변과 피해자의 몸에 적지 않게 살포되어 있는 사정을 알면서도 라이터를 켜 불꽃을 일으킴으로써 피해자의 몸에 불이 붙은 경우, 비록 외부적 사정에 의하여 불이 방화 목적물인 주택 자체에 옮겨 붙지는 아니하였다 하더라도 현존건조물방화죄의 실행의 착수가 있었다고 봄이 상당하다.[28)]

해설: 피고인이 현존건조물방화치상죄로 기소되었으나 원심이 실행의 착수가 인정되지 않는다는 이유로 무

26) 대판 1990. 5. 25. 90도607.

27) 대판 1991. 4. 9. 91도288.

28) 대판 2002. 3. 26. 2001도6641.

죄를 선고한데 대해, 대법원이 실행의 착수가 인정되므로 현존건조물방화치상죄가 성립한다고 보았다. 결과적 가중범에 있어서 고의에 의한 기본범죄(현존건조물방화)가 미수에 그쳤지만 결과적 가중범(현존건조물방화치상)의 기수가 성립한 사례이다.

참고로 다음은 방화죄의 기수 시기에 관한 판례이다.

방화죄는 화력이 매개물을 떠나 스스로 연소할 수 있는 상태에 이르렀을 때에 기수가 되고 반드시 목적물의 중요부분이 소실하여 그 본래의 효용을 상실한 때라야만 기수가 되는 것이 아니다.[29]

피해자의 사체 위에 옷가지 등을 올려놓고 불을 붙인 천조각을 던져서 그 불길이 방안을 태우면서 천정에까지 옮겨 붙었다면 도중에 진화되었다고 하더라도 일단 천정에 옮겨 붙은 때에 이미 현주건조물방화죄의 기수에 이른 것이다.[30]

(8) 기 타

외화를 국외로 반출하려고 휴대용 가방에 넣어 공항에서 탑승을 기다리던 중에 체포됨

피고인이 일화 500만엔은 기탁화물로 부치고 일화 400만엔은 휴대용 가방에 넣어 국외로 반출하려고 공항 내에서 탑승을 기다리고 있던 중에 체포된 경우, 500만엔에 대하여는 기탁화물로 부칠 때 이미 국외로 반출하기 위한 행위에 근접·밀착한 행위가 이루어졌다고 보아 실행의 착수가 있었다고 할 것이지만, 휴대용 가방을 가지고 보안검색대에 나아가지 않은 채 공항 내에서 탑승을 기다리고 있던 중에 체포되었다면 일화 400만엔에 대하여는 실행의 착수가 있었다고 볼 수 없다.[31]

5. 결과적 가중범의 미수

결과적 가중범이 성립하기 위한 요건은 ① 고의로 기본범죄를 범하고, ② 기본범죄에 내포된 전형적인 위험이 실현되어 중한 결과가 발생하고, ③ 기본범죄와 중한 결과 사이에 인과관계가 인정되며, ④ 중한 결과에 대한 예견가능성이 존재할 것이다.

그런데 기본범죄가 미수에 그쳤음에도 중한 결과가 발생한 경우에 결과적 가중범의 성립을 인정할 것인지 문제되는바, 판례는 이를 긍정한다.

29) 대판 1970. 3. 24. 70도330.
30) 대판 2007. 3. 16. 2006도9164.
31) 대판 2001. 7. 27. 2000도4298.

가. 강간죄

강간미수의 경우에도 그 행위와 치상의 결과 간에 인과관계가 인정되면 강간치상죄가 성립한다고 할 것이므로, 설령 피고인의 생식기가 피해자의 성기에 합입되지 아니하였다 하여도 피해자를 협박하여 억지로 성교하려 하고 그로 인하여 피해자에게 요치 1주일 간의 좌둔부 찰과상을 입게 한 피고인의 행위는 강간치상죄에 해당한다.[32]

강간하려고 폭행하였으나 피해자가 뺨을 때리며 완강히 반항하자 그만두었으나 상해가 발생함

강간이 미수에 그친 경우라도 그 수단이 된 폭행에 의하여 피해자가 상해를 입었으면 강간치상죄가 성립하는 것이며, 미수에 그친 것이 피고인이 자의로 실행에 착수한 행위를 중지한 경우이든 실행에 착수하여 행위를 종료하지 못한 경우이든 가리지 않는다.

피고인은 피해자를 넘어뜨린 다음 반항하는 피해자의 가슴을 왼손으로 누르고, 오른손으로 치마를 걷어 올리고 팬티를 내린 다음 자신도 혁대를 풀고 피해자의 몸 위로 올라가 강간하려 하였다가 피해자가 피고인의 따귀를 때리면서 안강하게 반항하어 그 뜻을 이루지 못하고 미수에 그쳤으나 그로 인하여 피해자에게 상해를 입혔는바, 피고인은 피해자의 반항을 현저히 곤란하게 할 정도의 폭행 또는 협박을 가하기 시작하여 실행에 착수하였으나 피해자의 완강한 반항으로 강간의 목적을 달하지 못한 채 상처를 입혔다고 봄이 상당하며 피해자가 뺨을 때린 행위 이후에 피고인이 강간목적의 행동을 더 못하게 된 것이 피고인이 스스로 중지한 것으로 본다 하더라도 일단 실행에 착수한 후 피해자에게 상처를 가한 이상 강간치상죄를 구성한다.[33]

---

32) 대판 1984. 7. 24. 84도1209.

33) 대판 1988. 11. 8. 88도1628. 다음은 같은 취지로 (구 성폭법)위반죄에 관한 것이다.

(구 성폭법) 제9조 제1항에 의하면 같은 법 제6조 제1항에서 규정하는 특수강간의 죄를 범한 자뿐만 아니라, 특수강간이 미수에 그쳤다고 하더라도 그로 인하여 피해자가 상해를 입었으면 특수강간치상죄가 성립하는 것이고, 같은 법 제12조에서 규정한 위 제9조 제1항에 대한 미수범 처벌규정은 제9조 제1항에서 특수강간치상죄와 함께 규정된 특수강간상해죄의 미수에 그친 경우, 즉 특수강간의 죄를 범하거나 미수에 그친 자가 피해자에 대하여 상해의 고의를 가지고 피해자에게 상해를 입히려다가 미수에 그친 경우 등에 적용된다(대판 2008. 4. 24. 2007도10058).

(구 성폭법) 제6조(특수강간등) ① 흉기 기타 위험한 물건을 휴대하거나 2인 이상이 합동하여 형법 제297조(강간)의 죄를 범한 자는 무기 또는 5년 이상의 징역에 처한다.

②~④ 생략

제9조(강간등 상해·치상) ① 제5조 제1항, 제6조, 제8조의2 또는 제12조(제5조 제1항, 제6조 또는 제8조의2의 미수범만 해당한다)의 죄를 범한 자가 사람을 상해하거나 상해에 이르게 한 때에는 무기징역 또는 7년 이상의 징역에 처한다.

② 생략

제12조(미수범) 제5조 내지 제10조 및 제14조의2의 미수범은 처벌한다.

현행 성폭법의 규정은 다음과 같으므로 위 판례의 취지가 그대로 적용될 수 있다.

제4조(특수강간 등) ① 흉기나 그 밖의 위험한 물건을 지닌 채 또는 2명 이상이 합동하여 「형법」 제297조(강간)의 죄를 범한 사람은 무기징역 또는 5년 이상의 징역에 처한다

②, ③ 생략

제8조(강간 등 상해·치상) ① 제3조 제1항, 제4조, 제6조, 제7조 또는 제15조(제3조 제1항, 제4조, 제6조 또는 제7조의 미수범으로 한정한다)의 죄를 범한 사람이 다른 사람을 상해하거나 상해에 이르게 한 때에는 무기징역 또는 10년 이상의 징역에 처한다.

해설: 중지미수의 경우에도 결과적 가중범의 기수가 인정된다고 본 판례이다.

나. 강도죄

절도가 재물절취는 미수에 그쳤으나 체포면탈 목적으로 폭행하여 상해를 입게 함

절도가 체포를 면탈할 목적으로 폭행을 가하여 피해자에게 상해의 결과를 발생케 한 경우에는 비록 재물의 절취는 미수에 그쳤다 할지라도 강도상해죄의 기수범으로 보아야 한다.[34]

해설: 절도미수범이 체포를 면탈할 목적으로 폭행한 행위는 준강도미수죄에 해당한다.[35] 준강도미수로 상해를 가하였으면 강도상해죄가 성립한다. 기본범죄가 미수임에도 결과적 가중범의 기수가 인정된 사례이다.

강도가 재물탈취는 못하였으나 강도의 기회에 사람을 상해함

강도범이 강도의 기회에 사람을 상해하여 상해의 결과가 발생하면 형법 제337조 전단의 강도상해죄의 기수가 되는 것이고 거기에 반드시 재물탈취의 목적 달성을 필요로 하는 것은 아니다.[36]

일행을 동원하여 칼을 들고 도박에서 잃은 돈을 빼앗으려는 자를 피해 베란다에서 8m 가량 뛰어내려 상해를 입음

피고인이 피해자와 함께 도박을 하다가 돈 3,200만원을 잃자 일행 2명 외에 후배 3명을 동원한 데다가 피고인은 식칼까지 들고 피해자로부터 돈을 빼앗으려고 한 점, 피해자는 이를 피하려고 도박을 하고 있었던 안방 출입문을 잠그면서 출입문이 열리지 않도록 완강히 버티고 있었던 점, 이에 피고인이 피해자에게 "이 새끼 죽여 버리겠다"고 위협하면서 위 출입문 틈 사이로 위 식칼을 집어 넣어 잠금장치를 풀려고 하고 발로 위 출입문을 수회 차서 결국 그 문을 열고 안방으로 들어 왔으며, 칼을 든 피고인 외에도 그 문 밖에 피고인의 일행 5명이 있어 그 문을 통해서는 밖으로 탈출하기가 불가능하였던 점 등을 종합하여 보면 피고인의 폭행·협박과 피해자가 안방 창문을 통하여 베란다까지 피신한 다음 극도의 공포심을 느껴 베란다의 열려진 창문을 통하여 8m 가량의 주택 아래로 뛰어 내려 땅바닥에 쓰러져 약 5개월 17일간의 치료를 요하는 상해를

---

② 생략

제15조(미수범) 제3조부터 제9조까지 및 제14조의 미수범은 처벌한다.

34) 대판 1971. 1. 26. 70도2518.

35) 대판 2004. 11. 18. 2004도5074 전합.

별개의견: 폭행·협박행위를 기준으로 하여 준강도죄의 미수범을 인정하는 외에 절취행위가 미수에 그친 경우에도 이를 준강도죄의 미수범이라고 보아 강도죄의 미수범과 사이의 균형을 유지함이 상당하다.

반대의견: 강도죄와 준강도죄는 그 취지와 본질을 달리한다고 보아야 하며, 준강도죄의 주체는 절도이고 여기에는 기수는 물론 형법상 처벌규정이 있는 미수도 포함되는 것이지만, 준강도죄의 기수·미수의 구별은 구성요건적 행위인 폭행 또는 협박이 종료되었는가 하는 점에 따라 결정된다고 해석하는 것이 법규정의 문언 및 미수론의 법리에 부합한다.

36) 대판 1988. 2. 9. 87도2492.

입은 것 사이에는 상당인과관계가 있고, 피고인으로서는 피해자가 경우에 따라서는 베란다의 외부로 통하는 창문을 통하여 위 주택 아래로 뛰어 내리는 등 탈출을 시도할 가능성이 있고 그러한 경우에는 위 피해자가 상해를 입을 수 있다는 예견도 가능하였다고 봄이 상당하므로, 피고인의 행위는 강도치상죄를 구성한다.[37)]

6. 중지미수

가. 의 의

중지미수는 범인이 자의로 실행에 착수한 행위를 중지하거나 그 행위로 인한 결과의 발생을 방지한 것을 말하며, 중지미수범에 대해서는 형을 감경 또는 면제한다(형법 26조).

중지미수를 관대하게 처벌하는 이유에 관한 학설로는 불법이 감경 또는 소멸한다는 견해, 책임이 감경 또는 소멸한다는 견해, 범죄가 완성되는 것을 방지하려는 형사정책적 고려라는 견해 등이 있다.

나. 자의성

중지미수가 성립하기 위해서는 실행행위의 중지나 결과발생을 방지가 범인의 자의에 의하여야 한다. 이러한 자의의 의미에 관한 학설로는 내부적 동기설, 윤리적 동기설, 규범설, 자율적 동기설 등이 있다.

범죄의 실행행위에 착수하고 그 범죄가 완수되기 전에 자기의 자유로운 의사에 따라 범죄의 실행행위를 중지한 경우에 그 중지가 일반 사회통념상 범죄를 완수함에 장애가 되는 사정에 의한 것이 아니라면 이는 중지미수에 해당한다.[38)]

(1) 강간죄

피해자가 다음 번에 만나 친해지면 응하겠다고 하여 강간 중단

피고인이 피해자를 강간하려다가 피해자의 다음 번에 만나 친해지면 응해 주겠다는 취지의 간곡한 부탁으로 인하여 그 목적을 이루지 못한 후 피해자를 자신의 차에 태워 집에까지 데려다 주었다면 피고인은 자의로 피해자에 대한 강간행위를 중지한 것이고 피해자의 다음에 만나 친해지면 응해 주겠다는 취지의 간곡한 부탁은 사회통념상 범죄실행에 대한 장애라고 여겨지지는 아니하므로 피고인의 행위는 중지미수에 해당한다.[39)]

37) 대판 1996. 7. 12. 96도1142.
38) 대판 1999. 4. 13. 99도640.
39) 대판 1993. 10. 12. 93도1851.

강도가 피해자의 딸이 울고, 남편이 곧 돌아오며 임신 중이라는 말을 듣고 강간을 중단

강도가 강간하려고 하였으나 잠자던 피해자의 어린 딸이 잠에서 깨어 우는 바람에 도주하였고, 또 피해자가 시장에 간 남편이 곧 돌아온다고 하면서 임신 중이라고 말하자 도주한 경우에는 자의로 강간행위를 중지하였다고 볼 수 없다.[40)]

강도가 강간의 실행에 착수하였으나 수술한 피해자가 배가 아프다고 애원하여 중단함

피고인 갑, 을, 병이 강도행위를 하던 중 피고인 갑, 을은 피해자를 강간하려고 작은 방으로 끌고 가 팬티를 강제로 벗기고 음부를 만지던 중 피해자가 수술한 지 얼마 안 되어 배가 아프다면서 애원하는 바람에 그 뜻을 이루지 못하였다면, 강도행위의 계속 중 이미 공포상태에 빠진 피해자를 강간하려고 한 이상 강간의 실행에 착수한 것이고, 피고인들이 간음행위를 중단한 것은 피해자를 불쌍히 여겨서가 아니라 피해자의 신체조건상 강간을 하기에 지장이 있다고 본 데에 기인한 것이므로, 이는 일반의 경험상 강간행위를 수행함에 장애가 되는 외부적 사정에 의하여 범행을 중지한 것에 지나지 않는 것으로서 중지범의 요건인 자의성을 결여하였다.[41)]

(2) 살인죄

피해자를 살해하려고 목과 가슴을 칼로 수 회 찔렀으나 많은 피가 흐르자 겁을 먹고 그만 둠

피고인이 피해자를 살해하려고 그의 목 부위와 왼쪽 가슴 부위를 칼로 수 회 찔렀으나 피해자의 가슴 부위에서 많은 피가 흘러나오는 것을 발견하고 겁을 먹고 그만 두는 바람에 미수에 그친 것이라면, 위와 같은 경우 많은 피가 흘러나오는 것에 놀라거나 두려움을 느끼는 것은 일반 사회통념상 범죄를 완수함에 장애가 되는 사정에 해당한다고 보아야 할 것이므로, 이를 자의에 의한 중지미수라고 볼 수 없다.[42)]

(3) 방화죄

장롱 안에 있는 옷가지에 불을 놓았으나 불길이 치솟자 겁을 먹고 불을 끔

피고인이 장롱 안에 있는 옷가지에 불을 놓아 건물을 소훼하려 하였으나 불길이 치솟는 것을 보고 겁이 나서 물을 부어 불을 끈 것이라면, 위와 같은 경우 치솟는 불길에 놀라거나 자신의 신체안전에 대한 위해 또는 범행 발각시의 처벌 등에 두려움을 느끼는 것은 일반 사회통념상 범죄를 완수함에 장애가 되는 사정에 해당한다고 보아야 할 것이므로, 이를 자의에 의한 중지미수라고는 볼 수 없다.[43)]

40) 대판 1993. 4. 13. 93도347.
41) 대판 1992. 7. 28. 92도917.
42) 대판 1999. 4. 13. 99도640.
43) 대판 1997. 6. 13. 97도957.

(4) 사기죄

50억원을 투자받았다고 기망하여 금원을 차용하여 편취하려다가 상대방이 투자받은 금원이 입금되었는지 확인하려고 하자 차용 포기

피고인이 갑에게 위조한 주식인수계약서와 통장사본을 보여주면서 50억원의 투자를 받았다고 말하며 자금의 대여를 요청하였고, 이에 갑과 함께 50억원의 입금 여부를 확인하기 위해 은행에 가던 중 은행 입구에서 차용을 포기하고 돌아간 것이라면, 이는 피고인이 범행이 발각될 것이 두려워 범행을 중지한 것으로서, 일반 사회통념상 범죄를 완수함에 장애가 되는 사정에 해당한다고 보아야 할 것이므로, 이를 자의에 의한 중지미수라고는 볼 수 없다.[44]

기밀을 탐지하다가 경찰관이 행적을 탐문했다는 말을 듣고 임무수행 보류 중 체포됨

피고인이 기밀탐지임무를 부여받고 대한민국에 입국 기밀을 탐지 수집 중 경찰관이 피고인의 행적을 탐문하고 갔다는 말을 전해 듣고 지령사항수행을 보류하고 있던 중 체포되었다면 피고인은 기밀탐지의 기회를 노리다가 검거된 것이므로 이를 (간첩죄의) 중지범으로 볼 수는 없다.[45]

밀수입하려는 자가 세관직원들이 범행 장소 주변에 잠복근무를 하자 실행행위에 이르지 못함

밀수입을 공모한 피고인이 범행 당일 미리 제보를 받은 세관직원들이 범행 장소 주변에 잠복근무를 하고 있어 그들이 왔다 갔다 하는 것을 보고 범행의 발각을 두려워한 나머지 자신이 분담하기로 한 실행행위에 이르지 못한 경우, 이는 피고인의 자의에 의한 범행의 중지가 아니어서 관세포탈미수죄로 의율한 것은 옳다.[46]

다. 예비·음모의 중지

예비·음모를 한 자가 자의로 범행을 중지한 경우에 중지미수의 규정을 유추적용할지에 관하여 견해가 나뉜다. 판례는 다음과 같이 이를 부정하고 있다.

중지범은 범죄의 실행에 착수한 후 자의로 그 행위를 중지한 때를 말하는 것이고, 실행의 착수가 있기 전인 예비·음모의 행위를 처벌하는 경우에 있어서는 중지범의 관념은 이를 인정할 수 없다.[47]

라. 공범의 중지

공모관계의 이탈 부분 참조.

---

44) 대판 2011. 11. 10. 2011도10539.
45) 대판 1984. 9. 11. 84도1381.
46) 대판 1986. 1. 21. 85도2339.
47) 대판 1991. 6. 25. 91도436; 대판 1999. 4. 9. 99도424.

7. 불능범(불능미수)

가. 의 의

실행의 수단 또는 대상의 착오로 인하여 결과의 발생이 불가능하더라도 위험성이 있는 때를 불능미수라고 하고, 실행의 수단 또는 대상의 착오로 인하여 결과의 발생이 불가능할 뿐만 아니라 위험성도 없는 때를 불능범이라고 하는 것이 보통이다. 불능미수에 대해서는 형을 감경 또는 면제할 수 있지만(형법 27조), 결과발생이 불가능하고 위험성도 없는 불능범은 처벌할 수 없다. 기수의 고의가 있어야 불능미수가 성립하므로 처음부터 결과발생이 불가능함을 알고 있었다면(즉 기수의 고의가 없었다면) 불능미수가 성립하지 않는다.

미수가 장애미수인지 불능미수인지 불분명한 때에는 법원은 이를 심리하여 가려야 한다.

남편을 독살하려고 국그릇에 농약을 넣었으나 남편이 토함으로써 미수에 그침

피고인이 남편인 갑을 살해하려고 배추국 그릇에 농약인 종자소독약 유제3호 8미리리터 가량을 탄 다음 갑에게 먹게 하여 살해하고자 하였으나 갑이 국물을 토함으로써 그 목적을 이루지 못하고 미수에 그친 사안에서, 위 농약유제 3호는 동물에 대한 경구치사량에 있어서 엘.디(LD) 50이 키로그람당 1.590미리그람이라고 되어 있어서 피고인이 사용한 위의 양은 그 치사량에 현저히 미달한 것으로 보이고, 한편 형법은 범죄의 실행에 착수하여 결과가 발생하지 아니한 경우의 미수와 실행수단의 착오로 인하여 결과발생이 불가능하더라도 위험성이 있는 경우의 미수와는 구별하여 처벌하고 있으므로 원심으로서는 이 사건 종자소독약 유제3호의 치사량을 좀 더 심리한 다음 피고인의 소위가 위의 어느 경우에 해당하는지를 가렸어야 할 것임에도 불구하고 이를 심리하지 아니한 채 형법 제254조, 제250조 제1항, 제25조의 살인미수의 죄책을 인정하였음은 장애미수와 불능미수에 관한 법리를 오해하였거나 심리를 다하지 아니함으로써 판결에 영향을 미친 위법을 범하였다.[48]

해설: 위 판례의 취지는 피고인이 사용한 위 농약이 치사량에 현저히 미달하는 등으로 결과발생이 불가능하였는지를 심리하여 그렇다면, 즉 농약이 치사량에 현저히 미달하면 결과발생이 불가능하므로 불능미수를 인정하라는 것으로 생각된다.

나. 결과발생 가능성의 판단

불능미수의 판단에 관한 학설로는 ① 절대적 불능은 불가벌이고, 상대적 불능은 가벌이라는 견해, ② 법률적 불능은 불가벌이고, 사실적 불능은 가벌이라는 견해, ③ 범죄를 실현하려는 의사가 있고 이를 표현하는 행위가 있으면 범인의 범죄적 위험성이 징표되었으므로 불능미수로 처벌하여야 한다는 견해(순주관설), ④ 결과발생이 불가능함을 전제로 위험성의 유무에 따라 가벌성을 결정하자는 견해(위험설) 등이 있다.

48) 대판 1984. 2. 14. 83도2967.

염산에페트린 등을 교반하여 메스암페타민 제조를 시도하였으나 약품배합 미숙으로 실패

불능범은 범죄행위의 성질상 결과발생의 위험이 절대로 불능한 경우를 말하는 것인바 향정신성의약품인 메스암페타민 속칭 "히로뽕" 제조를 위해 그 원료인 염산에페트린 및 수종의 약품을 교반하여 "히로뽕" 제조를 시도하였으나 그 약품배합미숙으로 그 완제품을 제조하지 못하였다면 위 소위는 그 성질상 결과발생의 위험성이 있다고 할 것이므로 이를 습관성의약품제조미수범으로 처단한 것은 정당하다.[49)]

살해하려고 일정량 이상 먹으면 사망할 수 있는 '초우뿌리' 달인 물을 마시게 하였으나 토함

불능범은 범죄행위의 성질상 결과발생 또는 법익침해의 가능성이 절대로 있을 수 없는 경우를 말하는 것이다. 피고인이 갑과 공모하여 일정량 이상을 먹으면 사람이 사망에 이를 수도 있는 '초우뿌리' 또는 '부자' 달인 물을 피해자(갑의 남편)에게 마시게 하여 피해자를 살해하려고 하였으나 피해자가 이를 토해버림으로써 미수에 그친 행위를 불능범이 아닌 살인미수죄로 본 것은 정당하다.[50)]

거주만 한 임차인이 임대차계약서상의 임차인 명의를 전입신고한 처로 변경하여 소액임대차보증금에 대한 우선변제권에 기한 배당신청

임대인과 임대차계약을 체결한 임차인이 임차건물에 거주하기는 하였으나 그의 처만이 전입신고를 마친 후에 경매절차에서 배당을 받기 위하여 임대차계약서상의 임차인 명의를 처로 변경하여 경매법원에 배당요구를 한 경우, 실제의 임차인이 전세계약서상의 임차인 명의를 처의 명의로 변경하지 아니하였다 하더라도 소액임대차보증금에 대한 우선변제권 행사로서 배당금을 수령할 권리가 있다 할 것이어서, 경매법원이 실제의 임차인을 처로 오인하여 배당결정을 하였더라도 이로써 재물의 편취라는 결과의 발생은 불가능하다 할 것이어서 무죄를 선고하여야 한다.[51)]

병에 섞은 농약이 치사량에 약간 미달하지만, 치사량은 사람에 따라 상당히 차이 있음

이 사건 농약의 치사추정량이 쥐에 대한 것을 인체에 대하여 추정하는 극히 일반적 추상적인 것이어서 마시는 사람의 연령, 체질, 영양 기타의 신체의 상황 여하에 따라 상당한 차이가 있을 수 있는 것이라면 피고인이 요구르트 한 병마다 섞은 농약 1.6씨씨가 그 치사량에 약간 미달한다 하더라도 이를 마시는 경우 사망의 결과발생 가능성을 배제할 수는 없다고 할 것이다.[52)]

49) 대판 1985. 3. 26. 85도206.
50) 대판 2007. 7. 26. 2007도3687.
51) 대판 2002. 2. 8. 2001도6669.
52) 대판 1984. 2. 28. 83도3331.

살해하라고 치사량의 농약이 든 병을 공범에게 주고, 피해자의 승용차 브레이크호스를 자름

피고인이 갑에게 피해자를 살해하라고 하면서 준 원비-디 병에 성인 남자를 죽게 하기에 족한 용량의 농약이 들어 있었고, 또 피고인이 피해자 소유 승용차의 브레이크호스를 잘라 브레이크액을 유출시켜 주된 제동기능을 완전히 상실시킴으로써 그 때문에 피해자가 그 자동차를 몰고 가다가 반대차선의 자동차와의 충돌을 피하기 위하여 브레이크 페달을 밟았으나 전혀 제동이 되지 아니하여 사이드브레이크를 잡아당김과 동시에 인도에 부딪치게 함으로써 겨우 위기를 모면하였다면 피고인의 위 행위는 어느 것이나 사망의 결과발생에 대한 위험성을 배제할 수 없다 할 것이므로 각 살인미수죄를 구성한다.53)

다. 위험성의 판단

위험성의 판단에 관한 학설로는 ① 행위자가 행위 당시에 인식한 사정을 대상으로 하여 일반인의 입장에서 판단하자는 추상적 위험설, ② 행위시에 존재한 모든 사정을 대상으로 하여 과학적 일반인의 입장에서 판단하자는 객관적 위험설, ③ 일반인이 인식할 수 있었던 사정 및 행위자가 행위 당시에 특히 인식하고 있었던 사정을 대상으로 하여 일반인의 입장에서 판단하자는 구체적 위험설 등이 있다.

소송비용의 지급을 구하는 손해배상청구의 소 제기(불능범)

민사소송법상 소송비용의 청구는 소송비용액 확정절차에 의하도록 규정하고 있으므로, 위 절차에 의하지 아니하고 손해배상금 청구의 소 등으로 소송비용의 지급을 구하는 것은 소의 이익이 없는 부적법한 소로서 허용될 수 없다고 할 것이다. 따라서 소송비용을 편취할 의사로 소송비용의 지급을 구하는 손해배상청구의 소를 제기하였다고 하더라도 이는 객관적으로 소송비용의 청구방법에 관한 법률적 지식을 가진 일반인의 판단으로 보아 결과 발생의 가능성이 없어 위험성이 인정되지 않는다고 할 것이다.54)

원심의 판단: 피고인이 에페트린과 빙초산 등 화공약품을 혼합하고 섭씨 80도~90도로 가열하여 메스암페타민(속칭 히로뽕) 1키로그람을 제조했으나 그의 제조기술과 경험부족으로 히로뽕 완제품 아닌 염산메칠에페트린을 생성시켰을 뿐으로 미수에 그친 사실을 인정하고 그가 예비한 염산메칠에페트린으로 메타암페타민을 생성하기 위하여서는 염산에페트린이 원료로 사용되어야 하고 염산에페트린은 염산메칠에페트린에 의하여 생성시킬 가능성을 인정할 수 있으니 피고인의 소위는 결코 불능범일 수 없다.

대법원의 판단: 원심은 피고인이 생성시켰다고 인정한 염산메칠에페트린이 화학작용을 일으키면 메칠기를 뺄 수 있고 그렇게 되면 염산에페트린이 될 수 있어 히로뽕의 제조원료가 되니 위험성이 있어 불능범이 아니라는 판단을 하였는데 위험성이 인정되면 불능범이 될 수 없다는 판단은 옳으나 아래와 같은 위법이 있다. 원심의 증거에 의하면 염산메칠에페트린에서 염산기를 빼낼 수 있음이 인정되지 아니하므로 원심 인정에는 심리미진 아니면 증거를 잘못 해석한 위법이 있다. 또한 본건 피고인의 행위의 위험성을 판단하려면 피고인이 행위 당시에 인식한 사정 즉 원심이 인정한 대로라면 에페트린에 빙초산을 혼합하여 80~90도의 가열하

53) 대판 1990. 7. 24. 90도1149.

54) 대판 2005. 12. 8. 2005도8105.

는 그 사정을 놓고 이것이 객관적으로 제약방법을 아는 일반인(과학적 일반인)의 판단으로 보아 결과발생의 가능성이 있느냐를 따졌어야 할 것이어늘 이 점 심리절차 없이 다시 말해서 어째서 위험성이 있다고 하는지 그 이유를 밝힌 바 없어 위험성이 있다고 판단한 것은 잘못이다.[55]

소매치기가 금품을 절취하려고 금품이 들어 있지 않은 피해자의 주머니에 손을 넣음

소매치기가 피해자의 주머니에 손을 넣어 금품을 절취하려 한 경우 비록 그 주머니 속에 금품이 들어있지 않았었다 하더라도 위 소위는 절도라는 결과 발생의 위험성을 충분히 내포하고 있으므로 이는 절도미수에 해당한다.[56]

해설: 위 판례상의 절도미수는 불능미수를 의미하는 것으로 생각된다. 그 이유는 위 판례가 불능미수의 성립요소인 '결과발생의 위험성'이 존재함을 미수범 성립의 근거로 들고 있기 때문이다.

※ 생각해볼 문제

다음의 사기도박 사건에서 상대방이 사기도박을 하는 것을 알지 못한 체 도박에 참여한 자에게 도박의 불능미수가 성립하는 것은 아닐까? 그렇지 않다면 상대방이 사기도박을 하는 것을 알지 못한 채 도박에 참여하는 자의 행위에 의해서는 도박(우연의 승패에 재물을 거는 것)이라는 결과가 발생할 위험성이 전혀 없다고 보아야 하는가?

도박이란 2인 이상의 자가 상호간에 재물을 도하여 우연한 승패에 의하여 그 재물의 득실을 결정하는 것이므로, 이른바 사기도박과 같이 도박당사자의 일방이 사기의 수단으로써 승패의 수를 지배하는 경우에는 도박에서의 우연성이 결여되어 사기죄만 성립하고 도박죄는 성립하지 아니한다.[57]

55) 대판 1978. 3. 28. 77도4049.
56) 대판 1986. 11. 25. 86도2090.
57) 대판 2011. 1. 13. 2010도9330.

6

判例中心 刑法總論

공 범

제 6 장 공 범

범죄를 혼자서 실행하는 것을 단독범, 두 사람이 이상이 관여하여 실행하는 것을 공범이라고 한다. 형법 총칙상 공범에는 공동정범(형법 30조), 교사범(형법 31조), 종범(형법 32조), 간접정범(형법 34조)의 형태가 있다. 각칙상의 공범으로는 내란죄(형법 87조)나 소요죄(형법 115조)와 같은 집합범, '뇌물공여죄와 뇌물수수죄'(형법 129조, 133조) 또는 '배임증재죄와 배임수재죄'(형법 357조)와 같은 대향범 등이 있다.

그런데 구성요건을 스스로 실행하는 자를 정범이라고 하고 이에 대비되는 의미에서의 공범 개념을 사용하는 경우가 있다. 여기에서의 정범에는 단독정범과 공동정범이 포함되고, 공범에는 교사범과 방조범이 포함된다. 형법에서 공범이라고 함은 통상 정범에 대비되는 개념으로서의 공범을 의미한다.

Ⅰ. 공범론의 기본개념

1. 공범의 정범 종속성

교사범과 종범이 정범에 종속하는지 아니면 정범과 독립하여 독자적으로 성립 가능한지에 관하여 논의가 있었다. 주관주의적 입장에서는 교사범·종범도 그 자체가 범죄의사의 표현으로 독자적인 범죄가 된다고 보았다(공범독립성설). 이와 달리 객관주의적 입장에서는 정범이 성립하지 않는 이상 교사범·종범이 독자적으로 성립할 수 없다고 보았다(공범종속성설).

우리 학계와 판례는 공범의 종속성을 인정하고 있다고 볼 수 있다. 예컨대 교사범이 성립하기 위해서는 교사자의 교사행위와 정범의 실행행위가 있어야 하는 것이므로, 정범의 성립은 교사범의 구성요건의 일부를 형성하고 교사범이 성립함에는 정범의 범죄행위가 인정되는 것이 그 전제요건이 된다.[1] 따라서 교사범, 방조범의 범죄사실 적시에 있어서는 그 전제요건이 되는 정범의 범죄구성요건이 되는

1) 대판 2000. 2. 25. 99도1252. 같은 취지로는 대판 1998. 2. 24. 97도183.

사실 전부를 적시하여야 하고, 이 기재가 없는 교사범, 방조범의 사실 적시는 죄가 되는 사실의 적시라고 할 수 없다.[2)]

종속성의 정도에 관하여, 공범이 성립하기 위해서는 정범의 행위가 ① 구성요건에 해당하면 된다는 견해(최소한의 종속형식), ② 구성요건에 해당하고 위법하면 된다는 견해(제한적 종속형식), ③ 구성요건에 해당하고 위법하며 책임까지 갖추어야 된다는 견해(극단적 종속형식), ④ 구성요건에 해당하고 위법하고 책임이 인정되며 나아가 가벌성의 조건까지 모두 갖추어야 된다는 견해(초극단적 종속형식 내지 확장적 종속형식)가 있다. 책임무능력자를 교사·방조하는 경우 제한적 종속형식에 의하면 교사·방조범이 성립할 수 있지만, 극단적 종속형식에 의하면 간접정범이 성립할 수 있을 뿐이다.

학설은 대체로 '불법은 연대적으로, 책임은 개별적으로 판단한다'라는 원칙에 따라 제한적 종속형식이 타당하다고 본다. 그렇지만 형법 34조 등을 근거로 하여 극단적 종속형식이 타당하다는 견해도 있다.[3)]

정범의 실행행위를 확정함이 없이 방조범의 성립을 인정

방조죄는 정범의 범죄에 종속하여 성립하는 것으로서 방조의 대상이 되는 정범의 실행행위의 착수가 없는 이상 방조죄만이 독립하여 성립될 수 없다.[4)]

실수요자들로부터 대가를 받고 B주식회사 명의로 수입, 판매하는 양 위장함으로써 실수요자들의 상품판매에 따른 영업세 및 소득세를 포탈케 함

외국상품을 수입하여 국내에서 판매하는 실수요자들로부터 일정한 대가를 받고 피고인이 그가 설립한 B주식회사 명의로 외국물품을 수입, 판매하는 양 위장하여 위 실수요자들의 상품판매에 따른 영업세 및 소득세를 포탈케 한 사안에서,

외국상품을 수입, 통관함에 있어 자기 명의로 외국물품을 수입, 판매하는 것으로 위장하여 수입하였다면 그 명의로 영업세 및 소득세의 원천징수가 있었다 할지라도 이는 외국상품을 국내에서 판매하는 실수요자들의 상품판매에 따른 영업세 및 소득세라고 할 수 없으므로 실수요자들의 영업세 등을 포탈하도록 한 방조범이 성립된다.

형법이 방조행위를 종범으로 처벌하는 까닭은 정범의 실행을 용이하게 하는 점에 있으므로 그 방조행위가 정범의 실행에 대하여 간접적이거나 직접적이거나를 가리지 아니하고 정범이 범행을 한다는 점을 알면서 그

---

2) 대판 1981. 11. 24. 81도2422.

3) 이 견해의 논리적 설명은 다음과 같다.
형법 34조는 "어느 행위로 인하여 처벌되지 아니하는 자 또는 과실범으로 처벌되는 자를 교사 또는 방조하여 범죄행위의 결과를 발생하게 한 자는 간접정범에 해당하며 교사 또는 방조의 예에 의하여 처벌한다"라고 규정하고 있다. 여기서 '어느 행위로 인하여 처벌되지 아니한다는 것'은 '구성요건해당성, 위법성 또는 책임 중 어느 것인가가 결여되어 있음'을 의미한다. 따라서 형법 34조는 '구성요건해당성, 위법성 또는 책임'을 모두 구비한 경우에만 공범이 성립될 수 있음을 전제로 하고 있다.

4) 대판 1979. 2. 27. 78도3113.

실행행위를 용이하게 한 이상 종범으로 처벌함이 마땅하며 간접적으로 정범을 방조하는 경우 방조자에 있어 정범이 누구에 의하여 실행되어지는가를 확지할 필요가 없다 할 것이므로, 피고인이 외국상품을 B 명의로 위장 수입하는 실수요자의 조세를 포탈케 한 이상 그 실수요자가 실지 누구인지 그 소재나 실존유무를 확정하지 아니하였다 하여도 방조범의 성립엔 아무런 지장이 없다.[5]

정범이 아무런 행위도 하지 않은 편면적 종범

원래 방조범은 종범으로서 정범의 존재를 전제로 하는 것이다. 즉 정범의 범죄행위 없이 방조범만이 성립될 수는 없다. 이른바 편면적 종범에 있어서도 그 이론은 같다. 이 사건에서 볼 때 피고인은 스스로가 단독으로 자기 아들인 갑에 대한 징집을 면탈케 할 목적으로 사위행위를 한 것으로서 갑의 범죄행위는 아무것도 없어 피고인이 갑의 범죄행위에 가공하거나 또는 이를 방조한 것이라고 볼 수 없어 피고인을 방조범으로 다스릴 수 없다.[6]

2. 필요직 공빔

형법 총칙상의 공범은 단독으로 실행할 수 있는 범죄를 다수인이 실행하는 것이어서 임의적 공범에 해당한다. 이에 반하여 형법 각칙의 각 본조에서 규정하고 있는 공범은 다수인이 관여하여야만 실현될 수 있는 필요적 공범이다. 필요적 공범은 집단범과 대향범으로 구분된다.

필요적 공범은 다수인이 관여할 것을 전제로 하여 규정되어 있으므로 형법 총칙상의 공범규정이 적용되지 않는다.[7]

필요적 공범인 뇌물수수죄와 형법 30조

뇌물수수죄는 필요적 공범으로서 형법 총칙의 공범이 아니므로, 형법 제30조를 따로 적용하여야 하는 것이 아니다.[8]

가. 집단범

집단범의 대표적인 예로는 내란죄(형법 87조), 소요죄(형법 115조)를 들 수 있다. 2인 이상이 합동하여 범하는 특수절도(형법 331조 2항), 특수강도(형법 334조 2항), 특수도주죄(형법 146조)도 성질상 집단범에 속한다.

5) 대판 1977. 9. 28. 76도4133.
6) 대판 1974. 5. 28. 74도509.
7) 대판 1985. 3. 12. 84도2747.
8) 대판 1971. 3. 9. 70도2536).

나. 합동범과 공모공동정범

(1) 합동의 의미

특수절도죄에서의 합동의 의미에 대해서는 ① 공모공동정범설, ② 가중적 공동정범설, ③ 현장설, ④ 현장적 공동정범설 등이 있다. 통설·판례는 현장에서 실행행위를 분담하는 것을 의미한다는 현장설을 취하고 있다. '합동하여'라는 표지는 특수강도죄(형법 334조), 특수도주죄(형법 146조)에도 사용되고 있으며, 특수절도죄에서와 동일한 의미로 사용된다. 위 '합동하여'는 폭처법상의 '공동하여'와 사실상 같은 의미로 사용되고 있다.

합동절도에 있어서 '합동'의 의미

형법 제331조 제2항 후단의 "2인 이상이 합동하여"라 함은 주관적 요건으로서의 공모와 객관적 요건으로서의 실행행위의 분담이 있어야 하고 그 실행행위에 있어서는 시간적으로나 장소적으로 협동관계가 있음을 요한다.9)

폭처법상의 공동폭행 등에 있어 '공동'의 의미

폭처법 제2조 제2항의 '2인 이상이 공동하여'라고 함은 그 수인 간에 소위 공범관계가 존재하는 것을 요건으로 하고, 또 수인이 동일 장소에서 동일 기회에 상호 다른 자의 범행을 인식하고 이를 이용하여 범행을 한 경우임을 요한다.10)

(2) 현장성을 갖추지 못한 자에 대한 공모공동정범 긍정

위와 같이 합동범은 현장성을 그 요건으로 하므로, 합동범죄를 공모하였으나 현장에서의 실행행위를 분담하지 아니한 자에 대해서도 합동범이 성립하는지 논의가 있다. 판례는 합동범의 공모공동정범은 성립할 수 없다고 보았다가 다음과 같이 견해를 변경하여 이를 인정하고 있다.

삐끼주점 지배인이 갑·을·병과 강취한 신용카드로 금원을 인출하기로 공모하고, 갑·을·병이 편의점에서 합동하여 위 신용카드로 금원을 인출하여 절도

3인 이상의 범인이 합동절도의 범행을 공모한 후 적어도 2인 이상의 범인이 범행 현장에서 시간적, 장소적으로 협동관계를 이루어 절도의 실행행위를 분담하여 절도 범행을 한 경우에는 공동정범의 일반 이론에 비추어 그 공모에는 참여하였으나 현장에서 절도의 실행행위를 직접 분담하지 아니한 다른 범인에 대하여도 그가 현장에서 절도 범행을 실행한 위 2인 이상의 범인의 행위를 자기 의사의 수단으로 하여 합동절도의 범행을 하였다고 평가할 수 있는 정범성의 표지를 갖추고 있다고 보여지는 한 그 다른 범인에 대하여 합동절도의 공동정범의 성립을 부정할 이유가 없다고 할 것이다. 형법 제331조 제2항 후단의 규정이 위와 같이 3인 이상이 공모하고 적어도 2인 이상이 합동절도의 범행을 실행한 경우에 대하여 공동정범의 성립을 부정하는

9) 대판 1973. 5. 22. 73도480; 대판 1985. 3. 26. 84도2956; 대판 1988. 9. 13. 88도1197; 대판 1989. 3. 14. 88도837.
10) 대판 2000. 2. 25. 99도4305.

취지라고 해석할 이유가 없을 뿐만 아니라, 만일 공동정범의 성립가능성을 제한한다면 직접 실행행위에 참여하지 아니하면서 배후에서 합동절도의 범행을 조종하는 수괴는 그 행위의 기여도가 강력함에도 불구하고 공동정범으로 처벌받지 아니하는 불합리한 현상이 나타날 수 있다. 그러므로 합동절도에서도 공동정범과 교사범·종범의 구별기준은 일반원칙에 따라야 하고, 그 결과 범행현장에 존재하지 아니한 범인도 공동정범이 될 수 있으며, 반대로 상황에 따라서는 장소적으로 협동한 범인도 방조만 한 경우에는 종범으로 처벌될 수도 있다. 속칭 삐끼주점의 지배인인 피고인이 피해자로부터 신용카드를 강취하고 신용카드의 비밀번호를 알아낸 후 이를 이용하여 갑, 을, 병과 현금자동지급기에서 금원을 인출하여 나눠 가지기로 공모한 다음, 갑, 을, 병이 A편의점에서 합동하여 현금자동지급기에서 현금 4,730,000원을 인출하여 이를 절취한 사안에서, 피고인이 범행 현장에 간 일이 없다 하더라도 피고인이 합동절도의 범행을 현장에서 실행한 갑, 을, 병과 공모한 것만으로도 그들의 행위를 자기 의사의 수단으로 하여 합동절도의 범행을 하였다고 평가될 수 있는 합동절도 범행의 정범성의 표지를 갖추었다고 할 것이고, 따라서 위 합동절도 범행에 대하여 공동정범으로서의 죄책을 면할 수 없다.[11]

해설: 위 판례에 의해 다음 판례는 변경되었다.

합동절도의 범행을 공모하였으나 현장에서 절도의 실행행위를 직접 분담하지 아니한 자에 대해서는 합동절도의 책임을 물을 수 없다.[12]

폭처법상의 공동폭행 등에서 현장성이 결여된 자에게 공모공동정범 인정

여러 사람이 폭처법 제2조 제1항에 열거된 죄를 범하기로 공모한 다음 그 중 2인 이상이 범행 장소에서 범죄를 실행한 경우에는 범행 장소에 가지 아니한 자도 같은 법 제2조 제2항에 규정된 죄의 공모공동정범으로 처벌할 수 있다.[13]

다. 대향범

대향범은 양쪽 당사자의 의사가 서로 반대되는 방향에서 합치됨으로써 성립하는 범죄이다. 대향범 중 양쪽 당사자에게 동일한 법정형이 규정된 경우로는, 아동혹사죄(형법 274조), 인신매매죄(289조)가 있고, 양쪽 당사자에게 각각의 법정형이 규정된 경우로는 뇌물죄(형법 129조, 133조), 배임수증죄(형법 357조)가 있고, 한 쪽 당사자만 처벌하는 경우로는 공무상비밀누설죄(형법 127조), 범인은닉·도피죄(형법 151조), 음화판매죄(형법 243조), 업무상비밀누설죄(형법 317조)가 있다.

대향범에 있어서도 집단범에 있어서와 마찬가지로 내부자 사이에서는 총칙상의 공범 규정이 적용되지 않는다.[14]

---

11) 대판 1998. 5. 21. 98도321 전합. 다음은 같은 취지이다.
3인 이상이 합동절도를 모의한 후 2인 이상이 범행을 실행한 경우, 직접 실행행위에 가담하지 않은 자에 대한 공모공동정범 인정 여부(적극)(대판 2011. 5. 13. 2011도2021).

12) 대판 1976. 7. 27. 75도2720; 대판 1989. 3. 14. 88도837 등.

13) 대판 1996. 12. 10. 96도2529.

14) 뇌물공여죄와 뇌물수수죄 사이와 같은 이른바 대향범 관계에 있는 자는 강학상으로는 필요적 공범이라고 불리고 있

라. 대향범과 공범

공무원으로부터 직무상 비밀을 누설받음

2인 이상 서로 대향된 행위의 존재를 필요로 하는 대향범에 대하여는 공범에 관한 형법총칙 규정이 적용될 수 없는데, 형법 제127조는 공무원 또는 공무원이었던 자가 법령에 의한 직무상 비밀을 누설하는 행위만을 처벌하고 있을 뿐 직무상 비밀을 누설받은 상대방을 처벌하는 규정이 없는 점에 비추어, 직무상 비밀을 누설받은 자에 대하여는 공범에 관한 형법총칙 규정이 적용될 수 없다.[15)]

변호사 사무실 직원이 법원공무원에게 부탁하여, 체포영장 발부자 명단을 누설받음

변호사 사무실 직원인 갑이 법원공무원인 을에게 부탁하여, 수사 중인 사건의 체포영장 발부자 53명의 명단을 누설받은 사안에서, 을이 직무상 비밀을 누설한 행위와 갑이 이를 누설받은 행위는 대향범 관계에 있으므로 공범에 관한 형법총칙 규정이 적용될 수 없으므로, 갑에게는 공무상비밀누설교사죄가 성립하지 않는다.[16)]

A의 임원이 을을 통하여 의사에게 직원명단을 주어 진찰 없이 직원들의 처방전을 발급받음

2인 이상의 서로 대향된 행위의 존재를 필요로 하는 대향범에 대하여는 공범에 관한 형법총칙 규정이 적용될 수 없는데, 구 의료법 제17조 제1항 본문은 의료업에 종사하고 직접 진찰한 의사가 아니면 처방전을 작성하여 환자 등에게 교부하지 못한다고 규정하면서 제89조에서는 위 조항 본문을 위반한 자를 처벌하고 있을 뿐, 위와 같이 작성된 처방전을 교부받은 상대방을 처벌하는 규정이 따로 없는 점에 비추어, 위와 같이 작성된 처방전을 교부받은 자에 대하여는 공범에 관한 형법총칙 규정이 적용될 수 없다고 보아야 한다.

A주식회사 임원인 피고인들이 의사 갑 등과 공모하거나 교사하여, 직원 을 등을 통하여 의사 갑 등에게 직원 명단을 전달하면 갑 등이 직원들을 직접 진찰하지 않고 처방전을 작성하는 방법으로 A 직원들에 대하여 의약품 처방전을 발급·교부하였다고 하여 주위적으로 구 의료법위반, 예비적으로 구 의료법위반교사로 기소된 사안에서, 갑 등이 처방전을 작성하여 교부한 행위와 을 등이 처방전을 교부받은 행위는 대향범 관계에 있고, 구 의료법 제17조 제1항 본문 및 제89조에 비추어 위와 같이 처방전을 교부받은 자에 대하여는 공범에 관한 형법총칙 규정을 적용할 수 없으므로 직원 을 등을 의사 갑 등의 처방전 교부행위에 대한 공동정범 또는 교사범으로 처벌할 수 없고, 을 등에게 가공한 피고인들 역시 처벌할 수 없다.[17)]

으나, 서로 대향된 행위의 존재를 필요로 할 뿐 각자 자신의 구성요건을 실현하고 별도의 형벌규정에 따라 처벌되는 것이어서, 2인 이상이 가공하여 공동의 구성요건을 실현하는 공범관계에 있는 자와는 본질적으로 다르며, 대향범 관계에 있는 자 사이에서는 각자 상대방의 범행에 대하여 형법 총칙의 공범규정이 적용되지 아니한다(대판 2015. 2. 12. 2012도4842).

15) 대판 2011. 4. 28. 2009도3642.

16) 대판 2011. 4. 28. 2009도3642. 같은 취지로는 대판 2009. 6. 23. 2009도544.

17) 대판 2011. 10. 13. 2011도6287.

자가용화물자동차의 소유자에게 대가를 지급하고 운송을 의뢰하여 화물운송을 하게 함

구 화물자동차 운수사업법 제48조 제4호, 제39조에 의하여 처벌되는 행위인, 자가용화물자동차의 소유자가 유상으로 화물을 운송하는 행위를 함에 있어서는, 자가용화물자동차의 소유자에게 대가를 지급하고 화물의 운송이라는 용역을 제공받는 상대방의 행위의 존재가 반드시 필요하고, 따라서 자가용화물자동차의 소유자에게 대가를 지급하고 의뢰하여 화물의 운송이라는 용역을 제공받는 상대방의 행위가 있을 것으로 당연히 예상되는바, 이와 같이 자가용화물자동차 소유자의 유상운송이라는 범죄가 성립하는 데 당연히 예상될 뿐만 아니라 위와 같은 범죄의 성립에 없어서는 아니 되는 상대방의 행위를 따로 처벌하는 규정이 없는 이상, 그 입법 취지에 비추어 볼 때, 자가용화물자동차의 소유자에게 대가를 지급하고 운송을 의뢰하여 화물운송이라는 용역을 제공받은 상대방의 행위가, 자가용화물자동차 소유자와의 관계에서, 일반적인 형법 총칙상의 공모, 교사 또는 방조에 해당된다고 하더라도 자가용화물자동차 소유자의 유상운송행위의 상대방을 자가용화물자동차 소유자의 유상운송행위의 공범으로 처벌할 수 없다.[18]

세무사 사무직원으로부터 직무상 보관하는 임대사업자 인적 사항 등 직무상 비밀을 누설받음

2인 이상의 서로 대향된 행위의 존재를 필요로 하는 대향범에 대하여는 공범에 관한 형법총칙 규정을 적용할 수 없는바, 세무사법은 제22조 제1항 제2호, 제11조에서 세무사와 세무사였던 자 또는 그 사무직원과 사무직원이었던 자가 그 직무상 지득한 비밀을 누설하는 행위를 처벌하고 있을 뿐 비밀을 누설받는 상대방

---

18) 대판 2005. 11. 25. 2004도8819. 다음은 같은 취지이다.

개설등록을 하지 아니한 중개업자(공인중개사)에게 중개를 의뢰

공인중개사의 업무 및 부동산 거래신고에 관한 법률(이하 '공인중개사법'이라 한다)에서 '중개'는 중개행위자가 아닌 거래당사자 사이의 거래를 알선하는 것이고 '중개업'은 거래당사자로부터 의뢰를 받아 중개를 업으로 행하는 것이므로, 중개를 의뢰하는 거래당사자, 즉 중개의뢰인과 중개를 의뢰받아 거래를 알선하는 중개업자는 서로 구별되어 동일인일 수 없고, 결국 중개는 그 개념상 중개 의뢰에 대응하여 이루어지는 별개의 행위로서 서로 병존하며 중개의뢰행위가 중개행위에 포함되어 흡수될 수 없다. … 위와 같이 중개행위가 중개의뢰행위에 대응하여 서로 구분되어 존재하여야 하는 이상, 중개의뢰인의 중개의뢰행위를 중개업자의 중개행위와 동일시하여 중개행위에 관한 공동정범 행위로 처벌할 수도 없다(대판 2013. 6. 27. 2013도3246).

의약품을 판매의 목적으로 취득할 수 없는 자(갑)에게 염산날부핀을 판매

"피고인들은 공모하여, 갑이 의약품을 판매의 목적으로 취득할 수 없음에도 염산날부핀을 일반인들을 상대로 판매한다는 정을 알면서 갑에게 염산날부핀을 판매함으로써, 갑이 염산날부핀을 일반인들을 상대로 한 판매의 목적으로 취득하도록 공급하여 이를 방조하였다"라는 점에 관하여 보면, 위 공소사실 부분은 정범인 갑의 판매목적의 염산날부핀 취득행위라는 범죄사실에 대하여 피고인들이 갑에게 염산날부핀을 판매, 공급함으로써 갑의 범행을 방조하였다는 것인바, 이와 같이 의약품을 판매할 수 없는 갑이 판매의 목적으로 의약품을 취득한 범행과 대향범관계에 있는 피고인들의 갑에 대한 의약품 판매행위에 대하여는 형법총칙상 공범이나 방조범 규정의 적용이 있을 수 없으므로, 피고인들을 갑의 범행에 대한 방조범으로 처벌할 수 없다(대판 2001. 12. 28. 2001도5158).

주한외국대사관의 공용품으로서 관세가 면제되어 수입된 후 5년이 경과되지 아니한 차량의 양수에 관하여는 미리 세관장의 승인을 얻어야 하는 바 이를 얻지 아니하고 위 승용차를 매수하기로 약정한 후 그 매수대금 중 일부를 지급하고 위 차량을 인수받았다면 그로써 관세법 제186조의2, 제27조 제2항 소정의 용도외사용죄는 일단 성립된 것으로 보아야 하므로 설사 그 후 위 매매계약이 해약되고 매도인측이 매매대금을 반환하지 아니하여 부득이 위 차량을 보관만 하고 있었다 하더라도 그와 같은 사유는 일단 성립된 위 용도외사용죄에는 아무런 영향도 주지 아니한다. 양도, 양수와 같이 2인 이상의 서로 대향된 행위의 존재를 필요로 하는 관계에 있어서는 공범에 관한 형법총칙 규정의 적용이 있을 수 없고 따라서 상대방의 범행에 대하여 공범관계도 성립되지 않는다(대판 1988. 4. 25. 87도2451).

을 처벌하는 규정이 없고, 세무사의 사무직원이 직무상 지득한 비밀을 누설한 행위와 그로부터 그 비밀을 누설받은 행위는 대향범 관계에 있으므로 이에 공범에 관한 형법총칙 규정을 적용할 수 없다.
세무사의 사무직원으로부터 그가 직무상 보관하고 있던 임대사업자 등의 인적 사항, 사업자 소재지가 기재된 서면을 교부받은 행위가 세무사법상 직무상 비밀누설죄의 공동정범에 해당하지 않는다.[19)]

변호사 아닌 자에게 고용되어 법률사무소의 개설·운영에 관여한 변호사의 행위

변호사 아닌 자가 변호사를 고용하여 법률사무소를 개설·운영하는 행위에 있어서는 변호사 아닌 자는 변호사를 고용하고 변호사는 변호사 아닌 자에게 고용된다는 서로 대향적인 행위의 존재가 반드시 필요하고, 나아가 변호사 아닌 자에게 고용된 변호사가 고용의 취지에 따라 법률사무소의 개설·운영에 어느 정도 관여할 것도 당연히 예상되는바, 이와 같이 변호사가 변호사 아닌 자에게 고용되어 법률사무소의 개설·운영에 관여하는 행위는 위 범죄가 성립하는 데 당연히 예상될 뿐만 아니라 범죄의 성립에 없어서는 아니 되는 것인데도 이를 처벌하는 규정이 없는 이상, 그 입법 취지에 비추어 볼 때 변호사 아닌 자에게 고용되어 법률사무소의 개설·운영에 관여한 변호사의 행위가 일반적인 형법 총칙상의 공모, 교사 또는 방조에 해당된다고 하더라도 변호사를 변호사 아닌 자의 공범으로서 처벌할 수는 없다.[20)]

해설: 변호사법 관련 조문은 다음과 같다.

제34조(변호사가 아닌 자와의 동업 금지 등) ①~③ 생략

④ 변호사가 아닌 자는 변호사를 고용하여 법률사무소를 개설·운영하여서는 아니 된다.

⑤ 생략

제109조(벌칙) 다음 각 호의 어느 하나에 해당하는 자는 7년 이하의 징역 또는 5천만원 이하의 벌금에 처한다. 이 경우 벌금과 징역은 병과할 수 있다.

1. 생략
2. 제33조 또는 제34조를 위반한 자

공무원에 대한 청탁 명목으로 금품을 받는 것을 내용으로 하는 변호사법위반죄에서 '처벌 대상이 아닌 청탁 명목 금품교부자(피고인 1)'의 '청탁 명목 금품 수수자(갑)'에 대한 금품제공행위를 용이하게 하려고 갑을 피고인 1에게 소개

피고인 2는 처벌 대상이 아닌 피고인 1의 갑에 대한 금품제공행위를 용이하게 할 의사를 가지고 갑을 피고인 1에게 소개하는 등의 행위를 하였고, 갑은 공무원에 대한 청탁 명목으로 피고인 1로부터 금품을 받아 변호사법위반의 범행을 저지른 사안에서,
금품 등의 수수와 같이 2인 이상의 서로 대향된 행위의 존재를 필요로 하는 관계에 있어서는 공범이나 방조범에 관한 형법총칙 규정의 적용이 있을 수 없다. 따라서 금품 등을 공여한 자에게 따로 처벌규정이 없는 이상, 그 공여행위는 그와 대향적 행위의 존재를 필요로 하는 상대방의 범행에 대하여 공범관계가 성립되지 아니하고, 오로지 금품 등을 공여한 자의 행위에 대하여만 관여하여 그 공여행위를 교사하거나 방조한 행위

19) 대판 2007. 10. 25. 2007도6712.
20) 대판 2004. 10. 28. 2004도3994.

도 상대방의 범행에 대하여 공범관계가 성립되지 아니한다.
따라서 피고인 2가 처벌 대상이 아닌 피고인 1의 갑에 대한 금품 제공행위를 용이하게 할 의사를 갖고 갑을 피고인 1에게 소개하는 등의 행위를 하였다면 피고인 2를 방조범으로 처벌할 수는 없다.[21]

해설: 소개는 양 당사자(피고인 1과 갑)를 모두 알고 있는 사람(피고인 2)이 상대방을 모르는 피고인 1과 갑으로 하여금 서로 알고 지낼 수 있도록 주선해주는 것이다. 위 판례에서 피고인 2가, ① 갑을 피고인 1에게 소개한 것인지, ② 피고인 1을 갑에게 소개한 것인지(이 경우에는 피고인 2가 처벌 대상인 갑의 피고인 1로부터의 청탁명목 금품수수를 용이하게 할 수 있도록 도운 것이어서 방조죄가 성립함)를 판단할 수 있는 사실관계는 나타나 있지 않다.
변호사법 해당 법조는 다음과 같다.
제111조(벌칙) ① 공무원이 취급하는 사건 또는 사무에 관하여 청탁 또는 알선을 한다는 명목으로 금품·향응, 그 밖의 이익을 받거나 받을 것을 약속한 자 또는 제3자에게 이를 공여하게 하거나 공여하게 할 것을 약속한 자는 5년 이하의 징역 또는 1천만원 이하의 벌금에 처한다. 이 경우 벌금과 징역은 병과할 수 있다.

의료인 아닌 자가 의료인을 고용하여 의료인 명의로 의료기관 개설

의료인의 자격이 없는 일반인이 필요한 자금을 투자하여 시설을 갖추고 유자격 의료인을 고용하여 그 명의로 의료기관 개설신고를 한 행위는 형식적으로만 적법한 의료기관의 개설로 가장한 것일 뿐 실질적으로는 비의료인이 의료기관을 개설한 것으로서 의료법 제33조 제2항 본문에 위반된다고 봄이 타당하고, 개설신고가 의료인 명의로 되었다거나 개설신고 명의인인 의료인이 직접 의료행위를 하였다 하여 달리 볼 이유가 되지 못한다. 그리고 이러한 법리는 의료사업을 명시적으로 허용하고 있는 소비자생활협동조합법에 의하여 설립된 소비자생활협동조합 명의로 의료기관 개설신고가 된 경우에도 마찬가지이다.[22]

---

21) 대판 2014. 1. 16. 2013도6969. 다음은 같은 취지이다.
A회사의 입찰정보 수집업무를 담당하는 피고인들이 흥신소 운영자(갑)에게 A가 입찰에 참여한 건설공사의 평가위원 등의 행적감시를 의뢰하여 갑이 위 평가위원 등의 행적을 조사·감시함
신용정보의 이용 및 보호에 관한 법률은 제50조 제2항 제7호, 제40조 제4호에서 신용정보회사 등이 아니면서 특정인의 소재 및 연락처를 알아내거나 금융거래 등 상거래관계 외의 사생활 등을 조사하는 행위를 업으로 하는 자를 처벌하는 규정을 두고 있는바, 2인 이상의 서로 대향된 행위의 존재를 필요로 하는 대향범에 대하여는 공범에 관한 형법 총칙의 규정이 적용될 수 없다고 한 것이나, 위와 같이 사생활 조사 등을 업으로 한다는 것은 그러한 행위를 계속하여 반복하는 것을 의미하고, 이에 해당하는지 여부는 사생활 조사 등 행위의 반복·계속성 여부, 영업성의 유무, 그 목적이나 규모, 횟수, 기간, 태양 등의 여러 사정을 종합적으로 고려하여 사회통념에 따라 판단할 것으로 반드시 영리의 목적이 요구되는 것은 아니라 할 것이므로, 사생활 조사 등을 업으로 하는 행위에 그러한 행위를 의뢰하는 대향된 행위의 존재가 반드시 필요하다거나 의뢰인의 관여행위가 당연히 예상된다고 볼 수 없고, 따라서 사생활 조사 등을 업으로 하는 행위와 그 의뢰행위는 대향범의 관계에 있다고 할 수 없다.
A주식회사에서 입찰정보 수집업무 등을 담당하는 피고인들은 흥신소를 운영하는 갑에게 A가 입찰에 참여한 건설공사의 설계심의 평가위원 등의 행적을 감시해 달라고 의뢰하고, 이에 갑은 을 등 위 흥신소의 종업원과 함께 위 설계심사 평가위원 등의 주거지, 근무처를 따라 다니면서 그들의 행적을 조사·감시하였다. 그렇다면 갑이 사생활 조사 등에 관하여 해 온 업무의 형태, 피고인들이 갑에게 사생활 조사 등을 의뢰한 경위 및 의뢰한 사생활 조사 등의 규모와 지급한 대금의 액수 등에 관하여 더 나아가 살핌으로써 피고인들이 갑으로 하여금 사생활 조사 등을 업으로 하는 신용정보의 이용 및 보호에 관한 법률 위반죄의 실행을 결의하게 하였는지 여부를 가렸어야 할 것이다(대판 2012. 9. 13. 2012도5525).

22) 대판 2014. 8. 20. 2012도14360. 구체적인 판시는 다음과 같다.

의료인이 의료기관 개설자격이 있는 자의 명의로 의료기관 개설

의료법이 제33조 제2항에서 의료인이나 의료법인 기타 비영리법인 등이 아닌 자의 의료기관 개설을 원칙적으로 금지하고, 제87조 제1항 제2호에서 이를 위반하는 경우 5년 이하의 징역이나 2,000만원 이하의 벌금에 처하도록 규정하고 있는 취지는 의료기관 개설자격을 의료전문성을 가진 의료인이나 공적인 성격을 가진 자로 엄격히 제한함으로써 건전한 의료질서를 확립하고, 영리 목적으로 의료기관을 개설하는 경우에 발생할지도 모르는 국민 건강상의 위험을 미리 방지하고자 하는 데에 있다. 위 의료법 조항이 금지하는 의료기관 개설행위는, 비의료인이 의료기관의 시설 및 인력의 충원·관리, 개설신고, 의료업의 시행, 필요한 자금의 조달, 운영성과의 귀속 등을 주도적인 입장에서 처리하는 것을 의미한다. 이와 같은 입법취지 및 금지되는 의료기관 개설행위의 의미에 비추어, 의료기관을 개설할 자격이 있는 의료인이 비영리법인 등 의료법에 따라 의료기관을 개설할 자격이 있는 자로부터 명의를 빌려 그 명의로 의료기관을 개설하더라도 그러한 행위만으로는 의료법 제33조 제2항에 위배된다고 볼 수 없다.[23]

Ⅱ. 공동정범

1. 의 의

2인 이상이 공동하여 죄를 범한 때에는 각자를 그 죄의 정범으로 처벌한다(형법 30조). 이와 같이 2인 이상이 공동하여 죄를 범하는 것을 공동정범이라고 한다. 죄를 범한 수인에게 대해 각자의 실행부분에 한해서만 책임을 묻지 않고 공동으로 범한 죄 전체에 대해 책임을 묻는다는 점에 공동정범의 특징이 있다. 형법 30조가 공동정범에게 전체에 대한 책임을 묻는 근거는 수인이 죄를 공동으로 범하였다는 데 있다. 판례는 공동정범의 성립요건에 관하여 "주관적 요건인 공동가공의 의사와 객관적 요건인 공동의사에 의한 기능적 행위지배를 통한 범죄의 실행사실이 필요하고, 공동가공의 의사는 공동의 의사로 특정한 범죄행위를 하기 위하여 일체가 되어 서로 다른 사람의 행위를 이용하여 자기의 의사를 실행에 옮기는 것을 내용으로 하는 것이어야 한다"라고 하고 있다.[24]

생협법은 소비자들의 자주·자립·자치적인 생협조합활동을 촉진함으로써 조합원의 소비생활 향상과 국민의 복지 및 생활문화 향상에 이바지함을 목적으로 제정된 법률로서, 그와 같은 목적을 달성하기 위하여 설립된 생협조합이 비영리법인으로서 할 수 있는 사업과 관련하여, 제45조 제1항 제4호에서 '조합원의 건강개선을 위한 보건·의료사업'을 규정하고, 제11조 제3항에서 '이 법은 조합 등의 보건·의료사업에 관하여 관계 법률에 우선하여 적용한다'고 규정하고 있다. 이와 같이 생협법이 생협조합의 보건·의료사업을 허용하면서 의료법 등 관계 법률에 우선하여 적용되도록 한 것은, 보건·의료사업이 생협조합의 목적달성에 이바지할 수 있도록 그 사업수행에 저촉되는 관계 법률의 적용을 선별적으로 제한하여 생협조합의 정당한 보건·의료사업을 보장하기 위한 것일 뿐, 생협조합을 의료법에 의하여 금지된 비의료인의 보건·의료사업을 하기 위한 탈법적인 수단으로 악용하는 경우와 같이 형식적으로만 생협조합의 보건·의료사업으로 가장한 경우에까지 관계 법률의 적용을 배제하려는 것은 아니다.

23) 대판 2014. 9. 25. 2014도7217.

24) 대판 2001. 11. 9. 2001도4792.

2. 기능적 행위지배

위조 임대차계약서를 담보로 돈을 빌려 편취하려는 자의 부탁을 받고, 임대인인 것처럼 행세하며 전세금액 등을 확인해 줌

갑이 위조된 부동산임대차계약서를 담보로 제공하고 피해자로부터 돈을 빌려 편취할 것을 계획하면서 피해자가 계약서상의 임대인에게 전화를 하여 확인할 것에 대비하여 을에게 미리 전화를 하여 임대인 행세를 하여달라고 부탁하였고, 을은 위와 같은 사정을 잘 알면서도 이를 승낙하여 실제로 피해자의 남편으로부터 전화를 받자 자신이 실제의 임대인인 것처럼 행세하여 전세금액 등을 확인함으로써 위조사문서의 행사에 관하여 역할분담을 한 사안에서, 을의 행위는 위조사문서행사에 있어서 기능적 행위지배의 공동정범 요건을 갖추었다.[25)]

공동의 의사로 특정한 범죄행위를 하기 위하여 일체가 되어 서로가 다른 사람의 행위를 이용하여 자기의 의사를 실행에 옮기는 것

형법 제30조의 공동정범은 2인 이상이 공동하여 죄를 범하는 것으로서, 공동정범이 성립하기 위해서는 주관적 요건으로서 공동가공의 의사와 객관적 요건으로서 공동의사에 기한 기능적 행위지배를 통한 범죄의 실행사실이 필요하다. 공동가공의 의사는 타인의 범행을 인식하면서도 이를 제지하지 아니하고 용인하는 것만으로는 부족하고, 공동의 의사로 특정한 범죄행위를 하기 위해 일체가 되어 서로 다른 사람의 행위를 이용하여 자기의 의사를 실행에 옮기는 것을 내용으로 하는 것이어야 한다. 따라서 공동정범이 성립한다고 판단하기 위해서는 범죄실현의 전 과정을 통하여 행위자들 각자의 지위와 역할, 다른 행위자에 대한 권유 내용 등을 구체적으로 검토하고 이를 종합하여 공동가공의 의사에 기한 상호 이용의 관계가 합리적인 의심을 할 여지가 없을 정도로 증명되어야 한다.[26)]

피고인이 갑과 공모하여 갑이 피해자를 강간하고 있는 동안 피해자가 반항하지 못하도록 그의 입을 손으로 틀어 막고 주먹으로 얼굴을 2회 때렸다면 피고인은 강간죄의 공동정범의 죄책을 면할 수 없다.[27)]

강도 공범들이 피해자를 강간할 때 피해자의 자녀들을 감시

피고인이 공범들과 함께 강도범행을 저지른 후 피해자의 신고를 막기 위하여 공범들이 묶여있는 피해자를 옆방으로 끌고 가 강간범행을 할 때에 피고인은 자녀들을 감시하고 있었다면 공범들의 강도강간범죄에 공동가공한 것이라 하겠으므로 비록 피고인이 직접 강간행위를 하지 않았다 하더라도 강도강간의 공동죄책을 면할 수 없다.[28)]

25) 대판 2010. 1. 28. 2009도10139.
26) 대판 1988. 9. 13. 88도1114; 대판 1996. 1. 26. 95도2461; 대판 2008. 4. 10. 2008도1274; 대판 2015. 10. 29. 2015도5355.
27) 대판 1984. 6. 12. 84도780.
28) 대판 1986. 1. 21. 85도2411.

허위작성된 유가증권을 행사할 의사가 분명한 자에게 교부하여 이를 행사하게 함

허위작성된 유가증권을 피교부자가 그것을 유통하게 한다는 사실을 인식하고 교부한 때에는 허위작성유가증권행사죄에 해당하고, 행사할 의사가 분명한 자에게 교부하여 그가 이를 행사한 때에는 허위작성유가증권행사죄의 공동정범이 성립된다.[29)]

3. 공모공동정범

가. 공모공동정범의 성립요건

2인 이상의 공모자 중에서 일부만 실행행위를 하고 나머지 일부는 실행행위를 하지 않은 경우에 실행행위를 하지 않은 자에 대해서도 공동정범의 책임을 물을지 문제된다. 공모에만 가담하였을 뿐 실행행위를 분담하지 않은 공모공동정범을 인정할지에 관하여 견해가 나뉜다. 공모공동정범을 인정하는 견해는 공모공동정범이 성립하는 근거에 관하여 공동의사주체설, 간접정범유사설, 기능적 행위지배설 등으로 나뉜다. 판례는 일관하여 공모공동정범을 인정하여 왔다. 그렇지만 실행행위를 하지 않은 자도 공동정범이 될 수 있는 근거에 대한 논리적 설명은 아래와 같이 바뀌어 왔다. 판례의 기본적인 입장은 공모공동정범이 성립하기 위해서는 본질적 기여를 통한 기능적 행위지배가 존재하여야 한다는 것이라고 할 수 있다.

실행행위를 하지 않는 공모자에게 실행자를 통하여 자기 범죄를 실현한다는 의사가 있어야

공동정범에 있어서 범죄행위를 공모한 후 그 실행행위에 직접 가담하지 아니하더라도 다른 공모자가 분담, 실행한 행위에 대하여 공동정범의 죄책을 면할 수 없고, 공모공동정범에 있어서 공모는 2인 이상의 자가 협력해서 공동의 범의를 실현시키는 의사에 대한 연락을 말하는 것으로서 실행행위를 담당하지 아니하는 공모자에게 그 실행자를 통하여 자기의 범죄를 실현시킨다는 주관적 의사가 있어야 함은 물론이나, 반드시 배후에서 범죄를 기획하고 그 실행행위를 부하 또는 자기가 지배할 수 있는 사람에게 실행하게 하는 실질상의 괴수의 위치에 있어야 할 필요는 없다고 할 것이다.[30)]

공모에 의하여 수인 간에 공동의사주체가 형성되어 범죄를 실행

공모공동정범은 공동범행의 인식으로 범죄를 실행하는 것으로 공동의사주체로서의 집단 전체의 하나의 범죄행위의 실행이 있음으로써 성립하고 공모자 모두가 그 실행행위를 분담하여 이를 실행할 필요가 없고 실행

29) 대판 1995. 9. 29. 95도803.

30) 대판 1980. 5. 20. 80도306. 다음은 같은 취지이다.

특수강도를 모의한 자가 실행행위에 가담하지 않고, 강취한 장물의 처분을 알선하기만 함

특수강도의 범행을 모의한 이상 범행의 실행에 가담하지 아니하고, 공모자들이 강취해 온 장물의 처분을 알선만하였다 하더라도, 특수강도의 공동정범이 된다 할 것이므로 장물알선죄로 의율할 것이 아니다(대판 1983. 2. 22. 82도3103).

행위를 분담하지 않아도 공모에 의하여 수인 간에 공동의사주체가 형성되어 범죄의 실행행위가 있으면 실행행위를 분담하지 않았다고 하더라도 공동의사주체로서 정범의 죄책을 면할 수 없다.31)

본질적 기여를 통한 기능적 행위지배의 존재

형법 제30조의 공동정범은 공동가공의 의사와 그 공동의사에 기한 기능적 행위지배를 통한 범죄 실행이라는 주관적·객관적 요건을 충족함으로써 성립하는바, 공모자 중 구성요건 행위 일부를 직접 분담하여 실행하지 않은 자라도 경우에 따라 이른바 공모공동정범으로서의 죄책을 질 수도 있는 것이기는 하나, 이를 위해서는 전체 범죄에서 그가 차지하는 지위, 역할이나 범죄 경과에 대한 지배 내지 장악력 등을 종합해 볼 때, 단순한 공모자에 그치는 것이 아니라 범죄에 대한 본질적 기여를 통한 기능적 행위지배가 존재하는 것으로 인정되는 경우여야 한다.32)

범죄의 핵심적 경과를 계획적으로 조종하거나 촉진하는 등으로 본질적 기여를 통한 기능적 행위지배

형법 제30조의 공동정범은 공동가공의 의사와 그 공동의사에 의한 기능적 행위지배를 통한 범죄실행이라는 주관적·객관적 요건을 충족함으로써 성립하므로, 공모자 중 구성요건행위를 직접 분담하여 실행하지 아니한 사람도 위 요건의 충족 여부에 따라 이른바 공모공동정범으로서의 죄책을 질 수도 있다. 한편 구성요건행위를 직접 분담하여 실행하지 아니한 공모자가 공모공동정범으로 인정되기 위하여는 전체 범죄에 있어서 그가 차지하는 지위·역할이나 범죄경과에 대한 지배 내지 장악력 등을 종합하여 그가 단순한 공모자에 그치는 것이 아니라 범죄에 대한 본질적 기여를 통한 기능적 행위지배가 존재하는 것으로 인정되어야 한다.
건설 관련 회사의 유일한 지배자가 회사 대표의 지위에서 장기간에 걸쳐 건설공사 현장소장들의 뇌물공여행위를 보고받고 이를 확인·결재하는 등의 방법으로 위 행위에 관여한 사안에서, 비록 사전에 구체적인 대상 및 액수를 정하여 뇌물공여를 지시하지 아니하였다고 하더라도 그 핵심적 경과를 계획적으로 조종하거나 촉진하는 등으로 기능적 행위지배를 하였다고 보아 공모공동정범의 죄책을 인정하여야 한다.33)

31) 대판 1983. 3. 8. 82도3248.

32) 대판 2007. 4. 26. 2007도235; 대판 2007. 11. 15. 2007도6075. 관련 판시는 다음과 같다.
피고인은 A노조 조합장 갑의 주도 아래 조합원 약 500명이 7. 13. 14:15경 주식회사 포스코 본사 건물에 침입한 후인 7. 13. 22:00경 본사 건물에 도착하였으나 7. 14. 02:00경 귀가하였다가 09:00경 다시 본사 건물 앞으로 나와 … 7. 15. 02:00경 조합원 약 2,000명과 함께 본사 건물에 침입할 때까지 A 집행부와 함께 머무르면서 상급단체 간부로서 갑 등 A 집행부로부터 본사 건물 점거 경위 등에 대하여 설명을 듣고 앞으로의 협상 내지 투쟁 계획 등에 대하여 설명을 듣고 상의하는 등 A 조합원들의 투쟁을 지지하는 태도를 취한 사실이 인정될 뿐, 피고인이 조합장 갑 등 A 집행부와 주식회사 포스코 본사 건물 침입을 사전에 미리 공모하였다거나 본사 건물을 상당기간 점거하기로 한 A 집행부의 최종 결정에 동조하였다거나 나아가 7. 15. 02:00경 본사 건물에 함께 침입하기 이전에 이루어진 A 조합원들의 행위에 대하여도 A 집행부를 통하여 범죄 경과를 지배 내지 장악하는 등 영향력을 미쳤다고 인정할 만한 증거는 찾아보기 어렵다.
그렇다면 7. 15. 02:00경 이전에 이루어진 A 조합원들의 범행 즉, 7. 13. 14:15경부터 23:30경까지 이루어진 우리은행 및 포스코 직원들에 대한 감금행위, 7. 15. 02:00경 이전에 이루어진 A 조합원 약 500명의 주식회사 포스코 본사 건물 침입과 이로 인한 업무방해 및 손괴행위에 대하여는 피고인에게 각 범행에 대한 본질적 기여를 통한 기능적 행위지배가 존재한다고 보기 어려우므로 이 부분에 대하여는 공모공동정범의 죄책을 인정할 수 없다(대판 2007. 4. 26. 2007도235).

33) 대판 2010. 7. 15. 2010도3544. 구체적인 판시는 다음과 같다.

나. 공모관계 부정례

오토바이를 절취하여 오면 그 물건을 사 주겠다고 함

형법 제30조의 공동정범이 성립하기 위하여는 2인 이상이 공동하여 죄를 범하여야 하는 것으로서, 주관적 요건인 공동가공의 의사와 객관적 요건인 공동의사에 의한 기능적 행위지배를 통한 범죄의 실행사실이 필요한데, 공동가공의 의사는 공동의 의사로 특정한 범죄행위를 하기 위하여 일체가 되어 서로 다른 사람의 행위를 이용하여 자기의 의사를 실행에 옮기는 것을 내용으로 하는 것이어야 한다.

오토바이를 절취하여 오면 그 물건을 사 주겠다고 한 것을 절도죄 공동정범의 성립을 인정함에 필요한 공동가공의 의사로 보기 어렵다.[34)]

피고인은 A유한회사, B유한회사, C유한회사 D종합건설 등의 업체를 보유·경영하면 D 명의로 제주지방해양항만청이 발주한 '추자항공사'를, 한국토지공사가 발주한 '김해율하공사'를, 대한주택공사가 발주한 '광명소하공사'를 수주받아 시공하였다.

추자항공사의 현장소장인 갑은 제주지방해양항만청 소속 직원들에게 53회에 걸쳐 금품과 향응 등 26,622,500원 상당을 제공하였으며, 그 중 1회에 걸친 40만원 상당의 향응제공은 피고인이 직접 하였다.

김해율하공사의 현장소장인 을은 한국토지공사 직원들에게 13회에 걸쳐 금품과 향응 등 17,417,000원 상당을 제공하였고, 그 중 1회에 걸친 300만원의 현금제공은 피고인이 직접 하였다.

광명소하공사의 현장소장 병은 현장감독관인 대한주택공사 직원에게 3회에 걸쳐 시가불상의 개소주를 제공하고, 4회에 걸쳐 현금 980만원을 교부하거나 공여의 의사표시를 하였다.

한편 피고인은 현장감독관 등에 대한 식대, 명절 선물비 등으로 지출되는 '대관(대관)업무비'의 예산편성을 주도 또는 후원하였을 뿐만 아니라 위 현장소장들이 각자의 판단에 따라 '대관업무비'를 지출한 후 매월 그 상세내역을 보고하면 사후에 이를 확인한 후 결재를 하여 주었으며 그 금액이 과다하다고 생각되면 그 금액을 삭감하기도 하였고, 한편 현장소장이 피고인에게 보고한 대관업무비 내역서에는 사용내역과 상대방, 그 금액까지 구체적으로 기재되어 있었다. 이상과 같은 지출 및 보고·결재는 앞서 본 바와 같이 4년 이상의 기간 동안 이루어졌다. 또한 피고인은 앞서 본 바와 같이 뇌물을 직접 교부하기도 하였다.

위 사실관계에서 보는 바와 같이 피고인이 위 회사를 유일하게 지배하는 자로서 회사 대표의 지위에서 장기간에 걸쳐 현장소장들의 뇌물공여행위를 보고받고 이를 확인·결재하는 등의 방법으로 현장소장들의 뇌물공여행위에 관여하였다면, 비록 피고인이 사전에 현장소장들에게 구체적인 대상 및 액수를 정하여 뇌물공여를 지시하지 아니하였다고 하더라도 이 사건 뇌물공여의 핵심적 경과를 계획적으로 조종하거나 촉진하는 등으로 현장소장들의 뇌물공여행위에 본질적 기여를 함으로써 기능적 행위지배를 하였다고 봄이 상당하다.

34) 대판 1997.9.30. 97도1940. 구체적인 판시는 다음과 같다.

피고인은 장물취득 등의 전과가 있는 사람으로서 중고오토바이 매매업을 경영하고 있었다. 갑은 서울에 있다가 을로부터 "절취하는 오토바이의 판로가 확보되어 있으니 부산에 내려와 함께 오토바이 절도를 하여 돈을 벌자"는 취지의 말을 듣고 1996.5. 초순경에 부산으로 내려와 을과 함께 여러 차례에 걸쳐 오토바이 절도 범행을 벌이고, 절취한 오토바이를 피고인과 병 등에게 넘기고 대가를 취득하여 왔다. 당시 갑과 을은 피고인을 장물아비로 생각하고 있었다. 피고인은 갑 등이 오토바이를 절취하여 오면 대당 금 150,000원 정도의 돈을 주고 이를 사들였던 것으로 보인다. 갑은 1996.8. 말에는 개금동 철길 건널목에서 오토바이 1대를 절취하여 피고인에게 가져다 주었는데 피고인이 돈을 주지 않자 2일 뒤에 그 오토바이를 평소 알고 있었던 정에게 처분한 일이 있고, 을은 자기들이 절취하여 피고인에게 대당 금 150,000원을 받고 넘기는 오토바이를, 피고인이 무에게 대당 금 250,000원 내지 금 300,000원씩 받고 판매한다는 것을 알고는 절취한 오토바이를 피고인에게 넘기지 않고, 병에게 넘기기도 하였다. 기록상 피고인이 갑, 을 등에게 "오토바이를 훔쳐 와라"고 할 때에 절취할 오토바이나 절취 행위를 할 시간, 장소 등을 특정하였다고 볼 자료가 없으므로 그 의미는 "어디에 있는 누구의 오토바이라도 상관없으니 훔쳐와라"라고 하는 뜻이었다고 볼 수 있다.

피고인과 갑 등의 관계는 피고인이 그들과 한패가 되어 공동으로 물건을 절취한 후 두목으로서 다른 가담자들에게 범죄로 취득한 이익을 나누어 주는 관계이거나, 자기의 일을 시켜놓고 일을 마친 데에 대하여 수고비를 지급하는 관

전자제품 등을 밀수입해 올테니 이를 팔아 달라는 제의를 받고 승낙함

공동정범이 성립하기 위하여는 주관적 요건으로서의 공동가공의 의사와 객관적 요건으로서의 공동의사에 의한 기능적 행위지배를 통한 범죄의 실행사실이 필요한바, 주관적 요건으로서의 공동가공의 의사는 타인의 범행을 인식하면서도 이를 제지하지 아니하고 용인하는 것만으로는 부족하고, 공동의 의사로 특정한 범죄행위를 하기 위하여 일체가 되어 서로 다른 사람의 행위를 이용하여 자기의 의사를 실행에 옮기는 것을 내용으로 하는 것이어야 한다.

전자제품 등을 밀수입해 올테니 이를 팔아 달라는 제의를 받고 승낙한 경우, 그 승낙은 물품을 밀수입해 오면 이를 취득하거나 그 매각알선을 하겠다는 의사표시로 볼 수 있을 뿐 밀수입 범행을 공동으로 하겠다는 공모의 의사를 표시한 것으로는 볼 수 없다.[35)]

특정 응시자의 경미한 부정행위를 눈감아 줄 수 있도록 특정 고사실의 감독관으로 배치해 줌

갑은 을이 특정 응시자의 경미한 부정행위(다른 응시자의 답안을 몰래 보고 쓰는 정도의 행위 등)를 눈감아 주는 위계공무집행방해 행위를 방조할 의사로 을의 요구대로 을 및 병을 특정 고사실의 감독관으로 배치하여 준 것에 불과하고, 갑에게 을과 공동으로 일체가 되어 을의 행위를 이용하여 자신의 의사를 실행에 옮긴다는 의사가 있었다고 볼 수는 없으므로, 갑에게는 을과 위계공무집행방해의 범죄를 공동으로 한다는 공동가공의 의사가 있었다고 볼 수 없고, 따라서 갑은 위계공무집행방해의 공동정범에 해당한다고 볼 수는 없다.[36)]

계 또는 함께 오토바이를 절취한 후 피고인은 오토바이의 처분행위를 담당하는 관계라기보다는 오히려 피고인이 갑 등으로부터 장물을 매수하면서 그 대금을 지급하는 관계라고 생각된다. 결국 피고인과 갑, 을 등과의 관계는 … "우리가 함께 오토바이를 훔치자. 다만 현장에서 훔치는 일은 너희들이 맡아서 해라. 그러면 장물은 내가 맡아서 처분하겠다"는 것이었다기보다는 "너희들이 오토바이를 훔쳐라. 그러면 장물은 내가 사 주겠다"는 것이었다고 보인다. 그렇다면 피고인에게 공동정범의 성립을 인정하기 위하여 필요한 공동가공의 의사가 있었다고 보기 어려울 것이다.

35) 대판 2000. 4. 7. 2000도576. 구체적인 판시는 다음과 같다.
피고인들은 수입물품판매상을 영위하는 부부로서 페가서스프라이드호의 선원인 갑으로부터 일본에서 캠코드 등 물건을 가져오겠으니 팔아달라는 제의를 받고 "그렇지 않아도 서울에서 캠코더 주문이 오는데 없어서 못파니 가져오면 팔아주겠다"고 승낙한 다음, 갑 등 선원들이 일본에서 캠코더 등을 밀수입해와 을을 통하여 이를 부두 밖으로 반출하면 약속 장소에서 그들을 만나 이를 인도받은 다음 당시의 시가에 따라 미리 결정한 가격으로 대금을 지불한 후 이윤을 남기고 이를 다른 곳에 처분해 왔으며, 그러던 중 트레일러 운전기사인 을이 양주도 구입해보라고 권유하여 병 등 메리스타호 선원들이 밀수입한 양주도 구입하기 시작하였는데, 양주는 캠코더 등과는 달리 선원들과 직접 접촉하지 않고 을과 가격 흥정을 하여 을에게 대금을 지급하고 이를 인도받아 처분해 온 사안에서,
피고인들이 한 행위가 갑으로부터 캠코더 등을 밀수입해 오면 팔아주겠느냐는 제의를 받고 팔아주겠다고 승낙하거나 을로부터 양주도 구입해보라는 권유를 받고 이를 승낙한 다음 선원들이 물품을 밀수입해 오면 대금을 지불하고 이를 인도받아 타에 처분해온 것에 불과하다면, 그것을 가지고 피고인들이 이 사건 밀수입 범행의 실행행위를 분담하였다거나 피고인들에게 공동정범의 성립을 인정하기 위하여 필요한 공동가공의 의사가 있었다고 보기 어렵다. 피고인들이 밀수입해 오면 팔아주겠다고 한 것은 물품을 밀수입해 오면 이를 취득하거나 그 매각알선을 하겠다는 의사표시로 볼 수 있을 뿐 밀수입 범행을 공동으로 하겠다는 공모의 의사를 표시한 것으로는 볼 수 없다.

36) 대판 1996. 1. 26. 95도2461.

무등록 청소년게임제공업을 하는 자에게 게임기 설치장소와 전력을 제공하고 대가를 받음

게임산업진흥에 관한 법률 제26조 제2항에서 '청소년게임제공업 등을 영위하고자 하는 자'란 청소년게임제공업 등을 영위함으로 인한 권리·의무의 귀속주체가 되는 '영업자'를 의미하므로, 영업활동에 지배적으로 관여하지 아니한 채 단순히 영업자의 직원으로 일하거나 영업을 위하여 보조한 경우, 또는 영업자에게 영업장소 등을 임대하고 사용대가를 받은 경우 등에는 같은 법 제45조 위반에 대한 본질적인 기여를 통한 기능적 행위지배를 인정하기 어려워, 이들을 방조범으로 처벌할 수 있는지는 별론으로 하고 공동정범으로 처벌할 수는 없다.
피고인이 갑, 을의 부탁으로 자신이 운영하는 가게 옆에 크레인 게임기들을 설치할 장소와 이용할 전력을 제공하고 대가를 받음으로써 이들과 공모하여 무등록 청소년게임제공업을 영위하였다는 내용으로 기소된 사안에서, 게임기들을 설치할 장소와 전력을 제공하고 대가를 받은 피고인은 영업상 권리·의무의 귀속주체가 될 수 없고, 위와 같은 행위만으로 피고인을 같은 법 제45조 위반죄의 공모공동정범으로 보기 어렵다.[37)]

다. 공모관계의 입증

공모공동정범의 성립 여부는 범죄실현의 전과정을 통하여 각자의 지위와 역할, 공범에 대한 권유내용 등을 구체적으로 검토하고 이를 종합하여 위와 같은 상호이용의 관계가 합리적인 의심을 할 여지가 없을 정도로 증명되어야 하며, 그와 같은 입증이 없다면 설령 피고인에게 유죄의 의심이 간다 하더라도 피고인의 이익으로 판단할 수밖에 없는 것이다.
보건복지부장관이 정한 기준을 위반하여 진료비가 과다 징수되고 있는 사실에 관하여 종합병원 병원장인 피고인에게 대략의 인식이 있었다고 할 수 있으나, 수가 산정 과정 및 여러 해 동안 계속된 병원의 운영 방식과 치료비의 청구방식에 비추어, 피고인이 직원들과 공모하여 환자들로부터 진료비를 과다 징수하여 이를 편취하였다고는 볼 수 없다고 한 사례.[38)]

4. 공모의 방법

가. 편면적 공동정범

공동가공의 의사(공모)는 공동행위자 상호간에 있어야 하며, 행위자 일방의 가공의사만으로는 공동정범 관계가 성립할 수 없다.

피고인의 피해자 구타 직후 을이 피해자를 구타하여(피고인이 이를 만류) 피해자 사망

피고인은 갑, 을, 병 등과 만취 상태에서 이 사건 술집에 가게 되었는데 피고인이 마루에 걸터앉은 피해자의 발을 걸게 되어 시비하다가 ① 피고인이 손으로 피해자의 멱살을 잡아 흔들다 뒤로 밀어버려 피해자로 하여금 그곳 토방 시멘트바닥에 넘어져 나무기둥에 뒷머리를 부딪치게 하였고, ② 을이 그 장면을 보고 달려들어 양손으로 피해자의 멱살을 잡고 수회 흔들다가 밀어서 피해자를 뒤로 넘어뜨려 피해자로 하여금 뒷머리를

37) 대판 2011. 11. 10. 2010도11631.
38) 대판 2005. 3. 11. 2002도5112.

토방 시멘트바닥에 또다시 부딪치게 하였으며, ③ 을은 이어서 근처에 있던 삽을 들고 피해자의 얼굴 우측부위를 1회 때려 피해자로 하여금 넘어지면서 뒷머리를 장독대 모서리에 부딪치게 하여, 뇌저부경화동맥파열상으로 사망에 이르게 한 사안에서,

공동정범은 행위자 상호간에 범죄행위를 공동으로 한다는 공동가공의 의사를 가지고 범죄를 공동실행하는 경우에 성립하는 것으로서, 여기에서의 공동가공의 의사는 공동행위자 상호간에 있어야 하며 행위자 일방의 가공의사만으로는 공동정범 관계가 성립할 수 없다 할 것인바, 피고인과 을의 각 범행은 우연한 사실에 기하여 우발적으로 발생한 독립적인 것으로 보일 뿐 양인간에 범행에 관한 사전모의가 있었던 것으로는 보여지지 않고, 또 을이 피고인의 범행을 목격하고 이에 가세한 것으로는 인정되나 피고인이 을의 가세사실을 미리 인식하였거나 의욕하였던 것으로 보기 어려우며, 범행내용에 있어서도 피고인의 ① 범행에는 을이 가담한 사실이 없고, 을의 ②, ③ 범행에는 피고인이 이에 가담한 사실이 없을 뿐만 아니라(피고인은 을의 폭행 내지 상해행위를 말림) 그 과정에서 피고인과 을 사이에 암묵적으로라도 공동실행의 의사가 형성된 것으로 보기도 어려우니, 상해치사죄의 공동정범을 인정한 것은 잘못이다.[39)]

해설: 위와 같이 공동정범 관계가 성립하지 않고 피고인과 을 중 누구의 행위로 인하여 사망의 결과가 발생하였는지 알 수 없다면 동시범의 특례(형법 263조)를 적용하여 피고인과 을은 상해치사죄의 공동정범의 예에 의하여 처벌된다.[40)]

나. 전체의 모의 없는 순차적인 공모

전체의 모의 없는 순차적인 공모

2인 이상이 범죄에 공동가공하는 공범관계에서 공모는 법률상 어떤 정형을 요구하는 것이 아니고 2인 이상이 공모하여 범죄에 공동가공하여 범죄를 실현하려는 의사의 결합만 있으면 되는 것으로서, 비록 전체의 모의과정이 없더라도 수인 사이에 순차적으로 또는 암묵적으로 상통하여 의사의 결합이 이루어지면 공모관계가 성립한다.[41)]

신문사 사주와 광고국장이 오현교 부실공사 보도에 대한 해명광고가 잘못되었다는 사과광고의 광고료를 오현교 시공사 대표이사로부터 갈취/전체의 모의 없이 의사의 결합에 의한 공동정범의 성립(오현교 사건)

인정되는 사실:

- 1992. 11. 13.자 A신문에 오현교가 부실공사되었다는 기사가 게재되고 이에 그 건설회사인 B주식회사가 같은 달 14.자 제주신문에 해명광고로 반박함.
- 같은 달 16. 발행, 배포된 A에 속보로 위 오현교 건설공사가 완전한 부실공사라는 기사가 다시 게재되는 한편 B를 시민의 재산과 생명을 위협하는 악덕기업으로 매도하는 내용의 만평 등이 게재되었고, 같은 날 아침 B의 대표이사인 피해자가 회사에 출근하자 직원들이 그에게 일간신문 기자들이 각 기관에 가서 B가 시공한 모든 공사의 관계 자료를 내놓으라고 하여 각 기관에서는 난리가 났다고 하면서 A의 사주인 갑을

39) 대판 1985. 5. 14. 84도2118.
40) 대판 1985. 5. 14. 84도2118.
41) 대판 1997. 2. 14. 96도1959.

만나 해결하여야 하지 않겠느냐고 함.
- 이에 피해자가 같은 날 17:00경 갑을 찾아가 B가 오현교를 부실공사한 것이 아니므로 더 이상 오현교 부실공사 관련 보도를 하지 말아 달라고 부탁하였는바, 갑이 B가 A의 경쟁지인 제주신문에 낸 해명서 때문에 젊은 기자들이 "앞으로 B가 시공하는 각종 건설공사에 대하여는 잘못을 샅샅이 뒤져 보도하고 오현교에 대하여도 제2탄, 제3탄으로 계속 보도할 준비가 되어 있다. 한번 대결을 하여 보자"라고 하면서 크게 반발하고 있다며 신문사 내의 강경 분위기를 전하고 기자들을 달랠 만한 명분이 없어 어쩔 수 없다고 한 후, 편집국에 다녀와서는 B에서 제주신문에 게재하였던 해명광고가 잘못되었다는 내용의 사과광고를 A에 게재하고 그 밖에 제주신문, 제민일보 등 제주도 내의 나머지 2개 지역신문에도 같은 광고를 게재하는 것이 좋겠다는 의견을 제시하여 갑이 A에만 위 사과광고를 낼 것을 승낙함.
- 위 사과광고의 문안은 피해자가 A의 정경부장에게 부탁하여 동인이 작성하고 피해자가 그 문안을 수정하였으며, 갑은 피해자에게 구체적인 광고게재방법에 관하여는 말하지 않은 채 A의 광고국장인 을에게 가보라고만 하였고, 을에게는 전화로 피해자가 광고를 게재하러 갈 것임을 알림.
- 이에 피해자가 다음 날 09:00경 을을 찾아가자 을은 피해자에게 "B에서 제주신문에 해명광고를 낸 것에 대하여 A의 기자들이 몹시 분개하고 있다"라고 하면서 광고료로 800만원을 요구하였고, 위 금액이 너무 비싸므로 할인하여 달라는 피해자의 요구에 440만원을 요구하여 피해자의 승낙을 받고 같은 날 A에 위 사과광고를 게재하였으며 같은 달 24. 위 광고료를 수령함.
- 그런데 위 사과광고는 B가 같은 달 14.자 제주신문에 게재한 A의 위 오현교 부실공사 관련 기사에 대한 해명광고와 동일한 크기인 5단 37cm의 광고였는데, B가 통상 A보다 광고료가 저렴하지 않은 위 제주신문에 지급하였던 위 해명광고료는 130만원이었음.
- 위 사과광고 게재 이후 A에 더 이상 오현교 부실공사 관련 기사가 게재되지 않음.

공갈죄의 성립: 갑의 행위는 일견 B와 A의 기자들 사이의 분쟁을 조정한 행위로 보이나, 갑이 언론사 사장으로서 진정 위 분쟁을 조정할 의사였다면 피해자로 하여금 B의 사과광고를 당초 해명광고를 게재한 바 있었던 제주신문에 게재하도록 하고 A에는 위 사과광고 게재사실을 기사화하도록 할 것이지, 굳이 A에 위 사과광고를 게재하라고 제안할 이유가 없었으며, 또한 갑으로서는 피해자로 하여금 A의 광고국으로 가서 사과광고 신청을 하도록 하는 경우 그 광고 신청을 하지 않으면 A에 계속 위 오현교 부실공사 관련 기사 등 B의 신용을 해치는 기사들이 게재될 것으로 외포되어 있는 피해자의 상태를 이용하여 광고국 직원, 또는 을이 과다한 광고료를 요구할 것을 충분히 예견할 수 있었으므로 을에게 분쟁의 원인이 된 종전의 제주신문 해명광고의 광고료와 동일한 액수의 광고료만을 받도록 조치하였어야 함에도, 을에게 피해자가 사과광고를 게재하러 갈 것임을 알리기만 하였을 뿐 다른 아무런 조치를 취하지 않았으니, 위와 같은 점들을 종합하여 보면 갑은 B와 A의 기자들 사이의 분쟁을 조정함을 빙자하여 위 타협안대로 사과광고 신청을 하지 않으면 계속 A에 위 오현교 부실공사 관련 기사 등 B의 신용을 해치는 기사들이 게재될 것 같다는 A의 기자들의 분위기를 전달하는 방법으로 피해자를 외포시켜 피해자로 하여금 A에 광고신청을 하고 그 광고료를 지급하도록 한 것이라 할 것이므로, 위와 같은 행위는 공갈죄의 구성요건인 상대방에게 공포심을 일으킬 목적으로 해악을 통고한 것에 해당한다.

공모관계의 성립: 을이 사전에 갑과 피해자로부터 광고료를 갈취하기로 모의하였다는 점에 부합하는 증거는 없으나, 갑은 피해자와 A에 사과광고를 내기로 합의한 다음 을에게 전화로 피해자가 광고신청을 하러 갈 것임을 알렸고, A의 광고업무는 을의 전결사항이므로 을은 갑에게는 매월 말에 광고업무 일체를 일괄보고할

뿐 개개의 광고신청 및 광고게재사실에 대하여 보고하거나 결재받지는 않음에도 불구하고 피해자의 위 사과광고 신청사실 및 광고내용을 동인과의 광고계약 체결 직후 갑에게 구두로 보고하였으며, 을은 1992. 11. 13.자 A에 게재된 오현교의 부실공사 관련 기사, 같은 달 14.자 제주신문에 게재된 위 해명광고, 같은 달 16.자 A에 다시 게재된 위 오현교 부실공사 관련 기사 등을 모두 읽어 보았음을 알 수 있는바, 위 사실들에 비추어 보면 갑이 피해자와 A에 사과광고를 내기로 합의한 같은 달 16. 17:00경부터 피해자가 을과 위 광고계약을 체결한 같은 달 17. 09:00경 사이에 갑과 을 사이에 피해자가 A에 사과광고 신청을 하지 않으면 A에 계속 위 오현교 부실공사 관련 기사 등 B의 신용을 해치는 기사들이 게재될 것으로 여겨 이미 외포상태에 빠져있는 피해자로 하여금 적정한 광고료 이상의 광고료를 지급하고라도 위 광고를 신청하도록 하여 그 광고료를 갈취하려는 암묵적인 의사연락이 있었다고 봄이 마땅하다 할 것이다.

2인 이상이 공모하여 범죄에 공동 가공하는 공범관계에 있어서 공모는 법률상 어떤 정형을 요구하는 것이 아니고 공범자 상호간에 직접 또는 간접으로 범죄의 공동실행에 관한 암묵적인 의사연락이 있으면 족한 것으로 비록 전체의 모의과정이 없었다고 하더라도 수인 사이에 의사의 결합이 있으면 공동정범이 성립될 수 있는 것이다. 위와 같이 갑이 피해자를 외포시켜 동인으로부터 A에 사과광고 신청을 할 것을 승낙받은 후 을과 암묵적인 의사연락이 이루어져 을이 피해자의 외포상태를 이용하는 한편 다시 동인에게 A의 기자들의 강경 분위기를 진달하여 동인을 외포시킴으로써 동인으로 하여금 적정한 광고료 이상의 금 440만원의 광고료를 지급하고 위 사과광고를 게재하도록 한 이상 갑과 을은 위 광고료 금 440만원을 갈취한 데 대한 공동정범의 죄책을 면할 수 없다.[42)]

부도가 예정된 딱지어음을 발행하여 직접 또는 중간판매상 등을 통하여 유통시킴으로써 그 취득자들이 사기범행을 저질러 순차적·암묵적으로 공모관계 성립

2인 이상이 범죄에 공동가공하는 공범관계에서 공모는 법률상 어떤 정형을 요구하는 것이 아니고 2인 이상이 공모하여 범죄에 공동가공하여 범죄를 실현하려는 의사의 결합만 있으면 되는 것으로서, 비록 전체의 모의과정이 없더라도 수인 사이에 순차적으로 또는 암묵적으로 상통하여 의사의 결합이 이루어지면 공모관계가 성립한다. 그리고 이러한 공모관계를 인정하기 위해서는 엄격한 증명이 요구되지만, 피고인이 범죄의 주관적 요소인 공모의 점을 부인하는 경우에는 사물의 성질상 이와 상당한 관련성이 있는 간접사실 또는 정황사실을 증명하는 방법으로 이를 증명할 수밖에 없으며, 이때 무엇이 상당한 관련성이 있는 간접사실에 해당할 것인가는 정상적인 경험칙에 바탕을 두고 치밀한 관찰력이나 분석력에 의하여 사실의 연결상태를 합리적으로 판단하는 방법으로 하여야 한다.

피고인이 갑 등과 공모하여 실제 영업활동을 하지 않는 회사들을 인수하여 회사 명의로 은행 당좌계좌를 개설하고 다량의 어음 용지를 확보한 다음 지급기일에 부도가 예정되어 있어 결제될 가능성이 없는 이른바 딱지어음을 대량 발행한 후 일정한 가격으로 시중에 유통시켰는데, 을 등이 그 중 일부를 취득하여 이러한 사실을 숨긴 채 피해자들에게 어음할인을 의뢰하거나 채무이행을 유예하는 대가로 교부하여 어음할인금을 편취하거나 채무이행의 유예를 받은 사안에서, 딱지어음 발행 후 피해자들에 이르기까지의 유통경로 중 어음할인금 편취 또는 재산상 이익 취득과 관련된 주요 부분, 즉 을 등이 딱지어음임을 알면서도 취득하여 마치 정상적으로 발행된 어음인 것처럼 피해자들에게 교부하게 된 경위나 과정이 밝혀져 있고, 해당 어음의 유통

42) 대판 1997. 2. 14. 96도1959; 대판 2011. 12. 22. 2011도9721.

과정에서 최후소지인인 피해자들 외에는 해당 어음이 딱지어음이라는 점을 알지 못하여 피해를 입은 사람이 달리 나타나지 아니한 사정 등에 비추어, 피고인 등은 을 등이 사기 범행을 실현하리라는 점을 인식하면서도 이를 용인하며 부도가 예정된 딱지어음을 조직적으로 대량 발행하고 시중에 유통시킴으로써 을 등 딱지어음 취득자들과 사이에 그들의 사기 범행에 관하여 직접 또는 중간판매상 등을 통하여 적어도 순차적·암묵적으로 의사가 상통하여 공모관계가 성립되었다는 이유로, 피고인에게 사기죄의 공동정범을 인정한 사례.[43]

사기의 공모공동정범이 그 기망방법을 구체적으로 모름

2인 이상이 범죄에 공동가공하는 공범관계에 있어 공모는 법률상 어떤 정형을 요구하는 것이 아니고 2인 이상이 공모하여 범죄에 공동가공하여 범죄를 실현하려는 의사의 결합만 있으면 되는 것으로서, 순차적으로 또는 암묵적으로 상통하여 그 의사의 결합이 이루어지면 공모관계가 성립하고, 이러한 공모가 이루어진 이상 실행행위에 직접 관여하지 아니한 사람이라도 다른 공범자의 행위에 대하여 공동정범으로서의 형사책임을 진다. 따라서 사기의 공모공동정범이 그 기망방법을 구체적으로 몰랐다고 하더라도 공모관계를 부정할 수 없다.[44]

43) 대판 2011. 12. 22. 2011도9721.

44) 대판 2013. 8. 23. 2013도5080. 사실관계가 불명확하다. 다음은 딱지어음에 관하여 같은 취지이다.

2인 이상이 범죄에 공동가공하는 공범관계에 있어서 공모는 법률상 어떤 정형을 요구하는 것이 아니고 2인 이상이 공모하여 범죄에 공동가공하여 범죄를 실현하려는 의사의 결합만 있으면 되는 것으로서, 비록 전체의 모의과정이 없다고 하더라도 수인 사이에 순차적으로 또는 암묵적으로 상통하여 그 의사의 결합이 이루어지면 공모관계가 성립하고, 이러한 공모가 이루어진 이상 실행행위에 직접 관여하지 아니한 자라도 다른 공범자의 행위에 대하여 공동정범으로서의 형사책임을 진다고 할 것이다.

피고인 1, 2, 3는 위 피고인들과 친척관계에 있는 공소외 1(피고인 2의 처), 2(피고인 3의 자), 3 주식회사(대표이사 공소외 4은 피고인 1의 부이고, 피고인 3의 형임), 5(피고인 3의 생질), 6(피고인 1의 처), 7(피고인 1의 형), 8(피고인 1의 동서)과 피고인 2 등의 명의로 거래은행과 당좌계정을 개설한 후 다량의 어음용지를 교부받아 위 공소외인들 명의로 지급기일에 결제될 가능성이 없는 이른바 이 사건 딱지어음들을 발행하고, 위 피고인들은 물론 이들로부터 그 판시 기재 어음들을 순차 매수한 피고인 4, 제1심 공동피고인 1, 제1심 공동피고인 2, 제1심 공동피고인 3, 공소외 9, 10, 11, 12, 13, 14 등은 모두 위 어음들이 딱지어음으로서 각기 자신이 매도한 어음들이 전전유통되어 각 그 최종사용자가 위 어음들이 딱지어음이라는 사실을 숨긴 채 마치 정상적으로 결제될 것이 예정된 어음인 것처럼 이 사건 각 피해자들을 기망하여 그들에게 어음할인을 의뢰하거나 물품대금으로 교부하고 그에 상응한 어음할인금을 지급받거나 물품 등을 공급받음으로써 이를 편취하리라는 사실을 충분히 예견하고도 그와 같은 위법한 결과의 발생을 용인하면서 위 어음들을 발행하거나 매수하여 타에 순차 판매한 사실, 위 피고인들은 이 사건 딱지어음들의 지급기일을, 예정된 부도기일 이후로 기재하고 어음매수자에게 이를 알려 주어 기일을 엄수하도록 하였고, 사기 범행에 사용된 이 사건 딱지어음들의 중간 소지인, 최종사용자 등은 각 그 전자로부터 예정 부도기일을 전해 듣고는 이에 맞추어 이를 다시 매매하거나 거래 은행 등에 제시하여 행사한 사실 및 이 사건 사기범행의 피해자들이 이 사건 딱지어음들이 지급기일에 결제되지 아니할 것이 예정된 이른바 딱지어음인 사실을 알았더라면 이 사건 딱지어음들을 할인하여 주거나 이를 교부받고 물품 등을 공급하지 아니하였으리라는 사실을 인정할 수 있는바, 사실관계가 위와 같다면, 결국 피고인 1, 2, 3가 부도가 예정된 이 사건 딱지어음들을 매도하고, 피고인 4(위 제1심 공동피고인 3는 피고인 4의 지시를 받아 거래은행에 어음할인을 하였다)를 비롯한 그 최종사용자들이 사기범행을 실현하려는 점에 관하여 적어도 중간 소지인들을 통하여(중간 소지인들이 없는 경우에는 직접) 순차적, 암묵적으로 의사가 상통하여 공모관계가 성립하였다고 보아야 할 것이고, 따라서 피고인 1, 2, 3가 각 사기의 실행행위에 직접 관여하지 아니하였다고 하더라도 위 피고인들이 이 사건 딱지어음들을 발행하여 매매한 이상 사기범행에 관하여도 공동정범으로서의 책임을 면하지 못한다고 할 것이고, 위 피고인들이 이 사건 딱지어음들의 전전유통경로나 중간 소지인들 및 그 기망방법을 구체적으로 몰랐다고 하더라도 공모관계를 부정할 수는 없다고 할 것이다(대판 1997. 9. 12. 97도1706).

피고인이 피해자를 강제로 자동차에 태웠고, 피해자의 의사에 반하여 자동차가 운행되었으며 그 운전자는 피고인의 친구임

피해자가 피고인에 의하여 강제로 자동차에 태워지고 피해자의 하차요청을 묵살한 채 하차할 수 없는 상태로 운행이 강행되었다면 그 운행자가 피고인 아닌 피고인의 친구였다 하더라도 그 감금행위에는 피고인이 그 운행자와 암묵적으로 의사연락하여 범행에 공동가공한 것으로 못볼 바 아니다.45)

다. 공모의 시기

갑이 피해자를 강간하려고 유인하여 가는 것을 보고 뒤따라가다가 갑이 피해자를 강간할 때 하의를 벗고 대기하고 있다가 차례로 윤간

공동정범이 성립하기 위하여는 반드시 공범자간에 사전에 모의가 있어야 하는 것은 아니며, 우연히 만난 자리에서 서로 협력하여 공동의 범의를 실현하려는 의사가 암묵적으로 상통하여 범행에 공동가공하더라도 공동정범은 성립된다.

피고인들은 갑이 피해자를 강간하려고, …로 유인하여 가는 것을 알고서 그 뒤를 따라가다가, 제방 뚝에서 갑이 피해자를 강간하려고 폭행하기 시작할 무렵 나타나서, 갑의 폭행으로 항거불능의 상태에 있는 피해자를 강간하기 위하여 하의를 벗고 대기하고 있었고, 갑이 강간을 끝내자 마자 그의 신호에 따라 차례로 윤간한 경우, 피고인들이 갑의 뒤를 따라갈 때까지는 강간의 모의가 있었다고는 할 수 없으나, 갑이 강간의 실행에 착수할 무렵에는 갑과 피고인들 사이에 암묵적으로 범행을 공동할 의사연락이 있었다고 할 것이다.46)

부하들이 흉기를 들고 싸우는 중에 두목이 나타나 전부 죽이라고 고함치고, 부하들이 흉기로 피해자들을 난타, 난자하여 사망케 함

형법상 공모라 함은 반드시 사전에 이루어질 필요는 없고, 사전모의가 없었더라도 우연히 모인 장소에서 수인이 각자 상호간의 행위를 인식하고 암묵적으로 의사의 투합, 연락하에 범행에 공동가공하면 수인은 각자 공동정범의 책임을 면할 수 없다.

부하들이 흉기를 들고 싸움을 하고 있는 도중에 폭력단체의 두목급 수괴의 지위에 있는 갑이 그 현장에 모습을 나타내고 더욱이 부하들이 흉기들을 소지하고 있어 살상의 결과를 초래할 것을 예견하면서도 전부 죽이라는 고함을 친 행위는 부하들의 행위에 큰 영향을 미치는 것으로서 갑은 이로써 위 싸움에 가세한 것이라고 보지 아니할 수 없고, 나아가 부하들이 칼, 야구방망이 등으로 피해자들을 난타, 난자하여 사망케 한 것이라면 갑은 살인죄의 공동정범으로서의 죄책을 면할 수 없다.47)

영업비밀을 무단 반출하여 배임죄의 기수에 이른 회사직원으로부터 영업비밀을 취득하려고 함

회사직원이 영업비밀을 경쟁업체에 유출하거나 스스로의 이익을 위하여 이용할 목적으로 무단으로 반출한

45) 대판 1984. 8. 21. 84도1550.
46) 대판 1984. 12. 26. 82도1373.
47) 대판 1987. 10. 13. 87도1240.

때 업무상배임죄의 기수에 이르렀다고 할 것이고, 그 이후에 위 직원과 접촉하여 영업비밀을 취득하려고 한 자는 업무상배임죄의 공동정범이 될 수 없다.48)

을과 병이 진범임에도 갑이 자신이 범인이라고 주장하여 범인도피죄로 공소제기된 후 일시 진실을 밝혔다가 자신이 진범이라고 주장함으로써 범인도피행위를 계속하고 정이 이를 방조

범인도피죄는 범인을 도피하게 함으로써 기수에 이르지만, 범인도피행위가 계속되는 동안에는 범죄행위도 계속되고 행위가 끝날 때 비로소 범죄행위가 종료된다. 따라서 공범자의 범인도피행위의 도중에 그 범행을 인식하면서 그와 공동의 범의를 가지고 기왕의 범인도피상태를 이용하여 스스로 범인도피행위를 계속한 경우에는 범인도피죄의 공동정범이 성립하고, 이는 그 공범자의 범행을 방조한 종범의 경우도 마찬가지이다.

- 갑은 "을과 병의 범인도피교사에 따라 2010. 8. 31. 경찰 및 2011. 2. 17. 검찰에서 조사를 받고, 2011. 3. 18. 및 2011. 4. 8. 법원에서 제1심 재판을 받음에 있어 이 사건 휴대전화 문자발송 사기 범행을 자신이 저질렀다는 취지로 허위자백함으로써 범인 을과 병을 도피하게 하였다"라고 공소제기되었다.
- 갑은 2011. 5. 23. 진실을 밝히는 내용의 항소이유서를 항소심 법원에 제출하였으나, 이후 항소심 공판기일에서는 여전히 위 허위자백을 유지하는 태도를 취하였고, 2011. 6. 28. 검찰에서 조사를 받으면서 비로소 을과 병이 진범임을 밝혔음을 알 수 있으므로, 갑의 범행이 종료된 시점은 2011. 6. 28.이다.
- 정이 2011. 5. 2.경부터 2011. 6. 28. 오전 경까지 그 판시와 같은 행위를 통해 갑의 범인도피행위를 방조한 것으로 본 것은 정당하다.49)

5. 거래상대방의 배임죄 가담

거래상대방의 대향적 행위의 존재를 필요로 하는 유형의 배임죄에서 거래상대방은 기본적으로 배임행위의 실행행위자와 별개의 이해관계를 가지고 반대편에서 독자적으로 거래에 임한다는 점을 고려하면, 업무상 배

48) 대판 2003. 10. 30. 2003도4382.

49) 대판 2012. 8. 30. 2012도6027. 다음은 같은 취지이다.

정이 운전자임에도 병이 운전자인 것처럼 진술함으로써 공범자들이 범인도피행위를 하는 도중에 피고인이 공동의 범의를 가지고 범인도피행위를 계속함

범인도피죄는 범인을 도피하게 함으로써 기수에 이르지만 범인도피행위가 계속되는 동안에는 범죄행위도 계속되고 행위가 끝날 때 비로소 범죄행위가 종료된다고 할 것이고, 공범자의 범인도피행위의 도중에 그 범행을 인식하면서 그와 공동의 범의를 가지고 기왕의 범인도피상태를 이용하여 스스로 범인도피행위를 계속한 자에 대하여는 범인도피죄의 공동정범이 성립한다고 할 것이다.

갑, 을, 병이 공모하여 병이 이 사건 사고를 낸 운전사인 양 수사관서에 허위신고한 후 진범인 정이 자수하기 전에, 피고인이 이러한 사실을 인식하면서, 을, 병을 만나 '판시와 같은 행위(행위의 구체적인 내용은 나타나지 않음: 필자 주)'를 하였다면, 비록 피고인이 다른 공범자들과 사전에 범인도피의 공모를 하지 아니하였다고 하더라도 그들과 공동의 범인도피의 범의를 가지고 기왕의 범인도피상태를 이용하여 스스로 범인도피의 실행행위를 계속한 것으로서 범인도피죄의 공동정범이 성립된다(대판 1995. 9. 5. 95도577).

해설: 공범인 갑, 을, 병이 범인 정을 도피하게 하고 있는 상황에서, 즉 계속범인 범인도피죄가 진행되고 있는 상황에서 피고인이 공범 갑, 을, 병의 범인도피행위에 가담한 것이므로 피고인은 승계적 공동정범으로서의 책임(가담 이후의 부분에 대해서만 책임짐)을 져야 한다.

임죄의 실행으로 인하여 이익을 얻게 되는 수익자는 배임죄의 공범이라고 볼 수 없는 것이 원칙이고, 실행행위자의 행위가 피해자 본인에 대한 배임행위에 해당한다는 점을 인식한 상태에서 배임의 의도가 전혀 없었던 실행행위자에게 배임행위를 교사하거나 또는 배임행위의 전 과정에 관여하는 등으로 배임행위에 적극 가담한 경우에 한하여 배임의 실행행위자에 대한 공동정범으로 인정할 수 있다.

피고인 2가 이 사건 특허권이 피고인 1의 소유가 아니라는 사정을 알 수 있었던 상황에서 피고인 1에게 특허권을 이전하라고 제의하였다고 하더라도, 배임행위의 실행행위자인 피고인 1과는 별개의 이해관계를 가지고 대향적 지위에서 독자적으로 거래하면서 자신의 이익을 위하여 이 사건 특허권을 이전받은 것으로 보이고, 원심이 든 사정만으로 피고인 2가 배임의 의사가 없었던 피고인 1에게 배임의 결의를 하게 하여 교사하였다거나 배임행위의 전 과정에 관여하는 등 배임행위에 적극 가담하였다고 단정하기 어렵다.[50]

6. 공모한 범행을 수행하는 도중에 부수적으로 파생될 것을 예상할 수 있는 범죄

범죄의 수단과 태양, 가담하는 인원과 그 성향, 범행 시간과 장소의 특성, 범행과정에서 타인과의 접촉 가능성과 예상되는 반응 등 제반 상황에 비추어, 공모자들이 그 공모한 범행을 수행하거나 목적 달성을 위해 나아가는 도중에 부수적인 다른 범죄가 파생되리라고 예상하거나 충분히 예상할 수 있는데도 그러한 가능성을 외면한 채 이를 방지하기에 족한 합리적인 조치를 취하지 아니하고 공모한 범행에 나아갔다가 결국 그와 같이 예상되던 범행들이 발생하였다면, 비록 그 파생적인 범행 하나 하나에 대하여 개별적인 의사의 연락이 없었다 하더라도 당초의 공모자들 사이에 그 범행 전부에 대하여 암묵적인 공모는 물론 그에 대한 기능적 행위지배가 존재한다고 보아야 할 것이다.

건설노동조합의 조합원들이 행한 건조물 침입, 업무방해, 손괴, 폭행, 상해 등 범죄행위에 대하여, 위 조합의 상급단체 간부에게 공모공동정범의 죄책을 인정한 사례.[51]

---

50) 대판 2016. 10. 13. 2014도17211.

51) 대판 2007. 4. 26. 2007도428. 구체적인 판시는 다음과 같다.

원심판결 이유와 원심이 인용한 제1심법원이 적법하게 채택한 증거들에 의하면, 쟁의행위를 결의한 포항지역 A노조 조합원들이 원심 판시와 같이 단체교섭에서 의도한 목적을 달성하기 위하여 조합장인 피고인 1 및 집행부 간부들의 주도 아래 주식회사 포스코(이하 '포스코'라 함) 포항제철소의 출입을 약 2주일 동안 불법적으로 통제하여 포스코의 출입자 통제업무를 방해하거나, 2회에 걸쳐 도로 전체 또는 편도 차로 전체를 점거하여 행진함으로써 교통을 방해하였고, 그 방법만으로는 목적 달성이 여의치 않자, 좀 더 강한 방법을 동원하기로 하고 포스코 본사 건물에 침입하여 1주일 남짓 이를 점거하는 과정에서 다중의 위력을 이용하여 다수의 직원 등에 대한 감금, 각종 시설이나 불품에 대한 광범위한 손괴 등의 범죄행위를 저지른 사실을 충분히 인정할 수 있으며, 위 일반교통방해 범행들의 경우, 그 범행 경위와 과정, 당시 이에 가담한 피고인들의 지위 및 가담정도 등에 비추어 보면, 해당 피고인들의 위법행들에 대한 고의 또는 미필적 고의 또한 충분히 인정된다.

원심이 인용한 제1심법원이 적법하게 채택한 증거들에 의하여 인정되는 다음과 같은 사정들 즉, 쟁의행위를 결의한 A의 조합원 중 약 2,500명은 단체교섭에서 기도한 목적을 달성하기 위하여 조합장 또는 집행부 간부들인 피고인들의 주도 아래 원심 판시와 같이 포스코의 출입 통제, 포스코 본사 건물 점거를 행한 점, 그 과정에서 조합원들이 다중의 위력을 이용하여 원심 판시와 같은 감금, 시설물 손괴, 진입 경찰 등에 대한 폭행 및 상해 등의 범죄행위를 저지른 점, 피고인들은 A의 집행부 간부들로서 위와 같은 출입 통제, 포스코 본사 건물 점거 등의 집단행동들을 결정하여 조합원들에게 지시하고, 그 지시의 이행 상황을 체계적으로 조직화된 지휘 계통을 통하여 지휘·통제해 왔던 점, 참여 인원의 규모나 과열된 당시의 분위기 등을 감안할 때 피고인들로서는 노조원들과 검문검색에 불응하는 출

7. 행위주체가 특정된 경우

부정수표의 발행명의인이나 발행자 아닌 자가 이들과 공모

발행명의인이나 직접 발행자가 아니라 하더라도 공모에 의하여 부정수표단속법 제2조 제2항 소정 범죄의 공동정범이 될 수 있다.[52)]

미공개 내부정보의 2차 정보수령자(을)가 1차 정보수령자(갑)로부터 받은 내부정보를 이용하여 주식투자를 하였으나 갑이 주식투자자금의 대부분을 대고 투자수익의 60% 정도를 분배받음

구 증권거래법 제188조의2 제1항, 제207조의2 제1항 제1호는 내부자로부터 미공개 내부정보를 전달받은 1차 정보수령자가 유가증권의 매매 기타의 거래와 관련하여 당해 정보를 이용하거나 다른 사람에게 이를 이용하게 하는 행위만을 처벌할 뿐이고, 1차 정보수령자로부터 1차 정보수령과는 다른 기회에 미공개 내부정보를 다시 전달받은 2차 정보수령자 이후의 사람이 유가증권의 매매 기타의 거래와 관련하여 전달받은 당해 정보를 이용하거나 다른 사람에게 이용하게 하는 행위는 그 규정조항에 의하여는 처벌되지 않는 취지라고 할 것이다. 또한, 같은 법 제188조의2 제1항의 금지행위 중의 하나인 내부자로부터 미공개 내부정보를 수령한 1차 정보수령자가 다른 사람에게 유가증권의 매매 기타 거래와 관련하여 당해 정보를 이용하게 하는 행위에 있어서는, 2차 정보수령자가 1차 정보수령자로부터 1차 정보수령 후에 미공개 내부정보를 전달받은 후에 이용한 행위가 일반적인 형법 총칙상의 공모, 교사, 방조에 해당된다고 하더라도 2차 정보수령자를 1

입자들 사이의 분쟁, 집단적인 점거농성 과정에서 표출될 노조원들의 과격한 행동, 진압을 위한 경찰과의 물리적 충돌과 그에 따른 집단적 폭행, 상해 및 손괴 행위가 뒤따를 것을 충분히 예상할 수 있었다고 보임에도, 이를 방지하기에 충분한 합리적이고 적절한 조치도 없이 오히려 위 집단행동들을 독려하고 감행한 점과 그밖에 위 집단행동들의 성격과 경위, 그 규모와 형태, 구체적인 방법과 진행과정, 그 과정에서 피고인들의 지위 및 역할, 쟁의행위 중인 노동조합이라는 조직화된 단체에서 지휘계통을 통한 범죄 경과에 대한 지배 내지 장악력 등에 비추어 보면, 피고인들은 비록 A 조합원들의 원심 판시 각 감금, 손괴, 폭행, 상해 등 범죄행위들 중 일부에 대하여 구체적으로 모의하거나 이를 직접 분담하여 실행한 바가 없었다 하더라도, 위 각 범행에 대한 암묵적인 공모는 물론 그 범행들에 대한 본질적 기여를 통한 기능적 행위지배가 존재하는 자들로 인정된다 할 것이므로, A 조합원들이 행한 위 각 범행에 대한 공모공동정범으로서의 죄책을 면할 수 없다.

다음은 같은 취지이다.

공모공동정범의 경우, 범죄의 수단과 태양, 가담하는 인원과 그 성향, 범행 시간과 장소의 특성, 범행과정에서 타인과의 접촉가능성과 예상되는 반응 등 제반 상황에 비추어, 공모자들이 그 공모한 범행을 수행하거나 목적 달성을 위해 나아가는 도중에 부수적인 다른 범죄가 파생되리라고 예상하거나 충분히 예상할 수 있는데도 그러한 가능성을 외면한 채 이를 방지하기에 족한 합리적인 조치를 취하지 아니하고 공모한 범행에 나아갔다가 결국 그와 같이 예상되던 범행들이 발생하였다면, 비록 그 파생적인 범행 하나하나에 대하여 개별적인 의사의 연락이 없었다고 하더라도 당초의 공모자들 사이에 그 범행 전부에 대하여 암묵적인 공모는 물론 그에 대한 기능적 행위지배가 존재한다고 보아야 한다. 전국금속노동조합 쌍용자동차 지부(이하 '쌍용자동차 노동조합'라 한다)의 자동차공장 점거파업 과정에서의 피고인들의 지위, 역할, 점거파업 과정에서 벌어진 집단 폭력행위의 성격과 경위, 그 규모와 형태, 구체적인 방법과 진행 과정, 위 노동조합의 지휘체계 등 여러 사정을 종합할 때, 위 노동조합 지부장 등 피고인들이 위 점거파업 과정에서 벌어진 노조원들의 폭행, 체포, 상해 등의 범죄행위들 중 일부에 대하여 구체적으로 모의하거나 이를 직접 분담하여 실행한 바가 없었더라도, 각 범행에 대한 암묵적인 공모는 물론 그 범행들에 대한 본질적 기여를 통한 기능적 행위지배를 한 자에 해당한다고 보아, 이들에 대한 폭처법위반 등의 공소사실을 유죄로 인정한 사례(대판 2011. 1. 27. 2010도11030).

52) 대판 1993. 7. 13. 93도1341.

차 정보수령자의 공범으로서 처벌할 수는 없다고 할 것이지만, 다른 한편, 같은 법 제188조의2 제1항의 다른 금지행위인 1차 정보수령자가 1차로 정보를 받은 단계에서 그 정보를 거래에 막바로 이용하는 행위에 2차 정보수령자가 공동 가담하였다면 그 2차 정보수령자를 1차 정보수령자의 공범으로 처벌할 수 있다. 미공개 내부정보의 1차 정보수령자(갑)가 그 내부정보를 피고인(을)에게 전달하자 을이 그 정보를 이용하여 특정 회사의 주식을 매매한 후 그 수익을 분배하자고 제안하였고 갑이 이를 승낙하여 범행을 공모한 후 그에 따라 주식을 매매한 사안에서, 비록 갑이 주식거래를 직접 실행한 바 없다 하더라도 공범인 을의 주식거래행위를 이용하여 자신의 범행의사를 실행에 옮긴 것으로 보아야 할 것이고, 여기에 주식 매수자금 대부분을 갑이 제공한 점, 주식매매를 통해 얻은 매매차익의 60% 정도가 갑에게 귀속된 점 등의 사정까지 종합해 보면, 을과 갑의 위 주식거래는 갑이 1차로 정보를 받은 단계에서 그 정보를 거래에 막바로 이용한 행위에 해당하고, 을은 갑의 위와 같은 행위에 공동 가담한 것으로 보아야 한다.[53)]

집시법상 미신고 옥외집회 또는 시위의 주최자와 공모하였으나 실행행위는 하지 않음

구 집시법 제2조 제3호에 의하면 '주최자'는 자기 명의로 자기 책임 아래 집회 또는 시위를 개최하는 사람 또는 단체를 의미하는 것으로, 집시법 제6조 제1항에 따라 사전신고를 요하는 시위의 주최자는 시위를 주창하여 개최하거나 이를 주도하는 자 또는 시위를 계획하고 조직하여 실행에 옮긴 자를 의미하는데, 미신고 옥외집회 또는 시위의 주최에 관하여 공동가공의 의사와 공동의사에 기한 기능적 행위지배를 통하여 그 실행을 공모한 자는 비록 구체적 실행행위에 직접 관여하지 아니하였더라도 다른 공범자의 미신고 옥외집회 또는 시위의 주최행위에 대하여 공모공동정범으로서의 죄책을 진다.[54)]

53) 대판 2009. 12. 10. 2008도6953. 2009년 2월에 자본시장과 금융투자업에 관한 법률로 바뀌기 이전의 **증권거래법 제188조의2(미공개정보 이용행위의 금지)** ① 다음 각호의 1에 해당하는 자(제1호 내지 제5호의 1에 해당하지 아니하게 된 날부터 1년이 경과되지 아니한 자를 포함한다)로서 상장법인 또는 코스닥상장법인(6월내에 상장하는 법인을 포함한다)의 업무등과 관련하여 일반인에게 공개되지 아니한 중요한 정보를 직무와 관련하여 알게 된 자와 이들로부터 당해 정보를 받은 자는 당해 법인이 발행한 유가증권의 매매 기타 거래와 관련하여 그 정보를 이용하거나 다른 사람으로 하여금 이를 이용하게 하지 못한다.

1. 당해 법인 및 그의 임원·직원·대리인
2. 당해 법인의 주요주주
3. 당해 법인에 대하여 법령에 의한 허가·인가·지도·감독 기타의 권한을 가지는 자
4. 당해 법인과 계약을 체결하고 있는 자
5. 제2호 내지 제4호의 1에 해당하는 자의 대리인·사용인 기타 종업원(제2호 내지 제4호의 1에 해당하는 자가 법인인 경우에는 그 임원·직원 및 대리인)

② 제1항에서 "일반인에게 공개되지 아니한 중요한 정보"라 함은 제186조 제1항 각호의 1에 해당하는 사실 등에 관한 정보중 투자자의 투자판단에 중대한 영향을 미칠 수 있는 것으로서 당해 법인이 총리령이 정하는 바에 따라 다수인으로 하여금 알 수 있도록 공개하기 전의 것을 말한다.

③ 제1항 및 제2항의 규정은 제21조의 규정에 의한 공개매수를 하는 경우에 이를 준용한다. 이 경우 제1항 본문중 "당해 법인"은 "공개매수대상 유가증권의 발행인"으로, "중요한 정보"는 "공개매수의 실시 또는 중지에 관한 정보"로 보며, 제1항 각호중 "당해 법인"은 각각 "공개매수인"으로 본다.

54) 대판 2011. 9. 29. 2009도2821.

8. 공범이 공모를 초과하여 범행

피고인이 갑, 을과 강도를 공모하여 강도범행에 열중한 사이 강도 갑, 을이 피해자를 강간한 사안에서, 피고인은 갑과 을의 강간사실을 알게 된 것은 이미 실행의 착수가 이루어지고 난 다음이었음이 명백하고 강간사실을 알고 나서도 암묵리에 그것을 용인하여 그로 하여금 강간하도록 할 의사로 강간의 실행범인 갑과 강간 피해자의 머리 등을 잡아준 을과 함께 일체가 되어 갑과 을의 행위를 통하여 자기의 의사를 실행하였다고는 볼 수 없어 강도강간의 공모사실을 인정할 증거가 없다.[55]

9. 강도죄와 공범의 책임

형법 각론을 참조.

---

55) 대판 1988. 9. 13. 88도1114. 구체적인 사실관계는 다음과 같다.
공모의 점에 관하여는 피해자의 집에 들어가기 전에 서로 강간하기로 이야기한 일이 없었다는 것은 피고인뿐만 아니라 갑, 을까지도 제1심 법정에서 진술하고 있고 특히 피고인은 당시 복면을 하였었고 물건을 뒤지느라 정신이 팔려 갑이 피해자를 강간하는 것을 못 보았는데 물건을 챙겨 돌아서면서 보니까 갑이 강간을 하고 있어 빨리 가지고 재촉하여 그 집을 나왔다고 말하고 있으며, 갑, 을은 피해자를 갑이 강간할 때 피고인은 알고 있었는지 모르겠다고 진술하고 있고, 검사의 피고인에 대한 피의자신문조서에 보면 피고인은 사전에 강간 공모는 없었고 피고인이 장농을 뒤지다 보니 갑이 그 아주머니 배 위로 올라가 강간하고 있더라고 진술하면서 같은 방에 있었으면서도 처음 갑이 강간하는 것을 보지 못하였단 말인가요라는 검사의 신문에 처음 유방을 을이 만지고 하였는데 나중에 갑이 아주머니 배 위로 올라가 강간하였고 나중에 저희들이 나오면서 갑이 그 아주머니 바지를 올려 주더라고 진술하고 있고, 검사의 피해자에 대한 진술조서에 보면 을이 당시 먼저 저의 가슴을 만지고 갑이 저를 강간할 때 저의 얼굴을 잡고 강간하기 쉽도록 하여 주었고 이불을 저의 얼굴에 씌운 사람이며 복면한 사람(피고인을 지칭)은 갑 등이 저를 강간할 때 다만 장농 등만 뒤지고 있었다고 진술하고 있으며 당시 세 사람은 서로 상의하여 강간한 것이 아니고 다만 복면한 사람이 저의 집 화장대 등을 뒤지고 있을 때 갑이 저를 강간하고 안경 쓴 을이 저의 얼굴을 붙잡고 갑이 강간하도록 도와주며 이불을 저의 얼굴에 씌워 놓았으며 당시 복면한 사람(피고인을 지칭)은 갑에게 강간하라고 권한 일도 없었고 다만 뒤돌아서 화장대와 장농을 뒤져 가져갈 물건만 찾고 있었고 반지 등을 찾아낸 다음 뒤돌아서서 강간하고 있는 사람에게 빨리 가자고 독촉한 일이 있었을 뿐이라고 진술하고 있고, 다음 검사의 을에 대한 피의자신문조서(4)에 보면 피고인이 피해자를 갑이 강간할 때 머리 위에서 붙잡고 있다가 이불로 얼굴을 가려준 것은 갑이 강간하는 것을 도와주기 위한 것이었고 갑이 강간하기 전에 서로 강간까지 하자고 한 일은 없고 다만 갑이 혼자 충동적으로 강간하여 친구된 도리로 옆에서 도와주었을 뿐이며 피고인은 당시 돌아서서 물건을 뒤지기만 하였지 처음에 갑이 강간하는 것을 보지 못하였다고 진술하고 있고 검사의 갑에 대한 피의자신문조서(4회)에 보면 저와 을, 정이 위 지하실 창문으로 함께 들어가 그 집 안방으로 들어가 미리 준비한 과도를 … 을과 피고인이 아주머니에게 들이대고 꼼짝 말라고 조용히 하라고 위협한 다음 피고인이 전화선 등을 짤라 아주머니의 손을 뒤로 하여 묶고 다시 양발을 묶었는데 당시 을이 소리 지르지 말라고 하며 주먹과 발로 때렸으며 피고인은 장롱 등을 뒤지고 하는데 을이 그 아주머니 유방을 만졌으며 제가 그 아주머니를 묶어놓은 채로 아주머니 반바지와 팬티를 … 강간하였으며 당시 제가 강간할 때 을은 아주머니 머리 위에서 아주머니를 붙잡고 있다 이불로 얼굴을 가렸으며 제가 아주머니에게 강간할 때 신고하면 자기가 창피할테니 신고하라고 하였으며 그곳에서 장농 등을 뒤져 금반지 등을 빼앗아 가지고 나오면서 신고를 하면 죽여 버린다고 위협한 후 빼앗은 물건 등을 가지고 창문을 넘어 도망하여 왔다고 되어 있고 같은 피의자신문조서(5회)에 보면 피고인은 당시 뒤돌아서서 장농을 뒤져 물건을 찾고 있었고 을은 피해자의 머리 위에서 피해자를 붙잡아 저의 강간을 도와주었고 피해자 집에 들어갈 때 강간에 대하여는 사전에 서로 전혀 이야기는 없었으며 당시 제가 강간할 때 피고인은 몰랐으며 제가 강간하고 나서 위 피고인이 저희들에게 뒤돌아서서 빨리 가자고 하면서 뒤돌아서 제가 강간하는 것을 알았다고 되어 있다.

을과 병이 피해자1, 피해자2를 야산으로 끌고 가 강간할 때 갑은 피해자3과 야산 입구에 앉아 대화를 나누며 피해자3이 타인과 전화통화를 할 수 있도록 함

갑, 을, 병은 피해자1, 피해자2, 피해자3과 자동차를 타고 드라이브를 하다가 피해자들이 잠시 차에서 내린 사이에 을은 피해자2를, 병은 피해자1을 강간하기로 하고, … 야산 입구에 이르러 을은 피해자2를 때리고 산 쪽으로 20m 가량 끌고 가 강간하고, 병은 피해자1을 산 쪽으로 50m 가량 끌고 가 강간하고, 을은 병으로부터 피해자1을 인계받아 강간하고, 이로 인하여 피해자1에게 전치 2주의 상해를 입게 한 사안에서,

형법 제30조의 공동정범은 2인 이상이 공동하여 죄를 범하는 것으로서, 공동정범이 성립하기 위하여는 주관적 요건으로서 공동가공의 의사와 객관적 요건으로서 공동의사에 기한 기능적 행위지배를 통한 범죄의 실행사실이 필요하고, 공동가공의 의사는 타인의 범행을 인식하면서도 이를 제지하지 아니하고 용인하는 것만으로는 부족하고 공동의 의사로 특정한 범죄행위를 하기 위하여 일체가 되어 서로 다른 사람의 행위를 이용하여 자기의 의사를 실행에 옮기는 것을 내용으로 하는 것이어야 한다.

갑은 피해자들을 폭행하거나 협박하는 등으로 실행행위를 한 바가 전혀 없고, 을과 병이 피해자들을 강간하기로 할 때 피고인은 아무런 말도 하지 않았고, 을과 병이 피해자들을 숲 속으로 끌고 갈 때 갑은 야산 입구에 앉은 채 피해자 3에게 "우리 그대로 가만히 앉아 있자"고 하면서 피해자3의 몸에 손도 대지 않았고, 피해자3과 대화하면서 피해자 3으로 하여금 피해자2의 남자친구와 통화를 하기까지 한 사정 등이 있어 … 모의의 경위라든가 그 후의 진행경과 등에 비추어 볼 때, 이 정도의 심리상태나 행동만으로는 갑이 을 및 병과 함께 피해자 일행을 강간하기로 모의하였다고 단정하기는 어렵고, 을과 병이 피해자들을 강간하려는 것을 보고도 이를 제지하지 아니하고 용인하였다고 하여 이들의 범행에 공동으로 가공할 의사가 있었다고 볼 수도 없다.[56)]

10. 과실범의 공동정범

과실범의 공동정범을 인정할 것인지에 관하여 행위공동설, 범죄공동설, 공동행위주체설, 기능적 행위지배설 등이 있다. 판례는 일관하여 과실범의 공동정범 성립가능성을 긍정하고 있다.

화주가 무면허운전자 을에게 부정임산물을 싣고 운전케 하면서 검문소에서 정지하지 말라 하고, 검문소에서 정시신호를 받자 '그냥 가자' 하여, 을이 화물차를 질주하여 운전대 스텝에 올라 검문하려는 순경을 추락, 사망케 함

사실관계: 갑은 1960. 12. 31. 오후 5시경 … 산판에서 부정임산물인 장작 9평을 을이 운전하는 화물자동차에 싣고 떠남에 있어 을에게 도중 지서나 검문소 앞을 지날 때는 정거하지 말고 통과하자고 말한 바 있고 이어 … 같은 날 오후 11시 10분경 세천검문소 전방 약 35미터 지점에 이르렀을 때 그 검문소 근무 순경이 검문서 앞 노변에서 전지로 정거신호를 하고 있음을 발견하고 을이 정거할 것 같이 가장하여 속력을 저감하자 갑은 「그냥가자」고 하여 이에 을은 무면허 운전의 취체(단속: 필자 주)를 갑은 화주로서 부정임산물의 취제를 각각 회피하기 위하여 경관의 검문에 응하지 않고 화물자동차를 질주할 의사를 상통하여 그 검문소 앞에 당도하였을 때 위 순경이 도로 좌측에서 그 차 전면을 횡단하여 우측 노변에 이르러 운전대 우측에 접근

56) 대판 2003. 3. 28. 2002도7477.

하려 할 찰나 을은 돌연 가속질주로 도피하려 하자 그 순경은 이를 추적하여 운전대 스템에 올라 검문을 하려 하였는데 계속 고속도로 질주한 결과 위 검문소로부터 약 150미터 지점에서 위 순경을 추락케 하여 우측 후륜으로 그 순경의 하복부를 치어 복부내출혈을 일으켜 다음날 사망케 함.
판단: 2인 이상이 어떠한 과실행위를 서로의 의사연락 아래 하여 범죄되는 결과를 발생케 한 경우에는 과실범의 공동정범이 성립되므로 갑과 을에게는 업무상과실치사죄가 성립하고 다만 운전업무의 신분이 없는 갑에 대해서는 형법 33조 단서에 의해 단순 과실치사죄(형법 267조)의 형으로 처단한다.[57]

운전자 부탁으로 조수석에 동승하여 운전을 살펴 보던 중 운전자의 과실로 사고 냄

피고인이 운전자의 부탁으로 차량의 조수석에 동승한 후, 운전자의 차량운전행위를 살펴보고 잘못된 점이 있으면 이를 지적하여 교정해 주려 했던 것에 그치고 전문적인 운전교습자가 피교습자에 대하여 차량운행에 관해 모든 지시를 하는 경우와 같이 주도적 지위에서 동 차량을 운행할 의도가 있었다거나 실제로 그 같은 운행을 하였다고 보기 어렵다면 그 같은 운행 중에 야기된 사고에 대하여 과실범의 공동정범의 책임을 물을 수 없다.[58]

지프차의 선임 탑승자가 주점에서 운전병과 함께 음주하여 운전병이 주취 운전으로 사고 냄

형법 제30조에 "공동하여 죄를 범한 때"의 "죄"라 함은 고의범이고 과실범이고를 불문하므로 두 사람 이상이 어떠한 과실행위를 서로의 의사연락하에 이룩하여 범죄가 되는 결과를 발생케 한 것이라면 과실범의 공동정범이 성립된다.
운전병이 운전하던 지프차의 선임 탑승자는 이 운전병의 안전운행을 감독하여야 할 책임이 있는데 오히려 운전병을 데리고 주점에 들어가서 같이 음주한 다음 운전케 한 결과 위 운전병이 음주로 인하여 취한 탓으로 사고가 발생한 경우에는 위 선임 탑승자에게도 과실범의 공동정범이 성립한다.[59]

지프차 운전자가 선임자의 지시에 따라 철도를 무단횡단하였다가 되돌아오면서 과실로 배수로에 빠져 열차에 부딪치게 되어 지프차 손괴

군용 지프차는 그 운전병이 선임탑승한 피고인의 지시에 따라 사고지점의 철도선로를 무단횡단하여 피고인의 집에 들렀다가 귀대하기 위해 다시 돌아가던 도중에 위 운전병의 운전부주의로 사고지점 철도변의 배수로에 앞바퀴가 빠졌던 것이고, 그로 인하여 철도선로에 돌출된 차량의 앞부분이 때마침 그곳을 통과하던 화물열차에 부딪쳐 손괴되었던 것이므로 그 손괴의 결과가 피고인이 사고지점을 횡단하도록 지시한 과실에 인한 것이라고 볼 수는 없고, 피고인이 운전병을 지휘감독할 책임 있는 선임탑승자라 하여 그 점만으로는 곧

57) 대판 1962. 3. 29. 4294형상598. 다음은 유사취지이다.
공동정범은 고의범이나 과실범을 불문하고 의사의 연락이 있는 경우이면 그 성립을 인정할 수 있다. 따라서 피고인이 정기관사의 지휘감독을 받는 부기관사이기는 하나 사고열차의 퇴행에 관하여 서로 상론, 동의한 이상 퇴행에 과실이 있다면 과실책임을 면할 수 없다(대판 1982. 6. 8. 82도781).
58) 대판 1984. 3. 13. 82도3136.
59) 대판 1979. 8. 21. 79도1249.

피고인에게도 손괴의 결과에 대한 공동과실이 있는 것이라고 단정할 수도 없다.[60)]

여러 단계의 과실이 합쳐져서 교량이 붕괴된 경우의 공동정범

성수대교와 같은 교량이 그 수명을 유지하기 위하여는 건설업자의 완벽한 시공, 감독공무원들의 철저한 제작 시공상의 감독 및 유지·관리를 담당하고 있는 공무원들의 철저한 유지·관리라는 조건이 합치되어야 하는 것이므로, 위 각 단계에서의 과실 그것만으로 붕괴원인이 되지 못한다고 하더라도, 그것이 합쳐지면 교량이 붕괴될 수 있다는 점은 쉽게 예상할 수 있고, 따라서 위 각 단계에 관여한 자는 전혀 과실이 없다거나 과실이 있다고 하여도 교량붕괴의 원인이 되지 않았다는 등의 특별한 사정이 있는 경우를 제외하고는 붕괴에 대한 공동책임을 면할 수 없다.[61)]

60) 대판 1986. 5. 27. 85도2483.

61) 대판 1997. 11. 28. 97도1740. 구체적인 판시는 다음과 같다.
게르버트러스 공법으로 시공하는 성수대교는 하중이 양교각의 캔틸레버트러스에 달라매는 서스펜디드트러스의 수직재에 집중됨에도, 시공사의 기술담당 상무이사, 철구부장은 트러스를 제작함에 있어 부실 용접하고, 핀플레이트 강판 기타 트러스의 유재 등 부재를 부실제작하고, 시공사의 현장소장은 위와 같은 시공상의 잘못을 방치하고, 발주청인 서울시의 감독공무원들은 위와 같은 시공상의 잘못에 대한 감독을 제대로 하지 않고, 도로의 유지·관리업무 담당자들은 중차량 통행방치, 철강재 부식, 안전진단 불이행 등 유지·관리의무를 다하지 못한 과실로 서스펜디드트러스의 수직재가 끊어져 상판이 한강으로 떨어지면서 자동차 6대 추락
이 사건 교량은 교각 위에 앵커트러스(Anchor Truss)를 설치한 후 앵커트러스에 캔틸레버트러스(Cantilever Truss. 이하 씨트러스라고만 한다)를 가설하고 양 교각의 씨트러스 사이에 서스펜디드트러스(Suspended Truss. 이하 에스트러스라고만 한다)를 달아매는 방식으로 가설하는 이른바 게르버트러스(Gerber Truss) 공법을 사용한 교량이다. 이러한 게르버트러스공법에 의한 교량은 이른바 단재하경로구조(single-load-path structure. 수직재나 핀 등 중요 부재 중의 하나라도 파단되는 경우 바로 붕괴로 이어지는 구조)로서, 하중이 용접과 볼트, 핀 등에 의하여 연결되는 철강재로 지탱되는 특성이 있어 트러스를 구성하는 각 부재의 용접이나 부재 상호간의 연결의 적정 여부가 교량의 역학구조에 결정적인 영향을 미칠 뿐만 아니라 특히 교량에 부과되는 하중이 에스트러스의 수직재에 집중되기 때문에 수직재를 설계도면과 특별시방서에 따라 정밀하게 제작하고 시공하는 것이 중요하다. 이 사건 교량은 1977. 4. 9. 착공되어 1979. 10. 15. 완공되었으나 1994. 10. 21. 07:30경 제5번과 제6번 교각 사이의 에스트러스의 수직재가 끊어져 붕괴되어 한강으로 떨어지는 사고가 발생하였는바 여기에는 다음과 같은 여러 원인이 겹쳐 있다. 이 사건 교량의 시공을 맡은 동아건설 주식회사 부평공장의 당시 기술담당 상무이사인 갑1과 같은 공장의 철구부장인 갑2는, 이 사건 트러스를 설계도대로 정밀하게 제작하도록 지휘·감독할 직접적이고 구체적인 업무상의 주의의무가 있음에도 불구하고, 설계도면상으로는 수직재 하부에만 엑스(X)자형 용접으로 표시되어 있으나 그 상부에 엑스표시를 하지 않았다고 하더라도 상부와 하부는 구조가 동일하고 트러스 제작 당시 적용되었던 특별시방서에 완전 용접을 하도록 요구하고 있고 건설부의 용접강도로교 표준시방서에도 응십력이 십중되는 용집 부위는 당연히 각 용접 부분을 브이(V)자형으로 개선한 후 이를 맞대어 완전 용접하도록 되어있으므로 수직재의 용접 부위를 엑스자형 용접으로 개신하여 용접하게 하는 등 트러스의 제작에 참여하는 자들을 제대로 지휘·감독하지 못함으로써, 아이(I)자형 용접을 하면서 용접도 양쪽을 각 1회씩만 하고 이를 충분히 하지 않아 용입부족 등으로 용접불량이 되게 하였고, 더욱이 당시 부평공장에는 용접공이 부족하여 일부를 외부 용접공에 하도급주어 트러스 제작에 투입하는바 일반적으로 외부 용접공의 기량이 부평공장의 용접공에 비하여 떨어지는 경우가 있음에도 이들에 내해 무리하게 트러스 제작 공기 단축을 독려하고 감독을 소홀히 하여 위와 같은 부실용접을 방치하였으며, 핀플레이트(Pin plate) 강판(상현재와 핀으로 연결하는 부분)을 절삭함에 있어서도 설계도대로 1 : 10으로 완만하게 절삭하지 아니하고 1 : 2.5 내지 1 : 3 정도의 급경사로 제작하여 추가적인 응력집중현상을 초래하게 하였으며, 트러스의 유재나 가로보, 브레이싱(Bracing) 등 각 부재도 설계도대로 정밀하게 제작되지 아니한 채 부재의 볼트구멍의 위치나 크기, 간격을 규격에 맞지 않게 제작하였으며, 제작 후에는 시공상태와 같은 모양으로 가조립을 하지 아니하고 트러스를 출고되게 하였다. 그리고 당시 동

유사 판례: 건물(삼풍백화점) 붕괴의 원인이 건축계획의 수립, 건축설계, 건축공사공정, 건물 완공 후의 유지·관리 등에 있어서의 과실이 복합적으로 작용한 데에 있다고 보아 각 단계별 관련자들을 업무상과실치사상죄의 공동정범으로 처단한 사례.[62]

아건설 주식회사의 현장소장인 갑3은, 당시 기술사 자격이 있는 갑4가 현장대리인으로 선임되어 있기는 하였으나 그는 성수대교 시공현장에 거의 나타나지 아니하여 행정적인 업무뿐만 아니라 공사에 관한 기술적 지휘·감독을 하여야 하므로, 시공하는 교량의 공법과 구조 등을 숙지하여 공사를 지휘하고 시공에 사용되는 자재의 재질이나 규격이 설계도대로 제작되어 정확한지 여부 등을 최종적으로 확인·점검할 의무가 있고 또한 현장소장에게 요구되는 통상의 주의를 기울였다면 이 사건 트러스의 제작상의 잘못을 발견할 수 있었음에도 불구하고, 핀플레이트 강판을 설계도대로 절삭하지 아니하고 급경사를 이루도록 제작된 것을 발견하지 못하고 이를 교량가설에 사용토록 하였고, 브레이싱과 가로보 등 트러스 일부 부재의 볼트의 구멍의 위치가 일치하지 않아 허용오차를 초과하여 볼트구멍을 다시 천공하거나 확장하거나 일부 연결부에는 설계도보다 적은 2개 내지 4개의 볼트만을 체결하여 시공되게 하였으며 가로보 끝 부분에 철근을 덧대어 용접하는 등의 시공상의 잘못을 방치하게 하였다. 한편 당시 이 사건 교량건설에 대한 발주청인 서울특별시의 현장감독공무원이었던 을1, 을2, 을3는, 이 사건 교량이 국내 최초로 건설하는 게르버트러스공법에 의하여 건설되는 것이고 위 공법의 핵심은 트러스의 제작 및 가설이고 트러스의 제작에 있어서는 설계도에 따른 강재의 정밀한 절단 및 용접, 가설시에는 각 부재의 정확한 조립 및 연결이 요구되므로, 트러스를 제작함에 있어 특별시방서상 요구되는 자격을 갖춘 용접공이 용접을 실시하는지 여부, 각 트러스가 설계도면 및 특별시방서대로 용접, 제작, 조립되는지 여부 등을 확인하되 특히 에스트러스의 수직재를 제작함에 있어 핀플레이트 강판 접합 부분이 1 : 10의 완만한 경사로 깎아졌는지, 용접 부분을 엑스형으로 개선하고 용접하였는지 여부 등을 육안 및 방사선검사 등을 통하여 확인하고, 트러스의 제작완료 후에는 가조립을 실시하였는지 여부를 확인하는 등 현장감독을 철저히 할 구체적인 주의의무가 있음에도 불구하고 용접공의 자격확인, 방사선검사 등을 통한 용접공사, 가조립공사, 시공과정에서의 철저한 현장확인 등을 하지 아니하였다. 피고인들의 위에서 본 제작, 시공, 감독상의 여러 가지 과실과 원심 판시의 을4 등 동부건설사업소 및 서울특별시 도로국 공무원들의 중차량 통행방치, 철강재 부식, 부적절한 수직재 고정 및 안전진단조치 불이행 등 유지·관리상의 과실 그리고 제1심 판시와 같은 설계상의 잘못이 겹쳐져서, 트러스 가설 후 교량 제5번과 제6번 교각 사이 에스트러스 북쪽 연결 부분에 있는 3개의 수직재의 용접부분이 떨어져 나가 위 수직재들의 복부판에 균열이 생겨 끊어지기 시작하여 일시미상경 중앙부 에스트러스의 수직재 균열 부분이 먼저 끊어진 후 1994. 10. 21. 07:30경 한강 상류쪽 수직재, 한강 하류쪽 수직재 순으로 그 균열 부분이 완전히 끊어지고 이어 같은 트러스의 남쪽 연결 부분에 있는 3개의 수직재도 연쇄적으로 끊어져 같은 트러스를 포함한 상판 일체가 한강으로 떨어지면서 때마침 그 곳을 지나던 자동차 6대도 한강으로 떨어졌다.

62) 대판 1996. 8. 23. 96도1231. 구체적인 판시는 다음과 같다.
A(삼풍건설산업 주식회사를 지칭함) 소유인 A건물(서울 서초구 서초동 1685의 3 소재 지하 4층 지상 5층의 삼풍백화점 A동 건물을 지칭함)은 … 플랫슬래브 구조의 건물인 데다가 내부의 기둥과 기둥 사이 간격이 일반의 건물에서는 보기 드물게 긴 10.8m로서 어느 한 부분이 붕괴될 경우 연쇄적으로 건물 전체가 붕괴될 수 있는 특성을 가지고 있었으므로, 이러한 건물의 구조적 특성상 체계적이고 종합적인 건축계획을 세우고 구조계산을 비롯한 건축설계, 골조 및 마감공사 등 건축공사공정, 건물완공 후의 유지관리 등 일련의 과정에 있어서 건물의 구조안전에 대하여 세심한 주의를 기울일 필요가 있다 할 것인바, A건물이 붕괴된 데에는 다음과 같은 여러 가지 원인이 겹쳐 있다.
- A건물 신축 당시 구조계산을 담당했던 갑은 구조계산을 부실하게 하였다.
- A건물에 대한 설계 및 감리를 담당했던 을은 시공자로 하여금 구조계산시에 비하여 고정하중을 초과하여 시공하도록 만들었고, 기초공사시부터 건물 완공시까지 공사감리를 제대로 하지 아니하였다.
- A로부터 A건물신축공사 중 골조공사를 도급받은 B주식회사의 현장소장, 공사과장, 건축주임, 건축기사 등은 많은 슬래브의 상부인장철근이 정상적인 위치보다 가라앉은 상태로 시공되게 하고 상당수의 지판부분 슬래브를 정상 두께보다 얇게 시공되게 하는 등으로 예정된 철근콘크리트골조의 강도와 내력을 가지지 못하도록 하였다.
- 위 골조공사 과정에서 B의 철근반장인 철근공들에 대한 지휘·감독을, B의 형틀반장은 형틀공들에 대한 지휘·감독을, 갑은 A의 공사담당자들에 대한 지휘·감독을 제대로 하지 아니함으로써 위와 같은 부실공사를 초래하였다.
- A의 대표이사인 병, 전무인 정은 당초 백화점이 아닌 쇼핑센터 용도의 건물로 건축계획을 수립하여 설계를 의뢰

예인선 정기용선자의 현장소장의 지시에 따라 예인선 선장이 예인선을 무리하게 운항

예인선 정기용선자의 현장소장 갑은 사고의 위험성이 높은 해상에서 철골 구조물 및 해상크레인 운반작업을 함에 있어 선적작업이 지연되어 정조시점에 맞추어 출항할 수 없게 되었음에도, 출항을 연기하거나 대책을 강구하지 않고 예인선 선장 을의 출항연기 건의를 묵살한 채 출항을 강행하도록 지시하였고, 예인선 선장 을은 갑의 지시에 따라 사고의 위험이 큰 시점에 출항하였고 해상에 강조류가 흐르고 있었음에도 무리하게 예인선을 운항한 결과 무동력 부선에 적재된 철골 구조물이 해상에 추락하여 해상의 선박교통을 방해한 경우, 갑과 을은 업무상과실일반교통방해죄의 공동정범이 성립한다.[63]

하여 놓고서도 백화점 용도의 건물로 사용하기 위하여 건축면적을 임의로 증가시켜 새로운 시공용 설계도를 작성하도록 하면서, 20여 회에 걸쳐서 수시로 구조계산을 추가하여 설계에 반영하게 함으로써 건축계획을 무계획적으로 만들었고, … 당초 지붕층 슬래브에는 냉각탑 설치를 위한 설계, 시공이 되어 있지 않았음에도 불구하고 자체하중이 각 28.7t인 냉각탑을 3개 설치하여 5층을 받치는 기둥과 5층 바닥 슬래브에 극심한 손상을 가져오게 하였고, 위 냉각탑을 이전설치하면서 옥상 슬래브 위로 끌고 이동함으로써 슬래브에 과다한 하중이 작용하도록 하여 손상을 가하였다

- 위와 같은 냉각탑 이전과 5층 식당공사의 담당자들인 A의 설비부장인 을, 설비부 직원 및 건축부장 등은 냉각탑 이전시에 필요한 조치를 취하지 아니하였거나, 5층 식당 주방의 배기덕트 설치를 위하여 내력벽을 40cm×98cm 크기로 절단하고서도 아무런 보강조치를 취하지 아니함으로써 벽체의 내력을 저하시켰다.
- A건물은 위와 같은 여러 가지 원인이 겹쳐 준공 직후부터 5층 식당주방 내 기둥 주변과 최초 냉각탑이 설치되었다가 이동한 경로를 중심으로 슬래브에 발생한 휨변형에 의한 균열이 장기간 지속적으로 성장하다가, 5층 주변 슬래브와 기둥에 더욱 큰 휨모멘트와 전단력이 발생하여 균열의 폭과 깊이가 증가되고, 계속적인 균열의 진행에 따라 슬래브가 펀칭전단에 견딜 수 있는 내력을 점차 상실하면서, 설계도상 5층 5열 E행, 5열 F행 둘레를 따라 전단파괴 현상이 일어나면서 기둥으로부터 주변 슬래브가 이탈되어 붕괴가 시작되고, 이탈 전의 기둥이 분배하고 있던 슬래브의 하중이 인접 기둥에 재분배되면서 그 하중을 이기지 못한 인접 기둥의 주변에서도 전단파괴 현상이 연쇄적으로 일어나 기둥들이 절곡되면서 슬래브가 붕괴되고, 그로 인한 충격으로 이 사건 건물 전체가 연쇄적으로 붕괴되었다.

판단: A의 대표이사 겸 A건물에 소재한 삼풍백화점 회장으로서 A건물 신축공사 및 유지관리에 관한 업무를 총괄하고 있는 병은, A건물을 신축함에 있어서 당초에 쇼핑센터를 짓기로 건축계획을 수립하여 공사를 시작하다가 그 후 백화점을 짓기로 사업계획을 변경하였으면 실제로 사용될 용도에 따라 백화점 시설에 맞는 종합적 건축계획을 새로이 수립하고 백화점으로서의 설비시설을 설치하는 설비설계도면을 먼저 확정한 후 그에 맞추어 구조계산과 설계를 종합적으로 다시 하여 건물의 안정성에 관한 검토를 한 후 체계적인 시공을 하여야 하고, 5층을 사후에 전문식당가로 사용할 의도를 가지고 표면상으로만 운동시설로 사용할 것처럼 가장하여 허가받은 경우라 하더라도 양자간에는 고정하중(Dead Load) 및 적재하중(Live Load)의 차이가 크므로 미리 기둥과 바닥 슬래브의 내력을 식당용도에 맞출 필요가 있을 뿐만 아니라, 5층을 전문식당가로 용도변경한 후라도 실제로 식당가로 사용하기 전에 구조계산을 새로이 하도록 함으로써 5층을 받치는 기둥과 바닥 슬래브의 내력을 보강하는 등의 조치를 강구하여야 하며, 지붕층 슬래브는 냉각탑 설치를 위한 설계, 시공이 되어 있지 않고 적재하중이 240kg/m²로 설계, 시공되어 있으므로 등분포하중이 400kg/m²인 냉각탑을 설치하려면 그 하중이 슬래브에 직접 작용하지 않도록 하여야 하고, 냉각탑을 이전하여 설치하고자 할 때에는 설계, 시공된 적재하중을 초과하는 하중이 슬래브에 작용하지 않도록 냉각탑을 수분할 이전함으로써 건물구조의 안전에 영향을 미치지 않도록 하여야 하며, A건물을 유지관리하여 오던 중 A건물 붕괴 당일 A의 직원들로부터 현장 균열진행 상황을 보고받고 그 균열상태가 심각함을 확인하였으므로 백화점 내의 고객 및 직원들을 안내방송 등을 통하여 안전하게 대피시켜 인명피해를 방지하는 조치를 취하여야 하는 등의 업무상 주의의무가 있는데도 이를 게을리하여 판시와 같은 피해를 입게 하였다. A건물에 대한 일상적인 점검업무를 담당하는 직원이 따로 있고, 이 사건 붕괴 당일 전문가의 조언에 따라 보강공사를 준비하고 있었다는 사정만으로 이 사건 붕괴에 대하여 병의 예견가능성이 없었다고 볼 수는 없다.

63) 대판 2009. 6. 11. 2008도11784.

11. 결과적 가중범의 공동정범

옥상사수대 중 1인이 경찰관의 건물진입을 막기 위해 던진 보도블록에 의경이 맞아 사망한 경우 지휘부의 책임

공모공동정범의 경우에 … 공모가 이루어진 이상 실행행위에 직접 관여하지 아니한 자라도 다른 공범자의 행위에 대하여 공동정범으로서 형사책임을 지는 것이며, 또 결과적 가중범의 공동정범은 기본행위를 공동으로 할 의사가 있으면 성립하고 결과를 공동으로 할 의사는 필요 없으며, 나아가 특수공무집행방해치사상죄는 단체 또는 다중의 위력을 보이거나 위험한 물건을 휴대하고 직무를 집행하는 공무원에 대하여 폭행, 협박을 하여 공무원을 사상에 이르게 한 경우에 성립하는 결과적 가중범으로서 행위자가 그 결과를 의도할 필요는 없고 그 결과의 발생을 예견할 수 있으면 족하다 할 것이다.

종합관 지휘부에 속하는 피고인 1, 피고인 2, 피고인 3, 피고인 4는 종합관 농성학생들을 지휘하면서 옥상사수대의 편성 및 배치 등에 관여하고, 피고인 5는 옥상 사수대의 총지휘자로서 사수대원들로 하여금 종합관으로 진입하는 경찰관들을 향하여 돌 등을 던지도록 지시하고, 피고인 6은 사수대원으로서 직접 돌 등을 던진 사실이 인정되는 이상, 피고인들과 옥상에 위치한 사수대원들 사이에는 순차적 또는 암묵적으로 의사가 상통하여 이 사건 특수공무집행방해의 범행에 대한 공모관계가 성립하였다 할 것이고, 따라서 의경인 피해자의 사망 당시 옥상에 있지 아니하였거나 그를 향하여 돌을 던지는 등의 실행행위를 직접 분담하지 아니하였다 하더라도 다른 공범자의 행위에 대하여 공동정범으로서 책임을 진다 할 것이며, 나아가 이 사건 종합관 옥상 사수대가 경찰 진입시 투척을 위하여 옥상에 쇠파이프, 보도블록, 벽돌 등을 미리 준비하고 있었던 사실을 잘 알고 있었던 피고인들로서는 6층 옥상에 위치한 사수대원들이 종합관으로 진입하는 경찰관들에게 준비된 보도블록, 벽돌 등을 던지리라는 점과 그로 인하여 종합관으로 진입하려는 경찰관이 맞아 사망에 이를 수도 있으리라는 점을 충분히 예견할 수 있었다 할 것이므로, 피고인들은 모두 다른 공범자의 한 사람인 성명불상의 사수대원이 보도블록을 던짐으로써 피해자가 그에 맞아 사망에 이른 이 사건 특수공무방해치사의 죄책을 면할 수 없다.[64)]

30여 명이 화염병 등 소지 공격조와 쇠파이프 소지 방어조로 나누어 방화행위를 하던 중 1인이 피해자에게 화염병을 던져 화상을 입힘

피고인을 비롯한 30여 명의 공범들이 화염병 등 소지 공격조와 쇠파이프 소지 방어조로 나누어 이 사건 건물을 집단방화하기로 공모하고 이에 따라 공격조가 위 건물로 침입하여 화염병 수십 개를 1층 민원실 내부로 던져 불을 붙여 위 건물 내부를 소훼케 하는 도중에 공격조의 일인이 위 건조물 내의 피해자를 향하여 불이 붙은 화염병을 던진 사실을 알 수 있는바, 이와 같이 공격조 일인이 방화대상 건물 내에 있는 피해자를 향하여 불붙은 화염병을 던진 행위는, 비록 그것이 피해자의 진화행위를 저지하기 위한 것이었다고 하더라도, 공격조에게 부여된 임무 수행을 위하여 이루어진 일련의 방화행위 중의 일부라고 보아야 할 것이고, 따라서 피해자의 화상은 이 사건 방화행위로 인하여 입은 것이라 할 것이므로 피고인을 비롯하여 당초 공모에 참여한 집단원 모두는 위 상해 결과에 대하여 현존건조물방화치상의 죄책을 면할 수 없다. 가사 피해자의 상해가 이 사건 방화 및 건물소훼로 인하여 입은 것이라고 보기 어렵다고 하더라도 형법 제164조 후단(현행

64) 대판 1997. 10. 10. 97도1720.

형법 제164조 2항)이 규정하는 현존건조물방화치상죄와 같은 이른바 부진정결과적가중범은 예견가능한 결과를 예견하지 못한 경우뿐만 아니라 그 결과를 예견하거나 고의가 있는 경우까지도 포함하는 것이므로 이 사건에서와 같이 사람이 현존하는 건조물을 방화하는 집단행위의 과정에서 일부 집단원이 고의행위로 살상을 가한 경우에도 다른 집단원에게 그 사상의 결과가 예견 가능한 것이었다면 다른 집단원도 그 결과에 대하여 현존건조물방화치사상의 책임을 면할 수 없는 것인바, 피고인을 비롯한 집단원들이 당초 공모시 쇠파이프를 소지한 방어조를 운용하기로 한 점에 비추어 보면 피고인으로서는 이 사건 건물을 방화하는 집단행위의 과정에서 상해의 결과가 발생하는 것도 예견할 수 있었다고 보이므로, 이 점에서도 피고인을 현존건조물방화치상죄로 의율할 수 있다.[65]

12. 승계적 공동정범

승계적 공동정범은 선행행위자가 범죄를 실행하는 도중에 후행가담자가 이에 가담함으로써 성립하는 형태의 공동정범을 의미한다. 이러한 경우 후행가담자에 대해 어떤 책임을 물을 것인지가 문제된다. 후행가담자도 선행행위자의 행위를 이용하려는 의사가 있는 이상 전체 범행의 공동정범으로서 책임을 져야 한다는 견해와 후행가담자는 그가 가담한 이후의 행위에 대해서만 책임을 져야 한다는 견해가 있다.

① 공범이 '필로폰 제조(포괄일죄)'를 계속하는 도중에 그 범행을 알고 가담

갑이 이미 1981.1. 초순경부터 히로뽕 제조행위를 계속하던 도중인 1981. 2. 9.경 피고인이 비로소 갑의 위 제조행위를 알고 그에 가담한 사안에서,

이와 같이 포괄적 일죄인 히로뽕의 연속된 제조행위 도중에 공동정범으로 범행에 가담한 자는 비록 그가 그 범행에 가담할 때에 이미 이루어진 종전의 범행을 알았다 하더라도 그 가담 이후의 범행에 대하여만 공동정범으로 책임을 진다.[66]

② 교통사고 후 동승사(을)가 운선사(갑)와 공모하여 갑 대신 운진하여 가 도주

갑이 과실로 교통사고를 일으킨 직후 동승한 을이 교통사고 후 갑과 공모하여 자리를 바꾸어 대신 운전하여 감으로써 갑의 도주행위에 가담한 사안에서,

운전자가 아닌 동승자가 교통사고 후 운전자와 공모하여 운전자의 도주행위에 가담하였다 하더라도, 동승자

65) 대판 1996. 4. 12. 96도215.

66) 대판 1982. 6. 8. 82도884. 다음은 같은 취지이다.
A조합의 조합장 등이 담보가치가 전혀 없는 담보물을 제공받고 양곡을 외상판매함으로써 업무상배임행위를 해오던 중 A의 판매부장으로 부임한 피고인이 위 조합장 등과 공모하여 같은 방법으로 계속하여 양곡을 외상판매한 사안에서, 계속된 거래행위 도중에 공동정범으로 범행에 가담한 자는 비록 그가 그 범행에 가담할 때에 이미 이루어진 종전의 범행을 알았다 하더라도 그 가담 이후의 범행에 대하여만 공동정범으로 책임을 지는 것이라고 할 것이므로, 피고인에게 그의 가담 이전의 거래행위에 대하여서까지 유죄로 인정할 수는 없다(대판 1997. 6. 27. 97도163).

에게 과실범의 공동정범의 책임을 물을 수 있는 특별한 경우가 아닌 한, 특가법위반(도주차량)죄의 공동정범으로 처벌할 수는 없다.[67]

해설: 특가법위반(도주차량)죄(특가법 5조의3)는 사고운전자가 사고로 인하여 피해자가 사상을 당한 사실을 인식하였음에도 피해자를 구호하는 등의 의무(도교법 54조 1항)를 이행하기 이전에 사고현장을 이탈하여 사고를 낸 자가 누구인지 확정될 수 없는 상태를 초래하는 경우를 말하므로, 사고운전자만 도주의 주체가 될 수 있고, 사고 이후 도주에만 가담한 자는 가담 이후의 범행에 대하여만 공동정범으로서의 책임을 지므로 특가법위반(도주차량)죄가 성립하지 않는다는 취지이다.

③ 가. 갑이 피해자의 양 손목과 발목을 노끈으로 묶어 그 노끈을 아파트의 방문손잡이 등에 잡아매고 입에 반창고를 붙이고 얼굴에 모포를 씌워 감금 후 피해자가 탈진상태에 이르러 그대로 두면 죽을 것 같다는 생각이 들었음에도 방치하여 사망하게 함

피고인이 미성년자를 유인하여 포박 감금한 후 단지 그 상태를 유지하였을 뿐인데도 피감금자가 사망에 이르게 된 것이라면 피고인의 죄책은 감금치사죄에 해당한다 하겠으나, 나아가서 그 감금상태가 계속된 어느 시점에서 피고인에게 살해의 범의가 생겨 피감금자에 대한 위험발생을 방지함이 없이 포박감금상태에 있던 피감금자를 그대로 방치함으로써 사망케 하였다면 … 부작위에 의한 살인죄를 구성한다.

피고인 1(갑)이 1980. 11. 13. 17:30경 제자인 중학교 1학년생인 피해자를 A아파트에 유인하여 양 손목과 발목을 노끈으로 묶고 입에 반창고를 두 겹으로 붙인 다음 양 손목을 묶은 노끈은 창틀에 박힌 시멘트 못에, 양 발목을 묶은 노끈은 방문손잡이에 각각 잡아매고 얼굴에 모포를 씌워 감금한 후 수차 아파트를 출입하다가 마지막 들어갔을 때인 1980. 11. 15. 07:30경 피해자가 이미 탈진 상태에 이르러 박카스를 마시지 못하고 그냥 흘려버릴 정도였고 갑이 피해자의 얼굴에 모포를 덮어씌워 놓고 그냥 나오면서 피해자를 그대로 두면 죽을 것 같다는 생각이 들었다면, 갑이 위와 같은 결과발생의 가능성을 인정하고 있으면서도 피해자를 병원에 옮기지 않고 사경에 이른 피해자를 그대로 방치한 소위는 피해자가 사망하는 결과에 이르더라도 용인할 수밖에 없다는 내심의 의사 즉 살인의 미필적 고의가 인정된다.

나. 갑이 피해자를 유인, 살해하고 갈취하려고 피해자의 부모에게 협박 후, 정이 이에 가담하여 피해자의 부모에게 돈을 내놓지 않으면 피해자를 살해하겠다고 협박함

갑이 위와 같이 피해자를 유인한 후 그 부모의 우려를 이용하여 그 부모로부터 금품을 갈취할 것을 결의하고, 1980. 11. 13. 20:00쯤 A아파트단지내 공중전화로 피해자의 모 을에게 "피해자를 수원에 감금하였다. 돈 40,000,000원을 준비하라"는 뜻을 말하고, 같은 날 20:30쯤 공중전화로 을에게 "경찰에 신고하면 피해자를 죽이겠다. 돈을 준비하라"는 뜻을 말하고 같은 날. 23:00쯤 공중전화로 피해자의 아버지 병에게 "경찰에 신고하면 피해자를 죽이겠다. 돈 40,000,000원을 준비하라"는 뜻을 말한 후 같은 달, 15. 14:30쯤 피고인 2(정)을 만나 위와 같이 위와 같이 피해자를 유인, 살해한 사실을 알리고 앞으로 그 부모로부터 금품을 갈취하는데 도와줄 것을 권유하자, 정은 이를 승락하고, 이어 같은 날. 16:47쯤 공중전화로 병에게 "편지를 보내겠으니 부모들만 보아라. 경찰에 알리면 피해자를 죽이겠다"는 뜻을 말하고, 같은 달. 16. 18:46쯤 같은 공중전화로 병에게 "이분들이 시키는대로 하세요. 안 그러면 저는 죽어요"라는 갑이 미리 녹음해 놓은 피해자의 목소리를 들려준 것을 비롯하여 그때부터 1981. 1. 31.까지 사이에 22회에 걸쳐 을, 병 등에게 전화

67) 대판 2007. 7. 26. 2007도2919(및 원심인 대구지판 2007. 3. 28. 2006노2898).

를 하여 피해자의 실종사실을 경찰에 알리면 피해자를 살해하겠다. 돈 40,000,000원을 달라는 뜻을 전하고, 80. 11. 16. 14:00쯤 "같은 달 20. 19:00까지 피해자의 누나가 돈 가방을 가지고 종로2가 고려당으로 나와라. 만약 미행자가 있으면 피해자를 죽이겠다"는 내용의 편지를 써서 같은 달. 18. 병에게 우편으로 도달케 한 것을 비롯하여 그때부터 1981. 2. 1.까지 사이에 5회에 걸쳐 편지를 발송, 도달케 한 사안에서, 특가법 제5조의2 제2항 제1호 소정의 죄는 형법 제287조의 미성년자 약취, 유인행위와 약취 또는 유인한 미성년자의 부모 기타 그 미성년자의 안전을 염려하는 자의 우려를 이용하여 재물이나 재산상의 이익을 취득하거나 이를 요구하는 행위가 결합된 단순일죄의 범죄라고 봄이 상당하므로 비록 타인이 미성년자를 약취·유인한 행위에는 가담한 바 없다 하더라도 사후에 그 사실을 알면서 약취·유인한 미성년자를 부모 기타 그 미성년자의 안전을 염려하는 자의 우려를 이용하여 재물이나 재산상이익을 취득하거나 요구하는 타인의 행위에 가담하여 이를 방조한 때에는 단순히 '재물등 요구행위'(공갈: 필자 주)의 종범이 되는데 그치는 것이 아니라 종합범인 특가법 제5조의2 제2항 제1호 위반죄의 종범에 해당한다.[68)]

해설: 특가법위반(도주차량)죄나 특가법 제5조의2 제2항 제1호 소정의 죄 모두 결합범이라는 점에서 동일하다. 위 ② 판례는 전자에 관하여 범인의 가담 이후 부분에 대해서만 책임을 물었고, 위 ③ 판례는 후자에 관하여 전체 범행에 대한 방조범의 책임을 물었다. ③ 판례는 예외적인 것으로서 실무는 통상 후행가담자에게 그의 가담 이후 부분에 대해서만 책임을 지우고 있다고 생각된다.

참고 판례: 공범이 공갈실행에 착수한 후 그와 공동의 범의를 가지고 그 후의 공갈행위를 계속함(오현교 사건)
공범자가 공갈행위의 실행에 착수한 후 그 범행을 인식하면서 그와 공동의 범의를 가지고 그 후의 공갈행위를 계속하여 재물의 교부나 재산상이익의 취득에 이른 때에는 공갈죄의 공동정범이 성립한다.[69)]

Ⅲ. 교사범

1. 의 의

교사범은 타인으로 하여금 범행을 결의하여 범죄를 실행하게 함으로써 성립한다. 교사범에 대해서는 죄를 실행한 자와 동일한 형으로 처벌한다(형법 31조 1항). 교사범이 성립하기 위해서는 타인으로 하여금 범행을 결의하게 한다는 고의(즉 교사의 고의)가 있어야 하므로, 과실에 의한 교사는 성립할 수 없다.

상습장물취득범이 절도의 습벽이 있는 자에게 드라이버를 사주면서 열심히 일하라고 말함/범행습벽과 교사행위가 함께 원인이 되어 범죄를 실행
막연히 "범죄를 하라"거나 "절도를 하라"고 하는 등의 행위만으로는 교사행위가 되기에 부족하다 하겠으나, 타인으로 하여금 일정한 범죄를 실행할 결의를 생기게 하는 행위를 하면 되는 것으로서 교사의 수난방법에

68) 대판 1982. 11. 23. 82도2024(원심인 서울고판 1982. 7. 9. 82노831).
69) 대판 1997. 2. 14. 96도1959.

제한이 없다 할 것이므로, 교사범이 성립하기 위하여는 범행의 일시, 장소, 방법 등의 세부적인 사항까지를 특정하여 교사할 필요는 없는 것이고, 정범으로 하여금 일정한 범죄의 실행을 결의할 정도에 이르게 하면 교사범이 성립된다.

피고인이 갑, 을, 병이 절취하여 온 장물을 상습으로 19회에 걸쳐 시가의 3분의1 내지 4분의 1의 가격으로 매수하여 취득하여 오다가, 갑, 을에게 일제 드라이바 1개를 사주면서 "병이 구속되어 도망다니려면 돈도 필요할텐데 열심히 일을 하라(도둑질을 하라)"고 말하였다면, 그 취지는 종전에 병과 같이 하던 범위의 절도를 다시 계속하면 그 장물은 매수하여 주겠다는 것으로서 절도의 교사가 있었다고 보아야 한다.

교사범의 교사가 정범이 죄를 범한 유일한 조건일 필요는 없으므로, 교사행위에 의하여 정범이 실행을 결의하게 된 이상 비록 정범에게 범죄의 습벽이 있어 그 습벽과 함께 교사행위가 원인이 되어 정범이 범죄를 실행한 경우에도 교사범의 성립에 영향이 없다.[70]

결혼을 전제로 교제하던 갑에게 낙태를 권유하고 이를 거부하는 갑에게 결혼하지 않겠다고 통보하여 갑이 결국 피고인에게 알리지 않고 낙태함

법리: 교사범이란 정범인 피교사자로 하여금 범죄를 결의하게 하여 그 죄를 범하게 한 때에 성립하는 것이므로, 교사자의 교사행위에도 불구하고 피교사자가 범행을 승낙하지 아니하거나 피교사자의 범행결의가 교사자의 교사행위에 의하여 생긴 것으로 보기 어려운 경우에는 이른바 실패한 교사로서 형법 제31조 제3항에 의하여 교사자를 음모 또는 예비에 준하여 처벌할 수 있을 뿐이다.

한편 피교사자가 범죄의 실행에 착수한 경우에 있어서 그 범행결의가 교사자의 교사행위에 의하여 생긴 것인지 여부는 교사자와 피교사자의 관계, 교사행위의 내용 및 정도, 피교사자가 범행에 이르게 된 과정, 교사자의 교사행위가 없더라도 피교사자가 범행을 저지를 다른 원인의 존부 등 제반 사정을 종합적으로 고려하여 사건의 전체적 경과를 객관적으로 판단하는 방법에 의하여야 하고, 이러한 판단 방법에 의할 때 피교사자가 교사자의 교사행위 당시에는 일응 범행을 승낙하지 아니한 것으로 보여진다 하더라도 이후 그 교사행위에 의하여 범행을 결의한 것으로 인정되는 이상 교사범의 성립에는 영향이 없다고 할 것이다.

사실관계: - 의사인 피고인은 결혼을 전제로 교제하던 갑에게 아이를 임신한 사실을 알게 되자 전문의 과정을 마쳐야 한다는 등의 이유를 내세우며 수회에 걸쳐 낙태를 권유함.

- 갑은 피고인에게 출산이나 결혼이 피고인의 장래에 방해가 되지 않도록 최선을 다하겠다고 하면서 아이를 낳겠다고 말하였으나 피고인은 갑에게 출산 여부는 알아서 하되 더 이상 결혼을 진행하지 않겠다고 통보함.
- 피고인은 그 이후에도 갑에게 아이에 대한 친권을 행사할 의사가 없다고 하면서 낙태를 할 병원을 물색해 주기도 하였는데 갑은 피고인의 의사가 확고하다는 것을 확인하고 피고인에게 알리지 아니한 채 자신이 알아본 병원에서 낙태시술을 받음.

판단: 피고인은 갑에게 직접 낙태를 권유할 당시뿐만 아니라 출산 여부는 알아서 하라고 통보한 이후에도 계속하여 낙태를 교사하였고, 갑은 이로 인하여 낙태를 결의·실행하게 되었다고 봄이 타당하고, 갑이 당초 아이를 낳을 것처럼 말한 사실이 있다 하더라도 그러한 사정만으로 피고인의 낙태 교사행위와 갑의 낙태 결의 사이에 인과관계가 단절되었다고 볼 것은 아니다.[71]

70) 대판 1991. 5. 14. 91도542.
71) 대판 2013. 9. 12. 2012도2744.

2. 교사 부정례

범죄를 결의한 자에 대한 교사

교사범이란 정범으로 하여금 범죄를 결의하게 하여 그 죄를 범하게 한 때에 성립하는 것이고, 피교사자는 교사범의 교사에 의하여 범죄실행을 결의하여야 하는 것이므로, 피교사자가 이미 범죄의 결의를 가지고 있을 때에는 교사범이 성립할 여지가 없다.

피고인이 명의상 업주에 불과한 갑으로 하여금 그가 실제 업주라고 허위진술하도록 지시하여 범인도피를 교사하였다는 공소사실에서, 갑이 을 등으로부터 이미 범인도피교사를 받아 허위로 진술할 결의를 하였던 이상 피고인에게 교사범이 성립할 여지는 없다.[72)]

연소한 자에게 밥값을 구하여 오라고 말함

피고인이 연소한 갑에게 밥값을 구하여 오라고 말한 것이 절도범행을 교사한 것이라고 볼 수 없다.[73)]

갑 교수가 수험생으로 하여금 답안지에 비밀표시를 하게 하고 예상 채전위원인 을 교수와 비밀표시된 답안지 채점을 높게 하여 부정합격시키기로 공모한 후, 채점위원이 되지 아니한 을이 채점위원이 된 병 교수에게 그러한 부정채점을 청탁하였으나, 병이 이를 거절

대학교 입시에서 수험생의 학부모들로부터 합격시켜 달라는 청탁을 받은 갑 교수가 그 수험생으로 하여금 답안지에 비밀표시를 하도록 해 놓고 채점위원이 될 것으로 예상되는 을 교수에게 비밀표시된 답안지 채점을 부정하게 높게 하는 등 위계의 방법으로 부정합격시키도록 하자고 부탁하여 을이 이를 승낙하는 방법으로 갑과 공모하였는데 그 후 을이 채점위원이 되지 아니하자 채점위원이 된 병 교수에게 그와 같은 부정채점을 청탁한 경우, 병이 을의 부정채점 제의를 거절하고 즉시 그 대학교 교무처장에게 신고함으로써 더 이상 입시부정행위를 할 수 없게 되었고 달리 그 이후 을이 갑이나 수험생들 및 그 대학교 총장으로 하여금 부정한 행위나 처분을 하게 할 만한 행위를 한 바 없다면, 을의 범행 가담 이후 그 대학교 총장의 입시관리 업무가 방해될 만한 행위가 없다 할 것이니 업무방해죄의 기수로 논할 수 없음이 명백하므로 병에게 부정청탁을 하였으나 뜻을 못 이룬 을의 행위를 형법 제314조를 적용하여 업무방해죄의 죄책을 지울 수 없다고 한 사례.[74)]

해설: 업무방해죄(형법 314조)에는 미수범 처벌규정이 없다. 위 사안은 보다 논리적으로 분석해보면, 갑의 을에 대한 교사는 업무방해의 효과 없는 교사(형법 31조 2항), 을이 병에 대한 교사는 업무방해의 실패한 교사(형법 31조 3항)에 해당되어 각각 예비·음모에 준하여 처벌하여야 하는데, 업무방해죄에 대해서는 예비·음모를 처벌하는 규정이 없어 결국 범죄가 불성립하는 것으로 생각된다.

72) 대판 1991. 5. 14. 91도542; 대판 2012. 8. 30. 2010도13694.
73) 대판 1984. 5. 15. 84도418.
74) 대판 1994. 12. 2. 94도2510.

3. 타인을 교사하여 '자신을 위한 행위'(불가벌)를 하게 함

자신을 위한 행위에 대해서는 처벌하지 않는 경우들이 있다. 판례는 증인이 위증한 때에는 위증죄로 처벌되지만(형법 152조), 피고인이 자기의 형사사건에 관하여 위증한 때에는 처벌의 대상이 되지 않는다고 본다.[75] 증거인멸·위조죄는 타인의 형사사건 등에 관한 증거를 인멸·위조하는 행위를 처벌 대상으로 하므로(형법 155조), 자신의 형사사건에 관한 증거를 인멸·위조하는 것은 범죄를 구성하지 않는다. 범인도피·은닉죄에 있어서도 범인은 타인을 의미하므로(형법 151조), 범인이 자신의 범죄에 관하여 스스로 도피·은닉하는 것은 범죄를 구성하지 않는다. 위와 같이 스스로 자신을 위한 행위를 한 것 자체로는 범죄가 성립하지 않지만 타인을 교사하여 자신을 위한 행위를 하게 하는 경우에 범죄가 성립한다고 볼 것인지 문제된다. 판례는 다음과 같이 타인을 교사하여 자신을 위한 행위를 하게 하는 것은 방어권남용에 해당하여 범죄가 성립된다고 본다.

자기의 형사사건에 관하여 타인을 교사하여 위증

피고인이 자기의 형사사건에 관하여 허위의 진술을 하는 행위는 피고인의 형사소송에 있어서의 방어권을 인정하는 취지에서 처벌의 대상이 되지 않으나, 법률에 의하여 선서한 증인이 타인의 형사사건에 관하여 위증을 하면 형법 제152조 제1항의 위증죄가 성립되므로 자기의 형사사건에 관하여 타인을 교사하여 위증죄를 범하게 하는 것은 이러한 방어권을 남용하는 것이라고 할 것이어서 교사범의 죄책을 부담케 함이 상당하다.[76]

해설: 피고인이 증인으로서 증언하는 제도는 우리 형사소송절차에서 채택되어 있지 않고 있으며 피고인의 증인적격은 부정된다(다만 공동피고인이 있는 경우에는 그렇지 않으며, 상세히는 형사소송법의 증인적격 부분 참조). 즉 피고인이 자기의 사건에 관하여 허위의 증언을 한 데 대해 방어권을 인정하는 취지에서 처벌하지 않는 경우는 상정할 수 없다. 따라서 위 판례의 판시 중 '피고인이 자기의 형사사건에 관하여 허위의 진술을 하는 행위는 … 처벌의 대상이 되지 않으나' 부분은 부적절하다.

자기의 형사사건에 관하여 타인을 교사하여 증거위조

자기의 형사사건에 관한 증거를 위조하기 위하여 타인을 교사하여 죄를 범하게 한 자에 대하여는 증거위조교사죄가 성립한다.[77]

범인이 자신을 위하여 타인으로 하여금 허위의 자백을 하게 함

범인이 자신을 위하여 타인으로 하여금 허위의 자백을 하게 하여 범인도피죄를 범하게 하는 행위는 방어권의 남용으로 범인도피교사죄에 해당한다.[78]

75) 대판 2004. 1. 27. 2003도5114.
76) 대판 2004. 1. 27. 2003도5114.
77) 대판 1965. 12. 10. 65도826; 대판 2000. 3. 24. 99도5275; 대판 2011. 2. 10. 2010도15986.
78) 대판 2000. 3. 24. 2000도20.

제3자를 교사하여 자신을 무고함

무고죄는 국가의 형사사법권 또는 징계권의 적정한 행사를 주된 보호법익으로 하는 죄이나, 스스로 본인을 무고하는 자기무고는 무고죄의 구성요건에 해당하지 아니하여 무고죄를 구성하지 않는다. 그러나 피무고자의 교사·방조 하에 제3자가 피무고자에 대한 허위의 사실을 신고한 경우에는 제3자의 행위는 무고죄의 구성요건에 해당하여 무고죄를 구성하므로, 제3자를 교사·방조한 피무고자도 교사·방조범으로서의 죄책을 부담한다.[79)]

4. 자격자가 무자격자로 하여금 행위하게 함

치과의사가 간호보조원과 치과기공사에게 발치, 주사 등 진료를 하게 함

간호보조원이 치과의사의 지시를 받아 치과환자에게 그 환부의 엑스레이를 촬영하여 이를 판독하는 등 초진을 하고 발치, 주사, 투약 등 독자적으로 진료행위를 하였다면 이는 의료법 제25조 제1항이 규정한 의료행위에 해당한다.

치과의사가 환자의 대량유치를 위해 치과기공사들에게 내원환자들에게 진료행위를 하도록 지시하여 동인들이 각 단독으로 위 간호보조원과 같은 진료행위를 하였다면 무면허의료행위의 교사범에 해당한다.[80)]

5. 기도된 교사

기도된 교사는 효과 없는 교사와 실패한 교사로 나뉜다. 교사를 받은 자가 범죄의 실행을 승낙하고 실행의 착수에 이르지 아니한 것을 효과 없는 교사라고 한다. 효과 없는 교사에 있어서 교사자와 피교사자에 대해서는 예비·음모에 준하여 처벌한다(형법 31조 2항). 교사를 받은 자가 범죄의 실행을 승낙하지 아니한 것을 실패한 교사라고 한다. 실패한 교사에 있어서 교사자에 대해서는 예비·음모에 준하여 처벌한다(형법 31조 3항).

6. 피교사자의 초과실행

피고인이 상해 또는 중상해를 교사하였는데 피교사자가 살인

교사자가 피교사자에 대하여 상해 또는 중상해를 교사하였는데 피교사자가 이를 넘어 살인을 실행한 경우에, 일반적으로 교사자는 상해죄 또는 중상해죄의 죄책을 지게 되는 것이지만 이 경우에 교사자에게 피해자의 사망이라는 결과에 대하여 과실 내지 예견가능성이 있는 때에는 상해치사죄의 죄책을 지울 수 있다.

피고인이 갑, 을, 병 등에게 피고인과 사업관계로 다툼이 있었던 피해자를 혼내 주되, 평생 후회하면서 살도록 허리 아래 부분을 찌르고, 특히 허벅지나 종아리를 찔러 병신을 만들라는 취지로 이야기 하면서 치료비

79) 대판 2008. 10. 23. 2008도4852.

80) 대판 1986. 7. 8. 86도749.

칼 구입비를 주어, 갑 등이 피해자의 종아리 부위 등을 20여 회나 칼로 찔러 살해한 경우 피고인은 피해자가 죽을 수도 있다는 점을 예견할 가능성이 있었다고 할 것이므로 상해치사죄가 성립하고,
갑 등이 피해자의 머리나 가슴 등 치명적인 부위가 아닌 허벅지나 종아리 부위 등을 주로 찔렀다고 하더라도 칼로 피해자를 20여 회나 힘껏 찔러 그로 인하여 피해자가 과다실혈로 사망하게 된 이상 갑 등이 자기들의 가해행위로 인하여 피해자가 사망할 수도 있다는 사실을 인식하지 못하였다고는 볼 수 없고, 오히려 살인의 미필적 고의가 있었다고 볼 수 있다.[81)]

피해자를 "정신차릴 정도로 때려주라"고 교사

교사자가 피교사자에 대하여 상해를 교사하였는데 피교사자가 이를 넘어 살인을 실행한 경우, 일반적으로 교사자는 상해죄에 대한 교사범이 되는 것이고, 다만 이 경우 교사자에게 피해자의 사망이라는 결과에 대하여 과실 내지 예견가능성이 있는 때에는 상해치사죄의 교사범으로서의 죄책을 지울 수 있다.
교사자가 피교사자에게 피해자를 "정신차릴 정도로 때려주라"고 교사하였다면 이는 상해에 대한 교사로 봄이 상당하다.[82)]

Ⅳ. 방조범

1. 방조의 의의

타인의 범죄를 방조한 자는 종범으로 처벌하며, 종범의 형은 정범의 형보다 감경한다(형법 32조).

2. 방조의 고의와 정범의 고의

형법상 방조행위는 정범이 범행을 한다는 정을 알면서 그 실행행위를 용이하게 하는 직접·간접의 행위를 말하므로, 방조범은 정범의 실행을 방조한다는 이른바 방조의 고의와 정범의 행위가 구성요건에 해당하는 행위인 점에 대한 정범의 고의가 있어야 한다. … 또한 방조범에 있어서 정범의 고의는 정범에 의하여 실현되는 범죄의 구체적 내용을 인식할 것을 요하는 것은 아니고 미필적 인식 또는 예견으로 족하다.[83)]

81) 대판 2002. 10. 25. 2002도4089. 같은 취지로는 대판 1993. 10. 8. 93도1873; 대판 1997. 6. 24. 97도1075.
82) 대판 1997. 6. 24. 97도1075.
83) 대판 2005. 4. 29. 2003도6056. 금괴를 부가가치세 영세율이 적용되는 수출원자재 명목으로 구입한 후 실제로는 시중에 판매처분하고 허위로 수출신고를 하여 이를 근거로 관세를 부정환급받은 정범의 범행에 대하여, 정범이 설립한 위장수출회사의 직원인 피고인이 미필적으로나마 정범의 범행을 인식 또는 예견하고 그 실행행위를 용이하게 하였다고 볼 여지가 있다고 한 사례이다.

3. 방조의 방법

형법상 방조행위는 정범의 실행행위를 용이하게 하는 직접, 간접의 모든 행위를 가리키는 것으로서 그 방조는 유형적, 물질적인 방조뿐만 아니라 정범에게 범행의 결의를 강화하도록 하는 것과 같은 무형적, 정신적 방조행위까지도 이에 해당한다.

주식의 입·출고 절차 등 주식의 관리에 관한 일체의 절차를 정확하게 알고 있는 증권회사의 중견직원들이 정범에게 피해자의 주식을 인출하여 오면 관리하여 주겠다고 하고, 나아가서 부정한 방법으로 인출해 온 주식을 자신들이 관리하는 증권계좌에 입고하여 관리 운용하여 주었다면, 이러한 행위는 정범의 일련의 부정한 주식 인출절차에 관련된 출고전표인 사문서의 위조, 동행사, 사기 등 상호 연관된 일련의 범행 전부에 대하여 방조행위가 된다고 한 사례.[84)]

4. 공동정범과의 구분

해외에서 사용되는 신용카드를 위조하여 그 신용카드로 담배 등을 구입하여 되팔기로 공모한 자들에게 해외 신용카드정보 구입비용을 대주는 대가로 위조 신용카드로 구입한 명품 팔찌 등을 교부받음

법리: 공동정범의 본질은 분업적 역할분담에 의한 기능적 행위지배에 있다고 할 것이므로 공동정범은 공동의사에 의한 기능적 행위지배가 있음에 반하여 종범은 그 행위지배가 없는 점에서 양자가 구별된다.[85)]

공소사실: 갑, 을, 병은 해외에서 사용되는 신용카드를 위조하여 그 신용카드로 담배 등을 구입하여 되팔기로 공모하고, 피고인은 갑의 요구에 따라 위조 대상이 될 해외 신용카드정보 구입비용을 대주는 대가로 갑을 통해서 위조 신용카드로 구입한 명품 팔찌, 가방 등을 받기로 공모하였다.

이에 따라 갑은 신용카드 위조에 필요한 장비를 구입하고, 피고인은 위조 대상이 될 해외 신용카드정보 구입비용(이하, 자료값이라고 함)으로 350만원을 대고, 을은 위 장비와 불상의 자로부터 받은 해외 신용카드정보를 이용하여 신용카드 9개를 위조하였다.

갑, 을, 병은 편의점을 돌며 65회에 걸쳐 합계 5,370,500원 상당의 담배 등을 구입하면서 위와 같이 위조된 신용카드를 사용하고, 담배 등을 교부받아 편취하였다.

인정되는 사실: ① 피고인은 갑의 요구에 따라 범행 자금 중 일부를 제공하면서, 명품 팔찌 등을 구입해 오도록 요구하였을 뿐이고 피고인이 직접 신용카드 위조·사용 등 범행에 가담한 것은 아니다.

② 피고인은 우연히 갑을 알게 된 이래 자신이 운영하던 주점과 관련된 업무상의 필요에 의해 갑과 친분을 유지하여 왔으나, 갑, 을, 병이 2008년에 이 사건 범행과 동종의 범행을 저지를 당시 이에 가담하지 아니하였다. 이 사건의 경우에도 갑, 을, 병은 독자적으로 범행을 공모하여 이미 실행에 옮긴 상태에서 범행을 계속하는 데 필요한 자금을 조달하기 위해 피고인을 끌어들인 것에 불과하다.

③ 피고인이 자료값 제공 대가로 명품 팔찌 등을 요구할 당시 그 방법에 관하여는 갑 등에게 일임하였던 것으로 보인다. 갑 등이 신용카드를 위조·사용하여 명품 팔찌 등을 구입하리라는 것을 알고 있었다고 하나 달리 범행에 직접 관여한 흔적은 발견할 수 없고, 이 부분 공소제기 대상 범죄사실에는 피고인이 요구한 명품 팔찌 등 구입과 관련된 내용은 포함되어 있지 아니하다.

---

84) 대판 1995. 9. 29. 95도456.

85) 대판 1989. 4. 11. 88도1247.

④ 갑 등은 이 사건 범행을 공모하면서 일정 비율에 따른 이익분배 등을 미리 약정하였다. 반면, 피고인이 요구한 명품 팔찌 등은 기본적으로 피고인이 제공한 자료값에 대한 일회적 대가로 보아야 하고, 그 대가가 갑 등이 예정하고 있는 범행의 실행을 통하여 획득된다고 하여 그 성격이 달라진다고 볼 수도 없다.
⑤ 갑은 2008년 범죄 및 이 사건 범죄의 수사, 재판 등과 관련된 여러 가지 이유로 피고인에게 상당한 반감을 품고 있는 것으로 보이고, 피고인이 이 사건 범행에 관여한 정도가 공동정범에 해당하는지 여부는 갑의 진술에 좌우될 것이 아니다.
판단: 검사가 제출한 증거만으로는 피고인과 갑 등이 공동의 의사로 이 사건 신용카드 위조·사용 등 범행을 위한 범죄공동체를 형성하였다거나, 피고인이 위 범행에 이르는 사태의 핵심적 경과를 조종하거나 저지·촉진하는 등으로 지배하여 자신의 의사를 실행에 옮기는 정도에 이르렀다고 인정하기에 부족하고, 피고인은 범행자금을 제공하고 그 범행의 실행을 통하여 획득할 수 있는 명품 팔찌 등을 요구함으로써 단순히 갑 등의 신용카드 위조·사용 등 범행의 결의를 강화시키고 이를 용이하게 한 방조범에 불과하다고 볼 수 있을 따름이다.[86)]
해설: 위 판례는 공동정범과 방조범의 구별에 관하여 '공동의 의사로 범행을 위한 범죄공동체를 형성하였다거나, 범행에 이르는 사태의 핵심적 경과를 조종하거나 저지·촉진하는 등으로 지배하여 자신의 의사를 실행에 옮기는 정도에 이르렀을 것'이라는 기준을 사용하고 있다.

5. 방조의 성립요건

입영기피를 결심하고 집을 나서는 자에게 몸조심하라며 악수를 나눔
이미 스스로 입영기피를 결심하고 집을 나서는 갑에게 피고인이 이별을 안타까와 하는 뜻에서 잘 되겠지 몸조심하라 하고 악수를 나눈 행위는 입영기피의 범죄의사를 강화시킨 방조행위에 해당한다고 볼 수 없다.[87)]

입원치료가 불필요한 자를 입원치료하고 입원확인서를 발급해 주어 보험금을 편취케 함
의사인 피고인이 입원치료를 받을 필요가 없는 환자들이 보험금 수령을 위하여 입원치료를 받으려고 하는 사실을 알면서도 입원을 허가하여 형식상으로 입원치료를 받도록 한 후 입원확인서를 발급하여 준 사안에서, 사기방조죄가 성립한다고 본 사례.[88)]

운전면허 없는 자에게 승용차를 제공하여 무면허운전을 하게 함
형법상 방조행위는 정범이 범행을 한다는 정을 알면서 그 실행행위를 용이하게 하는 직접, 간접의 모든 행위

86) 대판 2013. 1. 10. 2012도12732.
87) 대판 1983. 4. 12. 82도43. 다음은 유사 취지이다.
세관원에게 '잘 부탁한다'고 말함
세관원에게 "잘 부탁한다"는 말을 하였다는 사실만으로서는 사위 기타 부정한 방법으로 관세를 포탈하는 범행의 방조행위에 해당된다든가 또는 그 범행의 실행에 착수하였다고 볼 수 없다(대판 1971. 8. 31. 71도1204).
88) 대판 2006. 1. 12. 2004도6557.

를 가리키는 것인바, 자동차운전면허가 없는 자에게 승용차를 제공하여 그로 하여금 무면허운전을 하게 하였다면 이는 도로교통법위반(무면허운전)의 방조에 해당한다.[89]

6. 방조의 시기 및 예비의 방조

종범은 정범의 실행행위 중에 이를 방조하는 경우뿐만 아니라, 실행 착수 전에 장래의 실행행위를 예상하고 이를 용이하게 하는 행위를 하여 방조한 경우에도 정범이 실행행위를 한 경우에 성립한다.[90] 종범은 정범의 실행행위 전이나 실행행위 중에 정범을 방조하여 그 실행행위를 용이하게 하는 것을 말하므로 정범의 범죄종료 후의 이른바 사후방조를 종범이라고 볼 수 없다.[91]

실행의 착수 이전에 방조

실행의 착수 이전에 장래의 실행행위를 미필적으로나마 예상하고 이를 용이하게 하기 위하여 방조한 경우에도 그 후 정범이 실행행위에 나아갔다면 성립할 수 있다.[92]

간호보조원의 무면허 진료행위가 있은 후에 의사가 이를 진료부에 기재

진료부는 환자의 계속적인 진료에 참고로 공하여지는 진료상황부이므로 간호보조원의 무면허 진료행위가 있은 후에 이를 의사가 진료부에다 기재하는 행위는 정범의 실행행위 종료 후의 단순한 사후행위에 불과하다고 볼 수 없고 무면허 의료행위의 방조에 해당한다.[93]

예비행위의 방조

예비행위의 방조행위는 방조범으로서 처단할 수 없는 것이고 그와 같은 법리는 특정범죄가중처벌등에관한법률 및 관세법에 규정된 무면허수입등 예비죄의 방조행위에 있어서도 마찬가지이다.[94]
해설: 학설상 예비·음모 자체에 대한 교사·방조는 성립할 수 없다고 보는 것이 일반적이다.

'정범의 예비'(강도예비죄)에 가공

형법 32조 1항 소정 타인의 범죄란 정범이 범죄의 실현에 착수한 경우를 말하는 것이므로 종범이 처벌되기 위하여는 정범의 실행의 착수가 있는 경우에만 가능하고 형법 전체의 정신에 비추어 정범이 실행의 착수에

89) 대판 2000. 8. 18. 2000도1914.
90) 대판 1996. 9. 6. 95도2551; 대판 2004. 6. 24. 2002도995; 대판 2008. 12. 24. 2008도9996; 대판 2009. 6. 11. 2009도1518.
91) 대판 2009. 6. 11. 2009도1518.
92) 대판 2013. 11. 14. 2013도7494. 같은 취지로는 대판 1997. 4. 17. 96도3377 전합.
93) 대판 1982. 4. 27. 82도122.
94) 대판 1979. 11. 27. 79도2201

이르지 아니한 예비의 단계에 그친 경우에는 이에 가공하는 행위가 예비의 공동정범이 되는 경우를 제외하고는 종범의 성립을 부정하고 있다고 보는 것이 타당하다.[95)]

7. 방조자의 인식과 정범의 실행 사이의 착오

방조자의 인식과 피방조자의 실행 간에 착오가 있고 양자의 구성요건을 달리한 경우에는 원칙적으로 방조자의 고의는 조각되는 것이나 그러나 그 구성요건이 중첩되는 부분이 있는 경우에는 그 중복되는 한도 내에서만 방조자의 죄책을 인정하여야 한다.
피고인이 정범인 갑 등이 특가법 제6조 제2항에 해당하는 범죄행위를 한 것을 전연 인식하지 못하고 오로지 관세법 제180조에 해당하는 범죄를 방조하는 것으로만 인식하였다면 특가법 제6조 제2항의 방조범으로서 처벌할 수는 없고 동 죄와 구성요건이 중복되는 관세법 제180조의 종범으로서만 처벌하여야 할 것이다.[96)]
해설: 위 관세법 제180조는 관세포탈을 처벌하는 규정이고, 위 특가법 제6조 제2항은 포탈 관세액에 따라 가중처벌하는 규정이다. 따라서 정범이 포탈하는 관세액이 특가법에 의해 가중처벌되는 정도에 이른 것을 전혀 인식하지 못한 방조범에 대해서는 관세법상의 관세포탈방조범으로 처벌하여야 한다는 것이 위 판례의 취지이다.

8. 부작위에 의한 방조

은행지점장이 정범인 부하직원들의 은행에 대한 배임행위를 방치

형법상 방조는 작위에 의하여 정범의 실행행위를 용이하게 하는 경우는 물론, 직무상의 의무가 있는 자가 정범의 범죄행위를 인식하면서도 그것을 방지하여야 할 제반조치를 취하지 아니하는 부작위로 인하여 정범의 실행행위를 용이하게 하는 경우에도 성립된다 할 것이므로 은행지점장이 정범인 부하직원들의 범행을 인식하면서도 그들의 은행에 대한 배임행위를 방치하였다면 배임죄의 방조범이 성립된다.[97)]

---

95) 대판 1976. 5. 25. 75도1549.
96) 대판 1985. 2. 26. 84도2987.
97) 대판 1984. 11. 27. 84도1906. 다음은 같은 취지이다.
입찰사무 담당공무원이 입찰보증금의 계속적인 횡령을 알고도 배당불능을 피하려고 묵인
법원의 입찰사건에 관한 제반 업무를 주된 업무로 하는 공무원이 자신이 맡고 있는 입찰사건의 입찰보증금이 계속적으로 횡령되고 있는 사실을 알았다면, 담당 공무원으로서는 이를 제지하고 즉시 상관에게 보고하는 등의 방법으로 그러한 사무원의 횡령행위를 방지해야 할 법적인 작위의무를 지는 것이 당연하고, 비록 그의 묵인 행위가 배당불능이라는 최악의 사태를 막기 위한 동기에서 비롯된 것이라고 하더라도 자신의 작위의무를 이행함으로써 결과 발생을 쉽게 방지할 수 있는 공무원이 그 사무원의 새로운 횡령범행을 방조 용인한 것을 작위에 의한 법익 침해와 동등한 형법적 가치가 있는 것이 아니라고 볼 수는 없다는 이유로, 그 담당 공무원을 업무상횡령의 종범으로 처벌한 사례(대판 1996. 9. 6. 95도2551).

백화점에서 점주가 가짜 상표가 새겨진 상품들을 판매하는 것을, 상품관리 담당자가 방치

백화점에서 바이어를 보조하여 특정매장에 관한 상품관리 및 고객들의 불만사항 확인 등의 업무를 담당하는 직원은 자신이 관리하는 특정매장의 점포에 가짜 상표가 새겨진 상품이 진열·판매되고 있는 사실을 발견하였다면 고객들이 이를 구매하도록 방치하여서는 아니되고 점주나 그 종업원에게 즉시 그 시정을 요구하고 바이어 등 상급자에게 보고하여 이를 시정하도록 할 근로계약상·조리상의 의무가 있다고 할 것임에도 불구하고 이러한 사실을 알고서도 점주 등에게 시정조치를 요구하거나 상급자에게 이를 보고하지 아니함으로써 점주로 하여금 가짜 상표가 새겨진 상품들을 고객들에게 계속 판매하도록 방치한 것은 작위에 의하여 점주의 상표법위반 및 부정경쟁방지법위반 행위의 실행을 용이하게 하는 경우와 동등한 형법적 가치가 있는 것으로 볼 수 있으므로, 백화점 직원인 피고인은 부작위에 의하여 공동피고인인 점주의 상표법위반 및 부정경쟁방지법위반 행위를 방조하였다고 인정할 수 있다.[98)]

퇴원시 피해자의 사망이 예견됨에도 피해자의 처(부작위에 의한 살인 정범)가 경제적 부담을 빌미삼아 퇴원을 요구하고, 피해자를 수술한 전담의사(피고인 1, 살인방조)가 수술을 보조한 3년차 수련의(피고인 2, 살인방조)에게 퇴원을 지시하고, 피고인 2가 1년차 수련의(피고인 3, 살인방조 ×)에게 퇴원을 지시하여 피고인 3이 피해자를 주거지로 후송하여 인공호흡보조장치를 제거하자 피해자가 5분 내에 사망(보라매병원 사건)

1. 사실관계

(1) 피해자는 1997. 12. 4. 14:30 술에 취한 채 화장실을 가다가 중심을 잃어 기둥에 머리를 부딪치고 시멘트 바닥에 넘어지면서 다시 머리를 바닥에 찧어 경막 외 출혈상을 입고 A병원으로 응급 후송되었다.

(2) 같은 날 18:05경부터 A의 신경외과 전담의사(피고인 1)의 집도와 같은 과 3년차 수련의(피고인 2) 등의 보조로 경막 외 혈종 제거 수술을 하였고, 다음 날 02:30경 수술을 마친 후 중환자실로 옮겨졌으나 자발호흡이 불완전하여 인공호흡기를 부착한 상태로 계속 합병증 및 후유증에 대한 치료를 받게 되었다.

(3) 수술 후 아무런 반응을 보이지 않던 피해자는 1997. 12. 5. 04:00경 대광반사(light reflex)가 돌아왔고, 그 후 눈 뜨는 반응에서는 '부르면 눈을 뜨고 있는 상태'(글라스고우 혼수척도 Glasgow coma scale E3)로, 운동 반응에 있어서는 '통증을 가하면 통증을 가하는 위치로 손, 발을 이동하거나 제지하는 등의 반응'(글라스고우 혼수척도 M5)으로 호전되어 갔고, 그에 따라 피고인 2는 뇌 부종에 따른 별다른 문제가 없는 것으로 판단하여 수술 후 매 15분마다 측정하던 의식 수준, 동공 크기, 대광반사 여부를 1시간마다 측정하도록 하였다.

(4) 또한, 호흡에 있어서는 피해자의 상태에 따라 인공호흡기의 호흡 방법, 호흡 횟수, 산소 농도, 공기 공급량 등이 조절되었는데 퇴원 당시 인공호흡기에 의한 호흡 횟수는 수술 후 16회에서 12회로, 산소농도는 100%에서 40%(일반적인 공기의 산소농도는 20%)로 호전된 상태였으나 1997. 12. 6. 01:40경 호흡음이 거칠고 양측 폐의 아래쪽에서 호흡음이 감소되었고, 같은 날 09:20경 폐 우상엽 쪽에서 거친 소리

98) 대판 1997. 3. 14. 96도1639. 다음은 유사 취지이다.

포털의 오락채널 총괄팀장 등이 콘텐츠제공업체들의 음란만화를 삭제요구하지 않고 방치

인터넷 포털 사이트 내 오락채널 총괄팀장과 위 오락채널 내 만화사업의 운영 직원인 피고인들에게, 콘텐츠제공업체들이 게재하는 음란만화의 삭제를 요구할 조리상의 의무가 있다고 하여, 구 전기통신기본법 제48조의2 위반 방조죄의 성립을 긍정한 사례(대판 2006. 4. 28. 2003도4128).

가 들리고 환기능력이 감소한 것으로 보이는 등 퇴원 당시 인공호흡기를 제거할 경우 자발호흡이 정상적으로 이루어지기 힘들었고, 수술 후 수술 부위에서 피가 자꾸 배어 나와서 1997. 12. 5. 21:00경 수술 부위를 다시 봉합하였으나 그 후에도 수술 부위에서 피가 계속 배어 나와 수술상처 배액기구로 피를 배액(drainage)하고 있는 상태였다.

(5) 한편, 피해자의 처인 갑(원심공동피고인)은 수술 후 피고인 2로부터 피해자의 혈종이 완전히 제거되었고 호전될 것으로 예상된다는 말을 들었으나 그 때까지 260만원 상당의 치료비가 나온 것을 알고 향후 치료비도 부담하기 어려울 뿐 아니라 금은방을 운영하다가 실패한 후 17년 동안 무위도식하면서 술만 마시고 가족들에 대한 구타를 일삼아 온 피해자가 살아 남아 가족들에게 계속 짐이 되기보다는 차라리 사망하는 것이 낫겠다고 생각하여 경제적 부담을 빌미로 피해자의 퇴원의 허용을 계속 요구하였다.

(6) 이에 피고인 1, 피고인 2는 수 차례에 걸쳐 피해자의 상태에 비추어 지금 퇴원하면 죽게 된다는 이유로 퇴원을 극구 만류하고 치료비를 부담할 능력이 없으면 차라리 1주일 정도 기다렸다가 피해자의 상태가 안정된 후 도망가라고까지 이야기하였으나 갑은 피해자의 퇴원을 고집하였고, 1997. 12. 6. 14:00경 피고인 1, 피고인 2로부터 퇴원시 사망가능성에 대한 설명을 듣고, 퇴원 후 피해자의 사망에 대해 법적인 이의를 제기하지 않겠다는 귀가서약서에 서명하였다.

(7) 피고인 2는 갑이 여러 차례의 설명과 만류에도 불구하고 치료비 등이 없다는 이유로 계속 퇴원을 고집하자 상사인 피고인 1에게 직접 퇴원 승낙을 받도록 하라고 하였고, 피고인 1은 1997. 12. 6. 10:00경 피고인 2로부터 위와 같은 갑의 요구사항을 보고 받은 후, 자신을 찾아온 갑에게 피해자가 퇴원하면 사망한다고 설명하면서 퇴원을 만류하였으나 갑이 계속 퇴원을 요구하자 이를 받아들여 피고인 2에게 피해자의 퇴원을 지시하였다. 피고인 1, 피고인 2는 환자의 보호자가 그 퇴원을 강력히 요구하고 있는 상태에서 퇴원 요구를 거부한 후 발생될 치료 결과에 대한 책임이나 향후치료비의 부담이라고 하는 현실적인 문제가 제기되자 보호자의 환자에 대한 퇴원 요구를 거부하면서 의사가 치료행위를 계속할 수 있는 근거 등에 대하여 더 이상 생각해 보지 않은 채 피해자의 퇴원을 위한 조치를 취하게 된 것이다.

(8) 피고인 2는 피고인 1의 지시에 따라 위 병원 1년차 수련의(피고인 3)에게 피해자의 퇴원을 위한 조치를 취하도록 지시하였고, 피고인 3은 1997. 12. 6. 14:00경 피해자에게 부착된 인공호흡기를 제거한 후 갑과 함께 위 병원 구급차로 피해자를 후송하면서 인공호흡보조장치를 사용하여 수동으로 호흡을 보조하다가 피해자의 주거지에 도착한 후 갑에게 인공호흡보조장치를 제거하게 될 경우 사망하게 된다는 사실을 고지한 후 인공호흡보조장치를 제거하였다.

(9) 피해자는 피고인 3이 떠난 후 5분도 안되어 목 부위에서 꺽꺽거리는 등의 소리를 내며 불완전하게 숨을 쉬다가 뇌간 압박에 의한 호흡곤란으로 사망하였다.

2. 피고인 3에 대한 원심 판단의 당부

피고인 3은 1년차 수련의로서 전문의인 담당의사의 지시에 따라 그의 의료행위를 보조하는 역할을 담당하고 있을 뿐, 피해자의 퇴원결정에 관여한 바 없고, 담당의사인 피고인 1 등의 지시에 따라 피해자의 퇴원절차를 밟기 위한 과정을 도와 인공호흡기 또는 인공호흡보조장치를 제거하였더라도 인공호흡기 등의 제거는 퇴원조치에 따르는 일부 과정에 지나지 않아, 그가 회생가능성이 있는 피해자를 살해하려는 갑의 의도까지 인식하였다고 보기는 어려우므로, 결국 살인죄의 정범으로서의 고의뿐만 아니라 방조범으로서의 고의도 인정할 수 없다고 하여 피고인 3에 대하여 무죄를 선고한 제1심판결은 수긍할 수 있다.

3. 피고인 1, 피고인 2에 대한 원심 판단의 당부

가. 원심의 판단[99]

나. 검사의 상고이유 주장에 대한 판단

(1) 생략

(2) 그러나 다른 한편, 형법 제30조의 공동정범이 성립하기 위하여는 주관적 요건인 공동가공의 의사와 객관적 요건으로서 그 공동의사에 기한 기능적 행위지배를 통하여 범죄를 실행하였을 것이 필요하고, 여기서 공동가공의 의사란 타인의 범행을 인식하면서도 이를 제지함이 없이 용인하는 것만으로는 부족하고 공동의 의사로 특정한 범죄행위를 하기 위하여 일체가 되어 서로 다른 사람의 행위를 이용하여 자기의 의사를 실행에 옮기는 것을 내용으로 하는 것이어야 하는바, 기록에 의하여 드러난 사정들, 즉 피고인들이 갑의 퇴원 조치 요구를 극구 거절하고, 나아가 꼭 퇴원을 하고 싶으면 차라리 피해자를 데리고 몰래 도망치라고까지 말하였던 점, 퇴원 당시 피해자는 인공호흡 조절수보다 자가호흡수가 많았으므로 일단 자발호흡이 가능하였던 것으로 보이고, 수축기 혈압도 150/80으로 당장의 생명유지에 지장은 없었던 것으로 보이는 점, 피해자의 동맥혈 가스 분석 등에 기초한 폐의 환기기능을 고려할 때 인공호흡기의 제거나 산소 공급의 중단이 즉각적인 호흡기능의 정지를 유발할 가능성이 적었을 것으로 보이는 점 등에 비추어 보면, 피고인들은 갑의 간청에 못 이겨 피해자의 퇴원에 필요한 조치를 취하기는 하였으나, 당시 인공호흡장치의 제거만으로 즉시 사망의 결과가 발생할 것으로 생각하지는 아니하였던 것으로 보이고(피해자가 실제로 인공호흡장치를 제거한지 5분 정도 후에 사망하였다는 것만으로 그러한 결과가 사전에 당연히 예견되는 것이었다고 단정하기는 어렵다.), 결국 피고인들의 이 사건 범행은, 피해자의 담당 의사로서 피해자의 퇴원을 허용하는 행위를 통하여 피해자의 생사를, 민법상 부양의무자요 제1차적 보증인의 지위에 있는 갑의 추후 의무 이행 여부에 맡긴 데 불과한 것이라 하겠고, 그 후 피해자의 사망이라는 결과나 그에 이르는 사태의 핵심적 경과를 피고인들이 계획적으로 조종하거나 저지·촉진하는 등으로 지배하고 있었다고 보기는 어렵다. 따라서 피고인들에게는 앞에서 본 공동정범의 객관적 요건인 이른바 기능적 행위지배가 흠결되어 있다고 보는 것이 옳다.

(3) 따라서 피고인들이 갑의 부작위에 의한 살인행위를 용이하게 함으로써 이를 방조하였을 뿐이라고 본 원심의 판단은 결론에 있어 정당하고, 거기에 판결 결과에 영향을 미친 위법이 있다고 할 수 없다. 검사의 이 부분 상고이유 주장은 이유 없다.

다. 피고인 1, 피고인 2의 상고이유에 대한 판단

(1) 어떠한 범죄가 적극적 작위에 의하여 이루어질 수 있음은 물론 결과의 발생을 방지하지 아니하는 소극적 부작위에 의하여도 실현될 수 있는 경우에, 행위자가 자신의 신체적 활동이나 물리적·화학적 작용을 통하여 적극적으로 타인의 법익 상황을 악화시킴으로써 결국 그 타인의 법익을 침해하기에 이르렀다면, 이는 작위에 의한 범죄로 봄이 원칙이고, 작위에 의하여 악화된 법익 상황을 다시 되돌이키지 아니한 점에

99) 원심은, 피고인 1, 피고인 2(이하 '피고인들'이라 할 때는 이 두 피고인을 가리킨다)가 피해자의 퇴원을 위하여 취한 조치와 그로 인한 치료행위의 중단은 한 개의 사실관계의 양면으로 서로 결합되어 있는 것으로서, 의사의 관점에서 볼 때 피고인들에 대한 비난은 피고인들이 소극적으로 치료행위를 중단한 점에 있다기보다는 갑의 퇴원 요청을 받아들여 적극적으로 퇴원에 필요한 조치를 취한 점에 집중되어야 할 것이고, 피고인들은 피해자를 퇴원시킬 당시 갑이 피해자에 대한 보호의무를 저버려서 그를 사망에 이르게 하리라는 사정을 인식하고 있었을 뿐 나아가 그러한 결과의 발생을 용인하는 내심의 의사까지는 없었다 할 것이어서 정범의 고의를 인정할 수 없으므로, 피고인들의 행위는 부작위에 의한 살해행위가 아니라 갑의 부작위에 의한 살인행위 실행을 용이하게 한, 작위의 방조행위로 봄이 상당하다는 이유로, 피고인들을 작위에 의한 살인방조죄로 처단하였다.

주목하여 이를 부작위범으로 볼 것은 아니며, 나아가 악화되기 이전의 법익 상황이, 그 행위자가 과거에 행한 또 다른 작위의 결과에 의하여 유지되고 있었다 하여 이와 달리 볼 이유가 없다.

이 사건의 경우 피고인들은 피고인 3에게 피해자를 집으로 후송하고 호흡보조장치를 제거할 것을 지시하는 등의 적극적 행위를 통하여 갑의 부작위에 의한 살인행위를 도운 것이므로, 이를 작위에 의한 방조범으로 본 원심의 판단은 정당한 것으로 수긍할 수 있고, 거기에 피고인들이 상고이유로 주장하는 바처럼 형법상 작위와 부작위의 구별 및 방조행위의 성립에 관한 법리오해 등의 위법이 없다.

(2) 내지 (5) 생략

(6) 종범은 정범의 실행행위 중에 이를 방조하는 경우뿐만 아니라, 실행 착수 전에 장래의 실행행위를 예상하고 이를 용이하게 하는 행위를 하여 방조한 경우에도 성립하므로, 원심이 피고인들의 행위가 갑의 부작위에 의한 살인행위를 방조한 것으로 본 데에 … 위법이 없으며, 가사 피해자가 매우 위독한 상태에 있었다 하여도 회복할 가능성이 전혀 없었던 것이 아닌 이상 피고인들의 이 사건 범행과 피해자의 사망 사이에 합법칙적 연관 내지 상당인과관계를 인정할 수 없다고는 보기 어렵다.[100]

9. 거래상대방의 횡령·배임행위에 가담

부동산 명의수탁자가 부동산을 타에 매각하여 불법영득할 수 있게 한 부동산중개업자

형법상 방조행위는 정범이 범행을 한다는 점을 알면서 그 실행행위를 용이하게 하는 직접 간접의 행위를 말하므로 부동산소개업자로서 부동산의 등기명의수탁자가 그 명의신탁자의 승낙없이 이를 제3자에게 매각하여 불법영득하려고 하는 점을 알면서도 그 범행을 도와주기 위하여 수탁자에게 매수할 자를 소개하여 주는 등의 방법으로 그 횡령행위를 용이하게 하였다면 이러한 부동산소개업자의 행위는 횡령죄의 방조범에 해당한다.[101]

주주가 개인채무담보를 위하여 회사 부동산에 대하여 근저당권설정등기경료 후 새로운 담보권을 설정/주주가 위와 같이 개인채무를 담보함을 알면서 가등기를 요구하여 경료받음

배임죄는 재산상 이익을 객체로 하는 범죄이므로, 1인 회사의 주주가 자신의 개인채무를 담보하기 위하여 회사 소유의 부동산에 대하여 근저당권설정등기를 마쳐 주어 배임죄가 성립한 이후에 그 부동산에 대하여 새로운 담보권을 설정해 주는 행위는 선순위 근저당권의 담보가치를 공제한 나머지 담보가치 상당의 재산상 이익을 침해하는 행위로서 별도의 배임죄가 성립한다.

거래상대방의 대향적 행위의 존재를 필요로 하는 유형의 배임죄에 있어서 거래상대방으로서는 기본적으로 배임행위의 실행행위자와는 별개의 이해관계를 가지고 반대편에서 독자적으로 거래에 임한다는 점을 감안할 때, 거래상대방이 배임행위를 교사하거나 그 배임행위의 전 과정에 관여하는 등으로 배임행위에 적극 가담함으로써 그 실행행위자와의 계약이 반사회적 법률행위에 해당하여 무효로 되는 경우 배임죄의 교사범 또는 공동정범이 될 수 있음은 별론으로 하고, 관여의 정도가 거기에까지 이르지 아니하여 법질서 전체적인 관점에서 살펴볼 때 사회적 상당성을 갖춘 경우에 있어서는 비록 정범의 행위가 배임행위에 해당한다는 점을 알

100) 대판 2004. 6. 24. 2002도995.
101) 대판 1988. 3. 22. 87도2585.

고 거래에 임하였다는 사정이 있어 외견상 방조행위로 평가될 수 있는 행위가 있었다 할지라도 범죄를 구성할 정도의 위법성은 없다고 봄이 상당하다.
1인 회사의 주주가 개인적 거래에 수반하여 법인 소유의 부동산을 담보로 제공한다는 사정을 거래상대방이 알면서 가등기의 설정을 요구하고 그 가등기를 경료받은 사안에서, 거래상대방이 배임행위의 방조범에 해당한다고 한 원심판결을 파기한 사례.[102)]

점포 임차인이 점포 임대인의 이중매매에 적극 가담

점포의 임차인이 임대인이 그 점포를 타에 매도한 사실을 알고 있으면서 점포의 임대차 계약 당시 "타인에게 점포를 매도할 경우 우선적으로 임차인에게 매도한다"는 특약을 구실로 임차인이 매매대금을 일방적으로 결정하여 공탁하고 임대인과 공모하여 임차인 명의로 소유권이전등기를 경료하였다면 임대인의 배임행위에 적극 가담한 것으로서 배임죄의 공동정범에 해당한다.[103)]

10. 독립적인 형태의 방조범

형법상 방조범에 대해 독립적인 형태의 처벌 규정을 두는 경우가 있다. 그 예로는 간첩방조(98조 1항), 도주원조(147, 148조), 범인도피(148조), 도박개장(247조), 자살방조(252조) 등이 있다.

간첩방조죄에 대해 형법 32조를 적용하여 필요적 감경

형법 제98조 제1항의 간첩방조죄는 정범인 간첩죄와 대등한 독립죄로서 간첩죄와 동일한 법정형으로 처단하게 되어 있어 형법 총칙 제32조 소정의 감경대상이 되는 종범과는 그 실질이 달라 종범감경을 할 수 없는 것이므로 그 가중규정인 국가보안법 제4조 제1항 제2호의 반국가단체의 간첩방조죄에 대하여도 그 정범인 반국가단체의 간첩죄와 동일한 법정형으로 처단하여야 하고 종범감경을 할 수 없다.[104)]

Ⅴ. 간접정범

1. 간접정범의 본질

간접정범은 다른 사람을 생명 있는 도구로 이용하여 범죄를 실행하는 것을 말한다. 간접정범의 본질에 관하여 ① 정범이라고 보는 견해는 간접정범이 우월적 의사지배를 통해 전체 범행을 주재한다는 점을 근거로 들고, ② 공범이라고 보는 견해는 형법이 간접정범에 관하여 "교사 또는 방조의 예에 따라

102) 대판 2005. 10. 28. 2005도4915.
103) 대판 1983. 7. 12. 82도180.
104) 대판 1986. 9. 23. 86도1429.

처벌한다"라고 규정하고 총칙 체계상 교사범과 방조범 뒤에 위치하고 있다는 점을 근거로 든다.

2. 간접정범의 성립요건

가. 어느 행위로 인하여 처벌되지 아니하는 자 또는 과실범으로 처벌되는 자

(1) 피이용자의 행위가 구성요건에 해당되지 않음

돌로 죽인다고 협박하며 면도칼을 주어 피해자가 자신의 콧등을 절단하여 불구가 되게 함

피고인은 동거한 사실이 있는 피해자에게 피고인을 탈영병이라고 헌병대에 신고한 이유와 다른 남자와 정을 통한 사실들을 추궁한 바, 이를 부인하자 하숙집 뒷산으로 데리고 가 계속 부정을 추궁하면서 상대 남자를 말하자 대답을 하지 못하고 당황하던 피해자에게 소지 중인 면도칼 1개를 주면서 "네가 네 코를 자르지 않을 때는 돌로써 죽인다"는 등 위협을 가해 자신의 생명에 위험을 느낀 피해자는 자신의 생명을 보존하기 위하여 위 면도칼로 콧등을 길이 2.5센치, 깊이 0.56센치 절단함으로써 피해자에게 전치 3개월을 요하는 상처를 입혀 안면부 불구가 되게 한 경우, 피고인에게 피해자의 상해결과에 대한 인식이 있고 또 피해자에 대한 협박 정도가 그의 의사결정의 자유를 상실케 함에 족한 것인 이상, 피고인의 중상해죄가 성립한다.[105)]

해설: 병역의무를 기피하거나 감면받을 목적으로 신체를 손상하는 행위는 병역법위반죄(병역법 86조)를 구성하지만, 그 이외에 자신의 신체에 상해를 가하는 행위는 범죄를 구성하지 않는다. 따라서 피고인은 구성요건에 해당되지 않는 피이용자의 행위를 이용하여 중상해죄를 범한 것이다.

7세, 3세의 어린 자식들을 함께 죽자며 물속에 따라 들어오게 하여 익사하게 함

피고인이 7세, 3세 남짓된 어린 자식들에 대하여 함께 죽자고 권유하여 물속에 따라 들어오게 하여 결국 익사하게 하였다면 비록 피해자들을 물속에 직접 밀어서 빠뜨리지는 않았다고 하더라도 자살의 의미를 이해할 능력이 없고 피고인의 말이라면 무엇이나 복종하는 어린 자식들을 권유하여 익사하게 한 이상 살인죄의 범의는 있었음이 분명하다.[106)]

(2) 피이용자의 행위에 고의가 없음

채권의 존재에 관하여 을과 다툼이 있는 상황에서 을 명의의 차용증을 위조한 다음, 을에 대한 위 채권을 병에게 양도하여 병으로 하여금 을 상대로 양수금 청구소송을 제기하게 함

자기에게 유리한 판결을 얻기 위하여 소송상의 주장이 사실과 다름이 객관적으로 명백하거나 증거가 조작되어 있다는 정을 인식하지 못하는 제3자를 이용하여 그로 하여금 소송의 당사자가 되게 하고 법원을 기망하여 소송 상대방의 재물 또는 재산상 이익을 취득하려 하였다면 간접정범의 형태에 의한 소송사기죄가 성립하게 된다.

갑이 을 명의 차용증을 가지고 있기는 하나 그 채권의 존재에 관하여 을과 다툼이 있는 상황에서 당초에 없

105) 대판 1970. 9. 22. 70도1638.
106) 대판 1987. 1. 20. 86도2395.

던 월 2푼의 약정이자에 관한 내용 등을 부가한 을 명의 차용증을 새로 위조하여, 이를 바탕으로 자신의 처에 대한 채권자인 병에게 차용원금 및 위조된 차용증에 기한 약정이자 2,500만원을 양도하고, 이러한 사정을 모르는 병으로 하여금 을을 상대로 양수금 청구소송을 제기하도록 한 사안에서, 적어도 위 약정이자 2,500만원 중 법정지연손해금 상당의 돈을 제외한 나머지 돈에 관한 갑의 행위는 병을 도구로 이용한 간접정범 형태의 소송사기죄를 구성한다.107)

임의로 작성한 문중총회 회의록의 내용을 제대로 알려주지 않고 종중원들의 서명을 받음

피고인이 정기문중총회 회의록을 임의로 작성하고는 종중원들을 찾아다니면서 서명, 날인을 받았는데, 이 때 종중원들에게 이 사건 임야의 등기, 매도권한을 피고인에게 일임하고 매도금액 3분의 1을 문중에 반납하고 나머지를 피고인에게 소송대행비용으로 준다는 위 회의록의 내용 등에 관하여 제대로 알려 주지 아니한 채, 단지 이 사건 임야에 관하여 문중 명의로 소유권이전등기를 하는 데 필요하다는 정도로만 얘기하면서 서명, 날인을 받은 사안에서,

명의인을 기망하여 문서를 작성케 하는 경우는 서명, 날인이 정당히 성립된 경우에도 기망자는 명의인을 이용하여 서명 날인자의 의사에 반하는 문서를 작성케 하는 것이므로 사문서위조죄가 성립한다고 할 것이므로, 피고인은 종중원들 명의의 위 회의록을 위조하여 행사한 것이다.108)

107) 대판 2007. 9. 6. 2006도3591.

108) 대판 2000. 6. 13. 2000도778. 다음은 같은 취지이다.

3만원까지 외상 구매가 가능한 피해자 명의의 신용카드를 이용하여 구두를 구입하면서 점원으로 하여금 위 신용카드 금액란의 '3만원'을 '47,200+39,000원'으로 고쳐 쓰게 함

피고인은 엘칸토 양화점에서 행사할 목적으로 피해자로부터 동인 가입의 한국외환은행 소비조합이 발급한 엘칸토(주) 제품 3만원짜리 구두 2족을 구입할 수 있는 유가증권인 신용카드 1매를 차용함을 기화로 자신이 마치 피해자 본인인 것으로 가장하거나 신용카드 기재금액 3만원 이상의 물품을 구입할 수 있음을 피해자로부터 승낙받은 것처럼 가장하면서 그 정을 모르는 그곳 점원으로 하여금 위 신용카드의 금액란에 '3만원'으로 되어 있는 것을 볼펜으로 지우고 그 위에 '47,200+39,000원'으로 고쳐 써서 신용카드 1매를 변조하게 하고, 이를 동인에게 진정하게 성립한 신용카드인 것처럼 제시하여 이를 행사한 사안에서,

위 신용카드는 한국외환은행 소비조합이 그 소속 조합원에게 그의 직번(일종의 구좌번호), 구입상품명 등을 기재하여 교부하고 조합원은 이를 사용할 때 연월일, 금액 등을 기입, 제시하여 엘칸토 양화점(위 소비조합과 할부판매 약정을 한 상점)에서 상품을 신용구입하고 그 양화점을 통하여 위 소비조합에 이를 제출시켜 3개월마다 정산하여 소합원으로부터 수금하는 방식을 취하는 경우로서 이는 위 신용카드에 의해서만 신용구매의 권리를 행사할 수 있는 점에 있어서 재산권이 증권에 화체되었다고 볼 수 있으니 유가증권이라고 볼 것이다.

유가증권의 변조죄에 있어서 변조라 함은 진정으로 성립된 유가증권의 내용에 권한 없는 자가 그 유가증권의 동일성을 해하지 않는 한도에서 변경을 가하는 것을 말하고 설사 진실에 합치하도록 변경한 것이라 하더라도 권한 없이 변경한 경우에는 변조로 되는 것이고 정을 모르는 제3자를 통하여 간접정범의 형태로도 범할 수 있는 것이다.

유가증권변조죄에 있어서 변조라 함은 진정으로 성립된 유가증권의 내용에 권한없는 자가 그 유가증권의 동일성을 해하지 않는 한도에서 변경을 가하는 것을 말하고, 설사, 진실에 합치하도록 변경한 것이라 하더라도 권한 없이 변경한 경우에는 변조로 되는 것이고 정을 모르는 제3자를 통하여 간접정범의 형태로도 범할 수 있는 것인 바, 신용카드를 제시받은 상점점원이 그 카드의 금액란을 정정 기재하였다 하더라도 그것이 카드소지인이 위 점원에게 자신이 위 금액을 정정기재 할 수 있는 권리가 있는 양 기망하여 이루어졌다면 이는 간접정범에 의한 유가증권변조로 봄이 상당하다(대판 1984. 11. 27. 84도1862).

(3) 피이용자의 행위에 목적이 없음

12·12군사반란으로 국권을 사실상 장악하고 대통령, 국무총리, 국무위원들을 강압하여 비상계엄의 전국확대를 의결·선포하게 함

범죄는 '어느 행위로 인하여 처벌되지 아니하는 자'를 이용하여서도 이를 실행할 수 있으므로, 내란죄의 경우 '국헌문란의 목적'을 가진 자가 그러한 목적이 없는 자를 이용하여 이를 실행할 수도 있다.
피고인들은 12·12군사반란으로 군의 지휘권을 장악한 후, 국정 전반에 영향력을 미쳐 국권을 사실상 장악하는 한편, 헌법기관인 국무총리와 국무회의의 권한을 사실상 배제하고자 하는 국헌문란의 목적을 달성하기 위하여, 비상계엄을 전국적으로 확대하는 것이 전군지휘관회의에서 결의된 군부의 의견인 것을 내세워 그와 같은 조치를 취하도록 대통령과 국무총리를 강압하고, 병기를 휴대한 병력으로 국무회의장을 포위하고 외부와의 연락을 차단하여 국무위원들을 강압 외포시키는 등의 폭력적 불법수단을 동원하여 비상계엄의 전국확대를 의결·선포하게 하였다.
위 비상계엄 전국확대가 국무회의의 의결을 거쳐 대통령이 선포함으로써 외형상 적법하였다고 하더라도, 이는 피고인들에 의하여 국헌문란의 목적을 달성하기 위한 수단으로 이루어진 것이므로 내란죄의 폭동에 해당하고, 또한 이는 피고인들에 의하여 국헌문란의 목적을 달성하기 위하여 그러한 목적이 없는 대통령을 이용하여 이루어진 것이므로 피고인들이 간접정범의 방법으로 내란죄를 실행한 것으로 보아야 할 것이다.[109)]

비방할 목적으로 그러한 목적 없는 신문기자에게 허위 보도자료를 주어 허위기사 게재케 함

타인을 비방할 목적으로 허위사실인 기사의 재료를 신문기자에게 제공한 경우에 이 기사를 신문지상에 게재하느냐의 여부는 오로지 당해 신문의 편집인의 권한에 속한다고 할 것이나, 이를 편집인이 신문지상에 게재한 이상 이 기사의 게재는 기사재료를 제공한 자의 행위에 기인한 것이므로, 이 기사재료를 제공한 자는 형법 제309조 제2항 소정의 출판물에 의한 명예훼손죄의 죄책을 면할 수 없는 것이다.
피고인이 피해자를 비방할 목적으로 신문기자에게 허위사실을 설명하고 보도자료를 교부하여, 그 내용을 진실한 것으로 오신한 신문기자로 하여금 신문에 허위기사를 게재하도록 하였다면, 이는 출판물에 의한 명예훼손죄의 구성요건을 충족한다.[110)]

(4) 피이용자의 행위가 위법하지 않음

허위로 작성한 수사서류를 이용하여 구속영장을 신청하고 영장을 발부받아 구속

감금죄는 간접정범의 형태로도 행하여질 수 있는 것이므로, 인신구속에 관한 직무를 행하는 자 또는 이를 보조하는 자가 피해자를 구속하기 위하여 진술조서 등을 허위로 작성한 후 이를 기록에 첨부하여 구속영장을

109) 대판 1997. 4. 17. 96도3376 전합.
110) 대판 1994. 4. 12. 93도3535. 다음은 같은 취지이다.
피고인이 피해자를 비방할 목적으로 조선일보 기자에게 피고인이 동대표 선거에서 당선되고도 선거가 무효로 된 경위에 관하여 허위사실을 설명하고 자료를 제공하여, 그 내용을 진실한 것으로 오신한 기자로 하여금 조선일보에 허위기사를 게재하도록 하였다면 이는 출판물에의한명예훼손죄의 구성요건을 충족한다(대판 2004. 5. 14. 2003도5370).

신청하고, 진술조서 등이 허위로 작성된 정을 모르는 검사와 영장전담판사를 기망하여 구속영장을 발부받은 후 그 영장에 의하여 피해자를 구금하였다면 형법 제124조 제1항의 직권남용감금죄가 성립한다.[111]

나. 타인의 의사를 부당하게 억압할 것을 요하지 않음

형법 제34조 제1항은 … 규정하고 있으므로, 처벌되지 아니하는 타인의 행위를 적극적으로 유발하고 이를 이용하여 자신의 범죄를 실현한 자는 위 법조항이 정하는 간접정범으로서의 죄책을 지게 되고, 그 과정에서 타인의 의사를 부당하게 억압하여야만 간접정범에 해당하게 되는 것은 아니다.[112]

3. 자수범

자수범(自手犯)은 범인 자신이 구성요건적 행위를 직접 실행하여야 성립할 수 있는 범죄를 의미한다. 따라서 자수범에 있어서는 간접정범이 성립할 수 없다. 학설상 자수범으로 열거되는 것으로는 위증죄, 허위공문서작성죄, 도주죄, 군무이탈죄 등이 있다.

다음 판례는 비신분자가 신분 있는 자를 이용하여 간접정범의 형태로 범죄를 실행할 수 없는 경우를 인정하고 있다. 학설상 다음 판례는 자수범의 개념을 인정하고 있는 것으로 이해되고 있다.

---

111) 대판 2006. 5. 25. 2003도3945.

112) 대판 2008. 9. 11. 2007도7204. 구체적인 판시는 다음과 같다.

A의 대표이사(갑)가 공장신설과 관련하여 국회의원(을)에게 청탁하면서 그 정을 모르는 A의 임직원들로 하여금 을의 후원회에 5,560만원을 기부하게 함

A주식회사의 대표이사 겸 회장인 갑이 A의 제2공장을 서산시에 신설하는 것과 관련하여 그곳 지역구 국회의원인 을의 주선으로 서산시장 등과의 간담회를 가지고 을에게 도시계획변경 및 일반지방산업단지지정에 관하여도 서산시장의 협조를 구해 달라고 부탁한 사실, 이와 관련하여 갑은 을에게 후원금을 제공하기로 마음먹고, A의 경영진과 조직을 통하여 전국에 산재한 A의 지점 및 영업소 직원들에게 을을 소개하면서 그에 대한 후원금 기부를 권고하고 후원한 직원들의 명단까지 파악하는 등 후원금 기부를 적극적으로 유도하여, 이전에는 을에 대한 후원금 기부를 생각조차 하지 않던 전국 각지의 A의 직원들 중 무려 542명으로 하여금 불과 14일 동안 10만원씩 모두 5,420만원의 후원금을 을의 후원회에 집중적으로 기부하도록 함으로써 갑 및 A의 임원 등의 후원금을 합하여 합계 5,560만원을 기부한 사실, 을의 후원회는 형식적으로는 을과 별도로 구성되어 있기는 하나, 그 활동이 미미하고, 후원금 관리계좌가 을 명의로 개설되어 있으며, 그 통장 및 도장을 을의 변호사 사무실 여직원 겸 국회의원 정치자금 회계책임자가 을의 국회의원 정치자금 통장 및 도장과 함께 보관하면서 을의 국회의원 보좌관 겸 후원회 회계책임자의 구체적 지시·감독 아래 이를 관리하여 왔고, 을은 그 보좌관 겸 후원회 회계책임자로부터 위 통장의 입·출금 내역 등 관리 상황을 수시로 보고받아 왔으며, 이 사건 후원금 입금에 관하여도 위와 같은 방법으로 보고받고 그 직후 갑에게 직접 감사하다는 취지의 인사말까지 한 사실을 알 수 있다.

비록 형식적으로는 위 후원금이 후원회에 기부된 것이라고 하더라도 실질적으로는 후원회의 회계를 사실상 지배·장악하고 있던 을 본인이 바로 후원금을 기부받은 것으로 볼 수 있어 정치자금법 제32조 제3호가 금지하는 공무원이 담당·처리하는 사무에 관하여 청탁 또는 알선하는 일과 관련하여 정치자금을 수수한 것이라 할 것이고, 갑은 자세한 내막을 알지 못하여 정치자금법 위반죄를 구성하지 않는 직원들의 기부행위를 유발하고 이를 이용하여 자신의 범죄를 실현한 것이어서 간접정범으로서의 죄책을 면할 수 없다 할 것이다.

수표수취인이 수표발행인에게 수표를 분실하였다고 거짓말하여, 수표발행인이 분실신고

사실관계: - 피고인이 갑에게 돈을 빌려주고 그 담보를 위하여 갑으로부터 액면금 백지의 수표를 발행받으면서 수표를 다른 사람으로부터 할인받지 않기로 약정하였다.
- 피고인은 위 수표의 액면란을 보충한 다음 이를 은행에 지급제시하지 않는 조건으로 을에게 할인의뢰하였다.
- 을은 다시 병에게 위 수표를 할인의뢰하였는데, 병이 위 수표를 은행에 지급제시하였다.
- 위 사실을 안 갑이 피고인에게 항의하자, 피고인은 위 수표를 분실하였다고 거짓말하면서 분실신고를 하도록 하여 갑이 위 수표를 분실하였다고 은행에 신고하였다.

판단: 부정수표단속법의 목적이 부정수표 등의 발행을 단속처벌함에 있고(제1조), 허위신고죄를 규정한 위 법 제4조가 "수표금액의 지급 또는 거래정지처분을 면하게 할 목적"이 아니라 "수표금액의 지급 또는 거래정지처분을 면할 목적"을 요건으로 하고 있는데 수표금액의 지급책임을 부담하는 자 또는 거래정지처분을 당하는 자는 오로지 발행인에 국한되는 점에 비추어 볼 때 발행인 아닌 자는 위 법조가 정한 허위신고죄의 주체가 될 수 없고, 허위신고의 고의 없는 발행인을 이용하여 간접정범의 형태로 허위신고죄를 범할 수도 없다.[113]

선서무능력자로 하여금 위증하게 함

형법 제155조 제1항에서 타인의 형사사건에 관하여 증거를 위조한다 함은 증거 자체를 위조함을 말하는 것으로서, 위증죄로 처벌되지 아니하는 선서무능력자로서 사고 현장을 목격한 일이 없는 사람에게 부탁하여 타인의 형사사건을 재판하는 법정에서 현장을 목격한 것처럼 허위의 진술을 하게 하는 것은 형법 제155조 제1항의 증거위조죄에 해당하지 않는다.[114]

해설: '16세 미만자와 선서의 취지를 이해하지 못하는 자'가 선서무능력자이다(형소법 159조, 민사소송법 322조).

위 판례는 선서무능력자는 위증죄로 처벌되지 않음을 전제로 하여 증거위조에 관하여 판시하고 있다. 그런데 위 판례가 자수범인 위증죄에 있어서는 간접정범이 성립할 수 없다는 입장을 취하였다고 이해하는 견해가 있다. 위 판례의 사안에서 선서무능력자의 허위증언은 위증죄를 구성하지 않고 따라서 선서무능력자로 하여금 허위증언을 하게 한 자에게 위증죄의 교사·방조가 성립하지 않을 것이기 때문에 위 판례가 증거위조죄의 성립 여부를 따진 것일 뿐 위증죄에 있어서 간접정범이 성립할 수 있는지 여부에 관하여 판단한 것은 아니라고 생각된다.

4. 허위공문서작성죄와 간접정범

허위공문서작성죄는 문서의 작성권자인 공무원만 범할 수 있는 진정신분범이다. 공정증서원본등불실기재죄(형법 228조)는 비공무원이 특정 공문서의 작성권자를 생명 있는 도구로 이용하여 허위 공문서를 작성하게 함으로써 성립하는 간접정범 형태의 범죄이다. 비공무원이 공문서의 작성권자를 생명

113) 대판 1992. 11. 10. 92도1342.
114) 대판 1998. 2. 10. 97도2961.

있는 도구로 이용하여 형법 228조에서 정하고 있는 공문서 이외의 공문서를 작성하게 한 경우에도 허위공문서작성죄의 간접정범이 성립하는지 문제되나 통설과 판례는 이를 부정한다.

(1) 비공무원이 간접정범의 형태로 공무원으로 하여금 허위 내용의 공문서를 작성케 함(허위공문서작성죄 간접정범 ×)

동생의 성명과 생년월일을 적고 피고인의 사진을 붙여 도민증을 신청하여 발급받음

피고인이 전주경찰서장을 거쳐서 전라북도지사에게 피고인의 도민증 발급 신청을 함에 있어서 도민증 용지에 징집 해당자가 아닌 피고인의 동생의 성명과 생년월일을 적은 후 그 사진란에 피고인의 사진을 붙여 도민증발급을 신청하여서 그 정을 모르는 전주경찰서장 및 전라북도지사로부터 전라북도지사 명의의 도민증을 발급받은 사안에서,

형법은 소위 무형위조에 관하여서는 공문서에 관하여서만 이를 처벌하고 일반 사문서의 무형위조를 인정하지 아니할 뿐 아니라[다만 형법 제233조(허위진단서 등의 작성)의 경우는 예외], 공문서의 무형위조에 관하여서도 형법 제227조(허위공문서작성 등) 이외에 특히 공무원에 대하여 허위의 신고를 하고 공정증서원본 면허장 감찰 또는 여권에 사실 아닌 기재를 하게 할 때에 한하여 동법 제228조의 경우의 처벌규정을 만들고 더구나 위 227조의 경우의 형벌보다 현저히 가볍게 벌하고 있음에 지나지 아니하는 점으로 보면 공무원이 아닌 자가 허위의 공문서 작성의 간접정범이 되는 때에는 동법 제228조의 경우 이외에는 이를 처벌하지 아니하는 취지로 해석함이 상당하다. 따라서 피고인의 행위는 허위공문서작성죄를 구성하지 않는다.115)

(2) 비공무원이 간접정범의 형태로 공무원으로 하여금 허위 내용의 공문서를 작성케 함(공문서위조죄 간접정범 ×)

어느 문서의 작성 권한을 갖는 공무원이 그 문서의 기재 사항을 인식하고 그 문서를 작성할 의사로써 이에 서명날인하였다면, 설령 그 서명날인이 타인의 기망으로 착오에 빠진 결과 그 문서의 기재사항이 진실에 반함을 알지 못한 데 기인한다고 하여도, 그 문서의 성립은 진정하며 여기에 하등 작성 명의를 모용한 사실이 있다고 할 수는 없으므로, 공무원 아닌 자가 관공서에 허위 내용의 증명원을 제출하여 그 내용이 허위인 정을 모르는 담당공무원으로부터 그 증명원 내용과 같은 증명서를 발급받은 경우 공문서위조죄의 간접정범으로 의율할 수는 없다.116)

(3) 보조공무원이 작성권자를 이용하여 허위공문서 작성(허위공문서작성죄 간접정범 ○)

보조공무원이 작성권자를 이용하여 허위공문서 작성케 하는 경우에는 허위공문서작성죄의 간접정범이 성립하고, 이 경우 보조공무원과 공모한 자도 간접정범의 공범이 된다.

115) 대판 1961. 12. 14. 4292형상645.
116) 대판 2001. 3. 9. 2000도938.

허위공문서작성죄의 주체는 직무상 그 문서를 작성할 권한이 있는 공무원에 한하고 작성권자를 보조하는 직무에 종사하는 공무원은 허위공문서작성죄의 주체가 되지 못하나 이러한 보조직무에 종사하는 공무원이 허위공문서를 기안하여 허위인 정을 모르는 작성권자에게 제출하고 그로 하여금 그 내용이 진실한 것으로 오신케 하여 서명 또는 기명날인케 함으로써 공문서를 완성한 때에는 허위공문서작성죄의 간접정범이 성립된다 할 것인바, 면의 호적계장이 정을 모른 면장의 결재를 받아 허위내용의 호적부를 작성한 경우 허위공문서작성, 동행사죄의 간접정범이 성립된다.117)

허위공문서작성죄의 간접정범인 보조공무원의 공범

작성권한 있는 공무원의 직무를 보좌하는 자가 그 직위를 이용, 행사할 목적으로 그 초안한 문서에 허위내용을 기입하고, 그 정을 모르는 상사에게 제출 결재케 함으로써 허위 공문서를 작성케 하는 경우에 그와 공모한 자도 허위공문서작성죄의 간접정범의 죄책을 진다.118)

보조공무원이 결재 없이 허위의 공문서를 작성권자 명의로 작성하는 때에는 다음 판례와 같이 공문서위조죄가 성립한다.

보조공무원이 허위공문서를 작성함에 있어 결재권자의 결재를 받는 것과 받지 않는 것

허위공문서작성죄의 주체는 그 문서를 작성할 권한이 있는 명의인인 공무원에 한하고, 그 공무원의 문서작성을 보조하는 직무에 종사하는 공무원은 위 죄의 주체가 되지 못하므로 보조공무원이 허위공문서를 기안하여 그 정을 모르는 작성권자의 결재를 받아 공문서를 완성한 때에는 허위공문서작성죄의 간접정범이 되고, 이러한 결재를 거치지 않고 임의로 허위내용의 공문서를 완성한 때에는 공문서위조죄가 성립한다.119)

형법 제227조가 규정한 허위공문서작성죄는 그 문서를 작성할 권한이 있는 공무원이 허위내용의 공문서를 작성한 경우에 성립하는 것이고 그 공무원을 보조하는 직무에 종사하는 공무원이 작성권한을 가진 공무원의 결재도 받지 아니하고 임의로 허위내용의 공문서를 작성권한자 명의로 작성한 때에는 공문서위조죄가 성립한다고 할 것인바, 면사무소 호적계장이 면장의 결재 없이 호적의 출생년란, 주민등록번호란에 허위내용의 호적정정 기재를 한 경우에는 공문서위조 및 동행사죄를 구성하는 것은 별론으로 하고 허위공문서작성죄에 해당할 수는 없다.120)

117) 대판 1990. 10. 30. 90도1912.
118) 대판 1977. 12. 13. 74도1900.
119) 대판 1981. 7. 28. 81도898.
120) 대판 1990. 10. 12. 90도1790.

(4) 보조공무원이 아닌 공무원은 허위공문서작성죄의 간접정범 불성립

산림과 소속 공무원이 준보전산지라고 허위 통보하여, 민원봉사과 소속 공무원으로 하여금 허위의 토지이용계획확인서를 작성케 함

판결요지: 허위공문서작성죄의 간접정범은 공문서의 작성권한이 있는 공무원의 직무를 보좌하는 자가 그 직위를 이용하여 행사할 목적으로 허위의 내용이 기재된 문서 초안을 그 정을 모르는 상사에게 제출하여 결재하도록 하는 등의 방법으로 작성권한이 있는 공무원으로 하여금 허위의 공문서를 작성하게 한 경우에 성립한다.

사실관계: ① - 평창군청 산림과 소속 공무원인 피고인 1, 2는 공모하여,

- 피고인 2는 A 임야가 산지이용구분도상에 준보전산지에 해당한다는 허위 내용으로 '산지이용구분 내역 통보'를 기안하고, 피고인 1은 위 통보에 전결한 다음,
- 이를 민원봉사과에 보내어 그 정을 모르는 민원봉사과 소속 공무원으로 하여금 용도지역이 전부 관리지역으로 기재된 평창군수 명의의 위 각 임야에 대한 토지이용계획확인서를 작성, 발급하게 하였고,

② - 피고인 2는, B 임야에 대하여는 단독으로, C 및 D 임야에 대하여는 피고인 3 등과 공모하여,

- B, C, D 임야가 산지이용구분도상에 준보전산지에 해당한다는 허위 내용으로 각 '산지이용구분 내역 통보'를 기안하고, 그 정을 모르는 피고인 1은 이에 전결한 다음,
- 위 각 통보를 평창군청 민원봉사과로 보내어 그 정을 모르는 민원봉사과 소속 공무원으로 하여금 용도지역이 관리지역으로 기재된 평창군수 명의의 B, C, D 임야에 대한 각 토지이용계획확인서를 작성, 발급하게 하였다.

판단: 위와 같은 사정만으로는 피고인 1, 2가 위 각 토지이용계획확인서의 작성권한자라고 볼 수 없을 뿐만 아니라 위 각 통보의 발급을 담당하는 민원봉사과 소속 공무원의 업무를 보조하는 직무에 종사하거나 위 각 통보의 작성을 기안하는 업무에 종사하는 지위에서 위 각 '산지이용구분 내역 통보'를 보내준 것으로 보기도 어려우므로, 피고인 1, 2를 각 허위공문서작성죄의 간접정범 내지 간접정범의 공동정범으로 볼 수는 없다고 할 것이고, 피고인 2에게 각 허위공문서작성죄의 간접정범으로서의 죄책이 인정되지 않으므로 그와 공모한 공무원 아닌 피고인 3 역시 각 허위공문서작성죄의 간접정범의 공동정범으로 처단할 수 없다 할 것이다. 허위 내용이 기재된 공문서를 행사하였다고 하더라도 그 공문서가 허위공문서작성죄에 의하여 만들어진 것이 아닌 이상 이를 허위작성공문서행사죄로 처벌할 수는 없다.[121)]

해설: 위 판례는 허위공문서작성죄의 간접정범이 될 수 있는 공무원은 문서의 작성권한자의 업무를 보조하거나 작성권한자 명의의 문서를 기안하는 업무에 종사하는 자로 한정됨을 명백히 하고 있다.

용도지역은 1. 도시지역, 2. 관리지역, 3. 농림지역, 4. 자연환경보전지역으로 나뉜다(국토의 계획 및 관리에 관한 법률 36조). 그런데 산지관리법에 따라 보전산지로 지정·고시된 지역은 그 고시에서 구분하는 바에 따라 국토의 계획 및 관리에 관한 법률에 따른 농림지역 또는 자연환경보전지역으로 결정·고시된 것으로 보기 때문에 관리지역이 될 수 없다(국토의 계획 및 관리에 관한 법률 42조 2항). 따라서 위 판례의 사안은, 해당 산지가 보전산지여서 농림지역이나 자연환경보전지역이 될 수 있을 뿐 관리지역이 될 수 없음에도 산림과 소속 공무원인 피고인들이 준보전산지라고 허위 통보함으로써, 민원봉사과 소속 공무원으로 하여금 허위의 토지이용계획확인서를 작성, 발급케 한 것으로 짐작된다.

121) 대판 2010. 1. 14. 2009도9963.

(5) 허위공문서작성죄와 공동정범, 교사범

비공무원이 공무원과 공모하여 허위공문서 작성

공무원이 아닌 자는 형법 제228조(공정증서원본등불실기재)의 경우를 제외하고는 허위공문서작성죄의 간접정범으로 처벌할 수 없으나, 공무원이 아닌 자가 공무원과 공모하여 허위공문서작성죄를 범한 때에는 공무원이 아닌 자도 허위공문서작성죄의 공동정범이 된다.[122)]

공무원을 교사하여 무허가건물을 허가받은 건축물인 것처럼 가옥대장 등에 등재케 함

피고인이 건축물조사 및 가옥대장 정리업무를 담당하는 지방행정서기를 교사하여 무허가 건물을 허가받은 건축물인 것처럼 가옥대장 등에 등재케 하여 허위공문서 등을 작성케 한 사실이 인정된다면, 허위공문서작성죄의 교사범으로 처단한 것은 정당하다.[123)]

Ⅵ. 공범의 이탈

1. 공동정범의 이탈

가. 다른 공동정범이 실행에 착수하기 이전에 이탈

살인죄의 공모공동정범이 살인죄 실행행위 착수 이전에 공모관계에서 이탈

공모공동정범에 있어서 그 공모자 중의 1인이 다른 공모자가 실행행위에 이르기 전에 그 공모관계에서 이탈한 때에는 그 이후의 다른 공모자의 행위에 관하여 공동정범으로서의 책임은 지지 않는다고 할 것이고 그 이탈의 표시는 반드시 명시적임을 요하지 않는다.

피고인은 살해모의에는 가담하였으나, 나머지 공범들이 피해자의 팔, 다리를 묶어 저수지 안으로 던지는 순간에 피해자에 대한 살인행위의 실행의 착수가 있었다 할 것인데, 다른 공모자들이 위와 같이 실행행위에 이르기 전에 그 공모관계에서 이탈하였으므로 피고인은 공모관계에서 이탈한 이후의 다른 공모자의 행위에 관하여는 공동정범으로서의 책임을 지지 않는다.[124)]

범죄단체인 '시라소니'파의 조직원들이 반대파에게 복수하기 위하여 여러 대의 차에 분승하여 출발할 때 피고인은 택시를 타고 집으로 갔고 그 후 위 조직원들이 폭행, 살인을 함

청주 시내 유흥업소를 활동무대로 하는 범죄단체조직인 '시라소니'파 조직원들은 공모하여 반대 조직인 '파

122) 대판 2006. 5. 11. 2006도1663.
123) 대판 1983. 12. 13. 83도1458.
124) 대판 1986. 1. 21. 85도2371.

라다이스'파에게 보복하기 위하여 청주시 무심천 고수부지에 집결한 후 '파라다이스'파 조직원들에게 상해를 가하거나 살해하기로 하고, '시라소니'파 조직원들은 생선회칼, 손도끼, 낫 등 흉기를 들고 8대 차량에 분승하여 A나이트클럽에서 피해자 1을 폭행하고, B나이트클럽에서 일부는 망을 보고 다른 공범자들은 흉기로 피해자 2를 무차별 찔러 살해한 사안에서,
청주 시내 유흥업소를 활동무대로 하는 범죄단체조직인 '시라소니'파의 조직원인 피고인은 같은 파 다른 조직원으로부터 무심천에 가서 '파라다이스'파에게 보복을 하러 간다는 말을 듣고 다른 조직원들이 여러 대의 차에 분승하여 출발하려고 할 때 사태의 심각성을 실감하고 범행에 휘말리기 싫어서 그곳에서 택시를 타고 집으로 갔으므로 피해자들에 대한 폭행이나 살인의 점에 관하여 공모하였다고 가사 공모 관계가 인정된다 하더라도 다른 조직원들이 각 이 사건 범행에 이르기 전에 그 공모 관계에서 이탈한 것이라 할 것이므로 피고인은 위 공모 관계에서 이탈한 이후의 행위에 대하여는 공동정범으로의 책임을 지지 않는다.[125)]
해설: 살인의 예비·음모가 성립된 이후에 이탈하였다면 살인예비·음모죄의 책임은 진다.

절도를 공모한 자가 절도를 포기하고 약속 장소에 나타나지 않자 다른 공범들만 절도 실행

갑은 을, 병과 함께 A상사 창고에 몰래 들어가 피혁을 훔치기로 약속하였으나 갑은 절취할 마음이 내키지 아니하고 처벌이 두려워 민나기로 한 시간에 약속장소로 가지 아니한 채 포장마차에서 술을 마신 후 인근 여관에서 잠을 잤으며 을 등은 약속장소에서 갑을 기다리다가 그들끼리 모의된 범행을 결행하기로 하여 을은 그 창고 앞에서 망을 보고 병은 창고에 침입하여 가죽을 절취한 경우에 갑은 다른 공모자들이 실행행위에 이르기 이전에 그 공모관계로부터 이탈한 것이어서 다른 공모자의 절도행위에 관하여 공동정범으로서의 책임을 지지 아니한다.[126)]

택시 운전사 상대로 강도하기로 공모 후 다른 공범이 피해자와 시비하는 사이에 도주함

갑, 을, 병은 택시를 잡아타고 한적한 곳에 이르러 운전사를 상대로 금품을 강취할 것을 공모하고, 피해자 운전의 택시를 타고 경기 이천군 도로상까지 가서 택시를 세우고 모두 내린 다음, 을이 피해자에게 택시요금이 없으니 다음에 받아가라고 시비하는 사이에 갑은 피해자가 경찰관서 등에 무임승차 신고를 할 것이 두려워 겁을 먹고 도주해 버리고 병도 기회를 보아 도망갈 태세를 취하던 중, 피해자가 을의 옷자락을 붙잡고 요금을 내놓으라고 하며 휴대하고 있던 공구로 을의 우측 두정부를 내려쳐 피가 나자 을이 격분하여 순간적으로 살의를 품고 병과 합세하여 피해자에게 폭행을 가하여 살해하고 피해자 주머니에서 현금 84,000원과 택시 안에서 현금 4,000원을 꺼내어 가고, 택시요금 30,000원을 지급하지 아니한 사안에서,
갑이 을 등과 택시강도를 하기로 모의하였더라도 을 등이 피해자에 대한 폭행에 착수하기 전에 겁을 먹고 미리 현장에서 도주해 버린 것이라면 을 등과 사이에 강도의 실행행위를 분담한 협동관계가 있었다고 보기 어려우니 갑을 특수강도의 합동범으로 다스릴 수는 없다.[127)]
해설: 위 판례의 취지는 합동범에 있어서는 공모만 하고 실행행위를 분담하지 않은 자는 합동범이 될 수 없

125) 대판 1996. 1. 26. 94도2654.
126) 대판 1989. 3. 14. 88도837.
127) 대판 1985. 3. 26. 84도2956.

다는 것이다. 현재의 판례는 견해를 변경하여 실행행위를 분담하지 않은 자도 합동범의 공모공동정범이 될 수 있다고 본다.
사안에서 갑은 강도의 실행의 착수 이전에 공모관계에서 이탈하였으므로 강도음모죄에 해당할 것으로 생각된다.

나. 공모에 주도적으로 참여한 자의 공모관계이탈

공모주도자가 다른 공모자들이 강도의 대상을 지목하고 뒤쫓아 가자 비대한 체격 때문에 뒤따라가지 못하고 앉아 있는 사이, 다른 공모자들이 강도상해

공모공동정범에 있어서 공모자 중의 1인이 다른 공모자가 실행행위에 이르기 전에 그 공모관계에서 이탈한 때에는 그 이후의 다른 공모자의 행위에 관하여는 공동정범으로서의 책임은 지지 않는다 할 것이나, 공모관계에서의 이탈은 공모자가 공모에 의하여 담당한 기능적 행위지배를 해소하는 것이 필요하므로 공모자가 공모에 주도적으로 참여하여 다른 공모자의 실행에 영향을 미친 때에는 범행을 저지하기 위하여 적극적으로 노력하는 등 실행에 미친 영향력을 제거하지 아니하는 한 공모관계에서 이탈하였다고 할 수 없다.
다른 3명의 공모자들과 강도 모의를 하면서 삽을 들고 사람을 때리는 시늉을 하는 등 그 모의를 주도한 피고인이 함께 범행 대상을 물색하다가 다른 공모자들이 강도의 대상을 지목하고 뒤쫓아 가자 단지 "어?"라고만 하고 비대한 체격 때문에 뒤따라가지 못한 채 범행현장에서 200m 정도 떨어진 곳에 앉아 있었으나 위 공모자들이 피해자를 쫓아가 강도상해의 범행을 한 사안에서, 피고인에게 공동가공의 의사와 공동의사에 기한 기능적 행위지배를 통한 범죄의 실행사실이 인정되므로 강도상해죄의 공모관계에 있고, 다른 공모자가 강도상해죄의 실행에 착수하기까지 범행을 만류하는 등으로 그 공모관계에서 이탈하였다고 볼 수 없으므로 강도상해죄의 공동정범으로서의 죄책을 진다고 한 사례.[128]

갑이 을과 성매매를 공모하여 병으로 하여금 성매매 홍보용 나체사진을 찍고 중도에 약속을 어기면 책임진다는 각서를 작성케 한 후, 갑이 별건으로 수감 중인 동안 병이 12회에 걸쳐 성매매

공모공동정범에 있어서 공모자 중의 1인이 다른 공모자가 실행행위에 이르기 전에 그 공모관계에서 이탈한 때에는 그 이후의 다른 공모자의 행위에 관하여는 공동정범으로서의 책임은 지지 않는다 할 것이나, 공모관계에서의 이탈은 공모자가 공모에 의하여 담당한 기능적 행위지배를 해소하는 것이 필요하므로 공모자가 공모에 주도적으로 참여하여 다른 공모자의 실행에 영향을 미친 때에는 범행을 저지하기 위하여 적극적으로 노력하는 등 실행에 미친 영향력을 제거하지 아니하는 한 공모자가 구속되었다는 등의 사유만으로 공모관계에서 이탈하였다고 할 수 없다.
갑이 을과 공모하여 가출 청소년 병(여, 16세)에게 낙태수술비를 벌도록 해 주겠다고 유인하였고, 을로 하여금 병의 성매매 홍보용 나체사진을 찍도록 하였으며, 병이 중도에 약속을 어길 경우 민형사상 책임을 진다는 각서를 작성하도록 한 후, 자신이 별건으로 체포되어 구치소에 수감 중인 동안 병이 을의 관리 아래 12회에 걸쳐 불특정 다수 남성의 성매수 행위의 상대방이 된 대가로 받은 돈을 병, 을 및 갑의 처 등이 나누어 사용

128) 대판 2008. 4. 10. 2008도1274.

한 사안에서, 병의 성매매 기간 동안 갑이 수감되어 있었다 하더라도 위 갑은 을과 함께 미성년자유인죄, 구 청소년의 성보호에 관한 법률 위반죄의 책임을 진다고 한 사례.[129)]

다. 다른 공동정범이 실행에 착수한 후에 이탈

강도를 공모한 자가 집 밖에서 망을 보기로 하였으나 공범들이 집에 침입 후 망을 보지 않음

행위자 상호간에 범죄의 실행을 공모하였다면 다른 공모자가 이미 실행에 착수한 이후에는 그 공모관계에서 이탈하였다고 하더라도 공동정범의 책임을 면할 수 없는 것이므로 피고인 등이 금품을 강취할 것을 공모하고 피고인은 집 밖에서 망을 보기로 하였으나, 다른 공모자들이 피해자의 집에 침입한 후 담배를 사기 위해서 망을 보지 않았다고 하더라도, 피고인은 강도상해죄의 공동정범의 죄책을 면할 수가 없다.[130)]

해설: 위 판례는 강도를 공모한 공범들이 주거에 침입한 때를 실행의 착수로 보아 그 이후로는 공동정범의 책임을 지지 않는 공범의 이탈은 불가능한 것으로 보고 있다. 그렇지만 실행의 착수 시기는 강도죄에 있어서 폭행·협박을 개시한 때이고, 야간주거침입강도죄에 있어서 주거에 침입한 때 또는 폭행·협박을 개시한 때인데 위 판례에서 그와 같은 실행의 착수가 존재하는지 불분명한 것으로 생각된다.

다단계판매 수법의 사기를 공모한 조직의 관리이사가 피해자들로부터의 금원 편취가 대부분 이루어진 상태에서 사임

피고인이 공범들과 다단계금융판매조직에 의한 사기범행을 공모하고 피해자들을 기망하여 그들로부터 투자금명목으로 피해금원의 대부분을 편취한 단계에서 위 조직의 관리이사직을 사임한 경우, 피고인의 사임 이후 피해자들이 납입한 나머지 투자금명목의 편취금원도 같은 기망상태가 계속된 가운데 같은 공범들에 의하여 같은 방법으로 수수됨으로써 피해자별로 포괄일죄의 관계에 있으므로 이에 대하여도 피고인은 공범으로서의 책임을 부담한다.[131)]

A 투자금융회사에 근무하는 피고인이 공범들과 공모하여 시세조종행위의 일부를 실행한 후 해고를 당하였으나 공범들이 시세조종행위를 계속함

주식시세조종의 목적으로 허위매수주문행위, 고가매수주문행위 및 통정매매행위 등을 반복한 경우, 이는 시세조종 등 불공정거래의 금지를 규정하고 있는 구 증권거래법[132)] 제188조의4에 해당하는 수 개의 행위를 단일하고 계속된 범의 하에서 일정기간 계속하여 반복한 범행이라 할 것이고, 이 범죄의 보호법익은 유가증권시장 또는 협회중개시장에서의 유가증권 거래의 공정성 및 유통의 원활성 확보라는 사회적 법익이고 각각의 유가증권 소유자나 발행자 등 개개인의 재산적 법익은 직접적인 보호법익이 아닌 점에 비추어 위 각 범행의 피해법익의 동일성도 인정되므로, 위 법 제188조의4에 정한 불공정거래행위금지 위반의 포괄일죄가 성립한다.

129) 대판 2010. 9. 9. 2010도6924. 청소년의 성보호에 관한 법률은 2009년에 아청법으로 바뀌었다.
130) 대판 1984. 1. 31. 83도2941.
131) 대판 2002. 8. 27. 2001도513.
132) 2007년부터 자본시장과 금융투자업에 관한 법률로 바뀜.

피고인이 A 투자금융회사에 입사하여 다른 공범들과 특정 회사 주식의 시세조종 주문을 내기로 공모한 다음 시세조종행위의 일부를 실행한 후 A로부터 해고를 당하여 공범관계로부터 이탈하였고, 다른 공범들이 그 이후의 나머지 시세조종행위를 계속한 사안에서, 피고인이 다른 공범들의 범죄실행을 저지하지 않은 이상 그 이후 나머지 공범들이 행한 시세조종행위에 대하여도 죄책을 부담한다.[133]

2. 교사범의 이탈

갑에게 피해자의 불륜현장을 적발하여 공갈하도록 교사하여, 갑이 불륜현장을 촬영한 이후 공갈을 중단하도록 제안하였으나 갑이 피해자로부터 돈을 갈취함

교사범이란 정범인 피교사자로 하여금 범죄를 결의하게 하여 그 죄를 범하게 한 때에 성립하는 것이고, 교사범을 처벌하는 이유는 이와 같이 교사범이 피교사자로 하여금 범죄 실행을 결의하게 하였다는 데에 있다. 따라서 교사범이 그 공범관계로부터 이탈하기 위해서는 피교사자가 범죄의 실행행위에 나아가기 전에 교사범에 의하여 형성된 피교사자의 범죄 실행의 결의를 해소하는 것이 필요하고, 이때 교사범이 피교사자에게 교사행위를 철회한다는 의사를 표시하고 이에 피교사자도 그 의사에 따르기로 하거나 또는 교사범이 명시적으로 교사행위를 철회함과 아울러 피교사자의 범죄 실행을 방지하기 위한 진지한 노력을 다하여 당초 피교사자가 범죄를 결의하게 된 사정을 제거하는 등 제반 사정에 비추어 객관적·실질적으로 보아 교사범에게 교사의 고의가 계속 존재한다고 보기 어렵고 당초의 교사행위에 의하여 형성된 피교사자의 범죄 실행의 결의가 더 이상 유지되지 않는 것으로 평가할 수 있다면, 설사 그 후 피교사자가 범죄를 저지르더라도 이는 당초의 교사행위에 의한 것이 아니라 새로운 범죄 실행의 결의에 따른 것이므로 교사자는 형법 제31조 제2항에 의한 죄책을 부담함은 별론으로 하고 형법 제31조 제1항에 의한 교사범으로서의 죄책을 부담하지는 않는다고 할 수 있다. 한편 교사범이 성립하기 위해 교사범의 교사가 정범의 범행에 대한 유일한 조건일 필요는 없으므로, 교사행위에 의하여 피교사자가 범죄 실행을 결의하게 된 이상 피교사자에게 다른 원인이 있어 범죄를 실행한 경우에도 교사범의 성립에는 영향이 없다.

- 피고인은 갑에게 피해자의 불륜관계를 이용하여 공갈할 것을 교사하였고,
- 이에 갑은 피해자가 여자와 함께 호텔에 들어가는 현장을 카메라로 촬영한 후 피고인에게 알렸는데,
- 피고인은 갑에게 그 동안의 수고비를 줄 테니 촬영한 동영상을 넘기고 피해자를 공갈하는 것을 단념하라고 하여 범행에 나아가는 것을 만류하였으나,
- 갑은 피고인의 제안을 거절하고 위와 같이 촬영한 동영상을 피해자의 핸드폰에 전송하고 전화나 문자메시지 등으로 1억원을 주지 않으면 여자와 호텔에 들어간 동영상을 가족과 회사에 유포하겠다고 피해자에게 겁을 주어 피해자로부터 현금 500만원을 교부받은 사안에서,

피고인의 교사행위로 인하여 갑이 범행의 결의를 가지게 되었고, 그 후 공갈의 실행행위에 착수하여 피해자로부터 500만원을 교부받음으로써 범행이 기수에 이르렀으므로 피고인의 교사행위와 갑의 범행 결의 및 실행행위 사이에 인과관계가 인정되고, 또 피고인이 전화로 범행을 만류하는 취지의 말을 한 것만으로는 피고인의 교사행위와 갑의 실행행위 사이에 인과관계가 단절되었다거나 피고인이 공범관계에서 이탈한 것으로 볼 수 없다.[134]

133) 대판 2011. 1. 13. 2010도9927.
134) 대판 2012. 11. 15. 2012도7407.

3. 공범의 중지미수

다른 공범의 범행을 중지하게 하지 아니한 채 자기만의 범의를 철회·포기

피고인은 갑과 합동하여 피해자를 텐트 안으로 끌고 간 후 갑, 피고인의 순으로 성관계를 하기로 하고 피고인은 텐트 밖으로 나와 망을 보고 갑은 피해자를 강간하고, 이어 피고인이 텐트 안으로 들어가 피해자를 강간하려 하였으나 피해자가 반항을 하며 강간을 하지 말아 달라고 사정을 하여 강간을 하지 않은 사안에서, 다른 공범의 범행을 중지하게 하지 아니한 이상 자기만의 범의를 철회, 포기하여도 중지미수로는 인정될 수 없는 바, 갑이 피고인과의 공모 하에 강간행위에 나아간 이상 비록 피고인이 강간행위에 나아가지 않았다 하더라도 중지미수에 해당하지는 않는다.135)

Ⅶ. 공범과 신분

형법 33조(공범과 신분) 신분관계로 인하여 성립될 범죄에 가공한 행위는 신분관계가 없는 자에게도 전 3조의 규정을 적용한다. 단, 신분관계로 인하여 형의 경중이 있는 경우에는 중한 형으로 벌하지 아니한다.

1. 신분관계의 의미

형법 33조에서의 신분관계는 '행위자' 관련 요소로 보는 것이 보통이지만, 판례는 다음과 같이 '행위' 관련 요소인 모해위증죄에서의 '모해할 목적'도 신분인 것으로 보고 있다.

신분관계의 의미/모해위증죄에 있어서의 모해할 목적

형법 제33조 소정의 이른바 신분관계라 함은 남녀의 성별, 내·외국인의 구별, 친족관계, 공무원인 자격과 같은 관계뿐만 아니라 널리 일정한 범죄행위에 관련된 범인의 인적 관계인 특수한 지위 또는 상태를 지칭하는 것이다.

형법 제152조 제1항과 제2항은 위증을 한 범인이 형사사건의 피고인 등을 '모해할 목적'을 가지고 있었는가 아니면 그러한 목적이 없었는가 하는 범인의 특수한 상태의 차이에 따라 범인에게 과할 형의 경중을 구별하고 있으므로, 이는 바로 형법 제33조 단서 소정의 "신분관계로 인하여 형의 경중이 있는 경우"에 해당한다고 봄이 상당하다.136)

135) 대판 2005. 2. 25. 2004도8259. 같은 취지로는 대판 1969. 2. 25. 68도1676.
136) 대판 1994. 12. 23. 93도1002.

2. 신분의 종류

신분은 구성적 신분, 가감적 신분, 소극적 신분으로 분류할 수 있다.

행위자에게 일정한 신분이 있어야 범죄가 성립하는 경우의 신분을 구성적 신분이라고 한다. 구성적 신분의 예로는 수뢰죄에서 '공무원 또는 중재인', 횡령죄에서 '타인의 재물을 보관하는 자', 배임죄에서 '타인의 사무를 처리하는 자', 위증죄에서 '법률에 의하여 선서한 증인' 등을 들 수 있다. 구성적 신분을 가진 자만 범죄의 주체가 될 수 있는 범죄를 진정신분범이라고 한다.

가감적 신분은 신분이 없어도 범죄가 성립하지만, 신분이 존재하는 경우에는 그 신분이 형의 가중 또는 감경의 사유가 되는 경우의 신분을 말한다. 가감적 신분에 의해 형이 가중되거나 감경되는 범죄를 부진정신분범이라고 한다. 가감적 신분의 예로는 업무상횡령·배임(형법 356조)(업무라는 신분을 가진 경우 횡령·배임보다 중하게 처벌),[137] 존속살해(형법 250조 2항)(범인 또는 범인의 배우자가 피해자의 직계비속이라는 신분을 가진 경우 보통살인보다 중하게 처벌), 영아살해(형법 251조)(범인이 일정한 동기를 가진 피해자의 직계존속인 경우 보통살인보다 경하게 처벌) 등이 있다.

소극적 신분으로는 일반적으로 금지되지만 특정 신분자에게는 허용되는 행위에서의 구성적 신분(예컨대 변호사법위반죄에서의 변호사), 책임이 조각되는 경우의 책임조각신분(예컨대 형사미성년자), 형이 면제되는 경우의 형벌조각신분(예컨대 친족상도례에서 형이 면제되는 경우)이 있다.

3. 형법 33조의 해석

가. 형법 33조의 적용범위

공동정범에 있어서는 타인의 범죄에 가담하는 것이 아니라 각자가 타인과 공동하여 정범으로서 범죄를 실행한다. 다시 말하면 신분자가 비신분자의 범행에 가담하였는지, 비신분자가 신분자의 범행에 가담하였는지를 논리적으로 구분할 수 없다. 즉, 공범종속성의 문제가 발생하지 않는다. 그렇지만 공동정범을 이루는 각 정범이 신분자와 비신분자로 구성되어 있을 수 있으며 이러한 경우에 신분자와 비신분자에 대해서 어떠한 죄책을 물을지의 문제는 여전히 발생한다. 따라서 공범과 신분에 관한 형법 33조는 교사범, 방조범 외에 공동정범에 있어서도 적용되어야 하며, 형법 33조 역시 공동정범에 대해서도 적용됨을 명시하고 있다.

나. 해석에 관한 이론

판례와 소수설은 "형법 33조 본문은 '진정신분범에 대한 공범의 성립과 과형', 그리고 '부진정신분범에 대한 공범의 성립'에 관하여 규정하고, 형법 33조 단서는 '부진정신분범에 대한 과형'에 관하여 규

137) 업무상횡령·배임에 있어서는 2중의 신분관계가 나타난다. 즉 '타인의 재물을 보관하는 자' 또는 '타인의 사무를 처리하는 자'의 지위에 있다는 것은 구성적 신분에 해당하고, 횡령·배임이 업무상 행해졌다는 것은 가감적 신분에 해당한다.

정하고 있다"라고 한다. 다수설은 "형법 33조 본문은 '진정신분범의 공범성립과 과형'에 관하여 규정하고, 형법 33조 단서는 '부진정신분범의 공범성립과 과형'에 관하여 규정하고 있다"라고 한다. 위 각 견해를 적용한 결과는 다음과 같다.

(1) 진정신분범

① 비신분자가 신분자의 범행에 가담

예컨대 공무원 갑이 뇌물수수죄(진정신분범)를 범하고, 공무원 아닌 을이 갑의 위 뇌물수수죄에 가담(공동정범, 교사 또는 방조)하였다고 하자. 이러한 경우 을에게 성립하는 범죄는 어느 견해에 따르더라도 뇌물수수죄의 공동정범, 교사범 또는 방조범으로 동일하다.

② 신분자가 비신분자의 범행에 가담

진정신분범에 있어서는 신분 있는 자만 범죄의 주체가 될 수 있으므로 신분자가 비신분자의 범행에 가담할 수는 없다.[138] 즉, 진정신분범에 있어서 신분자는 비신분자가 범한 범행의 공동정범, 교사범 또는 방조범이 될 수는 없다.

(2) 부진정신분범

① 비신분자가 신분자의 범행에 가담

예컨대 갑이 직계존속인 피해자를 살해하는 존속살해죄(부진정신분범)을 범하고, 피해자와 직계존비속의 관계에 있지 않은 을이 갑의 위 존속살해죄에 가담(공동정범, 교사 또는 방조)하였다고 하자. 이러한 경우 판례와 소수설에 의하면 형법 33조 본문에 의해 을에게는 존속살해죄가 성립하고 형법 33조 단서에 의해 을은 단순살인죄로 처단되지만,[139] 다수설에 의하면 형법 33조 단서에 의해 을에게는 단순살인죄가 성립하고 을은 단순살인죄로 처단된다.

② 신분자가 비신분자의 범행에 가담

부진정신분범에 있어서는 신분자가 비신분자의 범행에 가담하는 형태가 가능하다. 예컨대, 갑(존속관계의 신분이 있는 자임)이 을(존속관계의 신분이 없는 자임)을 교사하여 을로 하여금 갑의 아버지를 살해하는 경우가 그러하다. 형법 33조 단서는 '신분관계로 인하여 형의 경중이 있는 경우'라고만 규정하고

138) 일부 견해는, 공무원(신분자)이 비공무원(비신분자)을 교사하여 제3자로부터 뇌물을 수수하게 하는 경우에는 공무원에게 뇌물수수죄의 간접정범이 성립될 여지가 있다고 한다. 그러나 우리 형법상 공무원(또는 중재인)이 아닌 자는 뇌물수수죄의 주체가 될 수 없다. 즉 비공무원이 제3자로부터 금품 기타 재산상의 이익을 받더라도 뇌물수수죄는 성립할 여지가 없는 것이다. 따라서 비공무원이 뇌물을 수수할 수 있음(즉 뇌물죄가 성립함)을 전제로 하는 위 견해는 타당하지 않다고 생각된다.

139) 업무상횡령죄는 타인의 재물을 업무상 보관하는 자를 주체로 하는 신분범이므로, 그와 같은 신분관계가 없는 자가 신분관계가 있는 자와 공모하여 업무상횡령죄를 저질렀다면 신분관계가 없는 자에 대하여는 형법 제33조 단서에 의하여 단순횡령죄에 정한 형으로 처단하여야 할 것이다(대판 1989. 10. 10. 87도1901; 대판 2012. 11. 15. 2012도6676; 대판 2015. 2. 26. 2014도15182).

있어 신분이 정범과 공범 중 누구에게 있는지는 불문하므로 이러한 경우도 비신분자가 신분자의 부진정신분범에 가담한 경우와 마찬가지로 취급하면 된다.

(3) 형법 33조 본문의 적용

병가 중인 철도공무원들이 전국기관차협의회가 주도한 파업에 참가

병가 중인 철도공무원들이 전국철도노동조합의 일부 조합원들로 구성된 임의단체인 전국기관차협의회가 주도한 파업에 참가한 사안에서,
직무를 유기한 때라 함은 공무원이 법령, 내규 등에 의한 추상적인 충근의무를 태만히 하는 일체의 경우를 이르는 것이 아니고, 직장의 무단이탈, 직무의 의식적인 포기 등과 같이 그것이 국가의 기능을 저해하며 국민에게 피해를 야기시킬 가능성이 있는 경우를 말하는 것이므로 병가 중인 자의 경우 구체적인 작위의무 내지 국가기능의 저해에 대한 구체적인 위험성이 있다고 할 수 없어 직무유기죄의 주체로 될 수는 없다. 그러나 병가 중인 자도 직무유기죄의 직무유기의 주체가 되는 다른 조합원들과의 공범관계가 인정되는 때에는 직무유기죄가 성립한다.[140)]

공무원 아닌 자가 의제공무원과 공모하여 뇌물수수

특정범죄가중처벌등에관한법률 제4조 제2항, 같은 법 시행령 제3조 제1호 소정의 정부관리기업체의 간부직원이 아닌 직원도 다른 간부직원인 직원과 함께 뇌물수수죄의 공동정범이 될 수 있다.[141)]

공무원이 비공무원과 공모하여 허위공문서 작성

공무원이 아닌 자는 형법 제228조(공정증서원본불실기재)의 경우를 제외하고는 허위공문서작성죄의 간접정범으로 처벌할 수 없으나, 공무원이 아닌 자가 공무원과 공동하여 허위공문서작성죄를 범한 때에는 공무원이 아닌 자도 형법 제33조, 제30조에 의하여 허위공문서작성죄의 공동정범이 된다.[142)]

허위공문서작성죄의 간접정범인 보조공무원의 공범

작성권한 있는 공무원의 직무를 보좌하는 자가 그 직위를 이용, 행사할 목적으로 그 초안한 문서에 허위내용을 기입하고, 그 정을 모르는 상사에게 제출, 결재케 함으로써 허위 공문서를 작성케 하는 경우에 그와 공모한 자도 허위공문서 작성죄의 간접정범의 죄책을 진다.[143)]

---

140) 대판 1997. 4. 22. 95도748. 다음은 유사취지이다.
성인용 오락영업허가업소의 지배인
신분관계로 인하여 성립될 범죄에 가공한 행위는 신분관계가 없는 자도 공동정범의 책임을 지게 되는 것이므로 성인용 오락영업허가업소의 지배인도 업주의 유사사행행위 범행에 가공한 행위의 정도 및 내용에 따라 공동정범으로 의율할 수 있다(대판 1990. 11. 13. 90도1848).

141) 대판 1999. 8. 20. 99도1557.

142) 대판 2006. 5. 11. 2006도1663.

143) 대판 1977. 12. 13. 74도1900.

점포 임차인(비신분자)이 점포 임대인(타인의 사무처리자)의 이중매매에 적극 가담

점포의 임차인이 임대인이 그 점포를 타에 매도한 사실을 알고 있으면서 점포의 임대차 계약 당시 "타인에게 점포를 매도할 경우 우선적으로 임차인에게 매도한다"는 특약을 구실로 임차인이 매매대금을 일방적으로 결정하여 공탁하고 임대인과 공모하여 임차인 명의로 소유권이전등기를 경료하였다면 임대인의 배임행위에 적극 가담한 것으로서 배임죄의 공동정범에 해당한다.[144)]

(4) 형법 33조 단서의 적용

(가) 가중적 범죄에 가담

총무계장이 면장과 공모하여 면장이 업무상 보관하는 체육대회성금을 횡령

면의 예산과는 별도로 면장이 면민들로부터 모금하여 그 개인명으로 예금하여 보관하고 있던 체육대회성금의 업무상 점유보관자는 면장뿐이므로 면의 총무계장이 면장과 공모하여 업무상횡령죄를 저질렀다 하여도 업무상 보관책임 있는 신분관계가 없는 총무계장에 대하여는 형법 제33조 단서에 의하여 형법 제355조 제2항에 따라 처단하여야 한다.[145)]

해설: 위 판례에서 총무계장에게 성립하는 범죄는 업무상횡령죄이지만, 총무계장은 단순횡령죄로 처벌된다.

비은행원이 공모하여 은행원과 함께 업무상배임

은행원이 아닌 자(갑)가 은행원들과 공모하여 업무상배임죄를 저질렀다 하여도, 이는 업무상 타인의 사무를 처리하는 신분관계로 인하여 형의 경중이 있는 경우이므로, 그러한 신분관계가 없는 자에 대하여서는 형법 제33조 단서에 의하여 형법 제355조 제2항에 따라 처단하여야 한다.[146)]

해설: 위 판례에서 갑에게 성립하는 범죄는 업무상배임죄이지만, 갑은 단순배임죄로 처벌된다.

실자(實子)와 더불어 남편을 살해한 처는 존속살해죄의 공동정범으로 처벌된다.[147)]

해설: 부진정신분범의 공동정범이어서 신분범(실자)이 비신분범(처)의 범행에 가담하였는지, 그 반대인지 구

144) 대판 1983. 7. 12. 82도180.

145) 대판 1989. 10. 10. 87도1901.

146) 대판 1986. 10. 28. 86도1517. 다음은 같은 취지이다.

비신분자가 공모하여 신분자와 함께 상호신용금고법상의 업무상배임

상호신용금고법 제39조 제1항 제2호 소정의 업무상배임으로 인한 죄는 위 법조에 따라 상호신용금고의 발기인, 임원, 관리인, 청산인, 지배인 기타 상호신용금고의 영업에 관한 어느 종류 또는 특정한 사항의 위임을 받은 사용인이 그 업무에 위배하여 배임행위를 한 때 성립한다고 할 것이다. 따라서 위에 열거된 신분관계에 있지 아니한 자는 위 법 위반죄를 저지를 수 없고, 그러한 신분관계에 있는 자와 공모하여 상호신용금고에 손해를 끼치는 배임죄를 저질렀다 하여도, 이는 신분관계로 인하여 형의 경중이 있는 경우이므로, 그러한 신분관계가 없는 자에 대하여는 형법 제33조 단서에 의하여 형법 제355조 제2항에 따라 일반 배임죄로 처단하여야 한다(서울고등법원 1997. 9. 24. 96노1813).

147) 대판 1961. 8. 2. 4294형상284.

별할 수 없다. 비신분자인 처가 존속살해죄로 처벌받는 것은 형법 33조 단서에 반한다고 생각된다. 따라서 위 판례의 사안에서 처에게 성립하는 범죄는 존속살해죄이지만, 처를 단순살인죄로 처단하여야 하는 것으로 해석하는 것이 타당할 것으로 생각된다.

(나) 감경적 범죄에 가담

모해할 목적으로 모해할 목적이 없는 자를 교사하여 위증하게 함

형법 제33조 소정의 이른바 신분관계라 함은 남녀의 성별, 내·외국인의 구별, 친족관계, 공무원인 자격과 같은 관계뿐만 아니라 널리 일정한 범죄행위에 관련된 범인의 인적 관계인 특수한 지위 또는 상태를 지칭하는 것이다.
형법 제152조 제1항(위증)과 제2항(모해위증)은 위증을 한 범인이 형사사건의 피고인 등을 '모해할 목적'을 가지고 있었는가 아니면 그러한 목적이 없었는가 하는 범인의 특수한 상태의 차이에 따라 범인에게 과할 형의 경중을 구별하고 있으므로, 이는 바로 형법 제33조 단서 소정의 "신분관계로 인하여 형의 경중이 있는 경우"에 해당한다고 봄이 상당하다.
피고인이 갑을 모해할 목적으로 을에게 위증을 교사한 이상, 가사 정범인 을에게 모해의 목적이 없었다고 하더라도, 형법 제33조 단서의 규정에 의하여 피고인을 모해위증교사죄로 처단할 수 있다.
형법 제31조 제1항은 협의의 공범의 일종인 교사범이 그 성립과 처벌에 있어서 정범에 종속한다는 일반적인 원칙을 선언한 것에 불과하고, 신분관계로 인하여 형의 경중이 있는 경우에 신분이 있는 자가 신분이 없는 자를 교사하여 죄를 범하게 한 때에는 형법 제33조 단서가 형법 제31조 제1항에 우선하여 적용됨으로써 신분이 있는 교사범이 신분이 없는 정범보다 중하게 처벌된다.[148]
해설: '신분 없는 자를 중하게 처벌하지 아니하는 것'과 '신분 있는 자를 중하게 처벌하는 것'은 구별하여야 한다.

도박의 습벽 있는 자가 도박을 하고 또 도박방조를 한 경우의 죄수관계(=포괄적 1죄)

상습도박의 죄나 상습도박방조의 죄에 있어서의 상습성은 행위의 속성이 아니라 행위자의 속성으로서 도박을 반복해서 거듭하는 습벽을 말하는 것인 바, 도박의 습벽이 있는 자가 타인의 도박을 방조하면 상습도박방조의 죄에 해당하는 것이며, 도박의 습벽이 있는 자가 도박을 하고 또 도박방조를 하였을 경우 상습도박방조의 죄는 무거운 상습도박의 죄에 포괄시켜 1죄로서 처단하여야 한다.[149]

148) 대판 1994. 12. 23. 93도1002.
149) 대판 1984. 4. 24. 84도195.

7

判例中心 刑法總論

죄수론

제 7 장 죄수론

判例中心 刑法總論

Ⅰ. 죄수론의 의의

죄수를 결정하는 기준에 관하여 의사표준설, 행위표준설, 법익표준설, 구성요건표준설 등이 있다. 구성요건에 해당하는 횟수에 따라 죄수를 결정하는 구성요건표준설에 의하면, 여러 개의 구성요건을 충족함으로써 다수의 범죄가 실현된 경우에 그 범죄 상호간의 관계를 어떻게 취급할 것인지에 관한 이론이 죄수론이다.

범죄가 1개의 구성요건을 1회 충족하는 것을 일죄라고 한다. 계속범이나 결합범도 일죄에 해당한다. 외견상 수 개의 구성요건을 충족하더라도 일죄만 성립하는 경우로는 법조경합과 포괄일죄가 있다. 하나의 행위에 의해 동시에 수 개의 구성요건을 충족하는 상상적 경합에 대해서는 가장 중한 죄에 정한 형으로 처벌한다(형법 40조). 실제로는 수죄가 성립하지만 일죄로 처벌하는 상상적 경합을 과형상 일죄라고도 한다.

Ⅱ. 법조경합

1개의 행위가 외관상 여러 개의 죄의 구성요건에 해당하는 것처럼 보이나 실질적으로 1죄만을 구성하는 경우를 법조경합이라고 한다. 실질적으로 1죄인가 또는 수죄인가는 구성요건적 평가와 보호법익의 측면에서 고찰하여 판단하여야 한다.[1] 법조경합은 다음과 같이 분류된다.

1) 대판 1984. 6. 26. 84도782; 대판 2000. 7. 7. 2000도1899; 대판 2014. 1. 23. 2013도12064.

1. 특별관계

특별관계의 의미

법조경합의 한 형태인 특별관계란 어느 구성요건이 다른 구성요건의 모든 요소를 포함하는 이외에 다른 요소를 구비하여야 성립하는 경우로서 특별관계에 있어서는 특별법의 구성요건을 충족하는 행위는 일반법의 구성요건을 충족하지만 반대로 일반법의 구성요건을 충족하는 행위는 특별법의 구성요건을 충족하지 못한다.2)

특별관계의 예는 다음과 같다.

- '존속살해나 영아살해'와 보통살인
- '강도, 공갈, 강간, 강제추행'과 폭행·협박
- '폭처법상의 공동폭행·협박·재물손괴 등'과 형법상의 폭행·협박·재물손괴 등

결과적 가중범과 고의범

기본범죄를 통하여 고의로 중한 결과를 발생하게 한 경우에 가중 처벌하는 부진정 결과적 가중범에서, 고의로 중한 결과를 발생하게 한 행위가 별도의 구성요건에 해당하고 그 고의범에 대하여 결과적 가중범에 정한 형보다 더 무겁게 처벌하는 규정이 있는 경우에는 그 고의범과 결과적 가중범이 상상적 경합관계에 있지만, 위와 같이 고의범에 대하여 더 무겁게 처벌하는 규정이 없는 경우에는 결과적 가중범이 고의범에 대하여 특별관계에 있으므로 결과적 가중범만 성립하고 이와 법조경합의 관계에 있는 고의범에 대하여는 별도로 죄를 구성하지 않는다.3)

해설: 부진정 결과적 가중범 부분 참조.

위조된 외국의 화폐 등이 '강제통용력'을 가지지 않고 '내국에서 유통하는 것'도 아님

형법상 통화에 관한 죄는 문서에 관한 죄에 대하여 특별관계에 있으므로 통화에 관한 죄가 성립하는 때에는 문서에 관한 죄는 별도로 성립하지 않는다. 그러나 위조된 외국의 화폐, 지폐 또는 은행권이 강제통용력을 가지지 않는 경우에는 형법 제207조 제3항에서 정한 '외국에서 통용하는 외국의 화폐 등'에 해당하지 않고, 나아가 그 화폐 등이 국내에서 사실상 거래 대가의 지급수단이 되고 있지 않는 경우에는 형법 제207조 제2항에서 정한 '내국에서 유통하는 외국의 화폐 등'에도 해당하지 않으므로, 그 화폐 등을 행사하더라도 형법 제207조 제4항에서 정한 위조통화행사죄를 구성하지 않는다고 할 것이고, 따라서 이러한 경우에는 형법 제234조에서 정한 위조사문서행사죄 또는 위조사도화행사죄로 의율할 수 있다고 보아야 한다.

이 사건 10만 파운드화는 앞면과 뒷면에 영국의 5파운드화 특유의 도안이 표시되어 있는 한편, 앞면에 영국중앙은행이 그 소지자에게 10만 파운드를 지급할 것을 약속하는 내용과 함께 위 은행 "CHIEF CASHIER"

2) 대판 2006. 5. 26. 2006도1713.
3) 대판 2008. 11. 27. 2008도7311.

의 서명이 인쇄되어 있는 사실, 영국 중앙은행은 10만 파운드화 권종을 발행하거나 유통시킨 사실이 전혀 없고, 위 10만 파운드화는 1971년에 발행된 5파운드화 권종을 스캐너 등을 이용하여 위조한 것으로 영국에서 강제통용력이 없음은 물론 국내에서 유통되지도 않는 사실 등을 알 수 있다.
위 사실관계를 앞서 본 법리에 비추어 보면, 위 10만 파운드화는 형법 제207조 제3항에서 정한 외국에서 통용하는 외국의 화폐 등이나 형법 제207조 제2항에서 정한 국내에서 유통하는 외국의 화폐 등에 해당하지 않으므로, 피고인이 이를 행사하였다고 하더라도 형법 제207조 제4항에서 정한 위조통화행사죄를 구성하지 않는다고 할 것이고, 한편 비록 위 10만 파운드화가 영국 지폐의 외관을 갖고 있다고 하더라도, 영국 중앙은행 "CHIEF CASHIER"의 의사의 표현으로서 그 내용이 법률상 또는 사회생활상 의미 있는 사항에 관한 증거가 될 수 있는 것이므로, 형법상 문서에 관한 죄의 객체인 '문서 또는 도화'에 해당한다고 할 것이다. 따라서 피고인이 위 10만 파운드화를 행사한 행위는 위조사문서행사죄 또는 위조사도화행사죄로 의율할 수 있다.[4)]

인권옹호직무명령불준수죄와 직무유기죄

형법 제139조에 규정된 인권옹호직무명령불준수죄와 형법 제122조에 규정된 직무유기죄의 각 구성요건과 보호법익 등을 비교하여 볼 때, 인권옹호직무명령불준수죄가 직무유기죄에 대하여 법조경합 중 특별관계에 있다고 보기는 어렵고 양 죄를 상상적 경합관계로 보아야 한다.[5)]

2. 보충관계

어느 구성요건이 다른 구성요건의 적용이 없을 때에만 보충적으로 적용되는 것을 보충관계라고 한다.

보충관계의 예는 다음과 같다.

- 예비·음모 < 미수 < 기수
- 일반물건방화(형법 167조) < 일반건조물방화(형법 166조) < 현주·현존건조물방화(형법 164조)

검사로부터 범인 검거지시를 받고 범인을 도피케 함(범인도피와 직무유기)

피고인이 검사로부터 범인을 검거하라는 지시를 받고서도 그 직무상의 의무에 따른 적절한 조치를 취하지 아니하고 오히려 범인에게 전화로 도피하라고 권유하여 그를 도피케 하였다는 범죄사실만으로는 직무위배의

4) 대판 2013. 12. 12. 2012도2249.
5) 대판 2010. 10. 28. 2008도11999. 다음은 같은 취지이다.
공직선거법상의 선거의 자유방해죄와 형법상의 업무방해죄
공직선거후보자를 추천하기 위한 정당의 당내 경선과 관련하여 경선운동 또는 교통을 방해하거나 위계·사술 그 밖의 부정한 방법으로 당내 경선의 자유를 방해하는 행위를 처벌하는 공직선거법 제237조 제5항 제2호의 선거의 자유방해죄와 형법 제314조 제1항의 업무방해죄는 그 보호법익과 구성요건을 서로 달리하는 것이므로, 위 양죄의 관계를 위 선거의 자유방해죄가 성립할 경우 업무방해죄가 이에 흡수되는 법조경합관계라고 볼 수는 없다(대판 2006. 6. 15. 2006도1667).

위법상태가 범인도피행위 속에 포함되어 있는 것으로 보아야 할 것이므로, 이와 같은 경우에는 작위범인 범인도피죄만이 성립하고 부작위범인 직무유기죄는 따로 성립하지 아니한다.[6)]
해설: 부작위범인 직무유기죄와 다른 작위범 사이에서는 늘 보충관계 여부가 문제된다(형법각론 직무유기죄 부분 참조).

3. 흡수관계

어느 구성요건에 해당하는 행위의 불법과 책임이 다른 행위의 불법과 책임을 포함하지만 상호간에 특별관계나 보충관계에 있지 않은 경우를 말한다. 흡수관계로는 불가벌적 수반행위와 불가벌적 사후행위가 있다. 불가벌적 수반행위로는 살인에 수반하는 재물손괴, 사문서위조에 수반하는 인장위조 등이 있다.

가. 불가벌적 수반행위

불가벌적 수반행위의 의미/공동폭행하여 택시 운행업무를 방해(업무방해죄와 폭처법상 공동폭행의 상상적 경합)
피고인들이 공동폭행의 방법으로 피해자들의 택시 운행업무를 방해한 사안에서,
'불가벌적 수반행위'란 법조경합의 한 형태인 흡수관계에 속하는 것으로서, 행위자가 특정한 죄를 범하면 비록 논리 필연적인 것은 아니지만 일반적·전형적으로 다른 구성요건을 충족하고 이때 그 구성요건의 불법이나 책임 내용이 주된 범죄에 비하여 경미하기 때문에 처벌이 별도로 고려되지 않는 경우를 말한다.
업무방해죄와 폭행죄는 구성요건과 보호법익을 달리하고 있고, 업무방해죄의 성립에 일반적·전형적으로 사람에 대한 폭행행위를 수반하는 것은 아니며, 폭행행위가 업무방해죄에 비하여 별도로 고려되지 않을 만큼 경미한 것이라고 할 수도 없으므로, 설령 피해자에 대한 폭행행위가 동일한 피해자에 대한 업무방해죄의 수단이 되었다고 하더라도 그러한 폭행행위가 이른바 '불가벌적 수반행위'에 해당하여 업무방해죄에 대하여 흡수관계에 있다고 볼 수는 없다. 피고인들의 공동폭행은 1개의 행위가 폭처법위반(공동폭행)죄와 업무방해죄의 구성요건을 충족하고 양 죄는 상상적 경합의 관계에 있다.[7)]
해설: 업무방해죄는 '허위사실 유포, 위계 또는 위력'에 의해 사람의 업무를 방해함으로써 성립하므로(형법 314조) 업무방해죄와 폭행죄가 법조경합 중 특별관계인 것도 아니다.

(1) 긍정례

신용카드부정사용죄와 매출전표에 서명하여 교부하는 행위
신용카드업법 제25조 제1항은 신용카드를 위조·변조하거나 도난·분실 또는 위조·변조된 신용카드를 사용한 자는 7년 이하의 징역 또는 5천만원 이하의 벌금에 처한다고 규정하고 있는바, 위 부정사용죄의 구성요

6) 대판 1996. 5. 10. 96도51.
7) 대판 2012. 10. 11. 2012도1895.

건적 행위인 신용카드의 사용이라 함은 신용카드의 소지인이 신용카드의 본래 용도인 대금결제를 위하여 가맹점에 신용카드를 제시하고 매출전표에 서명하여 이를 교부하는 일련의 행위를 가리키고 단순히 신용카드를 제시하는 행위만을 가리키는 것은 아니라고 할 것이므로, 위 매출전표의 서명 및 교부가 별도로 사문서위조 및 동 행사의 죄의 구성요건을 충족한다고 하여도 이 사문서위조 및 동 행사의 죄는 위 신용카드부정사용죄에 흡수되어 신용카드부정사용죄의 1죄만이 성립하고 별도로 사문서위조 및 동 행사의 죄는 성립하지 않는다.[8)]

인장위조와 사문서위조

행사의 목적으로 타인의 인장을 위조하고 그 위조한 인장을 사용하여 권리·의무 또는 사실증명에 관한 타인의 사문서를 위조한 경우에는 인장위조죄는 사문서위조죄에 흡수되고 따로 인장위조죄가 성립하는 것은 아니다.[9)]

공갈죄의 수단으로서 한 협박은 공갈죄에 흡수될 뿐 별도로 협박죄를 구성하지 않는다.[10)]

(2) 부정례

강도·강간의 수단인 감금

감금행위가 강간죄나 강도죄의 수단이 된 경우에도 감금죄는 강간죄나 강도죄에 흡수되지 아니하고 별죄를 구성한다.[11)]

대마를 매입하여 흡연할 기회를 포착하려고 이틀 이상 주머니에 소지하고 다님

매입한 대마를 처분함이 없이 계속 소지하고 있는 경우에 있어서 그 소지행위가 매매행위와 불가분의 관계에 있는 것이라거나, 매매행위에 수반되는 필연적 결과로서 일시적으로 행하여진 것에 지나지 않는다고 평가되지 않는 한 그 소지행위는 매매행위에 포괄 흡수되지 아니하고 대마매매죄와는 달리 대마소지죄가 성립한다고 보아야 할 것인바, 흡연할 목적으로 대마를 매입한 후 흡연할 기회를 포착하기 위하여 이틀 이상 하의 주머니에 넣고 다님으로써 소지한 행위는 매매행위의 불가분의 필연적 결과라고 평가될 수 없다.[12)]

8) 대판 1992. 6. 9. 92도77.
9) 대판 1978. 9. 26. 78도1787.
10) 대판 1996. 9. 24. 96도2151.
11) 대판 1984. 8. 21. 84도1550; 대판 1997. 1. 21. 96도2715.
12) 대판 1990. 7. 27. 90도543. 다음은 유사 취지이다.

향정신성의약품수수와 향정신성의약품의 소지

향정신성의약품관리법 제42조 제1항 제1호가 규정하는 향정신성의약품수수의 죄가 성립되는 경우에는 그 수수행위의 결과로서 그에 당연히 수반되는 향정신성의약품의 소지행위는 수수죄의 불가벌적 수반행위로서 수수죄에 흡수되고 별도의 범죄를 구성하지 않는다고 볼 것이다. 향정신성의약품을 수수한 후 다음 날까지 소지한 행위에 대하여 수수죄가 성립한 이상 별도로 소지죄를 구성하지 아니한다고 판단한 것은 정당하고, 수수한 후 1회 투약한 사실이

업무상배임죄와 배임수재죄의 관계

형법 제357조 제1항의 배임수재죄는 타인의 사무를 처리하는 자가 그 임무에 관하여 부정한 청탁을 받고 재물 등을 취득함으로써 성립하는 것이고 어떠한 임무 위배행위나 본인에게 손해를 가한 것을 요건으로 하는 것이 아닌데 대하여 동법 제356조, 제355조 제2항의 배임죄는 타인의 사무를 처리하는 자가 그 임무에 위배하는 행위가 있어야 하고 그 행위로서 본인에게 손해를 가함으로써 성립하는 것이나 부정한 청탁을 받거나 금품을 수수한 것을 그 요건으로 하지 않고 있으므로 이들 양 죄는 행위의 태양을 전연 달리하고 있고, 배임수재죄의 법정형이 업무상배임죄의 법정형보다 경하므로 양죄는 실체적 경합범관계에 있다.[13)]

나. 불가벌적 사후행위

범죄행위가 종료된 이후에 범죄로 인하여 취득한 재물이나 재산상의 이익 등을 사용, 수익, 처분 등을 하는 행위가 새로운 구성요건에 해당하더라도,[14)] 그러한 행위가 종료된 범죄의 불법에 완전히 평

있었다고 하더라도 위와 같은 결론에 영향을 미칠 수 없다(대판 1990. 1. 25. 89도1211).

공모하여 향정신성의약품을 매수 후 공범자 사이에서 그 일부를 수수

수인이 공모공동하여 향정신성의약품을 매수한 후 그 공범자 사이에 그 중 일부를 수수하는 경우에 있어서 그 매수의 범행 당시 공범들이 각자 그 구입자금을 갹출하여 그 금액에 상응하는 분량을 분배하기로 약정하고, 그 약정에 따라 이를 수수하는 경우와 같이 그 수수행위와 매매행위가 불가분의 관계에 있는 것이라거나 매매행위에 수반되는 필연적 결과로서 일시적으로 행하여진 것에 지나지 않는다고 평가되지 아니하는 한, 그 수수행위는 매매행위에 포괄 흡수되지 아니하고 향정신성의약품매매죄와는 별도로 향정신성의약품수수죄가 성립하고, 두 죄는 실체적 경합관계에 있다(대판 1998. 10. 13. 98도2584).

전매를 목적으로 매수한 향정신성의약품(히로뽕)을 판매하려고 20일간 보관

매입한 향정신성의약품을 처분함이 없이 계속 소유하고 있는 경우, 그 소유행위와 매매행위가 불가분의 관계에 있는 것이라거나 매매행위에 수반되는 필연적 결과로서 일시적으로 행하여진 것에 지나지 않는다고 평가되지 않는 한, 그 소유행위는 매매행위에 포괄 흡수되지 아니하고 향정신성의약품의 매매죄와는 별도로 향정신성의약품의 소유죄가 성립한다. 전매를 목적으로 매수한 향정신성의약품(히로뽕)을 다른 사람에게 팔기 위하여 20일간 보관하며 소유한 행위는 매매행위와 불가분의 필연적 결과로 평가될 수 없고 오히려 사회통념상 매수행위와는 독립한 별개의 소유행위를 구성한다고 본 사례(대판 1997. 2. 28. 96도2839).

자기 집에 메스암페타민을 숨겨 소지하다가 투약하고 남은 것을 모텔 화장실 천장에 숨겨 둠

피고인이 자신의 집에 메스암페타민 0.8g을 숨겨두어 소지하다가(이하 '1차 소지행위'라 한다), 그 후 수차에 걸쳐 투약하고 남은 0.38g을 평소 자신의 지배·관리 아래에 있지 않을 뿐 아니라 일반 투숙객들의 사용에 제공되는 모텔 화장실 천장에 숨겨두어 소지한(이하 '2차 소지행위'라 한다) 사안에서,

1차 소지행위와 2차 소지행위는 소지의 장소와 태양 등에 현저한 차이와 변화가 존재하고, 2차 소지행위는 1차 소지행위보다 수사기관의 압수·수색 등에 의하여 발각될 위험성이 훨씬 낮은 것이어서, … 2차 소지행위는 1차 소지행위와 별개의 독립한 범죄를 구성한다(대판 2011. 2. 10. 2010도16742).

13) 대판 1984. 11. 27. 84도1906.

14) 새로운 행위가 구성요건을 충족하지 않으면 불가벌적 사후행위를 논할 필요도 없이 범죄는 성립하지 않는다. 따라서 불가벌적 사후행위가 문제되는 것은 새로운 행위가 구성요건을 충족하는 경우이다. 그런데 판례는 많은 경우에 새로운 행위가 구성요건을 충족하지 않음에도 그러한 새로운 행위가 불가벌적 사후행위에 해당한다고 판시하고 있다. 예컨대 다음 판례를 참조하라.

장물인 자기앞수표를 취득하여(장물취득죄 성립) 현금 대신 교부

금융기관 발행의 자기앞수표는 그 액면금을 즉시 지급받을 수 있는 점에서 현금에 대신하는 기능을 가지고 있어서 장물인 자기앞수표를 취득한 후 이를 현금 대신 교부한 행위는 장물취득에 대한 가벌적 평가에 당연히 포함되는 불

가된 것이어서 종료된 범죄와 별개로 새로운 범죄를 구성하지 않는 것을 불가벌적 사후행위라고 한다.

(1) 불가벌적 사후행위의 요건

불가벌적 사후행위가 되기 위해서는 이미 종료된 범행에 의한 법익침해 외에 새로운 법익침해가 있어서는 아니 된다.

대표이사가 기망당한 피해자들로부터 교부받아 회사를 위해 보관하는 금원을 횡령

대표이사 등이 회사의 대표기관으로서 피해자들을 기망하여 교부받은 금원은 그 회사에 귀속되는 것인데, 그 후 대표이사 등이 이를 보관하고 있으면서 횡령한 것이라면 이는 위 사기범행과는 침해법익을 달리하므로 횡령죄가 성립되는 것이고, 이를 단순한 불가벌적 사후행위로만 볼 수 없다.[15)]

(2) 일반적인 불가벌적 사후행위

선장을 살해 후 사체를 바다에 투기

사람을 살해한 자가 그 사체를 다른 장소로 옮겨 유기하였을 때에는 별도로 사체유기죄가 성립하고, 이와 같은 사체유기를 불가벌적 사후행위로 볼 수는 없다.
원양어선에서 선장을 칼로 찔러 사망하게 한 이후에 그 사체를 바다에 투기한 경우 사체유기죄가 성립한다.[16)]

간첩죄를 범한 자가 그 탐지·수집한 기밀을 누설

형법 제98조 제1항의 간첩죄를 범한 자가 그 탐지·수집한 기밀을 누설한 경우나 구 국가보안법 제3조 제1호의 국가기밀을 탐지·수집한 자가 그 기밀을 누설한 경우에는 양 죄를 포괄하여 1죄를 범한 것으로 보아야 하고, 간첩죄와 군사기밀누설죄 또는 국가기밀탐지수집죄와 국가기밀누설 등 두 가지 죄를 범한 것으로 인정할 수 없다.[17)]

가벌적 사후행위로서 별도의 범죄를 구성하지 아니한다(대판 1993. 11. 23. 93도213).
해설: 자기앞수표는 현금에 대신하는 기능을 하므로 장물인 자기앞수표를 현금 대신 교부하였다 하여 특정 구성요건을 충족하는 것은 아니다. 구성요건을 충족하지 아니하여 범죄가 성립하지도 않는 '장물인 자기앞수표의 교부행위'에 관하여 위 판례는 불가벌적 사후행위 이론을 동원하고 있다.

15) 대판 1989. 10. 24. 89도1605.

16) 대판 1984. 11. 27. 84도2263; 대판 1997. 7. 25. 97도1142.

17) 대판 1982. 4. 27. 82도285. 다음을 참고하라.
간첩이 이미 탐지·수집하여 지득하고 있는 사항을 타인에게 보고·누설
형법 제98조 제1항에서 간첩이라 함은 적국에 제보하기 위하여 은밀한 방법으로 우리나라의 군사상은 물론 정치, 경제, 사회, 문화, 사상 등 기밀에 속한 사항 또는 도서, 물건을 탐지·수집하는 것을 말하고, 간첩행위는 기밀에 속한 사항 또는 도서, 물건을 탐지·수집한 때에 기수가 되므로 간첩이 이미 탐지·수집하여 지득하고 있는 사항을 타인에게 보고·누설하는 행위는 간첩의 사후행위로서 위 조항에 의하여 처단의 대상이 되는 간첩행위 자체라고 할 수 없다(대판 2011. 1. 20. 2008재도11 전합).

해설: 간첩이 탐지·수집한 기밀을 누설한 행위를 간첩죄의 불가벌적 사후행위로 보는 견해도 있다.[18]

공익사업의 시행자가 종친회를 피공탁자로 하여 수용보상금을 공탁하였는데 피고인이 위조한 종친회 규약 등을 제출하여 공탁금을 출급/피고인이 출급받은 위 공탁금의 반환을 거부

공익사업의 시행자가 수용보상금을 공탁한 경우 피공탁자는 그 공탁금에 관하여 출급청구권을 가진다. 한편 공탁관의 공탁금출급인가처분에 따라 공탁금이 출급되었다면, 설령 이를 출급받은 사람이 진정한 출급청구권자가 아니라고 하더라도 이로써 공탁법상의 공탁절차는 종료되었다고 할 것이고, 따라서 진정한 출급청구권자는 공탁금출급청구를 하거나 국가를 상대로 하여 민사소송으로 공탁금의 지급을 구할 수 없다. 따라서, 종친회를 피공탁자로 하여 수용보상금이 공탁되었는데 피고인이 위조한 종친회 규약 등을 제출하는 방법으로 공탁관을 기망하고 공탁금을 출급받은 경우 피고인이 공탁관을 기망하여 공탁금을 출급받음으로써 종친회가 공탁금출급청구권을 상실하는 손해를 입었으므로, 종친회가 사기죄의 피해자가 될 수 있을 뿐이다. 피고인이 출급받은 공탁금을 보관하던 중 종친회로부터 그 반환을 요구받고도 이를 거부하였더라도, 그 행위는 새로운 법익의 침해를 수반하지 않는 불가벌적 사후행위에 해당할 뿐이고, 별도의 횡령죄가 성립하지 아니한다.[19]

대마 순을 따다가 경찰관들이 오자 절취한 대마 순을 차량 의자 밑에 숨겨 두었다가 적발됨

피고인과 을은 쏘나타 승용차 안에서 전조등으로 피해자 소유의 대마 밭을 밝게 비추면서 망을 보고 갑이 대마 밭에 들어가 5분 정도 대마 순을 따고 있는데, 다른 차가 한 대 오는 것이 보여 피고인이 차가 온다고 소리치니까 갑이 얼른 차에 타고 훔친 대마 순을 차량 의자 밑에 숨겨 두었는데, 마주오던 차량에서 경찰관들이 내려 피고인 등을 검거하고, 차 안에서 대마 순을 찾아 낸 사안에서,

피고인의 대마소지행위가 비록 절취에 의한 것이라고 하더라도 이를 흡입할 목적으로 소지한 이상 절도죄의 보호법익과는 다른 새로운 법익을 침해하는 행위이므로 절도죄의 불가벌적 사후행위로서 절도죄에 흡수된다고 할 수 없고 절도죄 외에 별개의 죄를 구성한다.[20]

(3) 재산범죄와 불가벌적 사후행위

상세히는 형법각론의 불가벌적 사후행위 참조.

재산범죄의 정범자가 자신의 범죄로 취득한 물건/실질적인 범죄집단을 이루고 있으나 자신이 가담하지 아니한 범죄로 취득한 물건

장물죄는 타인(본범)이 불법하게 영득한 재물의 처분에 관여하는 범죄이므로 자기의 범죄에 의하여 영득한

18) **형법 제98조(간첩)** ① 적국을 위하여 간첩하거나 적국의 간첩을 방조한 자는 … 처한다.
② 군사상의 기밀을 적국에 누설한 자도 전항의 형과 같다.

19) 대판 2015. 9. 10. 2015도8592.

20) 대판 1999. 4. 13. 98도3619.

물건에 대하여는 성립하지 아니하고 이는 불가벌적 사후행위에 해당하나 여기에서 자기의 범죄라 함은 정범자(공동정범과 합동범을 포함한다)에 한정되는 것이므로 평소 본범과 공동하여 수차 상습으로 절도 등 범행을 자행함으로써 실질적인 범죄집단을 이루고 있었다 하더라도, 당해 범죄행위의 정범자(공동정범이나 합동범)로 되지 아니한 이상 이를 자기의 범죄라고 할 수 없고 따라서 그 장물의 취득을 불가벌적 사후행위라고 할 수 없다.[21]

횡령교사자가 횡령한 물건을 취득

횡령 교사를 한 후 그 횡령한 물건을 취득한 때에는 횡령교사자가 횡령죄의 공동정범에 해당된다고 할 수 없음이 명백하므로 횡령교사죄와 장물취득죄의 경합범이 성립된다.[22]

명의수탁자가 명의신탁 토지를 임의 매각하고 그 대금으로 구입한 토지를 임의로 담보 제공

피고인이 명의신탁받아 보관 중이던 토지를 임의로 매각하여 이를 횡령한 경우에 그 매각대금을 이용하여 다른 토지를 취득하였다가 이를 제3자에게 담보로 제공하였다고 하더라도 이는 횡령한 물건을 처분한 대가로 취득한 물건을 이용한 것에 불과할 뿐이어서 명의신탁 토지에 대한 횡령죄와 별개의 횡령죄를 구성하지 않는다고 한 사례.[23]

훔친 승용차의 등록번호판을 떼어냄

피고인들이 절취한 쏘나타 승용차의 번호판을 떼어낸 후 미리 절취하여 소지하고 있던 포텐샤 승용차의 번호판을 임의로 부착하여 쏘나타 승용차를 운행한 행위에 대하여,

- 절취행위는 절도죄에,
- 쏘나타 승용차의 자동차등록번호판을 떼어낸 행위는 자동차관리법위반죄에,[24]
- 포텐샤 승용차의 번호판을 쏘나타 승용차에 부착한 행위는 공기호부정사용죄(형법 238조 1항)에,
- 위와 같이 번호판을 부정사용한 쏘나타 승용차를 운행한 행위를 부정사용공기호행사죄(형법 238조 2항, 1항)에 각 의율한 나머,

---

21) 대판 1986. 9. 9. 86도1273.

22) 대판 1969. 6. 24. 69도692.

23) 대판 2006. 10. 13. 2006도4034.

24) **자동차관리법 제81조(벌칙)** 다음 각 호의 어느 하나에 해당하는 자는 …에 처한다.

1. 제10조 제2항을 위반하여 등록번호판 또는 그 봉인을 뗀 자

제10조(자동차등록번호판) ① 시·도지사는 국토교통부령으로 정하는 바에 따라 자동차등록번호판(이하 "등록번호판"이라 한다)을 붙이고 봉인을 하여야 한다. 다만, 자동차 소유자 또는 제8조 제3항 본문 및 제12조 제2항 본문에 따라 자동차 소유자를 갈음하여 등록을 신청하는 자가 직접 등록번호판의 부착 및 봉인을 하려는 경우에는 국토교통부령으로 정하는 바에 따라 등록번호판의 부착 및 봉인을 직접 하게 할 수 있다.
② 제1항에 따라 붙인 등록번호판 및 봉인은 시·도지사의 허가를 받은 경우와 다른 법률에 특별한 규정이 있는 경우를 제외하고는 떼지 못한다.

이를 실체적 경합범으로 처리한 것은 옳으며, 자동차를 절취한 후 자동차등록번호판을 떼어내는 행위는 새로운 법익의 침해이므로 절도범행의 불가벌적 사후행위가 아니다.[25)]

타인의 영업비밀이 담긴 CD를 절취하여 그 영업비밀을 부정사용

부정한 이익을 얻거나 기업에 손해를 가할 목적으로 그 기업에 유용한 영업비밀이 담겨 있는 타인의 재물을 절취한 후 그 영업비밀을 사용하는 경우, 영업비밀의 부정사용행위는 새로운 법익의 침해로 보아야 하므로 위와 같은 부정사용행위가 절도범행의 불가벌적 사후행위가 되는 것은 아니다.

부정한 이익을 얻을 목적으로 타인의 영업비밀이 담긴 CD를 절취하여 그 영업비밀을 부정사용한 사안에서, 절도죄와 별도로 부정경쟁방지 및 영업비밀보호에 관한 법률상 영업비밀부정사용죄가 성립한다고 한 사례.[26)]

Ⅲ. 포괄일죄

1. 의 미

학설이나 판례에 있어 포괄일죄의 개념이 통일되어 있는 것은 아니다. 포괄일죄의 개념 속에 계속범, 결합범, 집합범, 접속범, 연속범 등을 포함하는 것이 일반적이다.[27)] 판례는 상당히 다양한 형태의 사례들에서 '포괄적으로 일죄'라는 표현을 사용하고 있다.[28)] 대체적으로 포괄일죄는 수 개의 행위가 동

25) 대판 2007. 9. 6. 2007도4739.

26) 대판 2008. 9. 11. 2008도5364.

27) 계속범이나 결합범은 구성요건을 1회 충족하는 것으로 성립하는 범죄이므로 이를 포괄일죄로 보는 것이 타당한지 의문이다. 나아가 계속범이나 결합범을 포괄일죄로 논하는 실익도 없어 보인다.
집합범은 구성요건의 성질상 동종행위가 동일한 의사경향에 기하여 반복될 것이 당연히 예상되는 경우를 말하며, 집합범에는 상습범, 영업범, 직업범이 있다고 한다(김성돈, 형법총론, 성균관대학교출판부, 2015, 731면). 그러나 직업범과 영업범의 구별이 명확한 것은 아니며, 상습범과 영업범은 그 성격에 많은 차이가 있어 이를 집합범이라는 하나의 범주로 통합할 실익이 없어 보인다.
접속범은 수 개의 행위가 단일한 범의 하에서 동일한 기회에 시간적·장소적으로 근접성을 유지한 채 동일한 법익을 침해하기 때문에 전체 행위가 포괄하여 일죄로 평가되는 경우를 말하며, 연속범은 연속한 수 개의 행위가 동종의 범죄에 해당하는 것을 말하는데, 수 개의 행위 간에 시간적·장소적 근접성을 요하지 않고, 범의의 단일성이라는 요건도 경우에 따라 연속된 고의로 완화될 수 있으며 수 개의 행위가 반드시 동일한 구성요건을 실현하지 않아도 된다는 점에서 접속범과 다르다고 한다(김성돈, 앞의 책, 742~745면).

28) 학계에서 이루어지는 포괄일죄의 개념 정의는 다음 판례의 영향을 많이 받은 것으로 생각된다.
본래 포괄적 일죄는 수 개의 행위가 포괄적으로 1개의 구성요건에 해당하여 단순한 일죄를 구성하는 것을 말하므로 동일구성요건을 충족하는 사실의 어느 범위까지를 1회적인 것으로 포괄하여 평가할 것인가라는 구성요건의 동질적 포괄성의 문제에 대하여는 학설, 판례가 여러 겹으로 나뉘어질 수가 있다.
그것은 포괄적 일죄가 신·구법에 걸쳤을 때 어느 때를 행위시로 볼 것인가의 문제와 공소시효가 어느 때부터 진행되는가의 문제들과 바로 연관되어 있기 때문이다.

일 또는 동종의 구성요건을 수 회에 걸쳐 또는 반복적으로 충족하지만 그 전체를 포괄하여 1죄로 취급하는 것을 의미한다. 이 책에서는 포괄일죄를 유형별로 분류하였다.

2. 포괄일죄의 효과

① 포괄일죄의 범행 도중에 법령 개정이 있는 때에는 범행 종료시의 법을 적용한다.

포괄일죄로 되는 개개의 범죄행위가 법 개정의 전후에 걸쳐서 행하여진 경우에는 신·구법의 법정형에 대한 경중을 비교하여 볼 필요도 없이 범죄 실행 종료시의 법이라고 할 수 있는 신법을 적용하여 포괄일죄로 처단하여야 한다.[29)]

② A범죄가 공소제기되어 있는 상태에서 이와 포괄일죄의 관계에 있는 B범죄를 추가로 심판대상으로 삼으려면 공소장변경을 통해 B범죄를 추가하여야 하며, B범죄를 추가로 공소제기하면 2중기소의 문제가 발생한다(이 부분은 형사소송법을 참조). 또한 포괄일죄를 이루는 범죄 사이에는 다음과 같이 기판력이 미친다.

하나의 사건에 관하여 같은 기일에 여러 가지 사실을 허위로 진술

하나의 사건에 관하여 한 번 선서한 증인이 같은 기일에 여러 가지 사실에 관하여 기억에 반하는 허위의 진술을 한 경우 이는 하나의 범죄의사에 의하여 계속하여 허위의 진술을 한 것으로서 포괄하여 1개의 위증죄를 구성하는 것이고 각 진술마다 수 개의 위증죄를 구성하는 것이 아니므로, 당해 위증 사건의 허위진술 일자와 같은 날짜에 한 다른 허위진술로 인한 위증 사건에 관한 판결이 확정되었다면, 비록 종전 사건 공소사실에서 허위의 진술이라고 한 부분과 당해 사건 공소사실에서 허위의 진술이라고 한 부분이 다르다 하여도 종전 사건의 확정판결의 기판력은 당해 사건에도 미치게 되어 당해 위증죄 부분은 면소되어야 한다.[30)]

이와 같은 문제를 해결하기 위하여 대체로 포괄적 일죄를, 좁은 의미로는 예컨대, 뇌물의 요구, 약속과 수수, 또는 체포와 감금과 같이 수 개의 행위가 규정되어 있으나 그것이 동일법익 침해를 향한 행위의 구체적 형태를 세분한 것에 지나지 않는 것이어서 그 수종의 태양에 해당하는 일련의 행위가 포괄적으로 당해 구성요건을 1회만 충족하는 것이기 때문에 일죄로 된다는 것과 넓은 의미로는 예컨대, 상습범, 영업범, 직업범 등과 같이 수죄에 대비되는 개념으로 수 개의 행위가 포괄적으로 한 개의 구성요건에 해당하여 법률상 일죄로 된다는 것으로 나누어 해석하고 있다(대판 1986. 7. 22. 86도1012 전합).

29) 대판 1998. 2. 24. 97도183. 다음은 같은 취지이다.
환경보전법을 대신하여 1991. 2. 1.부터 수질환경보전법이 시행되었고, 수질환경보전법 부칙 15조는 "이 법 시행 전에 행한 종전의 환경보전법의 위반행위에 대한 벌칙의 적용은 종전의 규정에 의한다"라고 규정하였다. 피고인들의 이 사건 범행은 계속범에 해당하는데 그 행위가 1991. 3. 20.에 종료되었다. 그렇다면 피고인들의 범행에 관하여 수질환경보전법을 적용한 것은 행위시법주의와 법률불소급의 원칙에 반하지 않는다(대판 1992. 12. 8. 92도407).

30) 대판 1998. 4. 14. 97도3340. 같은 취지로는 대판 1990. 2. 23. 89도1212.

상습범죄에 대한 기판력

상습범으로서 포괄적 일죄의 관계에 있는 여러 개의 범죄사실 중 일부에 대하여 유죄판결이 확정된 경우에, 그 확정판결의 사실심판결 선고 전에 저질러진 나머지 범죄에 대하여 새로이 공소가 제기되었다면 그 새로운 공소는 확정판결이 있었던 사건과 동일한 사건에 대하여 다시 제기된 데 해당하므로 이에 대하여는 판결로써 면소의 선고를 하여야 하는 것인바(형소법 제326조 제1호), 다만 이러한 법리가 적용되기 위해서는 전의 확정판결에서 당해 피고인이 상습범으로 기소되어 처단되었을 것을 필요로 하는 것이고, 상습범 아닌 기본 구성요건의 범죄로 처단되는 데 그친 경우에는, 가사 뒤에 기소된 사건에서 비로소 드러났거나 새로 저질러진 범죄사실과 전의 판결에서 이미 유죄로 확정된 범죄사실 등을 종합하여 비로소 그 모두가 상습범으로서의 포괄적 일죄에 해당하는 것으로 판단된다 하더라도 뒤늦게 앞서의 확정판결을 상습범의 일부에 대한 확정판결이라고 보아 그 기판력이 그 사실심판결 선고 전의 나머지 범죄에 미친다고 보아서는 아니 된다.[31]

③ 포괄일죄에 해당하면 피해액수, 뇌물액수 등을 합산하여 의율한다.

약 1년 6개월 동안 17회에 걸쳐 동일 납품업자로부터 같은 명목으로 뇌물수수

공무원인 이 사건 피고인들이 1987. 7. 15.부터 1988. 12. 28.까지 사이에 전후 17회에 걸쳐 정기적으로 동일한 납품업자로부터 신속한 검수, 검수과정에서의 함량미달 등 하자를 눈감아 달라는 청탁명목으로 계속하여 금원을 교부받아 그 직무에 관하여 뇌물을 수수한 것이라면, 공무원이 직무에 관하여 뇌물을 수수한다는 단일한 범의 아래 계속하여 일정기간 동종행위를 반복한 것이 분명하므로, 뇌물수수의 포괄일죄로 보아 특가법으로 의율하여야 한다.[32]

④ 포괄일죄에 있어서는 전체 범행이 종료되기까지 범행이 계속되므로 공범이 성립할 수 있다. 포괄일죄의 범행 일부가 실행된 이후 공동정범이 가담한 때에는 승계적 공동정범의 문제가 발생한다.

⑤ 포괄일죄의 공소시효는 전체 범죄행위가 종료한 때부터 기산한다.

⑥ 포괄일죄가 확정판결의 확정일 전후로 행해진 경우에 대해서는 경합범 부분을 참조.

---

31) 대판 2004. 9. 16. 2001도3206 전합. 위 판례에 의하여 다음 판례들은 변경되었다.
상습범으로서 포괄일죄 관계에 있는 죄 중 일부에 대하여 유죄의 확정판결이 있고, 그 나머지 부분 즉 확정판결의 사실심 선고 전에 저질러진 범행이 나중에 기소된 경우에, 그 확정판결의 죄명이 상습범이었는지 여부를 고려하지 아니하고, 단지 확정판결이 있었던 죄와 새로 기소된 죄 사이에 상습범인 관계가 인정되면 확정판결의 기판력이 새로 기소된 죄에 미친다(대판 1978. 2. 14. 77도3564 전합; 대판 2002. 10. 25. 2002도1736 등 다수).

32) 대판 1990. 9. 25. 90도1588.

3. 포괄일죄의 유형별 분류

가. 상습범

상습범죄는 포괄일죄임

상습성을 갖춘 자가 여러 개의 죄를 반복하여 저지른 경우에는 각 죄를 별죄로 보아 경합범으로 처단할 것이 아니라 그 모두를 포괄하여 상습범이라고 하는 하나의 죄로 처단하는 것이 상습범의 본질 또는 상습범 가중처벌규정의 입법취지에 부합한다.[33)]

이종의 수법에 의한 사기범행도 상습사기에 포함됨

상습사기죄에 있어서의 상습성이라 함은 반복하여 사기행위를 하는 습벽으로서 행위자의 속성을 말하고, 여기서 말하는 사기행위의 습벽은 행위자의 사기습벽의 발현으로 인정되는 한 동종의 수법에 의한 사기범행의 습벽만을 의미하는 것이 아니라 이종의 수법에 의한 사기범행을 포괄하는 사기의 습벽도 포함하는 것이다.[34)]

직계존속에 대한 수회의 폭행과 상해

피고인이 2001. 11. 23.부터 2002. 3. 22.까지 사이에 직계존속인 피해자를 2회 폭행하고, 4회 상해를 가한 것이 존속에 대한 동일한 폭력습벽의 발현에 의한 것으로 인정되는 경우에는 그 중 법정형이 더 중한 상습존속상해죄에 나머지 행위들을 포괄시켜 하나의 죄만이 성립한다.[35)]
해설: 형법 264조의 상습폭행·상해죄가 적용된 사안이다.[36)]

상습으로 단순절도와 야간주거침입절도

단순절도와 야간주거침입절도를 상습적으로 범한 경우에는 그중 법정형이 중한 상습야간주거침입절도죄에 나머지 행위들을 포괄시켜 하나의 죄만이 성립된다.[37)]

---

33) 대판 2004. 9. 16. 2001도3206 전합. 별개의견은 다음과 같다.
원래 '상습성'이란 '행위자의 속성'이라는 점에는 학설·판례상 이론이 없고 다수의견도 이를 받아들이고 있는바, 이는 곧 단 한번 저질러진 범행이라도 그것이 상습성의 발현에 의한 것이라면 상습범이 된다는 것이어서 상습범이 성립하기 위하여는 반드시 수 개의 범행이 반복될 것을 그 구성요건요소로 하거나 예정하고 있는 것은 아니므로 상습성이 발현된 수 개의 범행이 있는 경우에 각개의 범행 상호간에 보호법익이나 행위의 태양과 방법, 의사의 단일 또는 갱신 여부, 시간적·장소적 근접성 등 일반의 포괄일죄 인정의 기준이 되는 요소들을 전혀 고려함이 없이 오로지 '상습성'이라는 하나의 표지만으로 곧 모든 범행을 하나로 묶어 포괄하여 일죄라고 할 수는 없으므로 수 개의 상습사기 범행은 원칙으로 수 개의 죄로 보아야 한다.

34) 대판 1999. 11. 26. 99도3929.

35) 대판 2003. 2. 28. 2002도7335

36) **형법 제264조(상습범)** 상습으로 제257조, 제258, 제258조의2, 제260조 또는 제261조의 죄를 범한 때에는 그 죄에 정한 형의 2분의 1까지 가중한다.
*** 형법 제257조(상해, 존속상해), 제258조(중상해, 존속중상해), 제258조의2(특수상해), 제259조(상해치사), 제260조(폭행, 존속폭행), 제261조(특수폭행), 제262조(폭행치사상), 제263조(동시범).**

37) 대판 1979. 12. 11. 79도2371. 다음은 같은 취지이다.

도박의 습벽 있는 자가 도박을 하고 또 도박방조를 한 경우의 죄수(=포괄적 1죄)

상습도박의 죄나 상습도박방조의 죄에 있어서의 상습성은 행위의 속성이 아니라 행위자의 속성으로서 도박을 반복해서 거듭하는 습벽을 말하는 것인 바, 도박의 습벽이 있는 자가 타인의 도박을 방조하면 상습도박방조의 죄에 해당하는 것이며, 도박의 습벽이 있는 자가 도박을 하고 또 도박방조를 하였을 경우 상습도박방조의 죄는 무거운 상습도박의 죄에 포괄시켜 1죄로서 처단하여야 한다.[38)]

'상습절도죄'와 '범행 수단으로 주거침입 또는 절도습벽이 발현된 주거침입'

형법 제330조에 규정된 야간주거침입절도죄 및 형법 제331조 제1항에 규정된 특수절도(야간손괴침입절도)죄를 제외하고 일반적으로 주거침입은 절도죄의 구성요건이 아니므로 절도범인이 범행수단으로 주거침입을 한 경우에 주거침입행위는 절도죄에 흡수되지 아니하고 별개로 주거침입죄를 구성하여 절도죄와는 실체적 경합의 관계에 서는 것이 원칙이다. 또 형법 제332조는 상습으로 단순절도(형법 제329조), 야간주거침입절도(형법 제330조)와 특수절도(형법 제331조) 및 자동차 등 불법사용(형법 제331조의2)의 죄를 범한 자는 그 죄에 정한 각 형의 2분의 1을 가중하여 처벌하도록 규정하고 있으므로, 위 규정은 주거침입을 구성요건으로 하지 않는 상습단순절도와 주거침입을 구성요건으로 하고 있는 상습야간주거침입절도 또는 상습특수절도(야간손괴침입절도)에 대한 취급을 달리하여, 주거침입을 구성요건으로 하고 있는 상습야간주거침입절도 또는 상습특수절도(야간손괴침입절도)를 더 무거운 법정형을 기준으로 가중처벌하고 있다. 따라서 상습으로 단순절도를 범한 범인이 상습적인 절도범행의 수단으로 주간(낮)에 주거침입을 한 경우에 주간 주거침입행위의 위법성에 대한 평가가 형법 제332조, 제329조의 구성요건적 평가에 포함되어 있다고 볼 수 없다. 그러므로 형법 제332조에 규정된 상습절도죄를 범한 범인이 범행의 수단으로 주간에 주거침입을 한 경우 주간 주거침입행위는 상습절도죄와 별개로 주거침입죄를 구성한다. 또 형법 제332조에 규정된 상습절도죄를 범한 범인이 그 범행 외에 상습적인 절도의 목적으로 주간에 주거침입을 하였다가 절도에 이르지 아니하고 주거침입에 그친 경우에도 주간 주거침입행위는 상습절도죄와 별개로 주거침입죄를 구성한다.[39)]

상습으로 특수절도 3회, 특수절도미수 2회, 야간주거침입절도 1회, 절도 1회

1974. 9. 5. 03:00부터 1974. 9. 26. 22:00까지 행한 3번의 특수절도사실, 2번의 특수절도미수사실, 1번의 야간주거침입절도사실, 1번의 절도사실들이 상습적으로 반복된 것으로 볼수 있다면 이러한 경우에는 그 중 법정형이 가장 중한 상습특수절도의 죄에 나머지의 행위를 포괄시켜 하나의 죄만이 성립된다고 보는 것이 상당하다(대판 1975. 5. 27. 75도1184).

38) 대판 1984. 4. 24. 84도195. 도박 관련 형법규정은 다음과 같다.

제246조(도박, 상습도박) ① 도박을 한 사람은 1천만원 이하의 벌금에 처한다. 다만, 일시오락 정도에 불과한 경우에는 예외로 한다.

② 상습으로 제1항의 죄를 범한 사람은 3년 이하의 징역 또는 2천만원 이하의 벌금에 처한다.

제247조(도박장소 등 개설), 제248조(복표의 발매 등), 제249조(벌금의 병과)

39) 대판 2015. 10. 15. 2015도8169. 다음은 같은 취지이다.

주거침입죄는 상습특수절도죄에 흡수되는 것이 아니므로 양죄는 포괄일죄가 아닌 경합범관계에 있다(대판 1983. 4. 12. 83도422).

다음은 폐지된 특가법위반(상습절도)에 관한 판례이다.

특가법상의 상습절도의 수단으로 주거침입 또는 상습절도 목적으로 주거침입했지만 절도에 이르지 못함

특정범죄가중처벌등에관한법률 제5조의4 제1항에 규정된 상습절도등 죄를 범한 범인이 그 범행의 수단으로 주거침입을 한 경우에 주거침입행위는 상습절도등 죄에 흡수되어 위 법조에 규정된 상습절도등죄의 1죄만이 성립하고 별

특가법상 상습강도죄와 강도상습성이 발현된 강도예비죄

특가법 제5조의4 제3항에 규정된 상습강도죄를 범한 범인이 그 범행 외에 상습적인 강도의 목적으로 강도예비를 하였다가 강도에 이르지 아니하고 강도예비에 그친 경우에도 그것이 강도상습성의 발현이라고 보여지는 경우에는 강도예비행위는 상습강도죄에 흡수되어 위 법조에 규정된 상습강도죄의 1죄만을 구성하고 이 상습강도죄와 별개로 강도예비죄를 구성하지 아니한다.[40]

상습강도 등과 강도상해, 강도강간

형법 제341조나 특가법에서 강도, 특수강도, 약취강도, 해상강도의 각 죄에 관해서는 상습범가중처벌규정을 두고 있으나 강도상해, 강도강간 등 각 죄에 관해서는 상습범가중처벌규정을 두고 있지 아니하므로 특수강도죄와 그 후에 범한 강도강간 및 강도상해 등 죄는 포괄일죄의 관계에 있지 아니하다.[41]

상습범죄이지만 상습범죄를 처벌하는 규정이 없음(저작권법상의 상습저작권침해)

상습범이란 어느 기본적 구성요건에 해당하는 행위를 한 자가 범죄행위를 반복하여 저지르는 습벽, 즉 상습성이라는 행위자적 속성을 갖추었다고 인정되는 경우에 이를 가중처벌 사유로 삼고 있는 범죄유형을 가리키므로, 상습성이 있는 자가 같은 종류의 죄를 반복하여 저질렀다 하더라도 상습범을 별도의 범죄유형으로 처벌하는 규정이 없는 한 각 죄는 원칙적으로 별개의 범죄로서 경합범으로 처단할 것이다. 저작권법은 제140조 본문에서 저작재산권 침해로 인한 제136조 제1항의 죄를 친고죄로 규정하면서, 제140조 단서 제1호에서 영리를 위하여 상습적으로 위와 같은 범행을 한 경우에는 고소가 없어도 공소를 제기할 수 있다고 규정하고 있으나, 상습으로 제136조 제1항의 죄를 저지른 경우를 가중처벌한다는 규정은 따로 두고 있지 않다. 따라서 수회에 걸쳐 저작권법 제136조 제1항의 죄를 범한 것이 상습성의 발현에 따른 것이라고 하더라도, 이는 원칙적으로 경합범으로 보아야 하는 것이지 하나의 죄로 처단되는 상습범으로 볼 것은 아니다.[42]

개로 주거침입죄를 구성하지 않으며, 또 위 상습절도등 죄를 범한 범인이 그 범행 외에 상습적인 절도의 목적으로 주거침입을 하였다가 절도에 이르지 아니하고 주거침입에 그친 경우에도 그것이 절도상습성의 발현이라고 보여지는 이상 주거침입행위는 다른 상습절도등 죄에 흡수되어 위 법조에 규정된 상습절도등의 1죄만을 구성하고 이 상습절도등 죄와 별개로 주거침입죄를 구성하지 않는다(대판 1984. 12. 26. 84도1573 전합).

해설: 위와 같이 주거침입행위가 상습절도에 흡수되는지 여부가 형법상의 상습절도와 종래의 특가법상의 상습절도에서 달리 취급된 데는 다음과 같은 사정이 있다. 즉 형법상의 상습절도(상습절도가 상습단순절도, 상습야간주거침입절도, 상습특수절도 등으로 나뉨)와 달리 폐지된 특가법상의 상습절도는 다음과 같이 특가법위반(상습절도) 1죄로 되어 있는 것이다.

특가법 제5조의4(상습 강도·절도죄 등의 가중처벌) ① 상습적으로 「형법」 제329조부터 제331조까지의 죄 또는 그 미수죄를 범한 사람은 무기 또는 3년 이상의 징역에 처한다.

다음은 폐지된 폭처법상의 상습폭행 등에 관한 판례이다.

폭처법 제2조 제1항에서 말하는 '상습'이란 같은 항 각 호에 열거된 각 범죄행위 상호간의 상습성만을 의미하는 것이 아니라, 같은 항 각 호에 열거된 모든 범죄행위를 포괄한 폭력행위의 습벽을 의미한다(대판 2008. 8. 21. 2008도3657).

40) 대판 2002. 11. 26. 2002도5211; 대판 2003. 3. 28. 2003도665.

41) 대판 1992. 4. 14. 92도297.

42) 대판 2012. 5. 10. 2011도12131.

나. 영업범

영업범의 의미

영업범이란 집합범의 일종으로 구성요건의 성질에서 이미 동종행위가 반복될 것으로 당연히 예상되는 범죄를 가리키는 것인바, 피고인의 판시 사기 범행이 비록 동종의 행위를 반복한 것으로 되어 있더라도 구성요건의 성질상 동종행위가 반복될 것이 예상되는 범죄라고 볼 수는 없어 영업범이라고 할 수는 없다.[43]

무면허의료행위

무면허의료행위는 그 범죄의 구성요건의 성질상 동종행위의 반복이 예상되는 것이므로 반복된 수 개의 행위는 포괄적으로 한 개의 범죄로서 처단되어야 할 것이다.[44]

동일 죄명에 해당하는 수 개의 행위를 단일하고 계속된 범의 하에 일정기간 계속하여 행하고 그 피해법익도 동일한 경우에는 이들 각 행위를 통틀어 포괄일죄로 처단하여야 할 것이나, 범의의 단일성과 계속성이 인정되지 아니하거나 범행방법이 동일하지 않은 경우에는 각 범행은 실체적 경합범에 해당한다.[45]

저작권법 제136조(벌칙) ① 다음 각 호의 어느 하나에 해당하는 자는 5년 이하의 징역 또는 5천만원 이하의 벌금에 처하거나 이를 병과할 수 있다.

1. 저작재산권, 그 밖에 이 법에 따라 보호되는 재산적 권리를 복제, … 방법으로 침해한 자

제140조(고소) 이 장의 죄에 대한 공소는 고소가 있어야 한다. 다만, 다음 각 호의 어느 하나에 해당하는 경우에는 그러하지 아니하다.

1. 영리를 목적으로 또는 상습적으로 제136조 제1항 제1호, …에 해당하는 행위를 한 경우

43) 대판 2004. 7. 22. 2004도2390.

44) 대판 1966. 9. 20. 66도928. 같은 취지로는 대판 1983. 6. 14. 83도939. 다음은 유사취지이다.

무면허 의료행위를 함에 있어 영리를 목적으로 하면서도(보건범죄단속에 관한 특별조치법 위반죄) 일부는 돈을 받지 않음(의료법위반죄)

무면허 의료행위는 그 범죄의 구성요건의 성질상 동종범죄의 반복이 예상되는 것이므로 반복된 수 개의 행위는 포괄적으로 한 개의 범죄를 구성하는 것이라는 점, 영리를 목적으로 무면허 의료행위를 업으로 한 자가 일부 돈을 받지 않고 무면허 의료행위를 한 경우에 그 행위의 위법성에 대한 평가는 이미 위 보건범죄단속에 관한 특별조치법 위반죄의 구성요건적 평가에 포함되어 있다고 보는 것이 타당하므로 위 보건범죄단속에 관한 특별조치법 위반죄 외에 별개로 의료법 위반죄의 성립을 인정할 필요가 없다는 점, 위 보건범죄단속에 관한 특별조치법 위반죄 외에 돈을 받지 않고 한 무면허 의료행위에 대하여 별개로 의료법 위반죄가 성립한다고 본다면 전부 돈을 받고 무면허 의료행위를 한 경우에는 위 보건범죄단속에 관한 특별조치법 위반죄 1죄로서 그 법정형기 내에서 처단하게 되는 반면 일부 돈을 받지 아니하고 무면허 의료행위를 한 경우에는 위 보건범죄단속에 관한 특별조치법 위반죄와 의료법 위반죄의 경합범이 되어 경합범가중을 한 형기범위 내에서 처단하게 되어 처단형이 오히려 무겁게 되는 불합리한 결과가 되는 점 등에 비추어 보면, 영리를 목적으로 무면허 의료행위를 업으로 하는 자가 일부 돈을 받지 아니하고 무면허 의료행위를 한 경우에도 위 보건범죄단속에 관한 특별조치법 위반죄의 1죄만이 성립하고 별개로 의료법 위반죄를 구성하지 않는다고 보아야 할 것이다(대판 2010. 5. 13. 2010도2468).

45) 대판 1995. 9. 5. 95도1269; 대판 2007. 3. 29. 2007도595; 대판 2009. 8. 20. 2009도4684; 대판 2010. 11. 11. 2007도8645.

1977. 12. 20.부터 1979. 3. 29.까지 사이 충남 홍성읍에서 행한 무면허의료행위와 그보다 4년 5개월 뒤인 1982. 9. 초순부터 1983. 3. 12.까지 사이 서울 강동구에서 행한 무면허의료행위와는 일시·장소의 근접성이나 범의의 계속 등을 인정할 수 없어 각각 별개의 죄를 구성하는 행위라 할 것이고 … 포괄일죄에 해당한다고 단정할 수 없다(대판 1985. 10. 22. 85도1457).

무등록 건설업 영위 행위(건설산업기본법위반)

건설산업기본법 제9조 제1항 본문은 '건설업을 하려는 자는 대통령령으로 정하는 업종별로 국토교통부장관에게 등록을 하여야 한다'고 규정하고, 벌칙 조항인 제96조 제1호에서는 제9조 제1항에 따른 등록을 하지 아니하고 건설업을 한 자를 형벌에 처하도록 규정하고 있는데, 위 규정에 위반하는 무등록 건설업 영위 행위는 범죄의 구성요건의 성질상 동종 행위의 반복이 예상된다 할 것이고, 그와 같이 반복된 수 개의 행위가 단일하고 계속된 범의하에 근접한 일시·장소에서 유사한 방법으로 행하여지는 등 밀접한 관계가 있어 전체를 1개의 행위로 평가함이 상당한 경우에는 이들 각 행위를 통틀어 포괄일죄로 처벌하여야 한다.[46]

사행행위영입으로 구속되었다가 보석으로 석방 후 같은 장소에서 다시 사행행위영업을 함

1992. 1.부터 같은 해 10. 7.까지 유기기구를 사용하여 손님에게 사행행위를 하게 한 범죄사실로 구속되었다가 1991. 12. 20. 보석으로 석방되자 1992. 1.부터 영업을 재개하여 동일한 장소에서 같은 유기기구를 사용하여 손님에게 사행행위를 하게 하는 동일한 형태의 영업을 하다가 다시 유기기구를 사용하여 손님에게 사행행위를 하게 한 범죄사실로 공소제기된 사안에서,
보석으로 석방된 후 영업을 재개하여 동일한 장소에서 같은 유기기구를 사용하여 손님에게 사행행위를 하게 하는 동일한 형태의 영업을 하다가 다시 공소제기되었다면 이는 단일한 범의 아래 반복적으로 계속하여 영업을 한 것으로서 구속으로 일시 영업이 중단되었다는 사정만으로는 범의의 갱신이 있다고 볼 수 없으므로 포괄적 일죄에 해당한다.[47]

컴퓨터로 음란 동영상을 제공하여 서버컴퓨터가 압수되자 다시 장비를 갖추어 동영상 제공

피고인은 2004. 6. 7. 제1범죄행위(컴퓨터로 음란 동영상을 제공한 전보통신망보호법률위반죄)로 인하여 음란 동영상이 저장되어 있던 서버 컴퓨터 2대를 압수당한 후 다시 영업을 재개하여 행한 동종의 제2범죄행위로 인하여 약식명령을 받아 확정되었는데, 피고인이 위 범행에 가장 필요한 서버 컴퓨터를 압수당한 이후 새로운 장비와 프로그램을 갖추어 다시 범행을 저지른 이상 범의의 갱신이 있었다고 봄이 상당하고, 따라서 제1범죄행위는 약식명령이 확정된 제2범죄행위와 실체적 경합관계에 있다.[48]

46) 대판 2014. 7. 24. 2013도12937. 다음은 같은 취지이다.
무허가유료직업소개 행위는 범죄구성요건의 성질상 동종행위의 반복이 예상되는데, 반복된 수 개의 행위 상호간에 일시·장소의 근접, 방법의 유사성, 기회의 동일, 범의의 계속 등 밀접한 관계가 있어 전체를 1개의 행위로 평가함이 상당한 경우에는 포괄적으로 한 개의 범죄를 구성한다(대판 1993. 3. 26. 92도3405).

47) 대판 1993. 10. 22. 93도2178.

48) 대판 2005. 9. 30. 2005도4051.

자신들이 개설한 인터넷 사이트를 통해 음란영상의 배포, 전시를 방조

동일 죄명에 해당하는 수 개의 행위를 단일하고 계속된 범의 아래 일정기간 계속하여 행하고 그 피해법익도 동일한 경우에는 이들 각 행위를 통틀어 포괄일죄로 처단하여야 할 것이고, 이는 방조범의 경우에도 마찬가지이다.

피고인들이, 자신들이 개설한 인터넷 사이트를 통해 회원들로 하여금 음란한 동영상을 게시하도록 하고, 다른 회원들로 하여금 이를 다운받을 수 있도록 하는 방법으로 정보통신망을 통한 음란한 영상의 배포, 전시를 방조한 행위가 단일하고 계속된 범의 아래 일정기간 계속하여 이루어졌고 피해법익도 동일한 경우, 포괄일죄의 관계에 있다고 본 사례.[49]

다. 업무상의 범죄

수 개의 업무상횡령행위

수 개의 업무상횡령 행위라 하더라도 피해법익이 단일하고, 범죄의 태양이 동일하며, 단일 범의의 발현에 기인하는 일련의 행위라고 인정될 때에는, 포괄하여 1개의 범죄라고 봄이 타당하다.[50]

수 개의 업무상횡령행위 도중에 공범자의 변동이 있음

수 개의 업무상 횡령행위라 하더라도 피해법익이 단일하고, 범죄의 태양이 동일하며, 단일 범의의 발현에 기인하는 일련의 행위라고 인정될 때에는 포괄하여 1개의 범죄가 성립하고, 또한 수 개의 업무상 횡령행위 도중에 공범자의 변동이 있는 경우라 하더라도 그 수 개의 행위가 위와 같은 기준(포괄일죄의 기준)을 충족하는 것이라면 별개의 죄가 되는 것이 아니라 포괄일죄가 된다.[51]

골프장의 예약업무 담당자가 회원에게 제공할 주말부킹권을 부킹대행업자들에게 판매함

타인의 사무를 처리하는 자가 동일인으로부터 그 직무에 관하여 부정한 청탁을 받고 여러 차례에 걸쳐 금품

49) 대판 2010. 11. 25. 2010도1588.

50) 대판 2005. 9. 28. 2005도3929.

51) 대판 2009. 2. 12. 2006도6994. 다음은 같은 취지이다.

여러 개의 뇌물수수행위가 있는 경우에 그것이 단일하고 계속된 범의하에 동종의 범행을 일정 기간 반복하여 행한 것이고, 그 피해법익도 동일한 경우에는 각 범행을 통틀어 포괄일죄로 볼 것이지만, 그러한 범의의 단일성과 계속성을 인정할 수 없을 때에는 각 범행마다 별개의 죄가 성립하는 것으로서 경합범으로 처단하는 것이 마땅하다(대판 1998. 2. 10. 97도2836).

약 4년 3개월간에 걸친 업무상횡령

업무상횡령의 소위는 피해법익이 단일하며, 단일 또는 계속된 범의의 발동에 의하여 이루어진 범행이라면 그 행위가 복수인 경우에도 이를 포괄적으로 파악하여 일죄로 인정할 수 있으므로 업무상횡령사실이 비록 약 4년 3개월간에 걸친 것이라 하여도 그 기간 내의 횡령범행이 전 기간을 통하여 접속되어 있고 그 횡령사실이 모두 (갑)은행을 위하여 업무상 보관관리하고 있는 돈을 횡령한 것이라면 그 피해법익이 단일하다 할 것이므로 이를 일죄로 파악한 것은 정당하다(대판 1984. 8. 14. 84도1139).

을 수수한 경우에, 그것이 단일하고도 계속된 범의 아래 일정기간 반복하여 이루어진 것이고 그 피해법익도 동일한 때에는 이를 포괄일죄로 볼 것이지만, 여러 사람으로부터 각각 부정한 청탁을 받고 그들로부터 각각 금품을 수수한 경우에는 비록 그 청탁이 동종의 것이라고 하더라도 단일하고 계속된 범의 아래 이루어진 범행으로 보기 어려워 그 전체를 포괄일죄로 볼 수 없다.

갑이 을, 병으로부터 주말부킹권을 제공해 달라는 부정한 청탁을 받고 을로부터 2005. 11. 11.경부터 2007. 10. 15.경까지 110회에 걸쳐 합계 5억 29,710,000원, 병으로부터 2006. 10. 16.경부터 2007. 10. 5.경까지 46회에 걸쳐 합계 2억 89,025,000원의 각 금품을 수수한 행위[52]는 <u>배임증재자별로 각 포괄일죄를 구성하고, 양 죄는 실체적 경합범</u>에 해당한다.[53]

신용협동조합의 전무가 수 개의 거래처의 부탁을 받고 부당대출

수 개의 업무상 배임행위가 포괄하여 1개의 죄에 해당하기 위하여는 피해법익이 단일하고 범죄의 태양이 동일할 뿐만 아니라, 그 수 개의 배임행위가 단일한 범의에 기한 일련의 행위라고 볼 수 있어야 하므로, <u>신용협동조합의 전무가 수 개의 거래처로부터 각기 다른 일시에 조합정관상의 1인당 대출한도를 초과하여 대출을 하여 달라는 부탁을 받고 이에 응하여 각기 다른 범의 하에 부당대출</u>을 하여 줌으로써 수 개의 업무상 배임행위를 범한 경우, 그것은 <u>포괄일죄에 해당하지 않는다고 본 사례</u>.[54]

라. 예비, 미수, 기수의 관계

살해 목적으로 수차에 걸쳐 예비, 미수 후 살해

<u>살해의 목적으로 동일인에게 일시, 장소를 달리하고 수차에 걸쳐 단순한 예비행위를 하거나 또는 공격을 가</u>

---

52) 회원제 골프장의 예약업무 담당자가 부킹대행업자의 청탁에 따라 회원에게 제공해야 하는 주말부킹권을 부킹대행업자에게 판매하고 그 대금 명목의 금품을 받은 것은 배임수재죄에 해당한다(대판 2008. 12. 11. 2008도6987).

53) 대판 2008. 12. 11. 2008도6987.

54) 대판 1997. 9. 26. 97도1469. 구체적인 판시는 다음과 같다.

확정판결의 범죄사실: 피고인이 A신용협동조합의 전무로서 대출업무를 관장하여 오던 중 1989. 9.경 B주식회사의 대표이사인 갑으로부터 A의 1인당 대출한도를 초과하여 금원을 대출하여 달라는 부탁을 받고 갑과 공모하여 그 무렵부터 1995. 2. 3.까지 사이에 약 400여 회에 걸쳐 담보도 제대로 확보하지 아니한 채 다른 사람 또는 갑 명의로 갑에게 합계 금 120억원 상당을 대출하고 그 회수를 곤란하게 함으로써 갑에게 재산상이익을 취득하게 하고 A에게 재산상손해를 가함.

이 사건 범죄사실: 피고인이 을로부터 1992. 2.경 A의 1인당 대출한도를 초과하여 금원을 대출하여 달라는 부탁을 받고서 을과 공모하여 그 무렵부터 1994. 12. 말경까지 약 120여 회에 걸쳐 담보를 제대로 확보하지 아니한 채 A의 조합원 내지 을이 주선한 사람들의 명의로 을에게 합계 26억원 상당을 대출하고 그 회수를 곤란하게 함으로써 을에게 재산상이익을 취득하게 하고 A에게 재산상손해를 가함.

판단: 확정판결의 범죄사실과 이 사건 범죄사실은 각기 그 대출상대방이 다를 뿐만 아니라, 피고인은 평소 A와 대출 등의 거래관계가 있던 갑과 을로부터 각기 다른 시기에 부도위기에 처하였으니 추가대출을 하여 달라는 부탁을 받게 되자 그 때마다 종전의 대출금을 회수하여야 하는 입장에서 부득이 편법으로 추가대출을 하여 주기로 결의하고 그에 따라 위 각 범행을 저지르게 되었음을 알 수 있으므로 위 각 범죄사실은 각기 다른 범의 하에 저질러진 별개의 범행으로서 포괄 1죄의 관계에 있다고 볼 수 없다.

하였으나 미수에 그치다가 드디어 그 목적을 달성한 경우에 그 예비행위 내지 공격행위가 동일한 의사발동에서 나왔고 그 사이에 범의의 갱신이 없는 한 각 행위가 같은 일시, 장소에서 행하여졌거나 또는 다른 장소에서 행하여졌거나를 막론하고 또 그 방법이 동일하거나 여부를 가릴 것 없이 그 살해의 목적을 달성할 때까지의 행위는 모두 실행행위의 일부로서 이를 포괄적으로 보고 단순한 한 개의 살인기수죄로 처단할 것이지 살인예비 내지 미수죄와 동 기수죄의 경합죄로 처단할 수 없는 것이다.[55)]

미성년자유인미수, 피해자 유인 후 중지 후 피해자 인치하여 살해하고 협박하여 금품 요구

피고인이 미성년자를 유인하여 금원을 취득할 마음을 먹고 갑으로 하여금 피해자를 유인토록 하였으나 동인의 거절로 미수에 그치고, 같은 달 2차에 걸쳐 다시 피해자를 유인하였으나 마음이 약해져 각 실행을 중지하여 미수에 그치고, 다음 달 드디어 피해자를 인치, 살해하고 금원을 요구하는 내용의 협박편지를 피해자의 마루에 갖다 놓고 피해자의 안전을 염려하는 부모로부터 재물을 취득하려 했다면, 피고인은 당초의 범의를 철회 내지 방기하였다가 다시 범의를 일으켜 위 마지막의 약취유인 살해에 이른 것이라고 하지 않을 수 없으니, 그간에 범의의 갱신이 있어 그간의 범행이 단일한 의사발동에 인한 것이라고는 할 수 없으므로 위 각 미수죄와 기수죄를 경합범으로 의율한 것은 정당하다.[56)]

마. 수 개의 행위태양이 동일한 법익을 침해

범죄단체를 구성하거나 이에 가입한 자가 구성원으로 활동

폭처법 제4조 제1항은 그 법에 규정된 범죄행위를 목적으로 하는 단체를 구성하거나 이에 가입하는 행위 또는 구성원으로 활동하는 행위를 처벌하도록 정하고 있는데, 이는 구체적인 범죄행위의 실행 여부를 불문하고

---

55) 대판 1965. 9. 28. 65도695. 다음은 같은 취지이다.

미신고 수입할 목적으로 일부 예비, 일부 미수(본선에서 전마선으로 옮겨 실음), 일부 기수(양륙)

관세법상의 미신고수입죄는 해상에서는 물품을 본선으로부터 전마선에 옮겨 실을 때에 실행의 착수가 있고, 물품을 양륙한 때 기수가 되며, 물품을 본선으로부터 전마선에 옮겨 싣기 이전의 행위는 아직 예비행위에 불과하다고 보아야 하나, 관세법 제182조 제2항은 위 죄를 범할 목적으로 예비를 한 자와 미수범을 본죄에 준하여 처벌한다고 규정하고 있어서 예비나 미수를 기수와 구별할 실익이 없으므로, 동일한 기회를 이용하여 단일한 의사로 다량의 물품에 대한 밀수입의 예비를 하고 그 물품 중 일부만 양륙에 착수하였거나 일부만 양륙을 완료하였더라도 양륙의 착수나 완료 여부에 따라 물품을 나누어 예비죄, 미수죄, 기수죄의 수죄가 성립하는 것이 아니라 포괄하여 1개의 관세법위반죄가 성립한다고 보아야 하고, 이와 같은 경우에 특가법 제6조 제2항을 적용할 것인지의 여부도 그 물품원가를 모두 합산하여 같은 항 각 호가 정한 금액 이상인지의 여부에 따라 이를 결정하여야 한다.

해설: 관세법상의 미신고수입죄에 관한 현행 관세법상의 조문은 다음과 같다.

제269조(밀수출입죄) ① 생략

② 다음 각 호의 어느 하나에 해당하는 자는 5년 이하의 징역 또는 관세액의 10배와 물품원가 중 높은 금액 이하에 상당하는 벌금에 처한다.

1. 제241조 제1항·제2항 또는 제244조 제1항에 따른 신고를 하지 아니하고 물품을 수입한 자.

제241조(수출·수입 또는 반송의 신고) ① 물품을 수출·수입 또는 반송하려면 해당 물품의 품명·규격·수량 및 가격과 그 밖에 대통령령으로 정하는 사항을 세관장에게 신고하여야 한다(대판 2000. 4. 25. 99도5479).

56) 대판 1983. 1. 18. 82도2761.

범죄행위에 대한 예비·음모의 성격이 있는 범죄단체의 생성 및 존속 자체를 막으려는 데 입법 취지가 있다. 또한 위 조항에서 말하는 범죄단체 구성원으로서의 활동이란 범죄단체의 내부 규율 및 통솔 체계에 따른 조직적·집단적 의사 결정에 기초하여 행하는 범죄단체의 존속·유지를 지향하는 적극적인 행위를 일컫는다. 그런데 범죄단체의 구성이나 가입은 범죄행위의 실행 여부와 관계없이 범죄단체 구성원으로서의 활동을 예정하는 것이고, 범죄단체 구성원으로서의 활동은 범죄단체의 구성이나 가입을 당연히 전제로 하는 것이므로, 양자는 모두 범죄단체의 생성 및 존속·유지를 도모하는, 범죄행위에 대한 일련의 예비·음모 과정에 해당한다는 점에서 범의의 단일성과 계속성을 인정할 수 있을 뿐만 아니라 피해법익도 다르지 않다.
따라서 범죄단체를 구성하거나 이에 가입한 자가 더 나아가 구성원으로 활동하는 경우, 이는 포괄일죄의 관계에 있다.57)

바. 전속적 법익의 침해

단일 범의로 동일 장소에서 실탄 6발이 장전된 권총을 순차로 쏘아 처와 자식들을 살해

피고인이 단일한 범의로 동일한 장소에서 동일한 방법으로 시간적으로 접착된 상황에서 처와 자식들을 살해하였다고 하더라도 휴대하고 있던 권총에 실탄 6발을 장전하여 처와 자식들의 머리에 각기 1발씩 순차로 발사하여 살해하였다면, 피해자들의 수에 따라 수 개의 살인죄를 구성한다.58)

강도가 한 개의 강도범행을 하면서 수명의 피해자를 폭행하여 각 상해를 입힘

강도가 한 개의 강도범행을 하는 기회에 수명의 피해자에게 각 폭행을 가하여 각 상해를 입힌 경우에는 각 피해자별로 수 개의 강도상해죄가 성립하며 이들은 실체적 경합범의 관계에 있다.59)

절도가 체포면탈 목적으로 추격하여 온 수인에 대하여 같은 기회에 폭행, 협박

절도가 체포를 면탈할 목적으로 추격하여 온 수인에 대하여 같은 기회에 동시 또는 이시에 폭행 또는 협박을

57) 대판 2015. 9. 10. 2015도7081. 다음은 포괄일죄 부정례이다.
전기용품 안전관리법상 안전인증대상전기용품에 관하여, 제조업자가 인증 없이 제조/수입·판매업자가 안전인증표시 없이 판매
수 개의 행위태양이 동일한 법익을 침해하는 일련의 행위로서 각 행위 간의 필연적 관련성이 당연히 예상되어 있는 경우는 포괄일죄라고 볼 수 있을 것이지만, 구 전기용품 안전관리법은 제5조 제1항에서 안전인증대상전기용품 제조업자에게 안전인증대상전기용품의 모델별로 안전인증을 받을 의무를 부과하는 한편, 이와 별도로 제7조 제1항으로 전기용품 수입·판매업자에게 안전인증의 표시 등이 없는 안전인증대상전기용품을 판매하여서는 아니 될 의무를 부과하고, 위 각각의 위반행위에 대하여 제15조 제5호 및 제8호로 벌칙도 따로 규정하고 있을 뿐 아니라, 일반적으로 물건의 제조행위와 판매행위는 독립된 행위로서 그 판매행위가 제조행위에 수반되는 필연적 결과라거나 반대로 제조행위가 판매행위의 필연적 수단이라고 볼 수는 없으므로, 제조행위와 판매행위는 당해 행위 사이에서 각각 포괄일죄의 관계에 있을 뿐, 그 제조행위와 판매행위는 서로 독립한 가벌적 행위로서 별개의 죄를 구성한다고 보아야 한다(대판 2007. 2. 22. 2006도7834).

58) 대판 1991. 8. 27. 91도1637.

59) 대판 1987. 5. 26. 87도527.

하였다 하더라도 준강도의 포괄일죄가 성립한다.[60]

비교 판례: 출동한 두 명의 경찰관들에게 욕설하면서 차례로 폭행

출동한 두 명의 경찰관들에게 욕설하면서 차례로 폭행한 경우 동일한 장소에서 동일한 기회에 이루어진 폭행 행위는 사회관념상 1개의 행위로 평가하는 것이 상당하므로, 공무집행방해죄는 상상적 경합의 관계에 있다.[61]

절도범이 체포면탈 목적으로 수인에 대하여 같은 기회에 폭행하여 1인에게만 상해를 가함

절도범이 체포면탈 목적으로 체포하려는 여러 명의 피해자에게 같은 기회에 폭행을 가하여 그 중 1인에게만 상해를 가하였다면 이러한 행위는 포괄하여 하나의 강도상해죄만 성립한다.[62]

동일인이 관리하는 상가의 방에서 갑의 전축과 을의 시계를 가져감

피고인은 상가에 침입하여 그곳 방안 방바닥에 놓여있던 갑 소유의 전축 1대와 음반 7장을 절취한 후 그 방벽에 걸려있던 을 소유의 옷 호주머니 속에서 그 사람 소유 팔뚝 시계 1개, 현금 350원을 꺼내어 가 이를 절취한 경우에, 물건의 소유자가 다르고 절취한 시간, 장소가 다르더라도 단일범의로써 절취한 시간과 장소가 접착되어 있고 같은 관리인의 관리 하에 있는 방 안에서 소유자를 달리하는 두 사람의 물건을 절취한 경우에는 1개의 절도죄가 성립한다.[63]

피해자들에게 분양한 아파트들에 관하여 단일 범의로 제3자 명의의 소유권이전등기 등 경료

아파트의 각 세대를 분양받은 각 피해자에 대하여 소유권이전등기절차를 이행하여 주어야 할 업무상의 임무가 있었다면, 각 피해자의 보호법익은 독립된 것이므로, 범의가 단일하고 제3자 앞으로 각 소유권이전등기 및 근저당권설정등기를 한 각 행위시기가 근접하여 있으며 피해자들이 모두 위 회사로부터 소유권이전등기를 받을 동일한 권리를 가진 자라고 하여도, 각 공소사실이 포괄일죄의 관계에 있다고는 할 수 없고 피해자별로 독립한 수 개의 업무상배임죄의 관계에 있다.[64]

세금(직할시세, 구세, 국세) 횡령의 죄수

횡령 세금에 직할시세인 취득세, 등록세 등과 구세인 재산세, 종합토지세 등 및 국세인 방위세 또는 교육세가 포함되어 있는 경우, 직할시세, 구세 및 국세는 각기 과세주체를 달리하고 세금을 수납할 수 있는 근거 규정도 서로 다르므로, 비록 세금 횡령이라는 단일한 범의가 계속적으로 발현된 일련의 범행이더라도 직할시

60) 대판 1966. 12. 6. 66도1392.
61) 대판 2009. 6. 25. 2009도3505.
62) 대판 2001. 8. 21. 2001도3447.
63) 대판 1970. 7. 21. 70도1133.
64) 대판 1994. 5. 13. 93도3358.

세, 구세 및 국세를 횡령한 각 범행을 통틀어 하나의 포괄일죄로 볼 수는 없고 그 피해자 내지 피해법익별로(즉 직할시세, 구세 및 국세별로) 구분하여 별개의 죄가 성립하며, 이 경우 같은 직할시세 또는 같은 구세 중에서 구체적인 세목을 달리하거나 수 개의 행위 도중에 공범자에 변동이 있고 때로는 단독범인 경우도 있다 하더라도 그것이 단일하고 계속된 범의 하에 행하여진 것이라면 별개의 죄가 되는 것이 아니라 포괄일죄가 된다.[65)]

사. 구성요건을 달리하는 범죄

포괄일죄라 함은 각기 따로 존재하는 수 개의 행위가 한 개의 구성요건을 한번 충족하는 경우를 말하므로 구성요건을 달리하고 있는 횡령, 배임 등의 행위와 사기의 행위는 포괄일죄를 구성할 수 없다.[66)]

아. 기 타

1994. 2.부터 1998. 1.까지 설, 추석 및 연말마다 매번 100만원씩 받음

단일하고도 계속된 범의 아래 동종의 범행을 일정기간 반복하여 행하고 그 피해법익도 동일한 경우에는 각 범행을 통틀어 포괄일죄로 볼 것이고, 수뢰죄에 있어서 단일하고도 계속된 범의 아래 동종의 범행을 일정기간 반복하여 행하고 그 피해법익도 동일한 것이라면 돈을 받은 일자가 상당한 기간에 걸쳐 있고, 돈을 받은 일자 사이에 상당한 기간이 끼어 있다 하더라도 각 범행을 통틀어 포괄일죄로 볼 것이다.

갑은 1994. 2.부터 1998. 1. 사이에 설과 추석 및 연말마다 을로부터 매번 1,000,000원씩의 돈을 받아 왔다는 것이고, 갑이 그 각 돈을 받을 때마다 을이 특정하고 단일한 명시적 청탁을 하였다고 볼 수는 없다 할지라도, 그 각 돈은 갑이 위 병원에서 약제부장으로서 담당하는 납품관련 업무와 관련하여 △△△을 배려하여 준 데에 대한 사례나 앞으로도 잘 배려하여 달라는 뜻으로 주고받은 것이라고 봄이 상당하므로 갑의 각 수뢰행위는 단일하고도 계속된 범의 아래 동종의 범행을 일정기간 반복하여 행하고 그 피해법익도 동일한 경우에 해당하여 그 각 범행을 통틀어 포괄일죄로 볼 것이다.[67)]

강간으로 진지 4주 상해를 입은 피해자를 1시간 후에 피고인의 집으로 끌고 가 다시 강간

피고인이 피해자(여, 20세)를 강간할 목적으로 도망가는 피해자를 추격하여 머리채를 잡아 끌면서 블럭소각으로 피해자의 머리를 수회 때리고 손으로 목을 조르면서 항거불능케 한 후 그녀를 1회 간음하여 강간하고 이로 인하여 그녀로 하여금 요치 28일간의 전두부 타박상을 입게한 후 약 1시간 후에 그녀를 피고인 집 작은방으로 끌고 가 앞서 범행으로 상처를 입고 항거불능 상태인 그녀를 다시 1회 간음하여 강간한 경우에, 피고인의 두 번에 걸친 피해자에 대한 강간행위는 그 범행시간과 장소를 각 달리하고 있을 뿐만 아니라 각 별개의 범의에서 이루어진 행위로서 실체적 경합범이다.[68)]

65) 대판 1995. 9. 5. 95도1269.
66) 대판 1988. 2. 9. 87도58.
67) 대판 2000. 1. 21. 99도4940.
68) 대판 1987. 5. 12. 87도694.

비교 판례: 폭행과 강간행위가 불과 1시간 전후에 이루어진 것이기는 하나 강간의 범의를 일으킨 것이 폭행 후의 다른 상해범행의 실행 중이었음이 인정되는 이상 폭행사실은 별개의 독립한 죄를 구성한다.[69)]

액체 히로뽕 반제품을 땅에 묻어 두었다가 1년 9월 후에 다른 공범과 함께 완제품을 제조

히로뽕 완제품을 제조할 때 함께 만든 액체 히로뽕 반제품을 땅에 묻어 두었다가 약 1년 9월 후에 앞서 제조시의 공범 아닌 자 등의 요구에 따라 그들과 함께 위 반제품으로 그 완제품을 제조한 경우 포괄일죄를 이룬다고 할 수 없으므로 형법 제37조 전단의 경합범으로 의율 처단하여야 한다.[70)]

약 9개월의 간격이 있고 범행 장소도 상이한 두 개의 반복된 히로뽕 제조행위

A범죄사실: 1980.6. 중순경부터 그해 9. 중순경까지 사이에 접속하여 히로뽕 제조를 반복
B범죄사실: 1981.6. 중순경부터 그해 8. 말경까지 사이에 접속하여 히로뽕 제조를 반복
위 각 범죄사실은 각각 포괄일죄로 볼 수 있다고 하더라도, A와 B는 그 사이에 약 9개월의 간격이 있고 범행 장소도 상이하여 범의의 단일성과 계속성을 인정하기 어려우므로 실체적 경합범관계에 있다.[71)]

자. 사기죄와 죄수

상세히는 형법각론의 사기죄 부분을 참조.

단일한 범의의 발동에 의하여 상대방을 기망하고 그 결과 착오에 빠져 있는 동일인으로부터 일정 기간 동안 동일한 방법에 의하여 금원을 편취한 경우에는 이를 포괄적으로 관찰하여 일죄로 처단하는 것이 가능할 것이나, 범의의 단일성과 계속성이 인정되지 아니하거나 범행방법이 동일하지 않은 경우에는 각 범행은 실체적 경합범에 해당한다고 할 것이다.[72)]

분양권한 없이 135명에게 아파트 분양

아파트를 분양할 권한이 없음에도, 1990. 7. 10.부터 1992. 8. 중순경까지 사이에 135회에 걸쳐 135명의 분양희망자로부터 각 분양대금(합계 약 47억원)을 교부받아 편취한 사안에서,
수인의 피해자에 대하여 각별로 기망행위를 하여 각각 재물을 편취한 경우에는 비록 범의가 단일하고 범행방법이 동일하다고 하더라도 각 피해자의 피해법익은 독립한 것이므로 이를 포괄 1죄로 파악할 수는 없고 피해자별로 독립한 사기죄가 성립된다.[73)]

69) 대판 1983. 4. 12. 83도304.
70) 대판 1991. 2. 26. 90도2900.
71) 대판 1982. 11. 9. 82도2055.
72) 대판 2004. 6. 25. 2004도1751.
73) 대판 1993. 6. 22. 93도743.

동일 피해자에 대한 3회의 재물편취와 범의의 단일성 및 계속성

피고인이 피해자로부터 3회에 걸쳐 돈을 편취함에 있어서 그 시간적 간격이 1985. 3. 25.과 그해 5. 30. 그해 8. 4.로 각 2개월 이상이 되고 그 기망방법에 있어서도 처음에는 경매보증금을 마련하여 시간을 벌어주면 경매목적물을 처분하여 갚겠다고 거짓말을 하였고 두 번째는 한 번만 더 시간을 벌면 위 부동산이 처분될 수 있다고 하여 돈을 빌려주게 하고 마지막에는 돈을 빌려주지 않으면 두 번에 걸쳐 빌려준 돈도 갚을 수 없게 되었다고 거짓말을 함으로써 피해자로 하여금 부득이 그 돈을 빌려주지 않을 수 없는 상태에 놓이게 한 경우에는 범행의 시간적 간격과 범행의 수단에 미루어보면 피고인에게 범의의 단일성과 계속성이 있었다고 보여지지 아니하므로 실체적 경합범에 해당한다.[74)]

차. 위증죄와 죄수

형법각론 위증죄 부분을 참조.

카. 신용카드 등의 사용

형법각론 사기죄 부분을 참조.

Ⅳ. 상상적 경합

1. 의 의

상상적 경합은 1개의 행위가 수 개의 죄에 해당하는 것을 말한다. 상상적 경합에 대해서는 가장 중한 죄에 정한 형으로 처벌한다(형법 40조). 위와 같이 상상적 경합은 실질적으로 수죄가 성립함에도 하나의 그 중 가장 중한 죄에 정한 형으로만 처벌하므로 과형상 일죄라고도 한다. 상상적 경합은 수죄가 성립한다는 점에서 일죄만 성립하는 법조경합과 다르다. 상상적 경합은 하나의 행위에 의한 것이라는 점에서 수 개의 행위에 의한 실체적 경합과 구별된다.

상상적 경합이 성립하기 위한 요건인 하나의 행위의 의미에 관하여, 자연적으로 평가하였을 때 하나의 행위라는 견해와 법률적으로 평가하였을 때 하나의 행위라는 견해가 있다. 행위의 단일성에 관하여 아래 ①의 판례에서는 자연적으로 평가하였고, ②의 판례에서는 법률적으로 평가하고 있다. 행위의 단일성에 관하여 아래 ③의 판례에서는 사회적 사실관계의 기본적 동일성이라는 표현을, 아래 ④의 판례에서는 '사회관념상 1개의 행위'[75)]라는 표현을 각각 사용하고 있다.

---

74) 대판 1989. 11. 28. 89도1309.

75) 대판 1987. 7. 21. 87도564. 사회관념상 또는 사회통념상 1개의 행위라는 표현을 사용한 판례로는 대판 1987. 7. 21. 87도564; 대판 2009. 6. 25. 2009도3505; 대판 2013. 10. 31. 2013도10020 등이 있다.

① 형법 제40조에서 말하는 1개의 행위란 법적 평가를 떠나 사회관념상 행위가 **사물자연의 상태로서 1개로 평가**되는 것을 말하는 바, 무면허인데다가 술이 취한 상태에서 오토바이를 운전하였다는 것은 위의 관점에서 분명히 1개의 운전행위라 할 것이다.[76)]

② ㉮ 여관 종업원과 주인을 함께 폭행·협박하고 금품을 강취/㉯ 여관의 관리인으로부터 금품 강취 후, 객실의 투숙객들로부터 금품을 강취

강도가 동일한 장소에서 동일한 방법으로 시간적으로 접착된 상황에서 수인의 재물을 강취하였다고 하더라도, 수인의 피해자들에게 폭행 또는 협박을 가하여 그들로부터 그들이 각기 점유·관리하고 있는 재물을 각각 강취하였다면, 피해자들의 수에 따라 수 개의 강도죄를 구성하는 것이고, 다만 강도범인이 피해자들의 반항을 억압하는 수단인 폭행·협박행위가 사실상 공통으로 이루어졌기 때문에, 법률상 1개의 행위로 평가되어 상상적 경합으로 보아야 될 경우가 있는 것은 별 문제이다.

㉮ 피고인이 여관에서 종업원을 칼로 찔러 상해를 가하고 객실로 끌고 들어가는 등 폭행·협박을 하고 있던 중, 마침 다른 방에서 나오던 여관의 주인도 같은 방에 밀어 넣은 후, 주인으로부터 금품을 강취하고, 1층 안내실에서 종업원 소유의 현금을 꺼내 갔다면, 여관 종업원과 주인에 대한 각 강도행위가 각별로 강도죄를 구성하되 피고인이 피해자인 종업원과 주인을 폭행·협박한 행위는 **법률상 1개의 행위로 평가**되는 것이 상당하므로 위 2죄는 상상적 경합범관계에 있다고 할 것이다.

㉯ 강도가 서로 다른 시기에 다른 장소에서 수인의 피해자들에게 각기 폭행 또는 협박을 하여 각 그 피해자들의 재물을 강취하고, 그 피해자들 중 1인을 상해한 경우에는, 각기 별도로 강도죄와 강도상해죄가 성립하는 것임은 물론, **법률상 1개의 행위로 평가**되는 것도 아닌 바, 피고인이 여관에 들어가 1층 안내실에 있던 여관의 관리인을 칼로 찔러 상해를 가하고, 그로부터 금품을 강취한 다음, 각 객실에 들어가 각 투숙객들로부터 금품을 강취하였다면, 피고인의 위와 같은 각 행위는 비록 시간적으로 접착된 상황에서 동일한 방법으로 이루어지기는 하였으나, 포괄하여 1개의 강도상해죄만을 구성하는 것이 아니라 실체적 경합범의 관계에 있는 것이라고 할 것이다.[77)]

③ 당좌수표 발행 후 부도 및 위 당좌수표 발행으로 인한 업무상배임

당좌수표를 조합 이사장 명의로 발행하여 그 소지인이 지급제시기간 내에 지급제시하였으나 거래정지처분의 사유로 지급되지 아니하게 한 사실(부정수표단속법위반죄)과 동일한 수표를 발행하여 조합에 대하여 재산상 손해를 가한 사실(업무상배임죄)은 사회적 사실관계가 기본적인 점에서 동일하다고 할 것이어서 상상적 경합관계에 있다.[78)]

76) 대판 1987. 2. 24. 86도2731.
77) 대판 1991. 6. 25. 91도643.
78) 대판 2004. 5. 13. 2004도1299.

④ **사기도박**

피고인 등이 피해자들을 유인하여 사기도박으로 도금을 편취한 행위는 **사회관념상 1개의 행위로 평가**하는 것이 타당하므로, 피해자들에 대한 각 사기죄는 상상적 경합관계에 있다.[79]

2. 연결효과에 의한 상상적 경합

실체적 경합관계에 있는 범죄들이 제3의 범죄와 사이에 각각 상상적 경합관계에 있는 경우에, 실체적 경합관계에 있는 범죄들을 상상적 경합범으로 처단하는 것을 연결효과에 의한 상상적 경합이라고 한다. 판례는 다음과 같이 이를 긍정한다.

예비군 중대장이 훈련 불참자로부터 금원을 교부받고 참석한 것처럼 공문서를 작성·비치

예비군 중대장이 그 소속예비군으로부터 금원을 교부받고 그 예비군이 예비군훈련에 불참하였음에도 불구하고 참석한 것처럼 허위내용의 중대학급편성명부를 작성, 행사한 경우라면 수뢰후 부정처사죄 외에 별도로 허위공문서작성 및 동행사죄가 성립하고 이들 죄와 수뢰후 부정처사죄는 각각 상상적 경합관계에 있다고 할 것이다.

허위공문서작성죄와 동행사죄가 수뢰후 부정처사죄와 각각 상상적 경합관계에 있을 때에는 허위공문서작성죄와 동행사죄 상호간은 실체적 경합범관계에 있다고 할지라도 상상적 경합범관계에 있는 수뢰후 부정처사죄와 대비하여 가장 중한 죄에 정한 형으로 처단하면 족한 것이고 따로이 경합가중을 할 필요가 없다.[80]

해설: '수뢰후부정처사죄와 허위공문서작성죄' 및 '수뢰후부정처사죄와 허위작성공문서행사죄'는 각각 상상적 경합관계에 있고, '허위공문서작성죄와 허위작성공문서행사죄'는 실체적 경합관계이다. 실체적 경합관계에 있는 허위공문서작성죄와 허위작성공문서행사죄가 이와 독립된 제3의 범죄인 수뢰후부정처사죄와 각각 상상적 경합관계에 있다. 허위공문서작성죄와 허위작성공문서행사죄는 수뢰후부정처사죄와 연결됨으로써 상상적 경합관계가 된다. 결국 수뢰후부정처사죄, 허위공문서작성죄, 허위작성공문서행사죄의 3개의 범죄는 상상적 경합관계이다.

비교 판례: 절취 신용카드를 2시간 20분 동안 7곳에서 사용한 신용카드부정사용죄 및 사기죄의 죄수

피고인은 신용카드를 절취한 직후 약 2시간 20분 동안에 카드가맹점 7곳에서 합계 금 2,008,000원 상당의 물품을 구입하면서 마치 자신이 위 신용카드의 소유자인 것처럼 행세하여 위 물품의 각 구입대금을 신용카드로 결제하였으며, 피고인이 신용카드를 훔친 목적은 이를 사용하여 신용카드의 가맹점들에서 물품을 구입하는데 있었고, 같은 날 위 신용카드에 대한 도난·분실신고가 될 것을 염려하여 즉시 신속하게 위 카드가맹점들을 계속 돌아다니며 위 신용카드를 각 사용한 사안에서,

피고인은 절취한 카드로 가맹점들로부터 물품을 구입하겠다는 단일한 범의를 가지고 그 범의가 계속된 가운데 동종의 범행인 신용카드 부정사용행위를 동일한 방법으로 반복하여 행하였고, 또 위 신용카드의 각 부정사용의 피해법익도 모두 위 신용카드를 사용한 거래의 안전 및 이에 대한 공중의 신뢰인 것으로 동일하므로, 피고인이 동일한 신용카드를 위와 같이 부정사용한 행위는 포괄하여 일죄에 해당하고, 신용카드를 부정사용

79) 대판 2011. 1. 13. 2010도9330. 같은 취지로는 대판 1960. 11. 16. 4293형상743.
80) 대판 1983. 7. 26. 83도1378.

한 결과가 사기죄의 구성요건에 해당하고 그 각 사기죄가 실체적 경합관계에 해당한다고 하여도 신용카드부정사용죄와 사기죄는 그 보호법익이나 행위의 태양이 전혀 달라 실체적 경합관계에 있으므로 신용카드 부정사용행위를 포괄일죄로 취급하는데 아무런 지장이 없다고 한 사례.[81]

수뢰 후 공도화변조 및 동 행사

형법 제131조 제1항의 수뢰후부정처사죄에 있어서 공무원이 수뢰후 행한 부정행위가 공도화변조 및 동행사죄와 같이 보호법익을 달리하는 별개 범죄의 구성요건을 충족하는 경우에는 수뢰후부정처사죄 외에 별도로 공도화변조 및 동행사죄가 성립하고 이들 죄와 수뢰후부정처사죄는 각각 상상적 경합 관계에 있다고 할 것인바, 이와 같이 공도화변조죄와 동행사죄가 수뢰후부정처사죄와 각각 상상적 경합범 관계에 있을 때에는 공도화변조죄와 동행사죄 상호간은 실체적 경합범 관계에 있다고 할지라도 상상적 경합범 관계에 있는 수뢰후부정처사죄와 대비하여 가장 중한 죄에 정한 형으로 처단하면 족한 것이고 따로이 경합범 가중을 할 필요가 없다.[82]

회사가 지급하여야 할 약정금이 5억원임에도 위 회사의 직원이 권한 없이 "약정금 10억원을 지급한다"라는 회사 명의 합의서를 작성해 줌

피고인은 피해자 A 회사의 부장인데, A가 B 회사와 사이에 작성한 양해각서를 이행하지 못하여 B로부터 약정금 및 위약금의 반환을 요구받던 중, B의 직원 갑이 작성해 온 'A가 B에게 계약금 5억원의 배액을 배상하되, 1차로 2005. 6. 29.까지 5억원을, 2차로 2005. 7. 6.까지 5억원을 지급한다'는 내용의 합의서에 A의 인감을 날인해주도록 요구받자 대표이사의 승낙을 받는 등 정상적인 결재절차를 밟아 합의서를 작성해야 하는 임무에 위배하여 위 합의서에 A의 인감을 날인한 뒤 갑에게 건네주어 B로 하여금 당초 지급받을 약정금보다 5억원을 초과한 재산상 이익을 취득하게 하고, A에게 당초 반환할 약정금을 초과하여 5억원의 재산상 채무를 추가로 부담하게 하여 동액 상당의 재산상 손해를 가한 사안에서,
회사 명의의 합의서를 임의로 작성·교부한 행위에 대하여 약식명령이 확정된 사문서위조 및 그 행사죄의 범죄사실과 그로 인하여 회사에 재산상 손해를 가하였다는 업무상배임의 공소사실은 상상적 경합관계에 있다.[83]

---

81) 대판 1996. 7. 12. 96도1181.

82) 대판 2001. 2. 9. 2000도1216. 다음은 같은 취지이다.
공무원인 의사가 허위의 진단서를 작성한 행위에 대하여 허위공문서작성죄와 허위진단서작성죄의 상상적 경합을 인정한 원심의 판단이 법률 적용을 그르친 잘못이 있다고 할 것이나, 원심이 이와 실체적 경합범 관계에 있으며 형이 중한 부정처사후수뢰죄에 정한 형에 경합범 가중을 하여 처단형을 정하였으므로, 원심의 죄수 평가의 잘못이 판결 결과에 영향을 미쳤다고 보기 어렵다고 한 사례(대판 2004. 4. 9. 2003도7762).

83) 대판 2009. 4. 9. 2008도5634.

3. 강도죄와 상상적 경합

절도범인이 체포를 면탈할 목적으로 경찰관에게 폭행·협박을 가한 때에는 준강도죄와 공무집행방해죄를 구성하고 양 죄는 상상적 경합관계에 있으나, 강도범인이 체포를 면탈할 목적으로 경찰관에게 폭행을 가한 때에는 강도죄와 공무집행방해죄는 실체적 경합관계에 있고 상상적 경합관계에 있는 것이 아니다.[84)]

절도가 체포면탈 목적으로 추격하여 온 수인에 대하여 같은 기회에 폭행, 협박

절도가 체포를 면탈할 목적으로 추격하여 온 수인에 대하여 같은 기회에 동시 또는 이시에 폭행 또는 협박을 하였다 하더라도 준강도의 포괄일죄가 성립한다.[85)]

비교 판례: 출동한 두 명의 경찰관들에게 욕설하면서 차례로 폭행

출동한 두 명의 경찰관들에게 욕설하면서 차례로 폭행한 경우 동일한 장소에서 동일한 기회에 이루어진 폭행 행위는 사회관념상 1개의 행위로 평가하는 것이 상당하므로, 공무집행방해죄는 상상적 경합의 관계에 있다.[86)]

절도범이 체포면탈 목적으로 수인에 대하여 같은 기회에 폭행하여 1인에게만 상해를 가함

절도범이 체포면탈 목적으로 체포하려는 여러 명의 피해자에게 같은 기회에 폭행을 가하여 그 중 1인에게만 상해를 가하였다면 이러한 행위는 포괄하여 하나의 강도상해죄만 성립한다.[87)]

밀수품(관세장물)을 강취

관세법의 목적이 관세의 부과징수 및 수출·입품의 통관을 적정하게 하여 국민경제의 발전에 기여하고 관세수입의 확보를 기하는데 있는 것이므로, 그 실효를 거두기 위해서는 밀수품의 취득이 강도 등 범죄행위에 의하여 이루어진 경우에도 관세법위반(관세장물취득)죄로 인정하여야 하며 관세법위반(관세장물취득)죄와 강도죄는 상상적 경합범의 관계에 있다.[88)]

사기도박

피고인 등이 피해자들을 유인하여 사기도박으로 도금을 편취한 행위는 사회관념상 1개의 행위로 평가하는 것이 타당하므로, 피해자들에 대한 각 사기죄는 상상적 경합관계에 있다.[89)]

84) 대판 1992. 7. 28. 92도917.
85) 대판 1966. 12. 6. 66도1392.
86) 대판 2009. 6. 25. 2009도3505.
87) 대판 2001. 8. 21. 2001도3447.
88) 대판 1982. 12. 28. 81도1875.
89) 대판 2011. 1. 13. 2010도9330. 같은 취지로는 대판 1960. 11. 16. 4293형상743.

4. 기 타

신용협동조합의 전무가 담당직원을 기망하여 예금인출금, 대출금 명목의 금원을 교부받음

신용협동조합의 전무인 피고인이 조합의 담당직원을 기망하여 예금인출금 또는 대출금 명목으로 금원을 교부받은 사안에서,

업무상배임행위에 사기행위가 수반된 때의 죄수 관계에 관하여 보면, 사기죄는 사람을 기망하여 재물의 교부를 받거나 재산상의 이익을 취득하는 것을 구성요건으로 하는 범죄로서 임무위배를 그 구성요소로 하지 아니하고 사기죄의 관념에 임무위배 행위가 당연히 포함된다고 할 수도 없으며, 업무상배임죄는 업무상 타인의 사무를 처리하는 자가 그 업무상의 임무에 위배하는 행위로써 재산상의 이익을 취득하거나 제3자로 하여금 이를 취득하게 하여 본인에게 손해를 가하는 것을 구성요건으로 하는 범죄로서 기망적 요소를 구성요건의 일부로 하는 것이 아니어서 양 죄는 그 구성요건을 달리하는 별개의 범죄이고 형법상으로도 각각 별개의 장에 규정되어 있어, 1개의 행위에 관하여 사기죄와 업무상배임죄의 각 구성요건이 모두 구비된 때에는 양 죄를 법조경합 관계로 볼 것이 아니라 상상적 경합관계로 봄이 상당하다 할 것이고, 나아가 업무상배임죄가 아닌 단순배임죄라고 하여 양 죄의 관계를 달리 보아야 할 이유도 없다.[90)]

연명문서의 위조

문서에 2인 이상의 작성명의인이 있을 때에는 각 명의자마다 1개의 문서가 성립되므로 2인 이상의 연명으로 된 문서를 위조한 때에는 작성명의인의 수대로 수 개의 문서위조죄가 성립하고 또 그 연명문서를 위조하는 행위는 자연적 관찰이나 사회통념상 하나의 행위라 할 것이어서 위 수 개의 문서위조죄는 상상적 경합범에 해당한다.[91)]

호소문을 위조하고 다수인에게 송부하여 명예훼손

피고인은 2004. 7. 말경 '이토록 사람이 없단 말입니까, 우리 협회에?!'라는 제목으로 갑을 비방하는 사실증명에 관한 사문서인 을 명의의 호소문을 위조하고, 이와 별개로 위 호소문과 동일한 문서를 ○○작가협회 회원 1,700명에게 우편으로 발송, 도달하게 함으로써 공연히 허위의 사실을 적시하여 갑의 명예를 훼손한 사안에서, 사문서위조죄와 명예훼손죄는 경합범 관계에 있다.[92)]

복수의 채권자들의 강제집행이 예상되는 상태에서 재산 은닉 등

채권자들에 의한 복수의 강제집행이 예상되는 경우 재산을 은닉 또는 허위양도함으로써 채권자들을 해하였

---

90) 대판 2002. 7. 18. 2002도669 전합. 위 판례에 의하여 다음 판례는 변경되었다.
타인의 위탁에 의하여 그 사무를 처리하는 자가 그 사무처리상 임무를 배반하여 본인에 대하여 기망행위를 하고 착오에 빠진 본인으로부터 재물을 교부받은 경우에는 사기죄가 성립되며 가사 배임죄의 구성요건이 충족되어도 별도로 배임죄를 구성하는 것이 아니다(대판 1983. 7. 12. 82도1910).

91) 대판 1987. 7. 21. 87도564.

92) 대판 2009. 4. 23. 2008도8527.

다면 채권자별로 각각 강제집행면탈죄가 성립하고, 상호 상상적 경합범의 관계에 있다.[93]

여러 회사로부터 임차한 물건을 한꺼번에 처분하여 횡령

여러 개의 위탁관계에 의하여 보관하던 여러 개의 재물을 1개의 행위에 의하여 횡령한 경우 위탁관계별로 수 개의 횡령죄가 성립하고, 그 사이에는 상상적 경합의 관계가 있는 것으로 보아야 한다.

피고인은 피해자 A 회사와 사이에 렌탈(임대차)계약을 체결하고 그로부터 컴퓨터 본체 24대 등을 받아 보관하였고, 피해자 B 회사와 사이에 리스(임대차)계약을 체결하고 그로부터 컴퓨터 본체 13대 등을 보관하다가 성명불상의 업체에 이를 한꺼번에 처분하여 횡령하였으므로, 이러한 횡령행위는 사회관념상 1개의 행위로 평가함이 상당하고, 피해자들에 대한 각 횡령죄는 상상적 경합관계에 있다.[94]

공직선거법상 공천 관련 금품수수죄와 사기죄

국회의원 선거에서 정당의 공천을 받게 하여 줄 의사나 능력이 없음에도 이를 해 줄 수 있는 것처럼 기망하여 공천과 관련하여 금품을 받은 경우, 공직선거법상 공천 관련 금품수수죄와 사기죄의 상상적 경합범에 해당한다.[95]

강취한 예금통장으로 예금청구서를 작성, 제출하여 예금 인출

피고인이 예금통장을 강취하고 예금자 명의의 예금청구서를 위조한 다음 이를 은행원에게 제출행사하여 예금인출금 명목의 금원을 교부받았다면 강도, 사문서위조, 동행사, 사기의 각 범죄가 성립하고 이들은 실체적 경합관계에 있다 할 것이다.[96]

위조통화를 행사하여 재물을 불법영득

통화위조죄에 관한 규정은 공공의 거래상의 신용 및 안전을 보호하는 공공적인 법익을 보호함을 목적으로 하고 있고, 사기죄는 개인의 재산법익에 대한 죄여서 양 죄는 그 보호법익을 달리하고 있으므로 위조통화를 행사하여 재물을 불법영득한 때에는 위조통화행사죄와 사기죄의 양 죄가 성립되며 이들은 실체적 경합관계에 있다.[97]

93) 대판 2011. 12. 8. 2010도4129.
94) 대판 2013. 10. 31. 2013도10020.
95) 대판 2013. 9. 26. 2013도7876.
96) 대판 1991. 9. 10. 91도1722.
97) 대판 1979. 7. 10. 79도840.

사기의 수단으로 발행한 수표가 지급거절

사기의 수단으로 발행한 수표가 지급거절된 경우 부정수표단속법위반죄와 사기죄는 그 행위의 태양과 보호법익을 달리하므로 실체적 경합범의 관계에 있다.[98)]

건물관리인이 건물주로부터 월세임대차계약 체결업무를 위임받고도 임차인들을 속여 전세임대차계약을 체결하고 그 보증금을 편취

피고인이 이 사건 각 건물에 관하여 전세임대차계약을 체결할 권한이 없음에도 임차인들을 속이고 전세임대차계약을 체결하여 그 임차인들로부터 전세보증금 명목으로 돈을 교부받은 행위는 건물주가 민사적으로 임차인들에게 전세보증금반환채무를 부담하는지 여부와 관계없이 사기죄에 해당하고, 이 사건 각 건물에 관하여 전세임대차계약이 아닌 월세임대차계약을 체결하여야 할 업무상 임무를 위반하여 전세임대차계약을 체결하여 그 건물주로 하여금 전세보증금반환채무를 부담하게 한 행위는 위 사기죄와 별도로 업무상배임죄에 해당하며, 나아가 위 각 죄는 서로 구성요건 및 그 행위의 태양과 보호법익을 달리하고 있어 상상적 경합범의 관계가 아니라 실체적 경합범의 관계에 있다.[99)]

사기 피해자들이 부부 사이임

사기죄에 있어서 수인의 피해자에 대하여 각 피해자별로 기망행위를 하여 각각 재물을 편취한 경우에 그 범의가 단일하고 범행방법이 동일하다고 하더라도 포괄일죄가 성립하는 것이 아니라 피해자별로 1개씩의 죄가 성립하는 것으로 보아야 한다. 다만 피해자들이 하나의 동업체를 구성하는 등으로 피해 법익이 동일하다고 볼 수 있는 사정이 있는 경우에는 피해자가 복수이더라도 이들에 대한 사기죄를 포괄하여 일죄로 볼 수도 있을 것이다.
비록 피해자들이 부부 사이이기는 하지만, 이러한 사정만으로 피해자들에 대한 각 사기 행위가 포괄하여 일죄가 된다고 볼 수는 없고, 앞서 본 바와 같이 피해자들의 피해 법익이 동일하다고 볼 수 있는 사정이 있는 경우라야만 피해자들에 대한 사기죄를 포괄하여 일죄로 볼 수 있을 것이다.[100)]

소송사기와 공정증서원본불실기재

법원을 기망하여 승소판결을 받고 그 확정판결에 의하여 소유권이전등기를 경료한 경우에는 사기죄와 별도로 공정증서원본불실기재죄가 성립하고 양 죄는 실체적 경합범 관계에 있다.[101)]

98) 대판 2004. 6. 25. 2004도1751.
99) 대판 2010. 11. 11. 2010도10690.
100) 대판 2011. 4. 14. 2011도769.
101) 대판 1983. 4. 26. 83도188.

복수의 유가증권을 위조

유가증권위조죄의 죄수는 원칙적으로 위조된 유가증권의 매수를 기준으로 정할 것이므로, 약속어음 2매의 위조행위는 포괄일죄가 아니라 경합범이다.[102)]

형법 제331조 제2항의 특수절도와 주거침입

형법 제331조 제2항의 특수절도에 있어서 주거침입은 그 구성요건이 아니므로, 절도범인이 그 범행수단으로 주거침입을 한 경우에 그 주거침입행위는 절도죄에 흡수되지 아니하고 별개로 주거침입죄를 구성하여 절도죄와는 실체적 경합의 관계에 있게 된다.[103)]

관세법상의 무신고수입죄와 밀수품 취득·보관죄

관세법 제269조 제2항 제1호 소정의 무신고수입죄는 수입물품에 대한 정당한 관세의 확보를 그 보호법익으로 하므로, 물품을 신고하지 아니하고 수입하는 경우에는 그 수입시마다 당해 수입물품에 대한 정당한 관세의 확보라는 법익이 침해되어 별도로 구성요건이 충족되는 것이어서 각각의 수입시마다 1개의 죄가 성립하고, 수 개의 무신고수입행위를 경합범으로 기소하는 경우에는 각 행위마다 그 일시와 장소 및 방법을 명시하여 사실을 특정할 수 있도록 공소사실을 기재하여야 한다.

관세법 제274조 제1항 제1호에 의한 밀수품 취득·보관죄는 각 취득행위 또는 보관행위마다 1개의 죄가 성립하고, 수 개의 밀수품 취득·보관행위를 경합범으로 기소하는 경우에는 각 행위마다 그 일시와 장소 및 방법을 명시하여 사실을 특정할 수 있도록 공소사실을 기재하여야 한다.[104)]

5. 상상적 경합범의 효과

가. 가장 중한 죄에 정한 형으로 처벌

상상적 경합관계인 사기죄와 변호사법위반죄에 대하여 형이 더 무거운 사기죄의 형으로 처벌하면서 변호사법상의 필요적 몰수·추징 규정을 적용

형법 제40조가 규정하는 1개의 행위가 수 개의 죄에 해당하는 경우에는 '가장 중한 죄에 정한 형으로 처벌한다' 함은 그 수 개의 죄명 중 가장 중한 형을 규정한 법조에 의하여 처단한다는 취지와 함께 다른 법조의 최하한의 형보다 가볍게 처단할 수는 없다는 취지 즉, 각 법조의 상한과 하한을 모두 중한 형의 범위 내에서 처단한다는 것을 포함하는 것으로 새겨야 한다.

상상적 경합의 관계에 있는 사기죄와 변호사법 위반죄에 대하여 형이 더 무거운 사기죄에 정한 형으로 처벌하기로 하면서도, 필요적 몰수·추징에 관한 변호사법 제116조, 제111조에 의하여 청탁 명목으로 받은 금품

102) 대판 1983. 4. 12. 82도2938.
103) 대판 2009. 12. 24. 2009도9667.
104) 대판 2007. 1. 11. 2004도3870.

상당액을 추징한 것은 정당하다.[105)]

관련 판례: 공무원이 취급하는 사건에 관하여 청탁·알선할 의사와 능력 없이 청탁·알선 명목으로 금품을 교부받음

공무원이 취급하는 사건 또는 사무에 관하여 청탁 또는 알선을 한다는 명목으로 금품·향응 기타 이익을 받거나 받을 것을 약속하고 또 제3자에게 이를 공여하게 하거나 공여하게 할 것을 약속한 때에는 위와 같은 금품을 받거나 받을 것을 약속하는 것으로써 변호사법 제111조 위반죄가 성립된다고 할 것이고, 위 금품의 수교부자가 실제로 청탁할 생각이 없었다 하더라도 위 금품을 교부받은 것이 자기의 이득을 취하기 위한 것이라면 동 죄의 성립에는 영향이 없다.

공무원이 취급하는 사건에 관하여 청탁 또는 알선을 할 의사와 능력이 없음에도 청탁 또는 알선을 한다고 기망하고 금품을 교부받은 경우, 사기죄와 변호사법 위반죄가 상상적 경합의 관계에 있다.[106)]

나. 공소시효의 개별적 진행

상상적 경합관계에 있는 사기죄와 변호사법위반죄 중 변호사법위반죄의 공소시효 완성

1개의 행위가 여러 개의 죄에 해당하는 경우 형법 제40조는 이를 과형상 일죄로 처벌한다는 것에 지나지 아니하고, 공소시효를 적용함에 있어서는 각 죄마다 따로 따져야 할 것인바, 공무원이 취급하는 사건에 관하여 청탁 또는 알선을 할 의사와 능력이 없음에도 청탁 또는 알선을 한다고 기망하여 금품을 교부받은 경우에 성립하는 사기죄와 변호사법위반죄는 상상적 경합의 관계에 있으므로, 변호사법 위반죄의 공소시효가 완성되었다고 하여 그 죄와 상상적 경합관계에 있는 사기죄의 공소시효까지 완성되는 것은 아니다.[107)]

105) 대판 2006. 1. 27. 2005도8704.

형법 제347조(사기) ① 사람을 기망하여 재물의 교부를 받거나 재산상의 이익을 취득한 자는 10년 이하의 징역 또는 2천만원 이하의 벌금에 처한다.

② 전항의 방법으로 제삼자로 하여금 재물의 교부를 받게 하거나 재산상의 이익을 취득하게 한 때에도 전항의 형과 같다.

변호사법 제111조(벌칙) ① 공무원이 취급하는 사건 또는 사무에 관하여 청탁 또는 알선을 한다는 명목으로 금품·향응, 그 밖의 이익을 받거나 받을 것을 약속한 자 또는 제3자에게 이를 공여하게 하거나 공여하게 할 것을 약속한 자는 5년 이하의 징역 또는 1천만원 이하의 벌금에 처한다. 이 경우 벌금과 징역은 병과할 수 있다.

제116조(몰수·추징) … 제111조 또는 제114조의 죄를 지은 자 또는 그 사정을 아는 제3자가 받은 금품이나 그 밖의 이익은 몰수한다. 이를 몰수할 수 없을 때에는 그 가액을 추징한다.

다음은 같은 취지이다.

상상적 경합관계에 있는 업무상배임죄와 영업비밀 국외누설로 인한 구 부정경쟁방지 및 영업비밀보호에 관한 법률 위반죄에 대하여 형이 더 무거운 업무상배임죄에 정한 형으로 처벌하기로 하면서, 징역형과 벌금형을 병과할 수 있도록 규정한 위 특별법에 의하여 벌금형을 병과할 수 있다고 한 사례(대판 2008. 12. 24. 2008도9169).

106) 대판 2006. 1. 27. 2005도8704.

107) 대판 2006. 12. 8. 2006도6356.

다. 기판력

동일인 한도초과 대출로 상호저축은행에 손해를 가하여 상호저축은행법 위반죄와 업무상배임죄가 모두 성립한 경우, 두 죄는 형법 제40조에서 정한 상상적 경합관계에 있고, 형법 제40조의 상상적 경합관계의 경우에는 그 중 1죄에 대한 확정판결의 기판력은 다른 죄에 대하여도 미친다.[108)]

V. 교통범죄의 죄수

무면허운전과 음주운전

무면허운전죄와 주취운전죄는 상상적 경합관계에 있다.[109)]

무면허상태에서 계속적으로 운전할 의사로 여러 날 동안 운전

무면허운전으로 인한 도교법위반죄에 있어서는 어느 날에 운전을 시작하여 다음날까지 동일한 기회에 일련의 과정에서 계속 운전을 한 경우 등 특별한 경우를 제외하고는 사회통념상 운전한 날을 기준으로 운전한 날마다 1개의 운전행위가 있다고 보는 것이 상당하므로 운전한 날마다 무면허운전으로 인한 도교법위반의 1죄가 성립한다고 보아야 할 것이고, 비록 계속적으로 무면허운전을 할 의사를 가지고 여러 날에 걸쳐 무면허운전행위를 반복하였다 하더라도 이를 포괄하여 일죄로 볼 수는 없다.[110)]

주취상태에서 운전하면서 1차 사고 후 다시 2차 사고

음주운전으로 인한 도교법위반죄의 보호법익과 처벌방법을 고려할 때, 혈중알코올농도 0.05% 이상의 음주상태로 동일한 차량을 일정기간 계속하여 운전하다가 1회 음주측정을 받았다면 이러한 음주운전행위는 동일 죄명에 해당하는 연속된 행위로서 단일하고 계속된 범의 하에 일정기간 계속하여 행하고 그 피해법익도 동일한 경우이므로 포괄일죄에 해당한다.

음주상태로 자동차를 운전하다가 제1차 사고를 내고 그대로 진행하여 제2차 사고를 낸 후 음주측정을 받아 도교법위반(음주운전)죄로 약식명령을 받아 확정되었는데, 그 후 제1차 사고 당시의 음주운전으로 기소된 사안에서 위 공소사실이 약식명령이 확정된 도교법위반(음주운전)죄와 포괄일죄 관계에 있다고 본 사례.[111)]

108) 대판 2011. 2. 24. 2010도13801; 대판 2012. 6. 28. 2012도2087.

109) 대판 1987. 2. 24. 86도2731.

110) 대판 2002. 7. 23. 2001도6281.

111) 대판 2007. 7. 26. 2007도4404.

음주운전과 음주측정 거부

주취운전은 이미 이루어진 도로교통안전침해만을 문제삼는 것인 반면 음주측정거부는 기왕의 도로교통안전 침해는 물론 향후의 도로교통안전 확보와 위험 예방을 함께 문제삼는 것이고, 나아가 주취운전은 도교법시행령이 정한 기준 이상으로 술에 '취한' 자가 행위의 주체인 반면, 음주측정거부는 술에 취한 상태에서 자동차 등을 운전하였다고 인정할 만한 상당한 이유가 있는 자가 행위의 주체인 것이어서, 결국 양자가 반드시 동일한 법익을 침해하는 것이라거나 주취운전의 불법과 책임내용이 일반적으로 음주측정거부의 그것에 포섭되는 것이라고는 단정할 수 없으므로, 결국 주취운전과 음주측정거부의 각 도교법위반죄는 실체적 경합관계에 있는 것으로 보아야 한다.[112)]

교특법 위반과 교특법 3조 2항 단서의 각 예외사유

교통사고로 업무상과실치상죄 또는 중과실치상죄를 범한 운전자에 대하여 피해자의 명시한 의사에 반하여 공소를 제기할 수 있는 구 교특법 제3조 제2항 단서 각 호에서 규정한 신호위반 등의 예외사유는 같은 법 제3조 제1항 위반죄의 구성요건요소가 아니라 공소제기의 조건에 관한 사유이므로, 단서 각 호의 사유가 경합하더라도 하나의 교특법위반죄가 성립할 뿐 각 호마다 별개의 죄가 성립하는 것은 아니다.

구 교특법위반죄가 유죄로 인정되는 이상 공소사실에 기재된 업무상 과실을 이루는 주의의무 위반 유형 중 일부 인정되지 아니하는 유형이 있더라도 이에 대하여 따로 무죄로 판단할 것은 아니고, 범죄사실 성립 여부에 관한 쟁점이나 양형의 전제사실로 판단하면 충분하다.[113)]

'도주차량의 특가법위반죄와 사고후 미조치의 도교법위반'(상상적 경합) 및 '안전의무위반의 도교법위반죄' (실체적 경합)

차의 운전자가 업무상 주의의무를 게을리하여 사람을 상해에 이르게 함과 아울러 물건을 손괴하고도 피해자를 구호하는 등 도교법 제50조 제1항의 규정에 의한 조치를 취하지 아니한 채 도주한 때에는, 같은 법 제113조 제1호 소정의 제44조 위반죄와 같은 법 제106조 소정의 죄 및 특가법위반죄가 모두 성립하고, 이 경우 특가법위반죄와 물건손괴 후 필요한 조치를 취하지 아니함으로 인한 도교법 제106조 소정의 죄는 1개

112) 대판 2004. 11. 12. 2004도5257.

113) 대판 2011. 7. 28. 2011도3630. 구체적인 판시는 다음과 같다.
택시 운전자인 피고인이 교차로 전방 신호등이 적색신호인 상태에서 일시 정지하고 신호에 따라 진행하는 다른 차량들의 교통을 방해하지 않고 안전하게 우회전하여야 할 업무상 주의의무를 위반한 과실로, 교차로를 직진하던 승용차를 충격하여 업무상과실치사상죄를 범하였다고 하여 구 교특법위반으로 기소되었는데, 원심이 공소사실 중 '전방 및 좌우 주시의무 위반 등'을 이유로 유죄를 인정하면서 '신호위반' 부분에 대하여는 무죄로 판단한 사안에서, 같은 법 제3조 제2항 단서 제1호에서 규정한 신호위반 등 예외사유들은 공소제기 조건에 관한 사유에 불과하여 무죄판단의 대상이 되지 못하고, 전방 및 좌우 주시의무 위반 등으로 인하여 같은 법 위반죄가 유죄로 인정되는 이상 이에 대하여 따로 무죄로 판단할 것은 아니므로 원심이 무죄판단의 대상이 아닌 '신호위반' 부분을 무죄로 판단한 것이 부적절하기는 하나, 그러한 사정만으로 판결 결과에 영향을 미친 위법이 있다고 볼 수 없고, 이는 위 무죄판단이 도교법 관련 규정의 법리를 오해한 것으로 보는 경우에도 마찬가지이며, 결국 위 무죄 부분은 양형의 전제사실에 관한 판단에 불과한 것으로 평가되므로 이를 들어 상고이유로 주장할 수 없다.

의 행위가 수 개의 죄에 해당하는 상상적 경합범의 관계에 있고, 위의 2개의 죄와 안전의무위반의 도교법위반죄(도교법 제113조 제1호, 제44조)[114]는 주체나 행위 등 구성요건이 다른 별개의 범죄이므로 실체적 경합범의 관계에 있다.[115]

음주로 인한 특가법위반(위험운전치사상)죄와 교특법위반죄

음주로 인한 특가법위반(위험운전치사상)죄는 그 입법 취지와 문언에 비추어 볼 때, 주취상태의 자동차 운전으로 인한 교통사고가 빈발하고 그로 인한 피해자의 생명·신체에 대한 피해가 중대할 뿐만 아니라, 사고발생 전 상태로의 회복이 불가능하거나 쉽지 않은 점 등의 사정을 고려하여, 형법 제268조에서 규정하고 있는 업무상과실치사상죄의 특례를 규정하여 가중처벌함으로써 피해자의 생명·신체의 안전이라는 개인적 법익을 보호하기 위한 것이다. 따라서 그 죄가 성립하는 때에는 차의 운전자가 형법 제268조의 죄를 범한 것을 내용으로 하는 교특법위반죄는 그 죄에 흡수되어 별죄를 구성하지 아니한다.[116]

특가법위반(위험운전치사상)죄와 재물손괴의 도교법위반죄

음주 또는 약물의 영향으로 정상적인 운전이 곤란한 상태에서 자동차를 운전하여 사람을 상해에 이르게 함과 동시에 다른 사람의 재물을 손괴한 때에는 특가법위반(위험운전치사상)죄 외에 업무상과실 재물손괴로 인한 도교법위반죄가 성립하고, 위 두 죄는 1개의 운전행위로 인한 것으로서 상상적 경합관계에 있다.[117]

음주로 인한 특가법위반(위험운전치사상)죄와 도교법위반(음주운전)죄

음주로 인한 특가법위반(위험운전치사상)죄와 도교법위반(음주운전)죄는 입법 취지와 보호법익 및 적용영역을 달리하는 별개의 범죄이므로, 양 죄가 모두 성립하는 경우 두 죄는 실체적 경합관계에 있다.[118]

'업무상 과실치상의 교특법위반죄 또는 재물손괴의 도교법위반죄'와 '손괴후미조치의 도교법위반죄'

도교법 제106조에 의해 처벌되는 동법 제50조 제1항 위반죄는 사람의 사상, 물건의 손괴가 있다는 것에 대한 인식이 있을 것을 필요로 하는 고의범으로서, 과실범인 형법 제268조의 죄 중 업무상과실 또는 중과실치상죄 및 도교법 제108조의 죄와는 그 보호법익, 주체, 행위 등 구성요건이 전혀 다른 별개의 범죄이므로,

114) 1993. 1. 1. 법률 제4498호 **도교법 제44조(안전운전의 의무)** 모든 차의 운전자는 그 차의 조향장치·제동장치 그 밖의 장치를 정확히 조작하여야 하며 도로의 교통상황과 그 차의 구조 및 성능에 따라 다른 사람에게 위험과 장해를 주는 속도나 방법으로 운전하여서는 아니 된다.

115) 대판 1993. 5. 11. 93도49. 손괴 후 미조치의 도교법위반죄와 특가법위반(도주차량)죄가 상상적 경합관계에 있다는 취지로는 대판 1996. 4. 12. 95도2312.

116) 대판 2008. 12. 11. 2008도9182.

117) 대판 2010. 1. 14. 2009도10845.

118) 대판 2008. 11. 13. 2008도7143.

차의 운전자가 업무상과실 또는 중과실에 의하여 사람을 상해에 이르게 하거나 재물을 손괴하고 같은 법 제50조 제1항 소정의 구호조치 등 필요한 조치를 취하지 아니한 경우에는 업무상과실, 중과실치상죄 또는 같은 법 제108조의 죄 외에 같은 법 제106조의 죄가 성립하고 이는 실체적 경합범이다.[119]

※ 교통범죄의 죄수에 관한 연습문제

사례: 무면허, 음주상태에서 자동차를 운전하던 중 업무상 과실로 교통사고를 내어 수인에 대한 상해와 다수 재물(여러 대의 자동차, 건물 등)의 손괴를 발생시키고 도주한 경우의 죄수

해설:

① 무면허, 음주상태에서 자동차를 운전한 점
도교법위반(무면허운전)과 도교법위반(음주운전)에 해당하며, 그 상호간은 상상적 경합관계임.

② 자동차의 운전 중 업무상 과실로 교통사고를 내어 수인에 대한 상해와 다수 재물(여러 대의 자동차, 건물 등)의 손괴를 발생시킨 점

㉮ 수인에 대한 상해를 발생시킨 부분
각 교특법위반에 해당하며 그 상호간은 상상적 경합관계임.

㉯ 다수 재물의 손괴를 발생시킨 부분
각 재물손괴의 도교법위반에 해당하며 그 상호간은 상상적 경합관계임.

㉰ 위 교특법위반과 재물손괴의 도교법위반은 상상적 경합관계임.

※ 위 '도교법위반(무면허운전) 및 도교법위반(음주운전)'과 위 '교특법위반 및 재물손괴의 도교법위반'은 실체적 경합관계임.

③ 차의 운전 중 업무상 과실로 교통사고를 내어 수인에 대한 상해와 다수 재물의 손괴를 발생시킨 후 구호조치 없이 도주한 점

㉮ 수인에 대한 상해를 발생시킨 후 구호조치 없이 도주한 부분
각 특가법위반(도주차량)에 해당하고 그 상호간은 상상적 경합관계임.

㉯ 다수 재물의 손괴를 발생시킨 후 구호조치 없이 도주한 부분
손괴후 미조치의 도교법위반에 해당함.

㉰ 위 특가법위반(도주차량)과 손괴후 미조치의 도교법위반은 상상적 경합관계임.

※ - 특가법위반(도주차량)은 업무상 과실로 상해를 발생시킨 교특법위반과 흡수관계임.
- 손괴후 미조치의 도교법위반은 재물손괴의 도교법위반과 실체적 경합관계임.

Ⅵ. 경합범

형법 제37조(경합범) 판결이 확정되지 아니한 수 개의 죄 또는 금고 이상의 형에 처한 판결이 확정된 죄와

119) 대판 1991. 6. 14. 91도253.

그 판결확정 전에 범한 죄를 경합범으로 한다.

판결이 확정되지 아니한 수 개의 죄를 형법 37조 전단 경합범(또는 동시적 경합범)이라고 한다(형법 37조 전단). 금고 이상의 형에 처한 판결이 확정된 죄와 그 판결의 확정일 이전에 범한 죄를 형법 37조 후단 경합범(또는 사후적 경합범)이라고 한다(형법 37조 후단).

1. 형법 37조 전단 경합범

가. 형법 37조 전단 경합범의 성립요건

형법 37조 전단 경합범이 되기 위해서는 수 개의 범죄가 하나의 판결로 선고될 수 있어야 한다. 형법 37조 전단 경합범인 수 개의 범죄에 관하여 처단형을 정하는 것은 형법 38조에 의한다. 다만 수 개의 죄가 형법 37조 전단 경합범관계에 있다고 하더라도 그 중 일부가 공소제기되지 않았다거나 수 개의 죄가 별도로 기소되어 병합심리되고 있지 않다면, 수 개의 죄가 경합범관계에는 있지만 하나의 판결로 선고할 수 없으므로 형법 38조가 적용되지는 않는다.

나. 형법 37조 전단 경합범에 대한 처단

(1) 흡수주의, 가중주의 및 병과주의

형법 제38조(경합범과 처벌례) ① 경합범을 동시에 판결할 때에는 다음의 구별에 의하여 처벌한다.

1. 가장 중한 죄에 정한 형이 사형 또는 무기징역이나 무기금고인 때에는 가장 중한 죄에 정한 형으로 처벌한다.
2. 각 죄에 정한 형이 사형 또는 무기징역이나 무기금고 이외의 동종의 형인 때에는 가장 중한 죄에 정한 장기 또는 다액에 그 2분의 1까지 가중하되 각 죄에 정한 형의 장기 또는 다액을 합산한 형기 또는 액수를 초과할 수 없다. 단 과료와 과료, 몰수와 몰수는 병과할 수 있다.
3. 각 죄에 정한 형이 무기징역이나 무기금고 이외의 이종의 형인 때에는 병과한다.

② 전항 각호의 경우에 있어서 징역과 금고는 동종의 형으로 간주하여 징역형으로 처벌한다.

형법 37조 전단 경합범의 처단방법은 다음과 같다.[120]

120) 다음과 같은 사정을 고려하여 병과주의, 흡수주의 그리고 가중주의를 혼용하였을 것으로 짐작된다.
- 동시에 판결하는 여러 개의 범죄에 대하여 병과주의를 적용하면 형량은 각 죄에 내해 선고한 형기가 단순 합산되어 누적되므로 범인에게 가혹할 수 있다.
- 중한 죄에 정한 형이 사형이나 무기징역인 때에는 사형이나 무기징역형을 선고하면서 동시에 유기징역형이나 벌금형을 선고하는 것은 무의미하고 피고인에게 가혹할 수 있다.
- 가중주의를 적용하면 각 죄에 대해 선고된 형기를 단순 합산하는 병과주의의 단점과 가장 중한 죄에 정한 형으로만 처단하므로 다른 죄에 정한 형이 처단형에 제대로 반영되지 못하는 흡수주의의 단점을 각각 피할 수 있다.

㉮ 흡수주의—중한 죄에 정한 형이 사형이나, 무기징역·금고인 때에는 중한 죄에 정한 형으로만 처단함(형법 38조 1항 1호).

㉯ 가중주의—위 ㉮에 해당하지 않으면서 각 죄에 정한 형이 동종인 때에는 가장 중한 죄에 정한 형에 2분의 1을 가중하되, 각 죄에 정한 형의 장기 또는 다액을 합산한 형기 또는 액수를 초과할 수 없으며, 단 과료와 과료, 몰수와 몰수는 병과할 수 있음(동항 2호).

㉰ 병과주의—위 ㉮에 해당하지 않으면서 각 죄에 정한 형이 이종인 때에는 각 죄에 정한 형을 병과함(동항 3호).

형법 37조 전단 경합범을 위와 같이 처단함에 있어 징역과 금고는 동종의 형으로 간주하여 징역형으로 처벌한다(형법 38조 2항). 판례는 흡수주의와 가중주의를 적용하여 하나의 형을 선고하는 것을 '과형상의 불가분'이라고 부르고 있다.[121] 실무상 병과주의를 적용하는 예는 드물기 때문에,[122] 동시적 경합범에 있어서는 '과형상의 불가분'이 원칙이고, 병과주의는 예외라고 할 수도 있겠다.

(2) 형종의 선택 후 '흡수주의, 가중주의 및 병과주의'를 적용

법정형에 선택형이 있는 경우의 경합범에 대해서 처단형을 정함에 있어서는 먼저 형종을 선택한 다음 흡수주의, 가중주의, 병과주의를 적용한다.[123] 예컨대 살인죄와 사기죄가 형법 37조 전단 경합범 관계에 있다고 하자. 살인죄의 법정형은 사형, 무기 또는 5년 이상의 징역이고(형법 250조 1항), 사기죄의 법정형은 10년 이하의 징역 또는 2천만원 이하의 벌금이다(형법 347조 1항). 형법 37조 전단 경합범관계에 있는 살인죄와 사기죄의 처단형을 정하기 위해서는 먼저 형종을 선택한다.

① 살인죄에 관하여 무기징역(또는 사형)을 선택하고, 사기죄에 관하여 징역(또는 벌금)을 선택하는 때에는 형법 38조 1항 1호의 흡수주의가 적용되므로 처단형은 무기징역(또는 사형)이 된다.

② 살인죄에 관하여 5년 이상의 징역을 선택하고, 사기죄에 관하여 10년 이하의 징역을 선택하는 때에는 각 죄에 정한 형이 동종이어서 가중주의가 적용되므로, 처단형은 징역 40년 이하 5년 이상이 된다.[124]

③ 살인죄에 관하여 5년 이상의 징역을 선택하고, 사기죄에 관하여 2천만원 이하의 벌금을 선택하는 때에는 각 죄에 정한 형이 이종이어서 병과주의가 적용되므로, 처단형은 5년 이상의 징역 및 2천만

121) 대판 1992. 1. 21. 91도1402 전합 참조.

122) 병과주의가 적용되기 위해서는, 중한 죄에 정한 형이 사형이나 무기징역·금고가 아니면서 각 죄에 정한 형이 이종인 동시적 경합범이어야 하는데 그러한 예가 드물기 때문이다.

123) 대판 1992. 10. 13. 92도1428 전합; 대판 2004. 9. 23. 2004도4727 등 참조.

124) 징역 또는 금고는 무기 또는 유기로 하고 유기는 1개월 이상 30년 이하로 한다(형법 42조). 따라서 살인죄의 '5년 이상의 징역형'은 징역 5년 이상 30년 이하를 의미하고, 사기죄의 '징역 10년 이하'는 징역 1개월 이상 10년 이하를 의미한다. 위 살인죄와 사기죄에서 각 징역형을 선택한 다음 형법 38조 1항 2호에 따라 가중주의를 적용하여 가장 중한 죄에 정한 형(징역 30년)에 2분의 1을 가중하면 징역 5년 이상 45년 이하가 된다. 그런데 이 경우 각 죄에 정한 형의 장기(살인죄의 30년과 사기죄의 10년)를 합산한 형기를 초과할 수 없으므로 위 살인죄와 사기죄의 처단형은 결국 징역 5년 이상 40년 이하가 된다.

원 이하의 벌금이 된다.

강도치사죄와 특가법위반죄가 형법 37조 전단 경합범관계인데 강도치사죄에서 무기징역을 선택

형법 제38조 제1항 제1호는 경합범 중 가장 중한 죄에 정한 형이 사형 또는 무기징역이나 무기금고인 때에는 가장 중한 죄에 정한 형으로 처벌하도록 규정하고 있으므로, 경합범 중 가장 중한 죄의 소정형에서 무기징역형을 선택한 이상 무기징역형으로만 처벌하고 따로이 경합범가중을 하거나 가장 중한 죄가 누범이라 하여 누범가중을 할 수 없다.

이 사건에서 경합범인 특가법위반죄와 강도치사죄 중 가장 중한 강도치사죄의 소정형에서 무기징역형을 선택한 이상 무기징역형으로만 처벌하고 따로이 특가법위반죄와 경합범가중을 하거나 특가법위반죄가 누범이라 하여 누범가중을 할 수 없다.[125)]

징역형과 벌금형이 선택형으로 된 사기죄 등 사건에서 형을 선택하지 아니한 상태로 징역형과 벌금형을 병과

원심이, 징역형과 벌금형이 선택적으로 규정되어 있는 각 사기죄, 각 사문서위조죄, 각 위조사문서행사죄에 대하여 형을 선택하지 아니한 채 피고인에게 징역 1년 및 벌금 200만원의 형을 선고함으로써 어느 죄에 대하여 징역형이, 어느 죄에 대하여 벌금형이 선택되었는지 특정할 수 없는 사안에서,

경합범 중 일부의 죄에 대하여 징역형이, 나머지 죄에 대하여 벌금형이 선택되어 병과형이 선고된 경우 징역형이나 벌금형 중 어느 하나의 형에 관한 판결 부분만을 상소의 대상으로 할 수 있는 것이지만, 법원이 1개의 죄에 정한 형이 징역형, 벌금형 등 수종임에도 형의 종류를 선택하지 아니한 채 수죄에 대하여 징역형과 벌금형을 병과하는 경우에는 어느 죄에 대하여 징역형이, 어느 죄에 대하여 벌금형이 선고된 것인지 알 수 없게 되어 재판의 내용이 불가분적인 것이 되므로, 징역형이나 벌금형 중 어느 하나의 형에 관한 판결 부분만을 상소의 대상으로 할 수는 없다고 할 것이어서, 징역형이나 벌금형 중 어느 하나의 형에 관한 판결 부분에 대하여만 상소를 하였다고 하더라도 그 일부와 불가분의 관계에 있는 다른 형에 관한 판결 부분에 대하여도 상소의 효력이 미친다.[126)]

가중주의를 적용함에 있어 '가장 중한 죄가 아닌 죄에 정한 형의 하한'이 '가장 중한 죄에 정한 형의 하한'보다 중한 경우

경합범의 처벌에 관하여 형법 제38조 제1항 제2호 본문은 각 죄에 정한 형이 사형 또는 무기징역이나 무기금고 이외의 동종의 형인 때에는 가장 중한 죄에 정한 장기 또는 다액에 그 2분의 1까지 가중하도록 규정하고 그 단기에 대하여는 명문을 두고 있지 않고 있으나 가장 중한 죄 아닌 죄에 정한 형의 단기가 가장 중한 죄에 정한 형의 단기보다 중한 때에는 위 본문 규정취지에 비추어 그 중한 단기를 하한으로 한다고 새겨야 할 것이다.[127)]

125) 대판 1992. 10. 13. 92도1428 전합.
126) 대판 2004. 9. 23. 2004도4727.
127) 대판 1985. 4. 23. 84도2890.

금고형과 징역형에 대한 가중주의의 적용

금고형과 징역형을 선택하여 경합범 가중을 하는 경우에는 형법 제38조 제2항에 따라 금고형과 징역형을 동종의 형으로 간주하여 징역형으로 처벌하여야 할 것이므로 피고인에 대하여 금고 5월의 실형을 선고한 것은 위법하다.128)

다. 형법 37조 전단 경합범에 대한 처단의 예외

공직선거 및 선거부정방지법 제18조 제3항은 "선거범과 다른 죄의 경합범에 대하여는 형법 제38조의 규정에 불구하고 이를 분리 심리하여 따로 선고하여야 한다"고 규정하고 있는바, 그 취지는 선거범이 아닌 다른 죄가 선거범의 양형에 영향을 미치는 것을 최소화하기 위하여 형법상 경합범 처벌례에 관한 조항의 적용을 배제하고 분리 심리하여 형을 따로 선고하여야 한다는 것이다.129)

2. 형법 37조 후단 경합범

가. 형법 37조 후단 경합범의 의미

금고 이상의 형에 처한 판결이 확정된 죄와 그 판결의 확정일 이전에 범한 죄의 관계에 있는 형법 37조 후단 경합범에 대하여 처단형을 정하는 것은 형법 39조에 의한다. 그렇지만, 범행일자가 금고 이상의 형에 처한 판결의 확정일 이전과 이후로 나뉘는 범죄들 사이에서는 다음 판례와 같이 (형법 37조 전단 또는 후단) 경합범관계가 성립하지 않는다는 점을 유의하여야 한다.

확정판결 전에 저지른 범죄와 확정판결 후에 저지른 범죄

확정판결 전에 저지른 범죄와 확정판결 후에 저지른 범죄는 형법 제37조에서 말하는 경합범 관계에 있는 것이 아니다.130)

128) 대판 2013. 12. 12. 2013도6608.

129) 대판 2004. 2. 13. 2003도3090.

공직선거 및 선거부정방지법 제18조(선거권이 없는 자) ① 선거일 현재 다음 각 호의 어느 하나에 해당하는 사람은 선거권이 없다.

1., 2. 생략

3. 선거범, 정치자금법 제45조(정치자금부정수수죄) 및 제49조(선거비용관련 위반행위에 관한 벌칙)에 규정된 죄를 범한 자 또는 … 죄를 범한 자로서, 100만원 이상의 벌금형의 선고를 받고 그 형이 확정된 후 5년 또는 형의 집행유예의 선고를 받고 그 형이 확정된 후 10년을 경과하지 아니하거나 징역형의 선고를 받고 그 집행을 받지 아니하기로 확정된 후 또는 그 형의 집행이 종료되거나 면제된 후 10년을 경과하지 아니한 자(형이 실효된 자도 포함한다).

4. 생략

② 생략

③ 형법 제38조에도 불구하고 제1항 제3호에 규정된 죄와 다른 죄의 경합범에 대하여는 이를 분리 선고하고, … 이를 분리 선고하여야 한다.

130) 대판 1970. 12. 22. 70도2271.

나. 형법 37조 후단 경합범의 성립요건

(1) 금고 이상의 형에 처한 확정판결의 존재

사후적 경합범이 성립하기 위해서는 '금고 이상의 형에 처한 확정판결'이 존재하여야 한다.[131] 따라서 자격상실, 자격정지, 벌금, 구류, 과료, 몰수의 형이 선고된 확정판결이 존재하더라도 그 확정판결상의 범죄와 그 전에 범한 범죄는 사후적 경합범이 되지 않는다. 그러므로 약식명령(벌금, 과료, 몰수의 형만을 과할 수 있음)이나 즉결심판(벌금, 구류, 과료의 형만을 과할 수 있음)은 확정되더라도 그 확정 전에 범한 죄와 사이에 형법 37조 후단 경합범관계가 성립할 수 없다.

판결이 확정된 죄가 일반사면으로 형선고의 효력이 상실됨

판결이 확정된 죄에 관하여 일반사면으로 형의 선고의 효력이 상실되었더라도 그 확정 전에 범한 죄는 그 판결확정된 죄와 사이에 사후적 경합범이다.[132]

형법 제37조 후단의 '판결확정 전에 범한 죄'는 그 범죄가 판결확정 전에 성립하여 종료된 것을 말한다.[133]

---

131) 2004년의 형법개정 이전에는 '판결이 확정된 죄와 그 판결확정 전에 범한 죄'를 사후적 경합범으로 보았기 때문에 벌금 등의 형에 처한 확정판결도 사후적 경합범 관계를 구성할 수 있었다. 그렇기 때문에 벌금형을 받은 전력이 있는 피고인들의 경우에는 그 "벌금형에 처한 판결의 확정일 '전의 범죄'와 '후의 범죄'"는 경합범관계에 있지 못하고, 따라서 형법 38조의 흡수주의나 가중주의가 적용될 수 없었다. 결국 "벌금형에 처한 판결의 확정일 '전의 범죄'와 '후의 범죄'"에 대해서 따로 따로 형을 선고하게 되므로 사실상 병과주의가 적용되는 결과가 되어 피고인들에게 크게 불리하였다. 이러한 사정을 참작하여 형법을 개정하여 사후적 경합범을 구성하는 확정판결상의 형을 '금고 이상'으로 바꾼 것이다.

2004. 1. 20. 법률 제7077호로 개정된 형법의 개정이유는 다음과 같다.

"현번(제37조 후단)은 사후적 경합범의 요건으로 '판결이 확정된 죄'라고만 규정하면서 그 범위를 제한하지 않고 있어서, 오히려 피고인에 대하여 불리하게 작용될 뿐만 아니라 법원의 입장에서도 인력의 낭비를 초래하는 측면이 있는 바, 동 규정에 의한 경합범의 요건 중 '판결이 확정된 죄'를 '금고 이상의 형에 처한 판결이 확정된 죄'로 하여 그 범위를 축소하려는 것이다."

위 개정이유에서, '법원의 입장에서 인력의 낭비를 초래하는 측면이 있다'는 것은 벌금형을 선고받은 피고인이 많고, 선고받은 벌금형이 여러 개인 경우도 종종 있어 그 확정일자를 일일이 확인하여 형을 따로 따로 선고하는 것이 번잡하다는 의미이다.

132) 사면법 제5조 제1항 제1호 소정의 '일반사면은 형의 언도의 효력이 상실된다'는 의미는 형법 제65조 소정의 '형의 선고는 효력을 잃는다'는 의미와 마찬가지로 단지 형의 선고의 법률적 효과가 없어진다는 것일 뿐 형의 선고가 있었다는 기왕의 사실 자체의 모든 효과까지 소멸한다는 뜻은 아니다. 확정판결이 전에 대하여 일반사면이 있다 하더라도 일사부재리의 효력 등은 여전히 계속 존속하는 것이고, 확정판결이 있었던 사실에 의하여 그 전의 죄와 후의 죄 등이 형법 제37조 후단의 경합범관계에 있었다고 하는 효과도 일반사면에 의하여 좌우되는 것은 아니다(대판 1995. 12. 22. 95도2446). 같은 취지로는 대판 1996. 3. 8. 95도2114.

133) 대판 2007. 1. 25. 2004도45.

판결확정 전의 의미

형법 제37조 후단의 경합범규정의 "판결확정 전"의 의미는 판결이 상소 등 통상의 불복방법에 의하여 다툴 수 없게 된 상태가 되기 전을 말한다.[134]

(2) 금고 이상의 형에 처한 판결이 확정되기 전의 범죄일 것

금고 이상의 형에 처한 판결이 확정되기 전의 범죄라는 것은, 금고 이상의 형에 처한 판결이 확정되기 전에 범죄가 종료되었음을 의미한다.

(3) 판결이 확정된 죄와 그 판결 확정 전의 죄를 동시에 판결할 수 있었을 것

판결이 확정된 죄(A)와 위 판결의 확정 전에 범해진 죄(B)가 존재한다고 하더라도 A에 대한 판결 당시 B를 A와 동시에 판결할 수 있었을 경우에만 형법 39조 1항을 적용하여, B에 대하여 A와 동시에 판결할 경우와 형평을 고려하여 형을 선고하거나 그 형을 감경 또는 면제할 수 있다.[135]

A범죄에 대한 판결확정일과 B범죄에 대한 판결확정일 사이에 C범죄의 범행일이 존재하지만, B범죄의 범행일이 A범죄의 판결확정일 이전임

시간적 순서에 따른 사실관계

- B범죄의 범행일
- A범죄의 판결확정일
- C범죄의 범행일
- B범죄의 판결확정일

판단

① C범죄는 판결이 확정된 B범죄의 판결 확정일 이전에 범해진 것이어서 B범죄와 사이에 형법 37조 후단 경합범관계가 성립하는 것으로 보이지만,

② B범죄는 A범죄에 관한 판결이 확정되기 이전의 범행이고, C범죄는 A범죄에 관한 판결이 확정된 이후의 범행이므로,

③ B범죄와 C범죄에 대해 병합심리하여 한꺼번에 판결을 선고한다고 하더라도 B범죄와 C범죄에 대해서는 각각 형을 정하여야 하므로 이들은 동시에 판결을 선고할 수 있었던 경우가 아니어서,

④ C범죄에 대하여 형법 39조 1항에 따라 B범죄와 동시에 판결할 경우와 형평을 고려하여 형을 선고한 것은 위법하다.[136]

---

134) 대판 1983. 7. 12. 83도1200.

135) 대판 2012. 9. 27. 2012도9295; 대판 2014. 3. 27. 2014도469; 대판 2014. 5. 16. 2013도12003.

136) 대판 2012. 9. 27. 2012도9295. 다음은 같은 취지이다.

C범죄의 범행일이 A범죄에 대한 판결확정일과 B범죄에 대한 판결확정일 사이에 존재하지만, B범죄의 범행일이 A범죄의 판결확정일 이전임

사실관계

– 2008. 7. 15. A범죄로 징역형을 선고받아 2009. 2. 26. 그 판결이 확정됨.

다. 형법 37조 후단 경합범의 처단

형법 제39조(판결을 받지 아니한 경합범, 수 개의 판결과 경합범, 형의 집행과 경합범) ① 경합범 중 판결을 받지 아니한 죄가 있는 때에는 그 죄와 판결이 확정된 죄를 동시에 판결할 경우와 형평을 고려하여 그 죄에 대하여 형을 선고한다. 이 경우 그 형을 감경 또는 면제할 수 있다.

형법 37조 후단 경합범은, 원래 형법 37조 전단 경합범으로 처단될 수 있었는데 우연한 사정으로 그 중 일부의 범죄에 관한 판결이 먼저 확정되는 바람에 그 나머지의 범죄에 대해서만 별도로 형을 정하여 처벌하는 것이다. 그런데 형법 37조 전단 경합범 중 일부의 범죄에 관한 판결이 먼저 확정되었다는 우연한 사정에 의해 그 나머지의 범죄에 대해서만 별도로 처단하여 형을 정하는 것은 피고인에게 불리하여 불합리하다.137) 이러한 이유로 형법 37조 후단 경합범에 있어서, 판결이 확정되지 아니한 죄에 대해서는 판결이 확정된 죄와 동시에 판결할 경우와 형평을 고려하여 형을 선고하고 필요에 따라 형을 감면할 수 있도록 한 것이다.

'판결 확정 전의 범죄와 판결이 확정된 죄를 동시에 판결할 경우와 형평을 고려하여'의 의미/판결이 확정된 죄의 선고형이 무기징역형일 때 판결 확정 전의 범행에 대한 처단형

형법 제37조의 후단 경합범에 대하여 심판하는 법원은 판결이 확정된 죄와 후단 경합범의 죄를 동시에 판결할 경우와 형평을 고려하여 후단 경합범의 처단형의 범위 내에서 후단 경합범의 선고형을 정할 수 있는 것이고, 그 죄와 판결이 확정된 죄에 대한 선고형의 총합이 두 죄에 대하여 형법 제38조를 적용하여 산출한 처단형의 범위 내에 속하도록 후단 경합범에 대한 형을 정하여야 하는 제한을 받는 것은 아니며, 후단 경합범에 대한 형을 감경 또는 면제할 것인지는 원칙적으로 그 죄에 대하여 심판하는 법원이 재량에 따라 판단할 수 있다.

무기징역에 처하는 판결이 확정된 죄와 형법 제37조의 후단 경합범의 관계에 있는 죄에 대하여 공소가 제기된 경우, 법원은 두 죄를 동시에 판결할 경우와 형평을 고려하여 후단 경합범에 대한 처단형의 범위 내에서 후단 경합범에 대한 선고형을 정할 수 있고, 형법 제38조 제1항 제1호가 형법 제37조의 전단 경합범 중 가

- 2012. 7. 19. B범죄로 징역형을 선고받아 2012. 11. 15. 그 판결이 확정됨(B범죄의 범행일자는 A범죄에 대한 판결 확정일 이전임).
- 공소제기된 이 사건 C범죄의 범행일자는 A범죄에 대한 판결의 확정일 이후이고, B범죄에 대한 판결의 확정일 이전임.

판단

① C범죄는 B범죄와 형법 37조 후단 경합범관계에 있는 것으로 보인다.
② 그런데 B범죄의 범행일자는 A범죄에 대한 판결 확정일 이전이고, C범죄의 범행일자는 A범죄에 대한 판결의 확정일 이후이다.
③ 따라서 B범죄에 대한 판결선고 당시, C범죄는 B범죄와 동시에 판결을 선고할 수 없었다.
④ 결국 C범죄는 B범죄와 형법 37조 후단 경합범관계에 있지 않다(대판 2014. 5. 16. 2013도12003).

137) 형법 37조 전단 경합범으로서 형법 38조의 적용을 받았더라면 대부분 흡수주의와 가중주의가 적용되어 하나의 형이 선고되었을 것이기 때문이다.

장 중한 죄에 정한 처단형이 무기징역인 때에는 흡수주의를 취하였다고 하여 뒤에 공소제기된 후단 경합범에 대한 형을 필요적으로 면제하여야 하는 것은 아니다.[138)]

'감경' 또는 '면제'가 형평에 맞는 정당한 것인지의 판단기준

판결이 확정된 죄와 형법 제37조 후단 경합범(이하 '후단 경합범'이라 한다)을 동시에 판결할 경우와의 형평을 고려하라는 형법 제39조 제1항 취지에 비추어 볼 때 후단 경합범에 대하여 심판하는 법원의 재량이 무제한이라 할 수는 없으므로, 후단 경합범에 해당한다는 이유만으로 특별히 형평을 고려하여야 할 사정이 존재하지 아니함에도 형법 제39조 제1항 후문을 적용하여 형을 감경 또는 면제하는 것은 오히려 판결이 확정된 죄와 후단 경합범을 동시에 판결할 경우와 형평에 맞지 아니할 분만 아니라 책임에 상응하는 합리적이고 적절한 선고형이 될 수 없어 허용될 수 없다. 따라서 형법 제39조 제1항 후문의 '감경' 또는 '면제'는 판결이 확정된 죄의 선고형에 비추어 후단 경합범에 대하여 처단형을 낮추거나 형을 추가로 선고하지 않는 것이 형평을 실현하는 것으로 인정되는 경우에만 적용할 수 있다고 보는 것이 타당하다. 이때 형법 제39조 제1항 후문을 적용하여 후단 경합범 자체에 대한 처단형을 낮추어 선고형을 정하는 경우, 그러한 조치가 판결이 확정된 죄와 후단 경합범을 동시에 판결할 경우와 형평에 맞는 정당한 것인지는 판결이 확정된 죄의 선고형과 후단 경합범에 대하여 선고할 형의 각 본형을 기준으로 판단하되, 후단 경합범에 대한 형의 집행을 유예하는 등 다른 처분을 부과할 경우에는 그 처분을 비롯한 관련 제반 사정을 종합하여 전체적, 실질적으로 판단하여야 한다.[139)]

3. 확정판결 전후의 범죄

가. 판결확정 전후의 수 죄

확정판결 전에 저지른 범죄와 확정판결 후에 저지른 범죄

확정판결 전에 저지른 범죄와 확정판결 후에 저지른 범죄는 형법 제37조에서 말하는 경합범 관계에 있는 것이 아니다.[140)]

수 개의 죄가 확정판결 전후로 저질러졌고 확정판결 전에 범한 죄가 판결이 확정된 죄와 동시에 판결할 수 없었던 경우

아직 판결을 받지 아니한 수 개의 죄가 판결 확정을 전후하여 저질러진 경우 판결 확정 전에 범한 죄를 이미

138) 대판 2008. 9. 11. 2006도8376.

139) 대판 2011. 9. 29. 2008도9109.

140) 대판 1970. 12. 22. 70도2271. 다음은 같은 취지이다.

수 개의 마약류관리에 관한 법률 위반(향정)죄의 중간에 확정판결이 존재

수 개의 마약류관리에 관한 법률 위반죄의 중간에 확정판결이 존재하여 확정판결 전후의 범죄가 서로 경합범 관계에 있지 않게 되었으므로, 형법 제39조 제1항에 따라 2개의 주문으로 형을 선고하여야 함에도 징역 및 벌금형이라는 하나의 병과형을 선고한 것은 위법하다(대판 2010. 11. 25. 2010도10985).

판결이 확정된 죄와 동시에 판결할 수 없었던 경우라고 하여 마치 확정된 판결이 존재하지 않는 것처럼 그 수 개의 죄 사이에 형법 제37조 전단의 경합범 관계가 인정되어 형법 제38조가 적용된다고 볼 수도 없으므로, 판결 확정을 전후한 각각의 범죄에 대하여 별도로 형을 정하여 선고할 수밖에 없다.141)

나. 확정판결 전후의 포괄일죄

(1) 기판력

유·무죄의 실체판결이 확정되면 동일 사건에 대해 다시 심리하거나 재판하지 못하는 기판력(또는 일사부재리의 효력)이 발생한다. 기판력은 판결이 확정된 범죄와 기본적 사실관계가 동일한 전체 사실에 대해 미친다. 기판력이 미치는 시간적 범위는 원칙적으로 사실심 판결선고시(또는 약식명령의 발령시)까지이다. 기판력이 미치는 범죄사실에 대해서는 면소판결을 선고하여야 한다(형소법 326조 1호).

기판력이 미치는 시점은 원칙적으로 사실심 판결선고시까지이지만, 앞서 본 형법 37조 후단 경합범은 재판대상인 범죄의 범행종료가 금고 이상의 형에 처한 판결의 확정 이전인 경우에만 성립한다는 점을 유의하여야 한다.

(2) 포괄일죄의 중간에 다른 종류의 범죄에 대한 확정판결이 있음

포괄일죄의 중간에 다른 종류의 범죄에 대한 확정판결이 있음

포괄일죄는 그 중간에 다른 종류의 범죄에 대한 확정판결이 끼어 있어도 그 때문에 포괄적 범죄가 둘로 나뉘는 것은 아니라 할 것이고, 또 이 경우에는 그 확정판결 후의 범죄로서 다루어야 한다.142)

(3) 포괄일죄의 중간에 같은 종류의 범죄에 대한 확정판결이 있음

판결을 선고함에 있어 일죄에 대해서는 하나의 주문만을 기재한다. 이를 일죄일주문(一罪一主文)의 원칙이라고 한다. 예컨대 일죄(결합범, 포괄일죄, 상상적 경합범 포함) 중 일부가 유죄이고 나머지 부분이 무죄나 면소 등이면 주문에는 유죄 부분만을 표시하고 무죄나 면소 부분 등은 이유에서만 기재하여야 한다. 따라서 포괄일죄에 있어 일부가 유죄이고, 일부에 면소 사유가 존재하면 주문에서 유죄 판단을 하고, 이유에서 면소 판단을 하여야 한다. 그런데 포괄일죄의 중간에 동종의 범죄에 대한 확정판결이 존재하는 때에는 포괄일죄가 위 판결의 확정일자 전후로 나뉘어 2개의 죄로 된다는 것이 다음 판례들의 취지이다.

141) 대판 2014. 3. 27. 2014도469.

142) 대판 2001. 8. 21. 2001도3312; 대판 2002. 7. 12. 2002도2029.

동종의 범죄에 대한 확정판결 전후의 포괄일죄에 대한 주문

포괄일죄[143]는 그 중간에 동종의 죄에 관한 확정판결이 있는 경우에 그 확정판결에 의하여 그 확정판결의 전후로 분리된다. 이와 같이 분리된 각 사건은 서로 동일성이 있다고 할 수 없어 이중으로 기소되더라도 각 사건에 대하여 각각의 주문을 선고하여야 한다.[144]

포괄일죄가 동종의 범죄에 대한 확정판결의 확정일 전후에 범해진 경우, 확정판결 전의 범죄가 공소제기된 상태에서 확정판결 후의 범죄를 공소장변경에 의해 추가할 수 있는지

상습범에 있어서 공소제기의 효력은 공소가 제기된 범죄사실과 동일성이 인정되는 범죄사실의 전체에 미치는 것이므로 상습범의 범죄사실에 대한 공판심리 중에 그 범죄사실과 동일한 습벽의 발현에 의한 것으로 인정되는 범죄사실이 추가로 발견된 경우에는 검사는 공소장변경절차에 의하여 그 범죄사실을 공소사실로 추가할 수 있다고 할 것이나, 공소제기된 범죄사실과 추가로 발견된 범죄사실 사이에 그것들과 동일한 습벽에 의하여 저질러진 또다른 범죄사실에 대한 유죄의 확정판결이 있는 경우에는 전후 범죄사실의 일죄성은 그에 의하여 분단되어 공소제기된 범죄사실과 판결이 확정된 범죄사실만이 포괄하여 하나의 상습범을 구성하고, 추가로 발견된 확정판결 후의 범죄사실은 그것과 경합범 관계에 있별개의 상습범이 되므로, 검사는 공소장변경절차에 의하여 이를 공소사실로 추가할 수는 없고 어디까지나 별개의 독립된 범죄로 공소를 제기하여야 한다.[145]

(4) 판례이론의 분석

(가) 판례의 취지

포괄일죄의 중간에 확정판결이 존재하는 때에 관한 위 판례들의 논리는, "① 판결이 확정된 범죄와 포괄일죄가 다른 종류이면 포괄일죄는 2죄로 분리되지 않고 확정판결 후의 범죄로 보지만[위 (2)], ② 판결이 확정된 범죄와 포괄일죄가 같은 종류이면 포괄일죄는 확정판결 전후의 2죄로 분리된다[위 (3)]"라는 것이다.[146]

판례는 여기에서의 '같은 종류'와 '다른 종류'의 의미에 관하여 명시적으로 설명하고 있지 않다. 그렇지만 판례의 표현과 취지를 감안하면, 확정판결의 기판력이 미치는 것은 '같은 종류'의 범죄이고, 확정판결의 기판력이 미치지 않는 것은 '다른 종류'의 범죄라고 이해할 수 있다. 다만, '같은 종류'의 범죄라도 기본 구성요건의 범죄에 대한 확정판결이 존재하고 그 판결 확정 전후로 포괄일죄인 상습범행이

143) 판례 원문에는 '원래 실체법상 상습사기의 일죄로 포괄될 수 있는 관계에 있는 일련의 사기 범행'이라고 표현되어 있다.

144) 대판 2000. 2. 11. 99도4797.

145) 대판 2000. 3. 10. 99도2744.

146) 포괄일죄의 중간에 존재하는 확정판결이 같은 종류인가, 다른 종류인가에 따라 포괄일죄가 1죄 상태를 유지하거나 2죄로 분리된다는 것은 쉽게 이해되지 않는다. 그 이유는 그러한 구분이 사리를 따르지 않고 작위적으로 이루어졌기 때문인 것으로 생각된다.

행해졌더라도 위 포괄일죄는 2죄로 분리되지 않고 판결확정 후의 하나의 범죄로 본다는 것이 다음 판례의 입장이다.

단순범죄에 대한 확정판결의 기판력이 상습범죄에 미치는지

상습범으로서 포괄적 일죄의 관계에 있는 여러 개의 범죄사실 중 일부에 대하여 유죄판결이 확정된 경우에, 그 확정판결의 사실심판결 선고 전에 저질러진 나머지 범죄에 대하여 새로이 공소가 제기되었다면 그 새로운 공소는 확정판결이 있었던 사건과 동일한 사건에 대하여 다시 제기된 데 해당하므로 이에 대하여는 판결로써 면소의 선고를 하여야 하는 것인바(형소법 제326조 제1호), 다만 이러한 법리가 적용되기 위해서는 전의 확정판결에서 당해 피고인이 상습범으로 기소되어 처단되었을 것을 필요로 하는 것이고, 상습범 아닌 기본 구성요건의 범죄로 처단되는 데 그친 경우에는, 가사 뒤에 기소된 사건에서 비로소 드러났거나 새로 저질러진 범죄사실과 전의 판결에서 이미 유죄로 확정된 범죄사실 등을 종합하여 비로소 그 모두가 상습범으로서의 포괄적 일죄에 해당하는 것으로 판단된다 하더라도 뒤늦게 앞서의 확정판결을 상습범의 일부에 대한 확정판결이라고 보아 그 기판력이 그 사실심판결 선고 전의 나머지 범죄에 미친다고 보아서는 아니 된다.[147)]

판례가 "판결이 확정된 범죄와 그 전후로 범해진 포괄일죄가 같은 종류이면 포괄일죄는 확정판결 전후의 2죄로 분리된다"라는 논리를 전개하여 도출하는 결론은 "판결이 확정된 범죄와 그 확정 전후로 범해진 포괄일죄가 같은 종류여서 확정판결의 기판력이 포괄일죄에 미치는 경우에는 포괄일죄는 확정판결 전후의 범죄로 나뉘고 따라서 확정판결의 기판력이 미치는 부분에 관한 판단을 주문에 표시하라"라는 것이 된다. 이는 결국 면소의 판단을 주문에 나타냄으로써 공소제기의 과오 또는 피고인이 일부 범죄사실에 대해서 면소판결을 받았음을 명백하게 표시한다는 의미만을 가질 뿐이다. 이러한 취지는 다음 판례에서 잘 나타나고 있다.

동종의 확정판결 확정 전후에 존재하는 포괄일죄가 판결확정 전후로 나뉨

공소사실: '공익근무요원(현재는 사회복무요원)인 피고인은 2009. 1. 13.부터 2009. 1. 15.까지 3일간, 2009. 9. 17.부터 2009. 9. 21.까지 3일간, 2009. 9. 23.부터 2009. 9. 24.까지 2일간 정당한 사유 없이 통산 8일 이상의 기간 동안 복무를 이탈하였다.

확정판결의 존재: 피고인은 2009. 5. 8. "2008. 12. 9.경부터 2008. 12. 12.경까지 4일간, 2008. 12. 15.경부터 2008. 12. 18.경까지 4일간 등 통산 8일간 정당한 사유 없이 공익근무요원으로서 복무를 이탈하였다"는 내용의 구 병역법위반죄로 징역형을 선고받아 그 판결이 2009. 5. 16. 확정되었다.

판단: 판결이 확정된 위 구 병역법 위반죄의 범죄사실은 이 사건 공소사실과 동종의 범행이라고 할 것이므로, 위 공소사실 중 피고인이 2009. 1. 13.부터 2009. 1. 15.까지 3일간 복무이탈하였다는 부분은 판결이 확정된 위 구 병역법 위반죄의 판결 확정 전에 범한 것으로서 위 판결이 확정된 구 병역법 위반죄와 하나의 범죄를 구성하는 것이고, 위 공소사실 중 나머지 공소사실 부분은 별개의 범죄사실에 해당한다.

147) 대판 2004. 9. 16. 2001도3206 전합.

따라서 위 공소사실 중 2009. 1. 13.부터 2009. 1. 15.까지 3일간의 복무이탈 범행은 확정판결이 있는 때에 해당하여 형소법 제326조 제1호에 의하여 (주문에서: 필자 주) 면소를 선고하여야 할 것이고, 위 공소사실 중 2009. 9. 17.부터 2009. 9. 21.까지 3일간, 2009. 9. 23.부터 2009. 9. 24.까지 2일간 등 통산 5일간의 복무이탈 범행만으로는 통산 8일 이상 복무를 이탈하거나 해당 분야에 복무하지 아니한 경우에 해당하지 아니함으로써 범죄로 되지 아니하는 때에 해당하여 형소법 제325조 전단에 의하여 (주문에서: 필자 주) 무죄를 선고하여야 한다.[148]

해설: 만약 포괄일죄의 중간에 동종의 확정판결이 존재하더라도 포괄일죄가 여전히 일죄상태를 유지한다는 입장을 취한다면 위 판례의 사안에서 면소 부분은 이유에서 설시하고, 무죄 부분은 주문에 나타내야 한다.

(나) 확정판결의 선고일과 확정일 사이에 존재하는 확정판결과 동종의 포괄일죄

(1) 판례이론에 따른 논리적 분석

판례에 의하면, 포괄일죄의 중간에 확정판결이 존재하는 경우, ① 판결이 확정된 범죄와 포괄일죄가 다른 종류이면 포괄일죄는 2죄로 분리되지 않고 확정판결 후의 범죄로 보지만, ② 판결이 확정된 범죄와 포괄일죄가 같은 종류이면 포괄일죄는 확정판결 전후의 2죄로 분리된다. 또한 판례에 의하면, 기판력이 미치는 시점은 원칙적으로 사실심 판결선고시까지이고, 형법 37조 후단 경합범은 재판대상인 범죄의 범행종료가 금고 이상의 형에 처한 판결의 확정 이전인 경우에 성립한다. 위와 같은 판례의 논리를 그대로 따르면 확정판결의 선고일과 확정일 사이에 존재하는 확정판결과 동종의 포괄일죄에 대한 처리가 다음과 같이 부적절하게 된다.

포괄일죄의 중간에 동종의 확정판결이 존재한다고 할 때 포괄일죄는 3부분으로 나누어 볼 수 있다. 위 포괄일죄는 판결확정일을 기준으로 하여 그 전의 범죄(이를 A라고 함)와 그 후의 범죄(이를 B라고 함)로 나누어지고, A와 B는 별개의 범죄로서 각각 주문에 표시되어야 한다. 위 A는 다시 확정판결의 기판력이 미치는 부분(사실심변론종결시까지로 이를 a1이라 함)과 확정판결의 기판력이 미치지 않는 부분(사실심변론종결시부터 확정판결의 판결확정일까지로 이를 a2라고 함)으로 나뉘는바, a1에 대해서는 면소판결을 선고하여야 하고, a2에 대해서는 실체판결을 선고하여야 한다. 판례이론에 따르면 포괄일죄의 중간에 동종의 확정판결이 존재하는 경우 면소판결(a1 부분), 실체판결(a2 부분), 실체판결(B부분)의 3개의 주문이 존재하게 된다.

위와 같은 부당할 결론이 도출되는 이유는, 기판력의 시적 범위(사실심판결선고시)와 형법 38조 후단경합범의 성립범위(판결확정시)의 차이가 존재하는 상황에서 판례가 판결이 확정된 범죄와 포괄일죄가 같은 종류이면 포괄일죄는 확정판결 전후의 2죄로 분리된다는 견해를 취하기 때문이다.[149]

148) 대판 2011. 3. 10. 2010도9317.

149) 위와 같은 부당할 결론을 피하기 위해서는, 기판력의 시적 범위(사실심판결선고시)와 형법 38조 후단 경합범의 성립범위(판결확정시)를 일치시키고, 판결이 확정된 범죄와 그 확정 전후로 행해진 포괄일죄가 동종이면 포괄일죄는 확정판결 전후의 2죄로 분리된다는 판례의 견해를 변경할 필요가 있다고 생각한다.

(2) 실무상의 처리

포괄일죄가 확정판결의 선고일과 확정일 사이에 존재하는 경우, 실무는 판례이론에 약간의 변경을 가하여 다음과 같이 처리하고 있다.150)

① 포1 – 포2 – 동종범죄(상습범)에 대한 판결선고일 – 동종범죄(상습범)에 대한 판결확정일 – 포3 ⇒ 포1, 포2는 면소, 포3은 실체재판
② 포1 – 포2 – 동종범죄(상습범)에 대한 판결선고일 – 포3 – 동종범죄(상습범)에 대한 판결확정일 – 포4 ⇒ 포1, 포2는 면소, 포3, 포4는 포괄일죄로 실체재판
③ 동종범죄(상습범)에 대한 판결선고일 – 포1 – 동종범죄(상습범)에 대한 판결확정일 – 포2 – 포3 ⇒ 포1, 포2, 포3은 포괄일죄로 실체재판
④ 포1 – 동종범죄(상습범)에 대한 판결선고일 – 포2 – 동종범죄(상습범)에 대한 판결확정일 ⇒ 포1은 면소, 포2는 형법 37조 후단 경합범
※ '포'는 '포괄일죄의 범행일'을 의미한다.

4. 형법 37조 전단 및 후단 경합범 그리고 확정판결 전후의 범죄가 혼합된 사례

사례
- 2016. 2. 20. A범죄의 범행일
- 2016. 3. 20. B범죄 범행일
- 2016. 4. 20. C범죄의 판결확정일
- 2016. 5. 20. D범죄의 범행일
- 2016. 6. 20. E범죄의 범행일

위 사례에서 현재 A, B, D, E의 범죄가 공소제기되어 병합심리되는 경우, 위 각 범죄 사이에 성립하는 경합범관계는 다음과 같다.

① 'A와 B', 'D와 E'는 각각 형법 37조 전단 경합범관계에 있다
② 'C와 A', 'C와 B'는 각각 형법 37조 후단 경합범관계에 있다.
③ 'A, B'와 'D, E'는 확정판결 전후의 범죄로서 형법 37조 전단이나 후단의 경합범관계에 있지 않다.

150) 사법연수원, 2016년도 법학전문대학원 형사재판실무 강의노트, 488면.

5. 확정판결 전후의 범죄이지만 형법 37조 후단 경합범관계에 있지 않음

사실관계: 다음 각 범죄 중 B, C, E 범죄가 현재 병합심리되어 판결 대상이다.
- 2011. 11. 26. A범죄의 판결확정일
- 2012. 1. 5. B범죄의 범행일
- 2012. 1. 17. C범죄의 범행일
- 2012. 2. 29. D범죄의 판결확정일(D범죄의 범행일은 A범죄의 판결확정일 이전임)
- 2012. 3. 29. E범죄의 범행일

판단

① B범죄와 C범죄는 형법 37조 전단 경합범관계에 있다.

② D범죄와 'B, C' 범죄 사이의 관계는 다음과 같다.
판결이 확정된 D범죄와 D범죄에 대한 판결 확정 전에 범해진 'B, C' 범죄는 일응 판결이 확정된 범죄와 그 확정 전에 범해진 범죄여서 형법 37조 후단 경합범관계에 있는 것으로 보인다. 그러나 D범죄는 A범죄의 판결 확정 이전에 범해진 것이고, 'B, C' 범죄는 A범죄의 판결 확정일 이후에 범해진 것이어서 D범죄와 'B, C' 범죄는 동시에 판결할 수 없어 별개의 범죄일 뿐 형법 37조 후단 경합범관계에 있지 않다.

③ 그리고 D범죄에 대한 판결이 확정되기 전에 범한 'B, C' 범죄와 D범죄에 대한 판결이 확정된 후에 범한 E범죄가 형법 37조 전단 경합범관계에 있다고 볼 수도 없다.

④ 따라서 'B, C' 범죄와 E범죄에 대하여 별도로 형을 정하여 선고할 수밖에 없다.[151)]

---

151) 대판 2014. 3. 27. 2014도469. 다음은 같은 취지이다.
사실관계: 피고인은 갑죄, 을죄, 병죄로 공소제기되었고, 위 각 죄와 확정판결과의 시간적 순서는 다음과 같다.
① 무죄의 범행일
② 정죄의 판결확정일
③ 갑죄의 범행일
④ 을죄의 범행일
⑤ 무죄의 판결확정일
⑥ 병죄의 범행일
판단: 무죄와 갑죄 및 을죄는 처음부터 동시에 판결할 수 없었던 경우여서, 경합범 중 판결을 받지 아니한 죄에 대하여 형을 선고할 때는 그 죄와 판결이 확정된 죄를 동시에 판결할 경우와 형평을 고려하도록 한 형법 제39조 제1항은 여기에 적용될 여지가 없으나, 그렇다고 마치 무죄에 대한 확정판결이 존재하지 않는 것처럼 갑죄 및 을죄와 병죄 사이에 형법 제37조 전단의 경합범 관계가 인정되어 형법 제38조가 적용된다고 볼 수도 없으므로, 확정된 무죄에 대한 판결의 존재로 인하여 이를 전후한 갑죄 및 을죄와 병죄 사이에는 형법 제37조 전·후단의 어느 경합범 관계도 성립할 수 없고, 결국 각각의 범죄에 대하여 별도로 형을 정하여 선고할 수밖에 없다(대판 2011. 6. 10. 2011도2351).

8

判例中心 刑法總論

형벌론

제 8 장 형벌론

判例中心 刑法總論

Ⅰ. 형벌의 종류

형벌은 사형, 징역, 금고, 자격상실, 자격정지, 벌금, 구류, 과료, 몰수의 9가지로 이루어져 있다(형법 41조).

1. 사 형

사형의 의미/사형선고의 요건

사형은 인간의 생명을 박탈하는 냉엄한 궁극의 형벌로서 사법제도가 상정할 수 있는 극히 예외적인 형벌이라는 점을 감안할 때, 사형의 선고는 범행에 대한 책임의 정도와 형벌의 목적에 비추어 누구라도 그것이 정당하다고 인정할 수 있는 특별한 사정이 있는 경우에만 허용되어야 한다. 따라서 사형의 선고 여부를 결정함에 있어서는 형법 제51조가 규정한 사항을 중심으로 범인의 연령, 직업과 경력, 성행, 지능, 교육정도, 성장과정, 가족관계, 전과의 유무, 피해자와의 관계, 범행의 동기, 사전계획의 유무, 준비의 정도, 수단과 방법, 잔인하고 포악한 정도, 결과의 중대성, 피해자의 수와 피해감정, 범행 후의 심정과 태도, 반성과 가책의 유무, 피해회복의 정도, 재범의 우려 등 양형의 조건이 되는 모든 사항을 철저히 심리하여야 하고, 그러한 심리를 거쳐 사형의 선고가 정당화될 수 있는 사정이 있음이 밝혀진 경우에 한하여 비로소 사형을 선고할 수 있다.[1]

2. 자유형

자유형에는 징역, 금고와 구류가 있다. 형이 확정된 수형자는 교도소에 수용하는 것이 원칙이지만 예외적으로 구치소에 수용할 수도 있다(형의 집행 및 수형자의 처우에 관한 법률 11조, 12조).[2] 징역형을 신

1) 대판 2006. 3. 24. 2006도354; 대판 2013. 1. 24. 2012도8980; 대판 2016. 2. 19. 2015도12980 전합.
2) 구치소는 기본적으로 형이 확정되지 아니한 미결수용자를 수용하기 위한 시설이다.

고받은 자는 정역에 복무하여야 하지만, 금고형과 구류형을 선고받은 자는 정역에 복무할 의무가 없고 다만 그의 신청에 따라 작업을 부과할 수 있다(동법 66조, 67조).

징역 또는 금고는 무기 또는 유기로 하고 유기는 1개월 이상 30년 이하로 하며, 다만 유기징역 또는 유기금고에 대하여 형을 가중하는 때에는 50년까지로 한다(형법 42조). 구류는 1일 이상 30일 미만으로 한다(형법 46조).

3. 재산형

재산형에는 벌금형과 과료형이 있다. 벌금은 5만원 이상으로 하되 감경하는 경우에는 5만원 미만으로 할 수 있고(형법 45조), 과료는 2천원 이상 5만원 미만으로 한다(형법 47조).

벌금을 납입하지 아니한 자는 1일 이상 3년 이하, 과료를 납입하지 아니한 자는 1일 이상 30일 미만의 기간 노역장에 유치하여 작업에 복무하게 한다(형법 69조 2항). 그러므로 벌금 또는 과료를 선고할 때에는 납입하지 아니하는 경우의 유치기간을 정하여 동시에 선고하여야 한다(형법 70조 1항). 그런데 벌금형에 관한 유치기간에 대해서는 선고하는 벌금이 1억원 이상 5억원 미만인 경우에는 300일 이상, 5억원 이상 50억원 미만인 경우에는 500일 이상, 50억원 이상인 경우에는 1,000일 이상의 유치기간을 정하여야 한다(동조 2항).[3]

벌금과 과료는 판결확정일로부터 30일 내에 납입하여야 한다(형법 69조 1항 본문). 따라서 벌금형과 과료형이 확정되었다 하더라도 그 확정일로부터 30일 이내에는 벌금과 과료를 강제징수할 수 없고, 노역장유치를 할 수도 없다. 그렇지만 벌금을 선고할 때에는 동시에 그 금액을 완납할 때까지 노역장에 유치할 것을 명할 수 있는데(형법 69조 1항 단서), 이러한 노역장유치명령이 있는 때에는 벌금형이 확정되기 이전에도 피고인을 노역장에 유치할 수 있다. 벌금 또는 과료의 선고를 받은 자가 그 일부를 납입한 때에는 벌금 또는 과료액과 유치기간의 일수에 비례하여 납입금액에 상당한 일수를 제한다(형법 71조).

금액란을 백지로 한 수표를 위조하였으나 보충되지 아니함

부정수표단속법 제5조는 "수표를 위조 또는 변조한 자는 1년 이상의 유기징역과 수표금액의 10배 이하의 벌금에 처한다"고 규정하고 있는바, 수표금액란이 백지인 채로 수표가 위조된 후 그 수표금액이 아직 보충되지 아니한 경우에는 벌금액수의 상한을 정하는 기준이 되는 수표금액이 정하여져 있지 아니하여 병과할 벌금형의 상한을 정할 수 없으므로 결국 벌금형을 병과할 수 없고, 설령 수표금액이 백지인 수표를 위조한 사람이 그 위조수표를 교부하면서 보충권을 수여한 경우라 할지라도 그 수표의 금액이 실제로 보충되기 전까지는 수표금액이 얼마로 정하여질지 알 수 없으므로 그 보충권의 상한액을 수표금액으로 보아 이를 기준으로 벌금형을 병과할 수도 없다.[4]

3) 소위 황제노역이 행해지지 않도록 하기 위하여 2014. 5. 14. 형법 개정으로 신설되었다.
4) 대판 2005. 9. 28. 2005도3947.

징역형과 벌금형 중 선택된 벌금형의 환형유치기간이 징역형의 장기보다 더 장기임

벌금형에 대한 노역장유치기간의 산정에는 형법 제69조 제2항에 따른 제한이 있을 뿐 그 밖의 다른 제한이 없으므로, 징역형과 벌금형 가운데서 벌금형을 선택하여 선고하면서 그에 대한 노역장유치기간을 환산한 결과 선택형의 하나로 되어 있는 징역형의 장기보다 유치기간이 더 길 수 있게 되었다 하더라도 이를 위법이라고 할 수는 없다.5)

5억원 이상 50억원 미만의 벌금형을 선고하는 경우에는 500일 이상의 유치기간을 정하여야 한다는 형법 규정 시행 전의 범행이 위 규정 시행 후 공소제기됨

선고하는 벌금이 5억원 이상 50억원 미만인 경우에는 500일 이상의 유치기간을 정하여야 한다는 형법 70조 2항은 형법이 2014. 5. 14. 개정되면서 신설되었다. 위 개정형법은 공포한 날부터 시행하며, 70조 2항의 개정규정은 위 개정형법 시행 후 최초로 공소가 제기되는 경우부터 적용한다(위 개정형법 부칙 1조, 2조 1항).

피고인은 2014. 5. 28. 특가법위반(허위세금계산서교부등)죄로 공소가 제기되고 원심은 2014. 8. 7. 피고인에 대하여 징역 2년 및 벌금 24억원을 병과하면서 피고인이 벌금을 납입하지 아니하는 경우 800만원을 1일로 환산한 기간 피고인을 노역장에 유치할 것을 명하였다.

위 특가법위반(허위세금계산서교부 등)의 점은 개정된 형법이 시행된 후에 공소가 제기되었으므로, 원심이 그에 대하여 벌금 24억원을 병과하는 경우에는 벌금이 5억원 이상 50억원 미만에 해당하기 때문에 개정된 형법에 따라 500일 이상의 유치기간을 정하였어야 한다.6)

4. 형법총칙상의 몰수

형법 제48조(몰수의 대상과 추징) ① 범인 이외의 자의 소유에 속하지 아니하거나 범죄 후 범인 이외의 자가 정을 알면서 취득한 다음 기재의 물건은 전부 또는 일부를 몰수할 수 있다.

1. 범죄행위에 제공하였거나 제공하려고 한 물건.
2. 범죄행위로 인하여 생하였거나 이로 인하여 취득한 물건.
3. 전 2호의 대가로 취득한 물건.

② 전항에 기재한 물건을 몰수하기 불능한 때에는 그 가액을 추징한다.

③ 문서, 도화, 전자기록 등 특수매체기록 또는 유가증권의 일부가 몰수에 해당하는 때에는 그 부분을 폐기한다.

5) 대판 2000. 11. 24. 2000도3945. 다음은 같은 취지이다.
징역형과 벌금형을 병과하여 선고하였는데 벌금형의 환형유치기간이 징역형보다 장기임
징역형과 벌금형이 병과된 경우에 벌금형의 환형유치기간이 3년을 넘지 않는 한 징역형의 기간보다 길다 하더라도 위법하지 않다(대판 1971. 3. 30. 71도251).

6) 대판 2014. 12. 24. 2014오2.

가. 몰수의 의의

몰수는 범죄반복의 예방이나 범죄에 의하여 취득한 이득의 보유를 금지할 목적으로 범죄와 관련된 재산을 박탈하는 형벌로서 재산형에 속한다. 학설상 몰수는 형식적으로는 형벌의 일종이지만 실질적으로는 대물적 보안처분에 속한다고 보는 것이 보통이다.

나. 임의적 몰수

형법 48조에 의한 몰수 및 추징은 임의적인 것이므로 그 몰수·추징의 요건에 해당되는 물건이라도 이를 몰수·추징할 것인지의 여부는 법원의 재량에 맡겨져 있다.[7] 이와 달리 뇌물죄에서의 뇌물(형법 134조), 배임수재죄로 취득한 재물(형법 357조 3항), 형법 17장 아편에 관한 죄에 제공한 아편, 몰핀이나 그 화합물 또는 아편흡식기구(형법 206조) 등은 필요적 몰수대상이다.

다. 부가형

몰수는 다른 형에 부가하여 과하는 것이 원칙이지만, 예외적으로 행위자에게 유죄의 재판을 아니할 때에도 몰수의 요건이 있는 때에는 몰수만을 선고할 수 있다(형법 49조). 형법상으로는 위와 같이 "유죄의 재판을 아니할 때에도 몰수를 선고할 수 있다"고 하나, 판례는 다음과 같이 유죄를 선고하는 경우에만 몰수판결을 할 수 있다고 본다.

법원이 공소제기되지 아니한 별개의 범죄사실을 인정하여 그에 관하여 몰수·추징을 선고

형법 제49조 단서는 행위자에게 유죄의 재판을 하지 아니할 때에도 몰수의 요건이 있는 때에는 몰수만을 선고할 수 있다고 규정하고 있으므로 몰수뿐만 아니라 몰수에 갈음하는 추징도 위 규정에 근거하여 선고할 수 있다고 할 것이나, 우리 법제상 공소의 제기 없이 별도로 몰수나 추징만을 선고할 수 있는 제도가 마련되어 있지 아니하므로 위 규정에 근거하여 몰수나 추징을 선고하기 위하여서는 몰수나 추징의 요건이 공소가 제기된 공소사실과 관련되어 있어야 하고, 공소가 제기되지 아니한 별개의 범죄사실을 법원이 인정하여 그에 관하여 몰수나 추징을 선고하는 것은 불고불리의 원칙에 위반되어 허용되지 아니한다.[8]

공소시효가 완성되어 유죄의 선고를 할 수 없는 공소사실에 관한 몰수나 추징

형법 제49조 단서는 행위자에게 유죄의 재판을 하지 아니할 때에도 몰수의 요건이 있는 때에는 몰수만을 선고할 수 있다고 규정하고 있으므로 몰수뿐만 아니라 몰수에 갈음하는 추징도 위 규정에 근거하여 선고할 수 있다고 할 것이나 우리 법제상 공소의 제기 없이 별도로 몰수나 추징만을 선고할 수 있는 제도가 마련되어 있지 아니하므로 위 규정에 근거하여 몰수나 추징을 선고하기 위하여서는 몰수나 추징의 요건이 공소가 제

7) 형법 제48조 제1항 제1호, 제2항에 의한 몰수 및 추징은 임의적인 것이므로 그 추징의 요건에 해당되는 물건이라도 이를 추징할 것인지의 여부는 법원의 재량에 맡겨져 있다(대판 2002. 9. 4. 2000도515).

8) 대판 1992. 7. 28. 92도700; 대판 2010. 5. 13. 2009도11732. 위와 같은 법리는 변호사법 제116조의 규정에 의한 몰수 또는 추징의 경우에도 마찬가지로 적용된다(대판 2009. 8. 20. 2009도4391).

기된 공소사실과 관련되어 있어야 하고, 공소사실이 인정되지 않는 경우에 이와 별개의 공소가 제기되지 아니한 범죄사실을 법원이 인정하여 그에 관하여 몰수나 추징을 선고하는 것은 불고불리의 원칙에 위반되어 불가능하며, 몰수나 추징이 공소사실과 관련이 있다 하더라도 그 공소사실에 관하여 이미 공소시효가 완성되어 유죄의 선고를 할 수 없는 경우에는 몰수나 추징도 할 수 없다.[9)]

면소 사유 있는 공소사실에 관한 몰수

형법 제49조 단서는 행위자에게 유죄의 재판을 하지 아니할 때에도 몰수의 요건이 있는 때에는 몰수만을 선고할 수 있다고 규정하고 있으나, 우리 법제상 공소의 제기 없이 별도로 몰수만을 선고할 수 있는 제도가 마련되어 있지 아니하므로 실체판단에 들어가 공소사실을 인정하는 경우가 아닌 면소의 경우에는 원칙적으로 몰수도 할 수 없다.[10)]

라. 몰수의 요건

(1) 재물과 재산상의 이익

몰수의 대상인 물건은 유체물에 한하지 않고 권리 또는 이익도 포함한다.[11)]

(2) 몰수할 물건을 매각한 대가

관세법 198조 2항에 따라 몰수하여야 할 압수물이 멸실, 파손 또는 부패의 염려가 있거나 보관하기에 불편하여 이를 형소법 132조에 따라 매각하여 그 대가를 보관하는 경우에는, 몰수와의 관계에서는 그 대가보관금을 몰수 대상인 압수물과 동일시할 수 있다.[12)]

(3) 몰수할 물건의 특정 및 입증[13)]

몰수할 물건의 특정

형법 제134조는 뇌물에 공할 금품을 필요적으로 몰수하고 이를 몰수하기 불가능한 때에는 그 가액을 추징하도록 규정하고 있는바, 몰수는 특정된 물건에 대한 것이고 추징은 본래 몰수할 수 있었음을 전제로 하는 것임에 비추어 뇌물에 공할 금품이 특정되지 않았던 것은 몰수할 수 없고 그 가액을 추징할 수도 없다.[14)]

---

9) 대판 1992. 7. 28. 92도700.
10) 대판 2007. 7. 26. 2007도4556.
11) 대판 1976. 9. 28. 76도2607.
12) 대판 1996. 11. 12. 96도2477.
13) 도박을 하면서 패한 경우에 경우에 상대방에게 교부하기 위하여 앞에 내놓은 돈은 도박범행에 제공하였거나 제공하려 한 물건에 해당한다고 할 수 있지만, 도박하는 사람의 지갑 안에 넣어둔 돈은 도박범행에 제공한 것은 아니고, 원칙적으로 도박범행에 제공하려 한 물건에 해당하지도 않을 것이다.
14) 대판 1996. 5. 8. 96도221; 대판 2008. 6. 26. 2008도1392.

몰수·추징과 엄격한 증명

몰수·추징의 대상이 되는지 여부나 추징액의 인정 등은 범죄구성요건사실에 관한 것이 아니어서 엄격한 증명은 필요 없지만 역시 증거에 의하여 인정되어야 한다.15)

(4) 범행에 제공하였거나 제공하려 한 물건

도박을 하면서 패한 경우에 경우에 상대방에게 교부하기 위하여 앞에 내놓은 돈(판돈)은 도박범행에 제공하였거나 제공하려 한 물건에 해당한다고 할 수 있지만, 도박하는 사람의 지갑 안에 넣어둔 돈은 도박범행에 제공한 것은 아니고, 원칙적으로 도박범행에 제공하려 한 물건에 해당하지도 않을 것으로 생각된다.

대형할인마트에서 큰 부피의 전자제품을 훔쳐 싣고 가는데 사용된 승용차/실행행위 당시가 아니라 그 전후에만 사용되었으나 범죄수행에 실질적으로 기여한 물건

형법 제48조 제1항 제1호의 "범죄행위에 제공한 물건"이라 함은, 가령 살인행위에 사용한 칼 등 범죄의 실행행위 자체에 사용한 물건에만 한정되는 것이 아니며, 실행행위의 착수 전의 행위 또는 실행행위의 종료 후의 행위에 사용한 물건이더라도 그것이 범죄행위의 수행에 실질적으로 기여하였다고 인정되는 한 위 법조 소정의 제공된 물건에 포함된다고 볼 것이다.

피고인은 대형할인매장을 1회 방문하여 범행을 할 때마다 1~6개 품목의 수십만원어치 상품을 절취하여 이를 자신의 소나타 승용차에 싣고 갔고, 그 물품의 부피도 전기밥솥·해머드릴·소파커버·진공포장기·안마기·전화기·DVD플레이어 등 상당한 크기의 것이어서 대중교통수단을 타고 운반하기에 곤란한 수준이었으므로, 이 사건 승용차는 단순히 범행 장소에 도착하는 데 사용한 교통수단을 넘어서 이 사건 장물의 운반에 사용한 자동차라고 보아야 할 것이며, 따라서 형법 제48조 제1항 제1호 소정의 범죄행위에 제공한 물건이라고 볼 수 있어 이를 몰수한 것은 정당하다.16)

범행에 제공하려고 한 물건/외국환거래법위반죄 사건에서, 송금하려고 소지했던 자기앞수표

형법 제48조 제1항 제1호에서의 범죄행위에 제공하려고 한 물건이란 범죄행위에 사용하려고 준비하였으나 실제 사용하지 못한 물건을 의미하는바, 형법상의 몰수가 공소사실에 대하여 형사재판을 받는 피고인에 대한 유죄판결에서 다른 형에 부가하여 선고되는 형인 점에 비추어, 어떠한 물건을 '범죄행위에 제공하려고 한 물건'으로서 몰수하기 위하여는 그 물건이 유죄로 인정되는 당해 범죄행위에 제공하려고 한 물건임이 인정되어야 한다. 체포될 당시에 미처 송금하지 못하고 소지하고 있던 자기앞수표나 현금은 장차 실행하려고 한 외국환거래법 위반의 범행에 제공하려는 물건일 뿐, '그 이전에 범해진 외국환거래법 위반(이 부분이 공소사실임)'의 '범죄행위에 제공하려고 한 물건'으로는 볼 수 없으므로 몰수할 수 없다.17)

15) 대판 2014. 7. 10. 2014도4708.
16) 대판 2006. 9. 14. 2006도4075.
17) 대판 2008. 2. 14. 2007도10034. 구체적인 판시는 다음과 같다.

사기도박 참여를 유인하려고 피해자에게 제시하였으나 도박자금으로 사용치 않은 고액 수표

피해자로 하여금 사기도박에 참여하도록 유인하기 위하여 고액의 수표를 제시해 보인 경우,[18] 형법 제48조 소정의 몰수가 임의적 몰수에 불과하여 법관의 자유재량에 맡겨져 있고, 위 수표가 직접적으로 도박자금으로 사용되지 아니하였다 할지라도, 위 수표가 피해자로 하여금 사기도박에 참여하도록 만들기 위한 수단으로 사용된 이상, 이를 몰수할 수 있고, 그렇다고 하여 피고인에게 극히 가혹한 결과가 된다고 볼 수는 없다.[19]

적법하게 등급심사를 받은 게임기 중 기판 등을 조작한 상태로 영업/범행에 제공된 물건과 물리적으로 결합된 물건

판단: 사행성 게임기는 기판과 본체가 서로 물리적으로 결합되어야만 비로소 그 기능을 발휘할 수 있는 기계로서, 당국으로부터 적법하게 등급심사를 받은 것이라고 하더라도 본체를 포함한 그 전부가 범죄행위에 제공된 물건으로서 몰수의 대상이 된다.[20]

해설: 위 판례의 사안은 피고인들이 게임기에 관하여 적법하게 등급심사를 받은 후 게임기 중 기판 등의 부분이 조작된 상태로 영업한 것으로 짐작된다.[21]

유죄로 인정된 공소사실: 피고인이 2007. 4. 20.경부터 같은 해 7. 24.경까지 46회에 걸쳐 재정경제부장관에게 신고하지 아니하고 판시 각 금원을 중국 교통은행의 계좌로 송금하여, 당해 거래의 당사자가 아닌 거주자의 명의를 이용하여 거래의 당사자인 비거주자에게 각 지급함.

압수물: 피고인이 2007. 7. 24. 체포될 당시 위 각 외국환거래법위반의 범행과 같은 방법으로 중국 교통은행의 계좌로 송금하려고 하였으나 미처 송금하지 못하고 소지하고 있던 각 자기앞수표 또는 현금임.

판단: 이 사건 압수물에 의한 동종의 범행이 실행되었다 하더라도 이는 유죄로 인정된 공소사실과는 별개의 범죄이므로, 이 사건 압수물은 피고인이 장차 실행하려고 한 동종의 외국환거래법위반의 범행에 제공하려고 한 물건으로 볼 수 있을 뿐, 원심이 유죄로 인정한 공소사실 범행에 제공하려고 한 물건이라고는 볼 수 없고, 따라서 피고인으로부터 이 사건 압수물을 몰수할 수 없다.

18) 구체적인 경위는 다음과 같다.

갑과 을은 2001. 3. 9.경부터 같은 해 6. 29.경까지 피해자로부터 15회에 걸쳐 사기도박의 방법으로 금 1억 9,750여 만원을 편취하였고, 을은 피해자나 갑 등에게 도박자금을 대여하는 등의 방법으로 도금을 제공하고 사기도박을 통해 편취한 금원을 관리하는 역할을 담당한 사실, 을은 2001. 6. 28.경 사기도박 범행 도중 당일도 400여 만원을 잃은 피해자에게 '내일 제대로 돈을 가지고 도박을 해보자'고 종용하여 다음날인 29일에도 피해자가 다시 도박에 가담하게 된 사실, 갑은 위와 같이 큰 도박을 종용한 28일에 갑 등으로부터 압수한 8,000만원권 자기앞수표 1장을 발행 받은 사실, 다음 날인 같은 달 29일 갑 등과 피해자가 도박을 하기 위해 모여 있던 사무실에서 을은 '은행에서 000만원짜리 수표를 끊어야 되는데 잘못하여 8,000만원짜리 수표를 끊어왔다'고 자랑삼아 이야기하면서 의도적으로 피해자가 보고 있는 상태에서 별다른 납득할 만한 이유도 없이 이 사건 수표를 갑에게 건네주었고, 갑은 이 사건 수표를 자신의 지갑에 넣어 둔 채로 피해자와 도박을 하던 중 경찰관에 의해 적발된 사실, 을은 위와 같이 갑에게 수표를 건네준 후 도박 현장을 떠났다가 몇 시간 후인 16:05경 발행은행에 수표를 분실하였다는 이유로 지급정지를 신청하였는바, 이에 의하면, 이 사건 수표는 피해자에게 그 동안 사기도박을 통해 잃은 돈을 상기시키고, 도박을 통해 잃은 돈을 다시 따보려는 마음에 계속하여 도박에 관여하도록 만들기 위한 수단으로 사용하기 위해 발행 받은 것이고, 피해자가 함께 있는 자리에서 그와 같은 의도로 이 사건 수표를 보여준 후 갑으로 하여금 이를 소지한 채 도박을 하도록 하는 등의 방법으로 갑 및 을의 상습사기의 범행에 제공된 물건이라고 보아야 한다고 판단한 것은 옳다.

19) 대판 2002. 9. 24. 2002도3589.

20) 대판 2006. 12. 8. 2006도6400.

21) 원심인 수원지판 2006. 9. 5. 2006노1770에 나타난 사실관계는 다음과 같다.

– 이 사건 게임기인 '황금성'은 영상물등급위원회가 '18세 이용가'로 등급분류를 한 게임물임.

(5) 범죄행위로 인하여 생하였거나 이로 인하여 취득한 물건

위조한 문서는 문서위조행위로 인하여, 허가 없이 제조한 마약류는 마약류 관리에 관한 법률 위반으로 인하여 각각 생긴 물건이다. 절취·강취피해품은 절도·강도라는 범죄행위로 인하여 취득한 물건에 해당한다.

부동산소유권취득계약을 체결하고 미등기상태에서 전매계약을 체결하고 받은 대금

부동산의 소유권을 이전받을 것을 내용으로 하는 계약(1차 계약)을 체결한 자가 그 부동산에 대하여 다시 제3자와 소유권이전을 내용으로 하는 계약(전매계약)을 체결한 것이 부동산등기 특별조치법 제8조 제1호 위반행위에 해당하는 경우, 전매계약에 의하여 제3자로부터 받은 대금은 위 조항의 처벌대상인 '1차 계약에 따른 소유권이전등기를 하지 않은 행위'로 취득한 것이 아니므로 형법 제48조에 의한 몰수나 추징의 대상이 될 수 없다.[22)]

토지개발채권을 허가 없이 휴대하여 외국으로 출국하려다가 미수(외국환관리법위반)

피고인이 그 소유의 토지개발채권을 구 외국환관리법 제19조 소정의 허가 없이 휴대하여 외국으로 출국하려다가 적발되어 미수에 그친 경우, 위 채권은 허가 없는 수출미수행위로 인하여 비로소 취득하게 된 것에 해당한다고 할 수 없으므로 구 외국환관리법 제33조에 따라 이를 몰수하거나 그 가액을 추징할 수 없다고 할 것이나, 다만 위 채권은 피고인의 허가 없는 수출미수행위에 제공된 것에는 해당된다고 할 것이고, 따라서 형법 제48조 제1항 제1호, 제2항에 의한 몰수 또는 추징의 대상이 되는 것으로 보아야 한다.[23)]

- 18세 이용가 게임물에 대하여는 게임제공업소의경품취급기준에 따라 그 경품의 한도액이 2만원 이내로 제한되어 있음.
- 이 사건 게임기는 이른바 메모리 및 연타 기능으로 인하여 손님이 획득할 수 있는 경품의 금액이 2만원을 훨씬 넘어 200만원까지 나올 수 있게 임의로 조작되어 있음.
- 피고인들은 이 사건 게임기를 이용한 손님들에 대하여 경품으로 지급한 상품권을 다시 소정의 수수료를 공제하고 돈으로 환전하여 줌.
- 이 사건 게임기는 우연한 성패에 의하여 재물의 득실이 결정되는 것으로서, 피고인들이 직접 이 사건 게임기의 기판 등을 조작하지는 않았다고 하더라도 손님으로 하여금 도박 기타 사행행위를 하게 한 것에 해당하고 나아가 환전을 겸함으로써 그 사행성이 심화됨.

22) 대판 2007. 12. 14. 2007도7353.

23) 대판 2002. 9. 4. 2000도515. 다음은 유사취지이다.

관세법상 수입신고를 함에 있어서 허위신고와 신고대상물품

관세법 제188조 1호 소정의 물품에 대한 수입신고를 함에 있어서 주요사항을 허위로 신고한 경우에 위 물건은 신고의 대상물에 지나지 않아 신고로서 이루어지는 허위신고죄의 범죄행위 자체에 제공되는 물건이라고 할 수 없으므로 형법 제48조 제1항 소정의 몰수요건에 해당한다고 볼 수 없다(대판 1974. 6. 11. 74도352).

오락실업자, 상품권업자, 환전소운영자가 공모하여 사행행위의 경품인 상품권을 현금으로 환전

오락실업자, 상품권업자 및 환전소 운영자가 공모하여 사행성 전자식 유기기구에서 경품으로 배출된 상품권을 현금으로 환전하면서 그 수수료를 일정한 비율로 나누어 가지는 방식으로 영업을 한 경우, 환전소 운영자가 환전소에 보관하던 현금 전부가 위와 같은 상품권의 환전을 통한 범죄행위에 제공하려 하였거나 그 범행으로 인하여 취득한 물건에 해당하여 형법 제48조 제1항 제1호 또는 제2호의 규정에 의하여 몰수의 대상이 되고, 환전소 운영자가 위 환전

(6) 범인 이외의 자의 소유에 속하지 아니할 것

군인이 일부 내용을 허위 작성한 월간판매실적보고서

군 피.엑스(P.X)에서 공무원인 군인이 그 권한에 의하여 작성한 월간판매실적보고서의 내용에 일부 허위기재된 부분이 있더라도 이는 공무소인 소관 육군부대의 소유에 속하는 것이므로 이를 허위공문서 작성의 범행으로 인하여 생긴 물건으로 누구의 소유도 불허하는 것이라 하여 형법 제48조 제1항 제1호를 적용, 몰수하였음은 부당하다.24)

몰수할 물건이 외국에서 몰수되어 소유가 박탈됨

국내에 밀수입하여 관세포탈을 기도하다가 외국에서 적발되고 외국에서 몰수되어 그 소유가 박탈됨으로써 몰수할 수 없게 된 경우에는 관세법에 의하여 추징할 수도 없다.25)

피고인이 갑에게 빌려준 도박자금

피고인이 갑에게 도박자금으로 금원을 대여하였다면 그 금원은 그 때부터 피고인의 소유가 아니라 갑의 소유에 귀속하게 되므로 그것을 갑으로부터 몰수함은 모르되 피고인으로부터 몰수할 수 없다.26)

소유권 귀속의 판단

밀수전용의 선박·자동차 기타 운반기구가 관세법 제183조에 의하여 몰수대상이 되는지의 여부를 판단함에 있어 당해 운반기구가 누구의 소유에 속하는가 하는 것은 그 공부상의 명의 여하에 불구하고 권리의 실질적인 귀속관계에 따라 판단하여야 한다.27)

(가) 공범의 소유물에 대한 몰수

형법 제48조 제1항의 '범인'에는 공범자도 포함되므로 피고인의 소유물은 물론 공범자의 소유물도 그 공범자의 소추 여부를 불문하고 몰수할 수 있는 것이고, 여기에서의 공범자에는 공동정범, 교사범,

---

소 내에 보관하고 있던 현금 중 일부를 생활비 등의 용도로 소비하였다고 하여 달리 볼 것이 아니라고 한 사례(대판 2006. 10. 13. 2006도3302).

24) 대판 1983. 6. 14. 83도808.

25) 대판 1979. 4. 10. 78도831.

26) 대판 1982. 9. 28. 82도1669.

27) 대판 1999. 12. 10. 99도3478. 다음은 같은 취지이다.

범행에 사용된 자동차에 관하여 피고인이 법정에서 처 소유라고 진술하고 있고, 처 명의로 등록됨

강도상해의 범행에 사용된 자동차에 관하여 피고인은 원심법정에서 피고인의 처 소유라고 진술하고 있고 실제로도 처 명의로 등록되어 있는데도 원심이 그 의미가 분명하지 아니한 '제 소유 자동차'라는 피고인이 경찰에서 범행방법에 관한 진술시에 한 표현을 근거로 위 자동차가 피고인 이외의 자에 속하지 아니하는 것으로 단정하여 이를 몰수한 것은 위법하다(대판 1990. 10. 10. 90도1904).

방조범에 해당하는 자는 물론 필요적 공범관계에 있는 자도 포함된다.[28]

폭행치사의 공범이 소유하고 범행에 사용한 부엌칼을 다른 공범으로부터 몰수

갑과 피고인은 공동하여, 피고인은 각목으로 피해자의 머리 부분을 4회 때리고 갑은 소지하고 있던 부엌칼(증 제1호)을 피해자의 목에 들이대면서 주먹과 발로 무수히 때리고 도망가는 피해자를 쫓아가 A초등학교 옆 골목길에서 피고인과 갑 중 누군가가 불상의 방법으로 위 부엌칼로 피해자의 흉부를 1회 찔러 자창상 등을 입히고, 이로 인하여 피해자를 사망에 이르게 한 사안에서,

형법 제48조 제1항의 범인에는 공범자도 포함된다고 해석되므로, 범인 자신의 소유물은 물론 공범자의 소유물에 대하여도 이를 몰수할 수 있으므로, 피고인과 공범관계에 있는 갑의 소유인 위 부엌칼을 피고인으로부터 몰수한 조치는 옳다.[29]

기소중지된 공범의 소유물에 대한 몰수

형법 제48조 제1항의 "범인"속에는 "공범자"를 포함한다고 해석되므로 범인 자신이 소유물은 물론 공범자의 소유물에 대하여도 그 공범자가 소추되어 있음을 불문하고 이를 몰수할 수 있다.[30]

해설: 기소중지된 공범은 범인임이 입증되지 않았고, 공범의 범행은 공소제기된 것도 아니다. 따라서 위 판례는 "공소제기된 범죄에 관하여 유죄를 선고하는 경우에만 몰수판결을 할 수 있다"라는 다른 판례와 논리적으로 일치되지 아니하는 것으로 생각된다.

피고인이 부정한 청탁과 함께 금품을 제공하자, 갑이 범행 증거로 사용하려고 받은 것을 피고인으로부터 몰수

형법 제48조 제1항의 '범인'에는 공범자도 포함되므로 피고인의 소유물은 물론 공범자의 소유물도 그 공범자의 소추 여부를 불문하고 몰수할 수 있는 것이고, 여기에서의 공범자에는 공동정범, 교사범, 방조범에 해당하는 자는 물론 필요적 공범관계에 있는 자도 포함된다.

그리고 피고인 이외의 제3자의 소유에 속하는 물건에 대하여 몰수를 선고한 판결의 효력은 원칙적으로 몰수의 원인이 된 사실에 관하여 유죄의 판결을 받은 피고인에 대한 관계에서 그 물건을 소지하지 못하게 하는 데 그치고 그 사건에서 재판을 받지 아니한 제3자의 소유권에 어떤 영향을 미치는 것은 아닌 점과 형법 제49조 단서에 의하면 행위자에게 유죄의 재판을 아니할 때에도 몰수의 요건이 있는 때에는 몰수를 선고할 수 있는 점 등에 비추어 볼 때, 형법 제48조 제1항의 '범인'에 해당하는 공범자는 반드시 유죄의 죄책을 지는 자에 국한된다고 볼 수 없고 공범에 해당하는 행위를 한 자이면 족하다고 할 것이어서, 이러한 자의 소유물도 형법 제48조 제1항의 '범인 이외의 자의 소유에 속하지 아니하는 물건'으로서 이를 피고인으로부터 몰수할 수 있다 할 것이다.

피고인이 갑에게 부정한 청탁을 하면서 금원을 교부한 행위와 갑이 이를 수수한 행위는 갑에게 부정한 청탁의 대가로서 수수한다는 의사가 있었는지 여부를 불문하고(기록에 의하면, 갑은 피고인의 이러한 범행을 폭

28) 대판 2006. 11. 23. 2006도5586. 같은 취지로는 대판 2000. 5. 12. 2000도745; 대판 2007. 3. 15. 2006도8929.

29) 대판 2000. 5. 12. 2000도745.

30) 대판 1984. 5. 29. 83도2680.

로하는 데 증거로 활용하겠다는 의사로 피고인으로부터 위 금원을 수수한 것으로 보임) 필요적 공범에 해당하는 행위이므로 압수된 1억원이 갑의 소유인 이상 피고인으로부터 이를 몰수할 수 있다.[31)]

형법 제48조 제1항의 '범인' 속에는 '공범자'도 포함되므로 범인 자신의 소유물은 물론 공범자의 소유물도 그 공범자의 소추 여부를 불문하고 몰수할 수 있고, 이는 범죄수익은닉의 규제 및 처벌 등에 관한 법률 제9조 제1항의 '범인'의 해석에서도 마찬가지이다.[32)]

(나) 공범에 대한 추징

공모공동정범에 대한 추징

수인이 공모하여 뇌물을 수수한 경우에 몰수불능으로 그 가액을 추징하려면 개별적으로 추징하여야 하고 수수금품을 개별적으로 알 수 없을 때에는 평등하게 추징하여야 한다.[33)]

공동범행과 실질적으로 귀속된 이익/불법게임장 영업을 하면서 이익금 일부를 이용자들에게 환전해 줌

몰수·추징의 대상이 되는 범죄수익을 특정할 수 없는 경우에는 추징할 수 없다. 한편, 게임산업진흥에 관한 법률(이하 '게임산업법'이라 한다) 제44조 제1항 위반의 범죄행위에 의하여 생긴 수익의 추징은 부정한 이익을 박탈하여 이를 보유하지 못하게 하는 데에 목적이 있으므로, 수인이 공동으로 불법게임장 영업을 하여 이익을 얻은 경우에는 그 분배받은 금원, 즉 실질적으로 귀속된 이익금만을 개별적으로 추징하여야 하고, 실질적으로 귀속된 이익이 없는 피고인에 대하여는 추징할 수 없다.[34)] 그리고 게임 이용자들에게 환전하여 준 금원이 있는 경우 그 범죄로 얻은 수익은 매출액에서 게임 이용자들에게 환전하여 준 금액을 공제하고 남은 금액이다.[35)]

(다) 몰수판결의 개별적 선고와 제3자에 대한 효력

공범자 중 1인 소유에 속하는 물건에 대한 몰수의 선고

형벌은 공범자 전원에 대하여 각기 별도로 선고하여야 할 것이므로 공범자 중 1인 소유에 속하는 물건에 대한 부가형인 몰수에 관하여도 개별적으로 선고하여야 할 것이다.[36)]

31) 대판 2006. 11. 23. 2006도5586.
32) 대판 2013. 5. 23. 2012도11586.
33) 대판 1975. 4. 22. 73도1963.
34) 다음은 같은 취지이다.
수인이 공모하여 도박개장을 하여 이익을 얻은 경우에도 실질적으로 귀속된 이익이 없는 피고인에 대하여는 추징을 할 수 없다고 할 것이다(대판 2007. 10. 12. 2007도6019).
35) 대판 2014. 7. 10. 2014도4708.
36) 대판 2013. 5. 23. 2012도11586.

갑(피고인)이 을로부터 매수한 문화재를 일본으로 밀반출하였고, 원고가 위 문화재를 일본인으로부터 매수/필요적 몰수를 규정한 문화재보호법에 의하여 제3자(원고)의 소유물 몰수는 가능/갑(피고인)에 대한 몰수판결의 효력은 제3자(원고)에 미치지 않음

문화재보호법 제80조 제2항은 같은 법 제76조 제1항의 규정에 위반하여 문화재를 국외로 수출 또는 반출하거나 반출한 문화재를 다시 반입하지 아니한 자는 3년 이상의 유기징역에 처하고 그 문화재는 몰수한다고 규정하고 있는바, 위 규정에 의한 몰수는 형법총칙이 규정한 몰수에 대한 특별규정으로서 몰수할 문화재가 피고인 이외의 제3자의 소유에 속하더라도 그의 선의·악의를 불문하고 필요적으로 이를 몰수하여야 한다.[37)]

형사법상 몰수는 공소사실에 관하여 형사재판을 받는 피고인에 대한 유죄의 판결에서 다른 형에 부가하여 선고되는 형인 점에 비추어, 피고인 이외의 제3자의 소유에 속하는 물건에 대하여 몰수를 선고한 판결의 효력은 원칙적으로 몰수의 원인이 된 사실에 관하여 유죄의 판결을 받은 피고인에 대한 관계에서 그 물건을 소지하지 못하게 하는 데 그치고 그 사건에서 재판을 받지 아니한 제3자의 소유권에 어떤 영향을 미치는 것은 아니다.

이 사건 문화재는 갑(피고인)이 1990. 4.경 을로부터 매수하여 같은 해 6.경 일본국으로 밀반출하였는데 원고가 1994. 5. 16.경 일본인으로부터 이를 매수하였고, 이에 검찰이 갑을 문화재보호법위반죄로 기소하여 그에 대하여 유죄와 함께 이 사건 문화재를 몰수하는 판결이 선고되었던 것이므로, 이 사건 문화재를 몰수하는 위 형사판결의 효력은 원고에게 미치지 아니한다.[38)]

(7) 장 물

재산범죄로 인하여 취득한 재물을 장물이라고 한다. 장물의 소유권이 누구에게 귀속하는지는 일률적으로 말할 수 없다. 절취·강취행위로 취득한 장물은 절도·강도범행이 소유권취득의 권원이 될 수 없어 절도·강도 피해자의 소유이다. 이와 달리 편취·갈취로 취득한 재물은, 사기·공갈의 의사표시가 취소되지 않는 한 원칙적으로 사기·공갈범인의 소유에 속한다고 보아야 하지 않을까 생각된다.[39)] 그렇기 때문에 압수물이 장물인 때에는 피해자에게 환부할 이유가 명백한 때에만 판결로써 피해자에게 환부하는 선고를 하여야 하며, 장물을 처분하였을 때에는 판결로써 그 대가로 취득한 것을 피해자에게 교부하는 선고를 하여야 한다(형소법 333조 1항, 2항). 장물의 소유권자가 피해자 등 범인 이외의 자인 경

37) 대판 1999. 5. 11. 99다12161.

38) 대판 1999. 5. 11. 99다12161. 다음은 몰수판결과 공범의 압수물반환청구에 대한 효력을 다룬 민사판결이다.

갑의 지시를 받아 갑 소유의 일화를 일본으로 밀반출하려던 을이 이를 압수당하고 특경법위반으로 몰수판결을 받았는데, 갑이 기소중지 상태에서 압수물인 위 일화의 인도를 청구

갑의 직원 을이 갑의 소유인 일화를 갑의 지시에 따라 일본국으로 반출하려다가 이를 압수당하고 갑과의 공범으로 재판을 받아 특경법위반죄(재산국외도피)로 징역형의 선고유예 및 위 일화에 대한 몰수의 확정판결을 받았고, 갑은 을과 공동피의자로 입건되고서도 조사에 응하지 아니하여 기소중지처분이 되어 지금까지 그 피의사건이 완결되지 아니하고 있다면, 그 일화에 대한 압수의 효력은 갑에 대한 관계에 있어서는 여전히 남아 있으므로, 갑(원고)이 그 압수물에 대한 소유권에 의하여 인도를 구하는 몰수금반환청구는 배척될 수밖에 없다(대판 1995. 3. 3. 94다37097).

39) **민법 제110조(사기, 강박에 의한 의사표시)** ① 사기나 강박에 의한 의사표시는 취소할 수 있다.

우 그 장물 또는 장물을 매각한 대가를 몰수·추징할 수 없음은 당연하다.[40)]

장물을 처분한 대가로 취득한 물건

장물을 처분하여 그 대가로 취득한 압수물은 몰수할 것이 아니라 피해자에게 교부하여야 할 것이다.[41)]

해설: 위 판례에서 장물은 피해자에게 교부할 이유가 명백하였다.

사기행위로 매수하였다가 갑에게 위탁하여 을의 창고에 보관하는 물건(장물)

형소법 제134조 소정의 "환부할 이유가 명백한 때"라 함은 사법상 피해자가 그 압수된 물건의 인도를 청구할 수 있는 권리가 있음이 명백한 경우를 의미하고 위 인도청구권에 관하여 사실상, 법률상 다소라도 의문이 있는 경우에는 환부할 명백한 이유가 있는 경우라고는 할 수 없다.

매수인이 피해자로부터 물건을 매수함에 있어 사기행위로써 취득하였다 하더라도 피해자가 매수인에게 사기로 인한 매매의 의사표시를 취소한 여부가 분명하지 않고, 위 매수인으로부터 위탁을 받은 갑이 위 물건을 인도받아 을의 창고에 임치하여 을이 보관하게 되었고 달리 을이 위 물건이 장물이라는 정을 알았다고 확단할 자료가 없다면, 을은 정당한 점유자라 할 것이고 이를 보관시킨 매수인에 대해서는 임치료 청구권이 있고 그 채권에 의하여 위 물건에 대한 유치권이 있다고 보여지므로 피해자가 을에 대하여 위 물건의 반환청구권이 있음이 명백하다고 보기는 어렵다 할 것이므로 이를 피해자에게 환부할 것이 아니라 민사소송에 의하여 해결함이 마땅하다.[42)]

불가벌적 사후행위로 취득한 물건/컴퓨터등사용사기죄로 자기 계좌로 이체한 돈을 인출

재산범죄를 저지른 이후에 별도의 재산범죄의 구성요건에 해당하는 사후행위가 있었다면 비록 그 행위가 불가벌적 사후행위로서 처벌의 대상이 되지 않는다 할지라도 그 사후행위로 인하여 취득한 물건은 재산범죄로 인하여 취득한 물건으로서 장물이 될 수 있다.

갑이 권한 없이 인터넷뱅킹으로 타인의 예금계좌에서 자신의 예금계좌로 돈을 이체한 후 그 중 일부를 인출하여 그 정을 아는 을에게 교부한 경우, 갑이 컴퓨터등사용사기죄에 의하여 취득한 예금채권은 재물이 아니라 재산상 이익이므로, 그가 자신의 예금계좌에서 돈을 인출하였더라도 장물을 금융기관에 예치하였다가 인출한 것으로 볼 수 없다는 이유로 을의 장물취득죄의 성립을 부정한 사례.[43)]

(8) 압수되어 있는지 여부는 몰수 요건이 아님

피고인에게 환부된 물건

몰수는 압수되어 있는 물건에 대해서만 하는 것이 아니므로 판결선고 전 검찰에 의하여 압수된 후 피고인에

40) 대판 1966. 9. 6. 66도853.
41) 대판 1969. 1. 21. 68도1672.
42) 대결 1984. 7. 16. 84모38.
43) 대판 2004. 4. 16. 2004도353.

게 환부된 물건에 대하여도 피고인으로부터 몰수할 수 있다.[44)]

압수·수색집행을 종료함으로써 효력을 상실한 압수·수색영장에 기하여 다시 압수·수색을 실시하여 위법하게 취득한 압수물에 대한 몰수 판결

범죄행위에 제공하려고 한 물건은 범인 이외의 자의 소유에 속하지 아니하거나 범죄 후 범인 이외의 자가 정을 알면서 취득한 경우 이를 몰수할 수 있고, 한편 법원이나 수사기관은 필요한 때에는 증거물 또는 몰수할 것으로 사료하는 물건을 압수할 수 있으나, 몰수는 반드시 압수되어 있는 물건에 대하여서만 하는 것이 아니므로, 몰수대상물건이 압수되어 있는가 하는 점 및 적법한 절차에 의하여 압수되었는가 하는 점은 몰수의 요건이 아니다.

이미 그 집행을 종료함으로써 효력을 상실한 압수·수색영장에 기하여 다시 압수·수색을 실시하면서 몰수대상물건을 압수한 경우, 압수 자체가 위법하게 됨은 별론으로 하더라도 그것이 위 물건의 몰수의 효력에는 영향을 미칠 수 없다.[45)]

(9) 비례의 원칙

형법 48조에 의한 몰수와 비례의 원칙

형법 제48조 제1항 제1호에 의한 몰수는 임의적인 것이므로 그 몰수의 요건에 해당되는 물건이라도 이를 몰수할 것인지의 여부는 일응 법원의 재량에 맡겨져 있다 할 것이나, 형벌 일반에 적용되는 비례의 원칙에 의한 제한을 받으며, 이러한 법리는 범죄수익은닉의 규제 및 처벌 등에 관한 법률 제8조 제1항의 경우에도 마찬가지로 적용된다.[46)]

명의신탁 부동산을 이용하여 명의신탁자와 명의수탁자가 공동하여 성매매알선 등 행위를 하여 성매매처벌법 위반/비례의 원칙과 성매매알선 등에 제공된 부동산의 몰수

형법 제48조 제1항 제1호에 의한 몰수는 임의적인 것이므로 그 몰수의 요건에 해당되는 물건이라도 이를 몰수할 것인지의 여부는 일응 법원의 재량에 맡겨져 있다 할 것이나, 형벌 일반에 적용되는 비례의 원칙에 의한 제한을 받으며, 이러한 법리는 범죄수익은닉의 규제 및 처벌 등에 관한 법률 제8조 제1항의 경우에도 마찬가지로 적용된다. 그리고 몰수가 비례의 원칙에 위반되는 여부를 판단하기 위하여는, 몰수 대상 물건(이하 '물건'이라 한다)이 범죄 실행에 사용된 정도와 범위 및 범행에서의 중요성, 물건의 소유자가 범죄 실행에서 차지하는 역할과 책임의 정도, 범죄 실행으로 인한 법익 침해의 정도, 범죄 실행의 동기, 범죄로 얻은 수익, 물건 중 범죄 실행과 관련된 부분의 별도 분리 가능성, 물건의 실질적 가치와 범죄와의 상관성 및 균형성, 물건이 행위자에게 필요불가결한 것인지 여부, 물건이 몰수되지 아니할 경우 행위자가 그 물건을 이용하여 다시 동종 범죄를 실행할 위험성 유무 및 그 정도 등 제반 사정이 고려되어야 한다.

44) 대판 1977. 5. 24. 76도4001.
45) 대판 2003. 5. 30. 2003도705.
46) 대판 2013. 5. 23. 2012도11586.

피고인이 갑에게서 명의신탁을 받아 피고인 명의로 소유권이전등기를 마친 부동산에서 갑과 공동하여 영업으로 성매매알선 등 행위를 하여 성매매처벌법위반죄가 인정된 사안에서, 갑은 처음부터 성매매알선 등 행위를 하기 위해 부동산을 취득하여 피고인에게 명의신탁한 후 약 1년 동안 성매매알선 등 행위에 제공하였고, 일정한 장소에서 은밀하게 이루어지는 성매매알선 등 행위의 속성상 장소의 제공이 불가피하다는 점, 부동산은 5층 건물인데 2층 내지 4층 객실 대부분이 성매매알선 등 행위의 장소로 제공된 점, 피고인은 부동산에서 이루어지는 성매매알선 등 행위로 발생하는 수익의 자금관리인으로, 갑과 함께 범행을 지배하는 주체가 되어 영업으로 성매매알선 등 행위를 한 점, 부동산의 실질적인 가치는 크지 않은 반면 피고인이 성매매알선 등 행위로 벌어들인 수익은 상당히 고액인 점, 피고인은 초범이나 공동정범 갑은 이와 동종 범죄로 2회 처벌받은 전력이 있을 뿐 아니라 성매매알선 등 행위의 기간, 특히 단속된 이후에도 성매매알선 등 행위를 계속한 점 등을 고려할 때, 부동산 몰수는 정당하다.[47)]

마. 추징금액의 산정

추징금액의 산정

몰수의 취지가 범죄에 의한 이득의 박탈을 그 목적으로 하는 것이고 추징도 이러한 몰수의 취지를 관철하기 위한 것이라는 점을 고려하면 몰수하기 불능한 때에 추징하여야 할 가액은 범인이 그 물건을 보유하고 있다가 몰수의 선고를 받았더라면 잃었을 이득상당액을 의미한다고 보아야 할 것이므로 그 가액산정은 재판선고시의 가격을 기준으로 하여야 한다.[48)]

금융회사 등의 임직원이 신주 4,000주를 인수하였다가(투기적 사업에 참여할 기회를 얻음), 여러 차례 다른 주식과 섞어 팔아 4,000주만의 처분가액을 모름

피고인이 직무상의 편의를 제공한 대가로 A주식회사의 유상증자에 참가하여 신주를 배당받은 것 자체가 이익이라고 보아 특경법 5조 1항 위반죄[49)]를 인정한 경우,

이처럼 투기적 사업에 참여하는 기회를 얻는 이익의 경우에는 그로 말미암아 예상되는 이익의 크기를 확정할 수 없거나 그 후의 경제사정의 변동 등으로 말미암아 처음의 예상과는 달리 그 사업에 참여하여 아무런 이득을 얻지 못한 경우라 할지라도 죄의 성립에는 아무런 영향이 없다.

피고인이 취득한 A의 주식 4,000주는 범죄행위로 인하여 취득한 물건으로서 형법 제48조에 따라 이를 몰수하거나 추징할 수 있고, 이 사건에서의 주식 4,000주는 A주식회사가 2001. 12. 무렵 B주식회사에 합병됨으로써 판결 선고시의 그 주가를 알 수 없을 뿐만 아니라, 판결 선고 전에 이미 모두 처분되어 금전으로 환가된 만큼 다른 특별한 사정이 엿보이지 않으므로 그 환가된 금액은 피고인이 보유하고 있는 것으로 추정하여 이를 추징하여야 할 것인데, 피고인이 여러 차례에 걸쳐 일부씩을 그때 그때의 시가에 따라 처분하였고, 그 과정에서 무상증자받은 주식과 다시 매입한 주식까지 섞이어 처분함으로써 위 4,000주만의 처분가액을

47) 대판 2013. 5. 23. 2012도11586.

48) 대판 1991. 5. 28. 91도352.

49) **특경법 제5조(수재 등의 죄)** ① 금융회사 등의 임직원이 그 직무에 관하여 금품이나 그 밖의 이익을 수수(收受), 요구 또는 약속하였을 때에는 5년 이하의 징역 또는 10년 이하의 자격정지에 처한다.

정확히 산정할 수 없으므로, 피고인에게 가장 유리하게 시가가 가장 낮을 때를 기준으로 하여 처분가액을 산정함이 타당하다.
피고인이 위 주식 4,000주를 취득하면서 그 대가를 지급하였다고 하더라도 위와 같은 범죄행위로 취득한 것은 주식 4,000주 자체이고 이는 몰수되어야 할 것이나, 이미 처분되어 없으므로 그 가액 상당을 추징할 것이고, 그 가액에서 이를 취득하기 위한 대가로 지급한 금원을 뺀 나머지를 추징해야 하는 것은 아니다.[50)]

바. 징벌적 성질의 추징

마약류관리에 관한 법률 67조에 의한 몰수나 추징

마약류관리에 관한 법률 제67조에 의한 몰수나 추징은 범죄행위로 인한 이득의 박탈을 목적으로 하는 것이 아니라 징벌적 성질의 처분이므로, 그 범행으로 인하여 이득을 취득한 바 없다 하더라도 법원은 그 가액의 추징을 명하여야 하고, 그 추징의 범위에 관하여는 죄를 범한 자가 여러 사람일 때에는 각자에 대하여 그가 취급한 범위 내에서 의약품 가액 전액의 추징을 명하여야 한다.[51)]

관세법상 추징은 일반 형사법에서의 추징과는 달리 징벌적 성격을 띠고 있어 여러 사람이 공모하여 관세를 포탈하거나 관세장물을 알선, 운반, 취득한 경우에는 범칙자의 1인이 그 물품을 소유하거나 점유하였다면 그 물품의 범칙 당시의 국내도매가격 상당의 가액 전액을 그 물품의 소유 또는 점유사실의 유무를 불문하고 범칙자 전원으로부터 각각 추징할 수 있고, 범인이 밀수품을 소유하거나 점유한 사실이 있다면 압수 또는 몰수가 가능한 시기에 범인이 이를 소유하거나 점유한 사실이 있는지 여부에 상관없이 관세법 제282조에 따라 몰수 또는 추징할 수 있다.[52)]

특경법 10조 3항, 1항에 의한 몰수·추징

특경법 제10조 제3항, 제1항에 의한 몰수·추징은 범죄로 인한 이득의 박탈을 목적으로 한 형법상의 몰수·추징과는 달리 재산국외도피 사범에 대한 징벌의 정도를 강화하여 범행 대상인 재산을 필요적으로 몰수

50) 대판 2005. 7. 15. 2003도4293.
51) 대판 2010. 8. 26. 2010도7251.
52) 대판 2007. 12. 28. 2007도8401.
관세법 제282조(몰수·추징) ① 제269조 제1항의 경우에는 그 물품을 몰수한다.
② 제269조 제2항·제3항 또는 제274조 제1항 제1호의 경우에는 범인이 소유하거나 점유하는 그 물품을 몰수한다. 다만, 제269조 제2항의 경우로서 다음 각 호의 어느 하나에 해당하는 물품은 몰수하지 아니할 수 있다.
1. 제154조의 보세구역에 제157조에 따라 신고를 한 후 반입한 외국물품
2. 제156조에 따라 세관장의 허가를 받아 보세구역이 아닌 장소에 장치한 외국물품
③ 제1항과 제2항에 따라 몰수할 물품의 전부 또는 일부를 몰수할 수 없을 때에는 그 몰수할 수 없는 물품의 범칙 당시의 국내도매가격에 상당한 금액을 범인으로부터 추징한다. 다만, 제274조 제1항 제1호 중 제269조 제2항의 물품을 감정한 자는 제외한다.
④ 제279조의 개인 및 법인은 제1항부터 제3항까지의 규정을 적용할 때에는 이를 범인으로 본다.

하고 그 몰수가 불능인 때에는 그 가액을 납부하게 하는 소위 징벌적 성격의 처분이라고 보는 것이 상당하므로 그 도피재산이 피고인들이 아닌 회사의 소유라거나 피고인들이 이를 점유하고 그로 인하여 이득을 취한 바가 없다고 하더라도 피고인들 모두에 대하여 그 도피재산의 가액 전부의 추징을 명하여야 한다.[53]

공범자에 대한 외국환관리법(현행 외국환거래법)상의 추징

외국환관리법상의 몰수와 추징은 일반 형사법의 경우와 달리 범죄사실에 대한 징벌적 제재의 성격을 띠고 있다고 할 것이므로, 여러 사람이 공모하여 범칙행위를 한 경우 몰수대상인 외국환 등을 몰수할 수 없을 때에는 각 범칙자 전원에 대하여 그 취득한 외국환 등의 가액 전부의 추징을 명하여야 하고, 그 중 한 사람이 추징금 전액을 납부하였을 때에는 다른 사람은 추징의 집행을 면할 것이나, 그 일부라도 납부되지 아니하였을 때에는 그 범위 내에서 각 범칙자는 추징의 집행을 면할 수 없다.[54]

5. 명예형

형법 제43조(형의 선고와 자격상실, 자격정지) ① 사형, 무기징역 또는 무기금고의 판결을 받은 자는 다음에 기재한 자격을 상실한다.

1. 공무원이 되는 자격
2. 공법상의 선거권과 피선거권
3. 법률로 요건을 정한 공법상의 업무에 관한 자격
4. 법인의 이사, 감사 또는 지배인 기타 법인의 업무에 관한 검사역이나 재산관리인이 되는 자격

② 유기징역 또는 유기금고의 판결을 받은 자는 그 형의 집행이 종료하거나 면제될 때까지 전항 제1호 내지 제3호에 기재된 자격이 정지된다. 다만, 다른 법률에 특별한 규정이 있는 경우에는 그 법률에 따른다.

형법 제44조(자격정지) ① 전조에 기재한 자격의 전부 또는 일부에 대한 정지는 1년 이상 15년 이하로 한다.

② 유기징역 또는 유기금고에 자격정지를 병과한 때에는 징역 또는 금고의 집행을 종료하거나 면제된 날로부터 정지기간을 기산한다.

---

53) 대판 2005. 4. 29. 2002도7262.

특경법 제10조(몰수·추징) ① 제4조 제1항부터 제3항까지의 경우 범인이 도피시키거나 도피시키려고 한 재산은 몰수한다.

② 제5조부터 제7조까지 및 제9조 제1항·제3항의 경우 범인 또는 정황을 아는 제3자가 받은 금품이나 그 밖의 이익은 몰수한다.

③ 제1항 또는 제2항의 경우 몰수할 수 없을 때에는 그 가액을 추징한다.

재산국외도피죄는 자신의 행위가 법령에 위반하여 국내재산을 해외로 이동한다는 인식과 그 행위가 재산을 대한민국의 법률과 제도에 의한 규율과 관리를 받지 않고 자신이 해외에서 임의로 소비, 축적, 은닉 등 지배·관리할 수 있는 상태에 두는 행위라는 인식을 가지고 국내재산을 해외로 이동하여 대한민국 또는 대한민국 국민의 재산이 유출될 위험이 있는 상태를 발생하게 하는 것, 즉 도피시킴으로써 범죄는 성립한다고 할 것이나, 처음부터 해외에서의 사용을 예정하지 않고 즉시 반입할 목적으로 송금하였다면, 해외로 이동하여 지배·관리한다는 재산도피의 범의가 있었다고 볼 수는 없다(위 2002도7262).

54) 대판 1998. 5. 21. 95도2002 전합.

6. 형의 경중

형법 제50조(형의 경중) ① 형의 경중은 제41조 기재의 순서에 의한다. 단, 무기금고와 유기징역은 금고를 중한 것으로 하고 유기금고의 장기가 유기징역의 장기를 초과하는 때에는 금고를 중한 것으로 한다.
② 동종의 형은 장기의 긴 것과 다액의 많은 것을 중한 것으로 하고 장기 또는 다액이 동일한 때에는 그 단기의 긴 것과 소액의 많은 것을 중한 것으로 한다.
③ 전 2항의 규정에 의한 외에는 죄질과 범정에 의하여 경중을 정한다.

Ⅱ. 형의 양정

형을 선고하는 과정은 법정형→선택형→처단형→선고형의 순서이다.

법정형은 개별 구성요건에 대하여 법률에서 정한 형벌이다. 선택형은 법정형이 여러 개의 형벌을 포함하고 있는 경우에 그 중 어느 하나의 형벌을 선택함으로써 정해진다. 1개의 죄에 정한 형이 수종인 때에는 먼저 적용할 형을 정하고 그 형을 감경한다(형법 54조). 처단형은 선택형에 대하여 가중·감경함으로써 정해지며 구체적인 선고형의 범위를 정하는 기준이 된다. 선고형은 처단형의 범위 내에서 구체적으로 정해진 형이다. 형의 집행은 확정된 선고형에 의한다. 선고형은 정기형이어야 하지만, 소년에 대해서는 상대적 부정기형을 선고해야 하는 경우가 있다(소년법 60조).

형을 정함에 있어 양형의 조건을 참작하여야 한다.

형법 제51조(양형의 조건) 형을 정함에 있어서는 다음 사항을 참작하여야 한다.
1. 범인의 연령, 성행, 지능과 환경
2. 피해자에 대한 관계
3. 범행의 동기, 수단과 결과
4. 범행 후의 정황

1. 형의 면제

형의 면제 판결(형소법 322조)은 범죄가 성립하지만 형벌은 과하지 아니하는 유죄판결의 일종이라고 설명하는 것이 보통이다. 형의 면제는 형의 선고는 있었으나 재판확정 후의 사유로 인하여 형의 집행만 면제되는 형집행의 면제[55]와는 구별된다.

형의 면제에 관한 규정은 ① 반드시 면제하여야 하는 필요적 면제, ② 반드시 감경 또는 면제하여

55) 형집행의 면제 사유로는 법률의 변경(형법 1조 3항), 형의 시효의 완성(형법 77조), 특별사면(사면법 5조 1항 2호)이 있다.

야 하는 필요적 감면, ③ 감경 또는 면제할 수 있는 임의적 감면의 3가지 형식이 있다.

필요적 면제 사유는 권리행사방해죄 등에 관한 친족간의 범행(형법 328조 1항, 344조, 354조, 361조, 365조 1항)에 규정되어 있다.

필요적 감면 사유로는 중지범(형법 26조), 위증과 무고죄에 있어서의 자백, 자수(형법 153조, 157조), 장물범과 본범이 친족간인 경우(형법 365조 2항), 예비·음모죄의 자수(내란죄, 외환죄, 통화위조죄, 방화죄 등) 등이 있다.

임의적 감면 사유로는 외국에서 받은 형의 집행(형법 7조), 과잉방위(형법 21조 2항), 경합범 중 판결을 받지 아니한 죄(형법 39조 1항 후문) 등이 있다.

2. 형의 감경

형의 감경은 법률상 감경과 재판상 감경(형법 53조의 작량감경)이 있다.

법률상 감경 사유로는 위에서 본 형의 필요적 감면(감경과 면제)과 임의적 감면(감경과 면제) 사유 외에 다음과 같은 것들이 있다.

필요적 감경 사유로는 심신미약(형법 10조 2항), 농아자(형법 11조), 방조범(형법 32조 2항)이 있다.

임의적 감경 사유로는 장애미수(형법 25조 2항)가 있다.

재판상 감경은 법원이 양형의 조건을 참작하여 범죄의 정상에 참작할 만한 사유가 있는 때에 작량하여 그 형을 감경하는 것을 말한다(형법 53조).

3. 형의 가중

형의 가중은 법률상 근거규정이 있는 때에만 인정된다. 재판상 가중은 근거 규정이 없어 허용되지 않는 것으로 해석된다.

형의 가중 사유로는 특수교사·방조(형법 34조 2항), 누범(형법 35조), 경합범(형법 38조 1항 2호)이 있다.

상습범에 관하여 형법은 각칙에서 형을 따로 정하거나,[56] 각 본조에 정한 형에 가중하는 방식을 사용한다.[57] 후자는 법률상 형의 가중에 관한 규정이다.

---

56) 예컨대 도박죄에 관한 "상습으로 제1항의 죄를 범한 사람은 3년 이하의 징역 또는 2천만원 이하의 벌금에 처한다"(형법 246조 2항)라는 규정, 장물취득죄에 관한 "상습으로 전조의 죄를 범한 자는 1년 이상 10년 이하의 징역에 처한다"(형법 363조)라는 규정이 그러하다.

57) 예컨대 절도죄에 관한 "상습으로 제329조 내지 제331조의2의 죄를 범한 자는 그 죄에 정한 형의 2분의 1까지 가중한다"(형법 332조)라는 규정이 그러하다.

4. 형의 가중·감경의 방법

가. 가중·감경의 순서

형법 제56조(가중·감경의 순서) 형을 가중·감경할 사유가 경합된 때에는 다음 순서에 의한다.
1. 각칙 본조에 의한 가중
2. 제34조 제2항의 가중
3. 누범가중
4. 법률상 감경
5. 경합범가중
6. 작량감경

나. 법률상 감경의 방법

형법 제55조(법률상의 감경) ① 법률상의 감경은 다음과 같다.
1. 사형을 감경할 때에는 무기 또는 20년 이상 50년 이하의 징역 또는 금고로 한다.
2. 무기징역 또는 무기금고를 감경할 때에는 10년 이상 50년 이하의 징역 또는 금고로 한다.
3. 유기징역 또는 유기금고를 감경할 때에는 그 형기의 2분의 1로 한다.
4. 자격상실을 감경할 때에는 7년 이상의 자격정지로 한다.
5. 자격정지를 감경할 때에는 그 형기의 2분의 1로 한다.
6. 벌금을 감경할 때에는 그 다액의 2분의 1로 한다.
7. 구류를 감경할 때에는 그 장기의 2분의 1로 한다.
8. 과료를 감경할 때에는 그 다액의 2분의 1로 한다.

② 법률상 감경할 사유가 수 개 있는 때에는 거듭 감경할 수 있다.

형법 제42조(징역 또는 금고의 기간) 징역 또는 금고는 무기 또는 유기로 하고 유기는 1개월 이상 30년 이하로 한다. 단, 유기징역 또는 유기금고에 대하여 형을 가중하는 때에는 50년까지로 한다.

법률상 감경과 재판상 감경의 관계

형법 제56조는 형을 가중·감경할 사유가 경합된 경우 가중·감경의 순서를 정하고 있고, 이에 따르면 법률상 감경을 먼저하고 마지막으로 작량감경을 하게 되어 있으므로, 법률상 감경사유가 있을 때에는 작량감경보다 우선하여 하여야 할 것이고, 작량감경은 이와 같은 법률상 감경을 다하고도 그 처단형보다 낮은 형을 선고하고자 할 때에 하는 것이 옳다.[58)]

재판상 감경의 방법

형법 제53조는 작량감경을 할 수 있음을 규정하였을 뿐 그 감경의 방법에 관하여 직접적인 규정은 없으나

58) 대판 1994. 3. 8. 93도3608.

작량감경의 경우에 있어서도 일정한 범위를 정하여 그 범위 내에서만 각 범죄사정에 적합한 양형을 하게 하여야 할 것이며 작량감경도 재판상 감경(형법 제55조)의 방법에 의하여야 한다.[59)]

경합범 전부에 대해 심신미약(필요적 감경사유임)을 인정함

시간, 장소가 계속 접근한 관련성 있는 범죄이고 피고인이 그 양 범행 당시 심신미약상태에 있었음을 인정하는 한 양 죄 공히 감경하여야 할 것이고 위 양 죄를 경합범으로 인정하여 가중하는 이상 본조 순서에 따라 법률상 감경을 먼저하고 경합범 가중을 후에 하여야 한다.[60)]

자유형에 대한 법률상 감경시 형기의 의미/살인죄에 관하여 유기징역형을 선택한 경우

형법 제55조 제1항 제3호에 의하여 형기를 감경할 경우 여기서의 형기라 함은 장기와 단기를 모두 포함하는 것으로서 당해 처벌조항에 장기 또는 단기의 정함이 없을 때에는 형법 제42조에 의하여 장기는 30년, 단기는 1월이라고 볼 것이어서 살인죄(형법 250조)의 소정형 중 5년 이상의 유기징역형을 선택한 이상 그 장기는 30년이므로 법률상 감경을 한다면 장기 15년, 단기 2년 6월의 범위 내에서 처단형을 정하여야 한다.[61)]

벌금형에 대한 법률상 감경시 '다액의 2분의 1'의 의미

형법 제55조 제1항 제6호의 벌금을 감경할 때의 「다액」의 2분의 1이라는 문구는 「금액」의 2분의 1이라고 해석하여 그 상한과 함께 하한도 2분의 1로 내려가는 것으로 해석하여야 한다.[62)]

경합범에 대해 병과주의를 적용하여 징역형과 벌금형을 병과하면서 징역형만 작량감경

형법 제38조 제1항 제3호에 의하여 징역형과 벌금형을 병과하는 경우에는 각 형에 대한 범죄의 정상에 차이가 있을 수 있으므로 징역형에만 작량감경을 하고 벌금형에는 작량감경을 하지 아니하였더라도 위법하지 않다.[63)]

(법정형이 병과형이거나 형을 병과할 수 있는) 일죄에 대해 징역형과 벌금형을 병과하면서 징역형만 작량감경

하나의 죄에 대하여 징역형과 벌금형을 병과하여야 할 경우에 특별한 규정이 없는 한 징역형에만 작량감경

59) 대판 1964. 10. 28. 64도454.
60) 대판 1960. 9. 30. 4293형상509.
61) 대판 1983. 11. 8. 83도2370. 2010년 형법 개정으로 유기징역형의 상한이 30년으로 변경된 사정을 반영하여 판시 부분에 수정을 가하였다.
62) 대판 1978. 4. 25. 78도246 전합.
63) 대판 2006. 3. 23. 2006도1076.

을 하고 벌금형에는 작량감경을 하지 않는 것은 위법하다.
포괄일죄인 피고인들의 증권거래법위반의 범행에 대해 징역형과 벌금형을 병과하여 처벌하기로 한 다음, 징역형에 대해서만 작량감경하고 벌금형에 대하여는 작량감경을 하지 않은 것은 위법하다.[64)]

Ⅲ. 자수와 누범

1. 자수와 자복

가. 의 의

범인이 스스로 자기의 범죄사실을 수사기관에 신고하여 그 처분을 구하는 의사표시를 하는 것을 자수라고 한다. 피해자의 의사에 반하여 처벌할 수 없는 죄(반의사불벌죄)에서 범인이 피해자에게 자기의 범죄사실을 알리는 것을 자복이라고 한다. 자수·자복이 있는 때에는 그 형을 감경 또는 면제할 수 있다(형법 52조).

나. 자수의 성립요건

(1) 자발적인 범죄사실의 신고

검찰의 소환에 따라 자진 출석하여 검사에게 자백
피고인이 검찰의 소환에 따라 자진 출석하여 검사에게 범죄사실에 관하여 자백함으로써 형법상 자수의 효력이 발생하였다면, 그 후에 검찰이나 법정에서 범죄사실을 일부 부인하였다고 하더라도 일단 발생한 자수의 효력이 소멸하는 것은 아니다.[65)]

수사기관의 조사에 응하여 범죄사실을 진술
자수라 함은 범인이 스스로 수사책임이 있는 관서에 자기의 범행을 고하고 그 처분을 구하는 의사표시를 하는 것을 말하고, 가령 수사기관의 직무상의 질문 또는 조사에 응하여 범죄사실을 진술하는 것은 자백일 뿐 자수로는 되지 않는다.[66)]

64) 대판 2009. 2. 12. 2008도6551. 다음은 같은 취지이다.
뇌물수수의 특가법위반죄에 관하여 징역형과 벌금형을 병과하면서 징역형만 작량감경
포괄일죄는 뇌물수수행위에 대하여 구 특가법 제2조 제2항에 따른 벌금형을 병과한 다음, 징역형에 대해서만 작량감경하고 벌금형에 대하여는 작량감경을 하지 않은 것은 위법하다(대판 2011. 5. 26. 2011도3161).

65) 대판 2002. 8. 23. 2002도46.

66) 대판 1982. 9. 28. 82도1965. 다음은 같은 취지이다.
자진 출석하여 부인 후 제2회 조사시 자백
피고인이 수사기관에 자진 출석하여 처음 조사를 받으면서는 돈을 차용하였을 뿐이라며 범죄사실을 부인하다가 제2

(2) 수사기관에 대한 신고

기소중지자가 검거되기 전에 아는 사람에게 자수의사를 전달함

피고인은 도주하여 일단 기소중지자로 처리되었다가 피고인이 현거주지에 거주한다는 제보를 받고 그곳에 임한 서울 북부경찰서 소속 형사들에 의하여 검거되었는데, 다만 피고인은 위와 같이 경찰에 검거되기 전에 그가 다니던 학원의 강사에게 전화를 걸어 자수의사를 전달하였으나 그것만으로는 자수로 볼 수 없다.[67]

(3) 죄를 뉘우칠 것

범죄사실을 부인하거나 죄의 뉘우침이 없음

형법 제52조 제1항 소정의 자수란 범인이 자발적으로 자신의 범죄사실을 수사기관에 신고하여 그 소추를 구하는 의사표시로서 이를 형의 감경사유로 삼는 주된 이유는 범인이 그 죄를 뉘우치고 있다는 점에 있으므로 범죄사실을 부인하거나 죄의 뉘우침이 없는 자수는 그 외형은 자수일지라도 법률상 형의 감경사유가 되는 진정한 자수라고는 할 수 없다.[68]

자수서를 소지하고 자발적으로 출석하였으나 자수서를 제출하지 않고 범행 부인

자수서를 소지하고 수사기관에 자발적으로 출석하였으나 자수서를 제출하지 아니하고 범행사실도 부인하였다면 자수가 성립하지 아니하고, 그 이후 구속까지 된 상태에서 자수서를 제출하고 범행사실을 시인한 것을 자수에 해당한다고 인정할 수 없다.[69]

회 조사를 받으면서 비로소 업무와 관련하여 돈을 수수하였다고 자백한 행위를 자수라고 할 수 없다(대판 2011. 12. 22. 2011도12041).

경찰관으로부터 감정결과에 의해 추궁당하자 여죄를 자백

경찰관이 피고인의 강도상해 등의 범행에 관하여 수사를 하던 중 국립과학수사연구소의 유전자검색감정의뢰회보 등을 토대로 여죄를 추궁하자 피고인이 강도강간죄 등을 자백한 것은 자수라고 할 수 없다(대판 2006. 9. 22. 2006도4883).

금속탐지기에 의해 대마휴대사실이 발각될 상황에서 세관검색원의 추궁에 따라 대마수입을 시인

세관 검색시 금속탐지기에 의해 대마 휴대 사실이 발각될 상황에서 세관 검색원의 추궁에 의하여 대마 수입 범행을 시인한 것은 자수에 해당하지 않는다(대판 1999. 4. 13. 98도4560).

67) 대판 1985. 9. 24. 85도1489.

68) 대판 1994. 10. 14. 94도2130. 다음은 같은 취지이다.

임의 출석하였으나 범행을 부인한

죄를 뉘우침이 없는 자수는 그 외형은 자수일지라도 위 형법 규정이 정한 자수라고 할 수 없다. 피고인이 수사기관에 임의로 출석하기는 하였으나 조사를 받으면서 1차 범행을 부인한 점에 비추어 볼 때 위 출석 당시 자수의 의사가 있었다고 보기 어려워 자수로 인정할 수 없다(대판 1993. 6. 11. 93도1054).

69) 대판 2004. 10. 14. 2003도3133.

(4) 범죄성립에 대한 인식

자기의 범행으로서 범죄성립요건을 갖춘 사실의 신고

형법 제52조 소정의 자수라 함은 범인이 자발적으로 자신의 범죄사실을 수사기관에 신고하여 소추를 구하는 의사표시를 말하는 것인바, 여기서 신고의 내용이 되는 '자신의 범죄사실'이란 자기의 범행으로서 범죄성립요건을 갖춘 객관적 사실을 의미하는 것으로, 위와 같은 객관적 사실을 자발적으로 수사기관에 신고하여 그 처분에 맡기는 의사표시를 함으로써 자수는 성립하게 되는 것이므로, 위 수사기관에의 신고가 자발적이라고 하더라도 그 신고의 내용이 자기의 범행을 명백히 부인하는 등의 내용으로 자기의 범행으로서 범죄성립요건을 갖추지 아니한 사실일 경우에는 자수는 성립하지 않고, 수사과정이 아닌 그 후의 재판과정에서 범행을 시인하였다고 하더라도 새롭게 자수가 성립할 여지는 없다고 할 것이다.」

피고인은 사전영장이 발부되어 있는 상태에서 도피생활을 하다가 변호인과 함께 검찰에 스스로 출두하여 범죄사실에 관하여, 금원을 수수한 것은 자신이 아니라 자신의 처이고 그 수수경위는 자신의 처가 차용한 것뿐이며 자신은 당시 이러한 차용사실조차 몰랐다는 취지로 자기의 범행을 명백히 부인하였고, 그 후에도 계속하여 그 혐의사실을 부인하다가 원심(제2심) 법정에 이르러 비로소 범죄 전체를 시인한 것은 자신의 범죄사실에 관하여 자수한 것으로 볼 수 없다.[70]

피고인이 검찰에 자발적으로 출석하여 3,000만원을 받았다고 진술하다가 5,000만원 받았다고 자백 후 기소된 후 진술번복하였다가 다시 5,000만원 받았다고 자백

사실관계: - 검찰은 갑이 A그룹의 부회장으로부터 건네받은 2억 5,000만원의 사용처를 조사하기 시작
- 갑은 위 금원 중 5,000만원을 피고인에게 뇌물로 전달하였다고 진술
- 이를 알게 된 피고인은 검찰에 자수서를 제출하고 자진출석한 다음 제1회 피의자신문을 받으면서 갑으로부터 3,000만원을 받았지 5,000만원을 받은 것은 아니라고 진술
- 피고인은 제5회 피의자신문 이후에는 갑으로부터 5,000만원을 받았다고 자백
- 피고인은 제1심 제1차 공판에서 갑으로부터 받은 금원이 3,000만원이라고 진술하였다가 원심 제5차 공판기일에 이르러 갑으로부터 5,000만원을 받았다고 다시 시인함.

판단: 피고인이 2003. 6. 3. 검찰에 자수서를 제출하고 제1회 피의자신문을 받으면서 5,000만원이 아닌 3,000만원만을 받았다고 신고하고 이를 초과하는 금원의 수수사실을 부인한 이 사건의 경우, 비록 당시의 신고가 자발적이라고 하더라도 이는 그 신고된 내용에 해당하는 특가법 제2조 제1항 제2호, 형법 제129조 위반죄에 비하여 뇌물죄의 보호법익에 대한 침해 또는 침해 위험의 정도 및 그 위법성이 상대적으로 높기 때문에 적용법조와 법정형을 달리하는 이 사건 특가법 제2조 제1항 제1호, 형법 제129조 위반죄의 범죄성립요건에 관하여 신고한 것이라고 할 수 없으므로 이 사건 죄에 관한 자수가 성립하였다고 할 수 없고, 그 이후 검찰에 의한 보강수사와 추궁에 따라 5,000만원을 받은 사실을 자백하였다고 하더라도 달리 볼 수는 없으며, 나아가 이 사건 죄 중 피고인이 당초부터 시인한 3,000만원 부분에 한하여 자수의 효력을 인정하여 그 부분에 관하여 법률상 감경을 할 수 있는 것도 아니다.[71]

70) 대판 1999. 9. 21. 99도2443.
71) 대판 2004. 6. 24. 2004도2003.

해설: 2005. 12. 29. 법률 제7767호로 개정되기 이전의 특가법상의 법정형은 수뢰액이 5천만원인 때에는 무기 또는 10년 이상의 징역(특가법 2조 1항 1호), 수뢰액이 3천만원인 때에는 5년 이상의 유기징역(특가법 2조 1항 2호)이었다.

자수가 되기 위하여는, 범인이 자기의 범행으로서 범죄성립요건을 갖춘 객관적 사실을 자발적으로 수사관서에 신고하여 그 처분에 맡기는 것으로 족하고, 더 나아가 법적으로 그 요건을 완전히 갖춘 범죄행위라고 적극적으로 인식하고 있을 필요까지는 없다.[72)]

(5) 자수의 시기

형법 제52조는 자수를 임의적 감면사유로 규정하고 있는데 1953. 9. 18. 우리 형법 제정 이전의 구형법(의용형법)에서는 자수는 "발각 전"이어야 한다는 시기적 제한을 두었으나, 현행 형법은 이런 제한을 삭제하였으므로 체포 전이라면 지명수배 후라도 자수에 해당한다.[73)]

신문지상에 혐의사실이 보도되었으나 수사기관의 소환 전에 자진출석하여 자백

신문지상에 혐의사실이 보도되기 시작하였는데도 수사기관으로부터 공식소환이 없으므로 자진출석하여 사실을 밝히고 처벌을 받고자 담당 검사에게 전화를 걸어 조사를 받게 해달라고 요청하여 출석시간을 지정받은 다음 자진출석하여 혐의사실을 모두 인정하는 내용의 진술서를 작성하고 검찰 수사과정에서 혐의사실을 모두 자백한 경우 피고인은 수사책임 있는 관서에 자기의 범죄사실을 자수한 것으로 보아야 하고 법정에서 수수한 금원의 직무관련성에 대하여만 수사기관에서의 자백과 차이가 나는 진술을 하였다 하더라도 자수의 효력에는 영향이 없다.[74)]

(6) 자수성립 후 범행부인

일단 자수가 성립한 이상 자수의 효력은 확정적으로 발생하고 그 후에 범인이 번복하여 수사기관이나 법정에서 범행을 부인한다고 하더라도 일단 발생한 자수의 효력이 소멸하지 않는다.[75)]

---

72) 대판 1995. 6. 30. 94도1017. 위 판례의 구체적인 사실관계는 나타나 있지 않다.
73) 대판 1997. 3. 20. 96도1167 전합.
74) 대판 1994. 9. 9. 94도619.
75) 대판 1999. 7. 9. 99도1695.

(7) 특정한 범죄에 있어서의 자수

범행발각이나 지명수배 여부와 관계없이 체포 전에만 자수하면 공직선거 및 선거부정 방지법 제262조의 자수에 해당함

형법이나 국가보안법 등이 자수에 대하여 형을 감면하는 정도를 그 입법 취지에 따라 달리 정하고 자수의 요건인 자수시기에 관하여도 각각 달리 정하고 있는 점으로 미루어 보면, 어느 죄에 관한 자수의 요건과 효과가 어떠한가 하는 문제는 논리필연적으로 도출되는 문제가 아니라, 그 입법 취지가 자수의 두 가지 측면 즉 범죄를 스스로 뉘우치고 개전의 정을 표시하는 것으로 보아 비난가능성이 약하다는 점과 자수를 하면 수사를 하는 데 용이할 뿐 아니라 형벌권을 정확하게 행사할 수 있어 죄 없는 자에 대한 처벌을 방지할 수 있다는 점 중 어느 한쪽을 얼마만큼 중시하는지 또는 양자를 모두 동등하게 고려하는지에 따라 입법정책적으로 결정되는 것이다.
공직선거 및 선거부정 방지법 제262조가 제230조(매수 및 이해유도죄) 제1항 등 금품이나 이익 등의 수수에 의한 선거부정관련 범죄에 대하여 자수한 경우에 필요적 형면제를 규정한 주된 입법 취지는, 이러한 범죄유형은 당사자 사이에 은밀히 이루어져 그 범행발견이 어렵다는 점을 고려하여 금품 등을 제공받은 사람으로 하여금 사실상 신고를 하도록 유도함으로써 금품 등의 제공자를 효과적으로 처벌하려는 데 있다.
형벌법규의 해석에 있어서 법규정 문언의 가능한 의미를 벗어나는 경우에는 유추해석으로서 죄형법정주의에 위반하게 된다. 그리고 유추해석금지의 원칙은 모든 형벌법규의 구성요건과 가벌성에 관한 규정에 준용되는데, 위법성 및 책임의 조각사유나 소추조건, 또는 처벌조각사유인 형면제 사유에 관하여 그 범위를 제한적으로 유추적용하게 되면 행위자의 가벌성의 범위는 확대되어 행위자에게 불리하게 되는바, 이는 가능한 문언의 의미를 넘어 범죄구성요건을 유추적용하는 것과 같은 결과가 초래되므로 죄형법정주의의 파생원칙인 유추해석금지의 원칙에 위반하여 허용될 수 없다. 한편 형법 제52조나 국가보안법 제16조 제1호에서도 공직선거법 제262조에서와 같이 모두 '범행발각 전'이라는 제한 문언 없이 "자수"라는 단어를 사용하고 있는데 형법 제52조나 국가보안법 제16조 제1호의 "자수"에는 범행이 발각되고 지명수배된 후의 자진출두도 포함되는 것으로 판례가 해석하고 있으므로 이것이 "자수"라는 단어의 관용적 용례라고 할 것인바, 공직선거법 제262조의 "자수"를 '범행발각 전에 자수한 경우'로 한정하는 풀이는 "자수"라는 단어가 통상 관용적으로 사용되는 용례에서 갖는 개념 외에 '범행발각 전'이라는 또다른 개념을 추가하는 것으로서 결국은 '언어의 가능한 의미'를 넘어 공직선거법 제262조의 "자수"의 범위를 그 문언보다 제한함으로써 공직선거법 제230조 제1항 등의 처벌범위를 실정법 이상으로 확대한 것이 되고, 따라서 이는 단순한 목적론적 축소해석에 그치는 것이 아니라, 형면제 사유에 대한 제한적 유추를 통하여 처벌범위를 실정법 이상으로 확대한 것으로서 죄형법정주의의 파생원칙인 유추해석금지의 원칙에 위반된다.[76]

다. 자수의 효과

임의적 감경 사유임

피고인이 자수하였다 하더라도 자수한 자에 대하여는 법원이 임의로 형을 감경할 수 있음에 불과한 것으로

76) 대판 1997. 3. 20. 96도1167 전합.

서 자수감경을 하지 아니하였다 하여 위법하다고 할 수 없다.[77]

일부 범죄사실에 대한 자수

수 개의 범죄사실 중 일부에 관하여만 자수한 경우에는 그 부분 범죄사실에 대하여만 자수의 효력이 있다.[78]

2. 누 범

형법 제35조(누범) ① 금고 이상의 형을 받아 그 집행을 종료하거나 면제를 받은 후 3년 내에 금고 이상에 해당하는 죄를 범한 자는 누범으로 처벌한다.

② 누범의 형은 그 죄에 정한 형의 장기의 2배까지 가중한다.

가. 누범의 성립요건

(1) 금고 이상의 형을 받았을 것

특별사면으로 형집행을 면제받음

형의 선고를 받은 자가 특별사면을 받아 형의 집행을 면제받고 또 후에 복권이 되었다 하더라도 형의 선고의 효력이 상실되는 것은 아니므로 실형을 선고받아 복역타가 (특별사면으로 형집행을 면제받아: 필자 주) 출소한 후 3년 이내에 다시 범죄를 저지른 자에 대한 누범가중은 정당하다.[79]

(2) 형집행 종료 또는 면제 후 3년 내의 범죄

집행유예기간 중의 범행

금고 이상의 형을 받고 그 형의 집행유예기간 중에 금고 이상에 해당하는 죄를 범하였다 하더라도 누범가중을 할 수 없다.[80]

가석방기간 중의 범행

잔형기간 경과 전인 가석방기간 중에 본건 범행을 저질렀다면 이를 형법 35조에서 말하는 형집행종료 후에 죄를 범한 경우에 해당한다고 볼 수 없으므로 여기에 누범가중을 할 수 없다.[81]

77) 대판 2006. 9. 22. 2006도4883; 대판 2011. 12. 22. 2011도12041.
78) 대판 1994. 10. 14. 94도2130.
79) 대판 1986. 11. 11. 86도2004.
80) 대판 1983. 8. 23. 83도1600.
81) 대판 1976. 9. 14. 76도2071.

집행유예기간 중의 범행이나 가석방기간 중의 범행에 대해 누범가중을 할 수 없다는 위와 같은 판례의 입장을 비판하는 견해가 있다.[82] 즉 형집행종료 후의 범행보다 집행유예기간 중의 범행이나 가석방기간 중의 범행이 더 나쁘다는 것이 일반적인 인식이고, 누범가중의 요건인 '형집행종료 또는 면제 후 3년 내'라는 것은 누범으로 가중처벌되는 범죄의 시한(時限)을 말하는 것일 뿐이므로, '형의 집행을 종료하거나 면제받은 후로부터 3년 내'에 범한 죄만이 누범으로 가중처벌된다고 제한적으로 해석할 마땅한 이유가 없다는 것이다.

(3) 3년 내의 범죄인지의 기준

3년 내에 실행에 착수하였을 것

형법 제35조 소정의 누범이 되려면 금고 이상의 형을 받아 그 집행을 종료하거나 면제를 받은 후 3년 내에 다시 금고 이상에 해당하는 죄를 범하여야 하는바, 이 경우 다시 금고 이상에 해당하는 죄를 범하였는지 여부는 그 범죄의 실행행위를 하였는지 여부를 기준으로 결정하여야 하므로 3년의 기간 내에 실행의 착수가 있으면 족하고, 그 기간 내에 기수에까지 이르러야 되는 것은 아니다.[83]

포괄일죄의 일부만 누범기간 내에 범해짐

포괄일죄의 일부 범행이 누범기간 내에 이루어지고 나머지 범행이 누범기간 경과 후에 이루어진 경우, 범행 전부가 누범에 해당한다.[84]

(4) 금고 이상의 형에 해당할 것

벌금형에 대한 누범가중

형법 제35조 제1항에 규정된 "금고 이상에 해당하는 죄"라 함은 유기금고형이나 유기징역형으로 처단할 경우에 해당하는 죄를 의미하는 것으로서 법정형 중 벌금형을 선택한 경우에는 누범가중을 할 수 없다.[85]

(5) 누범전과의 범죄사실과 누범의 범죄사실과의 관계

형법 제35조가 누범에 해당하는 전과사실과 새로이 범한 범죄 사이에 일정한 상관관계가 있다고 인정되는 경우에 한하여 적용되는 것으로 제한하여 해석하여야 할 아무런 이유나 근거가 없고, 위 규정이 헌법상의 평

82) 김태명, 판례형법총론, 피앤씨미디어, 2016, 563면.
83) 대판 2006. 4. 7. 2005도9858 전합.
84) 대판 2012. 3. 29. 2011도14135. 다음은 같은 취지이다.
상습범행 중 일부만 누범기간 내에 범해짐
상습범 중 일부 소위가 누범기간내에 이루어진 이상 나머지 소위가 누범기간 경과 후에 행하여졌더라도 그 행위 전부가 누범관계에 있다(대판 1982. 5. 25. 82도600).
85) 대판 1982. 9. 14. 82도1702.

등원칙 등에 위배되는 것도 아니다.[86]

(6) 특가법 5조의4 6항 위반죄에 대한 누범가중

특가법 제5조의4 제6항은 … 등에 비추어 볼 때, 특가법 제5조의4 제1항 또는 제2항의 죄로 2회 이상 실형을 받아 그 집행을 종료하거나 면제받은 후 3년 이내에 다시 위 제1항 또는 제2항의 죄를 범한 때에는 그 죄에 정한 형의 단기의 2배까지 가중한 법정형에 의하여 처벌한다는 내용의 새로운 구성요건을 창설한 규정이라고 새겨야 할 것이므로, 이러한 경우 위 제6항에 정한 형에 다시 형법 제35조의 누범가중한 형기범위 내에서 처단형을 정하는 것이 옳다.[87]

해설: 위 판례의 취지는 현행 특가법 5조의4 6항에도 그대로 적용될 것으로 생각된다.

현행 특가법 5조의4 ⑥ 상습적으로 「형법」 제329조부터 제331조까지의 죄나 그 미수죄 또는 제2항의 죄로 두 번 이상 실형을 선고받고 그 집행이 끝나거나 면제된 후 3년 이내에 다시 상습적으로 「형법」 제329조부터 제331조까지의 죄나 그 미수죄 또는 제2항의 죄를 범한 경우에는 3년 이상 25년 이하의 징역에 처한다.

나. 누범의 효과

누범의 형은 그 죄에 정한 형의 장기의 2배까지 가중하며 단기는 가중하지 않는다. 따라서 누범에 해당하면 단기는 변동 없이 장기만 2배까지 가중하게 되므로 처단형의 범위가 넓어지는 효과가 있을 뿐이며, 그 처단형의 범위 내에서 가중하지 아니한 형을 선고하더라도 위법하지 않다.[88] 법정형 중 사형이나 무기자유형을 선택한 경우에는 장기의 개념이 존재하지 않으므로 누범가중을 할 여지가 없다.

Ⅳ. 집행유예

형법 제62조(집행유예의 요건) ① 3년 이하의 징역 또는 금고의 형을 선고할 경우에 제51조의 사항을 참작하여 그 정상에 참작할 만한 사유가 있는 때에는 1년 이상 5년 이하의 기간 형의 집행을 유예할 수 있다. 다만, 금고 이상의 형을 선고한 판결이 확정된 때부터 그 집행을 종료하거나 면제된 후 3년까지의 기간에 범한 죄에 대하여 형을 선고하는 경우에는 그러하지 아니하다.
② 형을 병과할 경우에는 그 형의 일부에 대하여 집행을 유예할 수 있다.

86) 대판 2008. 12. 24. 2006도1427.

87) 대판 2006. 12. 8. 2006도6886.

88) 예컨대 법정형이 '징역 1년 이상'(이는 형법 42조에 의해 징역 1년 이상 30년 이하를 의미함)인 경우, 누범가중을 한 처단형은 '징역 1년 이상 50년 이하'(장기를 2배 가중하면 60년이 되지만 형법 42조에 의해 유기자유형은 가중하더라도 50년을 넘지 못하므로)가 된다. 선고형은 위 처단형의 범위 내에서 정하면 된다.

해설: 2016. 1. 16. 개정된 형법 62조 1항은 2018. 1. 7.부터 시행된다.
2016. 1. 16. 개정된 형법 제62조(집행유예의 요건) ① 3년 이하의 징역이나 금고 또는 500만원 이하의 벌금의 형을 선고할 경우에 제51조의 사항을 참작하여 그 정상에 참작할 만한 사유가 있는 때에는 1년 이상 5년 이하의 기간 형의 집행을 유예할 수 있다. 다만, 금고 이상의 형을 선고한 판결이 확정된 때부터 그 집행을 종료하거나 면제된 후 3년까지의 기간에 범한 죄에 대하여 형을 선고하는 경우에는 그러하지 아니하다.

1. 집행유예의 요건

가. 3년 이하의 징역 또는 금고의 형을 선고하는 경우일 것

(법정형이나 처단형이 아니라) 선고형이 3년 이하의 징역 또는 금고의 형인 경우에 집행유예를 선고할 수 있다. 벌금형에 대해서는 집행유예를 선고할 수 없다.

나. 정상에 참작할 만한 사유가 있을 것

형법 제51조의 사항을 참작하여 그 정상에 참작할 만한 사유가 있는 때 집행유예를 선고할 수 있다.

다. 집행유예의 결격

금고 이상의 형을 선고한 판결이 확정된 때부터 그 집행을 종료하거나 면제된 후 3년까지의 기간에 범한 죄에 대해서는 집행유예를 선고할 수 없다.[89] 따라서 금고 이상의 형을 선고한 판결이 확정되었더라도 그 확정 이전에 범한 범죄에 대해서는 집행유예를 선고할 수 있다. 금고 이상의 형이 집행종료 또는 집행면제된 때로부터 3년이 경과한 후에 범한 범죄에 대해서는 집행유예를 선고할 수 있다.

---

89) 집행유예의 결격은 범행시를 기준으로 하여 정해지고, 그 기간은 3년이다. 형법이 2005. 7. 29. 개정되기 전에는 집행유예의 결격이 다음과 같이 형의 선고시를 기준으로 정해졌고, 그 기간도 5년이었다.
구 형법 제62조(집행유예의 요건) ① 3년 이하의 징역 또는 금고의 형을 선고할 경우에 제51조의 사항을 참작하여 그 정상에 참작할 만한 사유가 있는 때에는 1년 이상 5년 이하의 기간 형의 집행을 유예할 수 있다. 단 금고 이상의 형의 선고를 받어 집행을 종료한 후 또는 집행이 면제된 후로부터 5년을 경과하지 아니한 자에 대하여는 예외로 한다.
다음 판례는 선고시를 집행유예 결격의 기준으로 삼고 있어 더 이상 적용될 여지가 없다.
경합범을 별개의 절차에서 심판하여 그 중 일부에 대해 먼저 집행유예가 선고, 확정된 경우 나머지 경합범에 대한 집행유예의 가부
구 형법(2005. 3. 31. 법률 제7427호로 개정되기 전의 것) 제62조 제1항 단서에서 규정한 '금고 이상의 형의 선고를 받아 집행을 종료한 후 또는 집행이 면제된 후로부터 5년을 경과하지 아니한 자'라는 의미는 실형선고를 받고 집행종료나 집행면제 후 5년을 경과하지 않은 경우만을 가리키는 것이 아니라, 형의 집행유예를 선고받고 그 유예기간이 경과하지 않은 경우도 특별한 사정(형법 제37조의 경합범관계에 있는 수죄가 전후로 기소되어 각각 별개의 절차에서 재판을 받게 된 결과 어느 하나의 사건에서 먼저 집행유예가 선고되어 그 형이 확정된 경우로서 같은 절차에서 동시에 재판을 받았더라면 한꺼번에 집행유예의 선고를 받았으리라고 여겨지는 특수한 경우에 한함)이 없는 한 여기에 포함된다(대판 2007. 7. 27. 2007도768).

집행유예 기간 중에 범한 죄에 대한 집행유예의 가부

집행유예 기간 중에 범한 죄에 대하여 형을 선고할 때에, 집행유예의 결격사유를 정하는 형법 제62조 제1항 단서 소정의 요건에 해당하는 경우란, 이미 집행유예가 실효 또는 취소된 경우와 그 선고 시점에 미처 유예기간이 경과하지 아니하여 형 선고의 효력이 실효되지 아니한 채로 남아 있는 경우로 국한되고,[90] 집행유예가 실효 또는 취소됨이 없이 유예기간을 경과한 때에는, 형의 선고가 이미 그 효력을 잃게 되어 '금고 이상의 형을 선고'한 경우에 해당한다고 보기 어려울 뿐 아니라, 집행의 가능성이 더 이상 존재하지 아니하여 집행종료나 집행면제의 개념도 상정하기 어려우므로 위 단서 소정의 요건에 해당하지 않는다고 할 것이므로, 집행유예 기간 중에 범한 범죄라고 할지라도 집행유예가 실효 취소됨이 없이 그 유예기간이 경과한 경우에는 이에 대해 다시 집행유예의 선고가 가능하다.[91]

2. 보호관찰, 사회봉사·수강명령

형법 제62조의2(보호관찰, 사회봉사·수강명령) ① 형의 집행을 유예하는 경우에는 보호관찰을 받을 것을 명하거나 사회봉사 또는 수강을 명할 수 있다.

② 제1항의 규정에 의한 보호관찰의 기간은 집행을 유예한 기간으로 한다. 다만, 법원은 유예기간의 범위 내에서 보호관찰기간을 정할 수 있다.

③ 사회봉사명령 또는 수강명령은 집행유예기간 내에 이를 집행한다.

보호관찰대상자와 사회봉사·수강명령대상자에 대한 특별준수사항('재범의 기회나 충동을 줄 수 있는 장소에 출입하지 아니할 것')

보호관찰, 사회봉사·수강 또는 갱생보호는 당해 대상자의 교화·개선 및 범죄예방을 위하여 필요하고도 상당한 한도 내에서 이루어져야 하며, 당해 대상자의 연령·경력·심신상태·가정환경·교우관계 기타 모든 사정을 충분히 고려하여 가장 적합한 방법으로 실시되어야 하므로, 법원은 특별준수사항을 부과하는 경우 대상자의 생활력, 심신의 상태, 범죄 또는 비행의 동기, 거주지의 환경 등 대상자의 특성을 고려하여 대상자가 준수할 수 있다고 인정되고 자유를 부당하게 제한하지 아니하는 범위 내에서 개별화하여 부과하여야 한다는 점, 보호관찰의 기간은 집행을 유예한 기간으로 하고 다만, 법원은 유예기간의 범위 내에서 보호관찰기간을

90) 다음과 같은 취지이다.
"구 형법(2005. 3. 31. 법률 제7427호로 개정되기 전의 것) 시행 중 범한 범죄에 대하여 형을 선고함에 있어, 범죄 당시 집행유예기간 중이었고 그 유예기간 경과 전에 집행유예 취소결정이 확정되었다면 구 형법 제62조의 규정에 의하든 현행 형법 제62조에 의하든 모두 집행유예의 결격사유에 해당하므로, 종전 규정이 피고인에게 더 유리하다고 할 수 없다"(대판 2007. 7. 27. 2007도768).
해설: 위 판례에서 구 형법은 2005. 7. 29. 법률 제7623호로 공포·시행되기 이전의 것을 말한다. 2005. 7. 29. 법률 제7623호로 공포·시행된 형법의 부칙은 다음과 같다.
① (시행일) 이 법은 공포한 날부터 시행한다.
② (적용례) 이 법은 이 법 시행 전에 행하여진 죄에 대하여도 적용한다. 다만, 종전의 규정을 적용하는 것이 행위자에게 유리한 경우에는 그러하지 아니하다.

91) 대판 2007. 2. 8. 2006도6196.

정할 수 있는 반면, 사회봉사명령·수강명령은 집행유예기간 내에 이를 집행하되 일정한 시간의 범위 내에서 그 기간을 정하여야 하는 점, 보호관찰명령이 보호관찰기간 동안 바른 생활을 영위할 것을 요구하는 추상적 조건의 부과이거나 악행을 하지 말 것을 요구하는 소극적인 부작위조건의 부과인 반면, 사회봉사명령·수강명령은 특정시간 동안의 적극적인 작위의무를 부과하는 데 그 특징이 있다는 점 등에 비추어 보면, 사회봉사·수강명령대상자에 대한 특별준수사항은 보호관찰대상자에 대한 것과 같을 수 없고, 따라서 보호관찰대상자에 대한 특별준수사항을 사회봉사·수강명령대상자에게 그대로 적용하는 것은 적합하지 않다.
형법 제64조 제2항이 준수사항이나 명령의 위반 정도가 무거운 때에 집행유예의 선고를 취소할 수 있도록 규정하고 있고, 집행유예의 취소는 자유형의 선고와 마찬가지로 자유를 박탈하는 결과를 가져올 뿐만 아니라 사회봉사·수강명령의 실패와 다름 아니기 때문에 사회봉사·수강명령의 목적을 도저히 달성할 수 없을 정도에 이르렀다고 판단될 때 하여야 하는 것이 바람직하다는 사정을 보태어 보면, 법원이 보호관찰대상자에게 특별히 부과할 수 있는 '재범의 기회나 충동을 줄 수 있는 장소에 출입하지 아니할 것'이라는 사항을 만연히 사회봉사·수강명령대상자에게 부과하고 사회봉사·수강명령대상자가 재범한 것을 집행유예 취소사유로 삼는 것은 신중하여야 한다.[92]

노동조합 지부장에게 보호관찰을 명하면서 선거에 개입하지 말라는 특별준수사항을 부과

형법 제62조의2 제1항에서 말하는 보호관찰은 형벌이 아닌 보안처분의 성격을 갖는 것으로서, 과거의 불법에 대한 책임에 기초하고 있는 제재가 아니라 장래의 위험성으로부터 행위자를 보호하고 사회를 방위하기 위한 합목적적인 조치이다. 보호관찰은 위와 같은 형사정책적 견지에서 때로는 본래 개인의 자유에 맡겨진 영역이거나 또는 타인의 이익을 침해하는 법상 금지된 행위가 아니더라도 보호관찰 대상자의 특성, 그가 저지른 범죄의 내용과 종류 등을 구체적·개별적으로 고려하여 일정기간 동안 보호관찰 대상자의 자유를 제한하는 내용의 준수사항을 부과함으로써 대상자의 교화·개선을 통해 범죄를 예방하고 재범을 방지하려는 데에 그 제도적 의의가 있다. 다만 법치주의와 기본권 보장의 원칙 아래에서 보호관찰 역시 자의적·무제한적으로 허용될 수 없음은 물론이다. 보호관찰은 필요하고도 적절한 한도 내에서 이루어져야 하며, 가장 적합한 방법으로 실시되어야 하므로(보호관찰 등에 관한 법률 제4조 참조), 대상자가 준수할 수 있고 그 자유를 부당하게 제한하지 아니하는 범위 내에서 구체적으로 부과되어야 한다.
버스회사 노동조합 지부장인 피고인이 운전기사 신규 채용 내지 정년 도과 후 촉탁직 근로계약의 체결과 관련하여 취업을 원하거나, 정년 후 계속 근로를 원하는 운전기사들로부터 청탁의 대가로 돈을 받아 이익을 취득하였고, 원심이 위 행위에 대해 근로기준법 위반죄의 성립을 인정한 뒤, 피고인에 대하여 형의 집행을 유예함과 동시에 집행유예기간 동안 보호관찰을 받을 것을 명하면서 "보호관찰기간 중 노조지부장 선거에 후보로 출마하거나 피고인을 지지하는 다른 조합원의 출마를 후원하거나 하는 등의 방법으로 선거에 개입하지 말 것"이라는 내용의 특별준수사항을 부과한 사안에서, 범행에 이르게 된 동기와 내용, 피고인의 지위, 업무환경, 생활상태, 기타 개별적·구체적 특성들을 종합할 때, 피고인의 재범을 방지하고 개선·자립에 도움이 된다고 판단하여 위와 같은 특별준수사항을 부과한 것은 정당하다.[93]

---

92) 대결 2009. 3. 30. 2008모1116.
93) 대판 2010. 9. 30. 2010도6403.

일정한 금원을 출연할 것을 명하는 사회봉사명령/범행을 뉘우치거나 범행내용을 공개하는 말이나 글을 발표하도록 명하는 사회봉사명령

형법과 보호관찰 등에 관한 법률의 관계 규정을 종합하면, 사회봉사는 형의 집행을 유예하면서 부가적으로 명하는 것이고 집행유예 되는 형은 자유형에 한정되고 있는 점 등에 비추어, 법원이 형의 집행을 유예하는 경우 명할 수 있는 사회봉사는 자유형의 집행을 대체하기 위한 것으로서 500시간 내에서 시간 단위로 부과될 수 있는 일 또는 근로활동을 의미하는 것으로 해석되므로,[94] 법원이 형법 제62조의2의 규정에 의한 사회봉사명령으로 피고인에게 일정한 금원을 출연하거나 이와 동일시할 수 있는 행위를 명하는 것은 허용될 수 없다. 법원이 피고인에게 유죄로 인정된 범죄행위를 뉘우치거나 그 범죄행위를 공개하는 취지의 말이나 글을 발표하도록 하는 내용의 사회봉사를 명하고 이를 위반할 경우 형법 제64조 제2항에 의하여 집행유예의 선고를 취소할 수 있도록 함으로써 그 이행을 강제하는 것은, … 이러한 사회봉사명령은 위법하다.
재벌그룹 회장의 횡령행위 등에 대하여 집행유예를 선고하면서 사회봉사명령으로서 일정액의 금전출연을 주된 내용으로 하는 사회공헌계획의 성실한 이행을 명하는 것은 시간 단위로 부과될 수 있는 일 또는 근로활동이 아닌 것을 명하는 것이어서 허용될 수 없고, 준법경영을 주제로 하는 강연과 기고를 명하는 것은 헌법상 양심의 자유 등에 대한 심각하고 중대한 침해가능성, 사회봉사명령의 의미나 내용에 대한 다툼의 여지 등의 문제가 있어 허용될 수 없다.[95]

3. 범죄 또는 형의 일부에 대한 집행유예

확정판결 전후의 범죄에 관하여 각각 징역형을 선고하면서 하나는 실형, 하나는 집행유예

형법 제37조 후단의 경합범 관계에 있는 두 개의 범죄에 대하여 하나의 판결로 두 개의 자유형을 선고하는 경우 그 두 개의 자유형은 각각 별개의 형이므로 형법 제62조 제1항에 정한 집행유예의 요건에 해당하면 그 각 자유형에 대하여 각각 집행유예를 선고할 수 있는 것이고, 또 그 두 개의 징역형 중 하나의 징역형에 대하여는 실형을 선고하면서 다른 징역형에 대하여 집행유예를 선고하는 것도 우리 형법상 이러한 조치를 금하는 명문의 규정이 없는 이상 허용된다.[96]
해설: 위 판례의 사안에 관하여 '이유와 판결요지'에서는 형법 제37조 후단의 경합범 관계에 있는 두 개의 범죄에 대하여 하나의 판결로 두 개의 자유형을 선고하는 경우라고 하고 있고, '판시사항'에서는 확정판결 이전 및 이후의 두 개의 범죄에 대하여 하나의 판결로 두 개의 징역형을 선고하는 경우라고 하고 있다. '형법 제37조 후단의 경합범 관계에 있는 두 개의 범죄'는 '금고 이상의 형에 처한 확정 판결상의 범죄'와 '위 확정 판결의 확정일 이전에 범해진 것으로서 재판계속 중에 있어 형을 선고하여야 할 범죄'를 말하며 위 두 개의 범죄에 관하여 하나의 판결로 두 개의 자유형을 선고할 수는 없다. 따라서 위 판례의 사안은 위 '판시사항'과 같은 것으로 이해함이 옳을 것으로 생각된다.

94) **보호관찰 등에 관한 법률 제59조(사회봉사명령·수강명령의 범위)** ① 법원은 「형법」 제62조의2에 따른 사회봉사를 명할 때에는 500시간, 수강을 명할 때에는 200시간의 범위에서 그 기간을 정하여야 한다. 다만, 다른 법률에 특별한 규정이 있는 경우에는 그 법률에서 정하는 바에 따른다.

95) 대판 2008. 4. 11. 2007도8373.

96) 대판 2001. 10. 12. 2001도3579.

하나의 자유형 중 일부는 실형을, 나머지는 집행유예를 선고

집행유예의 요건에 관한 형법 제62조 제1항이 '형'의 집행을 유예할 수 있다고만 규정하고 있다고 하더라도, 이는 같은 조 제2항이 그 형의 '일부'에 대하여 집행을 유예할 수 있는 때를 형을 '병과'할 경우로 한정하고 있는 점에 비추어 보면, 조문의 체계적 해석상 하나의 형의 전부에 대한 집행유예에 관한 규정이라 할 것이고, 또한 하나의 자유형에 대한 일부집행유예에 관하여는 그 요건, 효력 및 일부 실형에 대한 집행의 시기와 절차, 방법 등을 입법에 의해 명확하게 할 필요가 있어, 그 인정을 위해서는 별도의 근거 규정이 필요하므로 하나의 자유형 중 일부에 대해서는 실형을, 나머지에 대해서는 집행유예를 선고하는 것은 허용되지 않는다.[97]

4. 집행유예 기간경과로 인한 형선고의 효력상실

형법 제65조(집행유예의 효과) 집행유예의 선고를 받은 후 그 선고의 실효 또는 취소됨이 없이 유예기간을 경과한 때에는 형의 선고는 효력을 잃는다.

집행유예기간의 시기(始期)

우리 형법이 집행유예기간의 시기에 관하여 명문의 규정을 두고 있지는 않지만 형소법 제459조가 "재판은 이 법률에 특별한 규정이 없으면 확정한 후에 집행한다"고 규정한 취지나 집행유예 제도의 본질 등에 비추어 보면 집행유예를 함에 있어 그 집행유예기간의 시기는 집행유예를 선고한 판결 확정일로 하여야 하고 법원이 판결 확정일 이후의 시점을 임의로 선택할 수는 없다.

형법 제37조 후단의 경합범 관계에 있는 죄에 대하여 두 개의 징역형을 선고하면서 하나의 징역형에 대하여만 집행유예를 선고하고 그 집행유예기간의 시기를 다른 하나의 징역형의 집행종료일로 한 것은 위법하다.[98]

형의 실효를 위한 기간과 형선고의 효력이 상실된 집행유예

형법 제65조 소정의 "형의 선고는 효력을 잃는다"는 취의는 형의 선고의 법률적 효과가 없어진다는 것일 뿐 형의 선고가 있었다는 기왕의 사실 자체까지 없어진다는 뜻이 아니다.

형의 집행종료 후 7년 이내에 집행유예의 판결을 받고 그 기간을 무사히 경과하여 7년을 채우더라도 형법 제81조의 "형을 받음이 없이 7년을 경과"하는 때에 해당하지 아니하여 형의 실효를 선고할 수 없다.[99]

97) 대판 2007. 2. 22. 2006도8555.
98) 대판 2002. 2. 26. 2000도4637.
99) 대결 1983. 4. 2. 83모8.

5. 집행유예의 실효와 취소

형법 제63조(집행유예의 실효) 집행유예의 선고를 받은 자가 유예기간 중 고의로 범한 죄로 금고 이상의 실형을 선고받아 그 판결이 확정된 때에는 집행유예의 선고는 효력을 잃는다.

제64조(집행유예의 취소) ① 집행유예의 선고를 받은 후 제62조 단행의 사유가 발각된 때에는 집행유예의 선고를 취소한다.

② 제62조의2의 규정에 의하여 보호관찰이나 사회봉사 또는 수강을 명한 집행유예를 받은 자가 준수사항이나 명령을 위반하고 그 정도가 무거운 때에는 집행유예의 선고를 취소할 수 있다.

집행유예 결격 사유의 사후 발각/결격사유를 알 수 있었음에도 부주의로 알지 못함

형법 제64조 제1항에 의하면 집행유예의 선고를 받은 후 형법 제62조 단행의 사유가 발각된 때에는 집행유예의 선고를 취소한다고 규정되어 있는바, 여기에서 집행유예를 선고받은 후 형법 제62조 단행의 사유 즉 '금고 이상의 형을 선고한 판결이 확정된 때부터 그 집행을 종료하거나 면제된 후로부터 3년을 경과하지 아니한 자'인 것이 발각[100]된 때라 함은 집행유예 선고의 판결이 확정된 후에 비로소 위와 같은 사유가 발각된 경우를 말하고 그 판결확정 전에 결격사유가 발각된 경우에는 이를 취소할 수 없으며, 이때 판결확정 전에 발각되었다고 함은 검사가 명확하게 그 결격사유를 안 경우만을 말하는 것이 아니라 당연히 그 결격사유를 알 수 있는 객관적 상황이 존재함에도 부주의로 알지 못한 경우도 포함된다.[101]

집행유예기간 경과 후 결격사유 발견

집행유예의 선고를 받은 후 그 선고의 실효 또는 취소됨이 없이 유예기간을 경과한 때에는 형법 제65조가 정하는 바에 따라 형의 선고는 효력을 잃는 것이고, 그와 같이 유예기간이 경과함으로써 형의 선고가 효력을 잃은 후에는 형법 제62조 단행의 사유가 발각되었다고 하더라도 그와 같은 이유로 집행유예를 취소할 수 없고 그대로 유예기간경과의 효과가 발생한다.[102]

---

100) 판례 원문에는 '금고 이상의 형의 선고를 받아 집행을 종료한 후 또는 집행이 면제된 후로부터 5년을 경과하지 아니한 자인 것이 발각'이라고 되어 있으나 형법 62조가 개정된 것을 반영하여 판시를 수정하였다.

101) 대결 2001. 6. 27. 2001모135. 구체적인 판시는 다음과 같다.

주민등록번호 정정사실을 확인하고도 과거의 주민등록번호로 범죄경력조회를 하지 않아 결격사유를 모름

피고인이 비록 주민등록번호의 정정사실이나 전과사유의 존재 등에 대하여 적극적으로 밝히지 아니하였다고 하더라도, 피고인에 대한 운전면허를 조회하는 과정에서 피고인이 진술한 주민등록번호와 운전면허대장상의 주민등록번호가 일치하지 아니하는 것이 수사기록에 나타나 있었으므로, 수사기관에서 운전면허대장에 기재된 정정 전의 주민등록번호로 범죄경력조회를 해 보았다면 검사는 위 집행유예 결격사유가 되는 전과의 존재사실을 알게 되었을 것이고, 그렇다면 위 99고단1310 사건에 대한 집행유예 판결이 선고된 후 검사는 상소의 방법으로 위 판결의 잘못을 바로잡을 수 있었을 것이다.

결국, 이러한 사실관계에서라면 이 사건 집행유예 선고 확정 전에 수사단계에서 이미 그 결격사유를 당연히 알 수 있는 객관적 상황이 존재하였음에도 검사의 부주의로 이를 알지 못하였다고 볼 것이므로, 형법 제64조 제1항에서 말하는 '집행유예의 선고를 받은 후 제62조 단행의 사유가 발각된 때'에 해당한다고 할 수 없다.

102) 대결 1999. 1. 12. 98모151.

준수사항이나 명령 위반으로 인한 집행유예의 취소

형법 제62조의2의 규정에 의하여 보호관찰이나 사회봉사 또는 수강을 명한 집행유예를 받은 자가 준수사항이나 명령을 위반한 경우에 그 위반사실이 동시에 범죄행위로 되더라도 그 기소나 재판의 확정여부 등 형사절차와는 별도로 법원이 보호관찰등에관한법률에 의한 검사의 청구에 의하여 형법 제64조 제2항에 규정된 집행유예 취소의 요건에 해당하는가를 심리하여 준수사항이나 명령 위반사실이 인정되고 위반의 정도가 무거운 때에는 집행유예를 취소할 수 있다.[103)]

폭처법상의 징역형을 받은 경우와 형의 실효 등에 관한 법률에 의한 형의 실효/집행유예 판결이 유예기간 경과로 '형선고의 효력 상실'/징역형과 집행유예의 형이 모두 실효

법률규정: 이 법(형법 각 해당 조항 및 각 해당 조항의 상습범, 특수범, 상습특수범, 각 해당 조항의 상습범의 미수범, 특수범의 미수범, 상습특수범의 미수범을 포함한다)을 위반하여 2회 이상 징역형을 받은 사람이 다시 제2항 각 호에 규정된 죄를 범하여 누범으로 처벌할 경우에는 다음 각 호의 구분에 따라 가중처벌한다(폭처법 제2조 제3항).

피고인의 범행전력

① 2000. 9. 26. 폭처법위반죄로 징역 장기 2년, 단기 1년 6월,

② 2005. 5. 19. 도교법위반(음주측정거부)죄 등으로 징역 4월에 집행유예 2년,

③ 2008. 6. 5. 폭처법위반(공동상해)죄 등으로 징역 2년에 집행유예 4년을 각 선고받고,

④ 2012. 6. 1. 폭처법위반(집단·흉기등상해)죄 등으로 징역 2년을 선고받아 그 판결이 2013. 1. 31. 확정됨

법리

가. 형의 실효 등에 관한 법률에 따라 형이 실효된 경우에는 형의 선고에 의한 법적 효과가 장래를 향하여 소멸하므로 형이 실효된 후에는 그 전과를 폭처법 제2조 제3항에서 말하는 '징역형을 받은 경우'라고 할 수 없다.

나. 형법 제65조는 "집행유예의 선고를 받은 후 그 선고의 실효 또는 취소됨이 없이 유예기간을 경과한 때에는 형의 선고는 효력을 잃는다"라고 규정하고 있다. 여기서 '형의 선고가 효력을 잃는다'는 의미는 형의 실효와 마찬가지로 형의 선고에 의한 법적 효과가 장래를 향하여 소멸한다는 취지이다. 따라서 형법 제65조에 따라 형의 선고가 효력을 잃는 경우에도 그 전과는 폭처법 제2조 제3항에서 말하는 '징역형을 받은 경우'라고 할 수 없다.[104)]

다. 어느 징역형의 실효기간(형의 실효 등에 관한 법률에 의한 실효기간을 의미함: 필자 주)이 경과하기 전에 별도의 집행유예 선고가 있었지만 그 집행유예가 실효 또는 취소됨이 없이 유예기간이 경과하였고 그 무렵 집행유예 전에 선고되었던 징역형도 그 자체의 실효기간이 경과하였다면 그 징역형 역시 실효되어 폭

103) 대결 1999. 3. 10. 99모33.

104) 다음은 같은 취지이다.

형법 65조에 의한 형선고의 효력상실과 특가법상의 '징역형을 받은 경우'

집행유예의 효과에 관한 형법 제65조에서 '형의 선고가 효력을 잃는다'는 의미는 구 형의 실효 등에 관한 법률에 의한 형의 실효와 같이 형의 선고에 의한 법적 효과가 장래에 향하여 소멸한다는 취지이다. 따라서 위 규정에 따라 형의 선고가 효력을 잃는 경우에도 그 전과는 구 특가법 제5조의4 제5항에서 정한 '징역형을 받은 경우'로 볼 수 없다(대판 2010. 9. 9. 2010도8021).

처벌 제2조 제3항에서 말하는 '징역형을 받은 경우'에 해당한다고 할 수 없다.[105)]

판단

①전과는 3년 이하의 징역형으로, 구 형의 실효 등에 관한 법률 제7조 제1항 제2호에 의하여 그 실효기간은 형의 집행 종료일 또는 면제일로부터 5년이다. 그런데 ①전과의 실효기간이 경과하기 전에 ②집행유예 선고가 있었으나 그 집행유예가 실효 또는 취소되지 않고 유예기간이 경과한 것으로 보이고, ①전과도 그 무렵 자체의 실효기간 5년이 경과한 것으로 보인다. ②집행유예 선고가 실효 또는 취소되었다는 등의 사정이 인정되지 않는 한 ①전과는 폭처법 제2조 제3항에서 말하는 '징역형을 받은 경우'라고 할 수 없다.

③집행유예 전과도 그 선고가 실효되거나 취소되지 않고 유예기간이 경과하였다면 형법 제65조에 따라 형의 선고에 의한 법적 효과가 장래를 향하여 소멸하게 된다. 따라서 ③집행유예 선고가 실효 또는 취소되었다는 등의 사정이 인정되지 않는 한 ③전과 역시 '징역형을 받은 경우'라고 할 수 없다.[106)]

Ⅴ. 선고유예

제59조(선고유예의 요건) ① 1년 이하의 징역이나 금고, 자격정지 또는 벌금의 형을 선고할 경우에 제51조의 사항을 참작하여 개전의 정상이 현저한 때에는 그 선고를 유예할 수 있다. 단, 자격정지 이상의 형을 받은 전과가 있는 자에 대하여는 예외로 한다.

② 형을 병과할 경우에도 형의 전부 또는 일부에 대하여 그 선고를 유예할 수 있다.

1. 선고유예의 요건

가. 선고유예를 할 수 있는 형

구류형에 대한 선고유예

형법 제59조 제1항은 1년 이하의 징역이나 금고, 자격정지 또는 벌금의 형을 선고할 경우 같은 법 제51조의 사항을 참작하여 개전의 정상이 현저한 때에는 선고를 유예할 수 있다고 규정하고 있어 형의 선고를 유예할 수 있는 경우는 선고할 형이 1년 이하의 징역이나 금고, 자격정지 또는 벌금이 형인 경우에 한하고 구류형에 대하여는 선고를 유예할 수 없다.[107)]

105) 같은 취지로는 대판 2014. 9. 4. 2014도7088.

106) 대판 2016. 6. 23. 2016도5032.

107) 대판 1993. 6. 22. 93오1.

나. 주형과의 관계

주형에 대해 선고유예하는 경우에만 부가형인 몰수·추징에 대하여 선고유예 가능

형법 제59조에 의하더라도 몰수는 선고유예의 대상으로 규정되어 있지 아니하고 다만 몰수 또는 이에 갈음하는 추징은 부가형적 성질을 띠고 있어 그 주형에 대하여 선고를 유예하는 경우에는 그 부가할 몰수·추징에 대하여도 선고를 유예할 수 있으나, 그 주형에 대하여 선고를 유예하지 아니하면서 이에 부가할 몰수·추징에 대하여서만 선고를 유예할 수는 없다.108)

주형을 선고유예하면서 추징을 선고

추징은 성질상 몰수와 다를 바 없으므로 주형을 선고유예하고 추징만을 선고할 수 있다.109)

필요적 몰수인 경우에 몰수·추징에 대한 선고유예

필요적 몰수의 경우라도 주형을 선고유예하는 경우에는 몰수나 또는 몰수에 갈음하는 추징도 선고유예를 할 수 있다.110)

다. 양벌규정

회사 대표자에 대해서 선고유예하면서 양벌규정에 따라 법인을 처벌하면서 선고유예하지 않음

회사 대표자의 위반행위에 대하여 징역형의 형량을 작량감경하고 병과하는 벌금형에 대하여 선고유예를 하였더라도 양벌규정에 따라 그 회사를 처단함에 있어서도 같은 조치를 취하여야 하는 것은 아니다.111)

라. 개전의 정상이 현저할 것

'개전의 정상이 현저한 때'의 의미/반성하지 않거나 범행을 부인하는 경우의 선고유예

선고유예의 요건 중 '개전의 정상이 현저한 때'라고 함은, 반성의 정도를 포함하여 널리 형법 제51조가 규정하는 양형의 조건을 종합적으로 참작하여 볼 때 형을 선고하지 않더라도 피고인이 다시 범행을 저지르지 않으리라는 사정이 현저하게 기대되는 경우를 가리킨다고 해석할 것이고, 이와 달리 여기서의 '개전의 정상이 현저한 때'가 반드시 피고인이 죄를 깊이 뉘우치는 경우만을 뜻하는 것으로 제한하여 해석하거나, 피고인이 범죄사실을 자백하지 않고 부인할 경우에는 언제나 선고유예를 할 수 없다고 해석할 것은 아니다.112)

---

108) 대판 1988. 6. 21. 88도551.
109) 대판 1973. 12. 11. 73도1133 전합; 대판 1981. 4. 14. 81도614. 다음은 같은 취지이다.
주형인 징역형의 선고를 유예할 경우에도 추징을 선고할 수 있다(대판 1990. 4. 27. 89도2291).
110) 대판 1978. 4. 25. 76도2262.
111) 대판 1995. 12. 12. 95도1893.
112) 대판 2003. 2. 20. 2001도6138 전합.

마. 자격정지 이상의 형을 받은 전과가 없을 것

집행유예가 기간경과로 형선고의 효력이 상실됨

형법 제59조 제1항 단서에서 정한 "자격정지 이상의 형을 받은 전과"라 함은 자격정지 이상의 형을 선고받은 범죄경력 자체를 의미하는 것이고, 그 형의 효력이 상실된 여부는 묻지 않는다. 한편 형의 집행유예를 선고받은 사람이 형법 제65조에 의하여 그 선고가 실효 또는 취소됨이 없이 정해진 유예기간을 무사히 경과하여 형의 선고가 효력을 잃게 되었더라도, 이는 형의 선고의 법적 효과가 없어질 뿐이고 형의 선고가 있었다는 기왕의 사실 자체까지 없어지는 것은 아니므로, 그는 형법 제59조 제1항 단서에서 정한 선고유예 결격사유인 "자격정지 이상의 형을 받은 전과가 있는 자"에 해당한다고 보아야 한다.[113)]

자격정지 이상의 형을 선고받았으나 형의 실효 등에 관한 법률에 따라 실효됨

일단 자격정지 이상의 형을 선고받은 이상 그 후 그 형이 구 형의 실효 등에 관한 법률 제7조에 따라 추후 실효되었다 하여도 이는 형법 제59조 제1항 단행에서 정한 선고유예 결격사유인, "자격정지 이상의 형을 받은 전과가 있는" 경우에 해당한다.[114)]

A범죄를 범한 후 B범죄로 금고 이상의 형을 선고받아 확정된 경우(A와 B는 형법 37조 후단 경합범관계에 있음) A에 대한 선고유예의 가부

선고유예가 주로 범정이 경미한 초범자에 대하여 형을 부과하지 않고 자발적인 개선과 갱생을 촉진시키고자 하는 제도인 점, 형법은 선고유예의 예외사유를 '자격정지 이상의 형을 받은 전과'라고만 규정하고 있을 뿐 그 전과를 범행 이전의 것으로 제한하거나 형법 제37조 후단 경합범 규정상의 금고 이상의 형에 처한 판결에 의한 전과를 제외하고 있지 아니한 점, 형법 제39조 제1항은 경합범 중 판결을 받지 아니한 죄가 있는 때에는 그 죄와 판결이 확정된 죄를 동시에 판결할 경우와 형평을 고려하여 그 죄에 대하여 형을 선고하여야 하는데 이미 판결이 확정된 죄에 대하여 금고 이상의 형이 선고되었다면 나머지 죄가 위 판결이 확정된 죄와 동시에 판결되었다고 하더라도 선고유예가 선고되었을 수 없을 것인데 나중에 별도로 판결이 선고된다는 이유만으로 선고유예가 가능하다고 하는 것은 불합리한 점 등을 종합하여 보면, 형법 제39조 제1항에 의하여 형법 제37조 후단 경합범 중 판결을 받지 아니한 죄에 대하여 형을 선고하는 경우에 있어서 형법 제37조 후단에 규정된 금고 이상의 형에 처한 판결이 확정된 죄의 형도 형법 제59조 제1항 단서에서 정한 '자격정지 이상의 형을 받은 전과'에 포함된다고 봄이 상당하다.

피고인에게 이 사건 범행 이후에 금고 이상의 형을 선고받아 판결이 확정된 전과가 있음에도, 이 사건 범죄사실이 위 전과 이전에 저질러진 것으로서 위 확정판결과 동시에 판결할 수 있는 가능성이 있는 것이었고, 위 범행 당시에 벌금형 외에 처벌받은 전력이 없고 위 범행과 그 후에 판결이 확정된 위 죄를 동시에 판결할 경우와의 형평성을 고려하여야 한다는 등의 이유로, 피고인에 대한 형의 선고를 유예한 것은 위법하다고 한 사례[115)]

113) 대판 2012. 6. 28. 2011도10570.

114) 대판 2004. 10. 15. 2004도4869.

115) 대판 2010. 7. 8. 2010도931. 위 판례의 판시 중 "① '이미 판결이 확정된 죄(B)'에 대하여 금고 이상의 형이 선고되

2. 선고유예의 방법

선고형을 정해두고 그 선고만 유예

형법 제59조에 의하여 형의 선고를 유예하는 판결을 할 경우에도 선고가 유예된 형에 대한 판단을 하여야 하므로, 선고유예 판결에서도 그 판결 이유에서는 선고형을 정해 놓아야 하고 그 형이 벌금형일 경우에는 벌금액뿐만 아니라 환형유치처분까지 해 두어야 한다.[116]

해설: 선고유예를 하는 경우 주문에서 "피고인에 대한 형의 선고를 유예한다"라고 표시하고, 이유에서 범죄사실, 증거의 요지, 적용법령, 선고를 유예하는 형을 기재해 두어야 한다.

3. 선고유예와 보호관찰

형법 제59조의2(보호관찰) ① 형의 선고를 유예하는 경우에 재범방지를 위하여 지도 및 원호가 필요한 때에는 보호관찰을 받을 것을 명할 수 있다.

② 제1항의 규정에 의한 보호관찰의 기간은 1년으로 한다.

4. 선고유예 후 2년 경과

형법 제60조(선고유예의 효과) 형의 선고유예를 받은 날로부터 2년을 경과한 때에는 면소된 것으로 간주한다.

5. 선고유예의 실효

형법 제61조(선고유예의 실효) ① 형의 선고유예를 받은 자가 유예기간 중 자격정지 이상의 형에 처한 판결이 확정되거나 자격정지 이상의 형에 처한 전과가 발견된 때에는 유예한 형을 선고한다.

었다면 '나머지 죄(A)'가 위 판결이 확정된 죄와 동시에 판결되었다고 하더라도 선고유예가 선고되었을 수 없을 것인데 ② 나중에 별도로 판결이 선고된다는 이유만으로 선고유예가 가능하다고 하는 것은 불합리한 점 등" 부분은 불합리한 것으로 생각된다. 그 근거는 다음과 같다.

위 판례의 사안에서 A는 폭처법위반(공동상해)죄 및 업무방해죄이고, 폭처법위반(공동상해)죄인 B에 대해서 집행유예가 선고, 확정되었다(위 판례의 원심인 수원지판 2009. 12. 24. 2009노1386).

형법 37조 전단 경합범관계에 있는 A와 B에 대해 동시에 형을 선고하는 경우에,

- A의 각 범죄에 대해서 벌금형을 각 선택하고, B에 대해서 징역형을 선택한다면 B에 대해서 집행유예를 선고하면서 A에 대해서는 선고유예의 판결을 할 수 있다. 형을 병과할 경우에도 형의 일부에 대하여 그 선고를 유예할 수 있기 때문이다(형법 59조 2항). 따라서 위 ①부분은 타당하다고 보기 어렵고,
- A와 B에 대해 각 징역형을 선택하는 경우에, 형법 38조 1항 2호의 가중주의를 적용하여 하나의 형을 선고하여야 하는바, A부분의 죄질이 극히 경미하여 사실상 B의 범죄사실만으로 양형이 정해지는 경우가 있을 수 있다. 이러한 경우에 B에 대해서 먼저 집행유예의 형이 확정되었다면 나중에 A에 대해서 선고유예의 판결을 하는 것이 반드시 부당하다고 할 수는 없다. 따라서 위 ②부분도 반드시 타당하다고 하기는 어렵다.

116) 대판 1988. 1. 19. 86도2654; 대판 2015. 1. 29. 2014도15120.

② 第59조의2의 규정에 의하여 보호관찰을 명한 선고유예를 받은 자가 보호관찰기간 중에 준수사항을 위반하고 그 정도가 무거운 때에는 유예한 형을 선고할 수 있다.

자격정지 이상의 형에 처한 전과는 선고유예 판결이 확정된 후에 발견된 경우만을 의미

형법 제61조 제1항에서 말하는 '형의 선고유예를 받은 자가 자격정지 이상의 형에 처한 전과가 발견된 때'란 형의 선고유예의 판결이 확정된 후에 비로소 위와 같은 전과가 발견된 경우를 말하고 그 판결확정 전에 이러한 전과가 발견된 경우에는 이를 취소할 수 없으며, 이때 판결확정 전에 발견되었다고 함은 검사가 명확하게 그 결격사유를 안 경우만을 말하는 것이 아니라 당연히 그 결격사유를 알 수 있는 객관적 상황이 존재함에도 부주의로 알지 못한 경우도 포함한다.[117]

자격정지 이상의 형에 처한 판결의 확정으로 선고유예가 실효되기 위한 요건

형법 제60조, 제61조 제1항, 형소법 제335조, 제336조 제1항의 각 규정에 의하면, 형의 선고유예를 받은 자가 유예기간 중 자격정지 이상의 형에 처한 판결이 확정되더라도 검사의 청구에 의한 선고유예 실효의 결정에 의하여 비로소 선고유예가 실효되는 것이고, 또한 형의 선고유예의 판결이 확정된 후 2년을 경과한 때에는 형법 제60조가 정하는 바에 따라 면소된 것으로 간주되고, 그와 같이 유예기간이 경과함으로써 면소된 것으로 간주된 후에는 실효시킬 선고유예의 판결이 존재하지 아니하므로 선고유예 실효의 결정(선고유예된 형을 선고하는 결정)을 할 수 없으며, 이는 원결정에 대한 집행정지의 효력이 있는 즉시항고 또는 재항고로 인하여 아직 그 선고유예 실효 결정의 효력이 발생하기 전 상태에서 상소심에서 절차 진행 중에 그 유예기간이 그대로 경과한 경우에도 마찬가지이다.[118]

Ⅵ. 형의 집행과 실효

1. 미결구금일수의 산입

재판이 확정되기 이전에 체포, 구속 등이 사유로 피의자, 피고인을 구금하는 것을 미결구금이라고 한다. 미결구금은 재판이 확정된 이후에 이루어지는 형의 집행과는 다르다. 미결구금은 형의 집행은 아니지만, 자유를 박탈한다는 점에서 자유형과 유사하기 때문에 형법과 형소법은 모든 미결구금기간을 본형(확정되어 집행할 형)에 산입하도록 하고 있다.[119] 미결구금일수 중 ① 판결 선고 전의 것에 대해서

117) 대결 2008. 2. 14. 2007모845.
118) 대결 2007. 6. 28. 2007모348.
119) 형법과 형소법의 규정이 현재와 같이 개정되기 이전의 판례로는 대판 1986. 10. 28. 86도1669; 대판 1993. 11. 26. 93도2505; 대판 2005. 10. 14. 2005도4758; 헌재결 2009. 6. 25. 2007헌바25; 헌재결 2009. 12. 29. 2008헌가13 등이 있다.

는 형법 57조 1항에, ② 판결선고 후 판결확정 전 구금일수(판결선고 당일의 구금일수를 포함한다)에 대해서는 형소법 482조 1항에, ③ 상소기각 결정을 한 경우 그 송달기간이나 즉시항고기간 중의 미결구금일수에 대해서는 형소법 482조 2항에 각각 그 전부를 본형에 산입하도록 규정되어 있다.

미결구금일수의 산입은 형집행기관이 담당할 형집행의 문제이므로 판결에서 별도로 미결구금일수 산입에 관한 사항을 판단할 필요가 없다.[120] 미결구금일수를 본형에 산입함에 있어 구금일수의 1일을 징역이나 금고의 1일 또는 벌금이나 과료에 관한 유치기간의 1일로 계산한다(형법 57조 2항, 형소법 482조 3항).

미결구금일수를 본형에 산입하여 집행할 기관

판결선고 전의 구금일수는 그 전부가 유기징역, 유기금고, 벌금이나 과료에 관한 유치기간 또는 구류에 당연히 산입되어야 하고, 병과형 또는 수 개의 형으로 선고된 경우 어느 형에 미결구금일수를 산입하여 집행하느냐는 형집행 단계에서 형집행기관이 할 일이며, 법원이 주문에서 이에 관하여 선고하였더라도 이는 마찬가지이다.[121]

형의 집행으로 구금되어 있는 자에 대해 구속영장을 집행함

형의 집행과 구속영장의 집행이 경합하고 있는 경우에는 구속 여부와 관계없이 피고인 또는 피의자는 형의 집행에 의하여 구금을 당하고 있는 것이어서, 구속은 관념상은 존재하지만 사실상은 형의 집행에 의한 구금만이 존재하는 것에 불과하므로, 즉 구속에 의하여 자유를 박탈하는 것이 아니므로, 인권보호의 관점에서 이러한 미결구금 기간을 본형에 통산할 필요가 없고, 오히려 이것을 통산한다면 하나의 구금으로써 두 개의 자유형의 집행을 동시에 하는 것과 같게 되는 불합리한 결과가 되어 피고인에게 부당한 이익을 부여하게 되므로, 이러한 경우의 미결구금은 본형에 통산하여서는 아니 된다.[122]

'범죄인인도조약'에 따라 체포된 후 인도절차를 밟기 위한 기간

'대한민국 정부와 미합중국 정부간의 범죄인인도조약'에 따라 체포된 후 인도절차를 밟기 위한 기간에 불과하여 형법 제57조에 의하여 본형에 산입될 미결구금일수에 해당하지 않는다.[123]

120) 대판 2009. 12. 10. 2009도11448.
121) 대판 2010. 9. 9. 2010도6924.
122) 대판 2001. 10. 26. 2001도4583.
123) 대판 2009. 5. 28. 2009도1446. 다음은 같은 취지이다.
이민법위반 혐의로 필리핀 당국에 의하여 체포되어 강제출국되기까지의 기간
피고인이 필리핀 당국에 의하여 이민법위반 혐의(체류자격 외 활동)로 체포된 후 필리핀에서 강제로 출국되기까지의 기간에 불과하여 형법 제57조에 의하여 본형에 산입될 미결구금일수에 해당하지 않는다(대판 2003. 2. 11. 2002도6606).

정식재판청구기간을 도과한 약식명령에 기간 노역장유치

정식재판청구기간을 도과한 약식명령에 기하여 피고인을 노역장에 유치하는 것은 형의 집행이므로 그 유치기간은 형법 제57조가 규정한 미결구금일수에 해당하지 아니한다. 따라서 비록 정식재판청구권회복결정에 의하여 사건을 공판절차에 의하여 심리하는 경우라 하더라도 법원은 노역장 유치기간을 미결구금일수로 보아 이를 본형에 산입할 수는 없고, 그 유치기간은 나중에 본형의 집행단계에서 그에 상응하는 벌금형이 집행된 것으로 간주될 뿐이다.[124)]

2. 가석방

가석방 관련 형법 규정

제72조(가석방의 요건) ① 징역 또는 금고의 집행 중에 있는 자가 그 행상이 양호하여 개전의 정이 현저한 때에는 무기에 있어서는 20년, 유기에 있어서는 형기의 3분의 1을 경과한 후 행정처분으로 가석방을 할 수 있다.

② 전항의 경우에 벌금 또는 과료의 병과가 있는 때에는 그 금액을 완납하여야 한다.

제73조(판결선고전 구금과 가석방) ① 형기에 산입된 판결선고전 구금의 일수는 가석방에 있어서 집행을 경과한 기간에 산입한다.

② 벌금 또는 과료에 관한 유치기간에 산입된 판결선고전 구금일수는 전조 제2항의 경우에 있어서 그에 해당하는 금액이 납입된 것으로 간주한다.

제73조의2(가석방의 기간 및 보호관찰) ① 가석방의 기간은 무기형에 있어서는 10년으로 하고, 유기형에 있어서는 남은 형기로 하되, 그 기간은 10년을 초과할 수 없다.

② 가석방된 자는 가석방기간 중 보호관찰을 받는다. 다만, 가석방을 허가한 행정관청이 필요가 없다고 인정한 때에는 그러하지 아니하다.

제74조(가석방의 실효) 가석방 중 금고 이상의 형의 선고를 받어 그 판결이 확정된 때에는 가석방처분은 효력을 잃는다. 단 과실로 인한 죄로 형의 선고를 받었을 때에는 예외로 한다.

제75조(가석방의 취소) 가석방의 처분을 받은 자가 감시에 관한 규칙을 위배하거나, 보호관찰의 준수사항을 위반하고 그 정도가 무거운 때에는 가석방처분을 취소할 수 있다.

제76조(가석방의 효과) ① 가석방의 처분을 받은 후 그 처분이 실효 또는 취소되지 아니하고 가석방기간을 경과한 때에는 형의 집행을 종료한 것으로 본다.

② 전2조의 경우에는 가석방 중의 일수는 형기에 산입하지 아니한다.

사형 확정 후 무기징역으로 감경된 경우 사형집행 대기기간을 형의 집행기간에 산입

사형집행을 위한 구금은 미결구금도 아니고 형의 집행기간도 아니며 특별감형은 형을 변경하는 효과만 있을 뿐이고 이로 인하여 형의 선고에 의한 기성의 효과는 변경되지 아니하므로 사형이 무기징역으로 특별감형된 경우 사형의 판결확정일에 소급하여 무기징역형이 확정된 것으로 보아 무기징역형의 형기 기산일을 사형의

124) 대판 2007. 5. 10. 2007도2517.

판결 확정일로 인정할 수도 없고 사형집행대기 기간이 미결구금이나 형의 집행기간으로 변경된다고 볼 여지도 없으며, 또한 특별감형은 수형 중의 행장의 하나인 사형집행대기기간까지를 참작하여 되었다고 볼 것이므로 사형집행대기기간을 처음부터 무기징역을 받은 경우와 동일하게 가석방요건 중의 하나인 형의 집행기간에 다시 산입할 수는 없다.[125)]

3. 형의 시효와 실효

가. 형의 시효

형의 시효는 형을 선고하는 재판이 확정된 후 그 집행을 받음이 없이 일정한 기간이 경과한 때 그 집행을 면제하는 제도이다.

형의 시효 관련 형법 조문

제77조(시효의 효과) 형의 선고를 받은 자는 시효의 완성으로 인하여 그 집행이 면제된다.

제78조(시효의 기간) 시효는 형을 선고하는 재판이 확정된 후 그 집행을 받음이 없이 다음의 기간을 경과함으로 인하여 완성된다.

1. 사형은 30년
2. 무기의 징역 또는 금고는 20년
3. 10년 이상의 징역 또는 금고는 15년
4. 3년 이상의 징역이나 금고 또는 10년 이상의 자격정지는 10년
5. 3년 미만의 징역이나 금고 또는 5년 이상의 자격정지는 5년
6. 5년 미만의 자격정지, 벌금, 몰수 또는 추징은 3년
7. 구류 또는 과료는 1년

제79조(시효의 정지) ① 시효는 형의 집행의 유예나 정지 또는 가석방 기타 집행할 수 없는 기간은 진행되지 아니한다.

② 시효는 형이 확정된 후 그 형의 집행을 받지 아니한 자가 형의 집행을 면할 목적으로 국외에 있는 기간 동안은 진행되지 아니한다.

제80조(시효의 중단) 시효는 사형, 징역, 금고와 구류에 있어서는 수형자를 체포함으로, 벌금, 과료, 몰수와 추징에 있어서는 강제처분을 개시함으로 인하여 중단된다.

벌금형 시효의 중단

벌금에 있어서의 시효는 강제처분을 개시함으로 인하여 중단되고(형법 제80조), 여기서 채권에 대한 강제집행의 방법으로 벌금형을 집행하는 경우에는 검사의 징수명령서에 기하여 '법원에 채권압류명령을 신청하는 때'에 강제처분인 집행행위의 개시가 있는 것으로 보아 특별한 사정이 없는 한 그때 시효중단의 효력이 발생

125) 대결 1991. 3. 4. 90모59.

하며, 한편 그 시효중단의 효력이 발생하기 위하여 집행행위가 종료되거나 성공하였음을 요하지 아니하고, 수형자에게 집행행위의 개시사실을 통지할 것을 요하지 아니한다. 따라서 일응 수형자의 재산이라고 추정되는 채권에 대하여 압류신청을 한 이상 피압류채권이 존재하지 아니하거나 압류채권을 환가하여도 집행비용 외에 잉여가 없다는 이유로 집행불능이 되었다고 하더라도 이미 발생한 시효중단의 효력이 소멸하지는 않는다.[126]

수형자의 벌금 일부 납부를 벌금형의 시효 중단사유인 강제처분개시로 보기 위한 요건

수형자가 벌금의 일부를 납부한 경우에는 이로써 집행행위가 개시된 것으로 보아 그 벌금형의 시효가 중단된다고 봄이 상당하고, 이 경우 벌금의 일부 납부란 수형자 본인이 스스로 벌금을 일부 납부한 경우, 즉 벌금의 일부를 수형자 본인 또는 그 대리인이나 사자가 수형자 본인의 의사에 따라 이를 납부한 경우를 말하는 것이고, 수형자 본인의 의사와는 무관하게 제3자가 이를 납부한 경우는 포함되지 아니한다.[127]

유체동산 경매의 방법으로 추징하기 위하여 검사의 징수명령서를 집행관이 수령

형법 제80조에서 추징에 있어서의 시효는 강제처분을 개시함으로 인하여 중단된다고 규정하고 있는바, 여기에서 유체동산 경매의 방법으로 추징형을 집행하는 경우에는 검찰징수사무규칙 제17조에 의한 검사의 징수명령서를 집행관이 수령하는 때에 강제처분의 개시가 있는 것으로 보아야 하고, 다만 집행관이 그 후에 집행에 착수하지 못하면 시효중단의 효력이 없어진다.

집행관이 추징의 시효 만료 전에 징수명령서를 수령하고, 그 후 상당한 기간이 경과되기 전에 징수명령이 집행되었다면 추징의 시효가 완성된 후의 집행이 아니라고 한 사례.[128]

나. 형의 실효

형의 실효는 다음과 같이 형법과 형의 실효 등에 관한 법률에 규정되어 있다. 형법 81조에 의한 형의 실효는 수형자 또는 검사의 신청을 받아 법원의 재판에 의하는 것이고, 형의 실효 등에 관한 법률에 의한 실효는 일정한 기간의 경과로 당연히 발생하는 것이다.

---

126) 대결 2009. 6. 25. 2008모1396.

127) 대결 2001. 8. 23. 2001모91.

128) 대결 2006. 1. 17. 2004모524. 구체적인 판시는 다음과 같다.
추징을 선고한 판결이 1999. 12. 17. 확정되었고, 검사는 추징의 시효 만료 전인 2002. 12. 10. 추징을 위하여 이 사건 징수명령을 발하였으며, 집행관은 2002. 12. 13. 이 사건 징수명령서에 기재된 피고인의 주소지에 갔으나 위 장소에 있는 주택은 다가구주택임에도 피고인이 거주하는 호수가 특정되지 아니하고 일부 세대는 폐문 부재하여 집행을 하지 못하였고, 그 후 피고인이 거주하는 호수를 알아낸 다음 2003. 2. 10. 피고인의 주거지에 가서 피고인 소유의 동산을 압류한 경우, 집행관이 1999. 12. 17.부터 3년이 경과하지 아니한 2002. 12. 13. 이전에 이 사건 징수명령서를 수령하였음이 분명하고, 그 후 상당한 기간이 경과되기 전에 이 사건 징수명령이 집행되었으므로, 위 동산압류에 의한 강제처분은 추징의 시효가 완성된 후의 집행이 아니다.

형법 제81조(형의 실효) 징역 또는 금고의 집행을 종료하거나 집행이 면제된 자가 피해자의 손해를 보상하고 자격정지 이상의 형을 받음이 없이 7년을 경과한 때에는 본인 또는 검사의 신청에 의하여 그 재판의 실효를 선고할 수 있다.

형의 실효 등에 관한 법률 제7조(형의 실효) ① 수형인이 자격정지 이상의 형을 받지 아니하고 형의 집행을 종료하거나 그 집행이 면제된 날부터 다음 각 호의 구분에 따른 기간이 경과한 때에 그 형은 실효된다. 다만, 구류와 과료는 형의 집행을 종료하거나 그 집행이 면제된 때에 그 형이 실효된다.

1. 3년을 초과하는 징역·금고: 10년
2. 3년 이하의 징역·금고: 5년
3. 벌금: 2년

② 하나의 판결로 여러 개의 형이 선고된 경우에는 각 형의 집행을 종료하거나 그 집행이 면제된 날부터 가장 무거운 형에 대한 제1항의 기간이 경과한 때에 형의 선고는 효력을 잃는다. 다만, 제1항 제1호 및 제2호를 적용할 때 징역과 금고는 같은 종류의 형으로 보고 각 형기를 합산한다.

형의 실효, 집행유예기간 경과 또는 일반사면으로 형선고의 효력 상실의 의미

형의 실효 등에 관한 법률 제7조 제1항이 그 각 호의 … 규정한 취지는 집행유예기간이 경과한 때에는 형의 선고는 효력을 잃는다고 규정한 형법 제65조와 마찬가지로 그저 형의 선고의 법률적 효과가 없어진다는 것일 뿐, 형의 선고가 있었다는 기왕의 사실 자체의 모든 효과까지 소멸한다는 것은 아니고, 또한 사면법 제5조 제1항 제1호가 일반사면으로 형 선고의 효력이 상실된다고 규정한 취지도 형의 선고의 법률적 효과가 없어진다는 것일 뿐, 형의 선고가 있었다는 기왕의 사실 자체의 모든 효과까지 소멸한다는 것은 아니다.

따라서 형의 실효 등에 관한 법률 제7조 제1항 각 호에 따라 형이 실효되었거나 사면법 제5조 제1항 제1호에 따라 형 선고의 효력이 상실된 구 도로교통법 제44조 제1항 위반 음주운전 전과도 도로교통법 제148조의2 제1항 제1호의 "도로교통법 제44조 제1항을 2회 이상 위반한" 것에 해당된다고 보아야 한다.[129)]

실효된 형이 특가법 5조의4 5항의 징역형의 선고를 받은 경우에 해당하는지

특정범죄가중처벌등에관한법률 제5조의4 제5항은, 형법 제329조 내지 제331조와 제333조 내지 제336조·제340조·제362조의 죄 또는 그 미수죄로 3회 이상 징역형을 받은 자로서 다시 이들 죄를 범하여 누범으로 처벌할 경우도 제1항 내지 제4항과 같다고 규정하고 있고, 한편 형의실효등에관한법률에 의하여 형이 실효된 경우에는 형의 선고에 의한 법적 효과가 장래에 향하여 소멸되므로 형이 실효된 후에는 그 전과를 특정범죄가중처벌등에관한법률 제5조의4 제5항 소정의 징역형의 선고를 받은 경우로 볼 수는 없다.[130)]

129) 대판 2012. 11. 29. 2012도10269.
130) 대판 2002. 10. 22. 2002감도39.

유사 판례

실효된 형이 특가법 5조의4 6항의 '실형을 선고받은 경우'에 해당하는지

형의 실효 등에 관한 법률 제7조 제1항은 수형인이 자격정지 이상의 형을 받음이 없이 형의 집행을 종료하거나 그 집행이 면제된 날부터 같은 항 각 호에서 정한 기간이 경과한 때에는 그 형은 실효된다고 규정하고 있고, 같은 항 제2호에서 3년 이하의 징역·금고형의 경우는 그 기간을 5년으로 정하고 있다. 위 규정에 따라 형이 실효된 경우에는 형의 선고에 의한 법적 효과가 장래에 향하여 소멸되므로 특가법 제5조의4 제1항 또는 제2항에서 정한 형을 선고받았다고 하더라도 형의 실효 등에 관한 법률 제7조 제1항에 따라 그 형이 실효된 때에는 특가법 제5조의4 제6항에서 정한 "실형을 선고받은 경우"에 해당한다고 볼 수 없다.[131)]

해설: 2016. 1. 6. 특가법 5조의4 5항과 6항은 다음과 같이 개정되었다.

⑤ 「형법」 제329조부터 제331조까지, 제333조부터 제336조까지 및 제340조·제362조의 죄 또는 그 미수죄로 세 번 이상 징역형을 받은 사람이 다시 이들 죄를 범하여 누범으로 처벌하는 경우에는 다음 각 호의 구분에 따라 가중 처벌한다.

1.~3. 생략

⑥ 상습적으로 「형법」 제329조부터 제331조까지의 죄나 그 미수죄 또는 제2항의 죄로 두 번 이상 실형을 선고받고 그 집행이 끝나거나 면제된 후 3년 이내에 다시 상습적으로 「형법」 제329조부터 제331조까지의 죄나 그 미수죄 또는 제2항의 죄를 범한 경우에는 3년 이상 25년 이하의 징역에 처한다.

4. 사 면

사면은 일반사면과 특별사면으로 구분한다(사면법 2조). 일반사면은 '죄를 범한 자'를 대상으로 하고(동법 3조 1호), 죄의 종류를 정하여 한다(동법 8조).[132)] 특별사면은 '형을 선고받은 자'를 대상으로 하므로(동법 3조 2호), 형의 선고를 받은 개개인을 대상으로 할 뿐 죄의 종류를 정하여 하는 것은 아니다.

일반사면이 있으면 형 선고의 효력이 상실되고, 형을 선고받지 아니한 자에 대하여는 공소권이 상실되며, 특별한 규정이 있을 때에는 예외로 한다(동법 5조 1항 1호). 따라서 형이 확정된 자에 대해서 일반사면이 있으면 형 선고의 효력이 없어지는바, 형이 확정되었다가 일반사면으로 형 선고의 효력이 없어진 사건에 관하여 재기소된 때에는 면소판결을 선고한다(형소법 326조 2호). 형이 확정되지 아니한 자에 대해 일반사면이 있으면 검사는 공소권없음의 처분을 하고, 법원은 면소판결을 선고한다.[133)]

사면법 3조 2호에서 특별사면의 대상이 되는 '형을 선고받은 자'는 형의 선고를 받아 확정된 사람을 의미하므로, 수사나 재판 도중에 있는 사람은 특별사면의 대상이 되지 않는 것으로 해석된다. 특별

---

131) 대판 2015. 1. 29. 2014도13805.

132) 일반사면의 대표적인 예로는 교통사고, 음주운전 등으로 인하여 운전면허가 없는 사람들이 생업에 종사할 수 없는 것을 구제하기 위하여 반복적인 음주운전, 죄질이 나쁜 도주차량 등을 제외한 일정한 범위의 교통사고처리특례법 위반죄, 도교법위반죄 등을 일괄하여 사면하는 것을 들 수 있다.

133) 대판 1996. 4. 12. 95도2312는 항소심 판결 후 대법원 판결 전에 일반사면이 있는 경우 면소판결을 선고하여야 한다고 판시하고 있다.

사면이 있으면 형의 집행이 면제되고, 다만 특별한 사정이 있을 때에는 이후 형 선고의 효력을 상실하게 할 수 있다(동법 5조 1항 2호).

일반사면된 확정판결의 죄가 형법 37조 후단 경합범 전과가 되는지

사면법 제5조 제1항 제1호 소정의 '일반사면은 형의 언도의 효력이 상실된다'는 의미는 형법 제65조 소정의 '형의 선고는 효력을 잃는다'는 의미와 마찬가지로 단지 형의 선고의 법률적 효과가 없어진다는 것일 뿐 형의 선고가 있었다는 기왕의 사실 자체의 모든 효과까지 소멸한다는 뜻은 아니다.

확정판결의 죄에 대하여 일반사면이 있다 하더라도 일사부재리의 효력 등은 여전히 계속 존속하는 것이고, 확정판결이 있었던 사실에 의하여 그 전의 죄와 후의 죄 등이 형법 제37조 후단의 경합범관계에 있었다고 하는 효과도 일반사면에 의하여 좌우되는 것은 아니다.[134)]

특별사면으로 형집행을 면제받고 다시 복권된 자에 대한 누범가중

형의 선고를 받은 자가 특별사면을 받아 형의 집행을 면제받고 또 후에 복권이 되었다 하더라도 형의 선고의 효력이 상실되는 것은 아니므로 실형을 선고받아 복역타가 특별사면으로 출소한 후 3년 이내에 다시 범죄를 저지른 자에 대한 누범가중은 정당하다.[135)]

병과형 중 일부에 대해 집행면제하거나 형선고의 효력을 상실케 하는 특별사면이 있음

형법 제41조, 사면법 제5조 제1항 제2호, 제7조 등의 규정의 내용 및 취지에 비추어 보면, 여러 개의 형이 병과된 사람에 대하여 그 병과형 중 일부의 집행을 면제하거나 그에 대한 형의 선고의 효력을 상실케 하는 특별사면이 있은 경우, 그 특별사면의 효력이 병과된 나머지 형에까지 미치는 것은 아니므로 징역형의 집행유예와 벌금형이 병과된 신청인에 대하여 징역형의 집행유예의 효력을 상실케 하는 내용의 특별사면이 그 벌금형의 선고의 효력까지 상실케 하는 것은 아니다.[136)]

5. 복 권

형법 제82조(복권) 자격정지의 선고를 받은 자가 피해자의 손해를 보상하고 자격정지 이상의 형을 받음이 없이 정지기간의 2분의 1을 경과한 때에는 본인 또는 검사의 신청에 의하여 자격의 회복을 선고할 수 있다.

확정판결 후 복권된 경우의 누범가중

복권은 사면의 경우와 같이 형의 언도의 효력을 상실시키는 것이 아니고, 다만 형의 언도의 효력으로 인하여

134) 대판 1995. 12. 22. 95도2446.
135) 대판 1986. 11. 11. 86도2004.
136) 대결 1997. 10. 13. 96모33.

상실 또는 정지된 자격을 회복시킴에 지나지 아니하는 것이므로 복권이 있었다고 하더라도 그 전과사실은 누범가중사유에 해당한다.137)

Ⅶ. 보안처분

1. 보안처분의 의의

형벌은 과거의 불법에 대한 책임에 기초하고 있는 제재인 반면, 보안처분은 장래의 위험성으로부터 행위자를 보호하고 사회를 방위하기 위한 합목적적인 조치이다.138) 판례는 보안처분에 관하여 대체적으로 형벌불소급의 원칙이 적용되지 않는다는 입장을 취하면서 형벌불소급의 원칙이 적용된다고 본 경우도 있다.

2. 보안처분의 종류

가. 형 법

형법상의 보안처분으로는 보호관찰, 사회봉사·수강명령이 있다(형법 59조의2, 62조의2 등).

나. 치료감호 등에 관한 법률

(1) 치료감호 등에 관한 법률의 목적

동법은 심신장애 상태, 마약류·알코올이나 그 밖의 약물중독 상태, 정신성적 장애가 있는 상태 등에서 범죄행위를 한 자로서 재범의 위험성이 있고 특수한 교육·개선 및 치료가 필요하다고 인정되는 자에 대하여 적절한 보호와 치료를 함으로써 재범을 방지하고 사회복귀를 촉진하는 것을 목적으로 한다(동법 1조).

(2) 치료감호 대상자와 치료명령 대상자

동법 제2조(치료감호대상자) ① 이 법에서 "치료감호대상자"란 다음 각 호의 어느 하나에 해당하는 자로서 치료감호시설에서 치료를 받을 필요가 있고 재범의 위험성이 있는 자를 말한다.

1. 「형법」 제10조 제1항에 따라 벌할 수 없거나 같은 조 제2항에 따라 형이 감경되는 심신장애인으로서 금고 이상의 형에 해당하는 죄를 지은 자
2. 마약·향정신성의약품·대마, 그 밖에 남용되거나 해독을 끼칠 우려가 있는 물질이나 알코올을

137) 대판 1981. 4. 14. 81도543.
138) 대판 1997. 6. 13. 97도703.

을 식음(食飮)·섭취·흡입·흡연 또는 주입받는 습벽이 있거나 그에 중독된 자로서 금고 이상의 형에 해당하는 죄를 지은 자

3. 소아성기호증(小兒性嗜好症), 성적가학증(性的加虐症) 등 성적 성벽(性癖)이 있는 정신성적 장애인으로서 금고 이상의 형에 해당하는 성폭력범죄를 지은 자

② 제1항 제2호의 남용되거나 해독을 끼칠 우려가 있는 물질에 관한 자세한 사항은 대통령령으로 정한다.

동법 제2조의3(치료명령대상자) 이 법에서 "치료명령대상자"란 다음 각 호의 어느 하나에 해당하는 자로서 통원치료를 받을 필요가 있고 재범의 위험성이 있는 자를 말한다.

1. 「형법」 제10조 제2항에 따라 형이 감경되는 심신장애인으로서 금고 이상의 형에 해당하는 죄를 지은 자
2. 알코올을 식음하는 습벽이 있거나 그에 중독된 자로서 금고 이상의 형에 해당하는 죄를 지은 자

(3) 치료감호의 내용

동법 제16조(치료감호의 내용) ① 치료감호를 선고받은 자(이하 "피치료감호자"라 한다)에 대하여는 치료감호시설에 수용하여 치료를 위한 조치를 한다.

② 피치료감호자를 치료감호시설에 수용하는 기간은 다음 각 호의 구분에 따른 기간을 초과할 수 없다.

1. 제2조 제1항 제1호 및 제3호에 해당하는 자 : 15년
2. 제2조 제1항 제2호에 해당하는 자 : 2년

③~⑧ 생략

형벌과 치료감호의 중복 적용

형벌과 치료감호처분은 신체의 자유를 박탈하는 수용처분이라는 점에서 유사하기는 하나 그 본질과 목적 및 기능에 있어서 서로 다른 독자적 의의를 가진 제도인바, 명시적인 배제 조항 등이 없는 이상 어느 한 쪽의 적용 대상이라는 이유로 다른 쪽의 적용 배제를 주장할 수 없는 것이다.[139)]

다. 기타의 법률

보안처분에 관한 기타의 법률로는 보호관찰 등에 관한 법률, 소년법, 보안관찰법, 성매매처벌법 등이 있다.

139) 대판 2007. 8. 23. 2007도3820.

판례색인

[헌법재판소 결정]

[저자 약력]

최 병 천

서울대학교 법과대학 법학 학사·석사·박사
검사(1996~2004)
미국 DUKE대학 방문학자
명지대학교 법학과 겸임교수(2005~2007)
사법시험 출제위원
변호사(2004~2013)
전남대학교 법학전문대학원 교수(2013~현재)

주요 저서 및 논문
고소의 제문제(법률정보센터, 2004)
증거개시와 피고인의 방어권보장(박사학위논문, 2012)
판례중심 형사소송법(피앤씨미디어, 2016)
판례중심 형법각론(피앤씨미디어, 2016)
간통죄와 고소(법조, 2004. 11)
미국의 전문법칙과 대면권에 비추어본 참고인진술조서의 증거능력(저스티스, 2012. 8)
공판조서의 증거능력 – 전문법칙의 예외인 미국의 '종전 증언'과의 비교법적 고찰 – (법조, 2012. 11)
공판조서와 피고인의 반대신문권 – 일본과의 비교법적 고찰 – (경찰법연구, 2012. 12)
탄핵증거이론의 재구성 – 미국과의 비교법적 고찰 – (경찰법연구, 2015. 6)

판례중심 형법총론

초판인쇄 2017년 2월 15일
초판발행 2017년 2월 20일

지은이 최병천
펴낸이 박노일

총괄기획 김중용 · 최준규
편 집 심성보 · 김인숙

펴낸곳 pnc publishing and culture 피앤씨미디어
경기도 고양시 일산동구 강송로 153 310-1501
등록 제396-2012-000203호
전 화 070)7550-3758 팩 스 02)718-8554
홈페이지 www.pncmedia.co.kr 이메일 pnc@pncmedia.co.kr
ISBN 979-11-5730-385-4 93360

정 가 26,000원